# 글로벌 거버넌스

## 도전과 과제

Thomas G. Weiss & Rorden Wilkinson 편저

이유진 옮김

명인문화사

# 글로벌 거버넌스: 도전과 과제

**제1쇄 펴낸 날** 2023년 7월 25일

**편저자** Thomas G. Weiss, Rorden Wilkinson
**옮긴이** 이유진
**펴낸이** 박선영
**주 간** 김계동
**디자인** 전수연
**교 정** 김유원

**펴낸곳** 명인문화사
**등 록** 제2005-77호(2005.11.10)
**주 소** 서울시 송파구 백제고분로 36가길 15 미주빌딩 202호
**이메일** myunginbooks@hanmail.net
**전 화** 02)416-3059
**팩 스** 02)417-3095

**ISBN** 979-11-6193-070-1
**가 격** 30,000원



## Global Governance Futures

**Edited by Thomas G Weiss and Rorden Wilkinson**

# 간략목차

# 세부목차

# 도해목차

## 도표



## 표

# 역자서문

오늘날 인류는 글로벌화된 시대에 살고 있다. 빈곤과 불평등, 자원, 식량, 에너지, 환경, 기후변화, 개발, 지속가능발전, 인구, 이주, 보건, 인권, 민주주의의 후퇴, 지역 통합, 국제 범죄, 테러, 안보, 대량살상무기, 민족-문화-문명 충돌 등 세계가 직면한 이슈들은 글로벌한 규모와 복잡성을 띤다. 이들은 전 인류가 공유하는 문제, 근본적인 이해관계가 복잡하게 얽혀 해결이 지극히 어렵지만 방치하면 그 결과를 돌이킬 수 없는 문제들이며, 국가, 국제기구, 민간 기업, 비정부 단체, 시민사회 등 수많은 행위자가 관여하여 복합적, 중층적 접근을 통해 다양한 방식으로 대응하고 있다. 이러한 현상에 대한 분석과 설명의 도구로서, 문제 해결을 위한 처방의 차원에서 글로벌 거버넌스 개념이 부상하였다. 그러나 여러 글로벌 이슈 영역에서 거버넌스는 많은 도전과 위기에 직면해 왔으며, 향후 거버넌스의 진화가 우리의 미래에 대단히 심대한 영향을 미치리라는 것이 이 책에 참여한 저자들의 공통된 인식이다.

거버넌스는 많은 학문 분야와 이슈 영역에 널리 확산된 용어임에도 그 개념 규정과 사용에 있어서 다양성, 모호성으로 인해 이론적-분석적 접근이 어려운 면이 있다. 이 책은 그러한 이론적 쟁점에 대한 논의에 몰입하기보다 글로벌 거버넌스의 과거를 돌아보고, 현실적인 차원에서 다양한 이슈와 사례를 소개하면서 현재를 분석하고, 글로벌 거버넌스의 향후 25년에 대해 전망한다. 3부로 나누어진 이 책은 먼저 전쟁, 지정학, 문명, 지역주의 등 인류가 직면한 지구적 차원의 이슈들과 글로벌 위기를 조명한다. 이어서 그러한 글로벌 위기의 근본 원인 중의 하나라고 할 수 있는 지구적 격차와 분열상을 살펴본다. 그리고 글로벌 식량, 보건, 기후, 환경 파괴, 불법 약물통제, 데이터 관리 등 현재와 미래의 긴급한 이슈와 관련하여 인류의 미래를 좌우할 글로벌 거버넌스의 성과와 실패에 대해 논의한다.

이 책은 국제관계학을 중심으로 하여 정치학, 환경학, 이민학, 개발학, 정책학 등 다학제적인 구성을 하고 있다. 편저자인 뉴욕시립대 와이스 교수, 뉴사우스웨일즈대 윌킨슨 교수는 국제기구, 제도, 글로벌 이슈, 글로벌 거버넌스 전문가이며, 참여 집필진은 유럽, 미주, 호주, 아시아, 아프리카 대륙과 국가를 대표하는 대학이나 연구기관에서 연구하고 있는 20여 명의 학자와 실무가이다. 이 책은 전공 학생, 연구자뿐 아니라 일반 독자에게도 널리 유용한 참고 자료가 될 것이며 많은 통찰을 제공할 것이다. 이 책이 출판되기까지 큰 도움을 주신 명인문화사 관계자들께 감사드린다.

2023년 7월

역자 이유진

# 약어

ABM (Anti-Ballistic Missile Treaty) 반탄도미사일조약

AfD (Alternative für Deutschland [Alternative for Germany]) 독일을 위한 대안당

AI (artificial intelligence) 인공지능

AIIB (Asian Infrastructure Investment Bank) 아시아인프라투자은행

ASEAN (Association of Southeast Asian Nations) 동남아시아국가연합

AU (African Union) 아프리카연합

BASIC (Brazil, South Africa, India, and China) BASIC(브라질, 남아프리카공화국, 인도, 중국)

BAT (Baidu, Alibaba, and Tencent) BAT(바이두, 알리바바, 텐센트)

BEPS (base erosion and profit shifting) 세원잠식·소득이전

BHN (basic health needs) 인간의 기본적 필요

BPA (Beijing Platform for Action) 베이징행동강령

BRI (Belt and Road Initiative) 일대일로

BRICS (Brazil, Russia, India, China, and South Africa) BRICS(브라질, 러시아, 인도, 중국, 남아프리카공화국)

BWIs (Bretton Woods institutions) 브레튼우즈 제도

CBD (Convention on Biological Diversity) 생물다양성협약

CBDR (common but differentiated responsibilities) 공동의 그러나 차별화된 책임

CBM (confidence-building measures) 신뢰구축조치

CCRT (Catastrophe Containment and Relief Trust) 재난억제구호신탁

CDC (Centers for Disease Control and Prevention) 질병통제예방센터

CEO (chief executive officer) 최고경영자

CEPI (Coalition for Epidemic Preparedness Innovations) 전염병대비혁신연합

CFCs (chlorofluorocarbons) 염화불화탄소

CFS (Committee on World Food Security) 식량안보위원회

CGIAR (Consultative Group on International Agricultural Research) 국제농업연구협의그룹

CIA (Central Intelligence Agency) 중앙정보국

CITES (Convention on International Trade in Endangered Species of Wild Flora and Fauna) 멸종위기야생동식물 국제거래에 관한 협약

CMS (Convention on Migratory Species) 이동성야생동물협약

CND (Commission on Narcotic Drugs) 마약위원회

COP (Conference of the Parties) 당사국회의

CPTPP (Comprehensive and Progressive Agreement for a Trans-Pacific Partnership) 포괄적·점진적환태평양경제동반자협정

CRS (Congressional Research Service) 의회조사국

CSCE (Conference on Security and Cooperation in Europe) 유럽안보협력회의

CSM (Civil Society Mechanism) 시민사회기제

CSR (corporate social responsibility) 기업의 사회적 책임

DAC (Development Assistance Committee [OECD]) 개발원조위원회(OECD)

DEA (Drug Enforcement Agency) 마약단속국

DESA (Department of Economic and Social Affairs) 경제사회국

DoJ (Department of Justice) 법무부

DPD (Data Protection Directive) 데이터보호지침

DRC (Democratic Republic of the Congo) 콩고민주공화국

DSSI (Debt Services Suspension Initiative) 부채상환유예조치

EAEU (Eurasian Economic Union) 유라시아경제연합

EMDEs (emerging markets and developing economies) 신흥 경제와 개발도상 경제
EU (European Union) 유럽연합
FAO (Food and Agriculture Organization) 식량농업기구
FBI (Federal Bureau of Investigation) 연방수사국
FDA (Food and Drug Administration) 식품의약국
FDI (foreign direct investment) 해외직접투자
FERPA (Family Educational Rights and Privacy Act) 가족교육권리 및 개인정보보호법
FIES (Food Insecurity Experience Scale) 식량불안경험척도
FOCAC (Forum on China-Africa Co-operation) 중국아프리카협력포럼
FSC (Forest Stewardship Council) 삼림관리협의회
FSS (Food System Summit) 푸드시스템정상회의
G7 (Group of Seven) G7
G8 (Group of Eight) G8
G18 (Group of 18) G18
G20 (Group of 20) G20
G77 (Group of 77) G77
GAFA (Google, Amazon, Facebook, Apple) 구글, 아마존, 페이스북, 애플
GAP (Good Agricultural Practices) 우수농업관행
GAVI (Global Alliance on Vaccination and Immunization) 세계백신연합
GDP (gross domestic product) 국내총생산
GDPR (General Data Protection Regulation) 일반데이터보호규제
GEP (global environmental politics) 글로벌 환경정치
GFATM (Global Fund to Fight AIDS, Tuberculosis and Malaria) 에이즈, 결핵, 말라리아 퇴치를 위한 글로벌 기금
GHG (greenhouse gas) 온실가스
GRI (Global Reporting Initiative) 글로벌지속가능보고기구
HCFCs (hydrochlorofluorocarbons) 수소염화불화탄소

HDI (Human Development Index) 인간개발지수

HIPPA (Health Information Portability and Accountability Act) 건강 정보 이동성 및 책임법

HLP (High-Level Panel of Eminent Persons) 고위급패널

IAEA (International Atomic Energy Agency) 국제원자력기구

IATI (International Aid Transparency Initiative) 국제원조투명성기구

ICAO (International Civil Aviation Organization) 국제민간항공기구

ICC (International Criminal Court) 국제형사재판소

ICRC (International Committee of the Red Cross) 국제적십자위원회

ICT (information communication technologies) 정보통신기술

IDCR (International Drug Control Regime) 국제약물통제레짐

IDGs (International Development Goals) 국제개발목표

IEA (International Energy Agency) 국제에너지기구

IFAD (International Fund for Agricultural Development) 국제농업개발기금

IGAD (Intergovernmental Authority for Development) 정부간개발기구

IGC (Intergovernmental Consultations on Asylum, Refugees, and Migration) 망명 난민이주에 관한 정부간협의체

IHL (international humanitarian law) 국제인도법

IHR (International Health Regulations) 국제보건규칙

ILO (International Labour Organization) 국제노동기구

IMF (International Monetary Fund) 국제통화기금

INCB (International Narcotics Control Board) 국제약물통제위원회

INF (Intermediate-Range Nuclear Forces Treaty) 중거리핵전력조약

IO (international organization) 국제기구

IOM (International Organization for Migration) 국제이주기구

IoT (Internet of Things) 사물인터넷

IP (intellectual property) 지식재산권

IPCC (Intergovernmental Panel on Climate Change) 기후변화정부간패널

IPE (international political economy) 국제정치경제

IR (international relations) 국제관계

IRD (Integrated Rural Development) 통합적농촌개발

ITU (International Telecommunications Union) 국제전기통신연합

IUCN (International Union for the Conservation of Nature) 국제자연보전연맹

LGBTQ+ (lesbian, gay, bisexual, transgender, and queer) 레즈비언, 게이, 양성애자, 성전환자, 퀴어

LICs (low-income countries) 저소득 국가

LMICs (lower-middle-income countries) 중저소득 국가

LMOs (living modified organisms) 유전자변형생물체

LSD (lysergic acid diethylamide) LSD

MDGs (Millennium Development Goals) 새천년개발목표

MPI (Multidimensional Poverty Index) 다차원빈곤지수

MSC (Marine Stewardship Council) 해양관리협의회

MSF (Médecins Sans Frontières [Doctors Without Borders]) 국경없는 의사회

MUNS (Multilateralism and the United Nations System) 다자주의와 유엔체제

NAM (Non-Aligned Movement) 비동맹운동

NATO (North Atlantic Treaty Organization) 북대서양조약기구

NDB (New Development Bank) 신개발은행

NGO (non-governmental organization) 비정부기구

NSA (National Security Agency) 국가안보국

ODA (official development assistance) 공적개발원조

OECD (Organisation for Economic Co-operation and Development) 경제협력개발기구

OHCHR (Office of the High Commissioner for Human Rights) 인권고등판무관

OSCE (Organization for Security and Co-operation in Europe) 유럽안보협력기구

OWG (Open Working Group) 공개작업반

P5 (permanent five members of the UN Security Council) 유엔 안보리의 5개 상임이사국

PETs (privacy-enhancing technologies) 프라이버시 강화 기술
PPP (purchasing power parity) 구매력평가
PPM (parts per million) ppm
PRC (People's Republic of China) 중화인민공화국
PRSP (poverty reduction strategy paper) 빈곤축소전략보고서
PSM (Private Sector Mechanism) 민간부문기제
QUAD (Quadrennial Security Dialogue) 쿼드
R&D (research and development) 연구개발
RCEP (Regional Comprehensive Economic Partnership) 역내포괄적경제동반자협정
RCPs (Regional Consultative Processes) 지역협의과정
RSPO (Roundtable on Sustainable Palm Oil) 지속가능팜유원탁회의
RTRS (Round Table on Responsible Soy) 책임있는 대두원탁회의
SADC (Southern African Development Community) 남아프리카개발공동체
SAP (structural adjustment programs) 구조조정사업
SARS (severe acute respiratory syndrome) 중증급성호흡기증후군
SCO (Shanghai Cooperation Organization) 상하이협력기구
SDGs (Sustainable Development Goals) 지속가능발전목표
SDI (Slum Dwellers International) 국제빈민가거주단체
SDRs (Special Drawing Rights) 특별인출권
SIA (Security Identities Alliance) 시큐리티아이덴티얼라이언스
SIDS (Small Island Developing States) 군소도서개도국
SSA (sub-Saharan Africa) 사하라 이남 아프리카
START (Strategic Arms Reduction Treaty) 신전략무기감축협정
SUVs (sport utility vehicles) SUV
TANs (transnational advocacy networks) 초국가적 애드보커시 네트워크
TNC (transnational corporation) 초국적기업
UCLG (United Cities and Local Governments) 도시연합과 지방정부

UNACLA (United Nations Advisory Committee of Local Authorities) 유엔 지방정부자문위원회

UNAIDS (Joint United Nations Programme on HIV/AIDS) HIV/AIDS에 관한 유엔합동프로그램

UNCCD (United Nations Convention to Combat Desertification) 유엔 사막화방지협약

UNCED (United Nations Conference on Environment and Development) 유엔 환경개발회의

UNCHE (United Nations Conference on the Human Environment) 유엔인간환경회의

UNCLOS (United Nations Conference on the Law of the Sea) 유엔 해양법협약

UNCTAD (United Nations Conference on Trade and Development) 유엔 무역개발회의

UNDP (United Nations Development Programme) 유엔개발계획

UNEP (United Nations Environment Programme) 유엔환경계획

UNESCO (United Nations Educational, Scientific and Cultural Organization) 유네스코(유엔 교육과학문화기구)

UNFCCC (United Nations Framework Convention on Climate Change) 유엔 기후변화기본협약

UNFF (United Nations Forum on Forests) 유엔 산림포럼

UNFPA (United Nations Population Fund) 유엔 인구기금

UNHCR ([Office of the] United Nations High Commissioner for Refugees) 유엔 난민고등판무관

UNICEF (United Nations Children's Fund) 유니세프

UNIDO (United Nations Industrial Development Organization) 유엔 산업개발기구

UNISDR (United Nations Office for Disaster Risk Reduction) 유엔 재난위험경감사무국

UNODC (United Nations Office on Drugs and Crime) 유엔 마약범죄사무소

UNRRA (United Nations Relief and Rehabilitation Agency) 유엔 구제부흥기관

UNRWA (United Nations Relief and Works Agency for Palestine Refugees in the Near East) 유엔 팔레스타인난민구호기구

UNSW (University of New South Wales) 뉴사우스웨일즈대학교

UNU (United Nations University) 유엔대학

USACS (United States Alien Control Services) 미국 외국인통제국

USAID (United States Agency for International Development) 미국국제개발국

USSR (Union of Soviet Socialist Republics) 소련

WEF (World Economic Forum) 세계경제포럼

WFP (World Food Programme) 세계식량계획

WHO (World Health Organization) 세계보건기구

WIPO (World Intellectual Property Organization) 세계지식재산권기구

WMO (World Meteorological Organization) 세계기상기구

WTO (World Trade Organization) 세계무역기구

## 1장



# 글로벌 거버넌스의 미래를 이해하기


와이스(Thomas G. Weiss) &
윌킨슨(Rorden Wilkinson)


세계정치의 장기적인 흥망성쇠에서 볼 때 괄목할만한 한 해가 될 것이라는 징조는 거의 없었지만 2020년은 우울하게 시작되었다. 수십 년 동안 성장해 왔던 무역은 주요 경제 대국, 특히 미국과 중국 사이의 긴장 관계로 잠식되고 있었다. 영국의 유럽연합(EU) 탈퇴는 최종 확정을 앞두고 있었다. 미국, 중국, 기타 국가들은 국가 기간시설 사업에의 화웨이 제품 사용과 홍콩의 친민주주의 시위에 대해 의견충돌이 있었다. 미국과 이란 사이의 오래된 긴장 관계는 이란 이슬람혁명 수비대 쿠드스군의 지휘관 솔레이마니(Qasem Soleimani)가 드론 공격으로 사망함으로써 악화되었다. 호주는 역사상 최악의 산불로 고통을 겪고 있었다. 그리고 장기간 진행된 남아프리카공화국의 부패 관련 조사는 신병 치료를 위해 쿠바에 체류 중인 주마(Jacob Zuma)에 대한 체포 영장 발부로 절정에 달했다.

이들과 그 밖의 많은 사건들은 우려스러웠지만 2020년이 특히 예외적이라고 생각되지는 않았다. 그러나 불과 수 주일 만에 세계정치와 일상생활의 양상이 바뀌었다. 2020년 1월 30일 세계보건기구(WHO: World Health Organization)는 중국 우한에서 최초로 발견된 (후에 '코로나19'로 알려지게 된) 신종 코로나바이러스 확산이 국제적인 공중 보건 긴급사태라고 선언하였다. 이것은 2020년 3월 11일 팬데믹(세계적인 대유행)으로 격상되었으며, 그 자체로 글로벌 위기상황을 의미했다. 2020년 말에 이르자 약 7,500만 명이 감염되었고, 175만 명 이상이 사망하였다.[1)] 미주는 가장 큰 타격을 받은 대륙으로, 미국과 브라질은 가장 높은 감염률과 사망률을 기록하였다. 유럽, 남아시아, 동남아시아, 지중해 동부도 매우 높은 수준의 감염이 발생하였다. 1년이 지나지 않아 코로나19는 유행성 독감에서 글로벌 변화를 가져온 촉매가 되었으며, 그 이후에도 더욱 확산되면서 고통을 더해주었다.

이 감염병은 전 세계에서 생명을 위협하고 노약자를 사망에 이르게 했으며, 그로 인해 초래된 수많은 결과들과 그 확산을 저지하려는 정부의 미숙한 대응은 전 세계인의 삶의 모든 측면에 영향을 미쳤다. 대부분 국가의 초기 반응은 국경을 폐쇄하고 국내 여행을 억제하는 것이었다. 감염이 많은 지역에서는 꼭 필요한 일 외에는 거주지 외부로의 이동을 금지하는 엄격한 봉쇄가 시행되었다. 사회적 접촉의 급격한 감소, 사회적 거리두기 실시, 추가적인 위생 조치를 효과적으로 실행한 국가에서는 바이러스 확산을 막는데 긍정적인 효과가 있었다. 브라질, 미국, 인도, 영국 등 대응이 애매했던 국가에서는 바이러스가 맹렬히 확산되었다. 2020년 말 효과있는 백신이 나오면서 한숨을 돌리고 낙관했던 시기도 있었다.

각국에서 어떤 조치를 취했든 간에 전 세계적으로 코로나19의 총체적 영향은 매우 혹독했다. 팬데믹 초기 수개월 간 특히 동아시아 출신자들에 대한 외국인 혐오가 기승을 부렸다. 글로벌 항공, 관광, 국내 및 해외 여행 산업은 거의 붕괴되었다. 식량, 의약품 등 생필품을 비롯한 상품의 공급이 국가적으로 그리고 전 세계적으로 큰 지장을 받았다. 사재기가 뒤따랐다. 근로자들이 집에 머물면서 산업이 붕괴되었다. 상품과 서비스에 대한 수요 감소로 고용주들은 직원을 해고해야 하는 압박을 받았다. 수요 감소로 인한 손실을 보전해주기 위해 직원의 임시 휴가 비용을 부담한 정부들도 있었다. 공적 개입의 능력이나 정치적 의지가 없는 정부들은 이미 취약한 국민들에게 더 많은 부담을 지웠다. 전 세계적으로 주택 시장은 붕괴될 듯이 흔들렸고, 많은 사람들이 주택담보 대출 상환을 연기하거나 체납하게 되었으며, 임대료는 상승하였다. 유가는 잠시 0달러 아래로 추락하였다. 대학은 내국인 및 외국인 학생 충원과 등록에 지장을 받아 심각한 재정적 어려움을 겪었다. 원격 근무로의 전환으로 인해 기술 제품과 서비스에 대한 수요가 급증하였다. 화상회의와 알고리즘은 교육의 제공과 소비뿐 아니라 근로의 속성, 사회적 상호작용, 정보의 흐름, 국내 및 국제정치에 대한 이해에 큰 영향을 미쳤다.

코로나19 만연의 결과가 이들뿐만은 아니다. 전 세계에서 주식 시장 가치가 급격히 하락했으나, 이어서 원격 근로로의 전환과 효과적인 백신 개발 추진은 기술 및 제약업계 주가 급등을 촉발하였다. 능력 있는 사람들은 이러한 주식 시장에 적극 투자하고 주가 하락을 이용하여 자산 포트폴리오를 확대하였다. 부동산 시장도 초기에는 큰 타격을 입었으나, 인지세 면제, 유리한 가격, 낮은 인구밀도, 원격 근무와 학습의 장기화 가능성에 힘입어 교외와 농촌에서는 부동산 붐이 일었다. 이러한 요인들과 기타 금융의 움직임은 이미 부유한 사람들을 더 부유하게 해주었으나, 중산층과 빈곤층은 매우 다른 경험을 하게 되었다. 의료보건, 필수 식료품, 심지어 여가에 있어서도, 또 효과적인 백신이 공급 면에서도 유사한 양상이 나타났다. 요약하자면 코로나 바이러스에 대한 정부의 대응과 시장의 움직임은 수 세기에 한 번 나타날 만한 매우 큰 규모로 급격하게 거버넌스에 영향을 미쳤다. 코로나19는 적어도 상당 기간 글로벌 거버넌스의 문제가 되었고, 그에 대한 많은 불만이 생겨났다.

팬데믹 발생과 그 직후의 여파는 언론, 학술, 정책의 분석 대상이 되었다. 그러나 그 영향이 아무리 중대했어도, 코로나19와 관련한 글로벌 거버넌스는 지금이나 앞으로나 세계질서를 형성하는 총체가 되는 것은 아니다. 코로나19가 글로벌 위기 또는 그 이상임을 부정할 수는 없으며, 향후 25년간 경제, 정치, 사회, 생태, 보건 분야에서 우리는 팬데믹으로 인한, 또 그것과 무관한 유례없는 변화에 직면하게 될 것이다. 이 책의 집필자들은 향후 세계질서 형성에 영향을 미칠 가장 중요하게 부각되고 지속될 것으로 생각하는 문제들과 그 거버넌스에 관여하게 될 작용력들을 제시하려고 노력하였다. 우리 집필자들은 인간이 지구를 지배하여 초래된 변화, 전쟁, 현재와 미래의 지정학적, 문명적, 지역적 갈등, 도시와 비(非)도시 환경의 삶, 통치자와 피치자 사이의 간극, 지속되는 빈부 격차, 인종, 성별, 종교, 성적 정향에 근거한 차별, 전 세계 이민자들의 곤경, 인권에 대한 위협, 식량과 보건안보에 대한 위협, 계속되는 환경 파괴와 종의 절멸, 현재와 미래의 국제 원조의 정치, 불법 약물통제의 실패 등이 여러 국제레짐 중에서도 많은 기회와 도전을 가져올 것이라고 생각한다.

우리는 최근의 상황 전개와 우리가 다루기로 선택한 분야와 주제들을 고려하면서 미래 글로벌 거버넌스의 복합적 문제를 이해하고 탐구하려 노력할 것이다. 우리의 목표는 단순히 (전통적 글로벌 거버넌스에서 다루는) 국가, 정부 간 비국가 행위자가 무엇을 할 것인지를 이해하려는 것이 아니다. 국가의 대응이 분명히 중요하지만, 코로나19가 매우 명백히 보여주었듯이 그것이 전부는 아니었고, 지금도 아니다. 이 책의 목적은 글로벌 거버넌스에 영향을 미치는 크고 작은 작용력들, 거버넌스의 체계들, 지속되는 분열상, 21세기 중반과 그 이후로 향해 나아가는 지구상의 우리의 삶의 양상을 좌우할 중대한 도전들을 이해하는 것으로 보다 광범위하게 설정이 되었다. 세계가 어떻게 관리되고 질서가 잡혀 나갈지, 그리고 인류 및 지구의 생존과 의미 있는 진보의 가능성을 높이기 위해 어떻게 적응해 나갈 수 있을지에 대해 충분히 생각하기 위해서 우리는 거버넌스에 영향을 미치는 현대의 중요한 작용력들에 대한 오늘날의 지식을 동원하고자 한다. 이를 위해 우리는 글로벌 거버넌스를 이해하는 새롭게 설정된 시각을 활용할 것이다.

따라서 이 장에서 우리의 목표는 앞으로 우리가 직면할 세계를 이해하는데 필요한 틀을 제공하는 것이다. 그렇게 하기 위해서 우리는 전통적 개념화의 제약에서부터 끌어낸, 가깝고 먼 미래의 세계질서를 형성할 작용력들을 더 잘 인식할 수 있게 해주는 글로벌 거버넌스에 대한 이해를 제시한다. 이를 성취하기 위해 우리는 미래의 글로벌 거버넌스를 더 잘 이해하는 데 도움이 되는 일련의 개념적 표지판들과 실현될지도 모르는 대안적 가능성을 제시한다. 우리는 지금까지 충분히 논의되지 않은 글로벌 거버넌스의 시간적 공간적 측면을 설명해야 한다는 데 주목하고, '간과된 중간지대'를 포함하여 더 광범위한 행위자들의 역할을 고려하며, 우리에게 매우 직접적으로 중요하지만, 종종 간과하는 행위자들의 관계에 글로벌 거버넌스가 미친 그리고 미칠 영향을 조명할 것이다.

## 글로벌 거버넌스의 미래: 사고의 틀

미래의 글로벌 거버넌스를 상상하는 하나의 방법은 현재의 글로벌 거버넌스의 구성, 조직 형태, 내부 논리 등에서 시작하는 것이다. 그러나 그렇게 하는 것이 문제가 없는 것은 아니다. 그 문제는 글로벌 거버넌스에 대한 명확한 이해나, 그것이 무엇이 될 수 있는지, 되어야 하는지에 대한 합의가 없는 데 기인한다. 혹자에게는 글로벌 거버넌스는 새로운 병에 든 오래된 와인, 즉 국제기구의 행동과 활동의 대안적인 표현이다. 다른 이들은 글로벌 거버넌스를 계속 증가하는 행위자들로 꽉 찬 글로벌한 무대, 더 좋은 세계에 대한 요구, 가속화하는 경제, 사회적 변화의 파괴적 측면을 통제하려는 시도 등을 묘사한다고 본다. 또 다른 사람들은 그것이 세계정부와 동의어이거나, 경멸적인 용어이거나, 글로벌 엘리트의 이익을 추구하는 패권적 음모로 본다.

우리의 주장은 다르다. 우리는 글로벌 거버넌스라는 용어에서 상당한 분석적 유용성을 본다. 그러나 우리는 미래의 글로벌 거버넌스에 대해 생각을 할 수 있으려면 먼저 그 용어의 현재의 의미에 내재되어 현재뿐 아니라 과거와 미래의 거버넌스를 이해하는 데 있어서 그 유용성을 제약하는 여덟 가지의 문제를 인정하고 극복해야 한다고 주장하고자 한다. 그 문제들은 다음과 같다.

1. 20세기 말과 21세기 초에 글로벌 거버넌스와 국제기구의 문제점 및 가능성을 과도하게 연관시킴.
2. 지휘 및 통제의 거시적 패턴을 결정하는 글로벌 권위의 구조뿐 아니라, 그 구조가 지역, 국가, 지방의 체제와 어떻게 교차하고 길항하는지를 포괄적으로 포착하고 설명하지 못함.
3. 그러한 체제 내에서 권력이 행사되는 수많은 방식, 이익이 어떻게 표출되고 추구되는지, 권력과 이익이 실체를 가지게 해주고, 체제를 구축, 유지, 영속하는 데 기여하는 아이디어와 담론에 대한 무지.
4. 현재뿐만 아니라 과거부터 미래에 이르는 장기적 관점에서 무엇이 지속성과 변화의 원인, 결과, 추동 요인에 초점을 맞추는 글로벌 거버넌스체제 '내'의 변화와 체제 '자체의' 전환을 촉발하는지에 대한 몰이해.
5. 과거와 미래의 세계질서를 관리하는 기제, 장치, 제도, 규칙, 규범, 아이디어, 이해관계, 물질적 능력 등을 탐구하기 위해 통시적으로 글로벌 거버넌스체제와 사례에 대해 의문을 제기하는 것을 꺼림.
6. '거버넌스' 앞에 '글로벌'이 붙으면 그것은 반드시 전지구적 규모를 의미한다는 가정. 이는 거버넌스에 영향을 미치는 작용력들(예를 들어, 실크로드, 고대 제국, 식민지정권 등과, 그들이 현재와 미래의 세계질서의 거버넌스

에 남겨 놓은 지워지지 않는 유산)을 무시할 위험.

7. 글로벌 거버넌스의 산출 측면, 즉 그 생산물, 효과, 글로벌 거버넌스체제가 일상의 삶에 미치는 영향, 글로벌 거버넌스와 그에 영향을 받는 사람들 사이의 피드백 회로를 충분히 고려하지 않음.
8. 글로벌 거버넌스를 생성하는 데 직간접적으로 관여된 자들, 즉, '글로벌 운영자/관리자(governor)'라고 인식되는 사람들뿐 아니라, 무대 뒤에서의 활동을 통해 세계질서를 창출하고, 유지하고, 흔들고, 해체하는 데 기여하는 (우리가 '간과된 중간 지대'라고 지칭하는) 전문가, 지원팀, 개인들을 무시함.

이러한 문제들이 어떻게 전통적 이해의 일부가 되고, 어떻게 미래의 글로벌 거버넌스를 바라보는 우리의 능력을 제약하는지를 충분히 인식하기 위해서 우리는 '글로벌 거버넌스'라는 용어의 기원을 다시 검토할 필요가 있다. '글로벌 거버넌스' 용어는 1980년대 말과 1990년대 초의 일련의 현실 세계의 사건에 대한 학문적, 정책적 대응으로부터 부상하였다. 이러한 대응은 냉전 종식과 그 이후의 시기에 세계무대에서 작용한 힘들을 이해하고자 했다. 또한, 글로벌 거버넌스에 관한 초기 작업은 동서진영의 경쟁이 많은 진보적인 글로벌 공공정책 시도를 밀어냈던 반세기 이후에 더 좋은 세계질서 형성의 가능성을 포착하고 증진시키는 데, 이전에 거의 주목을 받지 못했던 페미니스트적 분석이 이 분야에서 어떤 유용성이 있을지 고민하는 데, 풀뿌리 저항과 시민사회 운동의 전환적 잠재력을 이해하는 데 관심이 있었다.[2] 그 결과 글로벌 거버넌스는 변화, 복잡성, 대안적 미래에 대한 이해에 명확하게 관심을 가진 가능성으로 가득찬 개념이 되었다. 그러나 그것은 또한 시대적으로 제한된 특정 시점에 탄생한 개념이었다.

로즈나우(James Rosenau)와 쳄피엘(Ernst Czempiel)은 그들의 선구적 저술『정부 없는 거버넌스(*Governance without Government*)』에서 냉전 후 세계가 어떻게 관리되고 질서가 잡혔는지에 대해 탐구하는 길을 제시했다. 그들은 국가와 정부간기구뿐 아니라, 보이지 않게 부상하는 비국가적 거버넌스와 권위의 원천에 초점을 맞추었다. 람팔(Sonny Ramphal)과 칼슨(Ingmar Carlsson)이 주도한 정책 지향적인 글로벌 거버넌스 위원회는 새롭게 부상하는 신세계질서의 규범적 가능성에 초점을 맞추었다. 콕스(Robert W. Cox)가 주도하고 유엔대학(UNU: United Nations University)이 지원한 다자주의와 유엔체제(MUNS: Multilateralism and the United Nations System) 프로젝트에서도 연구자들은 세계질서의 미래에 대해 연구하였다.[3] 신세계질서의 가능성과 미래에 대해 적극적으로 조명하고자 하는 실로 많은 연구들이 생산되었다.[4] 그 높은 관심으로 인해 언급한 위원회의 보고서 『우리의 글로벌 이웃(*Our Global Neighbourhood*)』이 1995년에 출판되자 '글로벌 거버넌스'라는 용어는 상당히 널리 확산되었고, 학계나 정책결정자들 사이에서 미래지향적 시각으로 받아들여졌다.

이러한 초기의 저술과 그들이 이해하고자 했던 현상들은 글로벌 복잡성의 증가, 세계화의 관리, 국제적 제도들이 직면한 도전에 관한 연구의 길을 닦아 주었다.[5] 그러나 그들은 탐구를 위한 공통의 이해나 명확한 경로를 정하지 않았다. 핑켈스타인(Lawrence Finkelstein)이 지적했듯이 학자들이 냉전 후 시대의 세계정치의 역동적 변화를 이해하고자 하는 과정에서 모호성은 글로벌 거버넌스에 관한 초기 연구 설계의 특징이었다. 그의 불만은 그러한 모호성이 연구에 도움이 되기보다는 글로벌 거버넌스가 '사실상 무엇이든' 될 수 있게 만들었다는 점이다.[6]

콕스와 그 동료들은 글로벌 거버넌스를 "세계 (또는 지역) 수준에서 정치, 경제, 사회적 사안들을 관리하기 위해 존재하는 절차와 관행"이라고 정의한다. 이 정의 또한 상당히 신축적인 것으로 보이지만 한 가지 주의해야 할 점이 있다.

글로벌 거버넌스 (세계정부 또는 세계제국)의 하나의 가상적 형태는 그것이 중앙집중적(단일적)이든 분산적(연방적)이든 간에 위계적 형태의 조정이 이루어지는 점이다. 또 다른 형태의 조정은 비위계적인 것으로, 우리는 이를 다자적이라고 부른다.[7)]

콕스의 정의의 유용성은 그것이 거버넌스를 고려하는 데 있어서 자유를 주었다는 것이다. 콕스와 그 동료들은 글로벌 거버넌스의 한 요소인 다자주의의 규범적 가능성을 생각하는 데 명확히 관심이 있었다. 그러나 그들은 또한 글로벌 거버넌스가 여러 다양한 형태를 가졌으며, 앞으로도 가질 수 있음을 이해했다. 이것은 다시 시대에 따라서 어떻게 세계질서가 관리되고 만들어졌는지에 초점을 맞춤으로써 글로벌 거버넌스를 시계열적으로 생각하는 길을 열어주었으며, 이는 핑켈스타인이 비판했던 일부 쟁점들을 명확히 해주었다. 그럼에도, 콕스의 정의와 글로벌 거버넌스를 역사적 흐름과 사회적 공간을 통해 이해하는 데 있어서의 어려움은 다른 문헌에서 별로 널리 다루어지지 않았다. 그러나 그들은 글로벌 거버넌스의 분석적 유용성을 다시 생각하자는 우리의 주장의 핵심 요소이다.[8)]

학계 안팎에서 글로벌 거버넌스 용어의 사용과 관심이 더 늘어나면서 개념화에 있어서 미묘한 변화가 나타났다. 부분적으로 그 변화는 영향력을 잃어가던, 신세대의 관심을 더 이상 끌지 못하던, 또는 극복하기 어려운 개념적 장벽에 부딪힌 이전의 중요한 저술들을 설명하는 데 글로벌 거버넌스에 대한 지식을 활용한 학자들에 의해서 추동되었다.[9)] 다른 연구자들은, 새롭게 눈에 띄었지만 좀처럼 만족스럽게 설명되지 못한 현상을 설명하는 데 이 용어를 활용하였다.[10)] 바라타(Joseph Barrata)가 관찰했듯이 1990년대에 "진보적 활동의 바람직하고 실질적인 목적을 위한 국제기구에 대한 논의에서 받아들일 수 있는 용어로서 '세계정부' 대신에 '글로벌 거버넌스'라는 새로운 표현이 부상하였다." 바라타에 의하면 학자들은

> 1940년대의 세계정부라는 생각을 떠올리는 용어의 사용을 피하고 싶어 했다. 그것이 상당 부분 원자폭탄에 대한 공포를 배경으로 했으며, 세계인이 연합하는 혁명적 행동 이외에는 세계정부로의 전환을 가능케 하는 실질적 방법이 없었기 때문이다.[11]

바넷(Michael Barnett)과 듀발(Raymond Duvall)은 그 용어가 사용되기 시작한 지 10년이 지나지 않아서 "글로벌 거버넌스라는 아이디어는 유명인과 같은 지위를 가지게 되었다 … 그것은 국제문제의 실무와 연구에 있어서 무명에서부터 중앙 무대의 테마 중의 하나가 되었다"고 관찰하였다.[12]

이러한 관심의 고조가 문제가 없는 것은 아니었다. 미묘한 변화에 의해서 글로벌 거버넌스는 복잡성, 변화, 전 세계적 규모의 가능성에 대한 논의에서 냉전 후 시대에 개별 국가의 능력을 넘어서는 문제를 포착, 이해, 대응하는 협소한 초점으로 이동하였다. 그 결과 글로벌 거버넌스는 세계정부의 부재 속에서 (종종 비정부 행위자들과 협력을 통해) 정부와 유사한 서비스를 제공하고자 하는 정부 간 협력의 능력 및 그에 대한 희망과 과도하게 연계되었다. 논쟁은 보건, 분쟁예방, 무역, 개발 등 분야에서 국제적 제도의 지지자와 비판자들 사이에서 구체화되었다. 요컨대 글로벌 거버넌스는 분석적으로 유용하지 않게 되었고, 용어의 사용이 증가함에 따라 그 의미가 더욱 협소해지는 대용적 기술어가 되었다. 그 결과 이 용어의 분석적 유용성의 날이 무뎌졌다.

또 다른 어두운 면이 드러나기도 했다. 세기말 학계 안팎에서 그 용어가 희망과 우려를 모두를 포함하는 가운데, 글로벌 거버넌스는 이를 글로벌 엘리트와 도당들에 관한 사실무근의, 빈번히 인종차별화된 색채를 띤 담론과 엮으려는 음모적인 세력에 의해 채택되었다. 그것은 2021년 1월 6일 미국 의사당을 진입한 자들의 선언에서 여실히 드러났다. 그 결과 글로벌 거버넌스는 짧은 수십 년 사이에 세계적 권위의 지형 변화를 이해하고 거기에 영향을 미치려는 진정성 있는 시도에서 냉전 후 시대에 국제기구, 또는 음모론에 관해 논하는 하나의 새로운 방식으로 변질되었다.

이러한 의미 변화가 왜 중요한가? 국제기구의 미래나 여타 정부 간 협력의 시도들은 개념적으로나 다른 측면에서나 우리가 이미 주장했듯이 중요하며,[13] 유의어들은 광범위한 현상에 대해 논의할 때 유용한 축약어를 제공한다. 더욱이 많은 학생들은 국제기구에 관한 교과목에 관심이 있다. 왜냐하면, 그들은 불화와 협력이 제도화된 그 자리에 매료되며, 빈번히 국제적 공직자로서의 경력을 갖기를 희망하기 때문이다. 미래에 관해 생각하면서 우리는 지난 한 세기 반 동안의 실험을 무시해서는 안 되며,[14] 국제기구의 임무와 활동의 적절성과 부적절성, 그리고 음모론적 사고를 움직이는 인식과 세력들을 무시해서는 안 된다. 그럼에도 불구하고 그러한 제한적인 이해는 분석적 유용성을 감소시킨다. 그것은 과거, 현재, 미래에 세계질서가 어떻게 관리되는지에 대한 더 광범위한 질문을 제기하는 능력을 저해한다. 예를 들어, 20세기 말에 급성장한 정부간기구 중심주의에만 초점을 맞추는 것은 제국주의, 사회진화론, 산업화의 중요한 역할을 피상적으로밖에 보지 못하는 것이다. 마찬가지로 국제기구에 대한 현재 (예를 들어, 미국 트럼프 행정부 기간)의 비판을 강조하는 것은 오늘날의 글로벌 거버넌스와 그것이 세계질서에 미치는 영향의 해석을 왜곡하는 것이다.

우리의 주장은 분석적 효용을 높이기 위해서 글로벌 거버넌스는 20세기 말, 21세기 초의 국제기구에 있어서의 변화만을 연상하는 데서 탈피해야 한다는 것이다. 냉전 후 시대의 복잡성은 그 시기의 글로벌 거버넌스의 구체적 표현이지만, 이전의 형태는 달랐으며, 미래에는 그 시대의 산물이 나타날 것이다. 그들은 아이디어, 이해관계, 변화하고 진화하는 작용력에 의해 추동될 것이다.[15] 글로벌 거버넌스에 대한 탐구가 유용하기 위해서는 빈번히 논란이 되는[16] 글로벌 권위가 특정 시점에서 작동하는 구조를 포착하고 설명해야 하며, 지휘 및 통제의 거시적 패턴뿐 아니라 지역, 국가, 지방 체제가 그 구조와 어떻게 교차하고 길항하는지를 포착하고 설명해야 한다. 그것을 위해서는 그 체제 내에서 권력이 행사되는 수많은 방식, 이익이 어떻게 표출되고 추구되는지, 권력과 이익이 실체를 가지게 해주고, 체제를 구축, 유지, 영속하는 데 기여하는 아이디어와 담론을 탐구해야 한다. 그것은 현재뿐만 아니라 과거부터 미래에 이르는 장기적 관점에서 무엇이 지속성과 변화의 원인, 결과, 추동 요인에 초점을 맞추는 글로벌 거버넌스체제 '내'의 변화와 체제 '자체'의 전환을 촉발하는지를 설명해야 한다. 그리고 그것은 모든 수준에서의 거버넌스체제의 산출을 설명해야만 한다. 그렇게 함으로써 비로소 우리는 '거버넌스의 과거, 현재, 미래'를[17] 더 잘 이해할 수 있으며, '세계가 어떻게 돌아가는지'에[18] 관한 질문에 타당한 해답을 제공할 수 있을 것이다.

글로벌 거버넌스의 분석적 잠재력을 실현하려면 무엇이 필요한가? 그 대답의 첫 번째 부분은 글로벌 복잡성을 보다 만족스러운 방법으로 다루어 주고, 쟁점과 맥락별로 해체하는 것을 두려워하지 않고, 우리가 발견한 것을 보다 더 설명력이 있는 전체상에 맞추어 넣는 것이다. 우리는 주요 행위자가 누구이고 그들이 어떻게 서로 연결되는지뿐 아니라, 특정 산출물이 어떻게 결과했는지, 왜 그리고 어떤 근거로 권위가 효과적으로 또는 비효과적으로 행사되었는지, 누가 또 무엇이 배제되었는지를 기술해야 한다. 우리는 새로운 형태의 조직의 영향을 검토하고, 기존의, 새로운, 또는 변화하는 목적을 달성하는 데 있어서 그들의 효용을 높이는 데 어떤 조정을 해야 할지 결정해야 한다. 행위자, 제도, 거버넌스 장치의 다양한 속성과, 그 다양한 속성과 능력이 화합하거나 충돌할 때의 그들의 중요성을 더 세밀하게 이해하고 인식하는 것도 중요하다.

또 우리는 다양한 유형의 권력이 행사되는 방식에 더 많이 주목해야 한다. 국가의 능력은 분명 중요하지만, 그러나 공식적, 비공식적 제도가 국가

간 관계를 중재하는 방식, 재화와 용역이 교환 및 관리되는 방식도 중요하다. 행위자의 수나 종류가 증가하거나, 국가의 시장 통제가 감소하거나, 다양한 행위자와 시장의 복잡한 관계가 존재할 때, 권력에 대한 질문은 단순하지 않다. 예를 들어, 우리는 현재 글로벌 거버넌스체제의 탄생과 미국의 압도적 권력의 관계 이상의 것들을 조사해야 하며, 1세대, 2세대 보편적 정부간기구의 형성에 미친 미국의 핵심적 역할을 넘어서 권력 구조의 다른 요소들을 탐색해야 한다. 또한, 우리는 제도의 형태와 사회 집단들, 지식 공동체, 정책 네트워크, 재정 의사결정, 다른 행위자들의 능력의 변화에 대해 고찰해야 한다.[19]

마지막 과제는 거버넌스의 장치들을 움직이는 아이디어와 이해관계, 그리고 그들이 어떻게 형성되고 발전했는지, 어떻게 국제체제의 모든 수준에 침투하고 변형되었는지를 온전히 이해할 필요가 있다는 것이다.[20] 여기서는 아이디어 자체, 그리고 그들이 기반으로 하는 가치체계, 그들이 내재된 담론, 그들이 대변하는 이익, 그들이 연관된 상징적 권력의 요소들이 핵심이다. 또 아이디어를 창출해내는 수완가들, 그들이 아이디어를 전파하는 네트워크, 다양한 제도들이 중심적 메시지를 중개하는 방식, 그들이 조직 형태나 정책으로 전환되는 과정 등도 중요하다. 지금까지 우리는 아이디어와 글로벌 거버넌스를 적절히 연결하고 무엇이, 왜 작동하는지를 밝히는 데 실패했다.

## 글로벌 거버넌스의 역사

글로벌 거버넌스의 복잡성, 권위와 권력이 행사되는 방식, 세계질서의 아이디어와 물질적 측면에 대한 우리의 이해를 더 넓히기 위해 노력하지 않으면, 우리는 그 질서와 그것의 관리를 의미있게 조정할 수 있는 우리의 능력을 이해하지 못하거나 과소평가할 위험이 있다. 요컨대, 우리의 과제가 완수되기에는 아직 멀었다. 앞서 언급했듯이 글로벌 거버넌스의 형태에 대한 콕스의 구분은 거버넌스와 냉전 후 시대를 연관시킴으로써 가해졌던 제약을 일부 없앨 수 있는 유용한 방법을 제공한다. 우리의 글로벌 거버넌스에 대한 시각이 유용하려면 그 개념의 '현대적인' 현상들과 그들이 부상한 매우 최근의 특정 역사적 시점에서 탈피해야 한다.

글로벌 거버넌스의 역사에 대해 생각하는 한 가지 방법은 주어진 시점에서의 세계질서에 관한 지배적인 사고를 평가하는 것이다. 근본적으로 국가 간 체제로서의 베스트팔렌 질서의 2차원적이고 정적인 시각은 무정부 상태에서의 조직화 원칙을 보여주는데, 그것은 왜 세계가 그렇게 조직화되었는지, 또는 왜 우리가 그 이전에 존재했던 것에 대해 이해하려고 노력해야 하는지에 관해서는 별로 알려주지 못한다. 그러한 접근은 우리를 잘 표시된 길로 인도해주지만, 그 길을 여행하는 우리의 방식은 (우리가 어떻게 왜 그 세계가 조직화되었는지의 질문에 초점을 맞춘다면) 다르며, 잠재적으로 더 많은 통찰을 제공해준다.

세계를 관리하는 광범위한 틀로서 국가 간 체제가 부상하게 된 하나의 이유는 일정한 지리적 단위에 주권을 행사했던 다양한 세속적, 비세속적 통치자들에 대해 교황의 권위가 가장 높았던 형태의 거버넌스에서 벗어나려는 (최소한 유럽에서의) 아이디어에 대한 반응이었다. 자치에 대한 아이디어는 여기서 처음 표현되었지만, 교황의 지배에서 국가로의 이동은 그 이전의 또는 이후 형태의 거버넌스에 의해 통치된 사람들의 이익에 반드시 부합하는 것은 아니었다. 또한, 그것이 당시 글로벌 거버넌스에서 교황(또는 보다 일반적인 종교 기구)의 지배를 종식시키거나, 그 글로벌 거버넌스의 '정통성 있는' 산물로서의 관념적 국가 경계를 넘어서 인민을 지배하는 데 관한 아이디어를 없애버린 것은 아니다.

그 시점까지 세계가 관리되던 방식에 기여한 (예를 들어, 용병이나 도시

국가와 같은) 다른 행위자들은 폐지되었으나, 중심적인 역할을 하는 새로운 행위자들이 부상하였다. 일례로 홉스바움(Eric Hobsbawm)의 『제국의 시대(*The Age of Empire*)』[21]는 (초기에는 다수가 '해적'으로서 시작했으나 후에 유럽 제국의 국가 공인 '회사'가 된) 민간 기업의 행동과 활동, 그리고 질서와 통치의 세계체제로서의 제국주의 팽창에서의 그들의 역할을 강조하였다. 따라서 제국으로의 급진전에 관해 질문을 던지는 것은 우리가 영국과 네덜란드 동인도회사의 역할을 볼 수 있게 해준다. 또 유럽 제국의 국력 축적 (그리고 식민지 주민들이 경험했던 잔인한 형태의 통치) 시기 및 그 이전의 글로벌 거버넌스와, 영토 쟁탈전이 진정되고 식민지 획득, 팽창의 결과로 획정된 경계로 세계지도가 정착된 시기의 거버넌스의 형태를 구분하는 것도 도움이 된다.

19세기에 세계가 어떻게 조직화되고 질서가 형성되었는지에 관해 생각할 때 우리의 일반적인 학문적 접근은 유럽의 주요 국가 간에 세력균형이 신성 동맹과 유럽협조체제를 통해 어떻게 제도화되었는지를 검토하는 것이다.[22] 그러나 이 시각은 유럽에서 높은 대가를 치르는 전쟁의 재앙을 피하려는 지배 엘리트들의 노력에 대해서만 알려줄 뿐, 세계가 어떻게 관리되었는지는 알려주지 않는다. 19세기 글로벌 거버넌스의 지배적 틀이었던 경쟁적인 제국주의와, 비유럽인에 대한 지배와 (토착민의 존재를 무시한) 이론상 무주지의 식민지화에 대한 여러 아이디어들에 대한 설명은 없다. 또한, 이러한 지배적인 형태의 조직화와 그 아이디어들이 (아이디어로서도, 물리적으로도 공히) 도전을 받은 결과 제국주의의 기반이 잠식되고 글로벌 거버넌스의 대대적인 변화가 촉발된 양상에 대해서도 설명이 결여되었다.

현대 글로벌 거버넌스의 정부간기구적 요소의 선구적 존재로서의 국제공공부문 노조에 대한 머피(Craig Murphy)의 연구는 냉전 후 시점 이외의 다른 역사적 시기에 세계가 어떻게 질서를 만들어 갔는지를 이해하는 접근으로서 글로벌 거버넌스 틀을 시험하는 것이 매우 중요함을 보여준다.[23] 머피의 작업의 유용성은 그가 현대 글로벌 거버넌스의 형태 및 기능의 변화를 주류 국제관계 분야가 늘 이해하는 데 곤란을 겪었던 또 다른 글로벌 동력인 산업혁명 및 자본주의 생산과 조직 확산의 시작, 공고화, 가속화와 연결하려 시도했다는 점이다.

그 외의 몇몇 연구들은 세계가 어떻게 현재와 과거에 조직되고 관리되었는지에 관해 생각하는 출발점으로서 이러한 경제적 및 사회적 시각에서 조사하였다.[24] 그들은 현존하는 세계의 권위 구조에 관한 우리의 이해를 돕긴 하지만, 그들은 (이들 접근을 역사적으로 분석하려 시도는 하더라도)[25] 글로벌 거버넌스의 역사적 현상들을 심층적으로 탐색하는 데 요구되는 유형의 질문을 충분히 제기하지 않는다. 비서양 문명 및 비유럽적 형태의 조직이 현대 세계에 기여한 바에 대한 홉슨(John M. Hobson)의 연구는 글로벌 거버넌스의 과거와 현재에 관해 생각하는 데 중요한 통찰을 제공하는 좋은 사례이지만, 해야할 작업 또한 남아있음을 보여준다.[26]

냉전 직후 시기의 변화와 새로운 지평을 이해해야 할 필요성이 우리에게 글로벌 거버넌스에 관한 질문을 제기하도록 했다면, 그것은 또 우리가 그 이전의 시대에 관해 비슷한 질문하고, 지금까지보다 더 만족스러운, 아니면 최소한 더 나은 답을 찾도록 촉구한다. 그러나 글로벌 거버넌스를 현대에서 떼어내서 역사적으로 적용하는 것만으로는 불충분하다. 탐구의 초점을 이동한다면 그것이 미래를 이해하고 예측하는 데 도움이 되어야 한다. 그 미래 지향의 가치는 글로벌 거버넌스를 세계가 어떻게 관리되었었고, 관리되고 있고, 관리될 것인지, 관리될 수 있을지, 어떻게 거버넌스의 거시적인 또는 그렇지 않은 변화가 일어났는지, 앞으로 일어날 것인지, 일어나야 '하는지를' 탐구할 수 있게 해주는 적절한 일련의 질문들로서 취급하는 데 있다. 이러한 질문들은 우리의 핵심 관심 분야에서, 우리가 향후 가능한 추세를 조명해주는 오랜 지식을 가진 영역에서, 그리고 이 책의 집필자들이 이하의 장에서 다루는 영역에서 제기되어야 한다.

## 글로벌 거버넌스의 공간적 측면

현재에 집착하지 않고 글로벌 거버넌스를 이해하기 위해 노력하는 것만이 우리의 당면 과제는 아니다. 우리는 또 그것을 다루는 데 있어서 공간적, 개념적으로 규정하는 요소로서 세계를 생각하는 경향으로부터 탈피해야 할 필요가 있다. 세계를 조직화, 관리, 통치, 배열하기 위해서 체제들이 조합되는 방식을 조사하는 경우 그러한 것들이 반드시 지구적인 규모이어야만 하는 것은 아니다. 실제로 현재 이전의 시대에 글로벌 거버넌스의 형태는 그 범위나 규모가 전 지구적인 것보다 작았다. 거버넌스의 재개념화는 우리가 이해하고 있거나 또는 상상하는 많은 세계들에서 벌어지는 인간 중심의 활동의 상당 부분을 잘 보여줄 수 있으면 된다.

이 측면의 글로벌 거버넌스가 분석적으로 확산되지 못하고, 우리의 탐구에 동기부여를 하지 못한 것은 두 가지 문제점 때문이다. 첫째, 기존의 개념화는 예외 없이 '글로벌(global)'을 '전지구적(planetary)'과 동의어로 취급하였다. 둘째, 세계질서의 거버넌스가 현재와 같은 포괄적 범위가 아니라면 그것이 어떤 모습일까에 대해 익숙하지 않은 (또는 언급이 적었던) 문제이다.

역사적 사례에서 분명히 알 수 있듯이 모든 세계질서가 다 글로벌한 것은 아니었다. 이는 19세기 제국주의 질서에서나 고대 세계의 경합하는 제국들의 불안정한 배열에서나 사실이었다. 이와 같은, 또 그 외의 다수 사례를 보면 인류의 상당한 부분의 행동을 통제했던 질서의 체제들은 그 범위가 '전지구적인' 것이 아니었다 (그 당시 많은 사람들은 그렇다고 생각했을지 모르지만). 그럼에도 그들은 세계질서였으며, 우리는 그 시대에 글로벌 거버넌스의 형태로서 질서를 제공했던 그 체제들을 특정할 수 있다. 오늘날의 세계질서가 다른 점은 그것이 진정으로 범위가 전지구적이며, 우리는 그러한 체제가 가능하고 현실이 된 최초의 시대에 살고 있다는 점이다.

그러나 우리가 글로벌 거버넌스에 대해 말할 수 있는 시대에 이르렀다고

해서 미래의 모든 거버넌스가 반드시 그럴 것이라는 의미는 아니다. 그들은 더 소규모일 수도, 대규모일 수도 있다. 비록 (기후변화나 코로나19는 물론이고) 기술과 통신의 계속되는 발전으로 인해 지구 전체가 타당한 분석의 단위가 되어가지만, 지난 시간을 보면 양차대전 사이의 기간과 같이 글로벌 거버넌스의 후퇴 시기도 분명히 있었다. 기술이 추동하는 근접성과 원심력이 작용하는 추세가 다시 강화되는 상황이 모두 가능하다.

그러나 지구상의 지역들이 전 세계적 체제의 구성 요소가 되거나 거기에 통합됨이 반드시 그 체제에 의해 공식적으로 관리되어야 하는 것은 아님을 인식하는 것이 중요하다. 그들은 지배적인 체제에 저항하거나, 그 체제와 (의식적 혹은 무의식적으로) 다르거나, 또는 체제로부터 배제될 수도 있다. 우리의 이해의 핵심은 그러한 입장들이 세계질서의 지배적 체제에 대한 직접적인 반응의 결과라는 (따라서 필연적으로 그 체제에 대한 방향성을 수반한다는) 것이다.

이러한 방식으로 글로벌 거버넌스를 개념화하면 상당한 효용이 있다. 그것은 우리가 세계질서를 관리하는 상이한 (종종 경쟁하는) 체제에 관해, 그리고 공식적으로 관리되는 영역 외의 지역이 지휘 및 통제체제와 어떻게 관계를 맺는지에 관해 질문을 제기할 수 있게 해준다. 이는 우리가 현재의 질서의 진화에 관해 생각할 때 특히 적절하다. 일례로, 팍스아메리카나의 시작은 그 범위가 글로벌한 것과는 거리가 멀었으며, 쇠퇴하는 제국들 및 초기 공산주의체제가 존재하는 영역을 공유했었다. 후에, 냉전이 절정인 시기에 워싱턴 중심적인 '세계'질서는 경쟁하는 모스크바 중심적인 체제와 공존했었다. 두 질서는 각자의 영향권 내에서 삶을 조직화했을 뿐 아니라, (예를 들어, 비동맹운동 참여 국가들, 또는 G77과 같이) 공식적으로는 그 영역 밖에 존재했으나 냉전기의 지배적 국가와의 관계 속에서 방향성을 가진 지역에도 영향을 미쳤다. 어떤 세계질서나 그 관리체제도 진정한 의미로 '글로벌'이라고 묘사할 수는 없었다. 그러나 이 세 영역은 모두가 이념적 경쟁과 대결에 근거한 더 포괄적인 글로벌 거버넌스의 요소들이었으며, 그렇게 개념화하는 것이 유용하다.

따라서 글로벌 거버넌스라는 퍼즐의 전체를 이해하기 위해서 역사만을 강조하는 것은 충분하지 않다. 우리는 실재하는 그리고 상상 속의 공간을 이해할 필요가 있다. 글로벌 거버넌스 개념을 시공간적으로 확대하면 우리는 전지구적이지 않은 세계질서가 어떤 존재였는지, 어떻게 조직화되어 있는지뿐만 아니라, 어떻게 인류의 진화 초기에 소규모 지역들 사이의 관계를 관리했던 규제체제가 인류세(Anthropocene)를 정의하고 결정하는 체제들로 발전했는지에 관한 질문을 제기할 수 있게 해준다.

## 글로벌 거버넌스의 부침

글로벌 거버넌스를 더 만족스럽게 이해하는 데 있어서 놓치고 있는 요소가 시간과 공간뿐만은 아니다. 거시적 시각에서 전형적으로 빠져있는 두 개의 다른 시각을, 보다 정확하게 반영하는 해석들도 무시되고 있다. 첫째는 '일상', 즉 세계질서가 만들어지고 관리되는 수많은 방식에 의해서 영향을 받는 여러 사회집단의 일상의 경험들에 대한 설명이다. 둘째는 '간과된 중간지대', 즉 글로벌 거버넌스를 창출, 형성, 생산하지만, 그 역할은 종종 보이지 않거나 간과되는 사람들이다.

이 추가적인 시각은 우리가 체제의 형태와 복잡성뿐 아니라, (우리가 다른 연구에서 글로벌 거버넌스 방정식의 '산출 측면'이라고 기술했던) 그 결과를 이해하는 데 도움을 준다. 그 이유는 상대적으로 간단하다. 문헌이 시사하듯이 글로벌 거버넌스는 다중적인, 다양한 결과가 있다. 그러나 그 결과는 종종 우리가 인정하는 것 이상으로 냉엄하다. 예를 들어, 우리는 거버넌스의 핵심 기술이며, 현대 세계에 질서를 부여하는 수단인 국경선이 일상의 삶에 미치는 영향에 대해 생각해봐야 한다. 국경선은 그로 인해 분리된 사람들뿐만 아니라, 이라크·이란·시리아·터키에 거주하는 쿠르드족, 또는 미국에서 난민 신청을 하는 중미 출신자들의 사례와 같이 공동체들 사이의 관계를 결정한다. 또 국경선은 이스라엘이 점령한 골란고원의 시리아인 목동들과 같이 국경을 넘어서 상업이나 통신 활동을 해야 하는 사람들에게도 영향을 미친다. 마찬가지로 국경선의 변경이나 (상품, 서비스, 정보, 사람의) 국경선 통과의 규칙 변경도 중대한 영향을 미친다. 영국의 EU 탈퇴가 아일랜드공화국에서 북아일랜드로의 여행과 영국에서 유럽대륙으로의 왕래에 미친 변화도 한 사례이다. 오늘날에도 여전히 영향을 미치는 식민지 시대의 중동, 아프리카, 여타 지역의 국경선 획정은 많은 다른 사례들을 제공한다.

따라서 거버넌스의 체제와 표상이 어떻게 경험되는지를 아래로부터, 즉 '글로벌 거버넌스의 대상이 되는 자들'의[27] 시각에서 이해하려면 글로벌 거버넌스의 하향적 분석의 시각의 방향을 바꾸는 것이 중요하다. 이 각도에서 보면 우리는 빈번히 간과하는 시각을 발견할 수 있다. 우리는 어떻게 글로벌 거버넌스가 젠더화, 인종차별화되었는지를 더 잘 인식할 수 있으며, 지금까지 회피했거나 간과했던 방식을 분석에 적용할 수 있게 된다. 이것은 또 우리가 효과적, 지속적 변화를 가져오기 위해서 무엇이 필요한지를 더욱 치밀하게 생각할 수 있게 해준다.

이러한 시각은 한 가지 의문을 제기한다. 왜 우리는 일상의 글로벌 거버넌스에 관해 이렇게 아는 것이 적은가? 우리는 금융시장의 힘에 관해 대단히 많은 것을 인식하고 있다. 왜냐하면, 금융시장 붕괴의 재난적 결과가 모든 주요 경제 붕괴 이후 학자들의 연구가 활성화되었기 때문이다. 2007~2008년 글로벌 금융위기와 코로나19위기는 가장 최근의 사례이다. 그러나 우리는 글로벌 금융시장의 의사결정이 일상생활에 정확히 어떤 영향을 주는지 충분히 알지 못한다. 예를 들어, 우리는 취리히와 런던에서 벌어지는 일과 안데스나 대평원 지대 농민들의 개인 소득의 등락 사이에 어떤 관계가 있는지, 또는 글로벌 상품시장의 거래자들의 투기 행위와 지역 현물시장, 농민의 생계, 가계 경제에 미치는 영향의 연관성에 대해 거의 알지 못한다.[28] 아마 우리가 말할 수 있는 것은 금융과 경제위기는 보통 사람들의 일상을 더 위태하게 만들며, 개발도상지역에 사는 사람들이 가장 크게 영향을 받는다는 것이다.

이와 같은 지식의 결여는 글로벌 금융체제에 대한 우리의 이해에만 국한되는 것이 아니다. 우리는 국제 원조 프로그램, 위기 대응, 전염병 발생에 대응하여 가해지는 보건 관련 제한과 그 철회가 공동체의 생업 복구 능력에 미치는 영향 등의 일상적 결과를 이해하는 데 태만하다. 우리는 너무나 빈번히 글로벌 거버넌스의 대상자들이 (긍정적이든 부정적이든) 글로벌 거버넌스에 어떻게 직면했는지를 살펴보는 데 게을리하였다. 그보다 우리는 거버넌스 관리자들의 행동과 활동에만 집중해왔다.

글로벌 거버넌스의 대상이 되는 사람들은 왜 이렇게 주목받지 못하는가?[29] 개념적으로 '글로벌 거버넌스'와 국제기구가 하는 일을 밀접히 연관시킴으로써 우리는 이 분야에서 일어나는 일을 너무 결정론적으로 보았다. 우리는 글로벌 거버넌스의 역사, 내용, 변화의 추동 요인 등을 루호로로(부룬디), 우루무치(중국), 딜리(동티모르)에 있는 공동체가 아니라 주로 워싱턴, 런던, 브뤼셀, 제네바 등의 시각에서, 또 특권적 엘리트들의 눈으로 보는 경향이 있다. 이러한 경향은 거버넌스의 결과를 받아들이는 쪽이 아니라 권력자가 거버넌스를 행사하는 수법에 우리의 관심을 집중하도록 만들었다. 그것은 또한 글로벌 거버넌스 연구자들이 글로벌 의사결정의 중심 국가 출신이나 거주자임을 반영한다. 따라서 이들은 분석의 촉각이 거버넌스에 있어서의 다양한 변수들을 보는 데 충분히 조율되어 있지 않으며, 다수의 글로벌 거버넌스의 대상자들로부터 물리적으로 대단히 멀리 떨어져있다. 더욱이 누구도 계속되는 식민지적 사고방식의 잔재를 충분히 다루지 않았다.[30] 글로벌 거버넌스의 대상에 관한 연구는 대부분의 국제관계학 연구자들이 (코로나19 이전조차도) 능력이 되지 않는 1차 자료에 대한 현장 조사를 필요로 할 수 있다.[31] 우리는 강의실, 도서관, 데이터베이스와 물리적으로나 문화적으로 멀리 떨어져 있는 공동체들의 일상을 이해하는 데 헌신하는 문화인류학자들로부터 배울 것이 대단히 많다.

그러나 글로벌 거버넌스 연구는 다른 학문 분야의 연구와 그렇게 다르지는 않다. 대부분의 사회과학자들은 문제 해결이나 정책 결정의 중심에 있는 가장 눈에 띄는 기관이나 개인에 초점을 맞추는 경향이 있다. 통상적으로 그들의 관심은 권력과 영향력이 그 대상자에게 어떻게 흘러가는지를 이해하는 데까지 미치지 않는다. 특히 디지털 시대에 대부분 우리는 1차 자료나 인터뷰에 손쉽게 접근할 수 있다. 시간, 자원, 언어 능력, 그리고 전장에서 위험을 감수하거나, 국경 분쟁 지역에서 세관을 통과하거나, 고립된 공동체에서 사회적 관계망을 만들거나, 불안정한 국경 지역에 들어가는 용기를 가진 사람은 많지 않다. 그 결과 글로벌 거버넌스에 대한 우리의 시각은 우리의 특권으로 인해 한계가 있으며, 제도적 설계나 구조, 정책 개발과 집행에 관한 질문에 한정된다.

우리가 글로벌 거버넌스 분석에 있어서 이처럼 큰 실수를 바로잡아야 하는 다른 이유들도 있다. 앞서 언급했듯이 글로벌 관리의 행위는 대부분 북반구 선진국에서 이루어진다. 애반트(Deborah Avant), 핀모어(Martha Finnemore), 셀(Susan Sell)에 의하면 글로벌 거버넌스의 관리자들은 북반구에 거주하고, 일하고, 여가를 즐긴다.[32] 반면 오늘날 글로벌 거버넌스의 관리를 받는 사람들은 대부분 남반구에 있으며, 가장 크게 영향을 받는 사람들은 (여성, 아동, 노인, 토착민 등) 그 중에도 가장 취약한 사람들이다. 이 현실은 글로벌 거버넌스의 영향이나 그에 대한 강한 의견이 북반구에는 부재하다는 의미는 아니다. 그러나 그것은 북반구에 비해 세계의 가장 취약한 남반구의 공동체들이 글로벌 거버넌스와 더 밀접하게 일상적으로 관련됨을 의미한다. 그들은 세계은행, 국제통화기금(IMF), 유엔 난민고등판무관(UNHCR), 세계보건기구(WHO), 옥스팜, 국제적십자사·적신월사연맹, 국경없는 의사회(MSF) 등을 통해 글로벌 거버넌스에 익숙해진다. 글로벌 거버넌스의 대상자들은 이처럼 유명한 단체들뿐 아니라 훨씬 눈에 띄지 않는 초국가적 범죄 네트워크, 종교 단체, 금융시장 등과도 접하게 된다.

더욱이 그와 같이 글로벌 거버넌스의 영향을 받는 쪽에 있는 사람들은 그들의 일상적 삶에 영향을 미치는 의사결정에 거의 접근하지 못하고, 발언조차도 하지 못한다. 이러한 엄청난 불균형은 우리가 제도적 행위의 설계나 결과를 검토해 보면 특히 두드러진다. 학계가 글로벌 거버넌스의 성공, 실패, 영향을 매우 협소하게 연구하기 때문에, 우리는 거버넌스의 대상자들과 그들의 어려움을 무시하고 그들의 능동성을 제약하는 비효과적인 체제들을 지속하는 데 안주했을지도 모른다.

이러한 개념적 결함을 줄이려면 우리는 눈가리개를 제거하고 글로벌 거버넌스의 대상자들을 전면에 세워야 한다. 이것은 '일상'을 국제관계, 국제정치경제, 평화연구의 중심으로 가져와야 한다는 이전의 호소와 비슷한 것이다.[33]

또한, 글로벌 거버넌스에 대한 더 넓고 풍부한 이해를 위해서는 분석의 촉각을 (우리가 '간과된 중간지대'로 지칭하는) 글로벌 거버넌스를 창조, 결정, 생산하는 그 밖의 개인들로 향할 필요가 있다. 이들은 지역에서부터 글로벌 수준에 이르기까지 다양한 글로벌 거버넌스 기구가 작동하도록 정책, 운영, 지원 활동을 하는, 무대 뒤에서 관여하는, 알려지지 않은 전문가, 지원팀, 그 외의 개인들이다. 그들이 글로벌 거버넌스에 미치는 영향에 대한 통찰은 지식공동체들, 초국가적 행동주의와 네트워크, 더 최근에는 국제 거버넌스 전문가들의 작업으로부터 얻을 수 있다.[34] 그러나 이러한 연구들조차도 거버넌스에 종사하면서 글로벌 거버넌스에 생명력을 불어넣는 활동을 하는 직원들의 일상적인 역할에 초점을 맞추지는 않는다.

간과된 중간지대의 구성원들은 정부간기구에 고용된 전문가와 직원들의 일상적인 기여 이상을 의미한다. 간과된 중간지대는 세계질서를 형성하는 데 관련이 있는, 글로벌 거버넌스의 다른 요소들에 영향을 미치는 사람들도 포함된다. 행동을 예측하고 영향을 미치는 알고리즘을 개발하는 컴퓨터 프로그래머는 유엔의 국가 또는 지역 사무소 대표나 직원들만큼 현대 글로벌 거버넌스의 일부분이다. 분쟁 지역의 중재자나 군사 요원들도 글로벌 거버넌스의 형태를 만드는 데 중요한 역할을 한다. 마찬가지로 비유럽이나 유럽의 제국체제 형성에 영향을 미친 용병이나 해적들과 마찬가지로, 코로나19에 대응하고 백신을 개발하는 과학자나 의료 종사자들도 현대 세계질서를 만드는 요인의 일부이다.

주로 국제기구에 관심이 있는 사람들의 시각에서 볼 때 간과된 중간지대의 많은 종사자들이 부재한 것은 아니다. 그들은 인터뷰나 기관의 서비스 모델에 관한 기록에서 다루어진다. 그러나 그들은 성찰의 중심에 있지 않다. 난민 캠프, 다자간 구호 프로그램, 보건 긴급사태 등 글로벌 거버넌스의 산출의 사례에 초점을 맞추는 연구들은 그러한 시도를 촉진하거나 저해하는 고위정치를 강조하거나, 대안적으로 현장의 수혜자들을 강조하는 경향이 있다. 분석의 초점이 프로그램의 시행을 가능하게 하는 원조 사업 종사자, 군사 요원, 자원봉사자에 맞춰지는 경우는 드물다. 유사하게 금융시장에 대한 분석은 투자자의 집합적 의사결정의 결과나 개별 펀드 운영자를 강조한다. 일상의 투자자들, 시장 관리자, 기술자들은 각광을 받기는커녕, 분석의 중심에 위치하는 경우는 별로 없다. 그러나 글로벌 거버넌스는 그들이 없이는 일어나지 않는다. 그들이 없으면 전략적 비전이 현실로 실현되지 않으며, 결정은 내려지지 않으며, 행동은 취해질 수 없고, 프로젝트나 프로그램은 모니터되지 않으며, 기준은 집행되지 않을 것이다.[35] 요컨대 간과된 중간지대, 그들의 활동, 효과, 그 결과에 영향을 받는 사람들을 무시하는 것은 바람직하지 않다.

## 당면 과제

앞서 언급한 것들이 우리가 글로벌 거버넌스의 미래에 대해 생각하는 데 어떤 도움이 될까? 기록되고 연구될 수 있는 역사적인 또는 현재의 사건들과 달리 미래의 체제들과 그들이 생산하게 될 결과는 아직 결정되지 않았다. '글로벌 거버넌스의 미래'가 아직 창조되지 않았지만, 우리는 집필자들에게 각자가 선택한 방법으로 그것을 상상해보라고 요청했으며, 그것이 이 책의 제목에 반영되었다.

그 미래들은 진공 상태에서 전개되는 것이 아니다. 오히려 그들은 아직 벌어지지 않은 미래와는 거리가 있는 과거와 현재에 의해 영향을 받는 사건들의 조합에 의해 형성될 것이다. 미래는 알 수 없다. 그러나 과거의 실수를 인식하고 피하는 것은 실현 가능한 목표이다. 글로벌 거버넌스의 복잡성, 여러 시간과 공간에 걸친 그 표상들, 그것을 생산하는 데 관련되는 사람들, 그 대상이 되는 사람들에 대한 이해는 글로벌 거버넌스 '자체의' 중요한 변화와 거버넌스 '내의' 사소한 변화를 구분할 수 있게 해주고, 우리가 글로벌 거버넌스를 이해하고 진정으로 변화를 가져올 수 있게 해줄 것이다.

그렇게 하기 위해서 우리는 과거의 체제들과 향후 지속될 그 잔향에 대해 이해해야 한다. 우리는 젠더, 전쟁, 인종, 식민지의 유산에 대해 평가할 필요가 있다. 인간을 둘러싼 환경은 익숙한 방식으로, 또 새로운 방식으로 글로벌 거버넌스를 활성화할 것이다. 우리는 어떤 영역에서 진보가 있었는지(예를 들어, 교육, 수명 등)뿐만 아니라, 어떤 영역에서 그렇지 못한지 (예를 들어, 지속되는 식민지 관리자, 지도 제작자, 사회진화론자들의 잔재) 이해해야 한다.

이 책의 목적은 우리가 21세기의 중반에 다가가는 가운데 세계질서의 거버넌스에 대해 전망하는 것이다. 집필자들은 글로벌 거버넌스의 미래 전망을 밝게 할 수 있는 가능성을 탐색하기 위해 오늘날 가장 시급한 문제들에 대해 논의한다. 이 책은 독자들이 보다 기초적인 사항부터 시작할 수 있는 『국제기구와 글로벌 거버넌스(*International Organization and Global Governance*)』(루틀리지에서 2018년 제2판 출판, 2023년 제3판 예정)를 보완하도록 계획되었다.

이 책은 글로벌 거버넌스의 미래를 이해하는 가장 유용한 길이라고 생각되는 내용을 다루는 3부로 구성된다. 제1부는 인류세, 전쟁, 지정학, 문명, 종교, 도시에 관한 글로벌한 시각을 다루는 6개의 에세이를 포함하는 '전지구적인' 내용이다. 오늘날 세계는 그 어느 때보다도 양극화되어 있다고 한다. 따라서 제2부는 인권, 이주, 빈곤과 불평등, 인종, 민족이라는 5개의 '분열상'을 검토한다. 제3부는 현존하거나 다가오는, 그리고 잠재적으로 치명적인 7개의 '도전'으로서 식량, 보건, 기후, 생물다양성, 원조, 데이터, 불법 약물에 관해 논의한다. 각 장의 끝에는 추가적인 연구를 원하는 독자들을 위해서 '추가 읽을거리'와 풍부한 미주가 있다.

우리는 저명하고 지적으로 다양한 저자들에게 원고를 요청하였다. 이 책의 강점 중의 하나는 집필자들이 각자 다른 시각과 학문 분야에서, 다양한 방법으로 주제에 접근한다는 점이다. 미래의 글로벌 거버넌스의 문제와 전망을 탐색하는 데 관심이 있거나, 학계에서 기존의 사고와 이론화가 저지른 실수를 피하고자 하는 사람이라면 누구에게나 접근의 다양성은 유용할 뿐 아니라 필요하다. '집필진 소개' 부분은 각자의 전문 분야에 관해 연구하고 광범위하게 저술한 집필자에 대한 짧은 약력을 포함한다.

이 책의 부와 장에 대한 개괄은 3개의 부의 시작 부분에 소개될 것이다. 거기서는 글로벌 거버넌스에 대한 기존과는 다른 사고와 미래에 대한 탐색의 중요성에 대해 소개하며, 각 장의 배열과 그들이 이 책의 목적에 어떻게 기여하는지를 알려줄 것이다.

글로벌 거버넌스의 가능성, 전망, 기회, 위험성을 이해하기 위해서는 그 시간적·공간적 차원, 글로벌 거버넌스의 대상에 미치는 영향, 간과된 중간

지대의 기여 등과 관련하여 글로벌 거버넌스를 새롭게 상상하는 것의 중요성을 독자들이 발견하기를 기대한다. 그리고 별도의 장에서 강조된 내용들은 코로나19위기가 우리에게 이미 알려준 바와 같이 현재의 글로벌 거버넌스체제의 한계에 대한 더 많은 증거를 제시해준다. 우리가 21세기의 중반을 향해 나아가는 가운데, 놓여있는 함정들을 피하기 위해서 글로벌 거버넌스의 가능성에 대해서 더 야심차게 생각하자는 것이 우리의 호소이다. 이 책은 그 목표에 대한 작은 기여이다.

## 추가 읽을거리


Amitav Acharya, ed., *Why Govern? Rethinking Demand and Progress in Global Governance* (Cambridge: Cambridge University Press, 2016).

Deborah D. Avant, Martha Finnemore, and Susan K. Sell, eds., *Who Governs the Globe?* (Cambridge: Cambridge University Press, 2010).

Alice Ba and Matthew J. Hoffmann, eds., *Contending Perspectives on Global Governance: Coherence, Contestation and World Order* (London: Routledge, 2005).

Martin Hewson and Timothy J. Sinclair, eds., *Approaches to Global Governance Theory* (Albany, NY: State University of New York, 1999).

Tana Johnson, *Organizational Progeny: Why Governments Are Losing Control Over the Proliferating Structures of Global Governance* (Oxford: Oxford University Press, 2017).

Kathryn C. Lavelle, *The Challenges of Multilateralism* (New Haven, CT: Yale University Press, 2020).

Mark Mazower, *Governing the World: The History of an Idea* (New York: Penguin, 2012).

Thomas G. Weiss and Rorden Wilkinson, *Rethinking Global Governance* (Cambridge: Polity Press, 2019).


## 주

1) World Health Organization, "WHO Coronavirus (COVID-19) Dashboard," https://

covid19.who.int.

2) 예를 들어, Mohammed Ayoob, "The New-old Disorder in the Third World," *Global Governance* 1, no. 1 (1995): 59–77; Elisabeth Prügl, "Gender in International Organization and Global Governance: A Critical Review of the Literature," *International Studies Notes* 21, no. 1 (1996): 15–24; Mary K. Meyer and Elisabeth Prügl, eds., *Gender Politics in Global Governance* (New York: Rowman & Littlefield, 1999); Lean Gordenker, "Pluralizing Global Governance: Analytical Approaches and Dimensions," *Third World Quarterly* 16, no. 3 (1995): 357–388; Robert O'Brien, Anne Marie Goetz, Jan Aart Scholte, and Marc Williams, *Contesting Global Governance: Multilateral Economic Institutions and Global Social Movements* (Cambridge: Cambridge University Press, 2000) 참조.

3) Yoshikazu Sakamoto, ed., *Global Transformations: Challenges to the State System* (Tokyo: United Nations University Press, 1992); Keith Krause and W. Andy Knight, eds., *State, Society and the UN System: Changing Perspectives on Multilateralism* (Tokyo: United Nations University Press, 1995); Robert W. Cox, ed., *The New Realism: Perspectives on Multilateralism and World Order* (Basingstoke, UK: Macmillan, 1997); Stephen Gill, ed., *Globalization, Democratization and Multilateralism* (London: Macmillan, 1997); Michael G. Schechter, ed., *Future Multilateralism: The Political and Social Framework* (London: Macmillan, 1999), 그리고 *Innovation in Multilateralism* (London: Macmillan, 1999). 또 John Gerard Ruggie, ed., *Multilateralism Matters: The Theory and Praxis of an Institutional Form* (New York: Columbia University Press, 1993); Rorden Wilkinson, *Multilateralism and the World Trade Organisation: The Architecture and Extension of International Trade Regulation* (London: Routledge, 2000); and Edward Newman, Ramesh Thakur, and John Tirman, eds., *Multilateralism Under Challenge? Power, International Order, and Structural Change* (Tokyo: United Nations University Press, 2006) 참조.

4) David Goldblatt, Jonathan Perraton, David Held, and Anthony McGrew, *Global Transformations: Politics, Economics, Law* (Cambridge: Polity Press, 1999); Martin Hewson and Timothy J. Sinclair, eds., *Approaches to Global Governance Theory* (Albany, NY: State University of New York, 1999).

5) Aseem Prakash and Jeffrey A. Hart, eds., *Globalization and Governance* (London: Routledge, 1999); David Held and Anthony McGrew, eds., *Governing Globalization* (Cambridge: Polity Press, 2002); and Robert W. Cox, "The Crisis of World Order and the Challenge to International Organization," *Cooperation and Conflict* 29, no. 2 (1994): 99–113

6) Lawrence Finkelstein, "What Is Global Governance?" *Global Governance* 1, no. 3 (1995): 368.

7) Cox, "Introduction," in *The New Realism*, XVI.

8) Thomas G. Weiss and Rorden Wilkinson, *Rethinking Global Governance* (Cambridge: Polity Press, 2019).

9) 예를 들어, Richard B. Falk and Saul H. Mendlovitz, eds., *A Strategy of World*

*Order*, vols. I–IV (New York: World Law Fund, 1966–67); Grenville Clark and Louis B. Sohn, *World Peace Through World Law* (Cambridge, MA: Harvard University Press, 1958) 참조.

10) Timothy J. Sinclair, *Global Governance* (Cambridge: Polity Press, 2012), 16.
11) Joseph Preston Barrata, *The Politics of World Federation*, 2 vols. (Westport, CT: Praeger Publishers, 2004), vol. 2, 534–535에서 인용.
12) Michael Barnett and Raymond Duvall, eds., *Power in Global Governance* (Cambridge: Cambridge University Press, 2005), 1.
13) 예를 들어, Thomas G. Weiss, *What's Wrong with the United Nations and How to Fix It* (Cambridge: Polity Press, 2008); and Rorden Wilkinson, *What's Wrong with the WTO and How to Fix It* (Cambridge: Polity Press, 2014).
14) Kathryn C. Lavelle, *The Challenges of Multilateralism* (New Haven, CT: Yale University Press, 2020).
15) 지속성과 변화에 대한 현대적인 시각은 Kishore Mahbubani, "Europe in the 21st Century: Powerful and Powerless," *Global Policy* 11, no. 1 (2020): 143–146 참조.
16) Laura J. Shepherd, "Power and Authority in the Production of United Nations Security Council Resolution 1325," *International Studies Quarterly* 52, no. 2 (2008): 383–404; Karim Makdisi and Coralie Pison Hindawi, "The Syrian Chemical Weapons Disarmament Process in Context: Narratives of Coercion, Consent, and Everything in Between," *Third World Quarterly* 38, no. 8 (2017): 1691–1709.
17) Martin Hewson and Timothy J. Sinclair, "Preface," in *Approaches to Global Governance Theory*, ed. Martin Hewson and Timothy J. Sinclair (Albany, NY: State University of New York Press, 1999), IX.
18) John Gerard Ruggie, *Constructing the World Polity* (London: Routledge, 1998), 2.
19) Peter M. Haas, "Epistemic Communities and International Policy Coordination," *International Organization* 46, no. 1 (1992): 1–35; Diane Stone, "Governance via Knowledge: Actors, Institutions and Networks," in *Oxford University Press Handbook of Governance*. ed. David Levi-Faur (Oxford: Oxford University Press, 2012), 339–354; Eric Helleiner and Stefano Pagliari, "The End of an Era in International Financial Regulation? A Post-crisis Research Agenda," *International Organization* 65, no. 1 (2011): 169–200.
20) Louis Emmerij, Richard Jolly, and Thomas G. Weiss, *Ahead of the Curve? UN Ideas and Global Challenges* (Bloomington: Indiana University Press, 2001); Stephen Gill, "Constitutionalizing Inequality and the Clash of Globalizations," *International Studies Review* 4, no. 2 (2002): 47–65; Martha Finnemore and Kathryn Sikkink, "International Norm Dynamics and Political Change," *International Organization* 52, no. 4 (1998): 887–917.
21) Eric Hobsbawm, *The Age of Empire* (London: Abacus, 1994).
22) Hans J. Morgenthau, *Politics Among Nations: The Struggle for Power and Peace*, 6th ed. (New York: McGraw-Hill, 1995), 481–489.
23) Craig Murphy, *International Organization and Industrial Change: Global Governance Since 1850* (Cambridge: Polity Press, 1994).

24) Christopher Chase-Dunn and Joan Sokolovsky, "Interstate Systems, World Empires and the Capitalist World Economy," *International Studies Quarterly* 27, no. 3 (1983): 357–367.
25) André Gunder Frank and Barry K. Gills, eds., *The World System: Five Hundred Years of Five Thousand* (London: Routledge, 2003).
26) John M. Hobson, *The Eastern Origins of Western Civilization* (Cambridge: Cambridge University Press, 2004).
27) Thomas G. Weiss and Rorden Wilkinson, "The Globally Governed: Everyday Global Governance," *Global Governance* 24, no. 2 (2018): 193–210; Kate Pincock, Alexander Betts, and Evan Easton-Calabria, *The Global Governed? Refugees as Providers of Protection and Assistance* (Cambridge: Cambridge University Press, 2020).
28) Adrienne Roberts, "Financing Social Reproduction: The Gendered Relations of Debt and Mortgage Finance in Twenty-first-century America," *New Political Economy* 18, no. 1 (2013): 21–42; Genevieve LeBaron, "The Political Economy of the Household: Neoliberal Restructuring, Enclosures, and Daily Life," *Review of International Political Economy* 17, no. 5 (2010): 889–912.
29) 다른 분석적 목적으로 설계된 프로젝트의 예상치 않은 결과로서 글로벌 거버넌스를 받아들이는 데 대해 우리에게 뭔가를 알려주는 연구는 예외이다. 예를 들어, Jim Yong Kim, Joyce V. Millen, Alec Irwin, and John Gershman, eds., *Dying for Growth: Global Inequality and the Health of the Poor* (Monroe, ME: Common Courage Press, 2000); Ellen Chesler and Terry McGovern, eds., *Women and Girls Rising* (London: Routledge, 2015).
30) Robbie Shilliam, ed., *International Relations and Non-Western Thought: Imperialism, Colonialism and Investigations of Global Modernity* (London: Routledge, 2010).
31) Caroline Nordstrom, *Global Outlaws: Crime, Money, and Power in the Contemporary World* (Los Angeles, CA: University of California Press, 2007).
32) Deborah D. Avant, Martha Finnemore, and Susan K. Sell, eds., *Who Governs the Globe?* (Cambridge: Cambridge University Press, 2010).
33) Juanita Elias and Adrienne Roberts, "Feminist Global Political Economies of the Everyday: From Bananas to Bingo," *Globalizations* 13, no. 6 (2016): 787–800; Laura Sjoberg and Caron E. Gentry, "Introduction: Gender and Everyday/Intimate Terrorism," *Critical Studies on Terrorism* 8, no. 3 (2015): 358–361; Michele Acuto, "Everyday International Relations: Garbage, Grand Designs and Mundane Matters," *International Political Sociology* 8, no. 4 (2014): 345–362; John M. Hobson and Leonard Seabrooke, eds., *Everyday Politics of the World Economy* (Cambridge: Cambridge University Press, 2007); Roger MacGinty, "Everyday Peace Bottom-up and Local Agency in Conflict-Affected Societies," *Security Dialogue* 45, no. 6 (2014): 548–564.
34) Haas, "Epistemic Communities and International Policy Coordination"; Cecilia Milwertz and Wei Bu, "Non-governmental Organising for Gender Equality in China – Joining a Global Emancipatory Epistemic Community," *International*

*Journal of Human Rights* 11, nos. 1–2 (2007): 131–149; Inderjeet Parmar, "American Foundations and the Development of International Knowledge Networks," *Global Networks* 2, no. 1 (2002): 13–20; Leonard Seabrooke and Lasse Folke Henriksen, eds., *Professional Networks in Transnational Governance* (Cambridge: Cambridge University Press, 2017); Anne-Marie Slaughter, "Everyday Global Governance," *Daedalus* 132, no. 1 (2003): 83–90.

35) Craig N. Murphy and JoAnne Yates, *The International Organization for Standardization (ISO): Global Governance Through Voluntary Consensus* (London: Routledge, 2009).

# 1부

# 지구적 차원

# 서론

이 책의 제1부는 지구 전체의 차원과 인간조직의 기본 요소 시각에서 글로벌 거버넌스의 미래를 다루는 6개의 장으로 구성되었다. 각 장은 가까운, 또 먼 미래에 등장할 가능성이 있는 형태의 글로벌 거버넌스와 세계질서를 이해하는 데 매우 중요한 핵심적 역학을 탐색한다. 그들은 인간조직의 주요 역학과 형태가 어떻게 지속성과 변화의 추동력을 제공하는지에 대한 강력한 통찰을 제공한다.

제1부 제2장 '글로벌 거버넌스와 인류세: 글로벌 위기의 확산에 대한 설명'에서 도번(Peter Dauvergne)은 매우 강력한 통찰력을 보여준다. 그는 지난 5세기 동안 인간이 지구를 지배한 결과와 그 부정적 효과에 대응하고자 한 인간의 시도, 그리고 그것이 글로벌 거버넌스의 미래에 어떤 의미를 가지는지에 주목한다. 그는 인류가, 특히 지난 반세기 동안 환경에 미친 영향은 매우 심대했고 글로벌 환경의 심각한 악화를 초래했다고 주장한다. 그러나 그는 인간의 지구적 규모의 영향을 관리하기 위해 현재 가지고 있는 중층적 설계가 없었다면 오늘날의 문제들이 더 심했을 것이라고 본다. 그러나 그의 시각은 낙관적이지 않다. 그는 이 글로벌 거버넌스체제로부터 나오는 미래를 위한 가능한 해결책은 일관되지 않고 점진적일 것이라고 본다. 이들 해결책은 현상이 유지될 경우의 대가를 과소평가하고 민간부문과 신기술의 가치와 잠재력을 과대평가한다. 도번은 향후 25년을 바라보면서, 풀뿌리 행동주의가 강화되고, 지방의 성공이 확산되고, 대대적인 개혁의 요구가 커지는 가운데, 희망을 가질 만한 근거도 있다고 본다. 또 그는 미래의 세계질서는 현재보다도 더 인류세의 지속되는 영향에

의해 결정될 것이라고 선경지명을 가지고 지적한다.

제3장에서 세퍼드(Laura J. Shepherd)는 미래 세계질서와 그 거버넌스를 (만연 또는 부재로) 형성할 두 번째의 역동적 요인에 대해서 고려한다. 그는 전쟁과 '폭력에 대한 거버넌스와 거버넌스의 폭력'에 초점을 맞춘다. 국제적십자위원회(ICRC: International Committee of the Red Cross)가 '전시국제법' 또는 '국제인도법'이라고 부르는 것은 오늘날 무력 분쟁의 거버넌스를 검토하는 시발점이다. (유엔헌장의 모두에 적혀있는 염원의 문구인) '여러 세대에 걸쳐 전쟁의 재앙으로부터 사람들을 구하려는' 시도의 이면에는 가장 노골적인 정책 수단인 전쟁의 효과를 완화하려는 과거의 노력들에 대한 진보적인 인식이 반영되고 있다. 그가 책임 있는 학문 활동으로 간주하는 것의 일환으로 지배, 억압, 학살을 포함하는 전쟁의 거버넌스 효과가 어떻게 오늘날의 세계질서의 형태와 복잡하게 얽혀있는지를 검토한다. 세퍼드는 결론에서 폭력에 대한 관리의 가능성과 한계, 그리고 글로벌 거버넌스 자체의 폭력적 영향과 효과에 대해 성찰한다. 그의 통찰은 중요하며, 미래 전쟁이 어떻게 관리될 수 있으며 전쟁 자체가 사람들(그리고 특정 사회집단)과 지구에 미치는 거버넌스 효과를 이해하는 데 도움이 될 것이다.

제4장 '지정학: 공유하는 글로벌 위협의 시대에 있어서의 경쟁'에 대한 한슨(Thomas Hanson)의 성찰은 자연스러운 다음 단계이다. 그는 연구와 교육, 그리고 미국의 외교관으로서 동유럽과 서유럽 임지에서 쌓은 경력을 바탕으로 한 예리한 통찰력을 가지고 복잡하고 어려운 주제인 지정학에 대해 논의한다. 한슨은 국가체제보다도 오래되고, 학술적 국제관계론과 외교의 실제에 있어서 중요 주제인 지정학에 대해 소개한 후, 미국, 중국, EU 등 오늘날 주요 지정학적 경쟁자들 사이의 과거, 현재, 미래의 이익의 교차나 충돌을 깊이 분석한다. 이 책의 모든 장은 코로나19를 무시할 수 없으며, 한슨은 이 팬데믹이 2020년 이전에 이미 두드러졌던 3개의 추세인 글로벌 지속가능성의 위기, 신기술의 폭발, 세력균형의 이동을 가속화했다고 주장한다. 그는 무서운 위기가 글로벌 거버넌스의 개선에 꼭 필요한 협력을 촉진하거나 저해할 수 있다고 본다. 전통적 지정학은 지리를 강조하지만, 현재의 비전통적인 위협, 특히 기후변화와 유행병은 더 심각한 위험이 되고 있다.

지정학에 대한 분석은 논리적으로 마부바니(Kishore Mahbubani)의 제5장 '문명:

융합 또는 충돌?'로 이어진다. 마부바니는 하나의 수수께끼로 글을 시작한다. 서양 문명의 여러 긍정적 측면이 인류의 삶을 크게 개선했으나 오늘날 서구인들은 미래에 대해 암울하게 생각한다. 한편 그는 중국과 인도 고대 문명은 지난 2세기 동안 부진했으나, 그곳의 사람들은 미래에 대해 낙관적이라고 주장한다. 마부바니는 서구가 저지른 3개의 핵심적인 전략적 실수를 지적한다. 그것은 서구가 과거에 비해 압도적이지 않은 변화하는 세계질서에 적응하지 않으려는 경향, 국제기구에서 권력에의 집착, 미국 (특히 트럼프 행정부하에서의)이 동맹 없이 중국에 홀로 대응하는 것이다. 그는 이 3개 전략의 반전을 전제로 문명의 '충돌'보다는 '융합'을 기대한다. 이전의 장들과 마찬가지로 마부바니의 글은 세계질서를 결정할 것으로 생각되는 작용력에 관해 많은 것을 알려주며, 우리가 미래에 대한 통찰을 위해서 서구의 글로벌 거버넌스를 넘어서는 시각을 가지도록 촉구한다.

제6장에서 풋(Rosemary Foot)은 미래 글로벌 거버넌스를 형성하는 동력으로서 '지역과 지역주의: 새로운 형태의 연결성(connectedness)에 대응하기'의 역할을 탐색한다. 제6장에서 집필자는 광범위한 연구와 교육의 경험을 통해 어떻게 국익 및 공동의 이익 추구에 있어서 지역이 지정학의 유망하고 생산적인 출발점이 되어 왔으며, 될 수 있는지를 고려하였다. 풋은 글로벌화되어가고, 글로벌화된 세계에서 협력적 기제로서 지역의 역할에 관해서 많은 관찰자들의 회의적인 견해를 가지게 하는 다양한 형태의 연결성에 대해 탐색한다. 그럼에도 그녀는 지역이, 코로나19에 대한 반응으로 내향적 압력이 상승하기 이전부터 영향력이 커지던 새로운 포퓰리스트들나 민족주의자들의 다자주의에 대한 공격을 물리칠 수 있는 중요한 지렛대로서 작용할 수 있는 잠재력을 가진 것으로 본다. 풋은 향후 수십 년 내에 지역주의가 없어지기보다는 오히려 여러 '잡종' 또는 혼합형의 지역적 또는 글로벌 제도의 등장이 미래 글로벌 거버넌스의 중요한 속성이 될 것으로 본다.

제7장은 제1부를 마무리한다. 페직(Daniel Pejic)과 아쿠토(Michele Acuto)는 미래의 세계질서와 그 가능한 거버넌스를 형성하는 데 있어서 '글로벌 도시 거버넌스의 이해'의 역할에 대해 설득력 있게 설명한다. 현재 세계 인구의 절반이 대도시에 거주하는 가운데 (21세기 중반에는 70퍼센트로 증가할 것), 도시가 심각한 도전에 직면하고 있음은 자명하다. 도시는 글로벌 문제 해결을 논의할 때 대부분의 사람들이 생각

하는 일반적인 분석 단위가 아니다. 정부나 국제기구 이외의 행위자들이 중요한 참여자임을 이해하는 사람들조차도 마찬가지이다. 그러나 페직과 아쿠토는 서로 교차하는 거버넌스 속에서 경쟁하는 지역, 국가, 글로벌 의제를 혼합하는 일정한 장소를 제공하는 중간시설로서 도시를 고려할 것을 독자들에게 요청한다. 실제로 그들은 도시가 글로벌 거버넌스의 도전에 대응하는 데 가장 효과적인 장이 될 수 있다고 주장한다. 코로나19에 대한 대응은 성패를 떠나서 압도적으로 (95퍼센트의 감염이 발생한) 도시의 위기를 반영한 것이었다. 분석적으로 볼 때, 도시 지역에 초점을 맞추면 상호의존과 공식적 및 비공식적 방식의 글로벌 도시 거버넌스를 포함하여, 서로 다른 정책 영역들 사이의 거버넌스 네트워크에 대해 풍부하게 이해할 수 있다.

2장



# 글로벌 거버넌스와 인류세:

## 글로벌 위기의 확산에 대한 설명

도번(Peter Dauvergne)

글로벌 환경 거버넌스는 지난 반세기 동안 두터워지고 깊어졌다. 천 개 이상의 국제 환경 조약이 체결되었다. 모든 나라가 환경부나 청을 가지고 있으며, 국가부터 지자체 수준에 이르기까지 층층이 정책이 집행되고 있다. 민간의 환경 거버넌스도 확산되었다. 거의 모든 초국적기업(TNC: transnational corporation)은 지속가능성 지침을 발간하고, 기업의 사회적 책임(CSR: Corporate Social Responsibility) 부서를 설치하고, 글로벌 공급망의 행동강령을 설정하였다. 수많은 비정부기구(NGOs)는 기업의 활동을 감시하고 있으며, 에코 라벨과 지속가능성 증서를 인증해주고, 정부와 협력하여 자연보호 구역을 운영한다. 그리고 세계의 많은 공동체는 지역의 물, 토지, 목재, 광물 자원의 관리를 지속하고 있다.

글로벌 환경에 대한 이러한 거버넌스는 대단히 큰 기여를 했다. 국제적인 협약은 오존층 파괴 물질을 대부분 제거했고, 위험 물질의 국제 거래를 억제했으며, 멸종위기종을 구했다. 각국은 법을 통해 대기질을 개선하고, 국립공원을 설치했으며, 수원을 보호했다. 지자체의 정책은 위생, 쓰레기 처리, 재활용 등을 개선하였다. CSR 프로그램과 신기술은 공급망에서 폐기물을 줄이고 제조업에서 에너지 효율을 높였다. 삼림관리협의회(FSC: Forest Stewardship Council), 해양관리협의회(MSC: Marine Stewardship Council) 등의 인증 제도는 소비자에게 더 지속가능한 선택을 제공해주었다. 수리권(水利權)을 주장했던 봉기의 결과 정부가 금속광업 산업을 금지했던 엘살바도르 사례에서 보듯이, 지역의 공동체는 밀렵, 벌목, 광업으로부터 생태계를 지켰다. 수억 명의 사람들이 나무를 심고, 해변을 정화하고, 고유 식생을 복원하였다.

이러한 노력에도 불구하고 오염이 급증하고, 생물다양성이 붕괴되고, 기후변화가 심화되면서 지구는 점점 더 증폭되는 위기로 떨어지고 있다. 현대 글로벌 거버넌스는 왜 이런 위기를 줄이는 데 실패하고 있는가? 향후 이런 문제들을 극복할 가능성은 어떤가? 이 위기로 인해 21세기에 세계질서가 내부로부터 붕괴할 것인가?

이런 질문에 답하려면 오늘날 글로벌 환경위기의 기원을 깊이 이해할 필요가 있다. 이 위기는 최소한 유럽 제국주의자들이 아프리카, 남미, 아시아 태평양에 치명적인 질병과 생물학적 파괴를 가져온 1500년대 인류세의 초기로 거슬러 올라간다. 산업혁명의 결과로 1800년대에는 인류가 지구에 미친 영향이 심화되었고, 1950년대 이후에 경제가 팽창하고, 기업의 힘이 증가하고, 사람들이 모든 것을 더 많이 소비하게 되면서 더욱 가속화되었다. 오늘날 인류는 유례없이 맹렬히 지구를 파괴하고 있으며, 생태계는 점점 더 열악해지고, 불안정해지고 있다.

현대 글로벌 거버넌스의 설계는 인류세의 생태계 파괴의 규모와 깊이, 가속화하는 속성에 대응하는 데 실패하고 있다. 거버넌스의 해결책은 약하고, 일관성이 없고, 점진적이며, 환경 '문제들'을 서로 밀접하게 연관되고 상승작용을 하며 열악해져 가는 생태계로서 다루는 것이 아니라 개별적으로 다루고 있다. 더욱이 이들 해결책은 현상이 유지될 경우의 파괴적 결과를 과소평가하고, 기술과 민간 거버넌스가 지구의 지속가능성을 제고하는 능력을 과대평가한다. 단순히 말하자면 글로벌 거버넌스는 지구의 생물학적 완결성을 지키기보다는 부유하고 힘 있는 자들의 이익을 더 보호하고 있다. 그러나 이것이 세계질서가 인류세의 생태적 결과가 심화됨에 따라 거스를 수 없이 혼돈의 미래로 가고 있음을 의미하는 것은 아니다. 코로나19 팬데믹과 같은 전 세계적 위기에 직면해서도, 멸종저항운동(Extinction Rebellion)을 위한 기후파업부터 토착민들의 봉기에 이르기까지 현상 유지에 대한 저항은 강해졌다. 점점 더 많은 도시, 공동체, 지역 단체들이 더 환경친화적인 거버넌스체제를 추구하면서, 상향적, 분산적 운동이 생태계 붕괴를 막을 수 있을지 모른다는 희망을 주고 있다.

이 장은 인류세의 심각한 파괴에 대해 살펴보는 것으로 시작한다. 그것이 현대의 환경 파괴의 기원, 규모, 범위를 직시하지 못한 글로벌 거버넌스의 실패를 보여주기 위해 필요하기 때문이다. 그 다음 현재 글로벌 환경 거버넌스의 구조를 설명하여, 제도적 해결책이 어떻게 현상 유지의 생태적 비용을 과소평가하고 있는지를 보여준다. 더 깊이 들어가서 우리는 글로벌 환경 거버넌스의 특히 심각한 두 가지 취약점인 기업의 자율 거버넌스의 효과와 신기술에 대한 과대평가에 대해 분석한다. 결론에서 우리는 이러한 오류에 대응하고 글로벌 거버넌스를 보다 지속가능한 궤도로 올려놓기 위한 상향적 개혁과 풀뿌리 저항의 전망에 대해 생각해본다.

## 인류세의 황폐화

국제층서위원회(International Commission on Stratigraphy)는 지질연대상 마지막 대빙하기와 함께 12,000년 전에 시작된 홀로세(Holocene, 지질시대 구분의 하나로 신생대 제4기 후반기를 일컫는 용어 – 역자 주)의 종식을 공식적으로 선언하지는 않았다. 그럼에도 우리의 현시대를 '인류세' 또는 인류의 시대라고 지칭하는 것은 이제 일반적이다. 그러나 이 시대가 언제 시작했는가에 대해서는 치열한 논쟁이 있다. 우리의 지질연대를 인류세로 부르자는 생각을 확산시키는 데 기여한 화학자 크뤼첸(Paul Crutzen)과 생물학자 스토머(Eugene Stoermer)는 산업혁명이 지구에 미친 결과를 반영하기 위해 18세기 말을 그 시작 시점이라고 생각했다. 더 최근에 국제층서위원회에 자문하는 한 작업그룹은 인류세의 시작을 1950년대 이후 핵무기 실험과 생산과 소비 가속화의 영향을 반영하여 20세기 중반으로 제안하였다.[1] 그러나 이들 시점은 지질학적 견지에서는 타당할지 모르지만, 오늘날 글로벌 거버넌스를 불안정하게 하는 생태적 위기의 규모, 깊이, 기원을 반영하지는 못한다. 크로스비(Alfred Crosby)는 이것들을 보기 위해서 우리는 유럽의, 특히 1500년대 이후의 제국주의의 파괴적인 영향을 돌아보아야 한다고 주장한다.[2]

탐험가들, 식민주의자들, 정착자들은 1500년부터 1900년까지 호주, 아시아, 미주, 아프리카의 사회적, 정치적, 생물학적 근간을 말살하였다. 마을은 철거되고, 젊은이와 노인은 살해되고, 살아남은 사람들은 노예가 되거나 다른 형태의 노예 상태로 전락했다. 수두, 인플루엔자, 결핵, 홍역은 셀 수없이 많은 사람을 죽였고 어떤 토착민 공동체는 한 세대의 90퍼센트가 사망하였다. 미주에서만 인구가 1492년부터 1650년 사이에 약 5,000만 명이 감소하였다.[3] 그리고 18~19세기에 유럽으로부터의 몰려드는 정착민들이 '신세계'의 생태계를 파괴하였다. 그들은 삼림을 파괴하고, 하천의 흐름을 바꿨으며, 습지는 메워버렸다. 토종 동물들은 사냥으로 인해 멸종되었다. 돼지, 소, 쥐, 그리고 밀, 보리, 잡초는 급격히 확산되었다.

20세기에는 사회적, 생물학적 손상의 세계화가 더 진행되었다. 식민지화와 전쟁은 세계의 더 많은 토착민들을 말살하였다. 한편 20세기 동안 세계 인구는 16억에서 61억으로 증가하였다. 20세기 후반에는 인류세의 생태적 영향의 '거대한 가속(Great Acceleration)'이 나타났다.[4] 이 시기에 대규모 광고는 과다하고 낭비적인 소비 지향으로 문화를 재설계하였다. 농업의 산업화는 토양 소실, 지하수 고갈, 비료, 살균제, 제초제로 인한 토지 오염을 초래하였다. 방사성 낙진과 중금속은 토양을 오염시켰다. 막대한 양의 석탄, 석유, 천연가스가 추출되어 대기 중 이산화탄소 농도가 1900년 296ppm에서 2000년에 369ppm으로 거의 25퍼센트 증가하였다. 도로는 포장되고, 고층빌딩이나 대규모 댐이 건설되었다. 열대우림은 대규모로 벌목되고 소, 대두, 팜유를 위한 농지로 개간되었다. 바다는 약탈되었고, 한때 풍부했던 대서양의 대구는 거의 씨가 말랐다.

인류세의 파괴성은 21세기에도 계속 증가하였다. 지표면 평균 온도는 이제 1880년 이전 수준보다 섭씨 1도 이상 상승하였다. 신속한 행동이 없다면 21세기 말까지 지구 온도는 섭씨 2~5도가 더 상승할 것이고, 남극과 같은 일부 지역은 그보다 두세 배 빨리 온난화할 가능성이 있다. 그 결과는 대규모 멸종을 초래할 것이다. 태풍은 더 빈번하고, 강하고, 불안정해질 것이다. 가뭄, 산불, 홍수는 더 심해질 것이다. 식량안보는 더 심화될 것이다. 질병은 새롭게, 예측 불가하게 퍼질 것이다. 더 많은 빙하가 녹고, 해수면은 수 미터 상승하고, 저지대는 침수되어 수백만 명이 피난해야 할 것이다. 기후학자 한센(James Hansen)이 말했듯이 만일 이런 일들이 일어난다면 "지구가 관리 가능할 것이라고 상상하기 어렵다."[5]

더욱이 기후변화는 지구를 위기로 몰아넣는 여러 환경 문제 중의 하나일 뿐이다.[6] 지구의 인구는 계속 증가하여 2021년에 78억 명을 넘었고 21세기 중반까지 100억을 향해 가고 있다. 기업은 더 많은 자원을 채취하고 상품을 쏟아내면서 소비는 더욱 빨리 증가하고 있다. 그 결과는 지구에 파도처럼 부딪히고 있다. 바다에서는 생명체가 줄어들고 있는 반면, 대양에 버려지는 플라스틱은 2010년에서 2025년 사이에 두 배가 될 것이다.[7] 담수는 갈수록 부족해지고, 발암물질은 식수에 침투하고 있다. 잔류성유기오염물질과 중금속은 계속해서 먹이사슬을 오염시키고 있다. 대양이 산성화되고, 산호초가 죽고, 삼림이 사라지면서 생물다양성은 계속 감소되고 있다.[8] 지난 수십년간 지구는 매 4~8초에 축구장 크기의 원시 열대우림을 잃고 있다.[9]

인류는 왜 가속화하는 인류세의 파괴를 억제하지 못하는가? 한가지 이유는 세계질서를 형성하는 정부, 비정부기구, 정책, 규범의 다층적 설계 속에서, 현상유지의 비용을 과소평가하는 글로벌 환경 거버넌스 설계의 취약성 때문이다.[10] 또 다른 이유는 단순히 행동하지 않기 때문이다.

## 환경 거버넌스의 취약한 설계

글로벌 환경정치 연구자들은 오랫동안 세계무역기구(WTO: World Trade Organization)와 같은 힘을 가진 세계환경기구의 창설을 요구해왔다. 핵심 국제 환경 기구인 유엔환경계획(UNEP: United Nations Environment Programme)은 주로 대화와 연구의 촉진을 목표로 하는 상대적으로 약한 조직이다. 나이로비에 본부를 둔 이 기구는 예산도 작고 국가나 초국적기업에 대해 실질적인 힘도 없다. 그러나 국가들은 1,300개 이상의 다자간 협약과 2,200개 이상의 양자 간 협약을 협상했다.[11] 이들 중 1997년 체결된 오존파괴물질에 관한 몬트리올의정서와 같은 일부 협약은 매우 효과적이었다. 그러나 대다수의 협약은 다소의 개선만을 가져왔을 뿐이다. 더욱이 국가는 초국적기업의 환경적 영향을 규제하는 특정 국제협약을 채택한 적이 없으며,

유엔 글로벌콤팩트(United Nations Global Compact)와 같은 책임 있고 지속가능한 기업 행동을 위한 일반 원칙은 구속력이 없고 자발적이다. 기업들이 합병하고, 조세 피난처를 이용하고, 정당을 포섭하고, 점점 더 자발적 기제를 통해 자기 관리를 하면서, 초국적기업의 힘은 21세기에 들어 계속 증가하고 있다.[12)]

국가와 지자체, 특히 부유한 나라나 공동체의 규제는 지역의 환경 상황을 개선하는 데 좀 더 도움이 되었다. 정부는 공원이나 보호 하천이나 호수를 설정하였고, 자전거 도로나 산책로를 건설하였으며, 대기질, 위생, 쓰레기 수거를 개선하였다. 그러나 국가 거버넌스는 기후변화, 열대우림 파괴, 생물다양성 손상, 토양 유실, 담수 고갈, 화학물질 오염, 어류 남획 등 지구에 가해지는 가장 중대한 위협을 해결하는 데는 실패했다. 그 실패의 저류에는 많은 요인들이 있다. 국가나 국가 하위 정책은 경제 성장을 우선시하는 경향이 있다. 또 그들은 시장 인센티브, 자발적 공약, 기후변화 해결을 위한 상쇄 정책에 점점 더 의존하는 데서 볼 수 있듯이, 잘해야 점진적이고 부분적인 개선을 이루는 데 그치는 경향이 있다. 한편 북반구에서 이루는 환경 개선은 법 집행이 약하고 일관성이 없는 남반구를 훨씬 앞서있다. 또 영국이 재활용 플라스틱을 해외로 보내고, 노르웨이가 청정에너지 투자를 위해 석유를 수출하고, 일본이 오염 공장을 해외로 이전하고, 중국이 자국 삼림 보호를 위해 목재를 수입하는 사례에서 볼 수 있듯이 국내 환경 정책은 글로벌 규모의 문제를 해결하기보다는 피하는 측면이 있다.

글로벌 거버넌스의 설계는 증가하는 소비의 부작용을 완화하는 데도 실패하고 있다. 길고 복잡한 공급망은 소비자로부터 멀리 떨어진 곳에서 생태계에 물리적, 심리적 비용을 부과하고 있다. 이 비용에는 전자 산업에 필요한 콜탄, 코발트, 희토류의 채광도 포함된다. 글로벌 시장을 향하는 과일과 채소를 경작하기 위해 대기업이 소규모 자영농을 매입하고, 플라스틱이나 여타 소비재 생산을 위해 석유와 천연가스를 시추하고, 골판지, 포장재, 완충재를 만들기 위해 삼림을 파괴하고, 포장 식품이나 고급 슈퍼마켓의 위생용품의 절반 이상의 원료로 쓰이는 팜유 생산을 위해 열대우림을 훼손하는 행위도 포함된다.

에코 라벨은 소비자들이 취약한 생태계와 주변화된 사람들에게 해를 끼치는 것을 피하기 위해 노력하는 한 방법이 될 수 있다. 그러나 FSC나 MSC와 같이 유명한 인증제조차도 글로벌 시장의 작은 부분밖에 미치지 못한다. 더욱이 인증제는 현장 관리를 개선하는 데 있어서 성과가 좋지 않다. 전 세계 팜유의 약 5분의 1을 지속가능하게 공급되고 생산되는 것으로 인증하는 지속가능한 팜유 생산을 위한 원탁회의(RSPO: Roundtable on Sustainable Palm Oil)가 그 한 사례이다. 그러나 이 인증된 팜유의 대부분은 투명성이 낮고 불법성이 높은 인도네시아와 말레이시아에서 생산된다. 또 회사들이 허점을 이용하고, 생산품이 불법 유통망으로 흘러들고, 인증되지 않은 상품에 대한 수요가 증가하는 가운데, 인증제는 전 세계적으로 지속불가능한 팜유 생산을 감축하는 데 별 도움이 안 된다 (예, 인도의 식용유).[13]

오늘날의 환경위기는 국제기구나 협약, 국가 또는 국가 하위 정책, 비정부기구 등의 설계가 없으면 더 심각할 것이다. 그러나 그 설계는 분절적이고, 일관성이 없으며, 매우 정치화되어 있고, 모호한 규칙과 큰 허점과 집행이 불가능한 선언들으로 가득하다.[14] 확실히 그것은 이 위기가 고조되는 것을 막지 못하며, 경우에 따라서는 현상유지를 정당화하고 강화한다. 탄소세, 탈탄소화 목표, 기후변화에 관한 2015년 파리협약의 공약 등에도 불구하고 기후위기 와중에서 번성하고 있는 화석연료 산업은 눈에 띄는 사례이다. 2018년 세계 석유 생산은 그 이전 어느 해보다 더 많고, 9년 연속 기록을 갱신하고 있으며, 국제에너지기구(IEA: International Energy Agency)에 의하면 "석유 수요의 정점은 아직 보이지 않는다."[15] 같은 해에 천연가스 생산도 2017년 대비 5퍼센트 이상 상승하면서 신기록을 세웠다. 2018년에 심지어 석탄 생산도 증가하여 과거 최고 기록인 2013년에 접근하였다.[16] 2020~

2021년에는 코로나19 발생으로 인해 화석연료 수요가 감소하였다. 그러나 경제가 회복되면서 수요는 다시 증가할 것이고, 화석연료 생산이 정점에 달했을지 모른다는 경제 분석가들의 견해를 고려하면 팬데믹 이전의 궤도는 우리에게 많은 생각을 하게 한다.[17)]

기후위기의 고조에도 불구하고 글로벌 자동차 산업도 계속 번성하고 있다. 특히 SUV 판매는 급증하여 세계 자동차 시장에서의 점유율이 2000년 17퍼센트에서 2018년에 39퍼센트를 점하게 되었다. 더 무겁고, 크고, 연비가 낮은 SUV의 증가는 2000년부터 2018년 사이에 (전력 생산에 이어) 두 번째로 많은 탄소배출의 원인이다. 2018년 SUV의 총 탄소배출은 네덜란드와 영국의 탄소배출을 합한 양보다 많다. 자동차 총판매량은 향후 수십 년간 증가하는 방향으로 나아가고 있다.[18)]

건설, 농업, 항공, 중공업에 이르기까지 그 외의 다른 오염 산업도 붐을 이루고 있다. 현상유지가 계속되면서 대기 중 이산화탄소 수준은 2020년 사상 최고 기록을 세웠으며, 5월에 평균 417ppm을 기록하였다 (금세기 초 하와이 마우나로아에서 48ppm으로 측정). 대기 중 이산화탄소 농도는 계속 증가하고 있으며, 대부분 국가에서 향후 수십 년간 더 증가할 것이다. 국제에너지기구에 의하면 이대로 가면 2040년에 이르면 "기후변화에 심각한 결과를 초래할 것이다."[19)]

그렇다면 취약한 거버넌스 제도와 장치들은 인류세의 파괴에 부분적인 책임이 있다고 할 수 있다. 또한, 글로벌 지속가능성을 향한 주된 접근으로 기업의 자율 거버넌스와 기술에 점점 더 의존하는 것도 이 문제에 대한 책임이 있다.

## 기업의 자율 거버넌스의 가치에 대한 과대평가

2005년 이후 초국적기업들, 특히 글로벌 브랜드 회사들이 '지향하는(aspirational)' 지속가능성 공약이 급증해왔다. 전형적인 공약은 '탄소 중립', '폐기물 매립 제로', '100퍼센트 재생에너지', '100퍼센트 지속가능한 대외구매', '삼림파괴 제로' 등이 있다. 동시에 이들 기업의 최고경영자들은 국가는 매우 뒤처져 있고, 국내정치에 매몰되어 있으며, 글로벌 관리에 필요한 힘이 없다고 비판하면서 자신들이 지속가능 혁명을 이끌고 있다고 주장하는 것이 일반화되었다.

이 최신 형태의 CSR에는 행복감을 주는 수사와 전통적 홍보가 여전히 포함된다. 그러나 이것은 예전과 같은 위장환경주의(그린워싱, greenwashing)가 아니다.[20] 그 아래에는 에너지 효율 사업, 폐기물 감축을 위한 스마트 포장 정책, 내부적 재활용 사업, 에코 상품 및 라벨, 공급자 행동강령, 공급망 추적과 공급자 감사 등 여러 층의 구체적인 사업이 포함되어 있다. 표면적으로 이러한 CSR 사업은 지속가능성을 제고해주는 것처럼 보이며, 어떤 면에서는 개선이 있다. 광산과 목재 사업자들은 지역의 사회기반시설에 재정지원을 한다. 제조사들은 공급자가 더 엄격한 기준을 충족하도록 요구한다. 소매업자들은 더 많은 플라스틱, 종이, 상자를 재활용한다. 기술 회사는 데이터 센터의 에너지 효율을 높이고 있다.

그러나 이들의 전체적인 효과를 이해하려면 우리는 "왜 초국적기업들이 지속가능성 사업을 시행하는가?"를 질문할 필요가 있다. 부분적으로 그것은 정부의 규제, 생태 친화적 상품에 대한 소비자 요구, 운동가들의 압력에 대한 반응이다. 그러나 초국적기업이 지속가능성 사업을 전개하는 주된 이유는 전통적 의미의 사업적 우위를 놓고 경쟁하기 위한 것이다. 공급자 감시는 기업의 긴 공급망에 대한 통제를 제고해주고, 제품 리콜의 리스크를 줄여주고, 브랜드 가치를 지켜준다. 사업 운용과 공급망 전반에 걸친 효율성 제고와 폐기물 감축은 생산과 운송 비용을 낮추어 준다. 보고 및 감시 장치는 생태계 열악화로 인해 심화되는 고품질 요소 투입을 위한 경쟁에서 중요한 이점을 준다. 지속가능성 사업을 통한 공급망에서의 절약은 가격 인하를 가능하게 하고 더 많은 상품을 팔 수 있게 해준다. 지속가능성 사업은 기업이 이윤을 높이고, 사업을 확대하고, 투자자 신뢰를 제고하는 데 도움이 된다.[21] 예를 들어, 더 커지고 강해지기 위해서 지난 20년간 지속가능성 사업을 이용하는 데 앞장서 온 월마트의 사례에서 이러한 현상을 볼 수 있다. 오늘날 월마트는 세계 최대의 기업으로 2021 회계연도 총수입 5,590억 달러에 달했다 (2000년 이후 거의 4,000억 달러 증가).[22]

CSR 프로그램의 목표는 사회 정의나 지구의 지속가능성이 아니라 근본적으로 사업의 지속가능성이다. 그것은 업무 분석, 자체 보고, 자율 규제 운용을 규정하는 기업의 힘을 확대해 준다. 그것은 과다 소비, 즉 '자연체제의 재생이나 생물학적 역동성을 유지하는 지구의 능력을 초과하는 소비'의 문제를 무시한다.[23] 그것은 급증하는 소비의 어두운 면, 즉 과다 소비의 피해가 주변화된 공동체, 취약한 생태계, 미래 세대에 더 많이 가해지는 상황을 무시한다. 그것은 사회정의와 지구에 대한 공정한 분배의 필요성을 경시한다. 그리고 그것은 부의 불평등을 심화한다. 최상위 부유층과 최하위 빈곤층의 격차는 매년 증가하고 있는데, 2018년에 26명의 억만장자들이 인류 전체의 하위 절반에 해당하는 사람들과 같은 부를 소유하고 있다.[24]

인류세의 관리를 초국적기업에 의존하는 것은 방화범을 소방수로 고용하는 것과 마찬가지이다. 그들은 가끔 기술적으로 몇몇 화재를 진압할지 모르지만, 새로운 방화 욕구는 사라지지 않을 것이다. 이를 염두에 두고, 우리는 이제 지구의 지속가능성 제고를 신기술에 의존하는 것의 한계, 리스크, 위험에 대해 검토해 본다. 이것을 이해하는 것은 매우 중요하다. 왜냐하면, 모든 초국적기업이나 정부는 이제 글로벌 환경 문제 해결의 수단으로 기술(기술적 돌파구)의 필요성을 강조하기 때문이다.

## 신기술의 가치에 대한 과대평가

초국적기업의 CSR 사업처럼 기술의 발전은 인류와 지구에 많은 혜택을 가져올 수 있다. 의료보건 서비스가 개선되면서 인간의 기대수명이 1800년대 중반의 30세 미만에서 오늘날 73세로 상승한 사례에서 우리는 그것을 볼 수 있다. 경제적 복지를 높이는 데 있어서 전기, 인터넷, 휴대전화의 중요성에서도 기술의 혜택을 볼 수 있다. 생태계 보호 및 회복을 위한 생물다양성 지도작성, 재식림, 서식지 감시의 중요성, 굴뚝 집진기나 촉매 변환장치의 환경적 혜택, 경제의 청정에너지로의 전환에 있어서 태양광 및 풍력 기술의 잠재성 등에서도 기술의 혜택을 볼 수 있다.[25)]

동시에 기술은 생명체에 가장 큰 위협을 초래하기도 했다. 과학자들은 우리에게 핵, 화학, 생물 무기를 주었다. 군사 공학자들은 인공지능(AI: artificial intelligence)을 이용해 무기의 위력을 더 높이려고 한다. 상업 기술도 엄청난 피해를 초래했다. 테트라에틸납을 휘발유에 첨가하자는 1921년 미즐리(Thomas Midgley Jr.)의 아이디어는 20세기 중에 여러 세대에 걸쳐 어린이들을 중독시켰다. 7년 후 미즐리는 냉장고 냉매로 쓰이는 염화불화탄소(CFC, 프레온[Freon]으로 상표 등록)라는 새로운 화합물을 만들어냈으며, 이 물질은 생명체를 태양의 자외선으로부터 보호하는 오존층을 파괴하게 되었다.

의심의 여지 없이 인류세의 거버넌스를 개선하는 데는 신기술이 필요할 것이다. 그러나 국가의 규제와 엄격한 예방 조치가 없으면 글로벌 거버넌스의 약점을 메우기 위해 기술에 의존하면 글로벌 환경위기를 더 악화시킬 위험에 직면할 것이다. 역사적으로 거의 모든 기술은 비용과 혜택을 모두 가져왔다. 우리는 이 양날의 칼을 예를 들어 자동차에서도 볼 수 있다. 자동차는 이동성을 높여주지만 연간 130만 명을 죽인다. 또 대부분의 기술은 지속가능성과 상충하는 결과를 확산시킨다. 예를 들어, 환경보호주의자들이 생물다양성 지도작성에 이용하는 머신 러닝의 경우, 초국적기업들도 매출을 늘리기 위해서 이용하며, 군대는 치명적인 드론에 이용한다.[26)]

더욱이 신기술로 인한 효율성 제고는 채취와 생산에 더 널리 연계되며 환경 파괴를 완화하기보다 빈번히 더 심화한다. 다수의 어종이 고갈되어가는 가운데도 유망, 저인망, 냉동 기술, 음파탐지기가 점점 더 많은 어획을 가능하게 한 어류 남획의 역사는 좋은 사례이다. 광산업 (발파 방식에서 덤프트럭에 이르기까지), 석유와 가스 산업 (해저 시추에서 수압 파쇄법에 이르기까지), 벌목 산업 (체인톱에서 불도저에 이르기까지)의 역사에서도 다른 사례들을 찾아볼 수 있다.

낡거나 해로운 기술을 대체하는 것은 다른 리스크와 위험을 동반한다. 이러한 현상은 1978년 오존층파괴물질에 관한 몬트리올의정서 일정과 목표치를 이행하기 위해 오존층을 파괴하는 CFC 사용을 온난화를 초래하는 수소염화불화탄소(HCFC)로 대체했을 때도 나타났다. 또 전 세계가 탄소배출 감축을 위해 태양열 발전과 전기 자동차에 투자하면서, 리튬 등의 수요가 급증하였고, 세계 도처에 전자 폐기물이 산더미처럼 쌓이게 되었다.

소비재 기술 판매의 증가도 글로벌 자원과 폐기물 흡수 능력에 압박을 가하는 리스크가 있다. 수많은 예 중의 하나로 연간 15억 대가 판매되는 스마트폰을 보면, 제조사는 하드웨어나 소프트웨어를 빨리 노후화되도록 설계하고, 새로운 기능을 추가하며, 애플 같은 회사는 끝없이 새로운 모델을 선전하고, 그 결과 소비자는 일상적으로 기기를 업그레이드한다. 의문의 여지 없이 이들 전화기는 사람들에게 혜택을 준다. 그러나 그처럼 많은 전화기를 생산하면서 콩고민주공화국처럼 인권 탄압과 환경 파괴의 긴 역사를 가진 지역의 코발트와 콜탄 수요가 증가하고 있다. 전화기를 많이 사용하면서 데이터센터의 전력 (석탄 발전을 포함하여) 사용도 증가하고 있다. 빈번한 휴대전화 업그레이드는 2020년부터 2050년 사이에 전자 폐기물이 2배 이상 증가하게 되는 이유 중의 하나이다. 전직 유엔환경계획(UNEP) 이사인 스

타이너(Achim Steiner)는 “전자 쓰레기의 쓰나미가 전 세계에 몰려온다”고 하였다.[27]

더욱이 기술의 환경적, 사회적 비용은 매우 불평등한 방식으로 분포한다. 돈과 권력을 가진 사람이 가장 큰 혜택을 본다. 빈곤한 지역에 사는 사람들이 받는 혜택이 가장 작다. 비용도 가장 취약한 생태계에 가장 많이 축적되며 미래로 갈수록 증가한다. 이러한 현상은 부유한 나라의 전자 폐기물이 아프리카의 최빈 지역에 쌓이는 상황에서 본다. 또한, 우리는 이것을 태평양과 대서양에 쏟아져 들어가는 미세 플라스틱에서 보인다. 그리고 우리는 잔류성 유기오염물질이 지구 여기저기를 ‘메뚜기처럼 뛰어넘어서’ 남극에 내려앉아, 야생동물을 중독시키고 이누이트의 먹이사슬을 오염시키는 것을 본다.

부유하고 권력 있는 사람들이 기술로부터 더 많이 혜택을 받는 데는 많은 이유가 있다. 미국 전역의 화학 공장, 소각장, 매립장의 위치가 보여주듯이 부유한 지역은 신기술의 비용을 주변화된 지역으로 이전하는 정치적 능력이 더 높다.[28] 또 유해 폐기물, 재활용 플라스틱, 쓰레기의 경우와 같이 부유한 나라는 그 비용을 해외로 수출하는 능력도 더 높다. 더욱이 화학비료, 살충제, 유전자조작 종자의 경우와 같이 세계에서 가장 강력한 기업들은 첨단 기술로부터 수익의 대부분을 뽑아낸다. 한편 가장 빈곤한 나라들은 신기술이 세계경제에 확산되는 가운데 얻는 이득이 가장 작다.

오늘날 전 세계적으로 국가와 기업이 글로벌 환경위기를 완화하기 위해 기술 혁신을 배가하자고 외치고 있다. 일부 환경주의자들도 이에 동참하여, 도시화 촉진, 농업의 산업화, 원자력 발전, 수경재배 등을 지지하면서 자기들을 ‘생태근대주의자(eco-modernist)’라고 부른다.[29] 그러나 기술을 가지고 위기를 더 악화시키는 것을 피하기 위해 매우 조심해야 할 필요가 있다. 역사 속에는 기술의 장기적 영향을 오판한 발명이 많다. 유연휘발유에서부터 CFC, 무설탕 검, 테플론 프라이팬에 이르기까지 안전성을 알기도 훨씬 전에 신기술을 상업화한 것도 그 역사가 길다. 특히 담배, 석유, 유독성 화학물질의 사례와 같이 큰 이익이 걸려 있을 때 초국적기업은 신기술을 과장되게 선전하고, 리스크에 관한 정보를 축소하며, 만약 유해하다는 증거가 나오면 비판자들을 공격하고, 역정보를 퍼뜨리고, 개혁을 저지한다.[30]

다시 말하면 녹색 기술은 관리를 개선할 수 있다. 청정에너지는 온실가스를 줄이는 데 도움이 된다. 드론은 밀렵꾼들을 포착, 체포하는 데 도움을 준다. 스마트 트랙터는 재래의 트랙터보다 제초제를 더 효과적으로 살포할 수 있다. 그러나 기술은 글로벌 환경 거버넌스의 결함있는 설계를 고쳐주는 것은 결코 아니다. 기술은 권력의 도구이며, 엄격한 통제를 가하지 않으면 현상을 더 강화하는 경향이 있다.

글로벌 환경위기를 완화하기 위해 기업의 자율 거버넌스에 의존할 수도 없을 것이다. 국가는 생태계 재앙이나 세계질서 붕괴를 막기 위해 초국적기업에 대한 규제를 훨씬 더 많이 해야 할 것이다. 유엔 지속가능발전목표(SDGs: Sustainable Development Goals) 실현을 위해 대대적인 경제 및 정치 개혁이 필요할 것이다. 이것은 가능하다. 토착민들, 공동체들, 풀뿌리 운동이 아래로부터 인류세의 관리를 위해 힘을 합치면서 그러한 개혁이 시작되는 것을 볼 때 그것은 가능하다고도 생각된다.

## 결론: 2050년을 바라보며 위기에 대응하기

인류세의 생태적 위기 심화는 오늘날 세계질서에 가장 큰 위협이 된다. 기후변화만으로도 경제 붕괴, 심각한 식량 및 물 부족, 수백만 명의 실향민 발생을 초래할 가능성이 있다. 향후 30년 동안 일부는 혼란 속에 이익을 취하려 하고, 일부는 외국인 탓을 하면서 포퓰리즘(populism, 대중영합주의), 민족주의, 전쟁을 부추길 수 있다.

그러나 전지구적 위기 고조는 지구체제가 안정화되고, 사회는 번성하고, 정의가 승리하는 진정으로 지속가능한 세계질서를 향한 새로운 길을 열 수 있을지도 모른다. 하지만 그 방향으로 나아가려면 인류세 파괴의 규모와 범위를 전면적으로 대응할 거버넌스 설계가 필요하다. 또 민간 거버넌스와 기술의 위험에 대응하는 것도 필요하다. 또 그것은 의심의 여지 없이 지속가능성과 정의를 요구하는 전 세계적인 움직임이 필요할 것이다.

그러한 움직임이 시작되었다는 징조들이 있다. 스웨덴에서 호주에 이르기까지 학생들은 기후변화를 저지하기 위한 행동을 실행에 옮기고 있다. 남미의 수리권 운동에서 서유럽의 멸종저항운동에 이르기까지 시민들은 미래세대의 환경권 투쟁을 위해 뭉치고 있다. 여러 개발도상국의 농민들은 작물 다양성을 보호하고 토양 유실을 막기 위해 조직화하고 있다. 중국과 미국의 도시들은 온실가스 배출 감축을 위해 폐기물 처리 시설을 개선하고 있다. 아프리카의 여성들은 자연보호구역에서의 밀렵을 막기 위해 연합하고 있다. 유럽에서는 탄소발자국 축소를 위해 시민들이 자발적으로 조직하고 있다. 토착민들은 토지권과 사회정의를 요구하며 힘을 합치고 있다. 볼리비아, 에콰도르, 뉴질랜드의 환경 변호사들은 하천, 나무, 산도 인간을 위한 가치를 넘어서 생존의 권리가 있다고 주장하면서 자연권을 위해 투쟁하고 있다. 그린피스(Greenpeace) 운동가들은 글로벌 브랜드 회사들이 분쟁지역의 금, 블러드 다이아몬드, 지속불가능한 팜유 등의 구매를 중지하도록 압력을 가하고 있다. 한편 필리핀, 콜롬비아, 브라질의 지역 운동가들은 벌목 도로, 노천 채굴, 기업적 농업을 막기 위해 목숨을 걸고 있다.[31)]

환경주의자 클라인(Naomi Klein)은 2019년 저서 『미래가 불타고 있다(*On Fire*)』에서 글로벌 불의와 지속불가능성에 대한 저항이 고조하는 것을 보았다.[32)] 다른 사람들도 글로벌 거버넌스의 불평등과 실패에 맞서는 수면 하의 강력한 세력들이 일어나고 있는 것을 본다. 오리건대학교(University of Oregon)의 정치학자 카우프만(Craig Kauffman)은 에콰도르의 국가 하위 수준의 정치가 어떻게 유역 관리의 글로벌 거버넌스와 지역의 아이디어와 규범을 결합했는지 보여준다. 그는 이 과정을 '풀뿌리 글로벌 거버넌스'라고 불렀다.[33] 대규모 시위와 풀뿌리 거버넌스의 상승은 분명히 지속가능성을 제고해준다. 20년 전에 누가 전 세계 도시들이 기후 거버넌스에 리더십을 발휘하리라고 생각이나 했을까? 아니면 엘살바도르가 빈곤한 사람들의 수리권 보호를 위해 금광 산업을 금지하리라고 누가 생각했을까?[34]

지금은 풀뿌리 환경 행동주의에는 고무적인, 심지어는 흥분되는 시대이다. 그럼에도 아직 축하하기는 너무 이르다. 현상유지에 대응하는 데는 중대한 리스크가 따른다. 특히 광업, 벌목, 기업적 농업, 건설 분야에서 국가와 기업의 동맹은 반격하고 있다. 보안 회사들은 온라인 소통을 추적하고, 시위 현장을 촬영하고, 시위자 식별을 위해 안면 인식 기술을 배치하고 있다.[35] 경찰은 시위자를 구금하고, 그들을 에코테러리스트나 외국의 첩자로 취급한다.[36] 사병과 기업의 암살자가 환경 운동가나 토착민 운동가들을 살해하고 있다. 2019년 한 해에만 최소 212명이 살해되었다.[37]

요약하자면, 글로벌 환경 거버넌스 설계의 해체와 재구축은 쉬운 일이 아니다. 그러나 잔인한 탄압에 직면해서도 현상유지에 대한 저항은 계속 거세지고 있으며, 인류가 인류세를 지속가능하게 관리하고 세계질서의 붕괴를 피하는 방향으로 이행할 수 있을지 모른다는 희망을 준다.

## 추가 읽을거리

Frank Biermann, *Earth System Governance: World Politics in the Anthropocene* (Cambridge, MA: Massachusetts Institute of Technology Press, 2014).

Dain Bolwell, *Governing Technology in the Quest for Sustainability on Earth* (New York: Routledge, 2019).

Peter Dauvergne, *AI in the Wild: Sustainability in the Age of Artificial Intelligence* (Cambridge, MA: Massachusetts Institute of Technology Press, 2020).

John S. Dryzek and Jonathan Pickering, *The Politics of the Anthropocene* (Oxford: Oxford University Press, 2019).
Peter Newell, *Global Green Politics* (Cambridge: Cambridge University Press, 2019).
Simon Nicholson and Sikina Jinnah, eds., *New Earth Politics: Essays from the Anthropocene* (Cambridge, MA: Massachusetts Institute of Technology Press, 2016).

## 주

1) Paul Crutzen and Eugene F. Stoermer, "Have We Entered the Anthropocene?" *International Geosphere-Biosphere Programme Newsletter* (31 October 2000): 17; Working Group on the "Anthropocene," *Subcommission on Quaternary Stratigraphy*, 21 May 2019, http://quaternary.stratigraphy.org/working-groups/anthropocene.
2) Alfred W. Crosby, *Ecological Imperialism: The Biological Expansion of Europe, 900–1900*, new ed. (Cambridge: Cambridge University Press, 2004).
3) Simon L. Lewis and Mark A. Maslin, "Defining the Anthropocene," *Nature* 519 (12 March 2015): 176.
4) Will Steffen, Paul J. Crutzen, and John R. McNeill, "The Anthropocene: Are Humans Now Overwhelming the Great Forces of Nature?" *AMBIO: A Journal of the Human Environment* 36, no. 8 (2007): 614–622.
5) James Hansen, "James Hansen on Ice Sheets," Video Recording, *YouTube*, December 2015, www.youtube.com/watch?v=Ykn8_ayFqNI.
6) Simon Nicholson and Sikina Jinnah, "Introduction: Living on a New Earth," in *New Earth Politics: Essays from the Anthropocene*, ed. Simon Nicholson and Sikina Jinnah (Cambridge, MA: Massachusetts Institute of Technology Press, 2016), 1–16.
7) Jenna R. Jambeck et al., "Plastic Waste Inputs from Land into the Ocean," *Science* 347 (6223) (2015): 768–771.
8) Gerardo Ceballos, Paul R. Ehrlich, and Rodolfo Dirzo, "Biological Annihilation Via the Ongoing Sixth Mass Extinction Signaled by Vertebrate Population Losses and Declines," *Proceedings of the National Academy of Sciences* 114, no. 30 (2017): E6089–E6096.
9) Mikaela Weisse and Elizabeth Dow Goldman, "The World Lost a Belgium-sized Area of Primary Rainforests Last Year," *World Resources Institute Blog*, 25 April 2019, www.wri.org/blog/2019/04/world-lost-belgium-sized-area-primary-rainforests-last-year.
10) Thomas G. Weiss and Rorden Wilkinson, *Rethinking Global* Governance (Cambridge: Polity Press, 2019).
11) Ronald Mitchell, "International Environmental Agreements Database Project,"

https://iea.uoregon.edu.

12) Susan George, Shadow Sovereigns: *How Global Corporations Are Seizing Power* (Cambridge: Polity Press, 2015); John Mikler, *The Political Power of Global Corporations* (Cambridge: Polity Press, 2018); Jennifer Clapp, "Mega-Mergers on the Menu: Corporate Concentration and the Politics of Sustainability in the Global Food System," *Global Environmental Politics* 18, no. 2 (2018): 12–33.
13) Peter Dauvergne, "The Global Politics of the Business of 'Sustainable' Palm Oil," *Global Environmental Politics* 18, no. 2 (2018): 34–52.
14) Simon Nicholson and Sikina Jinnah, eds., *New Earth Politics: Essays from the Anthropocene* (Cambridge, MA: Massachusetts Institute of Technology Press, 2016); Ian Angus, *Facing the Anthropocene: Fossil Fuel Capitalism and the Crisis of the Earth System* (New York: New York University Press, 2016). 환경 거버넌스의 '파편화'의 결과에 대한 균형 잡힌 평가는 Frank Biermann, Philipp Pattberg, Harro Van Asselt, and Fariborz Zelli, "The Fragmentation of Global Governance Architectures: A Framework for Analysis," *Global Environmental Politics* 9, no. 4 (2009): 14–40 참조.
15) International Energy Agency (IEA), *Oil 2018: Analysis and Forecasts to 2023: Executive Summary* (Paris: Organisation for Economic Co-operation and Development and IEA, 2018), 3; 석유 생산에 관한 데이터는 International Energy Agency, *Oil 2019: Analysis and Forecasts to 2024: Executive Summary* (Paris: Organisation for Economic Co-operation and Development and IEA, 2019), 특히 2페이지 참조.
16) BP, *BP Statistical Review of World Energy* (London: BP, 2019), 16, 32, 44.
17) BP, *Energy Outlook: 2020 Edition* (London: BP, 2020).
18) Laura Cozzi and Apostolos Petropoulos, "Commentary: Growing Preference for SUVs Challenges Emissions Reductions in Passenger Car Market," *IEA Newsroom*, 15 October 2019, www.iea.org/newsroom/news/2019/october/growing-preference-for-suvs-challenges-emissions-reductions-in-passenger-car-mark.html; 또한 International Energy Agency, *World Energy Outlook 2019* (Paris: IEA, 2019) 참조.
19) International Energy Agency, "World Energy Outlook 2019 Highlights Deep Disparities in the Global Energy System," *IEA Newsroom*, 13 November 2019, www.iea.org/newsroom/news/2019/november/world-energy-outlook-2019-highlights-deep-disparities-in-the-global-energy-system.html. G20 국가 온실가스 추세에 관한 분석은 *Climate Transparency, Brown to Green: The G20 Transition Towards a Net-Zero Emissions Economy* (Berlin: Climate Transparency, 2019) 참조.
20) Michael John Bloomfield, *Dirty Gold: How Activism Transformed the Jewelry Industry* (Cambridge, MA: Massachusetts Institute of Technology Press, 2017); Hamish van der Ven, *Beyond Greenwash: Explaining Credibility in Transnational Eco-Labeling* (Oxford: Oxford University Press, 2019); Stefan Renckens, *Private Governance and Public Authority: Regulating Sustainability in a Global Economy* (Cambridge: Cambridge University Press, 2020).
21) Peter Dauvergne and Jane Lister, *Eco-Business: A Big-Brand Takeover of Sustainability* (Cambridge, MA: Massachusetts Institute of Technology Press, 2013).

22) "Fortune Global 500," https://fortune.com/global500.
23) Peter Dauvergne, *Will Big Business Destroy Our Planet?* (Cambridge: Polity Press, 2018), 12.
24) Oxfam, *Public Good or Private Wealth?* (London: Oxfam, 2019), 12.
25) Alec Broers, *The Triumph of Technology: The BBC Reith Lectures 2005* (Cambridge: Cambridge University Press, 2005); Simon Nicholson and Jesse L. Reynolds, "Taking Technology Seriously: Introduction to the Special Issue on New Technologies and Global Environmental Politics," *Global Environmental Politics* 20, no. 3 (2020): 1–8.
26) Peter Dauvergne, *AI in the Wild: Sustainability in the Age of Artificial Intelligence* (Cambridge, MA: Massachusetts Institute of Technology Press, 2020); Peter Dauvergne, "Is Artificial Intelligence Greening Supply Chains? Exposing the Political Economy of Environmental Costs," *Review of International Political Economy* (2020), https://doi.org/10.1080/09692290.2020.1814381.
27) UNEP, "UN Environment Chief Warns of 'Tsunami' of E-waste at Conference on Chemical Treaties," *Sustainable Development Blog*, 5 May 2015, www.un.org/sustainabledevelopment/blog/2015/05/un-environment-chief-warns-of-tsunami-of-e-waste-at-conference-onchemical-treaties.
28) Robert D. Bullard, *Dumping in Dixie: Race, Class, and Environmental Quality*, 3rd ed. (New York: Routledge, 2000); David Naguib Pellow, *Garbage Wars: The Struggle for Environmental Justice in Chicago* (Cambridge, MA: Massachusetts Institute of Technology Press, 2004); Ifesinachi Okafor-Yarwood and Ibukun Jacob Adewumi, "Toxic Waste Dumping in the Global South as a Form of Environmental Racism: Evidence from the Gulf of Guinea," *African Studies* 79, no. 3 (2020): 285–304.
29) John Asafu-Adjaye et al., *The Ecomodernist Manifesto* (Oakland, CA: The Breakthrough Institute, 2015); Jonathan Symons, *Ecomodernism: Technology, Politics and the Climate Crisis* (Cambridge: Polity Press, 2019).
30) Naomi Oreskes and Erik M. Conway, *Merchants of Doubt: How a Handful of Scientists Obscured the Truth on Issues from Tobacco Smoke to Global Warming* (London: Bloomsbury, 2011).
31) 지역 환경운동의 영향력 확대를 보여주는 일부 (그리고 다양한) 문헌으로는 Rob Atkinson, Thomas Dörfler, and Eberhard Rothfuß, "Self-Organisation and the Co-Production of Governance: The Challenge of Local Responses to Climate Change," *Politics and Governance* 6, no. 1 (2018): 169–179; Craig M. Kauffman and Pamela L. Martin, "Constructing Rights of Nature Norms in the US, Ecuador, and New Zealand," *Global Environmental Politics* 18, no. 4 (2018): 43–62; Mark Cooper, "Governing the Global Climate Commons: The Political Economy of State and Local Action, After the US Flip-Flop on the Paris Agreement," *Energy Policy* 118 (2018): 440–454; Paula Franco Moreira, Jonathan Kishen Gamu, Cristina Yumie Aoki Inoue, Simone Athayde, Sônia Regina da Cal Seixas, and Eduardo Viola, "South-South Trans-national Advocacy: Mobilizing Against Brazilian Dams in

the Peruvian Amazon," *Globa Environmental Politics* 19, no. 1 (2019): 77–98; Todd A. Eisenstadt and Karleen Jones West, *Who Speaks for Nature? Indigenous Movements, Public Opinion, and the Petro-state in Ecuador* (Oxford: Oxford University Press, 2019) 참조.

32) Naomi Klein, *On Fire: The (Burning) Case for a Green New Deal* (New York: Simon & Schuster, 2019).

33) Craig M. Kauffman, *Grassroots Global Governance: Local Watershed Management Experiments and the Evolution of Sustainable Development* (Oxford: Oxford University Press, 2016).

34) 기후 거버넌스에 있어서의 도시에 관한 분석으로는 David J. Gordon, *Cities on the World Stage: The Politics of Global Urban Climate Politics* (Cambridge: Cambridge University Press, 2020) 참조. 엘살바도르에서의 철광 금지 캠페인에 관한 분석으로는 Rose J. Spalding, "From the Streets to the Chamber: Social Movements and the Mining Ban in El Salvador," *European Review of Latin American and Caribbean Studies* 106 (July–December 2018): 47–74 참조.

35) Peter Dauvergne, "The Globalization of Artificial Intelligence: Consequences for the Politics of Environmentalism," *Globalizations* 18, no. 2 (2021): 285–299.

36) Miriam Matejova, Stefan Parker, and Peter Dauvergne, "The Politics of Repressing Environmentalists as Agents of Foreign Influence," *Australian Journal of International Affairs* 72, no. 2 (2018): 145–162.

37) Global Witness, *Defending Tomorrow: The Climate Crisis and Threats Against Land and Environmental Defenders* (London: Global Witness, 2020), 10.

## 3장



# 전쟁:
## 폭력에 대한 거버넌스와 거버넌스의 폭력

세퍼드(Laura J. Shepherd)

개념적으로나 실제로나 전쟁은 골치아프다. 그것은 정의하기 어렵고, 예를 들어 '무력 충돌'과 같은 유사한 개념과 구분하기 어렵다. 그것은 안정적으로 유지된다고 전제되는 경계선 (시간, 공간, 도덕성의 경계선) 내로 제한하기가 어렵다. 전쟁의 시간적, 공간적 속성은 우리가 점점 더 서로 영향을 받고 복잡하게 얽힌 세계에 살게 되면서 변화했다. 전쟁 수행 기술의 치명적인 속성 ('효율성'이나 '정확도'라고 완곡하게도 표현)도 시간이 흐름에 따라 증가하였다. 그리고 우리는 겨우 이제서야 전쟁으로 인한 동물의 살생이나 물, 삼림 등 환경에 대한 영향을 이해하고 계산하기 시작했다.[1] 그러한 피해의 규모는 '사망자 수'와 같은 재래의 측정 방식과 함께 고려되어야만 한다.

이것이 필자가 전쟁 거버넌스의 미래를 탐색하는 배경이다. 전쟁에 대한 거버넌스에는 여러 국제기구의 복합적 개입이 집중되며, 그것은 여러 기제와 수준에서 표출된다. 오랜 역사의 시각에서 보면 이들 장치의 일부로서 전쟁 행위를 관리하는 국제인도법의 기준인 '무력충돌법'이 눈에 띈다. 반면 보다 현대적인 시각에서 보면 세월이 흐르면서 전쟁 개념이 변화해온 다양한 방식뿐 아니라, 전쟁 거버넌스에 대한 생각, 그리고 전쟁 거버넌스와 분쟁 예방, 분쟁 해결, 분쟁 후 거버넌스와의 관계가 잘 드러난다. 더욱이 전쟁에 대한 거버넌스는 권력과 권위의 공공연한 행사나 적용 속에서 '존재'하거나 또는 일어날 뿐 아니라 (우리가 거버넌스 기제의 '실행'이라고 생각할 수 있는 맥락), 그 재생산이나 정통성의 조건은 전쟁에 대한 거버넌스의 다양한 의미를 표현하고 (최소한 일시적으로라도) 안정화시켰던 담론과 관행을 통해서 추적해볼 수 있다. 이 장은 현대 글로벌 정치에서 전쟁이 어떻게 관리되고 있으며 관리될 수 있을지에 대한 검토의 예비적 작업으로서 전쟁과 거버넌스의 개념화에 대해 간단히 살펴본다. 첫 번째 부분에서는 전쟁 거버넌스의 제도적 맥락과 거버넌스의 개입을 지원하는 틀과 법에 대해 상술한다. 둘째 부분에서는 젠더화된 권력의 작동이나 지속되는 식민지적 폭력의 결과와 같이 역사적으로 연구가 부족했던 또는 완전히 간과되었던 전쟁 거버넌스, 전쟁 및 거버넌스의 차원에 대한 비판적 통찰을 제공한다. 세 번째 부분에서는 미래의 전쟁 거버넌스를 엿볼 수 있는 전쟁의 연구와 실제에 있어서의 최근의 혁신에 대해 탐색한다. 결론에서는 간략하게 폭력에 대한 관리의 가능성과 한계, 그리고 거버넌스 자체의 폭력에 대해서 생각해본다.

## 전쟁 거버넌스의 제도들

키케로(기원전 106~43년)는 "전쟁 중에는 법이 침묵에 빠진다"고 말했다고 한다.[2] 그러나 ('평시'의 법적 제약이나 제도가 적용되지 않는 것으로 간주하는) 법의 '침묵'은 전쟁이 거버넌스의 기제 없이 행해진다기보다는 그

법과 거버넌스가 다르다는 의미이다. 법이 구속력 있는 의무를 생성하는 반면, 거버넌스는 모호하고 분산적이며, 인간 삶의 공식과 비공식, 암묵적 및 명시적 조직화와 규제에 관련된 것이다.[3] 둘 다 전쟁에 적용될 수 있으며, 역사적으로 수많은 제도와 설계가 전쟁을 관리하고 그 결과를 완화하기 위해 개발되었다. 중동이나 지중해 사회의 가장 오래된 기록을 보면 영적 믿음과 의례적 관행에 의해 보장되는 규약을 통해 거버넌스 제도들 (넓은 의미로 외교와 조약을 포함)은 고대의 평화적 상호작용이나 교환을 가능하게 했음이 분명하다.[4] 일례로 기원전 1400년경 이집트와 수메르 사이에는 전쟁포로의 대우를 관리하는 조약이 있었으며, 아시아에서는 기원전 200년 이전으로 거슬러 올라가는 무력분쟁의 규칙을 기술한 방대한 문헌이 있다.[5] 고전고대에는 중국, 그리스, 로마의 정치체제는 전쟁의 정당성의 필요성, 전쟁의 개시와 종결에 있어서 행해야 하는 명확한 의례, 중립에 대한 권리, 전쟁 행위에 있어서 지켜야 할 일정한 제약에 관련되는 수많은 규범을 가지고 있었다는 증거가 있다.[6]

시간을 앞으로 돌려서, 1814년 비엔나회의나 1899년과 1907년의 헤이그회의는 분쟁을 평화적으로 해결하고 평화를 유지하기 위한 기제를 설정하려는 시도가 있었다.[7] 전쟁 거버넌스의 규범에 대한 존중이라는 (언어와 행동의) 표현과 보다 공식적인 틀은 전쟁을 방지하고 평화를 지키려는 현대 세계정치의 다양한 제도 형성에 영향을 미쳤다. 이러한 측면에서 보면 전쟁 거버넌스는 피해를 최소화하고 필요하면 규제하고자 하는 '공유하는 목표가 뒷받침되는 행동들'로[8] 구성된다.

우선 전쟁 피해는 현대 국제체제에서 글로벌 거버넌스의 유력한 도구인 유엔헌장에 명시된 바와 같이 전쟁 행위의 규범적, 법적 금지를 통해 최소화된다. 유엔헌장 제1장은, 회원국이 제5장에 '국제 평화와 안보 유지가 주된 책임'이라고 규정된 기구인 유엔 안전보장이사회의 지원 및 지휘가 있는 경우거나 그렇지 않은 경우거나, 우선 평화적으로 갈등을 해결하기 위해 노력할 것을 의무화하고 있다. 따라서 헌장 제7장 제39조에 따라 안보리의 용인하에서만 적법하게 전쟁을 일으킬 수 있다.

| |
|---|
| 안전보장이사회는 평화에 대한 위협의 존재, 평화의 파괴, 침략 행위를 규정하며, 권고를 하며, 국제 평화와 안보를 유지 또는 회복하기 위해서 어떤 조치를 취할지 결정한다. |

이 거버넌스 구조는 유엔 회원국이 갈등의 평화적 해결을 모색하고, 단지 모든 다른 조치가 실패했을 때만 전쟁이라는 수단을 택하도록 의도하였다. 이러한 전쟁권의 성문화는 오직 국가 간 전쟁의 거버넌스에만 관련되는 것이다. 내전, '비대칭적 전쟁', 기타 형태의 '새로운 전쟁'은 전쟁 거버넌스의 국가 중심적 재래의 논리에 도전이 되고 있으며, 전쟁 피해의 다른 가능성이나 방향성에 대해 우리의 관심을 요구한다.[9]

국제인도법(IHL: International humanitarian law) 또는 전시국제법은 전쟁 중에 발생하는 피해의 최소화를 추구한다. 그것은 "무장 충돌 행위를 조정하고 그로 인해 발생하는 피해를 완화하고자 하는 국제공법의 한 분야이다."[10] 전쟁 거버넌스의 다른 제도와 마찬가지로 IHL은 '구별, 군사적 필요성, 불필요한 고통, 비례성' 4개의 핵심 원칙에 의거하여 전쟁을 규제하려 시도한다.[11] 이 원칙들은 전쟁에 있어서 폭력 행위가 전투원과 민간인을 구별해야 하며, 군사적 목적 달성에 필요한 것이어야 하며, 불필요한 고통과 피해를 피해야 하며, (보복의 경우에는) 인식된 위해 행위나 원하는 목표에 비례해야 한다. 무력 충돌에 관한 법이 성문화되기 시작한 15세기 중반 이후 노골적인 IHL 위배 행위가 다수 있었으며, 특정 군사 행동이 IHL의 기본 원칙을 하나 또는 그 이상 위배했는지에 대해 여러 사례를 거쳐서 격렬한 논쟁이 있었다. 종종 전쟁은 관리가 불가능하지만 그렇다고 해서 그 거버넌스 체제의 일관성을 부정할 수는 없다. 범법자가 있다고 해서 일반적인 법치의 존재가 부정되는 것은 아니다. 현대 세계정치에서 IHL가 직면한 큰 도전은 국가 간 무력 충돌의 시대로부터 기인한 것이다. 전쟁권의 경우와 마찬가지로 IHL은 역사적으로 틸리(Charles Tilly)가 설파한 오래된 격언인 "전쟁은 국가를 만들었고, 국가는 전쟁을 만들었다"는[12] 전제 위에 세워졌다. 국가가 전쟁을 일으키는 행위자라는 이 전제는 국가 내의 분쟁 상황에서 IHL의 의미에 영향을 미친다. 단순히 말하면 IHL의 여러 측면들은 분쟁 당사자들이 국가 행위자가 아닐 경우 적용이 안 된다.

더욱이 IHL 틀 속에는 잠재적으로 문제가 되는 방향의 다른 전제들이 내포되어 있다. 전쟁 거버넌스는 여러 차원에서 문제의 소지가 있지만 여기서는 두 가지를 다룬다. 하나는 IHL의 (항상, 그리고 이미 젠더화된) 전투원/민간인 이분법 구조의 범위와 그 영향이다. 다른 하나는 IHL이 여타 거버넌스나 규제 구조의 정통성을 부정하는 데 기반을 둔 국제법적 설계의 연속이라는 점으로, 이것은 현대 탈식민적 및 비식민적 법학자들의 도전과 비판을 받는다. IHL의 편파성과 그 구성적 영향은 킨셀라(Helen Kinsella)의 전투원/민간인 구별 중요 원칙에 대한 분석에서 잘 설명되고 있다. 그는 "국제인도법에서 전투원과 민간인의 구별은 전쟁 행위에 있어서 허용되는 것과 되지 않는 것, 정당함과 부당함, 합법성과 불법성을 결정한다"고 주장한다.[13] 따라서 이 이분법에 많은 것이 달려있으며, 그 계보에 대한 연구에서 킨셀라는 그 구별이 어떻게 '젠더, 결백, 문명에 관한 담론'을 통해 구조화되고 정착되었는지를 보여준다.[14] 전투원과 민간인 구별의 정착은 그들 담론에 의존하는데, 그러한 범주 자체가 젠더화되고 가치 판단이 개입된다. 여성스러움, 결백, 민간인의 영역을 연결하는 연상의 고리는 문명의 보호와 방어라는 이름으로 폭력 행위를 허용하는 조건이 되어버린다. 따라서 전쟁 거버넌스를 통해서, 전쟁의 정당성은 기존의 권력 구조를 영속화하고 전환적 변화를 억제하는 방식으로 재생산된다.

국제법에 관한 탈식민지적 연구자들은 일련의 유사하고 연관된 연구를 통해서, 국제법의 유럽적 유산은 지배와 억압의 식민지적 논리를 재생산하는 방식으로 현대 거버넌스 틀에 영향을 미침을 보여준다. 국제법은 주권의 베스트팔렌적 관념에 의존하며, 식민지 시대 이전의, 많은 경우 1648년 서명된 2개 조약 이전에 존재했던, 다양한 형태의 주권과 자율권의 정통성을 부정한다.[15] 국제법의 확산과 보편화는 국제'사회'가 인종과 공간을 근거로 질서가 형성되는 현상의 일부로 이해되어야 한다. 이것은 전쟁을 관리하는 노력으로부터 나오는 혜택을 부정하는 것이 아니라, 법 자체가 정치적이고 빈번히 편파적임을 인정해야 한다는 것이다. 앵기(Anthony Anghie)는 아래와 같이 상술한다.

> 정복과 강탈의 잔인한 현실은 그러한 강탈을 정당화하는 법적 틀이 모순적이고 일관되지 않다고 주장한다고 해서 완화되는 것은 아니다. 그러나 그러한 모순과 모호성을 지적하고, 어떻게 주권이 유럽만의 전유물이 되었는지를 질문하고, 이 틀에 대해 의문을 제기함으로써, 이 주제에 관한 다른 역사에 대해, 그리고 식민주의 자체의 작용과 결과에 대해 다른 이해가 가능해질 것이다.[16]

따라서 이러한 국제법의 생산력에 대한 질문은 거버넌스가 세계정치에 있어서 정당성, 권위, 질서 생산에 관여함을 더 넓게 이해해야 한다는 데 우리의 주의를 환기한다.

전쟁권과 전시국제법에 관한 비판적 논의는 전쟁에 대한 거버넌스가 현대 세계정치의 특정 형태를 재생산하는 역할이 있음을 지적한다. 이들은 전쟁 피해를 최소화하거나 완화한다고 주장하면서도 불평등과 배제를 만들어내고 영속화할 수 있다. 더욱이 전쟁 거버넌스를 이런 방식으로 분석하면 거버넌스의 기술로서의 전쟁 자체를 드러내 준다. 전쟁이 정치적 과정이고 전쟁에 대한 거버넌스가 특정한 효과를 가진 것일 뿐 아니라, 전쟁은 공동체, 사람들, 심지어 국가를 관리하는 수단임이 드러날 것이다. 전쟁의 거버넌스 효과는 전쟁 (그리고 평화)체제 속에서 다른 위치에 있는 행위자들에게 다른 결과를 초래하며 다르게 받아들여진다. 전쟁 거버넌스 기제는 이 세계의 어떤 존재나 관계에는 혜택을 주는 반면, 다른 존재나 관계는 억제한다. 전쟁 자체도 이러한 거버넌스 기능이 있다. 다음에서는 이와 같은 생성적 효과에 주목하는 전쟁과 거버넌스의 몇몇 차원에 대해 논의한다.

## 전쟁과 거버넌스의 차원

전쟁의 거버넌스는 복잡하다. 최근 국제기구, 글로벌 거버넌스, 레짐을 연구하는 학자들은 거버넌스와 관련된 복잡성에 초점을 맞추어 연구함으로써 어떤 통찰을 얻을 수 있는지 이해하기 위해 복잡한 거버넌스체제의 다양한 형태에 대해 연구하기 시작하였다.[17] 복잡성에 대해 연구를 시작할 때 제시되는 "3개의 가정이 있다. 첫째, '원인'과 '결과' 사이에는 반드시 비례성이 있는 것은 아니다. 둘째, 개인 수준과 통계적 수준의 분석은 동일한 것이 아니다. 셋째, 체제에 나타나는 결과는 단순히 개별적 요소들을 더한다고 나타나는 것은 아니다."[18] 이들 가정은 서로 교차하면서 하나의 단순한 상호작용들의 집합으로 환원될 수 없는 분석의 대상을 구성한다. 복잡한 체제는 역동적이고, 분산적이며, 예측이 어렵다. 가장 중요하게, 그들은 항상 어떤 진행 과정에 있다. 전쟁 거버넌스의 맥락에서, 과정이론(process theory)은 어떤 것들이 그 형성이나 적용 과정을 통해 만들어졌는지를 탐색하도록 해준다. 따라서 이 절에서 우리의 초점은 빈번히 간과되고 연구가 많지 않은 전쟁 거버넌스의 2개 차원에 맞춰진다. 첫째는 젠더화된 권력의 표출로서의 전쟁 중 신체에 대한 거버넌스이며, 둘째는 지속되는 식민지적 폭력과 그 결과에 대한 '국내적' 거버넌스이다.

신체는 전쟁 거버넌스를 통해서 생성된다. 구체적으로, 전투에 임하는 신체는 젠더화되어 있으며, 젠더화된 신체는 전쟁에 관련되는 거버넌스 기제를 통해 전투 참가가 허용 (또는 거부)된다. 전쟁과 전투를 관리하려는 노력은 젠더 규범과 기대치의 산물일 뿐 아니라, 그러한 규범과 기대치를 재생산하는 기능을 한다. 군사 조직에서 누가 다양한 역할과 책임을 맡거나, 맡지 못하도록 관리 (그리고 그 조직에 받아들여진 뒤 그들의 신체와 정신을 훈련)하는 거버넌스는 전투, 힘, 시민권이라는 개념과 이상향을 영속화한다. 다양하고 활발한 연구가 군대 내에서 젠더화된 권력의 작동을 추적한다. 그것이 문화와 신체를 구성하기 때문이다. 조직으로서의 군 내부의 신체와 행동에 대한 명시적이거나 암묵적 규제는 특정한 군대 문화를 생성하고 영속화하며, 그 대부분은 이성애를 규범으로 하는 남성성 과잉의 표현을 미화하고 보상하는 반면, 여성성의 표현을 폄하한다.[19] 이러한 젠더 표현과 연상의 사슬은 '여성'이나 '남성'의 신체에만 고정되는 것은 아니다. 일례로 1990~1991년 걸프전 당시 엎드린 남자의 신체가 미사일에 의해 관통되는 것을 보여주는 천박한 풍자만화에서 "이라크의 패배는 더 강하고 남성적인 미국에 의한 수치스러운 항문 성교를 당하는 것으로 묘사되었다."[20] 더 최근의 사례로, '전투에 참여한다고 말하는 드론 조종사에 대한 공개적인 망신 주기, 조롱, 여성화'는 군 조직의 운용이 얼마나 전쟁의 젠더화된 상상에 영향을 받는지를 보여준다.[21]

신체를 행동과 연관시키는 젠더화된 연상들, 그리고 이것이 (국가의 군대, 사병, 보안 회사, 준군사 집단의 문화를 포함하는) 군대의 문화에서 나타나는 특정한 방식을 넘어서, 전쟁에 대한 거버넌스가 젠더화된 권력 구조를 지속시키는 다른 방식이 있다. '남성'(출생 시 남성으로 지정된 사람들)과 '여성'(출생 시 여성으로 지정된 사람들)을 위해 설계된 훈련 프로그램에 젠더화된 신체의 포함 또는 배제, 그리고 전투 배제는 이 과정의 한 예이다. 미국 군대 문화에 널리 퍼져있고 영향을 미치는 '전우들' 신화에 대한 상세한 분석에서 멕켄지(Megan MacKenzie)는 사람의 행동을 규율하는 아이디어의 차원이 누가 싸우고, 누가 싸우기 위해 훈련하고, 어떻게 훈련하는지의 규율과 연결되어 있음을 보여준다. 멕켄지는 출생 시 여성으로 지정된 신체는 일련의 (객관적이라고 간주되는) 군사적 기준의 훈련에 따라 임무를 수행할 능력이 없다는 신화를 뒤집었으며, "육체적 기준은 시간에 따라 변화해 왔고, 남성의 신체에 따라 개발되었으며, 군대의 임무를 완수할 수 있는 개인의 능력을 반영하지 않는다"는 것을 보여주었다.[22] 이를 인정하는 것은 최소한 부분적으로 생물학적 '성별' 차이의 존재에 근거한 전투 배제 문제를 복잡하게 만든다. 더 나아가 성전환한 여성이나 남성의 군 입대와 복무 경험은 '성별'과 전쟁(전투)에 대한 단순화된 이해에 의문을 제기한다. 성전환한 신체는 군대 문화 내에서 관리되면서, 동시에 그것을 구성하기 때문이다. 전쟁을 구조화하는 젠더 거버넌스 레짐들이 워낙 강력하기 때문에 대부분의 성전환한 군인들은 "자기 군부대 내에 숨겨져 있거나, 성전환 사실을 밝힌 대부분의 사람들은 복무 중에 차별과 괴롭힘을 경험한다."[23] 전쟁(전투)에서 젠더를 관리한다는 것은 '성별'을 범주화하는 것 (그리고 '남' 또는 '여'로 지정된 신체가 특정 역할이나 책임을 맡거나 배제되는 것)과 빈번히 동일시된다. 그러나 이는 그 자체로서 배제와 폭력을 만들고 영속화한다.[24]

전투 작전이 벌어지는 전역, 무장한 부대와 전장, 잔인한 행위의 목격이 없는 경우에도 전쟁은 폭력을 행사한다. 비유로서의 전쟁은 빈곤과의 전쟁, 마약과의 전쟁, 테러와의 전쟁 등과 같이 복지, 보건 정책, 안보 전략의 초점이 될 문제들에 그러한 폭력을 투사한다. 전쟁 선포의 직접적 그리고 간접적 정치적 결과는 잘 연구되어 있다. 그에 비해 잘 연구되어 있지 않은 주제는 시민권의 박탈, 삶의 터전 상실, 식민 지배 등 침묵시켜지고 잊혀진 전쟁에서의 지속되는 폭력이다. 이들도 마찬가지로 거버넌스의 대상이며 산물이다. 식민지 전쟁, 식민지 주민의 거버넌스에서 이루어진 결정은 지속적으로 '탈식민지' 세계의 경험을 구조화한다. 우리가 연구를 진행할 수 있는 길은 다양하다. 이 절의 남은 부분에서 필자는 그 두 가지를 제시한다. 첫째는 전쟁과 거버넌스를 명백히 연결하는 토착민과 식민지 주민에 대한 폭력의 연속성이다. 둘째는 식민지 주민들이 전투에 투입되었던 사실을 학계가 의도적으로 무시한 점과 (항상 그리고 이미 남성인) 이상화된 제국 군대의 백인성을 유지하기 위해서 이러한 징집 사실을 지우려 한 점이다.

학계가 식민지 전쟁을 무시한 것은 우리가 전쟁을 인식하고 연구하는 방식을 (재)생산했다. 일례로 식민지 전쟁은 '작은 전쟁'[25]으로 기술되어 왔으나 이 명명법은 정치적인 것이다. "제국의 전쟁은 '작은 것'이었다. 왜냐하면 그것은 전쟁이 벌어진 나라에 미친 결과가 미미했기 때문이 아니라, 매우 소수의 유럽인들이 개입되었기 때문이다."[26] 사실은 식민지 확산 과정에서의 폭력성은 이민자 정착 식민지 사회와 전 세계에 지속적으로 영향을 미치고 있다. '전쟁이 국가를 만들었듯이' 전쟁은 또 국민을 만들며, 전쟁 중 토착민에 대한 거버넌스는 서구의 정치적 형상이 지속적으로 지배하는 현상의 일부분이다. 자브리(Vivienne Jabri)는 폭력의 직접적 행사, 개인이나 공동체를 제재할 수 있는 (국가 폭력이 뒷받침하는) 힘, 사람들의 삶과 복지를 관리하는 생명권력(bio-power)의 행사로 구성된 '전쟁의 매트릭스'를 개념화한다.[27] 이 시각은 전쟁 연구의 범위를 열어주고, 전쟁은 통치되고/통치되어질 수 있는 피지배자를 만드는 복잡하고 다면적인 도구임을 인정할 것을 요구한다. 제국의 프로젝트로서의 통치되고/통치되어질 수 있는 피지배자의 구성은 예를 들어 백인 우월주의의 인종차별적 형상과 호주 토착민을 무주지의 '동식물'의 일부로 지정한 문명화 임무의 자비로움을 연결하는 더 광범위한 연속선상의 한순간으로서 전쟁을 포함한다. 따라서 권력은 거버넌스와 전쟁을 통해 인간의 조건을 만드는 데 작용한다. 어떤 면에서 전쟁의 수행은 늘 (상실될 경우 '애통한')[28] 지켜야 하는 생명과 소모품 같은 생명을 구별하는 것과 관련이 된다. 이 구별은 일상적이면서도 동시에 특별하다. 예를 들어, '전쟁 사상자' 집계는 전쟁 관리의 일부이며 참고자료이며, 전쟁의 '진정한' 희생자 문제와 대비된다. 그리고 이것은 역사의 문제가 아니다.

푸코(Michel Foucault)는 대량 학살을 자행하는 국가 인종차별주의와 식민지 전쟁은 인종차별화된 전쟁의 전형이라고 지적한 반면, 통제의 기술, 기술적 거버넌스로써 사용된 근대 후기의 전쟁은 그 표적이 된 사람들의 일상적 경험에 스며드는 현상을 보여준다. 사람의 가치에 서열을 매긴다는 것은 어떤 신체는 소모용이라는 가정에 근거한다.[29)]

따라서 전쟁에 대한 거버넌스와 거버넌스로서의 전쟁의 영향, 전쟁으로서의 거버넌스는 현대 세계정치에서 온전한 인간이 무엇을 의미하는지를 결정하며, 그것은 폭력을 허용(초래)한다. 거버넌스의 기술로서 전쟁은 인종차별화되고 젠더화된 대상인 인간을 구성하며, 전투 지역을 훨씬 넘어서 인간의 생명과 경험을 통제하고 규율한다.

연구의 두 번째 길은 정치적 인격 거부의 또 다른 차원과 관련되는 것으로, 토착민과 식민지 출신 군인들의 전투 참여에 관한 이야기와 기억의 삭제이다.[30)] 앞서 언급했듯이 군인이라는 주체의 남성성은 젠더화된 권력의 작동 속에서 전쟁이 거듭되면서 전쟁 거버넌스를 통해 재생산된다. 인종차별화된 권력 (그리고 백인성의 가치 고양)도 전쟁의 관행과 신화 속에서 유사한 방식으로 작동한다. '토착민 삭제와 역사 유산의 불협화음'의[31)] 작용은 보편적 군인 주체로서의 백인(정착민) 군인의 신화를 유지하며, 흑인, 토착민, 유색인종 군인의 전쟁 경험 (그리고 트라우마)를 부정한다. 바렛(Michèle Barrett)이 지적했듯이

아마 놀라운 일이 아니겠지만 하위 주체로서의 식민지 군대는 동등하게 기념되지 않으며, 그러한 결정이 내려진 역사는 충분히 인식되지 않았다. 이런 식으로 하위 주체는 침묵 당해왔다. 그들의 생명은 기념되지 않았을 뿐 아니라, 그러한 배제 행위 자체도 지워졌다.[32)]

더욱이 백인(정착민) 군인 신화의 영속화를 통해 토착민이나 식민지 출신 군인들은 국가를 건설하고, 지키고, 국가에 봉사하는 전쟁 기제와 연관되어 축적된 시민권의 혜택으로부터 배제되었으며, 여전히 배제되고 있다.

전쟁에 대한 거버넌스는 전투 참여자들을 관념적으로 보호하고자 하는 성문화된 전쟁법에 국한되는 것은 아니다. 또 전쟁은 우리가 그 폭력성을 상상하고 신화화하는 방식에 의해 관리되며, 그것이 만들어내는 주관성의 형태로 표출된다. 이 절은 전쟁 거버넌스의 두 차원에 대해 개관하고 전쟁이 발생하는 몇 가지 방식에 대해 상술하였다. 전쟁과 거버넌스에 관한 연구는 국가가 주도하는 전쟁의 생산력뿐 아니라, 전쟁 관리의 일상적 평범성과 전쟁 추모 시설이나 의례에 스며들어 있는 (그리고 그를 통해 재생산되는) 거버넌스의 합목적성을 드러내 준다. 다음 절은 이 분석을 더 확장하여 미래에 우리가 전쟁 거버넌스에 관여할 만한 방법들에 대해 고려한다.

## 전쟁 거버넌스의 미래

전쟁을 관리하려면 그것이 역사와 맥락에 따라 변화하는 거버넌스의 대상이며 기술로 파악되어야 한다. 이 접근은 전쟁을 '통치성'의 대상, 즉 특정 맥락에서 행사되고 전장에서, 조직의 의사결정, 가정의 침실에 이르기까지 다양하게 영향을 미치는 거버넌스의 합목적성과 기술로 상정한다. 단순히 말하자면 전쟁에 대한 거버넌스는 (우리가 거버넌스 기제의 '실행'이라고 생각하는) 권력과 권위의 명백한 표현과 적용 속에서 '존재하거나' 발생한다. 거버넌스의 재생산과 정당성의 조건은 그 의미를 표출하고 (최소한 일시적으로) 안정화시키는 담론과 관행을 통해서 추적해볼 수 있다. 여러 면에서 전쟁 거버넌스의 미래는 그 과거와 비슷하게 계속해서 안정적일 것이다. 앞서 언급했던 전시법에서의 민간인 문제에 대한 킨셀라의 분석은 이들

구성물의 지속성을 보여준다.[33)]

그러나 변화도 있을 것이다. 예를 들어, 전쟁의 신기술은 폭력의 새로운 형태를 만들며, 근대 전쟁은 여러 시간성을 넘어서 확산된다. 이러한 전쟁의 새로운 양상을 탐구하는 데는 다른 어휘와 양식을 필요로 한다. 세계에 실질적 영향을 주는 일련의 담론적 행위로서 이러한 시각에서 보면, 특히 우리의 관심은 전쟁 거버넌스가 주체, 객체, 그리고 그들 사이의 관계를 만들어내는 방식이다. 드론 전투의 정서적 차원, 신체/기계 경계가 '새는 현상', (공간을 넘어서 동시에 다수의 시간대에서 행해짐으로 인한) 공간적/시간적 고정의 부정에 관한 에드니-브라운(Alex Edney-Browne)의 연구는 우리가 전쟁에 대한 거버넌스와 거버넌스 기술로서의 전쟁을 혁신적인 방법으로 생각할 것을 요구한다. 에드니-브라운은 "살상의 기술적 도구와 관련하여 드론 요원들이 자신의 신체의 '경계'와 그 속에서의 책임 소재를 위치시키는 데 어려움을 겪으면서, 근접성과 분리 사이의 계속되는 전환은 그들에게는 매우 감정 소모적인 경험일 것"이라고 주장한다.[34)] 이 통찰은 전쟁 연구의 탈인간적(post-human), 또는 현상학적 접근을 심각하게 받아들이는 합당한 이유로 전개되었다. 이미 개괄한 바와 같이 전쟁에 대한 거버넌스는 젠더화되거나 인종차별화된 권력의 작동과 연관됨을 보여주었다. 에드니-브라운의 연구로부터 우리는 전쟁 기술의 정서적이고 내재적인 효과와 기술 자체 및 그 사용이 관리되는 방식에 대한 평가를 위한 영감을 얻을 수 있다.

전쟁 거버넌스의 상당 부분은 전쟁이 어떻게 상상되고 전쟁의 종식에 어떤 방식이 존재하는지에 달려있다. 전쟁 거버넌스 개념과 기제가 '루핑효과'를 만든다는 것은, 예를 들어 '취약 국가'에 관한 담론의 맥락에서 이미 잘 연구가 되어있다.[35)] '루핑효과'는 특정 대상적 위치(이 경우 '취약 국가'의 대상적 위치)에 관한 '성공적인' 탐구의 예라고 생각될 수 있는 경우와 같이, 거버넌스 담론이 그 대상들에 의해서 재생산되는 현상을 말한다.[36)] 우리가 사용하는 어휘와 사고는 우리의 상상의 범위를 구성한다. 전쟁 거버넌스 개념이 그것을 없앨 수 있도록 해주어야 한다. 권력의 구조와 위계효과를 주목하는 연구로서 우리는 전쟁과 그 거버넌스뿐만 아니라 평화의 거버넌스와 전쟁 거버넌스에 존재하는 평화의 가능성에 계속해서 초점을 맞추어야 한다. 평화와 전쟁 방지의 글로벌 거버넌스는 '민주주의, 법치, 시장 경제가 분쟁 종식 후나 평시로 이행 중인 국가 및 사회, 그리고 그들이 속한 더 광범위한 국제질서 속에서 지속가능한 평화를 창출할 것이라는 합의에 기반을 둔'[37] 소위 자유주의적 평화 패러다임의 형태로 지난 수십 년 동안 응집되었다. 자유주의적 평화의 정통성은 평화를 위한 개입이 "국가 주권을 구체화하는 경향이 있고, 정의, 화해, 복지, 젠더화된 권력과 관련된 문제를 적절히 다루지 못하고, '하향적인 제도적 신자유주의나 신식민주의' 관행을 인정하는" 현상에 대해 의문을 제기하는 연구 의제의 부상을 계기로 학문적 문헌 속에서 치열하게 논의되었다.[38] 평화를 위한 개입, 분쟁 후 평화구축, 개발에 관한 비판적 문헌들은 평화 및 전쟁 거버넌스와 연관되는 (오테세르[Séverine Autersserre]가 '평화의 땅'이라고 부르는, 국제적 제도에 의한 분쟁 후 평화를 위한 개입의 공간에서 행동, 관행, '문제'에 대한 '해결책'의 형성에 영향을 미치는)[39] 기법과 합리성이 특정 권력의 구조에 의해서 만들어지고, 그 권력 구조를 만들어내며 특정 형태의 주관성을 구성하는 방식을 분석해 왔다. 그러나 우리는 자유주의적 평화의 형상에 구애될 필요는 없다. 평화의 부재에 대한 새로운 대안의 추구를 통해 전쟁 거버넌스는 급진적 평화를 논의할 수도 있다. 선생, 학자, 활동가, 실무가로서 "우리는 사회적 정의 문제에 근거한 대안을 꿈꾸는 의지를 가져야 하고 주어진 제안에 한정되는 것을 거부해야만 한다."[40]

## 결론

이 장은 전쟁 거버넌스의 정치에 대해 상술하였고 전쟁을 규율하고 관리하려는 노력의 통치성 효과들에 대해 탐색하였다. 전쟁 자체는 "탐구의 대상으로서 이상하게도 분산적이고 분절적이며, 그것은 전쟁이 연구되는 장소의 제도적 다양성에 의해 더 심화된다."[41] 전쟁과 전쟁의 영향을 이해하는 것은 다학제적인 작업이다. 여기서 나는 전쟁의 거버넌스, 전쟁에 대한 거버넌스의 효과에 대해 초점을 맞추었다. 이 장을 집필하는 데 있어서 한가지 규범적 고려는 그러한 효과에 대해 주의를 환기하고, 전쟁의 거버넌스 효과는 현재의 '세계질서'로 지칭되는 것의 구조에 복잡하게 얽혀있음을 주장하고자 함이다. 전쟁 거버넌스의 체계는 지배와 억압의 체계와 관련이 있으며, 책임있는 학문은 전쟁의 결과와 그 거버넌스가 우리의 분석의 대상에 있어서 중요함을 인정하는 것이다.

이 책임은 '타자'의 사회적 질서 형성을 설명하는 역사학자, 사회학자, 문화인류학자에만 국한되는 것은 아니다. '자유주의 원칙에 매료된' 정치학자나 정치이론가들도 '오늘날 자랑스럽게 자유민주적이라고 하는 정치 사회의 탄생 시점에서의 폭력을 경시하거나 지워버리지'[42] 않도록 책임을 다해야 한다. 우리가 그 최악의 효과를 완화하고 전쟁 없는 대안적 세계를 상상할 수 있으려면, 현재와 미래의 거버넌스는 그러한 폭력과 배제의 문제를 직시해야 한다.

## 추가 읽을거리

Antony Anghie, "The Evolution of International Law: Colonial and Postcolonial Realities," *Third World Quarterly* 27, no. 5 (2006): 739–753.

Tarak Barkawi, "On the Pedagogy of 'Small Wars,'" *International Affairs* 80, no. 1 (2004): 19–37.

Vivienne Jabri, *The Postcolonial Subject: Claiming Politics/Governing Others in Late Modernity* (London: Routledge, 2013).

Vivienne Jabri, *War and the Transformation of Global Politics* (Basingstoke, UK: Palgrave Macmillan, 2007).

Helen M. Kinsella, *The Image Before the Weapon: A Critical History of the Distinction Between Combatant and Civilian* (Ithaca, NY: Cornell University Press, 2011).

## 주

1) 전쟁이 초래하는 생태계 파괴와 그러한 피해를 최소화하기 위한 거버넌스 노력이 불충분함을 인식함에도 불구하고 이 장은 인간중심적인 분석의 초점을 유지한다.
2) Gary D. Solis, *The Law of Armed Conflict: International Humanitarian Law in War* (Cambridge: Cambridge University Press, 2012), 3.
3) Michael Barnett and Raymond Duvall, "Power in Global Governance," in *Power in Global Governance*, ed. Michael Barnett and Raymond Duvall (Cambridge: Cambridge University Press, 2005), 1–32, 7.
4) David Armstrong, Theo Farrell, and Hélène Lambert, *International Law and International Relations* (Cambridge: Cambridge University Press, 2007), 37–38.
5) Solis, *The Law of Armed Conflict*, 4.
6) Armstrong, Farrell, and Lambert, *International Law and International Relations*, 40–41; Solis, *The Law of Armed Conflict*, 4–5.
7) Thomas G. Weiss and Ramesh Thakur, *Global Governance and the UN: An Unfinished Journey* (Bloomington, IN: University of Indiana Press, 2010), 56.
8) James Rosenau, "Governance, Order and Change in World Politics," in *Governance Without Government: Order and Change in World Politics*, ed. James Rosenau and Ernst-Otto Czempiel (Cambridge: Cambridge University Press, 1992), 1–29, 4.
9) Mary Kaldor, *New and Old Wars: Organised Violence in a Global Era* (Cambridge: Polity Press, 1999).
10) Amanda Alexander, "A Short History of International Humanitarian Law," *European Journal of International Law* 26, no. 1 (2015): 109–138, 111.
11) Solis, *The Law of Armed Conflict*, 250.
12) Ronald Cohen, "Warfare and State Formation: Wars Make States and States Make Wars," in *Warfare, Culture, and Environment*, ed. Brian A. Ferguson (New York,

NY: Academic Press, 1984), 329–358에서 인용.
13) Helen M. Kinsella, "Gendering Grotius: Sex and Sex Difference in the Laws of War," *Political Theory* 34, no. 2 (2006): 161–191, 162.
14) Helen M. Kinsella, *The Image Before the Weapon: A Critical History of the Distinction Between Combatant and Civilian* (Ithaca, NY: Cornell University Press, 2011), 13.
15) Antony Anghie, "The Evolution of International Law: Colonial and Postcolonial Realities," *Third World Quarterly* 27, no. 5 (2006): 739–753, 740; Antony Anghie, "Finding the Peripheries: Sovereignty and Colonialism in Nineteenth-Century International Law," *Harvard International Law Journal* 40, no. 1 (1999): 1–71 도 참조.
16) Anghie, "Finding the Peripheries," 7.
17) 주요 연구 사례로는 Rebecca M. Hendrick and David Nachmias, "The Policy Sciences: The Challenge of Complexity," *Policy Studies Review* 11, nos. 3–4 (1992): 310–328; Mark Lubell, "The Ecology of Games Framework," *Policy Studies Journal* 41, no. 3 (2013): 537–559; David Chandler, *Resilience: The Governance of Complexity* (London: Routledge, 2014); Christopher Ansell and Robert Geyer, "'Pragmatic Complexity': A New Foundation for Moving Beyond 'Evidence-based Policy Making'?" *Policy Studies* 38, no. 2 (2017): 149–167.
18) John Law and John Urry, "Enacting the Social," *Economy and Society* 33, no. 3 (2004): 390–410, 401.
19) 예를 들어, Paul Higate, "Drinking Vodka from the 'Butt-Crack': Men, Masculinities and Fratriarchy in the Private Militarized Security Company," *International Feminist Journal of Politics* 14, no. 4 (2012): 450–469; Megan MacKenzie, *Beyond the Band of Brothers: The US Military and the Myth That Women Can't Fight* (Cambridge:Cambridge University Press, 2015); Marsha Henry, "Problematizing Military Masculinity, Intersectionality and Male Vulnerability in Feminist Critical Military Studies," *Critical Military Studies* 3, no. 2 (2017): 182–199.
20) Carol Cohn, "Wars, Wimps and Women: Talking Gender and Thinking War," in *Gendering War Talk*, ed. Miriam Cooke and Angela Woollacott (Princeton, NJ: University of Princeton Press, 1993), 227–246, 236.
21) Katharine M. Millar and Joanna Tidy, "Combat as a Moving Target: Masculinities, the Heroic Soldier Myth, and Normative Martial Violence," *Critical Military Studies* 3, no. 2 (2017): 142–160, 156; Cara Daggett, "Drone Disorientations: How 'Unmanned' Weapons Queer the Experience of Killing in War," *International Feminist Journal of Politics* 17, no. 3 (2015): 361–379; Lindsay C. Clark, "Grim: Ghostly Narratives of Masculinity and Killing in Drone Warfare," *International Feminist Journal of Politics* 20, no. 4 (2018): 602–623.
22) MacKenzie, *Beyond the Band of Brothers*, 133.
23) Meredith G. F. Worthen, "Transgender Under Fire: Hetero-cis-normativity and Military Students' Attitudes Toward Trans Issues and Trans Service Members Post DADT," *Sexuality Research and Social Policy* 16, no. 1 (2019): 289–308,

290.

24) 또 예를 들어 Laura J. Shepherd and Laura Sjoberg, "Trans-bodies in/of War(s): Cisprivilege and Contemporary Security Strategy," *Feminist Review*, no. 101 (2012): 5–23.

25) C. E. Callwell, quoted in: Tarak Barkawi, "On the Pedagogy of 'Small Wars,'" *International Affairs* 80, no. 1 (2004): 19–37, 21. 학문 분야의 범주에 관한 더 일반적인 부분은 '테러학', '내전' 연구, '비대칭 전쟁' 등에도 적용될 수 있다.

26) Ibid.

27) Vivienne Jabri, *War and the Transformation of Global Politics* (Basingstoke, UK: Palgrave Macmillan, 2007), 55.

28) Judith Butler, *Frames of War: When Is Life Grievable?* (London: Verso, 2009).

29) Vivienne Jabri, *The Postcolonial Subject: Claiming Politics/Governing Others in Late Modernity* (London: Routledge, 2013), 129.

30) 물론 전쟁에 말려들지 않은 토착민과 식민지 주민들도 파괴적인 전쟁의 결과에 영향을 받았다. 예를 들어, 핵실험으로 인한 환경 파괴는 호주, 태평양의 주민들과 자연에 심대한 영향을 미쳤으며, 전 세계에서 계속되는 전쟁으로 인해 민간인이 삶의 터전을 잃었다.

31) Raynald Harvey Lemelin, Kyle Powys Whyte, Kelsey Johansen, Freya Higgins Desbiolles, Christopher Wilson, and Steve Hemming, "Conflicts, Battlefields, Indigenous Peoples and Tourism: Addressing Dissonant Heritage in Warfare Tourism in Australia and North America in the Twenty-first Century," *International Journal of Culture, Tourism and Hospitality Research* 7, no. 3 (2013): 257–271.

32) Michèle Barrett, "Subalterns at War," *Interventions* 9, no. 3 (2007): 451–474, 472.

33) Kinsella, *The Image Before the Weapon*.

34) Alex Edney-Browne, "Embodiment and Affect in a Digital Age: Understanding Mental Illness Among Military Drone Personnel," *Krisis: Journal of Contemporary Philosophy*, no. 1 (2017): 19–33, 29.

35) Iver B. Neumann and Ole Jacob Sending, Governing the Global Polity: Practice, Mentality, Rationality (Ann Arbor, MI: University of Michigan Press, 2010), 152.

36) 질의의 개념은 Louis Althusser에 의해서 개발되었다. Jutta Weldes, "Constructing National Interests," *European Journal of International Relations* 2, no. 3 (1996): 275–318, 287에 인용됨.

37) Susanna Campbell, David Chandler, and Meera Sabaratnam, "Introduction: The Politics of Liberal Peace," in *A Liberal Peace? The Problems and Practices of Peacebuilding*, ed. Susanna Campbell, David Chandler, and Meera Sabaratnam (London: Zed Books, 2011), 1–10, 1

38) Oliver Richmond, "A Genealogy of Peace and Conflict Theory," in *Palgrave Advances in Peacebuilding*, ed. Oliver Richmond (Basingstoke, UK: Palgrave Macmillan, 2010), 14–40, 26. Roland Paris, "Saving Liberal Peacebuilding," *Review of International Studies* 36, no. 2 (2010): 337–367; Jan Selby, "The Myth of

Liberal Peace-building," *Conflict, Security and Development* 13, no. 1 (2013): 57–86; Oliver P. Richmond and Roger Mac Ginty, "Where Now for the Critique of the Liberal Peace?" *Cooperation and Conflict* 50, no. 2 (2015): 171–189.

39) Séverine Autesserre, *Peaceland: Conflict Resolution and the Everyday Politics of International Intervention* (Cambridge: Cambridge University Press, 2014), 2 및 여러 페이지.

40) Lee-Anne Broadhead, "Re-Packaging Notions of Security: A Skeptical Feminist Response to Recent Efforts," in *States of Conflict: Gender, Violence and Resistance*, ed. Susie Jacobs, Ruth Jacobson, and Jennifer Marchbank (London: Zed Books, 2000), 27–44, 42.

41) Tarak Barkawi, "War, Armed Forces, and Society in Historical Perspective," in *Postcolonial Theory and International Relations: A Critical Introduction*, ed. Sanjay Seth London: Routledge, 2013), 87–105, 89.

42) Joan Cocks, *On Sovereignty, and Other Political Delusions* (London: Bloomsbury, 2014), 47.

4장



# 지정학:

## 공유하는 글로벌 위협의 시대에서의 경쟁

한슨(Thomas Hanson)

냉전의 막간이 지나가고 세계는 혼란의 시대로 접어들었다. 이 변화를 추동하는 작용력은 오랫동안 존재했으나, 코로나19는 이 시대를 결정하는 3개의 추세인 글로벌 지속가능성위기, 기술 발전이라는 판도라의 상자, 세력균형의 전환을 더욱 가속화하였다. 이러한 실존적 위협이 각국이 협력하고 새로운 국제질서체제를 형성하도록 할 것인가? 아니면 지정학적 경쟁이 협력을 저해하고 글로벌 거버넌스의 불확실성으로 이어질 것인가? 향후 수십년간 개별 국가나 국가들의 분절적인 연합의 능력을 넘어서는 대응을 요구하는 도전이 나타날 것이기 때문에 이들은 중요한 질문이다.

서유럽에서 전통적 지정학은 지리, 특히 유라시아 대륙과 국가 간 권력관계에 초점을 맞추었다. 오늘날 지구온난화나 감염병 같은 대규모의 이슈들은 국가 간 무력분쟁처럼 세계질서를 불안정하게 할 수 있음이 너무나 명확해졌다. 이들 문제는 국가 중심 거버넌스의 취약성과 국내적 분열, 실패 국가부터 비국가 행위자들, 글로벌 부패, 사이버 범죄까지 여러 관련된 위협을 드러낸다. 그러한 글로벌 위협은 프랑스계 미국인 역사학자 바준(Jacques Barzun)의 다음과 문구를 같은 떠올려준다. “한 시대를 통합해주는 궁극적인 힘은 그 시대가 직면한 곤경이다.”[1)]

그러나 그러한 도전과 함께 중국이 급격히 부상하고 세계경제의 중심이 아시아로 이동하면서 지정학적 긴장이 고조되고 있다. 중국의 빠른 기술 발전과 견고한 중앙집권적 형태의 거버넌스는 서구, 특히 미국의 반응을 촉발하면서 더 많은 불신과 대화할 기회의 감소로 이어졌다. 트럼프(Donald Trump) 행정부하에서 공급망, 기술, 문화, 학술 교류의 분리를 향한 조치가 취해졌다. 냉전 시대 미국과 소련 사이에 부재했던 경제적 상호의존성의 안정화 효과가 다시 위기를 맞고 있다.

오늘날 그리고 중기적 미래에 있어서 지정학적 경쟁은 어떤 양상일까? 어떤 조치가 글로벌 거버넌스의 어느 정도 안정을 이루고 진보를 가능하게 할까? 우리가 잘못된 방향으로 향하고 있다는 초기 징조가 있다. 가장 우려스러운 것은, 냉전보다는 1914년 제1차 세계대전으로 절정에 이른 지정학적 경쟁을 연상시키는 진영 간 갈등이 형성되기 시작했다는 점이다.

이러한 위험을 피해 나가기 위해서는 깨어있는 리더십, 국가의 강한 거버넌스, 상황에 대한 인식이 필요할 것이다. 군소 국가나 개인의 권리를 보호하면서 동시에 다양한 형태의 거버넌스와 상이한 세계관을 가진 국가들 사이의 타협을 이루려면 유엔을 포함한 글로벌 제도가 재구조화되고 강화되어야 할 것이다.

이 장은 이러한 문제들을 논의한다. 유라시아의 중요성을 조명하면서 이 장은 지정학의 역사적 개관으로부터 시작한다. 여기서는 유럽과 아시아에서 중국의 영향력 상승에 직면하여 ‘대등한 경쟁자’의 부상을 막으려는 미국의 지속적인 시도에 관해 기술한다. 이어서 미국과 중국의 지정학적 세계관과 대비하여 패권안정이론을 논의하고 다극체제와 지역의 역할 확대에 관해 기술한다. 끝으로 지정학적 안정과 세계질서에 도움이 되는 조치들을 탐색한다. 그중 가장 중요한 것은 외교에 대한 책무(commitment), 위협에 대한 명확한 평가, 국가의 흥망에 대한 통찰이다.

## 지정학적 패러다임

현대에 사용된 지정학은 이해하기 어려우며 의심스러운 개념이다. 지리가 국력에 미치는 영향에 대한 관심에서부터 시작되어, 이 개념은 거의 국제관계 일반과 동의어가 될 정도로 너무 광범위하게 정의되게 되었다. 더 최근에 '비판적 지정학' 분야는 이미 확장된 정의에 페미니스트 지정학부터 '텍스트를 넘어선'[2] 지정학에 이르기까지 더 많은 새로운 차원을 추가하였다.

역사적으로 세계질서는 제국의 흥망과 연관이 되었다. 러시아, 오스만, 합스부르크, 중국 등 제국은 제1차 세계대전과 함께 붕괴되었고, 제2차 세계대전 후에는 유럽의 해외 제국이 뒤를 이었다. 일부 분석가들은 이들 제국의 잔재가 오늘날 지정학에 강한 영향을 미친다고 주장한다.[3] 20세기에는 국가로 이루어진 세계가 확장되었다. 1945년 10월 유엔 창설 당시 회원국은 51개국이었다. 오늘날 그 수는 193개국에 이른다. 글로벌 도전이 단합된 대응을 요구하는 이 시대에 보다 많은 협력을 향한 유엔의 노력에도 불구하고, 세계는 정치적으로 그 어느 때보다도 분절화되어 있다.

1945년 유엔은 유럽에서 300년 전에 기원한 국가 대 국가 관계의 원칙을 채택하였다. 1618~1648년 벌어진 30년 전쟁 중 유럽대륙은 종교개혁으로 촉발된 신교와 구교의 대립으로 파괴되었다. 제2차 세계대전 후 글로벌 거버넌스를 지향한 동기는 유사하게 1914~1945년 사이 30년간 벌어진 전면전을 거치면서 형성되었다.

1648년 베스트팔렌조약은 종교의 천년왕국설의 감성과 자연법을 배제하려 하였다. 그것은 보다 좁은 범위에서 안정의 기반으로서 국가의 권리와 의무에 초점을 맞추었다. 적대국들은 국경의 불가침성, 주권국가의 국내 문제 불개입을 포함하는 국가 주권의 원칙을 놓고 합의하였다. 수 세기가 흘러 베스트팔렌 원칙은 유엔헌장에 포함되었다. 역설적으로 탈식민지화의 출발점은 베스트팔렌적 주권이었다.

그 후 몇 세기동안 유럽국가들은 제국주의 사업에서는 경쟁을 했지만, 유럽에서는 외교와 동맹을 통해 관계의 균형을 추구했다. 유럽협조체제로 불리게 된 이 체제는 강대국 간의 영토의 현상유지를 인정하는 경향을 보였다. 19세기 동안 많은 대회나 회의들이, 빈번히 군소국가의 이익을 침해하면서, 지정학적 긴장을 관리하는 수단이 되었다.

1839년 『미국의 민주주의(*Democracy in America*)』에서 토크빌(Alexis de Tocqueville)은 20세기가 러시아와 미국에 의해 지배될 것이라고 예측하였다. 그는 유라시아의 반대편에 있는 그보다 작은 두 국가 독일과 일본이 20세기 전반에 세계 패권을 놓고 경쟁할 것이며, 그들의 흥망으로 새로운 지정학의 시대가 올 것이라고는 예상하지 못했다.

근대 지정학은 20세기 초 맥킨더(Halford Mackinder), 메이한(Alfred Thayer Mahan), 하우스호퍼(Karl Haushofer), 스파이크만(Nicholas Spykman) 등의 연구를 통해 유행되었다. 그들의 아이디어의 맥락은 제국주의와 유럽의 신흥 강국인 통일 독일의 부상이다. 메이한에게는 대양과 해양력이 국력의 가장 강력한 토대였다. 맥킨더와 하우스호퍼는 육지에서의 기술 진보, 특히 철도가 유라시아라는 '세계 섬(world island)'이 잠재적으로 지배적인 영역을 만들 것이라고 보았다. 맥킨더는 어떤 세력이나 세력의 연합이 '세계 섬'을 통제하게 된다면, 그들은 전 세계를 지배하는 위치를 차지할 것이라고 지적하였다.[4]

하우스호퍼의 이론은 후에 '생존공간'을 위해 유라시아를 침공한 나치 독일에게 영감을 제공하였다. 이러한 나치주의와의 연관성, 그리고 핵무기 시대의 도래로 전후 지정학의 유행은 지나갔다. 그럼에도 냉전은 지배적 해양 세력인 미국과 유라시아를 가로지르는 11개 시간대에 걸쳐있는 대륙 세력인 소련 사이의 전략적 경쟁으로 진화하였다.

냉전 시대는 장벽의 시대였다. 유라시아의 대부분은 서방의 정치적 경제적 질서로부터 사실상 차단되었다. 이러한 분할된 세계에서 서방국가의 중산층은 수십 년 동안 번영, 상대적 평등, 경제적 안정을 누렸다. 1978년 중국의 개방, 1991년 소련 붕괴, 1990년대 초 인도 경제의 점진적 개방으로 급격히 새로운 상황이 전개되었다. 서구의 자본은 전 세계에서 자유롭게 가장 저렴한 노동력을 찾아다녔다. 이 운명적 역동성은 중국이 세계 제2의 경제대국으로 부상하는 등 지경학적 전환으로 이어졌다. 오늘날 이러한 변화로 인해 지정학의 새로운 지형으로의 전환이 이루어지고 있다.

소련 붕괴 직후 수년간 미국의 패권적 '단극체제의 시대'에 '패권안정'에 관한 이론들이 입증되는 듯하였다.[5] 이러한 세계질서의 개념에서는, 어떤 시대이든 국제적 공공재 제공을 위해 패권 세력이 필요하다.[6] 19세기와 20세기에 그 세력은 해군력으로 글로벌 무역과 제국주의에 필수적인 해로를 보호했고, 금에 고정된 자국 통화를 보유하여 글로벌 경제의 최종대부자 역할을 했던 영국이었다.

패권안정에 수반되는 또 다른 개념으로, 쇠퇴하는 패권국에서부터 새롭게 글로벌 공유공간의 새로운 보증자로 부상하는 패권국으로 세력이 이동하는 현상을 설명하는 세력전이이론이 등장하였다. 과거의 패권국은 도전자의 부상을 사전에 차단하려 하기 때문에 그러한 전이는 잠재적으로 전쟁의 위험으로 가득하다. 중국의 부상을 둘러싼 '투키디데스의 함정'에 관한 최근의 논의는 그 현대적인 사례를 보여준다.[7] 여기에는 궁극적인 충돌의 필연성을 생각하는 미국의 저명 정치학자들 사이의 자기충족적 예언에 가까운, 매우 강한 비극적 운명주의의 색채가 있다.[8]

그러나 승계자에 대한 전망 없이 패권세력이 쇠퇴했을 때는 또 다른 위험이 등장하였다. 1930년대에는 영국이 패권국으로 기능하기에는 너무 약해지고, 의당 그 승계자로 간주되던 미국이 고립주의로 물러나면서 이런 상황이 벌어졌다. 경제학자 킨들버거(Charles Kindleberger)는 제2차 세계대전을 초래한 1930년대 경제 불안정의 원인으로서 패권세력 사이의 이 격차를 분석하였다.[9] 그러한 세력 전이의 실패는 오늘날 통칭 '킨들버거의 함정'이라고 한다.[10]

1945년 미국이 패권국의 역할을 받아들이고 현대 세계질서를 위한 정부간 인프라를 제공하는 정치, 경제 제도를 창출하였다. 특히 두 가지 점을 강조할 만하다. 첫째, 영국에서 미국으로의 패권의 전이는 영어를 사용하는 서구 문명에 속한 국가들 사이에서 이루어졌다. 그 이유로 인해 그것은 로마의 역할을 하는 미국에 대해 영국이 그리스의 역할로 자리 잡으면서 대체로 (최소한 공개적으로는) 비적대적인 과정이었다. 만일 우리가 중국으로의 패권 전이의 시대에 돌입하고 있다면 그 전이는 정치적일 뿐 아니라, 문명적인 것이며, 상대에 대한 오해를 품게 될 소지가 크다. 둘째, 비록 중국은 기존의 세계질서 속에서 유례없이 급부상했지만 패권국의 부담을 짊어질 수 있는 강력한 해군, 글로벌 통화, 정치적 의지 등 전통적인 수단을 결여하고 있다.

이런 상황이 많은 분석가들이 미국도 중국도 다양한 글로벌 거버넌스 기제의 우위, 글로벌 공유공간, 글로벌 공공재를 보장하지 못하는 '무극체제(nonpolar world)',[11] '주인 없는 세계',[12] 또는 'G 마이너스 2'의[13] 세계라는 불안정의 시기로 들어가고 있음을 우려하는 이유이다. 그리고 이러한 우려는 지정학의 새로운 시각으로 이어지고 있다. 글로벌 상호의존성이 줄어들고 경제적 비동조화가 지역화로 영향을 미치면서 지역의 수준에서 글로벌 거버넌스의 역할이 더 중요하게 부각될 수도 있을 것이다. 지역적 제도 구축에 대한 관심과 세계질서를 흔들거나, 아니면 글로벌 거버넌스를 주창하고 강대국 사이의 전략적 변화 속에서 균형자로서 행동하는 강력한 지역

국가의 잠재력에 대한 관심이 고조되고 있다.

## 미국과 중국

미국은 글로벌 통화인 달러, 상대적으로 무역 의존도가 낮은 경제, 유리한 지리적 조건 등 세계정치에 있어서 엄청난 이점을 가지고 있다. 비스마르크(Otto von Bismarck)의 주장이라는 인용구에 의하면 "미국인들은 운이 좋은 사람들이다. 그들은 남북으로 약한 이웃과 국경을 접하고 있으며, 동서로는 물고기와 접해 있다." 이것은 경쟁국과 인접한 유럽과 아시아 국가들의 위치와는 확연히 대조적이다. 중국은 인접한 일본을 제외하고도 14개국과 국경을 접하고 있으며, 러시아는 유라시아 지역에서 같은 수의 국가와 국경을 접하고 있다.

어떤 분석가들은 지리가 미국에게 일종의 도덕적 해이와 타국의 지정학적 우려와 역사적 고통에 대한 공감이나 이해의 결여를 가져온다고 믿는다.[14] 그럴지도 모르지만, 미국의 전략은 그 나라의 지리에 의해서 틀이 정해져 왔다. 제2차 세계대전 이후 미국의 안보 정책 목표는 유라시아에서 '대등한 경쟁자'의 등장을 방지하는 것이다. 이 지정학적 세계관의 근저에 있는 전제는 미국이 자기 지역에서 도전을 받지 않는 패권국이기 때문에 국력을 투사할 수 있었다는 것이다. 유럽이나 아시아에서 패권국이 등장하면 그 국가는 글로벌하게 국력을 투사할 수 있게 되고 미국을 위협할 것이다.

독일과 일본에 동시에 맞섰던 제2차 세계대전은 세대를 넘어서 미국의 정책결정자들에게 깊이 각인되었다. 냉전 중 소련에 대한 봉쇄도 같은 논리를 따랐다. 『2017년 미국 국가안보전략(*2017 US National Security Strategy*)』은 러시아와 중국을 미국에 대항하고 자유주의 세계질서 붕괴를 추구하는 '전략적 경쟁자'로 지목하면서, 또다시 유라시아에서의 강대국 간 경쟁에 초점을 맞추고 있다. 이러한 미국 정책의 불변성은 미국 의회조사국이 의회에 제출한 2020년 10월 보고서에서도 명백한 예를 찾아볼 수 있다.

> 대전략과 지정학에 관한 미국의 시각에서 보면 세계 대부분의 사람, 자원, 경제활동은 서반구에 위치하지 않고, 그 반대쪽, 특히 유라시아에 위치한다. 이러한 세계 지리의 기본적 특성에 대응하여 미국 정책결정자들은 지난 수십 년간 미국의 국가전략의 핵심 요소로서 유라시아에서 지역 패권국의 등장을 방지하려고 했다. 미국 정책결정자들이 유라시아의 패권국 등장 방지의 목표를 공개적으로 천명하지는 않지만 최근 수십 년간 미국의 (평시 및 전시) 군사 작전은 상당 부분 그러한 목표를 실현하기 위해 수행된 것으로 보인다.[15]

1991년 소련 붕괴로 미국의 권력자들은 낙관론에 빠졌다. 평온한 시기에 시간은 서방 세계의 편이고 중국은 자유주의 세계질서 속에서 '책임 있는 이해당사자'가 될 것처럼 보였다. 그 이후 중국의 부상과 2008년 경제위기는 그러한 자신감을 무너뜨렸고 시간은 실제로는 중국 편이라는 두려움을 가져왔다.

관세, 제재, 주변부에서 곪고 있는 문제들에도 불구하고 중국의 성장은 계속되고 있다. 시진핑(習近平)은 국내적으로 전문 관료의 권위주의로 향하는 공산당의 통제를 강화하면서도, 유라시아 전역의 기간시설을 위한 일대일로와 같은 지경학적 프로젝트를 벌여왔다. 중국이 미래 핵심 기술의 선두를 장악할 것으로 전망되는 가운데, 이러한 장기적 정책에 대해 워싱턴의 걱정이 커지고 있다.

중국의 국가 서사는 이제야 극복되고 있는 한 세기 이상의 치욕으로 단절된 과거의 위대함이다. 중국에서 1839년 아편전쟁에서부터 1949년 중화인민공화국 수립까지의 기간은 제국주의 간섭, 내전, 일본의 점령으로 점철된

'국치(國恥)'의 시대이다. 분열, 포위, 외세의 지배에 대한 잠재된 두려움은 오늘날에도 드리워져 있으며,[16] 중국은 최소한 이론적으로는 유엔헌장 제2조의 주권과 불개입 원칙을 철저히 견지하고 있다. 중국이 선언한 '핵심 이익'은 티베트, 신장, 타이완을 포함한다. 그것은 중화인민공화국에 의해 규정된 정통성 있는 국경을 회복, 유지하려는 의지를 반영한다.

중국은 오랫동안 자국의 평화적인 부상을 주장해왔다. 베이징은 국내적 발전의 도전에 집중하기 위해서 대외적 안정을 선호한다고 주장한다. 왕이(王毅) 외교부장은 2020년 연설에서 중국이 기존 질서를 대체하기보다는 재균형을 추구하며, 협의, 협조, '관리된 경쟁'을[17] 선호한다고 선언하였다. 이전의 지도자들과 유사하게 시진핑은 중국이 자신과 세계질서를 위해서 '화합'을 추구한다고 선언하였다. 화합은 중국 철학이나 사회 이론에서 중요한 개념이다.[18] 그러나 다른 나라에게는 그것이 누구의 조건에 의거해서 국제관계에 적용되는지 의문이 남는다.

미국의 지정학 이론가들과 비교했을 때 중국의 지정학 이론가들은 리더십, 거버넌스, 정통성 있는 권위의 속성을 훨씬 더 강조한다. 『리더십과 강대국의 부상(*Leadership and the Rise of Great Powers*)』(2019)에서 칭화대 국제관계연구원 원장 옌쉐퉁(阎学通, Yan Xuetong)은 다음과 같이 주장한다.

> 부상하는 국가의 리더십이 지배적인 국가나 또는 여타 주요국들보다 더 능력이 있고 효율적이면, 국제적 영향력은 부상하는 국가가 지배적인 국가를 압도하는 형태로 재정립된다.[19]

시진핑은 3권으로 구성된 자신의 연설과 저술 모음집의 제목을 『중국의 거버넌스(*The Governance of China*)』라고[20] 붙이면서 거버넌스 개념을 중국을 통치하는 중심으로 내세웠다.

그러한 아이디어는 한때 종주권이라는 중국의 전통적 지정학적 개념의 중심에 있었다. 중국은 자신을 무역 거래를 대가로 타국이 정치적 존경을 표하는 조공체제의 중심이라고 생각했다. 중국의 시각에는 덕과 범례에 근거한 리더십이라는 전통 유교 원리가 내재되어 있다. 옌쉐퉁은 과거에 미국이 애덤스(John Quincy Adams)나 다른 초기 대통령들의 연설에서 볼 수 있듯이 범례를 통한 리더십을 추구했다고 본다. 옌쉐퉁에 의하면 "미국은 자국의 통치 원리를 전 인류에 강요하기보다는 미국의 범례를 통해 전 인류의 마음을 샀다."[21]

티베트, 신장, 그리고 이제 홍콩에서의 중국의 인권 탄압으로 인해, 미국은 중국의 거버넌스의 매력보다는 미래 기술에 대한 중국의 역량에 더 위협을 느끼고 있다. 미국 의회의 의원들과 인공지능국가안보위원회 최근 보고서는 중국이 이미 각 부문의 전문가팀을 발표해 놓은 5G나 미래의 6G뿐만 아니라, 인공지능이나 양자 컴퓨팅에서도 미국을 앞설 것이라고 경고한다. 중국이 세계 최초로 양자통신 위성을 발사하고 중국과 유럽 간 양자통신에 성공하면서 미국을 놀라게 했다.

한가지 우려는 중국이 5G나 6G, 투자 인프라, 안면 인식 기술과 같은 핵심 분야에서 미국의 방향과 다른 국제 거버넌스의 기술 표준을 정하기 시작하는 상황이다. 또 다른 우려는 중국의 국가 디지털 화폐 계획이 궁극적으로 달러의 글로벌 역할을 잠식하는 상황이다. 미국은 국가 산업정책이라고 할 만한 것이 없는 상황에서 기술에 관한 중국의 장기 계획 능력은 특히 우려스럽다. 중국의 거대 첨단기술 회사 화웨이, 바이트댄스, 센스타임 등의 목을 조르려는 트럼프 행정부의 시도는 신기술과 빅데이터의 군사적, 안보적 맥락에서 이해되어야 한다.

최근 수십 년간 중국의 급속한 발전은 아시아 전체에 지정학적 영향을 미쳤다. 비록 미국에 비해 아직 상당히 낮지만 중국의 군비 지출은 급격히 증가했다. 중국은 그 주변부, 특히 타이완, 홍콩, 그리고 남·동중국해 분쟁 지역이 위치한 제1도련선에서 '전략적 깊이'를 추구하고 있다. 여기서 중국의 지정학적 이익은 해군력 우위를 유지하고 중국이 아시아에서 지역 패권국으로, 또 전세계적으로 대등한 경쟁자로 부상하는 것을 저지하려는 미국의 지정학적 결의와 정면으로 충돌한다.

역사학자 페어뱅크(John King Fairbank)는 중국이 전통적으로 해양세력을 '낮추어' 보았다고 지적한 바 있다. 중국의 지정학적 경향은 역사를 통해 위협이 나타났던 '내륙 아시아의 전략적 우위'를 지향하면서 서쪽을 향해왔다.[22] 둥펑 미사일 전력 강화가 타이완과 미국의 항공모함을 모두 위협하는 시진핑하에서의 중국의 정책은 해양을 향하고 있다. 그러나 동시에 중국은 유라시아에 중국의 경제력을 투사하려는 거대한 일대일로 사업으로 서쪽을 향하고 있다. 미국의 아시아 '선회' 직후 중국이 유라시아 대륙으로의 선회하려는 조짐을 보였다는 것은 역설적이다.

중국은 일대일로의 지정학적 의미를 축소하지만 미국의 민주당, 공화당의 목소리는 중국이 글로벌 패권을 위한 양방향의 경로에 들어섰다고 경고한다.[23] 대등한 경쟁자의 논리에서 보면 중국은 아시아 패권국이 되는 첫 단계를 향해 상당히 진행한 것으로 보이며, 동시에 유라시아 심장부로 영향력을 확대하고 있다.

## 다극체제와 지역화

오늘날 세계는 협력과 지정학적 진영 간 경쟁 사이의 기로에 서있다. 한편으로 미국은 인도, 일본과 긴밀히 협력하면서 대서양 동맹을 재활성화하는 비전과 중국을 견제하기 위해 유라시아 남쪽 바다를 중심으로 해군력에 기반을 둔 인도태평양전략을 가지고 새로운 전략적 진영화를 추구하기 시작했다. 바이든(Joe Biden) 대통령은 트럼프 행정부와 유사하게 이러한 정책을 민주주의와 독재의 전략적 경쟁이라는 틀 속에 위치시키고, 유럽과 아시아의 동맹국들에게 진영의 선택을 종용하고 있다.

다른 한편으로 핵심 대륙 세력, 특히 중국, 러시아, 그리고 잠재적으로 이란 등은 그들 사이의 양자 관계를 특히 군사적으로 강화하고 있다. 비록 중국이 공식적 군사동맹은 배제하고 있지만, 중국과 러시아의 협력 강화는 양국이 미국에 대해 추구하고 있는 헤징 전략을 뒷받침하고 있다. 중국과 파키스탄의 긴밀한 관계도 중요하며, 터키도 유라시아의 정세에서 와일드카드인 듯하다. 중국의 일대일로와 2001년 출범한 상하이협력기구(SCO: Shanghai Cooperation Organization)는 중국과 러시아 후원하에서 유라시아의 지정학적 협력의 잠재적인 수단이 될 수 있다. 이러한 상황 전개는 중러 관계가 오늘날 세계에서 가장 중요하다는 시진핑과 미국과 인도 간 관계가 가장 중요하다는 모디(Narendra Modi)의 대비되는 주장에서 잘 드러난다.

소련에 대응하는 방어벽을 만들려는 미국의 지원과 후원 덕분에 서부 유라시아에서 제도 구축은 1945년 이후 상당한 진전이 있었다. 유럽연합과 북대서양조약기구(NATO: North Atlantic Treaty Organization)는 유라시아 동부에서 결여된 경제 및 안보 제도의 빽빽한 망을 제공한다. 유럽과 아시아의 이러한 차이의 한가지 요인은 제2차 세계대전의 패전국인 독일과 일본의 지속적인 역할이다.

독일과 유럽의 적대국가, 특히 프랑스의 정치적, 상징적 화해는 전후 제도 구축의 길을 닦는 데 기여하였다. 아시아에서는 일본과 한국과 같은 다른 중요 국가 사이의 그러한 상징적 화해가 불완전했으며 불신과 적대감의 유산을 남겼다. 세계 제3, 제4의 경제대국으로서 일본과 독일은 글로벌 거버넌스의 미래의 핵심이다. 그들의 비핵국가 지위는 비정상적인 상황이며, 언젠가 그것이 재고될 경우 글로벌 지정학에 심각한 영향을 미칠 것이다.

유럽은 점점 더 대서양 연안 영역과 유라시아 사이에서 양쪽으로 잡아당겨지고 있다. 유럽연합, 특히 독일은 이미 지정학적으로 더 균형잡힌 역할로 기울고 있으며, 동맹의 흔들림 없는 단결에 대한 공식 선언을 조절하는 듯한 조짐이 보인다. 수십 년에 걸친 유럽의 제도적 협력과 주권의 공유는 다자적 제도와 글로벌 거버넌스의 필요에 EU 국가들이 미국보다 더 잘 대응할 수 있게 해주었다.

많은 유럽의 지도자들은 중국이 아시아에서 패권국이 될 위험이 있다는 데 동의하지만, 다음 단계의 개념적 도약에 근거하여 중국이 세계 지배를 추구한다는 가정에는 미국과 뜻을 같이하지 않는다. 그들은 또 중국과 서방국의 관계에서도 민주주의와 독재의 실존적 투쟁이라는 마키아벨리적 시각에도 동의하지 않는다. EU는 트럼프 행정부의 파리협정, 이란 핵에 관한 포괄적 공동행동계획(JCPOA: Joint Comprehensive Plan of Action), 유네스코(UNESCO, 유엔 교육과학문화기구), 환태평양경제동반자협정(TPP: Trans-Pacific Partnership), 세계보건기구 탈퇴 이후 광범위한 지정학적 쟁점에 관해 미국과 대립해왔다. 그들은 또 미국의 유엔 팔레스타인난민구호기구(UNRWA: United Nations Relief and Works Agency for Palestinian Refugees in the Near East)에 대한 재정 지원 중단에 대해 비판적이다. 비록 바이든 행정부가 이들 결정의 상당수를 되돌리고 있지만, 미국 내부의 깊은 분열은 미국의 정책을 점점 더 예측하기 어렵게 만든다. 2021년 4월 의회 연설에서 바이든 대통령은 세계 지도자들로부터 가장 빈번히 듣는 말에 대해 언급했다. "우리는 미국이 돌아온 것을 보지만, 그러나 얼마 동안일까? 얼마 동안일까?"[24)]

일부 EU 관리들은 유럽의 더 독립적인 역할을 촉구하지만, 중국의 무역관행에 직면하여 EU는 이제 중국이 '체제적 경쟁자'라고 선언하고 서방 동맹국 및 여타 민주국가들과의 협력 강화를 제안한다. 중국에 대한 경계심이 증가함에도 불구하고, 많은 독일 사람들은 소련에 대한 긴장완화 정책, '화해를 통한 변화' 정책과 유사하게 여전히 '무역을 통한 변화'를 고수한다. 메르켈(Angela Merkel) 수상은 미국과 동유럽 동맹국의 강력한 반대에도 불구하고 러시아와의 노르드스트림2 가스관 사업을 계속 지지한다. 많은 유럽의 관찰자들은 직접-간접으로 중국과 러시아가 손잡도록 만드는 미국의 정책 지정학적 지혜에 의문을 제기한다.

유럽연합이 더 독립적인 지정학적 행위자로 부상하려면 그들의 외교정책과 안보 인프라를 개선해야 할 것이다. 또 27개 회원국의 서로 다른 외교정책 접근을 조정하고, 유럽연합을 탈퇴한 영국과 어떻게 협력할지 대책을 세울 필요가 있다. 러시아, 중국, 그리고 점점 더 미국도 EU를 통하기보다는 유럽의 개별 국가를 양자관계로 접근하려 하기 때문에 이 과제는 더 복잡해졌다. 일대일로와 관련한 중국의 양자 간 접근은 좋은 예이다.

오바마(Barack Obama) 대통령은 잘 알려졌다시피 러시아를 '지역 세력'으로 규정했었다. 러시아는 조지아 침공 이후, 2008년 당시 대통령 메드베데프(Dmitry Medvedev)가 발표한 국가안보 독트린에 따라 신중하게 개입을 선택하면서 외교정책에 있어서 국력에 비해 더 많은 영향력을 행사하는 것이 사실이다. 러시아의 정책은 NATO의 추가 확대 저지, 과격 이슬람 억제, '근린 외국'에 세력권 형성이라는 3개의 중요한 목표가 있다.

중국과 마찬가지로 러시아는 그 주변부에 전략적 깊이를 추구하며, 먼로 독트린을 가진 미국의 위선을 비판하는 경향이 있다. 2007년 뮌헨안보회의에서의 푸틴(Vladimir Putin)의 연설 이후[25] 러시아는 미국의 패권에 저항하기 위해 손을 잡자고 촉구해왔다. 2010년 오바마 행정부의 대중국 '선회' 이후, 그리고 이제 트럼프와 바이든 행정부에서의 적대적 관계로 중국은 이러한 러시아의 제의에 반응하기 시작했으며, 경제, 안보관계 심화의 중요 파트너가 되었다.

그들이 접근하면서 러시아와 중국은 이란과의 안보 협력 강화를 향한 작은 첫발을 내디뎠다. 3국은 2020년 초 최초로 합동군사훈련을 실시했다. 또 중국과 이란은 2021년 3월 25개년 경제-안보파트너십협정을 체결하였다. 미국 전 안보보좌관 브레진스키(Zbigniew Brzezinski)는 유라시아 대륙에서의 그러한 조합에 대해 경고한 바 있다. “잠재적으로 가장 위험한 시나리오는 중국, 러시아, 그리고 이란이 가세한, 이념이 아니라 상호보완적인 불만으로 뭉친 ‘반패권’ 연합일 것이다.”[26)]

독일에게 중국이 중요한 만큼 일본에게도 중국은 중요하다. 일본은 대중국 접근에 관해 내부적으로 분열되어 있다. 이 분열은 2010년 당시 하토야마(鳩山由紀夫) 수상이 일본의 안보는 미국과 연결되어 있으나, 일본경제의 미래는 아시아에 있다고 선언했을 때 잘 드러났다. 더 친미적인 아베(安倍晋三) 및 스가(菅義偉) 내각도 중국을 봉쇄하려는 인도태평양전략에 참여하라는 미국의 압력에 망설여왔다.[27)]

일본은 오바마의 환태평양경제동반자협정(TPP) 실현을 위해 노력했으나, 이제 미국이 빠지면서 포괄적·점진적환태평양경제동반자협정(CPTPP)으로 명칭을 바꾸었으며, 다른 한편으로 미국을 배제하고 아시아에서 공급망을 더 강화하기 위해 중국이 주도하는 역내포괄적경제동반자협정(RCEP: Regional Comprehensive Economic Partnership)에 참여한다. 유사하게 동남아시아국가연합(ASEAN: Association of Southeast Asian Nations) 10개국도 미국 및 중국과의 관계를 어떻게 균형 잡을지를 놓고 분열을 경험하고 있다.

인도는 경제적으로는 중국에, 군사적으로 중국 및 러시아에 뒤처지지만 글로벌 지정학에 있어서 중요한 요인이 될 것이다. 최근 모디의 힌두 민족주의 정권하에서 중국에서 멀어지고 미국에 접근해왔으나, 인도는 독자적 중립의 전통을 가지고 있다. 인도의 전략적 초점은 파키스탄이며, 카슈미르를 둘러싼 양국의 핵 대결은 글로벌 지정학의 가장 중대한 위험지역 중 하나이다. 일대일로, 핵 협력 등 중국과 긴밀한 관계를 유지하고 있는 파키스탄은 인도가 가장 우려하는 문제이다. 더욱이 히말라야의 중국-인도 국경에서 긴장이 고조되면서 경제와 기술 분야의 분리가 급격히 진행되었다.

스리랑카, 파키스탄의 그와다르, 지부티, 잠재적으로 미얀마 등 인도양 항구에서 중국이 추진하는 인프라 사업은 인도가 미국, 일본, 호주와 쿼드

(QUAD: Quadrilateral Security Dialogue)에서의 협력을 강화하는 원인이 되었다. 2020년 10월 미국과 인도는 방위 협력을 강화하는 새로운 협정을 발표하였다. 바이든 행정부는 QUAD를 중국을 염두에 둔 아시아 정책의 중심으로 만들었다.

중동 지역은 유대, 터키, 인도·유럽 문명이 복잡하게 얽혀있으며, 오스만터키의 500년에 가까운 아랍 지역 지배의 흔적이 남아있다. 오늘날 사우디아라비아와 아랍에미리트를 필두로 일부 아랍 국가들은 이스라엘과의 협력을 강화할 정도로 페르시아인들, 이란에 의해 지배당하는 미래를 두려워한다. 한편 보수적인 걸프만의 군주국들은 터키가 민주적으로 선출되었지만 단명했던 이집트의 무르시(Mohamed Morsi)정부와 같은 무슬림형제단을 지지하면서 자신들의 정통성이 잠식된다고 느낀다. 터키, 이란, 사우디아라비아는 만약 이들이 이스라엘처럼 핵무장 국가가 된다면 훨씬 더 위험해질 경쟁의 상황에서 모두 패권적 영향력을 추구한다.

아프리카는 풍부한 자원 기반과 인구 급증으로 글로벌 거버넌스에서 더욱 중요해질 것이다. 지역적 제도 구축을 향한 중요한 단계로서 55개 아프리카 국가 중 에리트레아를 제외한 54개국이 가입한 아프리카대륙자유무역협정이 2021년 1월 1일 발효되었다. 중국은 오랫동안 아프리카에서 기간시설 사업을 추진해왔으며, 그중 다수가 이제 일대일로에 흡수되었다. 미래의 아프리카의 중요성은 유엔의 2100년까지의 인구예측에서 볼 수 있다. (최근 일부 연구는 다소 낮게 잡고 있지만) 그 시점에 전 세계 110억 인구 중 아프리카는 39퍼센트, 아시아는 44퍼센트에 이를 것이며, 유럽은 6퍼센트, 북미는 4퍼센트에 불과할 것이다.

끝으로, 지역주의를 향해 흘러가고 있는 세계에서 아메리카 대륙은 미국에게 지정학적, 경제적 중요성이 더 증가할 것이다. 그러나 미국은 최근 수십 년간 아시아와 중동의 전쟁에 집중하면서 남미와의 관계를 소홀히 하였다. 이제 중국은 아프리카와 마찬가지로 남미 대부분 국가의 최대 무역 상대국이다.

## 지정학과 글로벌 거버넌스

지정학적 블록을 향한 가속도를 늦추려면 신뢰 구축, 글로벌 기구의 개혁, 지역기구의 구축, 오늘날 모든 국가가 직면한 최대 위협에 대한 명확한 분석이 필수적이다. 다극체제적인 현실과 지역적 역동성의 중요성을 반영하는 방향으로 더욱 다양한 제도들이 진화할 가능성이 있다.[28)]

1945년부터 시작된 글로벌, 경제 거버넌스의 정부간기구는 75년이 지난 현재의 국제 상황을 더 이상 반영하지 않는다. 개혁에는 기존의 제도의 재균형, 새로운 제도 창출을 위한 합의 도출, 평행 제도를 향한 진화라는 3개의 길이 가능하다. 후자의 경향은 중국 주도의 아시아인프라투자은행(AIIB: Asian Infrastructure Investment Bank)의 사례와 같이 이미 나타나고 있다. 2015년 영국은 오바마 행정부의 반대 압력에도 불구하고 AIIB 참여를 선택했다. 그 결정을 정당화면서, 당시 재무장관 오스본(George Osborne)은 국제통화기금 내에서 중국, 러시아, 인도, 브라질의 비중을 높이자고 2010년 만장일치로 합의된 개혁을 미 의회가 계속 저지하는 것은 '비극'이라고 발언하였다.[29)] 변화하는 지정학에 직면하여 기존의 글로벌 제도의 개혁을 이루지 못하면 대립하는 평행 제도 형성의 가능성만 높이게 될 것이다.

세계화의 결과, G8 (현재는 러시아 제외 G7)이나 G20 같은 지경학적 '그룹'은 세계의 가장 큰 규모의 경제들 사이에 정례적인 소통과 조정을 가능하게 해준다. 눈에 띄게 결여된 것은 강대국들 사이의 지정학적 협의를 위한 상응하는 기구이다. 이러한 관행은 19세기에 더 흔한 일이었다. 그러나 전 세계적으로, 또 지역적으로 강대국 간 정례적인 대화를 향한 광범위한 이니셔티브를 취하기에 적절한 시기가 다시 온 듯하다.[30)]

그러한 정례화된 대화의 과거 사례들로는 냉전 종식을 향한 긴장완화의 시대를 열어준 유럽안보협력회의(CSCE: Conference on Security and Co-operation in Europe, 현재는 OSCE: Organization on Security and Cooperation in Europe), 이란 문제에 관한 공통의 접근으로 유엔 안보리 5개국과 독일의 협력을 가능하게 했던 이란핵합의, 2015년 성공적인 기후변화에 관한 파리협정의 길을 열어준 미국과 중국의 중요한 합의 등이 있다. 이러한 지정학적 접근의 실패한 사례로는 민주당의 해밀턴(Lee Hamilton)과 공화당의 베이커 3세(James A. Baker, III)가 주도한 2006년 초당파적 이라크검토그룹(Iraq Study Group)이 있다. 이 그룹은 이라크위기가 지역의 맥락에서, 이란이 협상에 참여하면서 가장 잘 해결될 수 있다고 결론 내렸다.[31] 군사적 해결책을 선호했던 조지 W. 부시 행정부는 이 권고를 거부했다.

유엔 안보리에서의 지속적인 충돌은 그러한 지정학적 조정의 어려움을 보여준다. 신규 회원국의 거부권 유예를 포함하는 안보리 확대 제안들은 기존 상임이사국의 반대에 부딪혀 왔다. 그 외에 강대국 간 정례적 대화는 역사 속에 빈번히 있었듯이 군소국가의 이익에 배치되는 지정학적 합의에 이를 우려를 높일 수 있다. 그러한 우려는 2000년대 초 잠시 미국과 중국 사이의 'G2' 가능성에 대해 추측하던 시기에 부각되었다.

역사적으로 강대국은 군사 충돌을 방지하기 위해 빈번히 중립적 완충지대를 합의했다. 예를 들어, 1955년 4대 강국은 오스트리아국가조약을 체결하고 오스트리아의 중립을 조건으로 4개국 점령을 철회하였다. 일부 서구 분석가들은 유럽에서 중립 지역의 가능성을 다시 제기한다. 2017년 브루킹스연구소의 오핸런(Michael O'Hanlon)은 유럽의 새로운 안보 설계로서 현재 NATO 비회원국의 '지속적인 중립'이 포함될 수 있다고 제안하였다. 조약을 통해 이들 국가는 향후 NATO에 가입하지 않고, 현재 EU 비회원국에 EU의 안전 보장도 제공하지 않을 것이다.[32] 이러한 강대국 간 타협은 물론 우크라이나, 동유럽의 '새로운 유럽국가들', 또 자신의 문 앞에서 너무 많은 양보를 하는 것으로 보는 러시아로부터 강한 반대에 직면할 것이다.

예측 가능성, 보장, 적시 협의를 높이는 조치는 신뢰 구축의 핵심이며, 전 미 국무장관 슐츠(George Shultz)가 그의 100세 기념 논문에서 이를

'법정 화폐'라고 지칭했다.[33] 냉전기에 미국과 소련은 군 대 군 접촉의 제도화를 포함하여 다양한 분야에서 신뢰구축조치(CBM)를 채택하였다. 군사대화는 미중관계에서 부족하며 더 확대되어야 한다. 또 국방비 지출에 관한 투명성도 제고되어야 한다.

예측 가능성과 협의의 부재가 강대국 간 신뢰에 부정적으로 영향을 미치는 사례는 많이 있다. 중국이 코로나 바이러스 팬데믹 초기 전 세계에 이를 알리지 않은 것은 중국에 대한 불신을 고조시켰다. 서구는 2011년 합의된 유엔 위임을 넘어서 카다피(Muammar al-Gaddafi)를 무너뜨림으로써 보호책임(Responsibility to Protect) 독트린에 대한 중국과 러시아의 미래의 지지를 손상시켰다.

활발한 소통과 신뢰 구축은 기술 면에서도 매우 중요하다. 사이버 위협으로부터 국가나 비국가 행위자들을 보호하려면 군비 통제에서와 같은 국제협정이 필요하다. 초음속 미사일이나 우주 공간의 군사화와 같은 새로운 무기체계가 가하는 위협도 대화와 협정을 요구한다. 투하 직전 위력을 조정할 수 있는 소규모 전장 핵무기와 같은 최근 핵무기 기술의 혁신은 강대국 사이에서뿐만 아니라 남아시아와 같은 지역에서도 심각한 불안정을 초래할 수 있다. 인도와 파키스탄은 그 속성 자체가 핵 문턱을 낮추는 그러한 핵무기를 구매하려 할 것이다. 러시아와 미국은 전략 핵무기를 개선하는 대대적인 사업을 추진하고 있으며, 중국은 훨씬 낮은 기반에서 핵무기를 증대하고 있다. 트럼프 행정부는 중국의 중거리핵전력(INF: Intermediate-Range Nuclear Forces)을 포함하여 미국과 러시아가 참여하는 3자 협상을 목표로 천명하면서 중거리핵전력조약과 다른 군비 통제 협정에서 탈퇴하였다. 중국은 이 제안을 거부하였다. 2026년까지 조약을 연장하는 2021년 2월 미러 간 합의 전에는 신전략무기감축협정(START: New Strategic Arms Reduction Treaty)의 갱신도 불확실했었다. 핵국가들 사이의 불신은 최근 수십 년 동안 핵 경쟁을 완화해왔던 그들 협정과 틀을 약화시켰다. 또 매우 좋지 않은 시점에 핵무기의 위험성에 대한 언론 보도나 대중의 관심이 냉전 시기보다 훨씬 줄어들었다.

## 결론

만일 기후변화, 감염병, 핵무기, 기술이 초래하는 혼란 등에 중요성을 마땅히 부여한다면 오늘날의 난관은 글로벌 협력을 높이는 데 기여할 것이다. 그러나 향후 수십 년간 글로벌 협력이 진전을 이루려면 미중 간뿐 아니라 지역적 라이벌 사이의 지정학적 경쟁을 사전에 적극 관리할 필요가 있다.

외교를 강화하는 것은 필수조건이다. 외교사학자 샤프(Paul Sharp)는 외교의 핵심은 끝없는 분리와 차이의 세계에서 공존의 방식을 찾는 것이라고 기술하였다.[34] 이것은 오늘날 대두되는 다극체제의 세계에서 특히 적용될 수 있는 사실이다. 외교의 즉각적인 목표는 전쟁에 이르기 전에 갈등적인 쟁점을 '해결'하지는 못하더라도 관리하는 것이다. 최근 수십 년간 특히 미국은 외교정책을 경제 제재와 군사력의 관점에서 생각하는 경향을 보이며, 외교적 노력은 소홀히 했다.[35]

한편으로 모두에게 보편적이라고 간주되는 가치와 다른 한편으로 강대국 간 관계의 안정과 예측 가능성 사이의 적절한 균형을 찾는 것은 매우 힘든 딜레마가 될 것이다. 보편적 가치를 우선하는 천명된 정책의 최고점은 미국이 세계의 자유보다 지정학적 안정을 선호하는 일은 결단코 없다는 원칙에 근거한 조지 W. 부시 대통령의 '전환적' 외교에서 볼 수 있었다. 2005년 제2차 세계대전 종전 60주년에 라트비아에서 행한 연설에서 부시는 얄타협정을 '안정을 위해 자유를 희생시키려 한' 측면에서 몰로토프-리벤트롭 협정에 비교하면서 비판하였다. 그 연설에서 부시는 세계의 압제를 종식시킨다는 야심 찬 목표를 내세웠다.[36]

대조적으로, 20세기의 전면전을 돌아보면서, 또 냉전의 이념 대립의 가운데서, 모겐소(Hans J. Morgenthau)는 베스트팔렌에서 유럽협조체제에 이르기까지 구유럽의 질서는 안정 추구에 실패했으며 현실 앞에 무너졌다고 탄식했다.

> 각국은 자신의 삶의 방식이 도덕성과 정치의 모든 진실을 가졌다고 주장하며, 타국은 위험을 무릅쓰고 그것을 거부한다. 여기서 국가 간 정치의 윤리는 부족주의, 십자군, 종교 전쟁의 정치와 도덕성으로 되돌아간다.[37]

이러한 두 세계관의 변종들이 글로벌 거버넌스의 미래를 위한 상충하는 처방을 가지고 오늘날 공존한다. 다양한 문명의 전통을 염두에 두고 균형을 찾아야만 한다. 역사학자 토인비(Arnold Toynbee)는 끊임없는 핵 재앙의 위협에 세계가 적응해가던 냉전의 여명에서 다음과 같이 기술하였다. "오늘날 우리가 살고 있는 세계에서는 자신도 살고 상대방도 살게 해주는 것이 불행히도 무장한 양 진영으로 갈라진 인류 모두를 위한 지혜로운 조언의 시작이자 끝이다."[38] 이런 면에서 보면 정책의 초점이 진영보다는 제도에, 봉쇄나 대결보다는 균형에 맞추어져야 한다.

각국은 갈등의 비용, 인류에 대한 증가하는 위협에 대응하지 못하는 대가를 따져봐야 할 것이다. 역사학자 케네디(Paul Kennedy)는 그의 기념비적 저서 『강대국의 흥망(*The Rise And Fall Of The Great Powers*)』에서 목표와 수단의 균형을 잡는 데 실패하여 '과도한 팽창'과 지속불가능한 부채를 초래하거나, 시대의 기술 및 경제에 따라가는 데 실패한 2개의 요소가 국가의 쇠퇴를 가져온다고 결론 내렸다.[39]

만일 지정학적 갈등이 불가피하다면, 그것은 국력의 장기적인 결정 요인을 위한 경쟁을 인식하는, 평화적인 것이 되도록 해야 한다.

## 추가 읽을거리

Alyssa Ayres, *Our Time Has Come: How India Is Making Its Place in the World* (Oxford: Oxford University Press, 2018).

Christopher Clark, *The Sleepwalkers: How Europe Went to War in 1914* (New York: Harper Collins, 2012).

Dina Esfandiary and Ariane Tabatabai, *Triple Axis: Iran's Relations with Russia and China* (London and New York: I.B. Tauris, 2018).

G. John Ikenberry, *A World Safe for Democracy: Liberal Internationalism and the Crisis of Global Order* (New Haven, CT: Yale University Press, 2020).

Henry Kissinger, *World Order* (New York: Penguin Press, 2014).

Sulmaan Wasif Khan, *Haunted by Chaos: Chinese Grand Strategy from Mao Zedong to Xi Jinping* (Cambridge, MA: Harvard University Press, 2018).

Yan Xuetong, *Leadership and the Rise of the Great Powers* (Princeton, NJ and Oxford: Princeton University Press, 2019).

## 주

1) Jacques Barzun, *From Dawn to Decadence* (London: The Folio Society, 2015), 529.
2) Jason Dittmer and Joanne Sharp, *Geopolitics: An Introductory Reader* (New York: Routledge, 2014), 279.
3) Robert D. Kaplan, *The Return of Marco Polo's World* (New York: Random House, 2018), 13.
4) Halford Mackinder, *The Geographical Pivot of History* (London: Royal Geographic Society, 1904).
5) Charles Krauthammer, "The Unipolar Moment," *Foreign Affairs* 70, no. 1 (1991): 22–33.
6) Robert Gilpin, "The Theory of Hegemonic War," *The Journal of Interdisciplinary History* 18, no. 4 (1988): 591–613; and George Modelski, *Long Cycles in World Politics* (Seattle, WA: University of Washington Press, 1987), 102.
7) Graham Allison, *Destined for War: Can America and China Escape Thucydides' Trap?* (Boston and New York: Houghton Mifflin Harcourt, 2017).
8) John J. Mearsheimer, *The Tragedy of Great Power Politics*, updated ed. (New York: W.W. Norton and Company, 2014).
9) Charles P. Kindleberger, *The World in Depression 1929–1939*, 2nd ed. (Berkeley, CA: University of California Press, 1986), chapters 7, 14; Manias, *Panics, and Crashes* (New York: Basic Books, 1989), 201, 214.
10) Joseph S. Nye, Jr., "The Kindleberger Trap," *Project Syndicate*, 9 January 2017, www.project-syndicate.org/commentary/trump-china-kindleberger-trap-by-joseph-s-nye-2017-01.

11) Richard N. Haass, *A World in Disarray: American Foreign Policy and the Crisis of the Old Order* (London: Penguin Press, 2017).
12) Charles A. Kupchan, *No One's World: The West, the Rising Rest, and the Coming Global Turn* (Oxford: Oxford University Press, 2012), 5.
13) Arvind Subramanian and Josh Felman, "The G Minus 2 Threat," *Project Syndicate*, 26 July 2019, www.project-syndicate.org/commentary/america-china-policies-economic-threat-by-arvind-subramanian-and-josh-felman-2019-07?barrier=accesspaylog.
14) Paul R. Pillar, *Why America Misunderstands the World* (New York: Columbia University Press, 2016), 19.
15) *Renewed Great Power Competition: Implications for Defense – Issues for Congress*, 29 October 2020 (Washington, DC: Congressional Research Service, 2020), CRS Report R43838/66, https://crsreports.congress.gov/product/pdf/R/R43838/66; Thomas S. Szayna et al., *The Emergence of Peer Competitors: A Framework for Analysis* (Santa Monica, CA: RAND, 2001)도 참조.
16) Sulmaan Wasif Khan, *Haunted by Chaos: Chinese Grand Strategy from Mao Zedong to Xi Jinping* (Cambridge, MA: Harvard University Press, 2018), 7.
17) Wang Yi, *Stay on the Right Track and Keep Pace with the Times to Ensure the Right Direction for China-US Relations: Remarks by State Councilor and Foreign Minister Wang Yi at the China-US Think Tanks Media Forum 2020/07/09* (Beijing: Ministry of Foreign Affairs of the People's Republic of China), www.fmprc.gov.cn/mfa_eng/zxxx_662805/t1796302.shtml.
18) 중국적 화합의 개념과 서구적 정의의 개념 사이의 상호작용에 대한 아시아와 서구의 시각에 관해서는 다음을 참조. Michael J. Sandel and Paul J. D'Ambrosio, eds., *Encountering China: Michael Sandel and Chinese Philosophy* (Cambridge, MA: Harvard University Press, 2018).
19) Yan Xuetong, *Leadership and the Rise of Great Powers* (Princeton, NJ: Princeton University Press, 2019), 2.
20) Xi Jinping, *The Governance of China*, 3 vols. (Beijing: Foreign Language Press, 2014, 2018, 2020).
21) Xuetong, *Leadership and the Rise of Great Powers*, 23.
22) John K. Fairbank, "China's Foreign Policy in Historical Perspective," *Foreign Affairs* 47, no. 1 (1969): 2–3.
23) Hal Brands and Jake Sullivan, "China's Two Paths to Global Domination," *Foreign Policy* (Summer 2020): 46–51.
24) "Remarks by President Biden in Address to a Joint Session of Congress," 28 April 2021, www.thewhitehouse.gov/breifing-room/speeches-remarks/2021/04/29/remarks-by-president-biden-to-a-joint-session-of-Congress/.
25) Vladimir Putin, Speech and the Following Discussion at the Munich Conference on Security Policy, 10 February 2007, en.kremlin.ru/events/president/transcripts/24034.
26) Zbigniew Brzezinski, *The Grand Chessboard* (New York: Basic Books, 1997), 55.

27) R. Taggart Murphy, Japan and the Shackles of the Past (Oxford: Oxford University Press, 2014), 309.
28) Rebecca Lissner and Mira Rapp-Hooper, *An Open World: How America Can Win the Contest for Twenty-First-Century Order* (New Haven, CT: Yale University Press, 2020), 140.
29) Johnathan Spicer, "U.K. Finance Minister Calls U.S. Congress's China Stance a 'Tragedy,'" *Reuters*, December 2015, www.reuters.com/article/britain-osborne-idINKBN0TQ2BG2015120.
30) Richard N. Haass and Charles Kupchan, "The New Concert of Powers: How to Prevent Catastrophe and Promote Stability in a Multipolar World," in *Anchoring the World: Essays from the Lloyd George Study Group on World Order*, 23 March 2021, www.foreignaf-fairs.com/articles/world/2021-03-23/new-concert-powers. 하스와 쿱첸은 중국, 유럽연합, 인도, 일본, 러시아, 미국을 포함하는 '21세기 글로벌 협조체제'를 상상한다.
31) James A. Baker, III, and Lee H. Hamilton, Co-Chairs, *The Iraq Study Group Report*, 5 December 2006, www.bakerinstitute.org/research/the-iraq-study-group-report/.
32) Michael O'Hanlon, *Beyond NATO: A New Security Architecture for Eastern Europe* (Washington, DC: Brooking Institution Press, 2017), 65.
33) George P. Shultz, "Life and Learning After One Hundred Years: Trust Is the Coin of the Realm-Reflections on Trust and Effective Relationships Across a New Hinge of History," 13 December 2020, www.hoover.org/research/trust/coin/realm.
34) Paul Sharp, *Diplomatic Theory of International Relations* (Cambridge: Cambridge University Press, 2009), 294.
35) William J. Burns, *The Back Channel: A Memoir of American Diplomacy and the Case for Its Renewal* (New York: Random House, 2019).
36) George W. Bush, Speech in Riga Latvia, 7 May 2005, https://georgewbush-whitehouse.archives.gov/news/releases/2005/05/20050507-8.html.
37) Hans J. Morgenthau, *Politics Among Nations: The Struggle for Power and Peace*, 3rd ed. (New York: Alfred A. Knopf, 1960), 159
38) Arnold J. Toynbee, "The Siege of the West," *Foreign Affairs* 31, no. 2 (1953): 10.
39) Paul Kennedy, *The Rise and Fall of the Great Powers* (New York: Penguin Random House, 1987), 514.

5장



# 문명:
## 융합 혹은 충돌?

마부바니(Kishore Mahbubani)

21세기 초는 서구(여기에서는 서유럽과 미국을 포함한 의미로 사용, 보통 냉전 시기에는 서방이라고 표현했으나 여기서는 같은 의미로 서구로 표기 – 역자 주)에게는 대단히 기념할만한 순간이었다. 그들은 비록 전 세계 인구에서 소수이지만 (12퍼센트에 불과), 모든 다른 문명에게 서구 문명의 긍정적인 DNA를 주입하였다. 어떤 다른 문명도 서구만큼 인류에 큰 영향을 끼친 적은 없었다. 핑커(Steven Pinker)가 『지금 다시 계몽(*Enlightenment Now*)』에서 매우 상세히 기술했듯이 서구의 긍정적 DNA의 많은 측면은 전 세계에서 인류의 상태를 개선하였다. 핑커에 의하면,

> 그 어느 때보다도 합리성, 과학, 인본주의, 진보의 이상은 적극적으로 옹호되어야 한다. 우리는 그 혜택을 당연시한다. 신생아는 80년 이상 살게

> 되고, 시장은 식량으로 넘치고, 손가락을 까딱하면 깨끗한 물이 나오고, 또 다른 손가락을 까딱하면 쓰레기가 사라지고, 고통스런 감염은 알약으로 지워주고, 아들들은 전쟁터에 보내지지 않으며, 딸들은 안전하게 거리를 걸을 수 있고, 권력자를 비판해도 감옥에 가거나 총에 맞지 않으며, 세계의 지식과 문화가 주머니 속에 있다. 그러나 이것은 인류의 성취이지 우주적인 생득권은 아니다.[1)]

그러나 이러한 대단한 개선의 순간을 축하하는 대신 대부분의 서구인들, 특히 미국과 유럽인들은 우울하다. 다양한 조사들은 그들이 미래를 두려워한다는 사실을 보여준다.[2)] 반면 (지난 200년간 성과가 별로 좋지 않았던 문명인) 중국, 인도의 사람들은 낙관적이다. 왜 이런 일이 생겼을까? 왜 서구 사람들은 자신을 잃게 되었을까?

이 장은 서구가 그 모든 성공에도 불구하고 21세기를 맞으면서 3개의 중요한 전략적 실수를 범했다고 주장한다. 첫째, 서구는 다른 문명들을 깨우고 다시 활력을 불어넣어 주었지만, 그들이 더 이상 지배하지 못하는 세계에서 요구되는 중요한 전략적 적응에 관해 학습하는 데 실패했다. 둘째, 서구 열강들의 세력이 전세계적으로 축소되는 가운데, 그들은 현명하지 못하게도 유엔 안보리, 국제통화기금(IMF: International Monetary Fund), 세계은행 등 주요 글로벌 거버넌스 제도에서 막강한 특권을 유지하려 했다. 권력을 공유하는 편이 더 현명했을 것이다. 셋째, 서구의 리더 국가로서 미국은 중국이라는 제1의 신흥국가의 도전에 현명하지 못하게 동맹국과 협의 없이 일방적으로, 혼자서 대응하였다. 다자적으로 대응했다면 더 현명했을 것이다. 요컨대, 서구가 사회적, 정치적 관계의 형평성과 공정성이라는 그들의 근본적인 원칙으로 돌아간다면, 사람들을 위해 더 좋은 미래를 만들 수 있을 것이다. 더욱이 그러한 원칙을 준수하면 21세기에 서구의 소프트 파워와 영향력을 더 높이는 데 기여할 것이다.

우리가 이 장에서 제안하는 대로 만일 서구가 더 현명한 접근을 채택하면, 2016년 『포린 어페어(*Foreign Affair*)』의 에세이에서 섬머즈(Larry Summers)와 내가 주장했듯이 우리는 문명의 충돌보다는 융합을 지속하는 데 도움이 될 것이다.[3] 일반적인 통념은, 심지어는 지도적인 위치에 있는 인사들조차도, 세계가 오로지 어려운 시대를 향하고 있다고 하지만, 그럼에도 낙관적인 미래의 진정한 가능성을 강조하는 것이 중요하다. 그러나 거기에 도달하기 위해서 서구는 이 3개의 전략적 실수를 이해해야 하고, 일부 깊이 뿌리박힌 정책에서 상당한 선회가 필요하다.

## 새로운 현실의 무시

서구의 대부분의 정책결정자들은 역사 교육을 받았고, 최근의 상황에 대해 풍부한 지식이 있지만 매우 소수만이 우리 시대 최대의 역사적 사실에 대해 인식하고 있다. 산업혁명 이후 서구가 지배한 지난 200년의 세계사는 예외적인 상황이다. 도표 5.1이 왜 그런지를 설명한다.

서력기원 시작 후 처음 18세기 동안 세계 최대의 경제는 중국과 인도였다.[4] 이것은 두 가지 요인으로 인해 자연스러운 결과였다. 첫째, (서구, 중국, 인도, 이슬람, 일본 등) 세계 주요 문명의 능력 수준은 비슷했었다. 둘째, 중국과 인도는 인구가 더 많았고, 따라서 가장 규모가 큰 경제였다. 서구와 다른 문명 사이의 이러한 균형은 르네상스, 계몽, 산업혁명 이후 깨졌다. 서구는 과학과 기술의 새로운 발전, 새로운 형태의 사회 조직, 군사 기술과 조직의 발전 덕분에 나머지 세계보다 훨씬 더 멀리 도약했다. 후세의 역사가들은 작은 유럽대륙에서 나타난, 많지 않은 사람들이 어떻게 대부분의 19세기와 20세기 동안 세계를 정복, 통제하였는지에 대해 감탄할 것이다.

또 이 성취는 여타 문명이 상대적으로 성과가 낮았던 사실을 반영하기

**도표 5.1 세계 GDP 점유 비율**[5)]

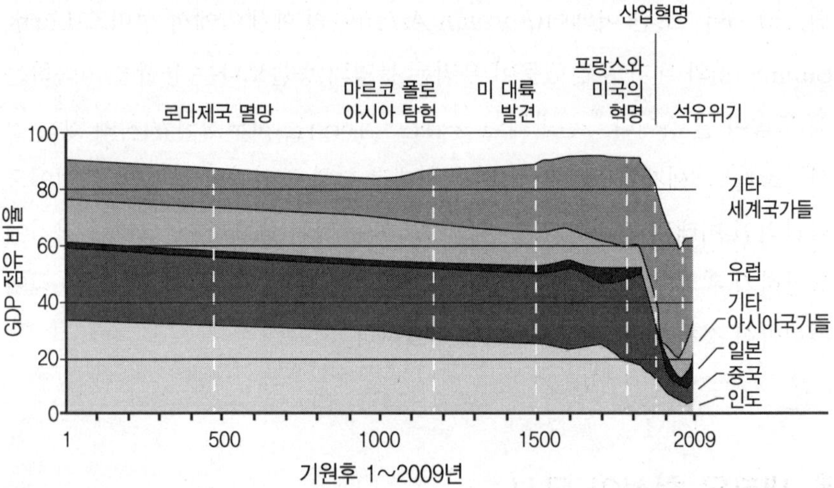


도 한다. 한 통계치는 인용할 만하다. 1820년 중국과 인도는 합해서 글로벌 GNP의 50퍼센트를 점했다. 1950년에 이르자 이 수치는 약 5퍼센트로 떨어졌다. 세계 인구의 거의 50퍼센트에 이르는 국가가 글로벌 GNP의 그렇게 작은 비율을 점했다는 사실은 불균형적이고 이례적인 것이었다. 흥미롭게도 그러한 상황은 서구가 과학 지식과 사회 조직의 근대적인 방법에 관한 그들의 지식을 세계와 공유하면서 끝났다. 예를 들어, 중국은 역사의 대부분의 기간 동안 뿌리 깊이 봉건적인 나라로 남아있었다. 매우 적은 일부 엘리트의 능력만이 개발, 활용되었다. 공산주의 이념을 통해서 근본적으로 서구의 아이디어인 만인의 평등한 도덕적 가치가 중국 사회에 유입되었다. 현재 중국의 경제적 역동성은 상당 부분 여성 및 수많은 빈곤한 농민을 포함하는 모든 시민에 대한 교육의 결과이다. 헌팅턴(Samuel Huntington)이 그의 에세이 『문명의 충돌(*The Clash of Civilizations*)』에서 공산주의 역시 서구의 이념이라고 강조한 것은 옳은 지적이었다.[6)]

마찬가지로 중요하게, 미국의 주도로 서구 국가들이 중국을 세계무역기구(WTO: World Trade Organization)에 받아들였을 때, 중국 사람들을 글로벌 경제적 경쟁에 노출시킴으로써 그들 경제의 생산성을 엄청나게 높여주었다. 비교우위의 철칙은 중국의 경우에 매우 잘 작동하였다. 중국은 세계에서 가장 경쟁력 있는 경제 중의 하나가 되었다. 반면 서구는 슘페터(Joseph Schumpeter)가 예측한 바 있는, 새로운 경제적 경쟁은 '창조적 파괴'를 초래한다는 또 다른 철칙을 무시하였다.[7] 변화는 필연적이었다. 2001년 중국이 갑자기 8억 명의 새로운 노동자를 글로벌 자본주의체제에 주입하였을 때, 서구의 노동자들은 일자리를 잃게 되어 있었다.[8] 아스모글루(Daron Acemoglu)와 동료들의 널리 알려진 연구는 이 점을 확인하였다. 그 연구는 1999~2011년 사이 미국에서 200~240만 개의 일자리가 주로 중국과의 경쟁으로 인해서 사라진 것으로 추산하였다.[9] 확실히 서구 정부는 새로운 훈련 프로그램을 실시하고 더 많은 직업 교육 프로그램에 투자하여 자국 노동자들이 이 새로운 경쟁에 적응하도록 도왔어야 했다. 요컨대 서구는 새로운 도전들에 대해 방심하지 않고 정신을 차렸어야 했다.

그렇게 하는 대신 서구 정부들은 운전대에 앉아서 잠이 들었다. 미래 역사가들은 왜 그런지를 알게 될 것이다. 거기에는 동시에 발생한 2개의 역사적 전개가 있었다. 첫째, 서구는 1989년 베를린 장벽이 붕괴되고 1991년 소련의 몰락이 뒤따랐을 때 위대한 승리를 맛보았다. 위대한 승리는 오만과 교만으로 이어졌으며, 그것은 후쿠야마(Francis Fukuyama)의 『역사의 종말(*The End of History*)』에 가장 잘 나타났다.[10] 그의 메시지는 세련된 것이었지만 그 책을 읽은 서구의 독자들은 단지 하나의 주제에만 주목했다. 전 세계에서 서구 민주주의의 대승리 후에 세계의 나머지 88퍼센트의 사람들은 서구를 따라가기 위해서 고통스러운 적응을 해야 했다. 서구 사회는 '역사의 종말'에 이르렀기 때문에 그냥 자동 조종 장치를 설정하여 나아갈 수 있었다. 두 번째의 중요한 역사적 전개는 중국과 인도가 경제를 개방하고 글로벌 경제에 참여하기로 동시에 결정한 것이다. 그 결과 그들은 극적으로 성장하였다. 구매력평가(PPP: purchasing power parity) 기준으로 1980년 중국경제는 미국의 10퍼센트였다. 2014년 중국경제는 미국보다 커졌다. 2016년에는 중국은 구매력 평가 기준으로 미국을 앞섰으며, 2019년 세계은행의 평가에 의하면 중국경제가 미국경제를 21조에서 24조 달러 규모로 앞섰다.[11] 미래의 역사가들은 현대 역사가들이 서구 사람들에게 조명해주지 못한 것을 볼 것이다. 중국과 인도가 잠에서 깨어난 그 순간 서구는 잠을 자기로 한 것이다. 더 잔인한 역사의 아이러니는 서구가 '역사의 종말'을 즐기고 있는 동안 그들은 1990년이 사실은 '역사의 귀환'의 시점이었다는 사실을 몰랐다는 점이다. 중국, 인도, 여타 아시아 국가들은 깨어나고 있었고, 글로벌 위계에서 자신들의 정상적인 위치를 되찾고 있었던 것이다.

서구가 다시 떠오르는 아시아에 눈을 뜨기에 아직 너무 늦은 것은 아니다. 글로벌 GDP에 서구가 점하는 비율이 축소되고 있지만, 서구 사회는 여전히 대부분 아시아 국가들에 비해 높은 1인당 소득을 즐기고 있다. 그들은 세계 최고의 대학들을 가지고 있으며, 연구개발 분야에서 세계를 선도하며, 강력한 제도들을 가지고 있다. 그들은 여전히 강건한 사회이다. 그러나 또한 그들은 엄청난 내부의 도전에 직면해 있는 것도 사실이다. 코로나19 발생은 주요 서구 국가, 특히 미국과 유럽의 심각한 취약성을 드러냈다. 이론적으로 서구 선진국이 동아시아 국가들보다 팬데믹에 더 잘 대응했어야 했다. 실제로는 그들은 훨씬 더 성과가 좋지 않았다.[12] 주요 서구 국가에서 2020년 11월 100만 명당 코로나19 사망자는 미국 795명, 영국 844명, 벨기에 1,400명, 스페인 935명, 이탈리아 863명 등 수백 명 수준이었다. 반면 아시아는 100만 명당 사망자가 베트남 0.4명, 일본 16명, 중국 3명, 한국 10명, 싱가포르 5명 등 15명 미만이었다.[13] 이 확연한 차이는 서구에서 무엇이 잘못되었는지 논쟁을 불러일으켰어야 했다. 서구의 지도자들이 의문을 제기할 수 있었던, 또는 제기했어야만 했던 하나의 명확한 질문은 동아시아로부터 서구가 무엇을 배울 수 있을까 하는 것이었다. 그러나 그 질문은 거의 제기되지 않았다. 『파이낸셜 타임스(*Financial Times*)』 컬럼니스트 텟(Gillian Tett)은 미국과 영국이 공히 '과도한 자신감'이라는 또 다른 바이러스로 고통을 겪었다고 관찰했다.[14]

코로나19는 서구에게 최소한 하나의 분명한 메시지를 보내고 있었다. 한때는 서구가 자신의 지식을 관대하게 동아시아에 나누어 주었지만, 이제는 동아시아로부터 교훈을 배우기 시작할 때라는 것이다. 이제 역사의 방향이 바뀌어 일방적이 아니라 양방향의 학습이 시작되어야 한다. 유사하게 미국의 저조한 성과는 그 사회 내부의 깊은 구조적 도전을 드러냈다. 즉 볼커(Paul Volker), 스티글리츠(Joseph Stiglitz), 울프(Martin Wolf) 등 주요 관찰자들에 의하면 미국 사회는 사실상 '인민의, 인민에 의한, 인민을 위한' 정부에서 '1%의, 1%에 의한, 1%를 위한'[15] 정부로 변질되었다.[16] 이 금권정치는 정부 제도의 약화를 초래했다. 잘 알려진 바와 같이 레이건(Ronald Reagan)이 "정부는 문제의 해결책이 아니고, 정부가 문제다"라고 선언한 후, 식품의약국(FDA: Food and Drug Administration)나 질병통제예방센터(CDC: Centers for Disease Control and Prevention)와 같은 미국의 핵심 기관들의 지속적인 정통성 부인, 예산 삭감, 사기 저하가 있었으며, 이는 미국이 코로나19에 적절히 대응하지 못한 상황을 부분적으로 설명해준다. 트럼프의 과학에 대한 무지는 상황을 더 악화시켰다. 반면 중국, 베트남 등 공산국가와 일본, 한국 등 비공산국가를 포함한 모든 동아시아 사회의 한가지 공통점은 사회가 진보하기 위해서 그들은 자유시장의 '보이지 않는 손'과 바람직한 거버넌스의 '보이는 손'이 모두 필요하다는 깨달음이다. '거버넌스'는 광범위하게 사용되는 용어이다. 그러나 그것은 잘 이해되지 않고 있다. 대부분의 정의는 학술적이고 추상적이다. 필자는 비전문적인 정의 사용을 선호한다. 한 사회는 그 구성원, 특히 하위 50퍼센트의 복지를 개선할 때 바람직한 거버넌스를 향유하는 것이다. 반대로 한 사회는 그 구성원, 특히 하위 50퍼센트의 생계가 악화될 때 바람직하지 않은 거버넌스를 가진 것이다.

지난 40년간 중국에서 하위 절반의 국민들의 복지는 극적으로 개선된 반면 미국에서는 급격히 악화되었다. 중국의 4000년 역사에서 하위 50퍼센트의 사람들에게 지난 40년은 실로 최고의 40년이었다.

따라서 우리가 21세기의 세 번째 10년에 들어서, 서구와 비서구 문명의 상대적 성과에 있어서 일종의 균형을 찾아 회귀하는 시점에도, 많은 서구 국가들에게 동아시아로부터 교훈을 얻는 게 생각하기 어려운 일로 남아 있다는 사실이 진정 놀라운 일이다. 마찬가지로 서구 국가의 지도자가 자기 국민들에게 동아시아를 방문해서 배우라고 말하는 것은 정치적 자살행위일 것이다. 일반적으로 서구는 아시아의 경험으로부터 배우려는 노력을 거의 하지 않았다. 이처럼 배워야 마땅한 교훈을 배우는 능력의 결여는 서구가 세계 다른 지역에 대해 가진 우월감을 확인해준다.

## 다자적 리더십의 통제

이러한 우월감은 서구가 범한 두 번째 전략적 실수에 있어서 하나의 요인이다. 즉 핵심 글로벌 거버넌스 기구, 특히 유엔 안보리, IMF, 세계은행에서 서구는 특권적 지위 양도를 거부하고 있다. 세계 나머지 국가들의 시각과 경제적 역량을 반영하려면 변화가 필요하다. 그 필연적인 결과는 이들 기구의 정통성과 신뢰성의 약화이다. 따라서 브라질, 러시아, 인도, 중국, 남아프리카공화국 등 BRICS 국가가 설립한 신개발은행(NDB: New Development Bank), 중국과 102개국이 참여하여 설립한 아시아인프라투자은행(AIIB: Asian Infrastructure Investment Bank) 등 IMF나 세계은행에 도전하는 다른 기구들의 등장은 놀라운 일이 아니다. 과거의 특권에 집착한 것에 더해 서구 국가들은 현명하지 못하게 유엔기구에 대한 의무 분담금 비율을 축소하여 유엔 산하 기구를 약화하는 결정을 하였다.[17] 예를 들어, 세계보건기구(WHO: World Health Organization)에서 의무 분담금 비율은 1970~1971년에 62퍼센트에서 오늘날 20퍼센트 미만으로 축소되었다.[18] WHO와 국제원자력기구(IAEA: International Atomic Energy Agency)와 같은 주요 기구를 서구 정부나 기구로부터의 '자발적' 지원금에 의존하게 만듦으로써 서구는 그들 기구가 서구의 압력에 순종적으로 남아있도록 시도하였다. 그 결과 WHO의 방향은 1국 1표의 '민주적' 원칙에 의해서 WHO 제네바 총회에서 결정되었어야 했지만, 사실상 주요 서구 자금 공여국에 의해서 결정되었다.

서구 국가들이 지원금을 통제하여 유엔기구의 방향에 영향을 미치려 했다는 데 의심을 갖는 사람이 있다면 WHO에 관한 리(Kelley Lee)의 책을 주의 깊게 읽어보아야 한다.[19] 실제로 WHO에 대한 서구의 사실상의 영향력은 지배적이었다. 그럼에도 불구하고 트럼프 행정부는 "연간 4억 5,000만 달러를 지불하는 미국에 비해 중국은 단지 4,000만 달러를 지불함에도 불구하고 중국이 WHO를 완전히 통제하기 때문에" WHO를 탈퇴한다는 의사를 2020년 5월 발표했다.[20] 트럼프의 주장은 유엔 조직에 대한 서구의 정책과 관련하여 미국과 EU 회원국 사이의 긴장을 잘 드러냈으며, 이는 미국이 유네스코(UNESCO)와 같은 유엔기구를 탈퇴했을 때도 고조된 바 있다. 한편으로 EU 회원국들은 일반적으로 미국의 정치적 리더십을 존중했음에도 불구하고 유엔기구 탈퇴를 놓고 미국에 동참하지 않았다. 다른 한편으로 EU 국가들은 달리 행동해야 함을 알면서도 트럼프와 같은 터무니 없는 주장에 일어서서 반대하지 않는다. 77억 명, 특히 빈곤한 사람들이 코로나19와 힘들게 싸우고 있는 상황에서, EU 회원국들은 미국이 WHO를 탈퇴하고 약화하는 것은 무책임한 일임을 명확하게 주장하지 않는다. 『랜싯(*Lancet*)』의 편집자 호튼(Richard Horton)은 "그 목적이 세계 사람들의 건강과 복지를 보호하는 것이 유일한 목적인 기구를 해하는 트럼프 대통령의 결정은 인류에 대한 범죄이다. 이것은 세계의 민간인들에 대한 고의적이고 반인륜적인 공격"이라고 지적했다.[21] 이전의 미국의 유엔기구 탈퇴에 비추어 볼 때 별로 특별한 것은 아니지만, WHO를 탈퇴하고 예산 공약을 동결한 이 결정은 감염병이 만연한 와중에 특히 나쁜 결정이었다.

EU 회원국들이 현 미국정부의 유엔 산하기구를 향한 무분별한 정책들에 공개적으로 반대하지 않고 비겁했다는 것은 부정할 수 없다. 글로벌 거버넌스 제도들이 붕괴되면 가장 부유한 나라들이 가장 잃을 것이 많기 때문에 그러한 비겁함은 서구의 장기적 이익에도 반하는 것이다. 서구 사회에 살고 있는 부유한 12퍼센트의 사람들의 운명은 비서구 지역에 살고 있는 나머지 88퍼센트와 직접적으로 얽혀있다. 보트에 대한 단순한 비유가 우리의 운명이 얼마나 깊이 서로 얽혀있는지 설명하는 데 도움이 된다. 77억 명의 사람들이 193개 국가에 살던 과거에는 그것은 배들이 충돌하지 않도록 선장과 선원들이 각각의 배와 규칙을 관리하는 193개의 별개의 보트에 사는 것과 같았다. 오늘날 극적으로 세계가 축소된 결과, 77억 명은 하나의 보트 위의 193개 선실에 살고 있다. 이 글로벌 보트의 중요한 구조적 문제는 우리가 아직도 선장과 선원 (또는 정부)이 각각의 선실을 관리하고 있다는 점이다. 글로벌 보트를 조종하는 통합적인 권위가 존재하지 않는다.

보트 비유의 타당성을 의심하는 사람은 간단한 질문 하나를 던져보아야 한다. 중국의 한 도시에서 시작된 코로나19가 어떻게 수개월 만에 지구의 모든 곳까지 퍼졌는가? 이것이 우리가 같은 배를 타고 여행을 한다는 사실을 확인해주지 않는가? 실제로 코로나19 전에 기후변화의 도전이 이미 인류에게 같은 교훈을 가르쳐주었어야 했다. 기후변화가 가속화되고 우리가 살 수 있는 유일한 행성을 위험에 빠트리면 인류 전체가 고통을 받게 될 것이다. 만약 글로벌한 정책결정이 유수의 서구 대학으로부터의 합리적인 서구의 사고에 의해 주도되었다면 그들은 명확하고 논리적인 대응을 찾았을 것이다. 인류 전체가 기후변화나 코로나19 대응을 위해 협력해야 하기 때문에 우리는 글로벌 거버넌스의 제도, 특히 유엔기구들을 강화하는 데 힘을 합해야 한다.

서구는 정확히 그 반대의 행동을 해왔다. 그들은 의무 분담금으로부터의 예측 가능하고 신뢰할 수 있는 장기적 재정 지원을 박탈함으로써 글로벌 제도들을 약화시켜 왔다. IAEA에 관한 자료는 더 충격적이다. 서구 정부들은 핵무기 확산의 위험에 대해 매우 우려한다. 그럼에도 불구하고 그들은 지속적으로 IAEA를 약화했다. IAEA 공식 발표에 의하면 "본 기구의 정규 예산은 매우 제한적으로 증가해왔으며, 2019년 정규 예산은 실질적으로 감소하고 있고," 2020년 대비 2021년 정규 예산은 '제로 실질 성장'을 했다.[22]

의무 분담금의 지속적인 축소보다 더 우려스러운 것은 서구가 유엔 산하 기구를 지속적으로 약화해왔다는 것을 부정하는 것이다. 표면적으로 서구는 세계에서 가장 자유로운 언론과 독립적인 대학을 가지고 있기 때문에 이러한 거짓은 드러났어야 한다. 불행히도 그런 일은 벌어지지 않았다. 그 결과 가장 사려 깊고 지식이 많은 서구의 엘리트들은 서구가 유엔기구의 주된 보호자라고 믿는다. 그러나 미국, 영국, 유럽의 대표들은 지속적으로 이들 기구의 재정적, 규범적 기초를 잠식해왔다.

서구는 법적으로는 아니지만 사실상 유엔 산하에서 벗어나 있는 IMF나 세계은행 같은 글로벌 거버넌스 제도를 이론상으로는 강하게 지지해왔다. 서구는 이들을 통제할 수 있기 때문에 기꺼이 그렇게 한다. 제도 창설 이후 서구는 IMF의 수장은 유럽인, 세계은행의 수장은 미국인이어야 한다는 (비공식적) 규칙을 고수했다. 아시아인이 세계 인구의 거의 60퍼센트를 점하고 세계에서 가장 빨리 성장하는 경제를 보유하지만 어떤 아시아인도 세계에서 가장 강력한 이 2개의 경제 및 재정 기구를 통솔하지 못한다. 서구 국가들은 이런 통제를 계속 유지하기 위해서 그들의 의결권 주식이 희석되는 것을 막기 위해 열심히 싸워왔다.[23]

유사하게 서구는 더 강력한 기구인 유엔 안보리의 5개 상임이사국 의석 중 60퍼센트를 점하면서 그에 대한 통제를 효과적으로 유지해왔다. 표면적으로 모든 5개 상임이사국(P5)이 이사회의 개혁과 확대를 지지하지만, 실제로는 그렇지 않다. 러시아와 중국은 서구 P3(프랑스, 영국, 미국)만큼이나 안보리 개혁에 저항한다.[24] 칼릴자드(Zalmay Khalilzad)는 위키리크스(WikiLeaks)가 공개한 외교 전문에서 미국이 이사회의 개혁을 주저하고 있음을 확인해주었다.

> 우리는 현재 논의되는 모델에 따른 이사회의 확대가 기구 내에서의 미국의 영향력을 희석할 것으로 믿는다 … 우리의 현재 수준의 영향력이 심각히 잠식되는 것을 방지하기 위해 이사회 확대에 대해 우리는 다음과 같이 접근해야 한다 … 최소한의 확대 … 거부권 확대 불가 … 상임이사회 투표에 있어서 산술적 우위 유지 … 신규 회원국 선출의 예측 가능성 보장.[25]

자국의 이익에 대한 눈앞의 관심이 다자주의를 훼손하고 있으며, 이는 장기적으로 미국의 국익에 부정적이다.

P5는 그 구성을 바꾸는 어떤 제안도 거부함으로써 이사회 개혁을 저지할 수 있다. 많은 사람들은 거부권을 폐지하자고 요구하지만, 그것은 유엔체제 내에서 강대국의 권력을 공고히 해준다. 실로 이것이 미국이, 국제연맹에는 가입하지 않았지만, 유엔에서 탈퇴하지 않은 주된 이유이다. 유엔헌장의 틀을 잡은 사람들은 1945년의 강대국에게 거부권을 부여한 것이 현명했지만, 이사회가 과거의 강대국이 아니라 현재 또는 미래의 강대국을 포함할 수 있는 장치를 만들지 않은 것은 현명하지 못했다.

이론상 안보리 '상임' 이사국은 '영원히' 거기에 남을 수 있다. 그러나 P5는 전략적 딜레마에 직면해 있다. 그들은 이사회의 현재의 구성을 지켜야 할까 아니면 신뢰성을 지켜야 할까? 언젠가, 인도 같은 신생 강국이나 아프리카 같은 대륙이 그들의 입장이 적절히 반영되지 않는다고 느낄 때, 그들은 안보리의 결정에 따르기를 거부할 수 있다. 1990년대 초 리비아로의 항공기 운항을 정지했을 때 아프리카통일기구(Organization of African Union, 현 아프리카연합[African Union])이 이를 거부한 것은 그 사례이다.[26] 그 권위와 신뢰성을 지키려면 안보리는 7개 상임이사국, 7개 준상임이사국, 7개 선출이사국으로 구성되는 새로운 7-7-7 공식으로 확대되어야 한다. 새로운 7개 상임이사국은 인도, 브라질, 그리고 (아프리카에서 선출한) 1개 아프리카 국가가 포함되어야 한다.[27]

그러한 개혁은 실현 가능성이 없다. 상임이사국 지위를 원하는 국가들 사이의 교착상태와 변화를 저지하려는 P5 국가의 강력한 합의로 인해 현상이 유지될 것이다. 따라서 안보리는 점점 더 신뢰를 잃게 될 것이다. 2009년 울프가 말했듯이, "10년 이내에 영국이 안보리 상임이사국이고 인도는 그렇지 않은 세계는 우스꽝스럽게 보일 것이다."[28] 10년이 지난 시점에 보니 그의 관찰은 더욱 선견지명이 있어 보인다.

## 일방주의의 증가

표면적으로는 서구, 특히 미국은 안보리와 유엔체제가 약화되어도 위협을 느끼지 않을 것이다. 미국은 오랫동안, 아마도 레이건(Ronald Reagan) 대통령 시절부터 유엔의 약화가 미국의 이익에 부합한다고 믿어왔다. 전직 미국 정보 책임자가 사적으로 필자에게 다음과 같이 말했다. "왜 싱가포르와 같은 작은 국가들이 더 강력한 다자제도를 선호하는지 이해할 수 있다. 그것은 작은 국가들의 영향력을 높이기 때문이다. 그러나 다자제도는 미국 같은 강대국에게는 제약을 가한다." 그의 정직함은 훌륭했다. 동시에 그는 더 강력한 다자제도가 강대국을 제약한다는 대진리를 말한 것이다.

이 모든 것은 서구의 전략적 실수를 가리킨다. 경쟁국으로서 중국의 부상이 가져온 도전에 대응하는 데 있어서 미국은 점점 더 일방주의적이 되었으며, 트럼프 행정부에서 그 절정에 이르렀다. 미국은 계속해서 유엔 해양법 협약(UNCLOS: United Nations Convention on the Law of the Sea), 반탄도미사일조약(ABM: Anti Ballistic Missile Treaty) 등 주요 다자간 협정에서 탈퇴하는 경향을 보였다. 또 미국은 유네스코(UNESCO), 유엔 구제부흥기관(UNRRA: United Nations Relief and Rehabilitation Agency), 유엔 인구기금(UNFPA: United Nations Population Fund)과 같은 유엔 기구, 그리고 이란합의와 파리협정에서 탈퇴하였다. 볼튼(John Bolton)이 국가안보보좌관이었을 때 그는 약화된 유엔이 미국에게 더 좋은 일이라고 공공연히 발언했다. 그는 유엔을 무시하는 발언을 했다.

> 유엔은 없다. 세계에서 유일한 진정한 강대국, 즉 미국에 의해서, 우리의 이익에 부합할 때, 우리가 다른 국가를 따라오도록 할 수 있을 때, 종종 이끌어질 수 있는 국제사회가 있을 뿐이다.[29)]

이전에도 그는 조롱하듯 말했다. "뉴욕의 (유엔 본부) 사무국 건물은 38층이다. 이 중 10개층이 오늘 없어진다 해도 어떤 차이도 없을 것이다."[30)] 볼튼만이 그토록 함부로, 공공연하게 그러한 생각을 표현했을지 모르지만, 국무부, 중앙정보국, 국방부, 국가안보국 등 미국의 핵심 부처 인물들은 미국의 장기적 국익은 다자제도가 약할 때 가장 잘 실현된다고 믿는다는 사실은 부정할 수 없다.

다행히도 지혜로운 미국의 지도자인 클린턴(Bill Clinton) 전 대통령은 미국이 영원히 최강대국일 수 있다면 이것이 사실일 것이라고 말하면서, 약한 다자주의가 미국의 장기적 이익이라는 정부 핵심 기관들 사이의 강력한 합의에 의문을 제기하였다. 그러나 미국이 "세계에서 더 이상 군사, 정치, 경제 초강대국이 아닌" 세상에서 그는 미국이 "규칙과 파트너십, 행동의 관례를 가진 세계를 만들려고 노력해야 한다"고[31)] 주장했다. 요컨대 클린턴은 미국이 부상하는 초강대국, 즉 중국을 억제하는 최선의 방법은 다자주의를 강화하는 것이라고 시사한 것이다. 아이켄베리(John Ikenberry)도 유사한 지적을 했다.

> 미국은 중국, 러시아, 여타 라이벌 강대국과 세계를 지배하기 위한 오랜 싸움에 머물러 있다. 이 분절화된 세계는 다자주의와 협력의 여지를 거의 주지 않는다. 그보다 미국의 대전략은 국제관계 이론가들이 지칭하는 '무정부 상태의 문제', 즉 패권 경쟁, 세력 전이, 안보를 위한 경쟁, 세력권, 반동적 민족주의에 의해 규정될 것이다. 그러나 이러한 미래는 필연적이지 않으며, 분명 바람직하지 않은 것이다. 미국은 더 이상 세계 유일의 초강대국이 아닐지 모르지만, 그 영향력이 단지 세력만을 전제로 했던 것은 결코 아니다. 그것은 다른 국가에게도 상호 이득이 될 수 있는 일련의 아이디어와 제도적 틀을 제공할 수 있는 능력에 달려있다. 만일 미국이 그러한 역할을 성급히 포기하면, 그 결과로 미국은 더 작아지고 약해질 것이다.[32)]

오늘날의 가장 기이한 현실은 서구와 그 이외 국가들 사이의 관계에 대한 것이다. 이론상 서구 국가들은 객관적 과학적 증거와 건전한 분석적 추론을 통한 정책결정의 위대한 전통 위에 서 있어야 마땅할 것이다. 그렇다면 논리적인 결론은 미국을 포함하는 서구가 지속적으로 세력, 그들의 집합적 이익을 잃어가는 글로벌한 환경에서 다자주의를 강화해야 할 것이다. 다자주의를 잠식하는 것은 자신이 1등 국가가 되었을 때 제약을 덜 받기를 원하는 중국의 이익임이 논리적인 귀결이다. 역설적으로 중국이 다자주의를 강화하는 동안 서구, 특히 미국은 다자주의를 약화하고 있다. 여기서 대내적 행동과 국제적 행동 사이를 구분할 필요가 있다. 예를 들어, 레이건 대통령은 미국 내에서는 민주적이라고 생각될 수 있지만, 자의적으로 국제적 규범을 위반했다. 마찬가지로 우리는 중국의 대외적 행동과 대내적 행동을 구별해야 한다. 인권의 시각에서 보면 중국이 신장의 반란에 대응한 방식은 결코 본받을 만한 것은 못되지만, 수십만 명의 죽음을 초래한 미국과 그 중동의 동맹국들의 행위보다는 상대적으로 온건했다.

서구는 전통적으로 자신의 장기적 이익이 어디에 있는지를 평가하는 데 빨랐다. 이것이 서구 문명이 지난 수 세기 동안 대단히 성공적이었던 이유를 설명해준다. 15~16세기 르네상스를 시작으로 유럽은 성공적이었다. 19세기에 이르자 유럽은 중국과 인도를 넘어섰다. 특히 19세기 말 이후 미국으로의 바톤 터치가 이루어졌으나, 미국과 유럽은 서구 문명에 속해 있었다. 이제 서구는 앞을 내다볼 수 있는 능력을 잃어가고 있다. 하나의 예를 들자면 현재 유엔 식량농업기구(FAO: Food and Agricultural Organization), 국제전기통신연합(ITU: International Telecommunication Union), 유엔 산업개발기구(UNIDO: United Nations Industiral Development Organization), 국제민간항공기구(ICAO: International Civil Aviation Organization)라는 4개의 유엔기구를 중국인이 이끌고 있다. 따라서 중국이 2020년 세계지식재산권기구(WIPO: World Intellectual Property Organization) 수장 후보자를 내세웠을 때 서구는 격렬하게 캠페인을 벌였으며, 그 결과 자격이 있는 싱가포르 후보가 당선되는 데 도움이 되었다.

중국을 막는 것이 서구의 논리적인 자기 이익이었을까? 이론상 그것은 중국의 '트로이 목마'가 유엔기구에 숨겨 들여지는 것을 막았기 때문에 서구는 그렇다고 답할 수 있다. 그러나 정답은 아니오이다. 왜냐하면 유엔기구의 수장에 출마한 중국인을 저지함으로 서구는 유엔의 '트로이 목마'를 중국의 정치체제에 숨겨 들여보내는 것을 막았기 때문이다. WIPO의 예를 들어보면, 만일 중국인이 그 수장이 되었다면 중국은 자국 내 지식재산권 보호를 강화하라는 더 많은 압력을 받게 되었을 것이다. 만일 중국정부가 중국에서 지식재산권 보호를 강화했다면 그로 인해 최대의 혜택을 보는 것은 지식재산권 도용에 대해 오랫동안 불평해온 미국의 기업들일 것이다. 요컨대 서구가 유엔기구에서 중국의 리더십을 저지한 것이 자신들의 이익에 반한 것이라고 볼 수 있다.

또 서구는 중국이 유엔체제를 강화하려는 의지가 있었음을 인식하지 못했다. 이것은 시진핑 총리가 2017년 1월 다보스와 제네바에서 행한 2개의 연설에 반영 되어있다.[33] 그러나 더욱 중요한 것은 그것이 중국의 대중문화에 반영되었다는 것이다. 누구든 의심이 간다면 중국에서 엄청나게 성공했던 2개의 영화, 〈전랑 2〉와 〈홍해작전〉을 보아야 한다.[34] (아이언맨이나 원더우먼 같은) 슈퍼히어로가 악의 세력에 대항해서 행동을 취하려는 것이 안보리의 허가를 얻을 때까지 미루어진다는 것은 할리우드 영화에서는 상상할 수 없는 일일 것이다. 기술적인 측면에서 무력 사용은 자기 방위이거나 안보리가 허가했을 때만 가능하므로 이것은 국제법적으로 올바른 입장이다. 두 영화에서 공히 중국군은 안보리가 허가할 때까지 행동하지 않는다. 만일 할리우드가 그들 영화에 이런 요소를 삽입한다면 서구 관객들은 일방적 의사결정과 행동을 자제하는 이상한 상황에 혼란스러워할 것이다.

군사 영역에서 그보다 더 이상스러운 또 다른 서구, 특히 미국의 비합리적 행동의 사례가 있다. 인류가 직면한 가장 큰 위협은 핵전쟁으로 인한 멸망이다. 따라서 미국과 러시아가 현명하게 냉전 종식 후 추진했듯이 핵무기 전체 수를 감축하려고 노력하는 것이 상식적이다. 오늘날 중요한 지정학적 대결은 2개의 핵강국인 미국과 중국 사이에서 벌어지고 있다. 가장 현명하지 못한 미국의 전술은 중국과 핵무기 경쟁을 벌이는 것이다. 미국은 6,000개, 중국은 단지 300개의 핵무기를 보유한 상황에서 그것은 지극히 불합리하다. 미국이 이 엄청난 이점을 지키는 것이 기민하고 교활한 방책일 것이다. 그 대신, 트럼프 행정부는 후대의 역사가들이 근시안적 어리석음의 증거라고 서술할 만한 행동으로 핵군비 경쟁을 부추기려 했다. 전직 국가정보국장 헤이든(Michael Hayden)은 이러한 행동을 '정신 나간 짓'으로[35] 묘사했다. 핵군축을 주장하는 지식인 단체인 글로벌 제로(Global Zero)는 그 말에 동의한다.

> 출범 후 3년이 지난 시점에 트럼프 행정부는 일련의 일관성 있는 목표, 그것을 실현할 수 있는 전략, 미국 역사상 가장 복잡한 핵 위험에 대응할 인물이나 효과적인 정책 과정을 결여하고 있다. … 간단히 말하면 현 미국정부는 잠재적으로 재난적 결과를 가져올 수 있는 핵 혼란을 향해 가고 있다.[36)]

## 결론

이 장의 주된 포인트는 3개의 단순한 명제로 요약될 수 있다. 첫째, 21세기에 우리는 의심의 여지 없이 서구가 세계를 지배한 지난 2세기의 비정상의 끝을 보게 될 것이다. 둘째, 서구 열강이 후퇴하게 되면 다자적 규범과 제도를 강화하는 것이 서구의 이익일 것이다. 셋째, 주요 다자제도를 지배하거나 약화하려는 서구의 정책은 비합리적이고 현명하지 못하다.

서구에게 더 현명한 길이 있을까? 그렇다. 좋은 소식은 서구가 그들의 기본적인 원칙으로 돌아갈 수 있다는 것이다. 서구 정치 철학의 가장 근본적인 원칙은 모든 인간이 동일한 도덕적 가치를 가진다는 것이며, 민주주의는 이 원칙 위에 서있다. 따라서 서구의 핵심 믿음은 국내 거버넌스 제도들은 선택된 소수가 아니라 모든 사람들의 가치를 반영해야만 한다는 것이다. 이것이 서구가 민주적 통치의 틀을 위해 봉건주의를 버린 이유이다. 그러나 글로벌 거버넌스의 정부간 제도에 있어서는 서구는 봉건적 틀의 유지를 고집하고 있다. 핵심 제도들에 대한 그들의 실제 행동을 보면, 서구는 세계 인구의 단지 12퍼센트의 목소리가 나머지 90퍼센트의 목소리보다 중시되어야 한다고 주장한다. 이것은 비민주적, 비윤리적이고, 그리고 가장 중요하게, 혼란의 21세기를 불러올 것이다.

예를 들어, 만일 서구가 유럽인 대신 (중국의 전직 재무장관 루 지웨이[楼继伟]이 같은) 중국인이 IMF 수장이 되는 것을 허용했거나, 미국인이 아닌 (인도의 전직 중앙은행장 라잔[Raghuram Rajan] 같은) 인도인이 세계은행 총재가 되는 것을 허용했다면 서구가 고통을 받게 되었을까? 중국인이나 인도인이 중국 또는 인도의 경제학을 이들 기구에 적용하지는 않았을 것이다. 그 대신 그들은 기본적 서구의 경제학을 적용했을 것이다. 이것이 필자와 전 하버드대 총장 섬머스(Larry Summers)가 '문명의 융합(The Fusion of Civilizations)'에서 강조했던 핵심 주제이다.

> 계몽주의에 의해서 서양에서 촉발된 이성의 행진은 글로벌하게 확산되고, 모든 지역에서 실용적인 문제해결 문화의 등장으로 이어지며, 규칙에 기반을 둔 안정적이고, 지속가능한 질서의 부상을 예상할 수 있게 해준다. 더욱이 서구가 그들의 핵심 가치를 잃고 글로벌한 관여에서 후퇴하지 않는다면 향후 수십 년은 지난 수십 년보다 인류에게 더 좋아질 수 있음을 믿을 만한 이유는 많다. 현재의 비관론의 최대 위험은 그것이 글로벌체제의 활성화를 시도하기보다 두려움과 후퇴로 이어지는 자기충족적 예언이 될지 모른다는 점이다.[37]

따라서 서구는 서구식 이성을 세계에 확산한 업적 위에 서야 한다. 그러려면 오늘날 국제기구를 어떻게 관리할지에 관한 핵심 원칙을 서구와 공유하는 남반구의 견해와 목소리를 허용함으로써 그들이 글로벌 거버넌스의 기반을 제공하는 주요 정부간기구에 의사표시를 하고 이끌 수 있도록 해야 한다. 흥미롭게도 이러한 기구들이 번성하려면 미국이 국내적으로 실천한 하나의 원칙을 적용해야 한다. 미국이 구글, 마이크로소프트 같은 세계를 주도하는 기업을 만들어 낸 하나의 중요한 이유는 어디서 태어났든 상관없이 최고의 인재가 그들을 경영하도록 했기 때문이다. 따라서 구글의 수장(피차이[Sunder Pichai)과 마이크로소프트의 수장(사티아[Nadella Satya])이 모두 인도 출신이라는 것이 그들에게 불리하게 작용하지 않는다.

아시아, 아프리카, 중동, 남미에도 비슷한 인재들이 있다. 그들도 직원 채용에 있어서 보편적 대표성과 업적주의를 포함한 서구적인 바람직한 거버넌스 원칙을 적용할 것이다.

유사하게 P5 국가는 (그들을 골치 아프게 하지 않을) 최소한으로 불편한 후보보다는 (구글이나 마이크로소프트 최고경영자처럼) 가장 효과적인 후보를 유엔 사무총장에 선출해야 한다. 유엔의 역사에서 배웠다면 서구는 발트하임(Kurt Waldheim) 같은 인물보다는 역량과 진실성 있는 함마숄트(Dag Hammarskjold) 같은 인물을 선택하는 데 주저하지 말아야 한다.

유엔 75주년에 2개의 가장 긴급한 글로벌 문제는 코로나19와 기후변화이다. 둘 다 분명한 메시지를 주고 있다. 우리는 이 도전들을 관리하고 위기에 처한 지구를 구하기 위해서 하나의 인류로서 뭉쳐야 한다. 가장 효율적인 길은 글로벌 거버넌스의 기존 제도들을 활용하는 방법이다. 1945년의 규칙에 기반을 둔 질서는 서구가 세계에 베푼 선물이었다. 오늘 새로 시작한다 해도 우리는 그보다 더 좋은 제도적 틀을 구축하지는 못할 것이다. 이것이 서구가 비관적으로 21세기를 바라보면서 직면한 궁극의 모순이다. 서구가 방향을 전환하고 더 나은 미래를 향유하려면 최선의 방법은 제2차 세계대전 후 자신들이 서구적 영감으로 만들어낸 제도들을 약화하기보다 강화하는 것이다. 그리고 세계가 그것들을 버리기 전에 지금 방향 전환을 실행하는 것이 현명할 것이다.

거의 50년동안 서방의 정책결정자들을 상대해 오면서 필자는 그들이 방향을 전환하도록 설득하기가 쉽지 않음을 알고 있다. 일부 정책은 깊이 뿌리를 내렸다. 단순히 상식적으로 보면 이들 정책을 바꿔야 마땅하지만 그것은 산을 움직이는 것처럼 어려울 수 있다. 간단한 사례가 그 요점을 보여줄 수 있다.

레이건 대통령 이후 미국은 유엔의 분담금을 줄이기 위해 지속적으로 시도했다. 또 지급을 미루기도 했다. 여타 국가들과 동일한 기준으로 계산했을 때 미국은 27~28퍼센트를 분담해야 했음에도 불구하고, 민주당 클린턴 대통령 시기에 홀브루크(Richard Holbrooke) 대사는 유엔 분담금을 25퍼센트에서 22퍼센트로 낮추기 위해 치열한 캠페인을 벌였다. 홀브루크는 흥정의 대가로 미국의 체납금 납부를 내세웠다. 홀브루크는 성공하여 미국의 분담금은 낮아졌고, 미국의 체납금도 납부되었다. 불행히도 체납금이 쌓이지 않도록 하겠다는 공약은 이후의 행정부에서 깨어졌다.

필자가 유엔 주재 싱가포르 대사였기 때문에 필자는 미국이 이 목표 달성을 위해 쏟은 엄청난 노력을 잘 기억한다. 그래서 미국이 분담금을 줄임으로써 얼마를 절약했을까? 미국은 연간 평균 6,960만 달러를 절약했다.[38] 항공모함 1척이 130억 달러(제랄드 포드호), F-35 전투기 1대가 2억 달러(록히드마틴의 F-35I 수출 가격), 뉴욕시 소방국 예산이 20억 9,000만 달러(2020년)임을 고려하면 이 액수가 얼마나 보잘것없는지는 잘 보여준다. 이 사소한 절약이 보다 안정적인 세계질서를 창출하는 데 기여할 규범을 만들거나 지키는 강력한 유엔기구들을 잠재적으로 약화할 가능성이 있다. 실제로 클린턴은 그러한 기구들이 차기 1등 국가, 즉 중국을 억제하는 데 도움이 될 수 있음을 시사한 바 있다.

우리가 냉전 후 부상했던 단극체제에서 확연히 멀어져 다극체제로 향하고 있는 상황에서 유엔체제를 약화하지 않고 강화하는 것이 미국과 서구의 장기적 이익에 부합할 것이다. 이 책의 편집자들이 서론에서 기술했듯이 "냉전 후 시대의 복잡성은 글로벌 거버넌스의 구체적인 표현이지만, 글로벌 거버넌스의 양상은 시대에 따라 달랐었고, 앞으로도 다를 것이다. 그것은 변화하고 진화하는 아이디어, 이익, 세력에 의해 추동된다."

현재와 향후의 '아이디어, 이익, 세력'은 미국이 유엔 예산에 더 많이 기여할 것을 요구하고 있다. 실제로 바이든 행정부가 취할 수 있는 가장 중요한 조치는 트럼프 행정부에서 급증한 체납금을 변제하는 것이다. 그 비용은 얼마나 될까? (2017~2020년 사이에 체납된) 약 9억 달러 정도이다.[39]

왜 그것을 변제하는 게 중요한가? 궁극적으로 우리는 미국과 EU 정책결정자들이 그들의 이익이 유엔을 기반으로 하는 다극체제를 약화하기보다 강화하는 것임을 이해할지를 확인해볼 수 있는 작은 리트머스 테스트가 필요하다. 불법적으로 유엔에 빚진 분담금을 단순히 납부함으로써 서구가 방향을 전환했다는 강력한 신호를 보낼 수 있다. 우주비행사 암스트롱(Neil Armstrong)을 인용하자면, "저것은 인간의 작은 한걸음이지만, 인류의 위대한 도약이다." 작은 상징적 조치를 통해 서구가 새로운 글로벌 거버넌스의 시대를 열었음을 보여줄 것이다.

## 추가 읽을거리


Wang Gungwu, *The Eurasian Core and Its Edges: Dialogues with Wang Gungwu on the History of the World* (Cambridge: Cambridge University Press, 2015).

John Ikenberry, "The Next Liberal Order," *Foreign Affairs* 99, no. 4 (2020): 133–142.

Kelley Lee, *The World Health Organization (WHO)* (London: Routledge, 2008).

Angus Maddison, *Chinese Economic Performance in the Long Run*, 2nd ed. (Paris: OECD Press, 2007).

Kishore Mahbubani, *The Great Convergence: China, Europe and the Making of the Modern World Economy* (New York: Public Affairs, 2013).

Kishore Mahbubani and Lawrence H. Summers, "The Fusion of Civilizations: The Case for Global Optimism," *Foreign Affairs* 95, no. 3 (2016): 126–135.

Steven Pinker, *Enlightenment Now: The Case for Reason, Science, Humanism, and Progress* (London: Penguin, 2018).

Shashi Tharoor, *Inglorious Empire: What the British Did to India* (London: Hurst, 2017).


## 주

1) Steven Pinker, *Enlightenment Now: The Case for Reason, Science, Humanism, and Progress* (London: Penguin, 2018).

2) John Gramlich, "Looking Ahead to 2050, Americans Are Pessimistic About Many

Aspects of Life in U.S.," Pew Research Center, 21 March 2019, www.pewresearch.org/fact-tank/2019/03/21/looking-ahead-to-2050-americans-are-pessimistic-about-manyaspects-of-life-in-u-s/; Jim Norman, "Americans Becoming More Pessimistic About the Economy," *Gallup*, 22 January 2019, https://news.gallup.com/poll/246179/americans-becoming-pessimistic-economy.aspx; Lisa Lerer and Dave Umhoefer, "On the Future, Americans Can Agree: It Doesn't Look Good," *New York Times*, 12 June 2020; and Ronald Brownstein, "America's Growing Pessimism," *The Atlantic*, 10 October 2015, www.theatlantic.com/politics/archive/2015/10/americans-pessimism-future/409564/.

3) Kishore Mahbubani and Lawrence H. Summers, "The Fusion of Civilizations: The Case for Global Optimism," *Foreign Affairs* 95, no. 3 (2016): 126–135.
4) Angus Maddison, *The World Economy*, Volume 1: A Millennial Perspective, Volume 2: Historical Statistics (Paris: OECD, Academic Foundation, 2007).
5) Kishore Mahbubani, *Has the West Lost It?* A Provocation (London: Penguin UK, 2018), 5.
6) Samuel P. Huntington, "The Clash of Civilizations?" *Foreign Affairs* 72, no. 3 (1993): 22–49.
7) Joseph Schumpeter, *Socialism, Capitalism and Democracy* (New York: Harper and Brothers, 1942).
8) Robert E. Scott and Zane Mokhiber, *The China Toll Deepens* (Washington, DC: Economic Policy Institute, 2018), https://epi. org/156645.
9) Daron Acemoglu, David Autor, David Dorn, Gordon H. Hanson, and Brendan Price, "Import Competition and the Great US Employment Saga of the 2000s," *Journal of Labor Economics* 34, no. S1 (2016): S141–S198.
10) Francis Fukuyama, "The End of History?" *The National Interest* 16 (Summer 1989): 3–18.
11) The World Bank, "Databank," https://data.worldbank.org/.
12) Kishore Mahbubani, "Kishore Mahbubani on the Dawn of the Asian Century," *The Economist*, 20 April 2020.
13) Statista, "Coronavirus (COVID-19) Deaths Worldwide Per One Million Population as of November 26, 2020, by Country," www.statista.com/statistics/1104709/coronavirus-deaths-worldwide-per-million-inhabitants.
14) Gillian Tett, "The Trouble with Self-confidence," *Financial Times*, 9 July 2011, www.ft.com/content/2c00b91e-a849-11e0-9f50-00144feabdc0.
15) Joseph Stiglitz, "Of the 1%, by the 1%, for the 1%," *Vanity Fair*, May 2011, https://www.vanityfair.com/news/2011/05/top-one-percent-201105.
16) 저자들은 미국이 어떻게 금권정치 국가가 되었는지 다음에서 기술하였다. Kishore Mahbubani, *Has China Won? The Chinese Challenge to American Primacy* (New York: Public Affairs, 2020), chapter 7.
17) UN Multi-Partner Trust Fund Office and Dag Hammarskjöld Foundation, *Financing the UN Development System: Time for Hard Choices* (Uppsala, Sweden: DH, 2019).
18) Kishore Mahbubani, *The Great Convergence: China, Europe and the Making of*

*the Modern World Economy* (New York: Public Affairs, 2013), 97–103.
19) Kelley Lee, *The World Health Organization (WHO)* (London: Routledge, 2014).
20) Donald Trump, "Remarks by President Trump on Actions Against China," 29 May 2020, www.whitehouse.gov/briefings-statements/remarks-president-trump-actions-china/.
21) Richard Horton, "Offline: Why President Trump Is Wrong About WHO," *The Lancet* 395, no. 10233 (2020): 1330.
22) IAEA, "The Agency's Programme and Budget 2020–2021," July 2019, www.iaea.org/sites/default/files/gc/gc63-2.pdf.
23) "US Blocks IMF Voting Rights Distribution," *Bretton Woods Project*, 12 December 2019, www.brettonwoodsproject.org/2019/12/imf-voting-rights-redistribution-blocked-by-the-us/.
24) Sebastian von Einsedel, David Malone, and Bruno Stagno, eds., *The United Nations Security Council: From Cold War to the 21st Century* (Boulder, CO: Lynne Rienner, 2016) 참조.
25) Sebastian von Einsedel, David Malone, and Bruno Stagno, eds., *The United Nations Security Council: From Cold War to the 21st Century* (Boulder, CO: Lynne Rienner, 2016) 참조.
26) Jaleh Dashti-Gibson and Richard W. Conroy, "Taming Terrorism: Sanctions Against Libya, Sudan, and Afghanistan," in *The Sanctions Decade: Assessing UN Strategies in the 1990s*, eds. David Cortright and George A. Lopez (Boulder, CO: Lynne Rienner, 2000), 107–108.
27) Mahbubani, *The Great Convergence*, 239–246.
28) Martin Wolf, "What India Must Do If It Is to Be an Affluent Country," *Financial Times*, 8 July 2009.
29) Tim Reid, "There Is No Such Thing as the United Nations," *The Times*, 2 August 2005.
30) Matthew Haag, "3 Examples of John Bolton's Longtime Hard-Line Views," *New York Times*, 22 March 2018.
31) Mahbubani, *The Great Convergence*, 8.
32) John Ikenberry, "The Next Liberal Order," *Foreign Affairs* 99, no. 4 (2020): 133–142.
33) Xi Jinping, "Jointly Shoulder Responsibility of Our Times, Promote Global Growth," 17 January 2017, www.china.org.cn/node_7247529/content_40569136.htm; "Work Together to Build a Community of Shared Future for Mankind," 18 January 2017, http://iq.chineseembassy.org/eng/zygx/t1432869.htm.
34) 〈전랑 2〉는 중국 특수작전팀이 비무장 아프리카 국가의 정부를 전보하려는 용병들의 음모를 분쇄하는 내용이다. 이 영화는 중국 팀과 유엔군의 협력을 보여준다. *Foreign Policy*의 한 논문(1 September 2017, https://foreignpolicy.com/2017/09/01/china-finally-has-its-own-rambo/)은 다음과 같이 언급한다. "그러나 총을 휘두르는 카우보이 경향의 미국과 달리 이 영화에서 초강대국 중국은 유엔을 존중한다. 중국 해군은 국제법을 준수하며 유엔 안보리가 허가할 때까지 움직이지 않는다. 그것은 중국이

핵무기를 보유한 친근한 이웃 나라 P5가 되고 싶다는 것을 드러내서 말한 것이다." 마지막 장면에서 구출된 피해자들은 유엔 캠프로 안전히 이송된다. 〈홍해작전〉은 중국의 라이벌 군대가 아리비아 반도의 (가상) 국가인 예와이레를 불안정화하려는 테러리스트와 반군 집단의 시도를 저지하는 내용이다.

35) Justin Key Canfil, "Trump's Nuclear Test Would Risk Everything to Gain Nothing," *War on the Rocks*, 8 July 2020, https://warontherocks.com/2020/07/trumps-nuclear-test-would-risk-everything-to-gain-nothing/.

36) Jon Wolfsthal, ed., "The Trump Administration After Three Years: Blundering Toward Nuclear Chaos," *Global Zero*, May 2020, www.globalzero.org/wp-content/uploads/2020/05/Blundering-Toward-Nuclear-Chaos-ANPI-Report-May-2020.pdf.

37) Mahbubani and Summers, "The Fusion of Civilizations."

38) UN, *Regular Budget and Working Capital Fund: Assessments*, www.un.org/en/ga/contributions/budget.shtml (averaged from 2001 to 2019).

39) Congressional Research Service, "United Nations Issues: U.S. Funding of U.N. Peacekeeping," 2 November 2020, https://fas.org/sgp/crs/row/IF10597.pdf.

# 6장



# 지역과 지역주의:

## 새로운 형태의 연결성에 대응하기

풋(Rosemary Foot)

다양한 형태의 지역 협력은 글로벌 거버넌스의 가장 생산적인 형태를 추구하는 데 있어서 오랫동안 중요하게 간주되었다. 예를 들어, 지역의 그룹형성은 1945년 이후 구축된 (주로 국제기구와 같은) 글로벌 거버넌스의 공식 제도들의 문제점인 민주주의, 대표성, 정치적 정통성의 결여에 대응하는 하나의 수단으로 인식되어왔다. 지역기구들은 또 이들 공식 제도로부터 파생된 아이디어를 기반으로 하거나, 또는 글로벌 수준에서 제공되는 아이디어나 관행에 대항하거나 개선하는 그들 자신의 아이디어나 관행을 적극 창출하는 것으로 생각되었다. 소더바움(Frederik Söderbaum)이 자신 있게 기술했듯이, 많은 학자들이 '현대 지역주의의 다공성, 다원적 속성'을 지적하지만 "지역주의는 지속된다고 말하는 것이 틀리지 않을 것"이다.[1] 포셋(Louise Fawcett)은 이에 동의하면서, '세계정치에 있어서 지역주의의 지

속적인 유의미성'과 점점 더 광범위한 영역에서 작동하는 수많은 지역주의적 제도들을 지적한다.[2)]

물론 오랫동안 회의론자들은 있었지만 오늘날 글로벌화된 세계에서 지역이라는 거버넌스 장치의 유효성에 대해 새롭게 의문을 제기하는 의심분자들이 있다. 어떤 이들에게 현대는 수많은, 더 중요한 종류의 연결성이 존재한다. 또 다른 이들은 글로벌 사회는 2010년대에 더 만연한 다자주의에 대한 광범위한 공격으로 초래된 다양한 형태의 단절이 특징이라고 본다.

이 장은 지역주의에 대한 회의론자들과 옹호자들의 논쟁을, 필자가 지역적 수준에서 가장 중대한 도전이 제기되고 글로벌 거버넌스에서 그 역할은 계속된다고 말하는 전개 국면의 맥락에서 검토한다. 이 장은 먼저 지역주의를 정의하면서 시작한다. 이어서 왜 지역 수준의 연결성이 지난 30년간 그토록 크게 부각이 되었는지를 간략히 평가한다. 그리고 지역이 중단기적으로 글로벌 거버넌스의 핵심 구성요소가 된다는 생각을 위협하는 현 세계질서의 중요한 속성 네 가지를 살펴본다.

필자는 지역주의의 미래는 불확실하지만 돌이킬 수 없는 것은 아니라고 결론 내린다. 새롭게 형성된 형태의 (일부는 중심에 중국이 있는) 연결은 새로운 지역적 상상물의 등장을 촉발해왔다. 또 오래된 지역의 형태는 여전히 위기나 불확실성의 시기에 중요한 기항지가 된다. 지역 수준의 거버넌스에 강력한 어려움들이 있지만 지역적 그룹형성은 미래에도 지속될 것이며, 지역과 지역주의는 글로벌 거버넌스 연구에서 중요한 분석적 범주로 남게 될 것이다. 그러나 이것이 우리가 권력과 아이디어의 확산을 동반하는, 결과를 알 수 없는 상당한 변화의 시기에 있음을 부정하는 것은 아니다. 새로운 형태의 연결은 우리가 아직 예측하지 못하는 방식으로 지역주의를 희생하며 강화될지도 모른다. 그런 일이 생긴다면 거버넌스 기제들 사이의 경합이 초래될 것이다. 미래에도 상당 기간 지역은 여전히 조직과 비전의 형태로 존재하겠지만, 더 이상 거버넌스 과정의 목적론적 종착점이 되지는 않을 것이다.

## 용어 정의와 그 역할에 대한 평가

지역과 지역주의에 관한, 지리적 근접성과 상호 의존을 강조하는, 나이(Joseph Nye)의 정의는 분석가들이 이 주제에 접근하는 방식에 오랫동안 영향을 미쳤다.[3] 그러나 이 용어와 관련된 과정을 분석하는 데 있어서 분석가들은 나이의 간결한 정의를 넘어서서 다양한 지역주의 접근에 함의된 바와 같은 정확한 종결점은 존재하지 않음을 강조하고, 지역주의적 시도의 근저에 있는 정당화 이유로서 지역 통합을 강조하는 데 (즉 유럽중심주의) 의문을 제기했다. 지역적 거버넌스 프로젝트는 '지역화' (즉 비공식적이고 종종 방향성 없는 사회적, 경제적 상호작용의 과정, 연결이 사고의 지도[mental map] 또는 '상상의 공동체'에 근거하는 '지역의 의식', 여러 쟁점 분야에서 발생하는 문제에 대한 해결의 필요에 의해 이루어지는 '국가 간 협력', 다양한 형태의 교환을 막는 장벽을 줄이거나 제거하는 데 국가의 공식 커밋트먼트가 요구되는 '국가 주도의 통합', 정치적 의사결정에 있어서 개별 민족국가의 격을 낮추는 정치적 장치에 주권을 이양하는 '지역의 공고화')를 포함하는 다양한 형태를 가진다.[4] 이것은 우리가 글로벌 정치에서 지역주의로 지칭하는 활동의 형태가 매우 다양함을 의미한다. 이러한 다양한 필요성의 형태에 주목하는 것이 분석의 지평을 확대해준다.

용어 정의에 관한 추상적인 문제를 떠나, 남반구나 '신흥 강국'에 대한 고려를 포함하는 실증적 관심의 확대는 이 주제에 관한 학계의 연구를 활성화하였다. 그것은 지역과 지역주의와 관련한 연구의 가치가 있다고 생각되는 지리적 범위를 상당히 넓혀주었다. 권력이 글로벌하게 확산되고 미국의 패권이 축소되면서 규범적, 경제적, 안보적 분야에서 대안적 거버넌스 아이디어를 고려하고 실행할 만한 공간이 제공되었다. 그와 같이 초점이 바뀌자 다양하고 독특한 지역적 경험과 지역 수준에서의 새로운 사고방식의 가능성에 대한 인식이 높아지게 되었다.

예를 들어, 정치의 영역에서 '신지역주의'라고 지칭하는 현상은 지역주의가 국가를 공고화하는 수단으로 개념화될 수 있음을 지적한다. 즉 지역주의를 개별 국가의 주권을 이양하기보다 강화하는 길로서, 심지어 지역주의를 회원국에 대한 외부 비판으로부터 보호하는 도구로서 이용하는 것이다.[5] 동남아시아국가연합(ASEAN: Association of Southeast Asian Nations, 아세안)과 아세안 주도 기구들에 대한 연구는 이 문제에 있어서 특히 중요하다.[6] 이 경우 국가의 탄력성을 높이면 레짐의 안정에 중요한 이득이 될 뿐 아니라 지역의 탄력성에도 큰 기여를 한다는 주장이 있다. 그것은 궁극적으로 지역적 정체성을 구축하는 데 기여하는 일련의 규범 (예를 들어 '아세안 방식[ASEAN way]')의 형성으로 이어질 수 있다. 그러나 여기서 중요한 점은 국가가 지역주의적 시도의 배후에 있는 주요 추진력으로 인식되는 것이다.

경제적 측면에 초점을 맞추면, 지역 수준의 거버넌스는 협력을 더 원활히 할 수 있게 하고 세계화의 불평등한 결과로 인한 경제적 문제를 해결하는 데 유리하다는 주장이 있다. 예를 들어, 세계무역기구(WTO)의 유효성에 대한 의심과 관행을 개선하는 데 있어서의 어려움은 지역 또는 하위지역 무역협정의 확산으로 이어졌다. 따라서 21세기에 들어 아시아에서 15개 회원국의 역내포괄적경제동반자협정(RCEP: Regional Comprehensive Economic Partnership), 아프리카에서 정부간개발기구(IGAD: Intergovernmental Authority for Development, 남아프리카개발공동체(SADC: South Africa Development Community) 등과 같은 협정이 체결되었다.

또 평화와 안보 분야에서도 중요한 상황이 전개되었다. 냉전 후 시대에는 유엔에 주어진, 혹은 억지로 떠넘겨진 안보 거버넌스 부담이 증가하였다. 이는 곧 지역기구가 유엔의 목표에 기여할 수 있는 바에 대한 인식으로 이어졌다. 유엔헌장 제8장은 당초 이 역할을 지역기구의 것으로 상정했으며, 오늘날 유엔헌장은 지역 및 하위지역기구에 대해 이와 같이 강조하는 것의 타당성을 인정해주었다. 이런 관점에서 볼 때, 아프리카연합(AU: African

Union)은 예를 들어 대륙의 가장 해결이 어려운 분쟁지역에서 AU-UN 평화활동을 실시하고, 분쟁예방, 관리, 해결에 관련된 요소를 포함하는 아프리카평화안보체계(African Peace and Security Architecture)를 채택하는 등 특히 중요한 역할을 했다.

그러나 이러한 상황 전개의 저류에는 더 광범위한 목표가 있었다. 그것은 세계정치에 있어서 세력의 분산에 소극적으로 대응하던 글로벌 거버넌스 방식의 변화를 다루기 위해서는 지역과 지역주의에 대한 새로운 형태의 정당화를 개발할 필요가 있다는 인식이다. 유엔 안보리 대표성을 개혁하지 못하고, (2001년 협상이 시작되어 농업, 서비스, 전자상거래, 지식재산권 보호 등의 무역을 위한 새로운 제도를 만들려던) WTO의 도하개발의제(도하라운드)를 결론짓지 못하자 지역 수준에서의 대응이 나타났다.[7] 국제통화기금이나 세계은행에서 신흥국에게 더 많은 영향력을 부여하는 데 주저한 것도 마찬가지이다.[8] 이러한 실패는 중국이 아시아개발은행(Asia Infrastructure Development Bank)을 설립하기로 결정하는 계기가 되었다.

분명히 냉전 후 시대에 지역 거버넌스와 관련된 지역기구의 수는 급격히 증가하였다. 그러나 다양한 지역주의의 형태에 대한 관심은 냉전 후 지역에 기반을 둔 그룹형성이 증가한 것뿐 아니라, 그와 연관된 개념(지역 및 지역주의의 보다 정교화된 정의를 포함)과 이론화의 진전에 기인한다. 국제관계 분야의 탈실증주의, 구성주의, 비판이론은 전세계의 다양한 지역적 경험에 대한 인식을 높였고, 특히 지역주의적 프로젝트의 비유럽적 경험에 대한 민감성을 높였다. 이러한 전개는 지역이 오로지 기능주의적인 문제 해결의 주체가 아님을 이해하게 하고, 반응적이고 사회적인 기반을 강조하게 하였다.

예를 들어, 구성주의 연구자들은 가치를 공유하고 글로벌 수준과 비교해서 지역에서 더 밀도 높게 상호작용하는 국가와 사람들을 서로 엮는 데 기여할 만한 문화적, 사회적 요인에 대한 주의를 환기하는 데 중요한 역할을 했다. 그러한 접근은 지역주의를 촉진하는 데 있어서 비국가 행위자들의 역할에 더 주의를 기울여야 한다고 주장해 왔다. 지역 수준에서 새로운 형태의 정체성을 장려하는 사회적 운동의 경우가 특히 이에 해당한다. 이와 관련하여 특히 괄목할 만한 것은 인권이나 군사 안보와 같은 다양한 분야에서 초국가적 네트워크를 추구한다는 사실이다. 그러한 상호 연결된 비국가 그룹은 유럽 전역에서 냉전의 평화적 종식에 매우 중요한 기여를 하였다.[9)]

요컨대 지역적 그룹형성의 기능적, 사회적이고, 정통성을 부여하는 여러 역할은 향후 쉽게 사라지지 않을 것이다. 위기 또는 불확실성의 시기에는 현존하는 지역적 장치에 의존하는 것의 매력을 무시하기 어렵다. 예를 들어, 글로벌 코로나19 팬데믹은 결국 2020년 유럽연합(EU)이 가장 피해가 심각한 국가들을 위해 7,500억 유로의 구호 자금을 도입하는 계기를 만들었다. 또 아세안 국가들은 팬데믹 피해회복에 경제적, 의료적으로 지원하기 위한 고위특별위원회 설치에 영향력을 발휘하였다.[10)]

지역기구들이 별로 활발하지 않고 그다지 많은 관심을 끌지 않은 경우에도, 최소한 참여하고 있는 엘리트들 사이에서는 이들 지역기구에 대한 믿음이 쉽게 줄어들지 않는다. 때로는 별로 바람직해 보이지 않는 속성도 지역기구의 수명을 늘려주고 더 많은 사람들의 지지를 얻는 데 도움을 준다. 그렇다면 우리는 다음과 같은 질문을 던지게 된다. 글로벌 거버넌스의 미래의 제공자로서 잠재적으로 더 강력한 대안적 형태의 연결성이 버티고 있는 상황에서, 지역기구의 설계, 사회적 유대, 기능주의적 목표가 어떻게 지역기구의 잠재적 내구성과 관련이 되는가?

## 현대의 지역 연결성의 대안적 형태

우리는 거버넌스 기제로서의 지역과 지역주의에 잠재적으로 맞서면서 제약을 가할 가능성이 있는 4개의 유형의 연결성, 즉 포퓰리즘(populism, 대중영합주의), 비국가 및 초국가적 정치, 새로운 공간들, 지정학에 대해 논의한다. 아시아태평양과 유럽은 가장 빈번히 지리적 참조점으로 언급되어 왔다. 전자는 세계정치의 중심으로 대두되고 있으며, 아시아의 지역기구 및 여타 그룹들이 동시에 확산되어 왔기 때문이다. 후자는 1945년 이후 가장 심층적 지역주의의 본산이었으며, 후술된 대안적 형태의 연결성으로부터 도전을 받아왔기 때문이다.

이 장은 이 4개의 주제를 별개의 분석적 범주로서 논의하지만, 그들은 중첩되거나, 때로는 서로를 강화하거나 또는 다른 유형의 영향을 희석시키기도 한다. 예를 들어, 포퓰리즘과 초국가적 정체성 정치는 둘 다 문화적 요인에 기반을 두지만, 서로 반대 방향으로 작용한다. 글로벌하거나 대륙횡단적인 결과를 추구하는 새로운 정책 방향을 만들어낸 세력 이행은 분열을 촉발하는 지정학적 시각을 강화하는 동시에, 지리적 인접성에 근거한 연결이라는 개념에 도전하거나 또는 그것을 강화하는 새로운 공간적 그룹형성으로 이어졌다.

## 포퓰리즘

좌파와 우파 모두에서 포퓰리즘는 그 영속성에 관해서는 논란의 여지가 있으나, 세계 대부분의 지역에서 상당히 중요한 정치 세력이 되었다. 가장 단순하게 정의했을 때도 포퓰리즘적 정서는 지역주의에 도전할 만한 잠재력을 보인다. 취로드(Jeffrey Chwieroth)와 월터(Andrew Walter)는 “포퓰리즘은 ‘인민’과 ‘엘리트’ 및 기타 집단이라는 수사적 이원성에 기반하여 정치적 지지를 동원하려 추구하는 후보자나 정당”이라고[11] 설명한다. 좌파와 우파 이념 모두를 포괄하는 보다 구체화된 서술에서 포퓰리즘은 그 안에 ‘엘리트에 대항하고 … 중앙에 대항하고 … 타협에 대항하고 … 현상유지체제에 대항’하는 사람들을 포함한다고 간주되나, 사실 이들은 전부 우리가 지역적,

글로벌 다자기구에 해당하는 것으로 볼 수 있는 요소들이다. 포퓰리스트들은 "한 나라의 '진정한 인민'은 '외부자들'과 도덕적 갈등을 겪고 있으며 … 그 어떤 것도 '진정한 인민'의 의지를 제약해서는 안된다는 2개의 신념을 공유하고 있다고 한다." '진정한 인민'은 정치적 권위의 유일한 정통성의 원천으로 간주된다. 이들 '진정한' 정치 행위자들은 국가 주권에 대한 제약을 받아들이지 않는다. 또 그들은 자신들의 이미 정해져 있는 이익을 침해하는 힘을 가진 사회적, 경제적 엘리트에 도전하며, 엘리트와 여타 '외부자'가 '진정한 인민'의 노동에서 수익을 올리는 것을 비난한다.[12)]

이러한 서사의 매력이 강하게 자리잡은 상황에서는 지역주의의 미래가 위협을 받을 수 있다. 지역주의의 의식과 협력이 가장 높은 밀도로 긴밀한 형태에 다다른 유럽에서조차도 이러한 현상이 나타날 수 있다. 2020년 발간된 한 데이터베이스에 의하면 세계에서 권력을 잡은 포퓰리즘적 지도자의 수는 냉전 종식 후 거의 5배 증가했으며, 20세기 이후 약 3배 증가했다. 유럽은 확실히 이 수치에 기여를 했다. 실제로 EU의 부담이 큰 지역주의의 결과로 포퓰리즘적 정서가 EU에 특히 영향을 미쳤는지도 모른다. 중동의 분쟁으로 유럽의 연안에 수천 명의 난민이 들어왔으며, 쉥겐조약하에서 일단 최초 입국 지점을 통과하면 자유롭게 이동할 수 있었기 때문에 그 정치적 파장은 확대되었다. 유럽집행위원회의 재정적 적절성에 관한 규칙은 특히 2008년 글로벌 금융위기 이후 그리스와 같은 남유럽 경제에 대단히 큰 손상을 입혔다. EU의 이 두 규칙은 포퓰리즘적 정서를 심화시켰다. 실제로 EU 유권자 3명 중 1명은 EU에 비판적이거나 적대적인 정당을 지지하며, 영국의 유권자들은 (영국과 EU에 모두 상처를 입히는) 글로벌 정치에서 가장 강력한 지역기구를 탈퇴하는 결정을 내리게 되었다. 그러나 그것이 유권자들이 극우 정당을 지지하는 주된 이유가 아닐 수도 있기 때문에 약간의 단서를 붙일 필요가 있다. 이들 유권자가 지지 정당에 요구하는 것은 EU를 완전히 거부하기보다 EU를 좀 더 느슨한 형태로 만들고 더 많은 영역의 주

권을 국민국가로 되돌리는 것이다.[13]

더욱이 포퓰리즘에 대한 이러한 기술이 글로벌 거버넌스가 지역 수준에서 작동하는 기제들보다 더 많은 지지를 받는다고 암시하는 것은 아니다. 그것은 기본적으로 과거 지향적이며, 중앙의 관리를 덜 받고, 중요한 결정을 개별 국가 (그리고 그 국가의 '진정한 인민'에게)에게 맡기는 세계로의 회귀를 추구하는 현상에 대한 기술이다. 포퓰리즘적인 미국 대통령 트럼프는 2018년 유엔총회에서 거짓 이분법을 내세우며 말한 바 있다. "우리는 글로벌리즘의 이념을 거부하며, 애국주의의 교리를 받아들인다."[14] 최소한으로 공존하는 다원주의체제인 베스트팔렌 질서가 글로벌, 또는 지역 거버넌스를 혐오하는 이러한 부류의 포퓰리스트들의 미래의 목표인 듯하다. 그들에게 연결은 배타적 민족 정체성을 더 확고히 받아들이는 것을 의미한다.

2020년 11월 선거에서 트럼프를 지지한 7,400만 미국인들의 정서에 계속 주의를 기울여야 하겠지만, 바이든 대통령은 강력한 국제주의적 시각을 보이고 있다. 더욱이 많은 유럽인들 및 다른 대륙의 사람들은 느슨한 형태의 지역주의라면 여전히 미래에 역할이 있을 것이라고 본다. 실제로 비유럽 국가에서 덜 부담되는 형태의 지역주의는 이미 일반적인 것이 되었으며 그 광범위한 지역기구의 설계를 볼 때 유럽이 오히려 예외적이다. 다른 곳에서 우리는 훨씬 약한 중앙 관료 구조를 보며, 더 많은 '최소공통분모' 방식의 의사결정의 증거를 본다.

## 비국가 형태와 초국가적 정체성 정치

'내부자'와 '외부자'의 개념에 다양한 지리적 속성을 부여하는 포퓰리즘적 수사에 대한 하나의 도전은 초국가적 연결을 형성하려는 비국가 세력에 대한 인식에서부터 온다. 그러나 다른 종류의 정체성 위에 형성된 관계를 반영하는 초국가주의는 포퓰리즘과 마찬가지로 미래의 협력과 거버넌스 주된 기반으로서의 지역적 유대라는 아이디어와 경합할 가능성이 있다. 예를 들어, 글로벌 보건 영역에서 상당한 자원을 동원할 수 있는 게이츠재단(Gates Foundation)과 같은 사적 행위자들은 동일한 목표를 놓고 글로벌 또는 지역적 기구를 보완할 수도, 그들과 경쟁할 수도 있을 것으로 보인다.

경제 분야에서 글로벌 공급망은 전세계 기업과 사람들을 연결하며, 잠재적으로 지역 수준에서 작동하는 범위를 넘어서 밀도 높은 유대를 제공할 수 있다. 국제정치경제 연구자들은 그러한 세계화된 교류의 형태가 경제발전에 기여하는 상호 의존의 원천이며, 안보 분야로 파급 효과를 낼 수 있다고 본다. 그러한 연대는 갈등과 관련한 득실 계산을 바꿔서 지리적으로 광범위한 공간에 걸쳐 있는 국가들이 전쟁을 할 가능성을 낮추어 준다.[15] 예를 들어, 아시아태평양 지역은 글로벌 경제에서 가장 역동적이고 비교적 안정적인 지역으로 부상하는 데 역내와 글로벌 시장에의 수출 증가와 무역 네트워크에 광범위하게 의존하였다. 전자, 기술, 자동차, 신발, 완구와 같은 분야의 분절화된 생산 과정을 분리하는 것이 불가능하지는 않지만 중단기 경제 손실과 다양한 형태의 혼란 없이 그러한 분리를 추진하기는 어려울 것이다.

모든 형태의 초국가주의가 다 선한 의도 위에 형성되는 것은 아니다. 2001년 9월 11일 미국에서의 테러 공격 이후 영토 경계의 지리적 근접성으로부터 기원한다고 생각되는 사회적 연계를 초월하는, 국가나 지역을 넘어서 종교나 여타 형태의 공동체에 기반을 둔 충성심의 힘을 더 깊이 인식하게 되었다. 동시에 9·11 테러는 미국이나 여타 선진국에서 광범위한 국가권력의 확대로 이어졌다. 유사하게 코로나19 팬데믹도 오늘날 세계의 글로벌한 속성을 보여주었으나, 또한 곤궁에 처한 사람들이 주로 국가에 의지하는 결과를 초래했다. 더욱이 팬데믹은 세계화를 불신하는 주장을 강화하였고, 국경 통제 강화 요구가 증가하였으며, (이 경우 팬데믹 대응에 긴급히 필요한 의료 장비의) 글로벌 공급망과 단일-중앙 공급선에 의존하는 것의 위험성에 대한 인식이 확산되었다.

부상하는 중국의 장기적인 영향으로 인한, 또 보다 직접적으로 팬데믹 초기의 직접적인 역할로 인한 미중관계의 심각한 악화는 이러한 주장을 더욱 부추켰다. 양국 관계에서 네트워크 형태의 경제적 상호의존이 수행하던 안정화 역할이 감소하면서, 양국이 모두 수혜를 입어왔던 글로벌 생산망으로부터 분리를 시도하게 되고, 국내 시장 개발을 주장하는 사람들의 설득력을 더 높여주었다.

### 새로운 공간의 가능성

중국의 사례는 또 글로벌 거버넌스의 미래와 관련하여 2개의 다른 중요한 문제를 제기한다. 첫째는 중앙이나 허브에서 시작된 새로운 초지역적 또는 지역 간 정책 이니셔티브가 지역이나 지역주의에 미치는 효과를 반영한다. 둘째는 중국의 부상과 중국의 정책 이니셔티브에 대한 보다 일반적인 반응으로서의 새로운 지역 아이디어나 그룹의 형성을 반영한다.

2013년 공식 출범한 아시아, 중동, 유럽, 아프리카와 중국을 연결하는 해상 실크로드와 육상 경제 벨트인 중국의 일대일로는 그러한 하나의 사례이다. 초기의 형태에서 일대일로는 2011년 오바마 행정부의 '아시아 선회(pivot to Asia)' 정책에 대한 대응으로 계획되었으며, 이 점에서 그것은 지정학적 경쟁 관계의 씨를 가지고 있다. 그러나 일대일로는 그보다 훨씬 더 많은 것을 포함한다. 신지역주의 프로젝트로서 일대일로에 관심이 있는 사람들은 그것을 '초지역적 공간적 상상'이라고 규정한다. 그것은 교통망, 상품, 투자, 문화 교류, 디지털 네트워크 등을 포함하는 다양한 종류의 초지역적 연결 속에서 구축되어 왔다.[16] 중국정부 보고서가 기술하듯이, 일대일로는 향후 지역주의 위에 덧씌워질 것이다. 일대일로의 목표는 지역적 그룹형성을 이용하여 '모든 차원의 다층적이고 복합적인 연결망'을 실현하기 위해 '아시아, 유럽, 아프리카 대륙과 그 인접 바다의 연계'를 촉진하는 것이다.[17]

일대일로를 더 야심적으로 보는 사람들은 그것이 중국의 세계질서를 투사하는 사업이라고 생각한다.

고드하트(Nadine Godehardt)와 콜렌버그(Paul J. Kohlenberg)는 일대일로의 뿌리에 지역주의가 있는 것은 아니며, "유럽연합, 남미공동시장, 아세안과 같은 기구와 비교되어서는 안된다"고 주장한다. 이들 지역 및 하위지역 그룹들과 달리 일대일로는 특정의 회원 자격, 확정된 규칙, 확정된 공간으로 규정되는 것이 아니다. 이들 저자의 시각에서 보면 일대일로는 "(세계) 지역들에 관한 고정된 이해에 구속되지 않고, 주로 지리적 또는 기능적 공간의 다른 개념으로 작동한다."

더욱이 중국은 '연결성'의 아이디어를 통합이라는 아이디어보다 위에 위치시켰으며, 이 용어의 변화는 잠재적으로 매우 중요하다. 고드하트와 콜렌버그는 시진핑 하의 중국의 지도자들은 다른 행위자들을 중국 공산당이 세계를 보는 방식으로 제약을 가하려는 강한 의지를 보여 왔다고 주장한다. 이것은 중국이 주로 현존하는 (개혁된) 지역 또는 글로벌 구조 속에 스스로 들어가려 한다는 견해와 대비된다.[18] 더욱이 일대일로를 통해서 중국은 국가나 여타 정치 행위자들이 그러한 제약의 불가피성을 받아들이도록 강제하거나 설득하는 도구를 얻게 될 수 있다. 이에 대해서는 다음 절에서 더 상세히 다룬다.

지역주의 연구자들은 영토에 근거한 지역 개념에 대한 이와 같은 도전에 대응하려고 노력해왔다. 지역과 지역주의에 관한 비판적 이론가들은 일대일로, BRICS(브라질, 러시아, 인도, 중국, 남아프리카공화국)의 형성, 여타 새로운 형태의 공동체의 형성에 덜 당황하며, 오늘날의 글로벌화된 세계에서는 전통적 지역주의 연구에서처럼 영토에 집착하는 것으로부터 자유로워야 할 필요가 있다고 주장한다.[19] 모든 지역은 사회적 구성물이며 정치 행위자들이 공동의 해결책이나 관리가 필요하다고 인식하는 특정 문제에 따라 참여자가 다양하게 정해진다는 데 대한 광범위한 합의가 있음을 고려할 때

이러한 파격은 특히 필요한 것이다. 한편 그러한 '지역' 또는 새로운 공간적 아이디어는 현존하는 국제기구가 세계정치에 있어서 권력의 재분배를 반영하지 못하는 데 대한 반응으로 볼 수 있다.

그러나 이처럼 글로벌한 수준보다 하위의 모든 형태의 연결을 지역주의라고 받아들이는 것은 너무 지나친 것이다. 지리적 근접성이 전혀 없다면 이들 그룹형성은 단순히 "'글로벌한 수준에 못미치는' 기구가 될 것이다. 어떤 지리적 제한도 없다면 '지역주의'라는 용어는 산만하고 다루기 힘들게 될 것이다."[20] 아마 우리는 세계화가 가져온 도전을 인정하고, 글로벌 세력이 지역에 침투했음을 인정해야 하지만, 지역의 개념이 의미가 있으려면 영토와 경계의 존재를 인정해야 한다.

따라서 더 전통주의적인 시각에서 보면 일대일로는 지역 및 지역주의와 연관되어 온 개념과 과정에 도전이 되고 있으며, 향후 지역적 형태의 거버넌스가 쇠퇴할 전조가 되고 있다. 그러나 일대일로가 지극히 실행이 어려운 프로젝트라는 속성이 있기 때문에 이러한 예측은 약화된다. 어떤 분석가들은 중국이 그러한 복잡하고 거대한 계획의 성공을 담보하기 어려우며, 잘해봐야 짜깁기한 연결성에 그칠 것이라고 지적한다.[21] 일대일로의 틀에서 행해진 투자 결정은 종종 지역안보복합체의 작동이 원인이 된 또는 그로 인해 악화된 안보의 실패를 겪고 있는 복잡한 사회와 빈번히 씨름해야 한다. 남아시아, 또는 아프리카 대호수 지역이 이에 해당하는 사례이다.[22] 일대일로는 또 그 성공적인 완성의 길을 복잡하게 만드는 다양한 형태의 저항을 만들어냈다. 일대일로 파트너들의 높은 채무, 글로벌 팬데믹이 초래한 경제적 피해는 이미 기존 협정의 재협상이나 거부로 이어지고 있다. 이 장의 또 하나의 주요 주제는 일대일로라는 거대 프로젝트의 지정학적 기반이라고 생각되는 것이 만들어 낸 저항이다. 일대일로는 동아시아 또는 아시아태평양 지역의 전략적 지리를 바꾸려는 시도인 인도태평양과 같은 새로운 지역 그룹형성 창설 주장에 힘을 실어준다.

## 돌아온 지정학

이미 주장된 바와 같이 한편으로는 (일부 분석가들에게는) 일대일로는 지역주의 프로젝트와 유사한 새로운 공간적 그룹형성을 의미한다. 그러나 세계정치의 지정학적 상황 전개로 인해 그 프로젝트는 분열의 원인으로, 또 강대국 간 경쟁이 반영된 대안적 형태의 연결성 기반으로 간주된다. 지정학적 견지에서 보면 일대일로는 세계 제2의 경제대국이며 세계 대부분 국가에게 최대 무역 상대국인 중국의 중요한 지렛대이다. 킹스베리(Benedict Kingsbury)는 '기술의 기술적 측면은 조직 형태, 사회적 관계와 반응, 경제 구조 및 금융과 별개의 것이 아님'을 상기시킨다.[23] 힐먼(Jonathan E. Hillman)은 운송, 에너지, 정보통신 기술과 같은 부문 (모두가 일대일로의 중심 부문)에서 특히 '연결 기간시설(connectivity infrastructure)'을 면밀히 조사하면서, 국가가 역사적으로 전략 목표 추진을 위해 기간시설 지원을 이용했던 사실을 더 직접적으로 서술한다. 힐먼의 주요 발견은 재정 지원이 '외교적 양보를 끌어내고, 지지자를 보상하고, 사업 계획에 영향을 주고, 운영 통제권을 확보하는' 기회를 제공한다는 점이다. 설계와 건설 단계는 표준의 결정, 기술 이전, 정보 수집으로 이어질 수 있다. 더욱이 소유 및 운영이라는 최종 단계는 더 깊은 정보 수집의 기회와 경쟁자의 진출을 억제하는 능력을 제공한다.[24]

일대일로에 대한 이러한 해석은 그것이 연상시키는 '지역성(region-ness)'의 정도에 관한 국제관계 문헌의 논쟁을 훨씬 넘어선다. 힐먼은 우리가 보다 익숙한 지역적 연결 위에 중첩되고 필연적으로 그것을 약화하는 결과를 가져오는 일대일로를 중심 패권국으로부터 파생된 연결성의 형태를 기반으로 미래를 형성하는 방식으로 보아야 한다고 시사하였다. 일대일로는 이미 EU 회원국 사이의 지역적 협력의 수준을 약화하는 잠재력을 보여왔다. 체코공화국, 헝가리 등 일부 중부, 동부 유럽국가들은 일대일로의 재정지원을 받아들였다. 그리스, 이탈리아 등 서유럽국가들은 잠정 협력 협정에 서명하였다. 이것은 일대일로의 접근이 투명성, 개방성, 재정적 및 환경적 지속가능성에 대한 EU의 공식 선호에 더 확실히 부합할 때까지 EU가 관심을 보이지 말아야 한다는 유럽위원회의 입장과 배치된다. EU 회원국이 이를 위반하여 나타난 하나의 결과는 일대일로에 관계된 EU 국가들이 중국의 일부 정책, 특히 인권 분야에 비판적인 EU의 선언에 동참하기를 꺼린다는 것이다.

다른 나라들은 부분적으로 일대일로를 따라하면서 그것과 경쟁하는 길을 택했다. 인도, 일본, 러시아, 미국과 같은 국가는 다른 가능한 대안과 그들이 제공할 수 있는 기간시설을 강조한다. 예를 들어, 러시아는 좀 더 지리적으로 인접한, 구 소련의 영역의 일부였던 국가들의 참여를 기반으로 2015년 유라시아경제연합(EAEU: Eurasian Economic Union)을 결성하였다.[25] 후에 러시아는 그 영역 내에서 중국과의 경쟁적 관계가 심화될 가능성에 대한 일정한 통제력을 유지하기 위해 EAEU를 일대일로와 연결하려 시도하였다.

중국의 야심찬 정책에 대해 반응하는 가운데 지전략적 공간에서의 상황 전개가 빠르게 진행되었다. 예를 들어, 미국정부는 2019년 최초의 "인도태평양전략보고서(*Indo-Pacific Strategy Report*)"를 발간하여, 그 첫 문장에서 인도태평양이 '미국의 미래에 가장 중요한 지역'이라고 주장했다.[26] 그 지역은 인도의 서해안부터 미국의 서해안까지 광대한 대륙과 해양의 공간을 포함하는 것으로 규정된다. 바이든 행정부는 그 공간적 초점을 유지해 왔으며, 호주, 인도, 일본, 미국이 참여하는 4자안보대화의 첫 정상회의를 2021년 3월에 개최하였다.[27]

단지 미국만이 그 지역을 규정하는 용어로서의 아시아태평양의 중요성을 축소하려는 국가는 아니며, 그러한 행동은 향후 계속될 가능성이 높다. 인도, 일본, 아세안은 모두 공식 정책 문서의 기록을 통해 인도태평양 개념에 일정 수준의 커밋트먼트를 보이거나 그것을 인정하였다. 아세안의 문서는 그 첫 문단에서 인도양과 아시아태평양 지역은 '계속해서 지정학적 지전략적 변화를 겪을 것'이라고 지적했다. 아세안 회원국은 그 하위지역기구들이 아세안 중심의 지역 구조를 유지하려면 많은 노력이 필요하며, 현재의 지역기구는 지역의 거버넌스에 있어서 장래에 그 유용성을 유지하기 위해서 새로운 지역 지리적 개념을 받아들일 창의적 방법을 생각해야 함을 인정한다.[28)]

왜 이들 정부는 지역의 경계를 재정의하려 할까? 지전략의 시각을 채택하는 데 있어서 많은 아태지역 국가들이 인도태평양이라는 개념에 끌리는 것은 지역의 권력 분포를 중국 이외의 행위자에 유리하도록, 그리고 지역 행위자들이 향후 미국의 점진적인 이탈 및 쇠퇴에 대응하는 데 도움이 되도록 바꾸려는 두 가지 욕심과 관련이 있다. 그 전제는 중국의 '자연스러운' 리더십이 종종 당연시되는 아시아태평양이나 동아시아의 경우보다 인도태평양의 해양 및 대륙을 지배하는 것은 중국에게 훨씬 더 어려운 도전이 되리라는 점이다. 미국은 당분간은 최강의 해군력을 유지할 것이고, 미 해군은 여전히 태평양과 인도양을 돌아다닐 능력이 있다. 그러나 미국의 상대적 쇠퇴는 다극체제의 아시아가 나타나거나, 인도, 일본, 아세안 국가들이 더 주도적이 되고 미국에 맡겨졌던 균형자 역할을 수행할 가능성을 보여준다. 인도태평양이 아시아 국가들에게 의미 있는 구성물이 된다면, 그것은 아시아 대륙을 중국중심주의로부터, 그리고 핵심 안보 제공자로서의 미국으로부터 떼어내어, 중국에 대한 안보 요구가 급증하는 새로운 지역의 개념으로 이어질 것이다.[29)]

의심의 여지 없이 이와 같은 지역의 재구성은 냉전 시대와 그 이전의 지역주의의 경험으로 인해 우리에게 익숙하다. '중동'이나 '근동'과 같은 명칭은 영국 제국주의 시대의 구성물이다. 향후 수십 년 동안 미중의 경쟁 관계가 계속될 것을 의심하는 사람은 많지 않을 것이며, 그 하나의 결과로 인도태평양과 같은 아이디어들은 그것이 중요성을 가지게 되는 데 필요한 수준의 자원과 커밋트먼트를 끌어들일 것이다. 그러나 중국의 부상을 견제 또는 봉쇄하려는 욕구가 이 새로운 지역의 아이디어를 부추길지 모르지만, 그것은 여전히 (아세안과 같은 과거의 지역기구 형성을 촉발했던 동력을 연상시키는) 지역 협력이 지정학적 경쟁 관계의 부상에 대응하는 유용한 방법이라고 인식되는 아이디어를 강조한다는 사실을 주목하는 게 중요하다.

그러나 이 새로운 지역의 아이디어는 중요한 존재감을 갖지 못할 가능성이 있다. 이러한 상황에서 아태지역 국가들, 특히 그중에 영향력이 상대적으로 약한 국가들에게는 이 지역을 재정의하려는 시도의 핵심에 있는 두 주인공인 중국과 미국 가운데 하나를 선택해야 하는 압력이 증가할 것으로 예상된다. 따라서 충성을 놓고 벌이는 경쟁이 향후 아시아태평양 지역기구, 특히 아세안 국가들이 직면할 시험의 중요한 차원이 될 것이다.

## 결론

지역과 지역주의에 대한 연구가 활발하다는 것은 거버넌스 기제를 제공하는 데 있어서 지역기구가 지속적인 역할을 할 것이며, 그러한 기구들이 최소한 중기적으로 집단의 의사결정에 지속적인 유용할 것임을 시사한다. 첫째, 다수의 기구가 뿌리 깊게 자리 잡고 있으며, 그들의 유지에 도움이 되는 일종의 '고착성'을 가지고 있으며, 새로운 기구가 계속 생겨날 것이다. 예를 들어, RCEP는 아시아 15개국의 무역 통합을 가속화할 것이다. 둘째, 새로운 비지역적 또는 지역간 기구의 창설과 그에 대한 새로운 충성을 확보하려면 회원국들의 신뢰를 논의하고, 형성하고, 얻는 데 시간이 걸린다. 더욱이 일대일로와 같이 복잡한 연결 프로젝트는 성공적으로 완료될 것이라는 보장이 없으며, 현재까지의 상황 전개를 보면 잘 해봐야 부분적인 성공에 그칠 것으로 보인다.

셋째, 새로운 형태의 연결은 지역기구의 종말이 아니라 새로운 지역기구의 탄생을 촉발하였다. 포퓰리즘 정서를 배경으로 트럼프 행정부는 환태평양동반자협정을 '서명 철회'하였으나, 그 아이디어는 미국 없이 포괄적·점진적환태평양경제동반자협정(CPTPP: Comprehensive and Progressive Agreement for a Trans-Pacific Partnership)으로 진행되었다.

언급된 바와 같이 지역주의 프로젝트의 활력의 원천은 오늘날의 글로벌화된 세계에 대응하여 지리적 근접성 조건을 완화하고, 다른 종류의 공간적 연대의 힘을 높이는 등 '지역'이 의미하는 바를 재정의한 데에 있다. 필자는 이 주장의 적절성에 의문을 제기해왔다. 왜냐하면 그러한 용어 정의의 유연성은 국가와 전세계 사이의 의미있는 수준으로서의 지역과 지역주의의 개념을 왜곡하며, 지역기구 밖에 존재하는 것들에 비해 밀도 높은 상호작용 위에 구축된 지역적 연결의 분석적 힘을 희석하기 때문이다.

그럼에도 불구하고, 포퓰리즘 정서가 강하게 유지되는 경향이 있고, 지정학적, 지전략적 사고가 계속해서 유력한 세계에서 지역기구들은 항상 엄중한 시험에 직면하고 있다. 다자 협력에 대한 공격이 지속되는 가운데 포퓰리즘은 세계정치에서 국가중심적인 의사결정에 대한 지지를 부활시켰다. 포퓰리즘은 현대 세계가 목격한 가장 심도 깊은 지역 협력의 형태를 가진 지역인 EU 국가의 단결에 계속해서 위협을 가할 것이다. 특히 중국의 부상과 미국의 상대적 쇠퇴로 인해, 지정학은 향후 아시아에서 지역주의적 프로젝트를 제약할 것이다. 우리는 이미 중국의 부상으로 인해 미중관계의 심각한 악화와 더불어 서로 경쟁하는 공간적 대형의 확산을 목격해왔다.

그러나 중요한 것은 이 글에서 논의된 4개의 주제가 제기한 도전의 깊이는 단지 거버넌스의 지역 수준에서만 나타나는 것은 아니며 글로벌 거버넌스에서도 나타난다는 점이다. 세계 대부분의 어려운 문제가 글로벌 해결책을 요구하는 이 시대에 이러한 추세가 더 심화된다면 그것은 향후 국가나 사회의 거버넌스의 형태의 더 많은 변형과 분절화를 예고한다.

## 추가 읽을거리

Amitav Acharya, "Global International Relations (IR) and Regional Worlds: A New Agenda for International Studies," *International Studies Quarterly* 58, no. 4 (2014): 647–659.

Mark Beeson, *Rethinking Global Governance* (London: Palgrave/MacMillan, 2019).

Louise Fawcett, "Regionalism," in *The Sage Handbook of Political Science*, ed. Dirk Berg-Schlosser, Bertrand Badie, and Leonardo Morlino (London: Sage Publications, 2020), 1349–1365.

Nadine Godehardt and Paul J. Kohlenberg, eds., *The Multidimensionality of Regions in World Politics* (Abingdon, UK: Routledge, 2020).

Fredrik Söderbaum, *Rethinking Regionalism* (London: Palgrave/Macmillan, 2016).

Etel Solingen, *Comparative Regionalism: Economics and Security* (Abingdon, UK: Routledge, 2015).

## 주

1) Fredrik Söderbaum, *Rethinking Regionalism* (London: Palgrave/Macmillan, 2016), 172.
2) Louise Fawcett, "Regionalism," in *The Sage Handbook of Political Science*, ed. Dirk Berg Schlosser, Bertrand Badie, and Leonardo Morlino (London: Sage Publications, 2020), 1349–1365. 포셋이 집필한 장과 저자와의 대화는 특히 필자의 아이디어를 개발하는 데 도움이 되었다.
3) Joseph S. Nye, *International Regionalism: Readings* (Boston, MA: Little Brown, 1968)
4) Andrew Hurrell, *On Global Order: Power, Values, and the Constitution of International Society* (Oxford: Oxford University Press, 2007), 242–243.
5) 후자의 경우 Alexander Cooley and Daniel Nexon, *Exit from Hegemony: The Unraveling of the American Global Order* (New York: Oxford University Press, 2020), 115–117를 참조.
6) 아차리아(Amitav Acharya)의 연구는 이 문제에 있어서 특히 중요하다. *Constructing a Security Community in Southeast Asia: ASEAN and the Problem of Regional Order*, 3rd ed. (Abingdon: Routledge, 2014) 참조; Rosemary Foot, "Pacific Asia: The Development of Regional Dialogue," in *Regionalism in World Politics: Regional Organization and International Order*, ed. Louise Fawcett and Andrew Hurrell (Oxford: Oxford University Press, 1995), 228–249도 참조.
7) Rorden Wilkinson, Erin Hannah, and James Scott, "The WTO in Nairobi: The Demise of the Doha Development Agenda and the Future of the Multilateral Trading System," *Global Policy* 7, no. 2 (2016): 247–255.
8) Ali Burak Güven, "Defending Supremacy: How the IMF and the World Bank

Navigate the Challenge of Rising Powers," *International Affairs* 93, no. 5 (2017): 1149–1166.

9) 그러한 많은 연구 중에 Daniel C. Thomas, *The Helsinki Effect: International Norms, Human Rights, and the Demise of Communism* (Princeton, NJ: Princeton University Press, 2001) 참조.

10) "E.U. Adopts Groundbreaking Stimulus to Fight Corona Virus Recession," *New York Times*, 21 July 2020; "ASEAN Focuses on Fighting Pandemic, Economic Recovery," *New Straits Times*, 30 June 2020, www.nst.com.my/opinion/letters/2020/07/604854/asean-focuses-fighting-pandemic-economic-recovery.

11) Jeffrey M. Chwieroth and Andrew Walter, "Pensions, Place, and Populism: Do Post-Crisis Wealth Shocks Matter?" (근간).

12) Jordan Kyle and Brett Meyer, "High Tide? Populism in Power, 1990–2020," London: Tony Blair Institute for Global Change (February 2020): 5–7, https://institute.global/sites/default/files/2020-02/High%20Tide%20Populism%20in%20Power%201990-2020.pdf.

13) Ibid., 3; Jon Henley, "Support for Eurosceptic Parties Doubles in Two Decades Across EU," *The Guardian*, 2 March 2020.

14) "Trump Addresses the U.N.: We Reject the Ideology of Globalism, Must Defend Sovereignty," Real Clear I, 25 September 2018, www.realclearpolitics.com/video/2018/09/25/trump_addresses_un_we_reject_the_ideology_of_globalism_must_defend_sovereignty.html. 트럼프는 또 여러 행사에서 영국의 EU 탈퇴를 칭찬하였다.

15) Stephen Brooks, *Producing Security: Multinational Corporations, Globalization, and the Changing Calculus of Combat* (Princeton, NJ: Princeton University Press, 2005).

16) Ngai-Ling Sum, "The Production of a Trans-regional Scale: China's 'One Belt One Road' Imaginary," in *Handbook on the Geographies of Regions and Territories*, ed. Anssi Paasi (Cheltenham, UK: Edward Elgar, 2018), 428–443.

17) "Vision and Actions on Jointly Building Silk Road Economic Belt and 21st Century Maritime Silk Road," 28 March 2015, http://en.ndrc.gov.cn/newsrelease/201503/t20150330.669367.html

18) Nadine Godehardt and Paul J. Kohlenberg, "China's Global Connectivity Politics: A Meta-Geography in the Making," in *The Multidimensionality of Regions in World Politics*, ed. Paul J. Kohlenberg and Nadine Godehardt (Abingdon: Routledge, 2020), 192–193, 207, 202–210.

19) Allan Cochrane, "Relational Thinking and the Region," in *Handbook on the Geographies of Regions and Territories*, ed. Anssi Paasi (Cheltenham, UK: Edward Elgar, 2018), 79–88.

20) Hurrell, *On Global Order*, 241.

21) Chuchu Zhang and Chaowei Xiao, "China's Beld and Road Initiative Faces New Security Challenges in 2018," *The Diplomat*, 21 December 2017, https://thediplomat.com/2017/12/chinas-belt-and-road-initiative-faces-new-security-challenges-in-2018; Lee Jones and Jinghan Zeng, "Understanding China's 'Belt and Road Ini-

tiative': Beyond 'Grand Strategy' to a State Transformation Analysis," *Third Wolrd Quarterly* 40, no. 8 (2019): 1415–1438; Luke Patey, *How China Loses: The Push-back Against Chinese Global Ambitions* (New York: Oxford University Press, 2021).

22) 지역안보복합체에 대한 논의는 Barry Buzan and Ole Wæver, *Regions and Powers: The Structure of International Security* (Cambridge: Cambridge University Press, 2003) 참조.

23) Benedict Kingsbury, "Infrastructure and InfraReg: On Rousing the International Law 'Wizards of IS,'" *Cambridge International Law Journal* 8, no. 2 (2019): 173.

24) Jonathan E. Hillman, *Influence and Infrastructure: The Strategic Stakes of Foreign Projects*, 22 January 2020 (Washington, DC: CSIS, 2020), https://reconnectingasia.csis.org/analysis/entries/influence-and-infrastructure/.

25) 아르메니아, 벨라루스, 카자흐스탄, 키르기스스탄, 러시아를 포함.

26) US Department of Defense, *Indo-Pacific Strategy Report*, 1 June 2019, https://media.defense.gov/2019/Jul/01/2002152311/-1/-1/1/DEPARTMENT-OF-DEFENSE-INDO-PACIFIC-STRATEGY-REPORT-2019.PDF. Oliver Turner and Inderjeet Parmar, eds., *The United States in the Indo-Pacific: Obama's Legacy and the Trump Transition* (Manchester: Manchester University Press, 2020)도 참조.

27) "Quad Leaders' Joint Statement: 'The Spirit of the Quad'", 12 March 2021, https://www.whitehouse.gov/briefing-room/statements-releases/2021/03/12/quad-leaders-joint-statement-the-spirit-of-the-quad/.

28) "ASEAN Outlook on the Indo-Pacific" [no date], https://asean.org/storage/2019/06/ASEAN-Outlook-on-the-Indo-Pacific_FINAL_22062019.pd

29) Manjeet S. Pardesi, "The Indo-Pacific: A New Region or the Return of History?" *Australian Journal of International Affairs* 74, no. 2 (2019): 124–146, DOI:10.1080/10357718.2019.1693496은 이에 대해 생각하는 데 특히 도움이 되었다.

7장



# 글로벌 도시 거버넌스의 이해


페직(Daniel Pejic) & 아쿠토(Michele Acuto)


경제적 집중, 건설, 제도 변화, 인구 증가가 급격히 진행되는 현장으로서 도시는 현대 글로벌 거버넌스의 가장 시급한 과제를 안고 있다. 일상적인 쓰레기 처리에서부터 유엔총회에서의 원대한 공약에 이르기까지 도시정부는 지역에서의 압력과 글로벌 도시 정책 의제 집행의 요구를 연결하는 데 책임을 지게 되었다. 도시와 도시의 지도자들은 이제 '글로벌 도시 거버넌스'라는 반(semi)공식화된 구조에 참여하는데, 국제관계이론이나 도시학에서 그 의미가 충분히 이해되지 않고 있다. 글로벌 도시 거버넌스에는 엄청나게 많은 다자적, 다국적, 학문적, 비정부 행위자들이 관여되며, 지난 30년간 세계의 도시 발전의 방향을 관리하는 다양한 제도적 구조 형성에 영향을 미쳤다. 오늘날 거버넌스의 수준을 넘나들면서 도시는 서로 경쟁하는 지역적, 국가적, 글로벌 의제의 중간 공간에 존재하면서 점점 더 현재의 국제체제와 근본적인 긴장 상태를 조성하고 있다.

이 장은 그러한 긴장이 생산적일 수 있으며, 유사(quasi)지역화된 정책 대응이 글로벌 거버넌스에의 도전에 대처하는 데 점점 더 가장 효과적인 방법이 되고 있다고 주장한다. 또 이 장은 글로벌 거버넌스 학자들과 실무가들이 국제관계의 과정에 있어서 도시의 역할에 관한 단순화된 가정들을 넘어서, 도시 정치의 네트워크화된 속성의 대두와 글로벌 도시 거버넌스의 복잡성을 받아들여야 할 필요가 있다고 주장한다. 기후변화, 회복 탄력성, 문화 분야에 종사하는 사람들에게는 아마 더 분명할지 모르지만, 글로벌 문제에 있어서 도시의 리더십의 중요성은 금세기에 되풀이되어서 부각되고 있다. 이 중요성은 코로나19 팬데믹에 대한 글로벌-지역적 대응과, 코로나19와 도시로의 국제적인 이동의 불가분의 관계를 통해 반복해서 드러났다.

이 장은 이들 공동의 이슈에 의해서 생성된 도시 지도자들의 역할 및 새로운 양식의 거버넌스와 다른 '글로벌 도시의' 문제들을 비교하면서, 부문별 차이, 제도적 고착화, 정책적 소통 부족을 조명한다. 이러한 글로벌 거버넌스의 변화를 이해하기 위해서는, 세계정치의 무대에 도시들을 올려놓았으나 도시화된 세계의 거버넌스의 중요한 복잡성을 점점 간과하게 만든 '도시의 시대'의 1차원적 시각을 넘어서야 한다는 것이 우리의 주장이다.

이 장은 먼저 글로벌 도시 거버넌스의 개념과 지방 및 글로벌 관리자로서 도시 지도자들과 그 밖의 도시의 행위자들의 진화하는 역할에 대해 간략히 소개한다. 이어서 이 장은 다양한 정책 영역에서의 네트워크화된 거버넌스에 대한 우리의 이해를 풍부히 해주었지만 너무 빈번히 중요한 정책들의 독립성과 도시 네트워크들 밖에서 부상한 공식적 그리고 비공식적 글로벌 도시 거버넌스의 양상을 무시한, 글로벌 도시 거버넌스가 분석되어 온 주제들에 대한 논의로 넘어간다. 그 후에 이 장은 압도적으로 도시의 위기인 코로나19가 국제적 인구 이동과 같은 현대적인 도전에 대한 거버넌스와 글로벌 도시 거버넌스의 정책적 의존성과 관련하여 도시의 리더십이 수행하는 중요한 역할을 부각시킨 상황에 대해 논의한다.

## 글로벌 도시 거버넌스의 부상

글로벌한 무대에, 그리고 글로벌 거버넌스의 논의에 도시의 '등장'을 거론하는 것은 이미 진부한 일이 되었다. 현실을 보면, 역사 속에서 도시는 베스트팔렌체제 훨씬 이전의 형태로 조직화된 국제적 활동의 중심이 되어왔다.[1] 그러나 광범위한 정책 영역에 걸쳐 글로벌한 과정의 현장과 정통성 있는 글로벌 정치 행위자로서의 도시에 대한 국제적인 관심은 지난 20년에 걸쳐 급격히 증가하였다는 데는 논란의 여지가 없다.[2] 현재 글로벌 인구의 절반 이상이 도시에 거주하는 가운데 (2050년에는 70퍼센트로 증가할 것으로 예상[3]), 우리는 '도시의 시대'에 들어섰을 뿐 아니라, 글리슨(Brendan Gleeson)이 주장했듯이, 생물종으로서 새로운 '도시적 상황'에 처해있다.[4] 오늘날의 글로벌 거버넌스가 직면한 (이 책에서 대부분 논의되는) 도전은 대체로 도시라는 관점을 통해서 다루어져야 하며, 세계가 관리되는 방식에 대한 국제관계론 주도의 관념에 문제 의식을 가져야 한다.

이것은 개념적, 실질적 어려움 모두를 야기한다. 글로벌 거버넌스의 실질적 차원에 있어서 국가나 국제적으로 활동하는 기구들은 빈번히 도시에 관련된 전문성이나 도시와 직접 상대할 수 있는 공식적 의사결정 구조나 법적 과정을 결여한다. 국가의 경우 이러한 지식 및 정책의 결여에 대한 인식이 일부 있었으며, 그 결과 국가 도시계획 수립을 향해 나아가는 계기가 되었다. 그러나 유엔 해비타트와 경제협력개발기구(OECD: Organisation for Economic Cooperation and Development)의 공동 보고서에 의하면 조사된 150개국 대부분이 국가 도시계획을 가지고 있었음에도 불구하고 단지 13퍼센트만이 그러한 정책들의 효과를 평가하고 모니터하고 있었다.[5] 이 보고서는 62개국이 중앙정부에 도시 담당 전문 부처를 갖고 있지 않으며, 단지 한 손에 꼽을 만큼의 국가들만이 도시 담당 각료를 가지고 있었음을 발견하였다. 환경, 에너지, 보건, 이주, 안보, 문화 등 다양한 문제를 다루는 다른 국제기구나 그룹은 도시의 전문지식과 거버넌스 전략의 필요성을 인정하여 도시와 협력하는 프로젝트를 확대하고 있다. 블룸버그자선재단, 록펠러재단, 오픈소사이어티재단 등 대규모 자선 단체들도 그들의 글로벌 목표 추진을 위해 도시나 도시가 추진하는 프로젝트에 직접 관여하기 시작했다.

글로벌 거버넌스나 더 광범위한 국제관계 학자들에게 도시화된 세계는 행위자의 잠재적인 이동을 의미하며, 우리가 21세기 글로벌 도전을 이해하고 대응하는 방식의 변화를 의미한다. 이러한 변화에 대한 논의는 도시와 도시 행위자들을 글로벌 거버넌스의 개념화에 포함시키면서 지난 수십 년간 주류 국제관계학의 주변부에서 나타났다.[6] 우리는 혹자가 제안하는 바와 같이[7] '도시의 시대'가 전통적인 다자적 과정을 대체하게 되리라고 주장하지는 않는다. 또 우리는 도시가 다자간 과정이 교착상태에 빠진 분야에서 진보적인 행동을 촉진함으로써 '지구를 구할 것'이라는[8] 관념도 받아들이지 않는다. 그보다는 오늘날 세계에는 비제로섬게임 형태의 글로벌 정치 행위자의 재설계가 진행되어, 도시의 지도자들과 행위자들이 다양한 수준의 거버넌스 사이의 긴장을 올리는 효과가 나타나고 있다. 도시는 이해관계자들, 그리고 글로벌 도전의 일상적 경험과의 근접성이라는 장점을 가지고 있다.[9] 그리고 도시는 그러한 도전이 자신의 현실에 미치는 파급효과를 무시할 수 있는 여유가 없다.

아직 형성이 덜 되었지만 우리가 이해해야 하는 개념은 빈번히 정치학에서 서로 독자적으로 작동한다고 간주되는 다양한 수준이 조합된 '글로벌 도시 거버넌스'이다. 이 개념은 상호 영향을 미치는 세계화와 도시화로 인해 도시 문제와 관련된 거버넌스는 그 글로벌 차원을 고려하지 않고는 불가능한 환경을 만들었음을 인정한다. 그것은 주요 도시로 구성된 세계체제를 초국가적 (주로 재정적인) 흐름의 교점으로 규정한 '글로벌 도시'라는 이전의 생각에서 진화한 것이다.[10] 국제관계의 연구자로서 거버넌스 과정을 지방, 국가, 지역, 국제의 구별되는 범위로 분리하려 하면 우리는 도시화된 세계의 글로벌 도전을 이해하기 어려워진다. 여기서 국제관계에 관한 하나의 시각으로서 글로벌 거버넌스가 '유용하게' 등장한다. 왜냐하면 그것은 지방의 차원을 넘어서 여러 범위에 걸쳐서 나타나는 도전들에 대해, 주권이나 세력정치와 같은 국제관계의 핵심 문제에 대한 관심을 유지하면서, 보다 더 전체론적으로 접근할 수 있게 해주기 때문이다.[11] 이러한 시각에서 볼 때 글로벌 '도시' 거버넌스에 초점을 맞춤으로써 도시의 정치 행위자와 거버넌스가 '다층적 범위'를 가로지르는 양상으로 지방, 국가, 지역, 국제 수준에서 과정과 행위자와 공식적, 비공식적으로 상호작용하면서 작동하는 방식을 검토할 수 있다. 이는 거버넌스의 위계적 범위를 통과해야만 함을 의미하는 것은 아니며, 도시, 국가, 글로벌 정치를 긴밀히 연결해주는 '트램펄린'으로 작동할 수 있다.[12] 브레너(Neil Brenner)는 이 '위계적 구조화(scalar structuration)'의 역동적 과정을 묘사하기 위해 '얇은 층이 겹겹이 싸인 파이(mille-feuille)'의 비유를 채택하였다.[13] 글로벌 도시 거버넌스에 의해 생성된 그 과정과 제도들은 도시 리더십과 도시 생활의 일상에 대한 접근에 영향을 미친다.[14] 이것은 초국가적 도시 대 도시 협력, 동료집단 간 협력 시도, 공동체 주도의 국제적 도시 애드보커시, 도시 내에서의 국제 협약 실행, 다자적 과정에 도시들의 공식적 및 비공식적 관여 등 광범위한 활동을 포함한다.

이 책의 주제에 따라, 우리는 글로벌 도전에 대응하는 도시 리더십의 증가하는 중요성, 글로벌 거버넌스의 공식적 및 비공식적 과정에 있어서 도시 리더들의 역할 확대를 포함하여 이러한 구조화의 글로벌 차원에 특히 초점을 맞춘다. 룽크비스트(Kristin Ljungkvist)가 언급했듯이 국제관계 학자들은 '세계가 도시에 어떤 영향을 미치는지' 뿐만 아니라 '도시가 세계에 어떤 영향을 미치는지'를 이해해야만 한다.[15]

## 글로벌 도시 거버넌스의 네트워크화

글로벌 거버넌스의 행위자로서의 도시에 관한 연구의 상당 부분은 지방정부의 국제적 활동을 지원하는 목적으로 공식화된 파트너십인 도시 네트워킹 시도의 증가에 관한 것이다. 이것은 세계 최대 96개 도시가 기후변화의 영향을 완화하기 위해 협력하는 C40도시 기후리더십그룹(C40 Cities Climate Leadership Group), 도시, 지역, 대도시정부를 포함하는 최대의 초국가 협의체인 도시연합과 지방정부(UCLG: United Cities and Local Governments), 도시의 상향적 환경운동을 촉진하기 위해 1990년대에 출범한 지방 및 지역정부의 글로벌 네트워크인 지속가능성을 위한 세계지방정부협의회(ICLEI Local Governments for Sustainability), 기타 300여 개의 널리 알려진 초국가적 네트워크에 의해서 글로벌 거버넌스 의제의 전면에 부각되었다. 이러한 형태의 네트워크화된 초국가적 도시 거버넌스에 대한 관심은 1990년대 이후 타당한 것으로 받아들여졌으며, 이러한 네트워크와 그 회원, 그들이 활동하는 정책 영역은 급격히 증가하였다.[16)]

이들 대규모 네트워크 중 일부는 전통적인 다자간 과정에 내포되는 경우도 있다. UCLG는 유엔 지방정부자문위원회(UNACLA: United Nations Advisory Committee of Local Authorities)의 의장 역할을 하였고, ICLEI는 유엔환경계획(United Nations Environment), 유엔 해비타트(UN-Habitat), 유엔 재난위험경감사무국(UNISDR: United Nations Office for Disaster Risk Reduction)과 파트너십협정을 맺었으며, 시장단 이주문제위원회(Mayors Migration Council)는 (UCLG 및 국제이주기구와 함께) 이주와 개발에 관한 글로벌 포럼(Global Forum on Migration and Development)의 주요 제도의 하나인 시장단 기구(Mayor's Mechanism)를 공동으로 운영하였다. 또 그들은 다자간 과정에 상당히 효과적인 영향을 미칠 수 있음을 보여주었다. 예를 들어, C40은 파리협정 협상에 도시들이 큰 영향력을 행사하는 데 있어서 조정 역할을 했으며, 2015년 12월 협정 체결 직전 전세계에서 온 수백 명의 시장들이 나란히 서서 찍은 사진은 상징적이었다. 유엔의 안전하고 질서 있고 정규적인 이주를 위한 글로벌협약(United Nations Global Compact for Safe, Orderly, and Regular Migration and Global Compact on Refugees)의[17] 추진 과정에서 도시 지도자들은 협약의 초안 작성에 직접적인 영향을 미쳤으며, 특히 보건 및 교육에의 비차별적인 접근이 조항에 포함되는 것을 보장하는 데 역할을 하였다.

최종 문서들이 '도회지', '도시', '시장' 등의 용어를 거의 언급하지 않은 일이 두드러지기는 했지만,[18] 그 문서들은 협정의 목표를 실현하는 데 있어서 지방정부나 지방 행위자들을 주요 파트너로 인식했다. 이것은 도시가 유엔 틀 속의 행위자로서 점점 더 인정받는 데 대해 우리가 제시한 증거들과 일치한다.[19] 다음에서 우리는 도시 거버넌스의 세계화와 정책 상호의존성을 보여주는 정책 분야로서 국제 이주에 관한 더 상세한 논의로 돌아간다.

광범위한 구성원을 가진 도시 네트워크들은 중소도시들에게 참여하기 어려운 다자간 대화의 장에서 도시 문제를 제기할 기회를 주었다. 이들 기구 구성원의 지리적 특징은 변화하고 있지만, 대표성 문제는 지속되고 있으며, 이들 그룹의 다수는 여전히 북반구의 대도시가 주도한다.[20] 또 이 대규모 네트워크의 사무국들은 회원 도시와 별개로 국제적 행위자로서의 속성을 보인다는 주장이 있으며, 국제관계론에 있어서 국제기구의 개념화와 비교된다.[21] 이것이 사실일지 모르지만 그것은 기존의 다자간 과정에 연계가 잘 되어 자원이 매우 풍부한 극소수의 네트워크에 해당한다. 실태 조사에 의하면 도시 네트워크의 확산에도 불구하고 다수는 재정적 어려움을 겪고 있으며, 갈수록 붐비는 '생태계'에서 자원 확보를 위해 경쟁한다.[22]

도시 네트워크에 관한 연구의 폭발적 증가는 네트워크 형태의 글로벌 거버넌스의 작동에 대해 귀중한 통찰을 제공해왔지만, 그것은 또한 다른 공식적 및 비공식적 도시 외교의 형태와 '일상적' 글로벌 도시 거버넌스를 무시할 가능성이 있는 학문적 '고착화'를 초래했다. 네트워크에 집중하는 것은 또 일정 부분 글로벌 도시 거버넌스의 형태가 부상하는 다양한 독립된 정책 분야를 이해할 수 있는 기회를 제공한다. 초국가적 도시 네트워크에 관한 대다수의 연구는 환경 문제, 특히 기후변화의 영향을 완화하는 전략을 다룬다.[23] 이것은 아마 놀랍지 않을 것이다. 2017년의 한 연구가 도시 네트워크 구축 시도의 29퍼센트가 환경 문제에 초점을 맞추었으며 가장 자원이 풍부하고 눈에 띄는 네트워크들은 기후와 에너지 문제에 특화하고 있었음을 밝혔듯이 말이다.[24] 아러한 주제별 초점은 기후 및 에너지 연구 전문가들로 하여금 도시 외교에 대해 질문을 던지게 만들었으며, 그들은 많은 귀중한 실증적 연구를 생산하였다. 동시에 그들의 연구는 다른 주제 분야와 정책 연계를 보기 어렵게 하였으며, 여러 분야에서 영향력을 가진 외교정책 행위자로서 도시가 부상하는 데 관한 더 광범위한 이론화를 제약하였다.

고립되어 일하기보다는, 도시 네트워크의 정책적 상호의존성은 앞서 언급한 연구 데이터로 뒷받침되고 있는데, 가장 많은 도시 네트워크가 초점을 맞추는 분야는 거버넌스 문제였으며, 71퍼센트의 네트워크가 하나 이상의 정책 분야에 관여하고 있었다.[25] 2019년 47개 도시에 대한 글로벌 조사에 따르면, 85퍼센트 이상이 여러 정책 주제와 관련하여 이들 도시의 대외관계 관리를 전담하는 공식적 국제 담당부서가 있었다.[26] 도시정부의 국제적 활동은 이러한 국제 부서에만 국한되는 것이 아니다. 다양한 도시정부의 공직자들은 글로벌 도시 거버넌스의 '일상적' 형태를 통해 점점 더 국제적으로 활동하고 있다. 더욱이 도시 거버넌스 과정의 다원화는 공공, 민간, 시민사회 행위자 사이의 조정을 요구하는 글로벌 신자유주의 압력을 점점 더 반영한다.[27] 이것은 지방정부를 넘어서는 시각으로 도시의 국제 행위자로서의 부상을 이해함을 의미한다. 이러한 필요성은 '공화국의 축소판'이라는[28] 환원주의적인 개념의 도시가 선호되면서 지금까지 도시와 글로벌 거버넌스 문헌에서 빈번히 간과되었다.

## 글로벌 도시 거버넌스의 광범위한 시각

도시는 세계정치와 경제의 바다에 고립된 섬이 아니라 상호 연결된 다양한 정치적 영역을 거쳐서 작동하는 글로벌 거버넌스 현실에 깊이 내재되어 있다. 그러나 이러한 도시 발전의 역학에 대한 진보적인 국제적 관여는 단지 지방정부들보다 훨씬 더 폭넓은 행위자들이 참여하는, 우리가 '글로벌 도시 거버넌스'로 지칭하는 상당히 공식화된 국제적 구조, 의제, 이익의 부상으로 이어졌다. 사실 금세기를 통해 (그리고 많은 경우 그 이전부터) 주요 플랫폼과 논쟁에 관한 도시 네트워크와 도시 리더십의 네트워크화한 형태의 증가는 이전에 상술했듯이 이러한 더 광범위한 영역을 모호하게 만드는 데 기여했을지도 모른다. 세계 무대에서 시장들의 역할 확대와 함께, UCLG, ICLEI, C40과 같은 네트워크의 등장은 "국가는 말만하고, 도시는 행동한다"는 국제체제에 대해 적대적인 서사와 동시에 진행되었다. 즉 '세계를 지배하는'[29] 시장들 및 '지구를 살릴'[30] 수 있는 도시들을 국가 및 여타 전통적 국제관계 행위자들과 대비한다. 그러나 많은 글로벌 거버넌스 문헌이 보여주었듯이 국제관계는 제로섬 게임이 아니며, 행위자들을 서로 쉽게 분리할 수 있는 맥락이 아니다. 그보다는 외교의 세계와 국제관계에 있어서의 '도시'의 존재감 확대는 (지방정부 중심적인 것이 아니라) 더 광범위한 글로벌 도시 거버넌스의 작동이라는 맥락에서 이해되어야 한다.

이 맥락에서 다자적 행위자들과 과정은 도시의 이슈들을 국제관계의 문제로서 구성하고, 지방의 정치가 아닐 수 있는 문제에 도시들이 참여할 수 있는 기회를 여는 데 중요한 역할을 한다. 예를 들어, 많은 유엔 기구들은 지방정부가 국제 포럼에 접근하고, 도시 발전의 국제적 역학관계에 (예를 들어 비정부기구나 기업과 같은) 비도시 행위자들의 관여를 돕는 중요한 촉진자 역할을 한다. 그러나 다자적 행위자들은 잠정적이고 매우 다른 방식으로 행동한다.

세계보건기구(WHO: World Health Organization)는 좋은 사례이다. WHO는 유럽 및 동아시아 프로그램을 통해서 도시 거버넌스에 있어서 지역정치의 지속적인 중요성을 강조해왔으나, 그들의 의제나 프로젝트를 넘어서 의사결정의 핵심에 도시의 위치를 공식화하는 데 주저하는 대부분의 다자간 기구들의 전형적인 모습을 보여왔다. 또 WHO의 도시에 대한 관여는 '도시 외교'가 여전히 압도적으로 국가 중심적 국제체제 속에서 이루어지는 것을 잘 보여준다. 유럽에서 (유로시티나 도시안보를 위한 유럽 포럼과 같이) 도시와 도시 네트워크가 EU의 재정지원을 통해서 적극적으로 권장되며, WHO 건강도시네트워크(Healthy Cities Network)는 WHO 유럽지역사무소가 면밀히 관리하고 지원하는 반면, 동아시아에서는 그렇지 않다. 동아시아에서 WHO는 건강한 도시연합(Alliance for Healhty Cities)과 거리를 둔다. 왜냐하면 그 네트워크에는 WHO 서태평양지역사무소에서 중국의 역할과 충돌하는 타이완의 지방정부가 회원으로 포함되어 있기 때문이다.

유사하게 다자간 기구의 작동에 있어서 도시의 제도화는 여전히 매우 제한적이다. 단지 한 손에 꼽을 정도의 유엔 기구만이 명확한 '도시' 담당 부서를 가지고 있다.[31] 다양한 이해당사자들 사이의 중요한 교점들로서 부문을 넘나드는 행위자들이 또 드러난다. 우리가 다음에서 지적하듯이, 매우 명백하게 도시에 대한 투자자로서 행동하면서 동시에 글로벌 도시에 관한 논의의 촉진자 역할을 하는 세계은행의 사례는 다시 한번 이를 보여준다.

분명히 코로나19위기는 지방정부와 도시의 지도자들이 이 국제무대에 (비록 '가상'이었다고 할지라도) 존재를 유지하도록 만들었다. 누구도 그들의 담론과 의제의 핵심에 감염병을 위치시키지는 않았음에도 불구하고, 도시 지도자들의 초국가적 연합은 그 상황에서 신속히 대응하였다. C40 도시네트워크는 '기후 리더십 기구에서 코로나19 지원 그룹으로 임시로 전환하여' 재빨리 행동을 취했다.[32] 이 위기는 록펠러 회복력있는 100개 도시네트워크(Rockefeller 100 Resilient Cities Network, 현재는 글로벌 회복력있는 도시네트워크[Global Resilient Cities Network])가 '현장'의 경험과 전문지식의 공유에 초점을 둔 훨씬 더 상향적 시도로서 재출발할 기회를 주었다. 우리 관점에서 보면, 이 논쟁에 명확하고 건전한 의견을 가진 학자들이 참여하는 것은 (사회과학을 포함한) 과학자들이 도시의 미래와 '도시화된' 지구에 관해 의견을 개진하도록 널리 요청하는 것만큼 중요하다.[33] 글로벌 도시 거버넌스에 있어서 학문적 논의와 명확한 학술적 의견은 (도시 네트워크를 통해서 도시들에 제공되는 이미 만들어진 '해결책'으로서의) 단순한 정책 대응을 피하고, 여러 지역에서 복제될 단순화된 모델로서, 그리고 글로벌 금융만으로 추동되는 위계적 세계체제 구조로서의 '글로벌화한 도시'에 대한 환원주의적인 이해를 피하는 데 도움이 되는 것으로 밝혀졌다.[34] 이것은 물론 민간 자선단체나 국가 기부자들의 역할에 달려있음이 또한 밝혀졌으나, 이것이 글로벌 도시 거버넌스 구조의 핵심 요소라는 것이 빈번히 망각된다. 예를 들어, 코로나19 상황에서 블룸버그자선재단은 미국 도시의 시장들을 위한 전국 차원의 지원 프로그램과 취약한 중저소득 국가의 도시를 대상으로 하는 글로벌 대응에 시장들이 참여하도록 4,000만 달러를 지원한다고 발표하였다.

글로벌 도시 거버넌스를 형성하는 다자적 그리고 자선 단체의 역할은 그 생태계에서 일련의 다른 행위자들(즉 영리를 추구하는 민간 부문과 미디어)이 우리가 이 '도시의 시대'를 어떻게 인식하는지, 그리고 도시의 기간시설이 어떻게 처음부터 구축되는지에 영향을 미치는 가운데 수행된다. 이 역할은 종종 인정을 받지만, 글로벌 거버넌스와 국제관계의 시각에서 체계적, 심층적으로 논의되는 일은 드물다.[35] 코로나19위기로 인한 봉쇄는 미디어가 가지는 글로벌 도시의 상상력에 영향을 미치는 능력에 더욱 높은 가치를 부여할 수 있다. 『파이낸셜타임즈(*Financial TImes*)』와 같은 뉴스 중개자나 정보 유통자뿐 아니라 시티랩(CityLab)과 같은 인기 도시 블로그는 일반 대중뿐 아니라 글로벌 거버넌스의 핵심 행위자들에게 뉴스를 발신하는 데 중심 역할을 했다. 동시에 이미 잘 기록된 바와 같이 다국적 기업들은 점점 더 남반구와 북반구 도시의 진화를 추동하는 핵심 역할을 하게 되었으며, 다자간이나 여타 포럼에서 도시와 도시 문제가 논의되는 국제무대를 활성화하는 데 빈번히 중요한 역할을 해왔다.

그러나 우리는 도시 문제에 관한 많은 국제적 활동은 영향력 있는 국제빈민가거주단체(SDI: Slum Dwellers International)와 같은 비정부 부문의 애드보커시, 연대, 교류 연합의 확산과 제도화로 촉진되어 '아래로부터' 올라온다는 것을 간과해서는 안된다. 그러한 시도는 외부로부터, 그리고 빈번히 지방정부에 대한 비판으로부터 추동된다. 코로나19위기와 같은 맥락에서조차, 그 결과 초래된 경제 침체와 취약한 도시 생계에 미친 영향으로 인해 오히려 더, 초국가적 도시 기구는 필수적이다. 예를 들어, 국제주거연맹(Habitat International Coalition)이나 아시아주거권연맹(Asian Coalition for Housing Rights)은 국가들을 초월하고, 동남아나 걸프 지역의 복잡한 지역정치를 초월하여 대응책을 만들고, 정책을 움직이고, 자원을 동원하는 데 핵심 역할을 했다.[36]

또 도시학과 국제관계 학자들은 주요 도시지향적 다자간 과정을 성찰하면서 글로벌 도시 거버넌스가 지식 순환의 중요한 역할에 의해 견고하게 만들어졌음을 강조한다.[37] 이것은 단지 국제적으로 협업하는 연구나 도시 지향적 언론의 뉴스 주기에만 해당되는 것이 아니다. (민간 부문도 그렇듯이) 국가, 지역, 지방정부는 팬데믹의 '현황'에 대한 글로벌한 기술에 근거하여 많은 가시적인 결정들을 내렸다. 주요 글로벌 도시 거버넌스 행위자들은 기본적으로 이것을 이해한다. 예를 들어, 세계은행의 120억 달러 코로나19 복구 패키지는 남반구에서 이 위기로 인해 생겨난 '도시의 새로운 빈민'에 대한 관심을 촉구하는 의견, 그리고 '도시 회복능력'에 대한 글로벌 회복력 있는 도시네트워크와의 의견 교환 등이 동반되었는데, 이것은 도시 지식의 국제적 교환을 기반으로 한 지역의 행동을 추동하였다. 이와 유사한 상황은

C40의 기후 행동, OECD 대표 시장(Champion Majors) 프로그램을 통한 경제 정책, 이주에 관한 시장 협의회(Mayors Migration Council)와 같은 맥락에서도 나타났다. 전반적으로 우리는 여러 유형의 행위자들, 과정, 제도들이 관계되는 도시 발전의 글로벌 거버넌스 (줄여서 '글로벌 도시 거버넌스')의 복잡성에 관해 논의하였다. 이러한 과정들은 안보, 환경정책, 보건과 같은 보다 일반적으로 논의되는 국제관계의 주제와 유사점이 많다. 사실 글로벌 도시 거버넌스는 이 모든 주제를 가로지른다.

## 국제적 도시이주와 코로나19

글로벌 도시 거버넌스의 이러한 상호 연결된 분야의 부상과 함께, 국제적 도시 이주는 이전에 국가, 다자기구, 민간 행위자가 독점하던 분야에서 글로벌 도시 거버넌스의 새로운 형태가 어떻게 등장하고 작동하는지를 보여주는 흥미 있는 사례 연구가 되어준다. 또 그것은 글로벌한 도시 문제의 정책 의존성과 혼합형의 '글로컬(glocal)' 거버넌스의 필요성을 드러낸다.[38] 이러한 긴장 상태는 국제적 도시 이주와 불가분 연결되어 있는 코로나19위기를 통해 더욱 드러나게 되었다. 국제 이주자의 대다수는 도시 지역으로 이동하며, 도시는 노동력, 기술, 전문지식, 국제적 연결을 이주자에 의존한다.[39] 도시정부에 사회 서비스를 이전하는 것은 도시가 정착 서비스, 언어 서비스, 고용, 거주 지원 등 신규 이민자에 대한 서비스 제공의 책임을 점점 더 지게 됨을 의미한다. 국제 이주의 도시적 차원은 코로나19의 원인과 영향 모두에 명확히 나타난다. 팬데믹은 압도적으로 도시의 위기로, 95퍼센트 이상의 감염 사례가 도시 지역에서 나타났다.[40] 이 위기에 있어서 이주에 대한 도시 거버넌스와 대응 능력의 중요성은 유엔과 OECD의 최근 보고서에서 지적되어 왔다.[41] 바이러스는 도시 사이를 국제적으로 이동하는 사람들에 의해서 전세계에 확산되었다. 도시 지역의 광범위한 확산으로 도시 지도자들은 때로는 중앙정부의 행동보다 앞서서 대응 전략에 신속히 자원을 동원하였다.

언급한 바와 같이, 코로나위기가 도시의 보건, 노동, 이주, 기타 정책 분야에서 중요한 독립성을 드러내면서, 우리는 도시 네트워크의 초점을 맞춘 주제가 이동하는 것을 보기 시작했다. C40 도시들은 기후변화와 같은 전통적 문제뿐 아니라 보건위기 대응 전략에도 초점을 맞춘 코로나 태스크포스를 만들었다. 또 WHO가 팬데믹 선언을 하고 수주 후에 C40은 로스앤젤레스 시장이 조정 역할하에 45개 도시 지도자들의 글로벌 온라인 회의를 개최하였다.[42] 글로벌 회복력있는 도시네트워크는 '최전선의 도시들' 프로그램의 일부로 도시 이주자에 관해서 초점을 맞추었다. 여기서 이 네트워크는 도시학에서 개발되고 오늘날 도시와 팬데믹에 관한 유엔 보고서에서 중요하게 다루어지고 있는 도시 회복능력 서사를 활용한다.[43]

우리가 언급했듯이 국가 간 도시 이주자는 현재의 위기와 그로부터의 회복 단계에서 대단히 중요하다.[44] 지금까지 이주자는 코로나19에 불균형적으로 많이 영향을 받았다. 그들은 위태로운 주거 및 의료보건 상황에 처할 가능성이 높다. 그들은 감염병위기 동안 도시가 계속 기능하도록 한 의료보건, 유지보수, 물류 등 필수 산업에 더 많은 비율을 점했다.[45] 도시 경제발전의 역사를 보면 도시가 경제위기에서 벗어나려면 이주자의 기술, 노동력, 전문지식이 필요하기 때문에 이것들이 글로벌 회복에 필수적임을 알 수 있다.[46] 이러한 인식을 바탕으로 도시들은 초국가적으로 이주자와 난민을 포용하는 회복 전략을 주장하였다. 예를 들어, 2020년 7월 이주에 관한 시장협의회는 도시 지도자들이 이주자와 난민을 팬데믹 및 회복 대응에 포함시키도록 촉구하는 글로벌 애드보커시 캠페인을 추진하였다.[47] 이러한 요구는 광범위하게 도시에 초점을 맞춘 국제기구의 지지를 받았다. 이 캠페인은 전지구적으로 그러한 목표 달성을 추구하는 도시들의 다양한 활동을 보여주는 일련의 짧은 사례 연구와 자원의 허브를 포함했다. 이 캠페인은 이들 목표를 성취하기 위한 도시 리더십과 도시 이주 거버넌스의 촉진제로서의 잠재력을 지지하였다.

유럽 전역에서 도시들은 EU가 코로나 봉쇄로 한계에 이른 그리스 캠프에 있는 난민들을 더 받아들이도록 촉구하였다. 이러한 노력을 중앙정부는 거의 지지하지 않았다.[48] 특히 독일에서 많은 도시들은 더 많은 난민을 수용할 능력이 있음을 지방주정부와 EU에 직접 주장하였다. 독일에서는 튜링기아 연방주와 베를린시가 일방적으로 그리스의 캠프로부터 난민을 추가 수용하려는 움직임을 중앙정부가 저지한 사례가 있으며, 난민 정책에 관해서 지역의 저항이 증가하고 있다. 또 독일에서는 바덴-부템버그와 국제이주기구가 협력하여 2012년 야지디 난민 1,200명을 받아들인 사례와 같이 지역이 추진한 난민 프로그램의 선례가 있다.[49]

코로나19위기에 영향을 받은 이주 분야에서 우리가 살펴본 바와 같은 글로벌 도시 거버넌스의 형태는 선진국의 도시들만이 추동한 것은 아니다. 캄팔라, 암만, 프리타운, 상파울로의 시장들도 시장단 이주문제위원회 지도자 이사회의 구성원이다. 그들은 이주에 관한 글로벌 거버넌스의 도시 관련 의제를 주창한 유력자들이며, 그들의 지역에서의 경험을 통해 글로벌 대응 전략에 도움을 주었다. 도시 지도자들이 볼 때 효과적 거버넌스를 위한 국제적 관여를 요하는 정책 영역의 범위가 확대되고 있으며, 그들이 '글로벌 관리자'로[50] 부상하는 것은 야심보다는 실용주의의 결과로 간주된다.

## 결론

압도적으로 도시화된 세계에서 도시는 상당한 도전이 되고 있으나 또한 21세기의 글로벌 문제에 대응하는 데 있어서 기회를 제공한다. '도시의 시대'

와 부상하는 글로벌 도시거버넌스의 형태를 이해하려면 우리는 국가와 도시가 국제적인 관심과 정통성을 놓고 경쟁한다고 해석하는 단순화된 시각을 넘어서야 한다. 그보다 우리는 정부 여타 도시 행위자들이 지방, 국가, 지역, 글로벌 수준의 거버넌스 과정에서 서로 교차한다는 사실을 인식해야 한다.

이 장은 그러한 현상이 전통적 정치적 계층화를 극복하는 역동적 구조화를 형성한다고 주장했다. 이 과정은 국제관계나 도시학 문헌에서 제대로 이해되지 않고 있다. 우리는 글로벌 거버넌스 학자들이 정치적 행위자가 도시 지향적으로 이행하는 궤적을 이해하는 것이 세계가 관리되는 방식을 전체론적으로 이해하는 데 핵심이라고 주장한다. 이를 위해서는 다음 두 측면, 즉 남반구와 북반구의 공식, 비공식적인 정착에 관련된 적합한 전문지식과 작동 방식을 구축하기 위해서 전통적 국제체제 내에서 일어나야 하는 변화, 그리고 도시정부와 그 파트너들이 다자적 체제 안과 밖에서 모두 점점 더 국제적 과정에 관여한다는 사실을 인식해야 한다. 협력적 도시 네트워크가 글로벌 도시 거버넌스의 새로운 형태의 부상을 대표하지만 이에 대한 학자들의 관심은 종종 다른 일상적 형태의 글로벌 도시 거버넌스와 그들 사이에 존재하는 중요한 정책적 상호의존성에 대한 초점을 흐려 놓았다.

특히 코로나19와 국제적 도시이주와의 관계는 글로벌 거버넌스의 개념화에 있어서 도시의 핵심적 중요성을 확실히 하는 글로벌 도시 거버넌스와 도시 외교의 여러 특징을 보여준다. 도시 지도자들이 그 위기에 대응한 속도와 유연성, 그리고 효과적 대응 전략을 신속히 개발하고 공유해야 할 필요성은 글로벌 도시 행위자의 실용적 속성을 보여주었다. 또 코로나위기는 도시가 글로벌 도전에 단독으로 대응할 수 없으며 글로벌 관리자로서의 장점을 극대화하려면 중앙정부 및 국제기구와의 효과적 파트너십이 필요함을 드러냈다.

## 추가 읽을거리

Helmut Philipp Aust and Janne E. Nijman, *Research Handbook on International Law and Cities* (Cheltenham: Edward Elgar, 2021).

Lorenzo Kihlgren Grandi, *City Diplomacy* (London: Springer, 2020).

Ran Hirschl, *City, State: Constitutionalism and the Megacity* (Oxford: Oxford University Press, 2020).

Simon Curtis, *Global Cities and Global Order* (Oxford: Oxford University Press, 2016).

Stijn Oosterlynck, Luce Beeckmans, David Bassens, Ben Derudder, Barbara Segaert, and Luc Braeckmans, eds., *The City as a Global Political Actor* (New York: Routledge, 2018).

## 주

1) Simon Curtis, ed., *The Power of Cities in International Relations, Cities and Global Governance* (New York: Routledge, 2014).
2) Simon Curtis, *Global Cities and Global Order* (Oxford: Oxford University Press, 2016).
3) United Nations Department of Economic and Social Affairs, "68% of the World Population Projected to Live in Urban Areas by 2050, Says UN," 16 May 2018, www.un.org/development/desa/en/news/population/2018-revision-of-world-urbanization-prospects.html.
4) Brendan Gleeson, *The Urban Condition* (New York: Routledge, 2015).
5) OECD and UN-Habitat, *Global State of National Urban Policy* (Paris and Nairobi: OECD Publishing, 2018), https://doi.org/10.1787/9789264290747-en.
6) Curtis, *Global Cities and Global Order*.
7) Benjamin R. Barber, *If Mayors Ruled the World: Dysfunctional Nations, Rising Cities* (New Haven, CT: Yale University Press, 2013).
8) Hillary Angelo and David Wachsmuth, "Why Does Everyone Think Cities Can Save the Planet?" *Urban Studies*, 3 June 2020, https://doi.org/10.1177/0042098020919081.
9) Ian Klaus, *Invited to the Party: International Organizations Evolve in an Urban World* (Chicago: Chicago Council on Global Affairs, 2018).
10) Daniel Pejic, "Cities and International Relations," *Oxford Bibliographies, International Relations*, 2020, https://www.oxfordbibliographies.com/view/document/obo-9780199743292/obo-9780199743292-0283.xml.
11) Thomas G. Weiss and Rorden Wilkinson, "Global Governance to the Rescue: Saving International Relations?" *Global Governance* 20, no. 1 (2014): 19–36.
12) Saskia Sassen, *Sociology of Globalization*, Contemporary Societies Series (New York: W.W. Norton, 2007); and Donald McNeill, "Barcelona as Imagined Com-

munity: Pasqual Maragall's Spaces of Engagement," *Transactions of the Institute of British Geographers* 26, no. 3 (2001): 340–352.

13) Neil Brenner, "A Thousand Leaves: Notes on the Geographies of Uneven Spatial Development," in *The New Political Economy of Scale*, ed. Roger Keil and Mahon Rianne (Vancouver: University of British Columbia Press, 2009), 27–49.
14) Michele Acuto, "Engaging with Global Urban Governance in the Midst of a Crisis," *Dialogues in Human Geography* 10, no. 2 (2020): 221–224.
15) Kristin Ljungkvist, "Toward an Urban Security Research Agenda in IR," *Journal of Global Security Studies* (8 June 2020): 2057–3170, https://doi.org/10.1093/jogss/ogaa019.
16) Michele Acuto and Benjamin Leffel, "Understanding the Global Ecosystem of City Networks," *Urban Studies*, 7 July 2020, https://doi.org/10.1177/0042098020929261.
17) "Global Compact for Safe, Regular and Orderly Migration," UN General Assembly Resolution, A/RES/73/195, 19 December 2018, www.un.org/en/ga/search/view_doc.asp?symbol=A/RES/73/195; "Global Compact on Refugees," United Nations High Commissioner for Refugees, A/73/12 (Part II), 13 September 2018, www.unhcr.org/gcr/GCR_English.pdf
18) Sheila R. Foster and Chrystie F. Swiney, "City Power and Powerlessness on the Global Stage," in *Urban Futures: Alternative Models for Global Cities*, ed. Eva Garcia Chueca and Lorenzo Vidal (Barcelona: CIDOB edicions, 2019).
19) Michele Acuto, Anna Kosovac, Daniel Pejic, and Terry Louise Jones, "The City as Actor in UN Frameworks: Formalizing 'Urban Agency' in the International System?" *Territory, Politics, Governance*, 18 January 2021, https://doi.org/10.1080/21622671.2020.1860810.
20) Acuto and Leffel, "Understanding the Global Ecosystem of City Networks."
21) Emma Lecavalier and David J. Gordon, "Beyond Networking? The Agency of City Network Secretariats in the Realm of City Diplomacy," in *City Diplomacy Current Trends and Future Prospects*, ed. Sohaela Amiri and Efe Sevin (Cham: Palgrave Macmillan, 2020), 13–36.
22) Daniel Pejic, Michele Acuto, and Anna Kosovac, "Tracking the Trends in City Networking: A Passing Phase or Genuine International Reform," Workshop on *Cities, Geopolitics and International Legal Order*, Perry World House, University of Pennsylvania, 2019
23) David J. Gordon, *Cities on the World Stage: The Politics of Global Urban Climate Governance* (Cambridge: Cambridge University Press, 202
24) Acuto and Leffel, "Understanding the Global Ecosystem of City Networks."
25) Ibid.
26) Anna Kosovac, Kris Hartley, Darcy Gunning, and Michele Acuto, *Conducting City Diplomacy: A Survey of International Engagement in 47 Cities* (Chicago: Chicago Council on Global Affairs and University of Melbourne, 2020).
27) Jon Pierre, *The Politics of Urban Governance* (New York: Palgrave Macmillan, 2011); and John Lauermann, "Municipal Statecraft: Revisiting the Geographies

of the Entrepreneurial City," *Progress in Human Geography* 42, no. 2 (2018): 205–224.

28) Michele Acuto, *Global Cities, Governance and Diplomacy: The Urban Link*, Routledge New Diplomacy Studies (New York: Routledge, 2013).

29) Barber, *If Mayors Ruled the World*.

30) Angelo and Wachsmuth, "Why Does Everyone Think Cities Can Save the Planet?"

31) Michele Acuto, Shaun Larcom, Roger Keil, Mehrnaz Ghojeh, Tom Lindsay, Chiara Camponeschi, and Susan Parnell, "Seeing COVID-19 Through an Urban Lens," *Nature Sustainability* 3, no. 10 (2020).

32) C40 Cities, "Cities Unite to Tackle COVID-19 as President Trump Attacks the World Health Organization," C40 Cities Medium Blog, 16 April 2020, https://medium.com/@c40cities/cities-unite-to-tackle-covid-19-as-president-trump-attacks-the-world-health-organisation-and-bcaa7e65e086.

33) Michele Acuto, Susan Parnell, and Karen C. Seto, "Building a Global Urban Science," *Nature Sustainability* 1, no. 1 (2018): 2–4; and Timon McPhearson, Susan Parnell, David Simon, Owen Gaffney, Thomas Elmqvist, Xuemei Bai, Debra Roberts, and Aromar Revi, "Scientists Must Have a Say in the Future of Cities," *Nature* 538, no. 7624 (2016): 165–166.

34) Saskia Sassen, "The Global City: Strategic Site, New Frontier," in *Moving Cities – Contested Views on Urban Life*, ed. Lígia Ferro, Marta Smagacz-Poziemska, M. Victoria Gómez, Sebastian Kurtenbach, Patrícia Pereira, and Juan José Villalón (Wiesbaden: Springer, 2018), 11–28; and Michele Acuto, "Global Science for City Policy," *Science* 359, no. 6372 (2018): 165–166.

35) Jeremy Youde, "The Role of Philanthropy in International Relations," *Review of International Studies* 45, no. 1 (2019): 39–56

36) 예를 들어, Peter Herrle and Astrid Ley, eds., *From Local Action to Global Networks: Housing the Urban Poor* (London: Routledge, 2016) 참조.

37) Susan Parnell, "Defining a Global Urban Development Agenda," *World Development* 78 (2016): 529–540.

38) Chris Skelcher, Helen Sullivan, and Stephen Jeffares, "Governing Migration," in *Hybrid Governance in European Cities: Neighbourhood, Migration and Democracy*, ed. Chris Skelcher, Helen Sullivan, and Stephen Jeffares (London: Palgrave Macmillan, 2013), 71–93.

39) Peter Scholten, "Migration, History and Urban Life," in *The Routledge Handbook of the Governance of Migration and Diversity in Cities*, ed. Tiziana Caponio, Peter Scholten, and Ricard Zapata-Barrero (London: Routledge, 2019), 9–11.

40) UN-Habitat, "UN-Habitat COVID-19 Response Plan," Nairobi, Kenya, April 2020, https://unhabitat.org/sites/default/files/2020/04/final_un-habitat_covid-19_response_plan.pdf.

41) United Nations, "Policy Brief: COVID-19 in an Urban World," New York, June 2020, www.un.org/sites/un2.un.org/files/sg_policy_brief_covid_urban_world_july_2020.pdf; OECD, "Policy Responses to Coronavirus (COVID-19): Cities Policy Responses,"

OCED, 23 July 2020, https://read.oecd-ilibrary.org/view/?ref=126_126769-yen45847k-f&title=Coronavirus-COVID-19-Cities-Policy-Responses.

42) Anthony F. Pipa and Max Bouchet, "How to Make the Most of City Diplomacy in the COVID-19 Era," Brookings (blog), 6 August 2020, www.brookings.edu/blog/up-front/2020/08/06/how-to-make-the-most-of-city-diplomacy-in-the-covid-19-era/.

43) United Nations, "Policy Brief: COVID-19 in an Urban World."

44) Michele Acuto and Daniel Pejic, "Migrants Hold the Key to Urban Resilience and COVID-19 Recovery," *URBANET* (blog), 2 June 2020, www.urbanet.info/migrants-hold-the-key-to-urban-resilience-and-covid-19-recovery/.

45) Creighton Connolly, S Harris Ali, and Roger Keil, "On the Relationships Between COVID-19 and Extended Urbanization," *Dialogues in Human Geography* (15 June 2020), https://doi.org/10.1177/2043820620934209.

46) Saskia Sassen, *Cities in a World Economy*, 5th ed. (Thousand Oaks, CA: SAGE Publications, 2018).

47) Eric Garcetti, Yvonne Aki-Sawyerr, and Bruno Covas, "Migrant and Refugees Are Being Forgotten in the COVID-19 Response: This Has to Change," *World Economic Forum* (blog), 12 August 2020.

48) Jessica Rankin, "Cities Lobby EU to Offer Shelter to Migrant Children from Greece," *The Guardian*, 25 April 2020, www.theguardian.com/world/2020/apr/24/cities-lobby-eu-to offer-shelter-to-migrant-children-from-greece.

49) Thomas McGee, "Saving the Survivors: Yezidi Women, Islamic State and the German Admissions Programme," *Kurdish Studies* 6, no. 1 (2018): 85–109.

50) Deborah D. Avant, Martha Finnemore, and Susan K. Sell, eds., *Who Governs the Globe?* (Cambridge: Cambridge University Press, 2010).

# 2부

# 분열과 격차

# 서론

이 책의 제2부는 미래 글로벌 거버넌스가 겪게 될 가능성이 있는, 그리고 글로벌 거버넌스에 대한 미래의 실증적 도전이 될 다섯 가지의 '분열과 격차'를 탐색한다. 제8장에서 호프굿(Stephen Hopgood)은 '탈서구의 인권'에서 가시적인 분열에 대한 도발적인 평가로 시작한다. 한 시대의 종식과 21세기의 새로운 인권의 현실은 제2부를 시작하는 통찰력 있는 방법이다. 왜냐하면 호프굿은 인류가 그 구성원을 어떻게 대우하는지에 대한 아이디어의 부침과 우리가 금세기의 중반을 향해 나아가는 가운데 그러한 아이디어가 세계 도처의 사람들에게 주는 의미를 탐색하기 때문이다. 그는 우리가 목적에 더 부합하는 글로벌 인권기구의 형태를 다시 생각할 필요가 있다고 주장한다. 왜냐하면 제2차 세계대전 이후 부상한 기존의 자유주의적 제도들은 미래가 아닌 과거지향적이기 때문이다. 호프굿은 국가체제의 변형, 자유주의적 사회계약의 붕괴, 인권의 전반적인 정치화가 이런 변화를 추동하는 3개의 핵심이라고 지적한다. 또 호프굿은 이동의 자유나 기타 개인의 권리 제한이 초기에는 중국이나 여타 아시아에서 바이러스 확산을 막는 데 도움이 되었다는 특히 우려스러운 주장의 배경이 된 코로나19도 다룬다.

호프굿이 소개하는 여러 주제는 제2부의 나머지 장에서 다루어진다. 제9장에서 벳츠(Alexander Betts)는 21세기 중간 지점에서 가능성 있는 이주 거버넌스체제에 대한 예리한 시각을 제공한다. 벳츠는 (폭력, 전쟁, 탄압, 기후변화로부터 도망치는, 또 경제적 지위 향상을 추구하여) 이주하는 사람들과 그러한 이민자들을 받아들이는 수용국에 사는 필연적으로 삶이 더 풍요로운 사람들 사이의 중요한 분열을 탐색한다. 2개의 불균형 상태가 그의 분석을 관통하는데, 이들은 둘 다 전세계에 만연한 악의적인 반이민정치와 연결되어 있다. 첫째는 더 많은 이주 노동자를 양산하게 되지만 수용국의 수요를 감소시키게 될 인구학적, 경제적 불평등이며, 둘째는 인구 이동성과 국경을 개방할 수용국의 자발적 의사 사이의 괴리를 심화시킬 기후변화와 국가 취약성이다. 국가, 비국가 행위자, 기업, 기술은 상황을 복잡하게 하는 요인이다. 그러나 벳츠는 운명론적이지 않으며 인간의 의지와 행동의 중요성을 지적하며, 글로벌 이주 거버넌스의 형태는 궁극적으로 미래의 가치, 서사, 우선순위를 결정할 시민들과 유권자들에 달려있다고 본다.

제10장은 사회와 세계를 분열시키는 또 다른 요인인 '빈곤과 불평등의 글로벌 거버넌스'를 정면으로 다룬다. 흄(David Hulme)과 크리시난(Aartri Krishnan)은 국제적 논의의 주제로서 빈곤이 상대적으로 무시되던 1950년대로부터, 극심한 빈곤의 완화를 우선순위로 한 금세기 초를 거쳐, 빈곤 퇴치를 향한 염원의 확대와 유엔의 지속가능발전목표(SDGs: Sustainable Development Goals)의 핵심으로서의 불평등 완화를 위한 목표치 설정에 이르기까지 아이디어화와 정책 진화의 힘든 과정을 추적한다. 그들의 분석은 이러한 지속적이고 종종 확대되는 격차의 책임이 서구 자본주의와 제2차 세계대전 이후의 거버넌스 제도에 있다고 본다. 그들은 또 중국과 그 외의 신흥 경제의 '부상'과 비서구적 제도들에 대해 탐색한다. 그들 논의의 핵심 내용은 전후 초기 '개발의 40년'에서 1990년대에 유엔이 개최한 글로벌 컨퍼런스들로, 새천년개발목표(MDGs: Millennium Development Goals)에서 보다 최근의 SDGs와 2030발전의제에 이르기까지 목표 설정을 위한 유엔의 오랫동안 지속되고 있는 노력에 관한 것이다.

제11장에서 실리엄(Robbie Shilliam)은 글로벌 정치에서 지속적으로 표출되는 가장 근본적인 분열 중의 하나를 정면으로 다루며, 그것은 지구상의 여러 지역과 거버넌스체제에서의 사람들의 경험의 차이를 이해하는 데 핵심이 된다. 그는 미주 대신 이야기 형식으로 추천 문헌에 설명을 덧붙임으로써 '인종: 글로벌 규모의 아파르트헤이트 거버넌스'를 분석한다. 실리엄은 기술, 조직, 의료보건 통제가 교차하는 시각을 구성하는 수단으로 3개의 강력한 이야기를 제공하며, 향후의 위험과 가능성을 논의한다. 우리가 21세기의 중반을 향해 가는 가운데 실리엄은 새로운 아파르트헤이트

가 글로벌 거버넌스에 어떻게 영향을 미칠지 예측하지는 않는다. 그보다 그는 현재 도시, 국가, 지역, 전세계에 존재하는 인종적 위계화의 구조, 경향, 추세를 묘사하고 분석한다. 실리엄의 목적은 경고를 하는 것뿐 아니라, 불평등과 억압을 완화, 저항, 극복하는 창의적인 방법을 찾아내는 인간의 능력과 의지를 가리킨다.

제2부는 셔버그(Laura Sjoberg)의 '인민: 누가 통치하고 누가 통치받는가?'로 끝을 맺는다. 셔버그는 대표, 평등, 민주주의, 진보에 관한 '진실'과의 대면과 갈등에 관한 자신의 성찰을 동원하여 어떻게 사회적 위계가 모든 수준의 거버넌스체제에서 계속적으로 재구성되는지와 그 저류에 내재되어 있는 침묵과 폭력을 탐색한다. 그는 미국 등에서 타자 및 수용의 담론의 사용을 조명하며, 이는 글로벌 거버넌스 일반에 의미를 가진다. 동시에 그는 젠더, 인종, 국적, 성적 취향, 종교, 계급, 장애의 다양성이 누가 통치하고, 거버넌스가 어떻게 작동하고, 무엇이 거버넌스 자체의 대상이 되는지를 결정하는 중요한 요소가 되었음을 보여준다. 셔버그의 분석은 선하고 도덕적이고 우월하다고 스스로 여기는 거버넌스체제가 행하는 폭력에 대해 우리의 눈을 뜨게 해준다. 자신의 가치를 내세우기 위해 타자에 해를 입힐 필요성을 극복하는 것이 제2부를 끝맺는 적절한 지점이며 제3부에서 논의하는 도전을 향한 출발점이 될 것이다.

8장



# 탈서구의 인권:

## 그 모든 것이여 안녕

호프굿(Stephen Hopgood)

먼저 인권의 가치를 마땅히 인정함으로써 시작을 해보자. 인권은 국가, 개인, 집단, 기업에 의해 광범위하게 자행되는 학대를 규탄하는 데 널리 쓰는 용어이다. 그것은 모든 인간의 생명은 정체성, 성격, 행동에 상관없이 모든 다른 사람들과 동일한 도덕적 가치를 가진다는 인권의 개념에 근거한다. 인권을 위한 활동은 다양하고 광범위한 국제 및 지역협약과 사법기관을 만들기 위해 힘들게 노력해왔다. 인권을 위해 수많은 국내 인권법 제정 노력이 있었으며, 중요한 감시 기구가 설치되었다. 의견, 신념, 정체성, 요구를 이유로 박해받는 사람들을 공정하고 적절하게 대우하라고 요구하는 수많은 전세계적 캠페인이 인권의 이름으로 진행되었다. 인권은 비정부기구(NGO)와 항의 운동의 광범위한 생태계를 엮어주었다. 유엔 인권고등판무관(OHCHR: Office of High Commissioner for Human Rights), 인권이사회(Human

Rights Council), 국제형사재판소(ICC: International Criminal Court, 엄밀히 말하면 인권 재판소는 아니지만 그렇게 간주되게 됨) 등이 인권 신장을 위해 설치되었다. 10개의 인권 관련 조약기구 및 관련 전문가들과 국가별 정례인권검토(Universal Periodic Review) 절차, 그리고 다양한 사법기관에서의 인권 관련 판례는 국가들에 대해 동료집단의 압력을 가하는 창의적인 수단이 되었다. 예를 들어, 최근 폴란드에서 태아가 기형인 경우의 낙태를 금지하는 헌법재판소의 판결을 취소하라고 요구하는 성난 시위대가 여성의 권리라는 기치 아래 수만 명이 행진에 참여하였다.[1)]

이러한 모든 진전과 활동을 고려할 때 나는 왜 여기서, 또 다른 데서,[2)] 인권의 시대가 지나갔다고 주장할까? 나의 이런 주장에는 몇 가지 이유가 있는데, 그것을 국가체제의 변형, 자유주의적 사회계약의 붕괴, 인권의 정치화라는 3개의 제목으로 구성한다. 나의 주장은 우리가 익숙한 국제적, 국내적 자유주의의 제도들이 미래가 아니라 과거 지향적이라는 것이다. 제1차 대전 후 영국의 종말에 대한 그레이브스(Robert Graves)의 냉소적인 탄식을 되풀이하듯, 21세기 초에 우리가 직면한 새로운 현실은 우리로 하여금 "그 모든 것이여 안녕"이라고 말하고, 목적에 부합하는 글로벌 거버넌스 제도의 형태에 관해 새롭게 생각할 것을 요구한다.[3)] 세계정치에서 생존하는 행위자들은 세계무역기구(WTO), 국제통화기금(IMF), 세계은행 등 기존의 유엔 제도나 기구 또는 주요 국제금융기관보다는 더 광범위한 세력들의 이익에 부합할 필요가 있다. 중국, 러시아 같은 부상하는 국가의 다수 글로벌 규범에 대한 적의는 잘 알려져 있으며, 인권체제는 주권적 사안에 대한 간섭의 전형으로 적대감의 대상이다. 공공연히 인권을 침해하는 국가의 명단은 여기서 거론하기에는 너무 길다. 일부 서구 국가들도 (심지어 헝가리나 폴란드 같은 EU 핵심 회원국도) 인권의 후퇴를 보이며, 종종 기막힌 위선을 보이는 미국이나 영국 같은 자유주의 서구 국가들도 자신들의 인권 실패에 대한 비판을 무시한다. 서구중심적 세계에서 1975년 헬싱키협약에서 2011

년 북대서양조약기구(NATO: North Atlantic Treaty Organization)의 리비아 개입에 이르는 기간에 인권은 평판을 깎아내리는 하나의 방법으로 효용이 있었다. 이 두 시점의 사이 시대에 인권은 절정에 이르렀다.

국내의 자유주의적 제도들은 어떤가? 인권의 부상은 거의 완전히 신자유주의의 시대와 일치한다.[4] 시장의 세계화, 금융의 자유화, 디지털 혁명, 조직화된 노동 권력의 쇠퇴, 감세, 교육 및 의료의 민영화는 모두 부자와 중상류 계급에게 엄청난 부를 창출해주었으며, 동시에 선진국에서 불평등이 급격히 증가했고, 규제되지 않은 산업이 기후에 끼친 폐해가 점점 더 분명해졌다. 이 불균형적 체제에서 느낀 불의에 대한 좌파와 우파 모두의 분노는 민주주의, 법치 같은 자유주의 제도와 인권의 개념을 도마위에 올려놓았다.

2020년 10월 22일 트럼프-바이든 대통령 선거 토론에 대해 부르닉(Elizabeth Bruenig)은 "어떤 제도나 인물이 주어진 문제에 대해 권위를 가진 것으로 간주되어야 할지 좌파와 우파가 더 이상 동의하지 않는다. 거기에 '토론'은 없으며, 단지 두 개의 다른 세계에 대한 공격적인 프레젠테이션만이 있을 뿐이다"라고[5] 묘사하였다. 그러나 양 진영이 모두 동의한 한 가지는 책임지지 않는 엘리트가 문제의 일부이며, 국제 인권운동가들이 그 대표적 사례라는 것이다. 다시 말해 좌파와 우파에게 더 이상 중간 지대는 없다. 전통적인 인권의 지지자를 포함해서 진정한 자유주의자들은 그림에서 사라졌다. 필자가 다음에서 보여주듯이 고전적인 체제에서 인권은 '모든' 정치적 경쟁자들이 준수할 것에 동의하는 게임의 규칙에 관한 것이다. 이 규칙들에 대한 동의 없이는, 인권이 논쟁의 대상이 되어 버린다. 이것이 정치화다.

인권의 성공은 그것이 설정한 넓은 범위로부터 기인하며, 그것은 다양한 정치적, 사회적 운동이 인권이라는 기치 아래 행진할 수 있게 해주었다. 그러나 이러한 포용은 대가를 치렀다. 다음에서 필자는 2개의 형태의 자유주의를 구분한다. 즉 게임의 규칙에 초점을 맞추는 형태('정치적 자유주의')와 정의를 위한 투쟁, 권력의 획득, 새로운 입법에 직접 관여하는 보다 정치적으로 활동적 형태('사회적 자유주의')이다. 이 두 번째 형태는 인권을 민주주의 정치 정강의 일부로 간주하며, 우파와 강경 좌파의 도전에 대항하는 올바른 사회적 문화적 규범의 더 밀도 높은 개념에 대한 다수의 지지를 추구한다. 이로 인해 인권의 요구는 정치적 주장이 되며, 그 결과 지지를 확대할 수 있지만 동시에 권위를 희생한다.

인권의 도덕적 형태와 정치적 형태를 구분하기에 앞서 필자는 인권의 역사에 대해 몇 가지 언급하고자 한다. 이어서 필자는 전술한 3개의 변화를 살펴보고, 코로나19가 이러한 움직임을 어떻게 부각시켰는지에 관해 고찰하면서 결론을 맺을 것이다.

## 인권의 간단한 역사

인권과 유사한 아이디어는 근대 이전으로 거슬러 올라간다. 자연권이든, 자연법이든, 인간의 권리(rights of man)이든, 권리장전이든 간에 (인종, 젠더, 계급, 나이, 장애로 인해 제외되지 않고) 인간이 어떤 '양도불가의' 권리를 가진다는 관념은 수백 년 전부터 흔했었다. 그러나 근대의 인권은 1948년 세계인권선언에서 시작되었고, 1970년대 서구 정부들, 특히 미국정부가 인권을 일종의 소프트파워로써 사용하여 소련, 그리고 서방권에 확실히 속하지 않는 여타 국가들에 압력을 가하기 시작하면서 급상승하였다. 냉전이 종식되고 미국이 이끄는 서구가 승리하면서 그 정치적, 이념적 메시지가 패권을 쥔 것처럼 보였던 1990년대에 인권은 절정에 달했다. 이러한 가능성은 오래가지 않았다. 인권은 서구의 위선, 자유민주주의의 곪아 터진 사회적 문제들, 냉전 종식으로 폭발한 억눌렸던 정치적 열망과 요구들을 무시했다. 그리고 9·11 테러가 터졌다. NATO가 리비아에 개입한 2011년에 이르자 중국과 그 뒤를 이어 러시아가 무역, 안보, 환경 등의 국제체제에서 미국의 제도적 리더십에 도전할 준비가 되었다. 그 시점 이후 이미 형성된 다극 체제가 국제관계의 현실이 되었다.

1945년 이후 동맹국들이 구축한 제도는 자유주의에 입각했다. 그것들은 시장 개방, 자유무역 육성, 전쟁으로 파괴된 경제 재건, 그리고 시장 형성을 전제로 한 민주주의 확산을 목표로 했다. 이 모든 제도들은 미국의 힘에 크게 영향을 받았다. 이 시기에 미국의 지도자들은 인권을 유용하게 생각지도 않았고 관심도 없었다. 그들은 다른 방식으로 목표를 실현했으며, 미국의 아프리카계 미국인에 대한 대우나 베트남전쟁에 대한 국제적 비판을 감수했다. 따라서 1970년대에 미국이 인권의 개념을 채택한 것은 냉전의 전세가 공산권에 불리하게 기울고 있다는 징조였다. 놀라울 정도로 상황을 뒤집어서 (제국들이 잘 쓰는 수법이었고, 오늘날의 용어로 '가스라이팅'이라고 부를만함) 미국과 그 동맹국들은 인권의 개념을 소련과 탈식민지화한 국가들에 들이댔다. 동시에 서방국들은 서구의 상업적 이익을 위협하지 않는 지도자들이 집권하도록 그들 국가에 개입하였다. 1990년대에 이르자 서구의 지도자들은 그들의 외교정책을 정당화하는 방법의 일부로 인권 개념을 이용했다. 조지 H.W. 부시 대통령은 후에 날조로 밝혀진 국제앰네스티 보고서를 근거로 1991년 미국의 이라크 침공을 정당화하였다.[6] 그 이후 1991년부터 2011년 사이 10년 동안 인권은 서구의 정책을 정당화하는 데 수도 없이 이용되었으며, 발칸전쟁, 르완다 집단학살과 함께 1999년의 '불법적이지만 정당한' 세르비아에 의한 코소보 폭격은 개입과 국가주권에 관한 국제위원회(International Commission on Intervention and States Sovereignty) 설치 및 '보호 책임(Responsibility to Protect)' 설정으로 절정에 달했다.

1980년대 후반까지 인권 활동의 초점은 국가의 커밋트먼트에 집중되었으며, 몇몇 기념비적인 인권협약 (예를 들어 여성차별, 고문, 아동의 권리에 관한)으로 절정에 달했다. 이것은 의무를 이행하지 않는 정부를 '적시하고 비판하는' 핵심적 인권 전략에 힘을 실어주었다. 그러나 인권 활동은 경제 및 사회적 권리, 특히 젠더와 성취향을 둘러싼 정체성 권리 등 더 광범위한 문제들을 다루는 방향으로 확대되었다. 이러한 상황 전개는 최소한 세 가지 이유로 피할 수 없는 것이었다. 첫째, 유럽에서의 조직화된 좌파의 몰락 (훨씬 더 큰 영향을 미친 소련 붕괴의 전조)은 자본주의 국가의 문제를 완화하는 방법을 찾는 다양한 활동가들을 공공영역으로 들어가게 만들었다. 둘째, 1960년대에 제기된 광범위한 사회적 변화들은 (인종 및 성차별, 성취향의 다양성과 같은) 개인 선택을 강조하는 인권 개념으로 적절히 다룰 수 있을 것으로 보여지는 많은 문제들을 전면에 부각시켰다. 셋째, 서구 사회에서 실질 세율 감소와 기술 발전의 혜택을 입으면서 새롭게 부유해진 중산층은 인권 개념에서 그들 자신의 상승의 이념적 정당성을 보았다. 따라서 서구의 정치는 재분배에서 인정으로, 계급에서 정체성으로 옮겨갔다.[7] 이러한 인권 개념은 자신들의 (주로 노동자 계층 백인의) 정체성이 침해되지 않는다고 생각했던 서구 사람들이 그들 자신도 경제적 필요의 잉여이고 문화적으로 낙인찍혔음을 알게 되기 전까지는 작동하였다. 그들은 권리가 아니라 민주주의를 택했다.

## 도덕적, 정치적 인권

우리는 도덕적 차원과 정치적 차원으로 공히 인권을 주장할 수 있다. 인권이 도덕적 차원이라면 그것은 조약을 통한 국가 수준의 정치적 요구와 특정 사람들이 선택하는 생활 방식에 관한 주관적인 주장을 초월한다. 이러한 인권은 특정 정체성이나 이익을 대표하는 존재가 아닌, 인간으로 이해되는 개인이 어떻게 대우받아야 하는지에 대한 일련의 추상적 기준을 선호한다. 이는 우리를 인간이 만든 제도 이전에 존재하는 근본적 도덕률로서의 자연법적 인권에 가깝게 데려간다. 이 접근은 강력할지 모르지만 사람들이나 국가가 올바로 행동하게 만드는 데 따르는 어려움을 해결하지 못한다. 그러나 인권 개념에는 정치적 현실주의 또는 정치적 자유주의로 지칭되는 것에 가까운, 이들 '게임의 법칙'의[8] 정치적 변형이 있다. 정치적 현실주의와 정치적 자유주의 사이에는 중요한 차이가 있으나, 핵심 아이디어는 충분히 유사하다. 우리는 이성적이고 합리적으로 생각할 때, 거의 모든 사람이 인정하는 어떤 기본적이고 근본적인 권리가 있으며, 그것을 침해하는 어떤 (예를 들어 정당한 절차 없이 시민들을 살해하는) 국가도 정통성을 주장할 수 없음을 인정하는 데 고도의 도덕적, 철학적 정당화를 필요로 하지 않는다는 점이다. 다시 말해 국가는 그 존재를 정당화하려면 시민들에게 정치적 질서를 제공해야 한다. 윌리엄스(Bernard Williams)는 이것을 '기본적 정당화의 요구'라고[9] 불렀다. 간단히 말해 국가는 권위를 가지려면 자신의 행동이 정당하다고 거의 항상 대부분의 시민들을 설득해야만 한다.

이러한 정통성의 기본적 요구는 정당한 절차나 사유 없이 우리를 죽이지 말고, 고문하지 말고, 없애버리지 말고, 우리의 자유를 빼앗지 말고, 침묵시키지 말라는 것이다. 정통성을 갖기 위해서는, 국가는 공포와 폭력의 원인이 아니라 해결책이 되어야 한다. 대부분의 국제법은 국가가 자기 구속에 동의하는 규칙을 만들면서 작동한다. 그 결과는 빈번히 형편없고 국가의 행동반경을 제약할 수 있는 분야는 거의 포함되지 않는다. 이러한 개념의 약점은 그 비판의 대상이 비판받을 만하다고 동의하는 것만을 비판할 수 있다는 것이다. 강력한 국가는 그러한 동의에 쉽게 저항할 수 있으며 그들이 없으면 집행할 수 없다. 전반적으로 주권은 국가가 보유하기 때문에 이것은 놀라운 일이 아니다. 롤스(John Rawls)에 의하면 우리는 이 개념을 '정치적 자유주의'라고 부른다.[10]

도덕주의와 정치적 자유주의에 더해 인권 운동을 이해하는 세 번째 방법이 있으며, 그것은 오늘날 우리가 보는 것에 더 접근해 있다. 여기에는 진보주의, 문화적 자유주의, 그린뉴딜, '흑인의 생명도 소중하다', #미투 운동, 성전환자 권리 운동 등 많은 명칭이 있으며 각각은 어떤 일이 벌어지고 있는지를 조금씩 포착한다. 이러한 넓은 의미에서 '좌파'의 일련의 운동가들의 캠페인은 다양한 문화적, 정치적 명분을 조합한다. 나는 그것의 문화적 자유주의에 대한 커밋트먼트와 그것의 현대 자본주의의 거부를 연결짓기 위해서 '사회적 자유주의'라고 칭한다. 도덕주의는 민주적 투쟁의 밖에 서 있는 반면 정치적 자유주의는 그러한 투쟁을 제한하기 위한 규칙 창출을 추구하며, 사회적 자유주의는 그 투쟁 자체에서 승리하여 체제 전반을 개혁하려는 굳은 의지를 보인다. 여기서 경제 정책 변화, 심지어 경제 자체의 변혁의 요구는, '인권'을 그들에게 주어진 근본적인 권리의 주관적인 인식에 관한 것으로 보는 사람들의 운동을 형성하기 위해 성전환자 권리, 기후 보호, '흑인 생명도 중요하다'의 인정을 포함하는, 성적 정향 및 젠더 정체성에 대한 요구와 같은 입장을 취한다. 그것은 실질적 정의에 관한 것이다. 이러한 의미의 인권을 실현하려면 사회적 자유주의자들은 민주주의의 전투에서 승리해야만 한다는 것을 알고 있으며, 그들은 자유주의 제도가 그 승리를 쉽게 하기보다 더 어렵게 만든다고 믿는다.

## 국가체제의 변형

역사적으로 강대국의 상대적 쇠퇴는 이전의 지배적인 국가나 제국과 그 도전자 사이의 전쟁을 의미했다. 현재의 핵무장 시대에 중국이 미국과 대등하게 되는 결과가 전쟁이라고 생각되지는 않는다. 양국은 공히 심각한 내부의 문제를 가지고 있다. 미국에서는 비교우위가 사라진 상황에서 자국민들에 대한 약속을 어떻게 지킬 것인가, 중국에서는 민주화하지 않고 중소득에서 고소득 국가 지위로 어떻게 이행할 것인가의 문제이다. 유럽, 영국, 미국이 동맹을 유지한다고 할 때, 서구 동맹이 군사적, 경제적 세력에 있어서 중국이나 여타 다른 국가군과 대등하지 않은 상황은 별로 가능성이 없다. 그러나 서구 국가들이 글로벌 제도들을 설계하고 주도한 시대는 끝났으며, 다른 어떤 국가군도 그러한 서구가 만들어낸 조약과 조약기구들을 다시 만들어서 21세기 국가의 정책 결정의 독자성을 효과적으로 억제하려는 욕심은 없다.

그것은 문제다. 인권은 이미 흔들리는 소련을 공격하는 데 이용할 수 있었던 1970년대와 냉전이 끝나고 미국이 경쟁자가 없는 글로벌 파워로서 부상했던 1990년대에 가장 강력했다. 다시 말해 인권은 지배적인 국가가 (국제사회를 향하기보다는 국내적 목적으로) 도덕적 규탄을 약간 섞어서 다른 형태의 영향력을 강화하는 데 이용되었던 위계적 체제에서 널리 번창하였다. 더 이상 위계적이지 않은 체제에서 인권 침해에 대한 징벌은 크게 줄어들었다. 중국과 러시아가 공공연한 권위주의적 국가인 상황에서 다른 국가의 지도자들은 국가 권력을 이용하여 반대자를 억압하는 데 점점 더 자신감을 가지게 되었다.

이러한 변화에서 살아남은 규칙과 제도들은 새롭게 부상한 주요 국가들의 필요와 이익에 어느 정도 부합하는 방식으로 기능해야 한다. 예를 들어, 국제인권법은 전장에서 모든 국가에 득이 되는 상호성의 다양한 요소를 포함한다. 더 광범위한 인도주의 행동의 분야 (예를 들어 유엔 난민고등판무관[United Nations High Commissioner for Refugees])는 국가의 정책으로 초래된 중대 위기에서 알리바이를 제공하고 정화 작업을 할 수 있게 해준다. 이와 대조적으로 인권은 국가 행위를 교정하거나, 국가 간 관계의 길을 매끄럽게 해주는 데 관한 것이 아니다. 이제 서구 국가들, 특히 미국이 다른 국가들처럼 비난을 받고 있는 상황에서 그들은 이러한 다양한 규범적, 법적 요구를 기꺼이 무시하려 한다. 그 대표적 사례가 미국의 전쟁범죄 혐의를 조사하는 ICC 검사들에 대한 트럼프 행정부의 제재이다. 이러한 사태를 예측하지 못한 일이, 국제형사재판소에 관한 로마규정 협상 과정에서 미국에 대해 강경했던 ICC를 인권의 시대의 오만함의 산물로 바꾸었다. 어떤 강대국도 가입하지 않았다. 2021년에 이에 가입하지 않은 것은 사실상 그 나라가 강대국이라는 의미였다. 누가 글로벌한 수준에서 인권을 위해 나설 것인가? 영국을 제외한 EU? 그러나 미국이 2020년 인권이사회를 탈퇴하고 중국이 위구르에서 거대한 집단수용소를 운영하고 있는 마당에 EU가 미국이나 중국에 대해 어떤 영향력을 가지겠는가? 그들이 제일 먼저 할 일은 글로벌 인권체제에의 자금을 차단하는 일일 것이며, 이는 벌써 일어나고 있다.[11] 향후 20년의 대세는 더 정교한 인권 조약들을 체결하는 것이 아니라 다극체제에서 동맹을 얻으려는 전략적 경쟁이 될 것이다. 그것은 백악관의 민주당 대통령 바이든도 마찬가지이다.

## 자유주의 사회계약의 붕괴

인권에 대한 회의론자들은 항상 있었지만 교육수준이 높은, 범세계적인, 부를 창출하는 전문인, 조세 수입에 기여하고, 안정과 굿 거버넌스를 원하는, 선의를 가진 시민들은 인권을 지지하였다. 이들 중산층이 아래로부터의 재분배의 요구와 지배계급의 권력으로부터 자신을 보호해주는 자유주의적 제도를 지탱한다는 사실을 수많은 연구가 밝혔다.[12] 중산층에게 투표권, 결사의 자유, 표현의 자유, 정신적·신체적 보호 (법치) 등 고전적인 시민적, 정치적 권리는 그들과 그 자손들의 이익을 보호해주는 장치이다. 경제적, 사회적 권리에 대한 중산층의 접근은 덜 열정적이었으며, 좌파들은 그러한 권리들이 급진적 경제 변화를 추진하는 효과적 방식이 될 수 있을까에 회의를 품었다. 그러나 중산층은 인권의 정치적 자유주의와 전반적인 자유주의적 사회계약 개념의 중심이 되었다. 발전의 서구적 모델은 국내적으로는 교육에 의해 추동되는 사회적 이동성과 모두의 생활수준 향상으로 정당화되었다. 국가 수준에서 중간 소득에서 고소득의 지위로 이동하는 것은 중산층의 형성 및 정치적 자유주의와 강한 상관관계가 있으며, 중국은 이를 뒤집기를 바라고 있다.

그러나 1970년대 이후 불평등의 심화로 저소득과 중간계층의 중간에 위치한 사람들에게 사회적 이동성은 환상이 되었으며, 그들의 부채는, 특히 미국에서 더 부유해지는 길을 막는 또 하나의 장벽이 되었다. 다시 말해 중산층이 압박을 받게 되었다.[13] 부유한 상류층은 저소득, 중산층과 거리를 두고 있으며, 어린이들의 삶의 기회는 점점 더 출생과 상속에 의존하게 되었다. 이러한 상황은 컴퓨터와 인공지능이 가져온 직장의 구조적인 변화로 인해 더욱 복잡해졌다. 많은 직업과 경력은 사라질 것이다.[14] 물론 우리가 아직 상상하지 못하는 새로운 일자리가 생겨날 것이다. 그러나 유례없는 저성장과 다가오는 미래의 기술 발전을 아직 이해하지 못하는 가운데 사람들은 수요를 유지하는 방식으로 기본소득의 아이디어를 고려하기 시작했다.[15] 불평등의 심화는 중산층에서조차 사회적 신뢰와 사회자본을 잠식한다는 증거가 있다.[16] 중산층이 불안을 느끼면 그들의 동기도 변화한다. 그들은 자신과 자신의 부를 지킬 걱정을 하게 된다. 이들 중산층이 인권을 주장하지 않으면 정치인들은 선거에서 인권 문제를 주장할 가능성이 없다.

좌파와 우파에서 동원된 회의론자들, 점점 더 이중적 생각을 가진 중산층, 포퓰리즘(populism, 대중영합주의)적 정치인들이 영향력이 확대되었다. 헝가리의 오르반(Viktor Orbán) 총리처럼, 경우에 따라서는 '비자유주의 민주주의'가 공공연히 정치 공약으로 등장했다. 이는 권리보다 민주주의(다수의 권력)가 우선이 됨을 의미한다. 자유주의와 민주주의가 분리된 것이다. 이제 정치적 경쟁은 자신의 지지자를 당선시키고, 반대자들이 미래에 권력 장악 가능성을 없애기 위해 획득한 권력을 이용하는 것을 의미한다. 오르반의 경우 이것은 서구 기독교에 관한 규범을 심어 넣는 것을 의미했으며, 거의 완전한 낙태 금지를 지지한 폴란드의 카친스키(Jaroslaw Kaczynski)

와 유사했다. 한편 트럼프는 국내의 정적들을 체포하라고 요구했으며, 미국 각지의 공화당 정치인들은 투표권을 잠식하려 시도했다. 이것들은 서구 정치인들이 서구의 인권 중시 원칙을 수정하려 시도한 가장 명백한 일부 사례이다. 서구 밖에서는 거론하기에는 너무 많은 사례들이 있다. 예를 들어, 최근 정부의 노골적인 회교도 차별을 지적하자 국외로 쫓겨난 국제앰네스티(Amnesty International)의 사례에서 볼 수 있듯이, 인도에서 민주주의와 비자유주의의 공존은 너무 분명하다.

## 인권의 정치화

서구 사회에서 자유주의 모델의 심각한 병리 현상은 2008년 금융위기 이후 더 가속화하였다. 냉전 후 시대에 서구 국가들이 인권을 전적으로 뒷받침하고 싶어도 그러기에는 그들 자신의 사회가 너무 분열되었다. 포퓰리즘적인 우파는 늘 인권에 회의적이었고, 인권은 자국민의 이익을 손상한다고 주장했다. 국제 인권운동가들은 헌팅턴(Samuel Huntington)이 한때 '죽은 영혼들'이라고 불렀던 사람들의 완벽한 형태를 대표하는 바, 그들은 트럼프, 브렉시트, 르 펜(Marine Le Pen), 보우소나루(Jair Bolsonaro), 오르반 등의 지지자들이 자신의 적이라고 생각하는 범세계적이고, 교육수준이 높은 엘리트들이다.[17] 카친스키는 폴란드 사람들에게 낙태 찬성자들이 외세의 영향을 받아 국가를 공격한다고 주장하면서 그들을 상대로 전쟁을 벌이도록 촉구하였다. 다른 한편으로 좌파는 수십 년간 불평등, 기후변화, 이민, 경찰의 만행, 정체성 범죄에 대응하는 데 실패했다고 주장하고, 인권과 같은 자유주의적 장치가 급격한 변화를 이루어낼 능력이 있다는 데 회의적이다.

여기서 내 주장의 핵심이 나올 차례이다. 우리는 국제적으로 인권의 전망이 어두움을 알 수 있다. 또 자유주의 제도들을 지탱해온 중산층은 세계

속에 자신들의 위치에 대한 불안감과 걱정을 가지고 있다. 그러나 인권에 대한 더 과격한 이해가 있는데, 필자는 이를 '사회적 자유주의'라고 부른다. 이 경우 인권은 도덕적 비판이나 자유주의적 게임의 규칙을 주장하는 것이 아니다. 그것은 사회적 변형을 요구하는 일련의 정치적 요구이다. 이들 운동은 여성인권이나 동성애자 권리와 같은 분야에서 과거 성공했던 권리 운동을 계승하였다. '그린뉴딜'을 촉구하는 운동은 인권의 언어가 아니라 경제의 총체적인 개혁을 요구하는 수사로 끼워 맞춰졌다. 자유주의적 제도들은 정치적으로 잘 연결된 반대 세력에 너무 많은 거부권 행사의 기회를 준다. 미국 남부의 인종차별 폐지 노력의 충격적인 역사가 그 증거이다. 그러한 불의를 뒤집는 방법은 특권을 보호하고 국가에 초점을 맞추는 인권을 통해서가 아니라, 사회와 그 제도들의 근본적인 변화를 추구하는 정치 권력을 획득함으로써 가능하다.

1970년대에 국제앰네스티는 이처럼 '이슈에 의해 움직이는' 회원들이 증가하기 시작하는 상황을 맞게 되었다. 앰네스티의 지도자들은 우려하였다. 그들은 회원들이 새로운 이슈들, 특히 성적 취향과 젠더에 관한 앰네스티 캠페인을 주장하는 것은 인권 운동이라는 아이디어 전체를 정통성을 위험에 빠뜨릴 수 있다고 보았다. 1978년 앰네스티 전문가 핵심 그룹은 '성범죄만으로' 투옥되는 것은 앰네스티의 관심사 (즉 인권 문제)가 아니라고 결정하였다. 이 입장을 바꾸는 데는 10년 이상이 걸렸다.[18] 당시 앰네스티에게 인권은 강력했고, 그것을 주장한 사람들은 효과적이었다. 왜냐하면 회원들은 해당 권리를 통해 득을 보든 아니든 상관없이 모두의 권리의 원칙을 지지했기 때문이다. 따라서 그들은 '동성애 권리 로비'가 앰네스티에 참여하고 정치적 자유주의에 좁게 초점이 맞춰진 앰네스티를 바꾸려 하는 데 대해 회의적이었다.

그러한 입장은 지금 보면 상당히 이상스럽다. 극명한 사례로, 앰네스티는 여성의 권리에 관한 최초의 중요한 국제회의에 남성의 파견을 고려했었다. 왜냐하면 전달자의 정체성은 상관이 없었기 때문이다.[19] 1970년대에 앰네스티는 분명히 '모두의 생명은 소중하다'의 진영에 속했을 것이며, 따라서 흑인의 생명도 소중하다고 주장했을 것이다. 오늘날 우리는 이러한 반응을 감이 떨어진다고 생각할 것이다. 글로벌 운동을 구축하려면 그 우산은 커야 하고, 주창하는 명분은 다양해야 하며, 목소리는 다양하고 세력화가 되어야 한다. 인권이 사회적 자유주의자들에게 의미를 가지는 것은 그 포괄성 때문이다. 앰네스티 지도부는 각국에 대해 그들이 제정한 법률(실정법)에 근거하여 책임을 지도록 하거나, 또는 마땅히 준수해야 것으로 생각되는 도덕적 법률(자연법)에 근거하여 책임을 지도록 함으로써 정치적 자유주의에 초점을 맞춘 소임을 지키려고 했다. 1990년에 이르면 인권 운동에서 인권에 대한 협소하고 난해한 개념을 내세우는 것은 (타 집단이 성장하여 지원자들을 놓고 경쟁하는 환경에서) 득책이 아니었으며, 앰네스티가 회원제 조직이고 사회적 자유주의자들은 신규회원들이었기 때문에 불가능했었다. 이것은 인권 성공신화의 일부이다.

'인권 운동'의 성장은 1980년대와 1990년대에 많은 새로운 쟁점들을 의제에 올렸다. 이로 인해 인권은 그 초점을 자유주의적 제도들에서부터 우리가 어떻게 살아야 하고, 경제는 어떻게 운용이 되어야 하고, 기후, 무기 거래, 감염병, 빈곤, 젠더, 인종을 어떻게 다루어야 하는지에 대해 더 직접 관여하는 방향으로 이동했다. 이 사회적 자유주의는 민주주의적 투쟁 자체를 싸워서 이기려 했다. 그것은 '헌법적 원칙'에 관한 것이 아니며, 게임의 기본 규칙이 주어진 것으로 결코 받아들이지 않았다. 1960년대와 1970년대의 문화 전쟁에서 사회적 자유주의자들이 얻은 교훈은 규칙은 현상유지에 유리하다는 것이었다. 그 이후 수십 년간 정치적 자유주의는 쇠하고 보다 직접적인 좌파와 우파의 대결이 벌어졌으며, 그것은 현재 미국 대법원의 정치에서 최고조에 이르면서, 예를 들어 정치적 영향을 받지 않는 기득권 다수가 민주적 선택을 수십 년간 방해할 것을 사회적 자유주의자들이 두려워하는 상황이 되었다.

사회적 자유주의 접근에 대한 보수적인 비판자들은 젠더와 성취향에 관한 것은 사회복지나 세금과 같이 사회가 같이 결정을 할 문제라고 본다. 주권적 주체 속에서 우리가 어떻게 함께 살 것인지를 결정하는 토론인 정치의 핵심은 그 결과가 법에 명시되는 집단적 의사결정으로 된다는 것이다. 인권의 고전적인 개념에서 내세우려 했던 인간을 정신적, 육체적으로 보호한다는 것은 그들의 정체성에 대해 내리는 선택에까지 미치지는 않는다. 수용가능한 삶의 양식의 한계는 정치의 영역에서 해결될 문제이다. 더 밀도 높은 자유주의적 보호를 주장하는 사람들은 인종, 성적 취향, 젠더를 이 논의에 반드시 포함시켜야 한다고 본다. 그러나 많은 사람들은 '우리가 사회를 구성하는 한', 국가가 사람 신체를 어떻게 다룰 수 있는지를 제한하는 핵심적 기본권과 달리 이러한 정체성에 근거한 문제는 우리가 같이 합의해야 한다고 본다. 사회적, 문화적 규범은 집합적으로 인정되어야 한다. 비판자들은 "당신이 주장하는 인권은 우리의 국가적이고 역사적인 문화에 귀속되어 있지 않으며, 따라서 이러한 환경에서는 중요치 않다"고 말한다. 국가의 주권적 공공영역이 범세계주의보다 우선한다. 그들 나름의 자연권이나 보편적 권리의 헌장을 만들려는 영국이나 미국의 노력은 이 문제를 해결하려는 시도의 사례이다. 사회정책과 경제적 재분배도 마찬가지라고 할 수 있다. 이것들은 정치적인 문제이며, 그것을 위해 싸우려면 정치과정에서 (정체성이나 이념을 포함해서) 이해가 걸려 있는 사람들이 연합하는 집단적인 동원을 통해서 가능하다. 이것은 과거 또는 현재에 자신들을 온전한 사회 구성원으로서 대우해달라는 주장이 (빈번히 폭력적으로) 거부되었거나 여전히 거부되고 있는 사람들의 분노를 일으킬 것이다. 그러나 더 평등한 대우를 주장하는 다수의 변화는 외면할 수 없는 현실이 아닌가? 정치적 자유주의자들이 삶을 유지하려고 노력했든, 사회적 자유주의자들이 인종, 젠더, 성적 취향, 장애, 종교 등으로 인해 차별받는 사람들의 삶의 선택을 포함하는 문화적 규범의 영역을 확장하려 했든 그것이 자유주의자들이 민주주의를 유지하려 했던 지점이다.

이 모든 것은 왜 우리가 인권에 더 많은 것을 기대하는지를 알게 해준다. 글로벌 거버넌스 구조의 격변을 고려할 때 인권의 더 좁은 정치적 자유주의 개념에 초점을 맞추어야 할 때일지 모른다.[20] 다시 말해 표현의 자유, 공정한 재판, 고문받거나, 법 외적으로 처형되거나, 사라지지 않을 권리, 사형당하지 않을 권리 등 모든 시민들의 인권에 대한 국가의 의무에 집중을 해야 한다. 이러한 규칙들은 기본적이며 국가가 시민들의 물리적 신체를 대우하는 데 관한 것이다. 인권이 권력을 위한 투쟁으로 한정되면 그것은 하나의 주장과 다른 주장의 투쟁이 되어 버리며, 특별한 지위를 상실하게 된다. 정치적 경합 속에서 인권의 기여는 축소된다. 왜냐하면 인권이 제공할 수 있는 것, 즉 정치로부터 독립적이라는 주장이 버려지기 때문이다. 더욱이 우리는 이 경합 속에서 인권이 서로 충돌하는 것을 볼 수 있으며, 이는 인권이 초월적 위치를 상실했으며, 민주적 투쟁의 일부가 되었다는 명백한 징조이다. 언론의 자유 주장은 증오적이라고 간주되는 표현으로부터 피해받지 않을 권리를 제시했다. 기후변화와 관련해서는 빈곤층의 권리와 경제적 권리가 충돌한다. 페미니스트, 성전환자 권리 운동가는 누가 '여성'인가의 문제를 놓고 맹렬히 충돌하는데, 이는 인권이 짊어질 수 없는 계속되는 부담이다. 우리는 인종차별, 성차별, 동성애차별, 종교적 편견의 오랜 세월을 지나, '인간' 의 범주를 모든 사람에게 적용하는 데에 대한 초기의 투쟁으로부터 이미 멀리 떨어져 있다. 인권은 정치적 투쟁 속에 길을 잃었으며, 거기가 우리가 싸워야 할 지점, 즉 민주주의를 위한 투쟁이다.

## 결론

인권이 정치적 자유주의의 세계 속으로 이렇게 후퇴하는 것은 상상하기 힘든 듯하다. 좌파 자유주의 사회적 관점을 가진 우리들이 볼 때 인권의 성과는 폴란드에서 낙태 금지를 반대하는 시위에서 멋지게 보여졌다. 그러한 후퇴는 또 수천만 난민, 실향민, 이민자들보다는 국가의 구성원들에게 특권을 부여한다. 이들이 직면한 고난은 정의의 문제에 대한 사회적 자유주의의 범세계적 접근의 핵심이며, 따라서 포퓰리즘적 우파의 민족주의 및 강경 좌파의 핵심과 상충한다. 그러나 이것은 필자가 살고 있는 사회가 집단적으로 어떤 선택을 할 것인지보다는 필자 개인의 입장이며 필자가 살고 싶은 세계에 관한 것이다. 필자의 의견은 단지 하나의 목소리일 뿐이다. 우리가 무엇을 할지는 우리가 함께 결정해야 한다. 사회적 자유주의의 인권은 그 과정에서 많은 목소리 중의 하나이다. 그들의 오만함은 빈번히 귀에 거슬린다. 그들의 접근은 현재중심론자의 편견에 사로잡혀 있다. 즉 그들은 우리가 신기원을 이루고 있으며, 미지의 세계를 통과하고 있으며, 우리만의 독특한 진실을 발견하고 있다고 믿는다. 그것은 그 모든 희생을 치러야 하는 입장에서, 사람들이 우리의 성과를 돌아보면서 칭송할 것이라는 생각으로 우리 자신을 위로하기 위해서 심리적으로 필요할지 모른다. 그러나 우리의 확신은 사라졌다. 그람시(Antonio Gramsci)가 1920~1930년대에 말했듯이 "위기는 정확히 오래된 것은 죽고 새로운 것은 태어나지 못한다는 사실에 있다. 이 공백기에 엄청나게 다양한 병적인 증세가 나타난다."[21)]

우리의 시대는 이러한 병적 증세로 점철되어 있으며, 코로나바이러스에 대한 차례로 잔혹한, 관대한, 모순적인, 권위주의적인, 자유방임적인, 비합리적인, 역효과를 낳는 대단히 일관성 없는 대응은 그 대표적 사례이다. 의료 연구자들의 협력은 하이라이트였다. 그러나 공통의 적을 앞두고 협력이 필요함에도 불구하고 분열이 증가할 뿐이었다. 백신 정치는 필연적이었다.

코로나19 대응은 인권을 수세에 몰아넣었다. 유엔 인권고등판무관 바첼레트(Michelle Bachelet)는 "인권에 대한 존중이 모두에게 혜택임을 팬데믹이 명백히 보여주었다"고 발언하였다.[22] 팬데믹은 전혀 그러한 것을 보여주지 않았다. 중국과 기타 아시아 국가에서는 이동의 자유를 심하게 제한하여 바이러스 확산을 막았다. 정보의 통제는 패닉을 방지했다. 취약한 사람들, 주로 노인들의 생명 보호를 위해 젊은이들은 학교에 못 다니고, 취업도 못 하고, 친구와 교류도 못 하여 많은 경제적, 심리적 피해를 입었으며, 사랑하는 사람들이 의료 시설에서 외롭게 죽어갔으며, 우리 대부분이 건강하다고 느끼기 위해 필요한 사회적 유대가 중단되었다. 그러한 모순에 맞서길 거부한 것은 인권의 전형적인 모습이었다. 그렇지 않았다면 너무 큰 정서적, 인지적 부조화가 초래되었을 것이다.

바첼레트의 문제는 고전적 자유주의의 반응에서 잘 나타난다. 그러한 시각에서는 시민의 권리의 큰 부분을 빼앗으려는 정부에 직면하여, 인권 보호는 사회적 자유주의 시각에서만 인권 문제의 핵심인 '웰빙'에 대한 주장과 함께 고려되어야 한다. 미래의 생존을 위해서 인권을 주장하는 자들은 핵심에 집중해야 하고, 정치적 자유주의를 다시 활성화해야 하며, 웰빙은 전반적으로 민주적 과정에 맡겨 두어야 한다. 필자는 이것이 영리하지만, 가능하지 않고 바람직하지 않다고 생각한다. 우리는 현재 민주적 투쟁을 치르고 있으며, 불평등, 기후변화, 차별의 세계가 가하는 실질적인 폐해에 싸워서 승리한 다음에 비로소 게임의 규칙을 재설정해야 한다. 현재의 싸움은 그 과정이 얼마나 불완전하든 민주주의를 위한 것이다. 그리고 이것은 국내적인 싸움이다. 대단히 불리한 환경 속에서 인권이 수행할 수 있는 기능은 그 과정이 가능하면 공정하고 자유롭게 만드는 것이다. 슬프게도 그것은 별로 공정하지도 자유롭지도 않을 수 있다.

## 추가 읽을거리

Nigel Biggar, *What's Wrong with Rights?* (Oxford: Oxford University Press, 2020).

Stephen Hopgood, Jack Snyder, and Leslie Vinjamuri, eds., *Human Rights Futures* (Cambridge: Cambridge University Press, 2017).

Samuel Moyn, *The Last Utopia: Human Rights in History* (Cambridge, MA: Harvard University Press, 2012).

Kathryn Sikkink, *Evidence for Hope: Making Human Rights Work in the 21st Century* (Princeton, NJ: Princeton University Press, 2017).

Beth A. Simmons, *Mobilizing for Human Rights: International Law in Domestic Politics* (Cambridge: Cambridge University Press, 2009).

## 주

1) Monika Pronczuk, "How Poland's New Abortion Law Became Such a Flash Point," *New York Times*, 27 October 2020.
2) Stephen Hopgood, *The Endtimes of Human Rights* (Ithaca, NY: Cornell University Press, 2013); "Human Rights on the Road to Nowhere," in *Human Rights Futures*, ed. Stephen Hopgood, Jack Snyder, and Leslie Vinjamuri (Cambridge: Cambridge University Press, 2017), 283–310.
3) Robert Graves, *Goodbye to All That* (London: Penguin Classics, 2000 [1929]).
4) Samuel Moyn, "Powerless Companion: Human Rights in the Age of Neoliberalism," *Law and Contemporary Problems* 77, no. 4 (2015): 147–169 참조.
5) Elizabeth Bruenig, "Biden and Trump's Final Debate: Who Won?" *New York Times*, 23 October 2020.
6) Stephen Hopgood, *Keepers of the Flame: Understanding Amnesty International* (Ithaca, NY: Cornell University Press, 2006), 120.
7) Nancy Fraser, "From Redistribution to Recognition? Dilemmas of Justice in a 'Post-socialist' Age," *New Left Review*, no. 212 (July–August 1995): 68–93.
8) Bernard Williams, *In the Beginning Was the Deed: Realism and Moralism in Political Argument*, ed. Geoffrey Hawthorn (Princeton, NJ: Princeton University Press, 2005); John Rawls, *Political Liberalism* (New York: Columbia University Press, 1993) 참조.
9) Williams, *In the Beginning Was the Deed*.
10) Rawls, *Political Liberalism*.
11) International Justice Resource Center, "UN Human Rights Bodies May Curtail Work Amid Funding Crisis," 23 May 2019, ijrcenter.org/2019/05/23/un-human-rightsbodies-may-curtail-work-amid-funding-shortage/.
12) Daron Acemoglu and James Robinson, *Economic Origins of Dictatorship and*

*Democracy* (Cambridge: Cambridge University Press, 2006).
13) OECD, *Under Pressure: The Squeezed Middle Class* (Paris: OECD Publishing, 2019).
14) Carl Benedikt Frey and Michael A. Osborne, "The Future of Employment: How Susceptible Are Jobs to Computerisation," *Oxford Martin Program Working Paper*, September 2017, www.oxfordmartin.ox.ac.uk/downloads/academic/future-of-employment.pdf
15) Robert J. Gordon, *The Rise and Fall of American Growth: The U.S. Standard of Living Since the Civil War* (Princeton, NJ: Princeton University Press, 2016); and Philippe van Parijs and Yannick Vanderborght, *Basic Income: A Radical Proposal for a Free Society and a Sane Economy* (Cambridge, MA: Harvard University Press, 2017).
16) Guglielmo Barone and Sauro Mocetti, "Inequality and Trust: New Evidence from Panel Data," *Economic Inquiry* 45, no. 2 (April 2016): 794–809; Eric D. Gould and Alexander Hijzen, "Growing Apart, Losing Trust? The Impact of Inequality on Social Capital," *IMF Working Paper*, August 2016.
17) Samuel P. Huntington, "Dead Souls: The Denationalization of the American Elite," *The National Interest*, 1 March 2004, 5–18.
18) Hopgood, *Keepers of the Flame*, 116–121.
19) Ibid., 150.
20) Hurst Hannum, *Rescuing Human Rights: A Radically Moderate Approach* (Cambridge: Cambridge University Press, 2019) 참조.
21) Antonio Gramsci, *Selections from the Prison Notebooks* (London: Lawrence and Wishart, 2005).
22) Michelle Bachelet, "Video Statement on 'Good Trouble: A Virtual Panel on the Right to Protest,'" *OHCHR*, 29 September 2020, www.ohchr.org/EN/NewsEvents/Pages/DisplayNews.aspx?NewsID=26313&LangID=E

9장



# 2050년의 이주 거버넌스:

## 유토피아, 디스토피아, 아니면 헤테로토피아?

벳츠(Alexander Betts)

21세기의 시작은 '이주의 시대'로 묘사되었다.[1] 세계화가 가속화하는 가운데 국제 이주는 반세기 동안 4배 증가하여 2020년에 이르러 2억 5,000만 명 이상이 되었으며, 국제적인 여행은 연간 10억 명이 넘는 것으로 추산된다. 그러나 처음에는 2016년 유럽의 '난민위기'에서 시작하여, 브렉시트, 트럼프 당선, 서유럽 전반에서 극우 정당의 부상으로 이어진 포퓰리즘(populism, 대중영합주의)적인 민족주의가 증가하는 가운데 각국의 이민에 대한 개방성이 감소하기 시작했다. 2020년에 이르자 코로나19는 국제적인 이동이 갑자기 멈추었고, 일부 평론가들은 우리가 '이주의 시대'의 종말을 맞았는지 질문을 던지게 되었다.[2]

코로나19의 의료보건, 봉쇄, 경제적 영향은 이주에 즉각적인 순환적 영향을 미쳤다. 즉 선진 산업국가의 노동 수요 변화, 중저소득 국가의 대외 이주 압력을 심화하였고, 바이러스 확산 억제를 위한 이민 통제 조치의 안보화를 정치적으로 정당화하였다. 그러나 단기적인 문제를 넘어서 코로나19는 글로벌 이주에 영향을 미치는 장기적인 구조적 변화를 더욱 현저히 드러냈다. 실로 그것은 많은 기존의 추세를 더욱 가속화하였다.

이주에 대한 수요, 공급, 거버넌스는 정책의 영역을 넘어서는 다양한 구조적 요인들에 의해 영향을 받는다. 비록 코로나19에 의해서 증폭되기는 했지만, 그것이 원인은 아니다. 자동화와 작업의 해외 위탁, 그리고 서구의 완전 고용 가능성 등 글로벌 경제의 구조적 변형은 이주의 경제와 정치를 급격히 변화시키고 있다. 중국의 부상과 미국 패권의 종식, 그것이 다자주의에 미친 결과들은 세계를 불안정하게 만들고 있으며, 국가의 취약성과 반(semi)권위주의 거버넌스가 점점 더 널리 퍼지고 있다. 기후변화와 환경 파괴로 더 많은 사람들이 이주를 적응 전략으로 선택하고 있다. 인구학적 변화는 전 세계에서 노동의 수요, 공급을 불평등하게 재편하고 있으며, 그것은 이주에도 필연적으로 영향을 미친다. 한편 디지털 변혁은 초국적 사회적 연계를 강화하고 이주에 대한 욕구에 영향을 미친다.

우리의 과제는 이러한 광범위한 추세가 이주와 그 거버넌스에 무엇을 의미하는지 이해하는 것이다. 미래의 이주 경향을 예측하거나 시나리오를 만드는 것은 어렵지만, 기존의 사회과학은 현재의 추세와 미래의 전망에 최소한 통찰력을 제공할 수는 있다. 이 장은 이주와 이주 거버넌스의 추세, 그리고 21세기 중반의 전망에 대해 고려한다. 이 장은 두 부분으로 나누어진다. 첫째는 노동 이주, 난민, 비정규 이주를 포함하여 이주의 미래 추세를 고려한다. 둘째는 여러 시나리오를 살펴보고 이주의 국제정치와 글로벌 거버넌스가 어떻게 진화할지를 생각해본다.

## 이주의 추세

이주 거버넌스가 어떻게 진화할지를 생각하기 위해 우리는 먼저 향후 수십 년간 이주의 추세에 어떤 변화가 생길지 생각해본다. 이주에 관한 시나리오 작성은 어렵다. 왜냐하면, 너무나 많은 서로 연관된 변수들이 있고, 이주는 사회, 문화, 경제, 정치, 환경, 기술적 요인에 영향을 받기 때문이다. 그럼에도 사회과학이론과 실증적 추세를 조합하면 이주의 현재 방향에 대한 통찰을 제시할 수 있다. 여기서 필자는 노동 시장의 역설, 실향민의 시대, 비정규 이주라는 3개의 서로 연관된 이주의 측면을 살펴본다.

### 노동 시장의 역설

취업을 주된 목적으로 이주하는 사람들로 정의되는 노동 이주는 전 세계 국제적 이주의 60퍼센트 이상을 차지한다.[3] 노동 이주에 관한 구속력 있는 글로벌 거버넌스는 거의 존재하지 않으며, 국가가 노동 이민을 받아들이는 의사는 일반적으로 국가의 재량으로 간주되며, 수용 국가와 이주자들의 상호적 이익의 원칙에 근거한다.

경제적 측면에서 이주는 노동 공급과 수요 사이의 지리적 차이의 결과이다. 수요와 공급의 불균형은 국가 간 임금 격차를 초래하고 신자유주의 경제학에 의하면 이것이 이민의 원인이며, 주로 노동이 풍부하고 자본이 부족한 나라에서 자본이 풍부하고 노동이 부족한 나라를 향한다. 소위 이주의 신경제학은 이주 의사결정을 개별 가구 수준에서 이해하려 한다.

노동 수요와 공급의 저류에 있는 주된 요인은 인구이다. 전지구적으로 보면 출산율과 사망률 하락은 인구 규모와 연령 구조에 유례없는 변화를 가져오고 있다. 그러나 이러한 변화는 세계 여러 지역에 다른 영향을 미친다.[4] 부유한 지역에서는 인구가 급속히 고령화하면서 비노동인구와 노동인구 사이의 의존율이 상승하고 있다.[5] 예를 들어, 일본의 '초고령화' 인구는 역피라미드 인구 구조를 초래했으며, 다수의 선진 산업국가가 나아가는 방향을 보여준다. 반면 신흥국가나 저소득 국가에서 인구 피라미드는 상당한 '청년층 팽창' 보이고 있다. 예를 들어, 아프리카 인구의 20퍼센트와 아프리카 노동인구의 40퍼센트는 15~24세로 추산된다. 아프리카의 청년층 팽창이 축복일지 저주일지에 대해서는 많은 논란이 있다.[6]

경제적, 인구학적 차이가 커지면서 (특히 청장년층) 노동 이주의 수요와 공급도 주로 빈곤국에서 부유한 국가의 방향으로 증가할 것이다. 더욱이 (일반적인 믿음과는 반대로) 신흥국과 저소득 국가의 1인당 GDP 증가는 이주 노동자 공급을 줄이지 않을 것이다. 소위 '이주 포물선'은 1인당 GDP가 평균 약 8,000달러로 상승하면 이민에 대한 선호와 능력이 상승함을 보여준다.[7]

그러나 상황을 복잡하게 만드는 요인들이 있다. 특히 미래의 노동은 빠르게 변하고 있다. 자동화, 인공지능(AI), 기계학습은 특히 선진국에서 전통적으로 이주 노동자로 채워졌던 일자리를 대체할 것이다. 맥킨지는 글로벌 노동력의 약 15퍼센트는 2030년까지 자동화로 대체될 것이며 이 영향은 고임금을 가진 선진 경제에서 가장 크게 영향을 줄 것이라고 예측한다.[8] 의료보건, 기술 개발과 같은 분야는 노동력 수요가 증가할 것이다. 다른 분야는 부분적인 자동화로 인해 AI를 보완하는 새로운 일자리가 창출될 것이다. 예를 들어, 반복적 직무를 수행하는 자리는 자동화 시스템의 문제를 해결하고 관리하는 모델로 전환될 것이다.

노동 이주의 수요에 대한 궁극적인 영향은 불분명하다. 그러나 인구학적 변화의 결과로 있을 수 있는 저숙련 이민에 대한 수요는 기술 변화와 자동화로 상쇄될 가능성이 있다. 정치는 상황을 더 복잡하게 한다.[9] 오래전부터 인식되었듯이 경제적 측면에서 이주는 거의 언제나 유익하다.[10] 예를 들어, 클레멘스(Michael Clemens)는 국경 개방이 세계를 78조 달러만큼 더 부유하게 만들 것으로 추산한다. 노동 이주는 노동자, 납세자, 그리고 높은 기업가

정신을 제공하여 수용 국가에게 잠재적인 혜택을 제공한다. 그것은 이주자 공급 국가에 송금과 기술 개발의 혜택을 준다. 그리고 이주는 이주자와 가족에게 소득 향상을 통해 혜택을 준다. 그러나 국경을 넘어 이동하는 다른 생산요소와는 대조적으로 노동은 인간관계를 형성하며, 대단히 정치적이다.

최근 수년간 이민은 정치적 현저성이 급격히 상승하였으며, 과거에는 일반적으로 유권자들의 가장 중요한 10대 이슈에 들지 못했으나, 오늘날은 선진 민주주의 국가 유권자들의 가장 중요한 5대 이슈에 자주 등장한다. 이것은 부분적으로 노동 이주가 분배의 효과가 있기 때문이다. 노동 이주가 전반적으로 수용 국가에 이익이 되지만 그 이익은 평등하게 나누어지지 않는다. 예를 들어, 저숙련 이민은 임금의 하향 압력과 주거 비용의 상승 압력을 가할 수 있으며, 특히 수용 국가의 최하위 계층에게는 의료보건, 교육 등 사회서비스 접근에 있어서의 경쟁 심화로 이어질 수 있다.[11)]

이민에 대한 태도에 관한 정치학 문헌은 대체로 반이민 정서가 단지 경제적 요인만이 아니라 문화적 차이에 대한 인식에 영향을 받는다고 제시한다. 대부분의 실증적 연구에서 이러한 문화적 요인은 이민 자체의 실제적 영향보다 정치 엘리트의 인식과 수사에 기인한다.[12)] 그러나 경제적 요인과 문화적 요인 사이의 관계는 복잡하다. 많은 서구 자유민주주의 국가에서 반이민 정서가 가장 높은 지역은 이민자가 비교적 가장 적지만 노동집약적 제조업이 붕괴된 지역이다. 이 패턴은 2016년과 2020년 미국의 대통령 선거, 브렉시트, 독일을 위한 대안당(AfD: Alternative fur Deutschland)의 부상에서 볼 수 있다. 단순히 말해서 반이민적 태도는 정치와 이민 자체보다는 경제 구조의 변화에 대한 사람들의 두려움에 의해서 형성된다.

이러한 의미에서 노동 이주는 모순적인 성격을 띤다. 더 개방적인 노동 이민에 대한 경제적 필요는 강력하다. 그러나 (특히 부유한 나라에서) 정치적 추세는 그 반대 방향으로 움직인다. 이러한 추세가 장기적으로 필연적인 것은 아니다. 실제로 선진국에서 이민에 대한 사회의 태도는 빈번히 연령과 세대에 따라 나뉘며, 젊은 층 사이에 이민에 대한 관용이 증가하고 고령 인구에서는 불관용이 증가할 가능성이 생긴다. 소외된 공동체가 이민의 혜택을 나눠 가질 수 있게 하는 재분배 정책은 이민에 대한 관용을 높일 수 있다. 또 정치 지도자들이 이민의 경제적 혜택에 대해 더 강하게 주장하고 포용의 서사를 부각시킬 수 있다.

정치는 필연적인 것이 아니다. 역사를 보면 부유한 나라에서 제한적 이민 정책은 주기적으로 나타났다. 중대한 불경기는 빈번히 이민에 대한 반발로 이어졌다. 미국에서는 1920~1921년의 공황의 맥락에서, 1921년 긴급이민할당법을 계기로 이민을 제한하는 법이 쏟아져나왔다. 영국에서 제2차 대전 이후 이민에 대한 개방적인 정책은 1962년 영연방이민법 제정으로 중단되었다. 영국의 GDP 성장은 6퍼센트에서 이전 2년 동안 2퍼센트 미만으로 감소하였다. 독일은 1973~1975년 석유위기로 인한 불경기를 배경으로 1973년 초청노동자 제도를 중단하였다. 2008년 금융위기 직후 각국은 이민 제한 정책을 채택하였으며, 스페인, 체코, 일본은 국내 실업률이 급격히 증가하면서 이민자들의 귀국 비용을 지불했다.[13] 이사크센(Joachim Vogt Isaksen)은 유럽 25개국 시계열 데이터를 통해 이민에 대한 대중의 태도는 경제위기 시에 덜 긍정적이 된다는 증거를 제공하였다.[14] 그 외에도 '희생양 이론', 일자리, 주거, 공공서비스 등 희소 자원에 대한 경쟁 효과 등 다양한 관련 연구가 있다.[15]

그러나 몇몇 요인들은 반이민정치 저변의 추세는 또한 구조적이며, 따라서 지속될 것임을 암시한다. 글로벌 경제의 변형, 완전 고용의 종식, 노동집약적 제조업의 자동화와 해외 이전, 중국의 부상, 경제적, 정치적 영향의 글로벌한 재편성, 교육과 훈련에 대한 장기적인 저투자, 사회를 동원하고 분열시키는 극단주의 정치에게 주어진 기술적 수단 등은 모두 제한적인 이민정치가 번성할 구조적 환경에 기여한다.

이 모든 것을 고려하면 (인구학적, 경제적 변화와 연관된) 이주 노동자 공급이 상당히 증가하고, 자동화와 정치로 인한 이주 노동자 수요의 정체가 장기적 추세가 될 것이다. 이러한 수요와 공급의 불일치는 어떻게 해소될 수 있을까? 하나의 가능성은 이주의 혜택을 재분배하는 공공정책을 크게 혁신하거나, 이주에 대한 정치적 장애를 제거할 수 있도록 대중적 서사를 바꾸거나, 사회 변혁을 통해 이민에 대한 대중의 우려에 대응하는 것이다. 다른 가능성(현재 더 가능성이 높은 시나리오)은 그 불일치가 국가의 통제, 비공식 노동시장의 부상, 인간 밀수 네트워크라는 3개의 서로 관련된 기제를 통해 해소되는 것이다.

## 실향민의 시대

이 그림은 강제로 실향민이 된 사람들의 증가로 인해 더욱 복잡해진다. 사람들이 삶의 터전에서 원치 않게 밀려나는 것은 21세기의 대표적인 이슈 중의 하나이다. 이미 2,500만 명의 난민을 포함하여, 8,000만 명의 실향민은 사상 최다 기록이다.[16] 그 주된 이유는 취약하고 실패한 국가이다. 시리아, 베네수엘라, 남수단 등에서는 정부가 생명 유지를 위한 기본적인 조건을 유지하지 못하거나 그럴 의사가 없다. 효과적 거버넌스의 부재, 억압, 폭력, 경제 붕괴의 상호작용으로 사람들은 마을, 도시, 심지어는 국가를 떠날 수밖에 없다.

기후변화가 광범위한 지역을 거주 불가능하게 만들거나 다른 실향민 발생 요인을 강화하면서 이 문제는 더 악화될 것이다. 중미 북부 삼각지대 온두라스와 니카라과의 농촌에서 미국으로의 실향 이주자들이 급증하는 것은 기후변화가 식량안보에 미친 영향과 약한 정부의 효과가 부분적으로 원인이 되고 있다.[17] 사헬 지역에서는 기후변화로 인한 자원 경쟁이 기존의 갈등을 심화하고 그 결과 니제르와 중앙아프리카공화국의 실향민 증가로 이어졌다.[18] 세계은행은 2050년까지 1억 4,000만 명이 기후변화로 인해 삶의 터전을 떠날 것이라고 추산하며, 글로벌 경제 침체는 갈등이나 약한 거버넌스와 같은 다른 실향민 발생 요인을 증폭할 것이다.

이주위기의 이상적인 해결책은 그 근저에 있는 원인에 대응하는 것이다. 전쟁을 끝내고, 인권을 존중하는 정부를 만들고, 기후변화를 완화하면 실향민 발생을 극적으로 줄일 수 있다. 그러나 세계는 이러한 원인들에 대한 해결책을 찾는 데 어려움을 겪고 있으며, 국제사회는 특히 만성적으로 취약한 국가를 바로 세우는 데 적절치 않음이 밝혀졌다. 그 결과 우리는 차선의 해결책밖에 없다. 즉 실향민들을 다른 공동체에 임시로 또는 영구적으로 받아들이는 방법을 찾고 그들이 존엄성과 목적을 가지고 살 수 있도록 하는 것이다.

실향민의 수는 증가할 것이 예상되는 반면 세계 각국이 난민이나 실향민들을 받아들이려는 의사가 줄어드는 것은 상황을 더 복잡하게 만든다. 유럽의 포퓰리즘적인 정치인들은 소위 2015~2016년 난민위기를 기회주의적으로 이용하여, 사회가 분열되고 극우 세력은 선거에서 성공하였다.[19] 난민위기가 없었다면, 또는 정치적으로 달리 제시되었다면 영국의 브렉시트나 독일의 AfD 현상이 나타났을지 의문이다.[20]

세계 난민의 압도적 다수(약 85퍼센트)는 요르단, 레바논, 이란, 파키스탄, 우간다, 에티오피아 등 중저소득 국가에 수용되고 있다. 이것은 그들이 대단히 관대하기 때문이 아니라, 분쟁과 위기 지역에 근접해 있기 때문이다. 그러나 이들 나라에서도 난민을 수용하려는 의사는 점점 줄어들고 있다. 방글라데시, 케냐, 요르단, 탄자니아 등 주요 난민 수용국은 국제적 '책임 분담'(또는 '부담 분담') 부재로 인해 환멸을 느끼고 있고, 국내 정치적 반발에 직면해 있으며, 2015~2016년 유럽 난민위기 동안 자국 내 난민을 추방하겠다고 위협한 바 있다. 예를 들어, 시리아 난민이 에게해를 건너 이동하는 것을 막기 위해 2016년 유럽이 터키에 보상한 것을 보고 케냐는 즉시 다다브 난민 캠프를 폐쇄하고 소말리아 난민을 추방하겠다고 위협했다. 더 많은 국제적 지원을 받아 내기 위한 얄팍하게 숨겨진 방법이었다.[21]

난민 수의 증가와 세계 각국이 난민을 수용하려는 정치적 의지의 감소를 목격하는 가운데 우리는 실향민의 시대에 살고 있다. 코로나19로 초래된 글로벌 불경기는 이 추세를 더욱 악화시키고, 더 많은 실향민이 발생할 것이며, 외국인 혐오가 더 확산되는 조건을 강화할 것이다.

도표 9.1은 팬데믹으로 인한 글로벌 불경기가 강제실향민 발생의 원인, 결과, 대응에 영향을 미칠 양상에 대해 요약하고 있다. 그것은 경제 침체와 실향민 발생의 주된 3개 요인(분쟁, 권위주의, 국가 취약성), 실향민 지원의 3개의 주된 원천(고용, 원조, 해외송금), 난민에 대한 정부의 대응을 결정하

**도표 9.1** 글로벌 불경기가 실향민 발생의 원인, 결과, 대응에 미치는 영향[22]

| 원인 | 결과 | 대응 |
|---|---|---|
| **분쟁**<br>예. Miguel et al 2004: 5%의 부정적 경제적 충격은 아프리카의 분쟁이 0.5% 증가할 가능성 | **고용**<br>예. Dempster et al 2020: 강제이주자 60%(수용국은 41%)가 코로나19로 크게 영향받은 분야에서 일하고 있음 | **공공의 태도**<br>예. Isaksen 2019: 유럽에서의 이민자에 대한 태도는 GDP 성장 및 고용 수준과 양의 상관관계 |
| **권위주의**<br>예. Svolik 2008: 1인당 GDP 1,200달러 증가는 민주주의 공고화 가능성을 20~80% 제고 | **원조**<br>예. Dabla-Norris et al. 2010: 원조 공여국의 경제가 침체되면 원조가 급격히 감소 | **이동**<br>예. Fix et al 2009: 2008년 글로벌 경기 침체로 이민 제한 정책이 많은 정부에 확산 |
| **취약 국가**<br>예. Carment et al 2008: 1인당 GDP는 통계적으로 유의미하게 국가 취약성 지표들과 음의 상관관계 | **송금**<br>예. World Bank 2020: 코로나19로 인해 중간 및 저소득 국가로의 송금이 14% 감소 예상 | **인권**<br>예. the Council of Europe 2013: 긴축 재정은 정부가 인권을 지키는 의지와 능력을 감소시킴 |
| **난민 수 증가** | **궁핍의 증가** | **난민 수용 의지 감소** |

는 3개의 주요 행태(공공의 태도, 이동, 인권)의 관계를 잘 보여준다. 각각의 경우 이 도표는 이들 변수들과 글로벌 불경기의 관계를 조명하는 사회과학 연구의 예를 잘 보여준다.

그러나 이러한 난민 증가, 궁핍의 증가, 의지의 하락 추세는 단순히 순환적인 현상 이상임을 시사하는 근거가 있다. 장기적 글로벌 추세는 무력 분쟁과 권위주의가 감소하고 있음을 시사하지만, 취약한 국가가 증가하고 있으며, 새로운 형태의 반권위주의가 등장하기 시작했고, 기후변화는 실향민 발생에 영향을 미쳤으며, 이들은 다극체제의 부상으로 국가 취약성, 권위주의, 기후변화에 대응하는 유엔체제가 마비되는 와중에 벌어지고 있는 일이다.

## 비정규 이주, 국가, 비국가 행위자

따라서 국제 이주와 관련하여 이주 노동자 수요와 공급의 부조화, 실향민의 증가와 수용 국가의 의지 감소 사이의 격차라는 2개의 장기적인 불균형이 있을 것이다. 이 불균형을 어떻게 해소할 것인가? 그 해답은 비정규 이주이다.

이주를 위한 법적 경로가 없으면 사람들은 비정규적인 선택에 의존한다. 특히 사람들은 타국에 입국하기 위해 인신 밀수 조직과 네트워크에 의존하게 된다. 국가의 제약과 비정규 이주에 대한 수요가 증가하면서 인신 밀수 비용도 상승하지만, 수요와 공급의 격차가 벌어지면서 기존의 패턴은 계속되거나 더 확대될 것이다.

현재 비정규 이주자의 수를 추산하는 것조차도 어렵다. 왜냐하면, 그들은 공식적 합법적 경로 밖에서 움직이기 때문이다. 그러나 2016년 미국에는 1,200만 명의 불법 이주자가 있다고 추산되었다. 2019년에 미국과 멕시코 간 국경에서는 85만 건의 체포가 이루어졌다. 2019년에 비정규적 경로로 약 20만 명이 지중해를 건넌 것으로 추산된다. 전 세계에는 약 5,000만 명의 비정규 이주자가 생활하고 있는 것으로 추산된다.[23]

한편 인신 밀수 산업은 번창하고 있다. 유엔 마약범죄사무소(UNODC: United Nations Office on Drugs and Crime)는 아프리카에서 유럽으로, 중미에서 미국으로의 인신 밀수가 지역 범죄자들에게 연간 약 67.5억 달러의 수익을 가져다줄 것으로 추산한다.[24] 많은 인신 밀수 네트워크는 고도로 조직화되어 있으며, 불법 약물이나 불법 총기 거래 등 다양한 다른 범죄 행위와 빈번히 연결되어 있다. 매년 수천 명이 인신 밀수 조직을 통한 위험한 여행을 시도하다 목숨을 잃는다.

인신 밀수 산업이 생기는 원인은 이민자의 선호와 이들이 목표로 하는 국가의 수용 의사 사이의 불균형이다. 최근 수년간 각국은 갈수록 복잡한 다양한 이민 통제 기제를 채택하였다. 이주의 정치화와 이민이 안보, 경제, 문화에 미치는 영향에 대한 우려로 인해 각국은 다양한 '입국 금지' 정책을 채택하고 있다.

이러한 많은 국경 통제 조치는 두 가지 핵심적인 특징이 있다. 첫째, 그것들은 점점 더 그 범위가 초영토적이되고 있다.[25] 다시 말해, 그들은 이주를 시작단계에서 통제하려 하며 이주자의 경유 국가나 심지어는 출신 국가에 초점을 맞춘다. 이 조치에는 비자 정책, 항공사 제재, 망명 신청의 역외 처리, 타국에 국경 요원 배치, 영해 내에 군사화된 통제 조치 사용 등을 포함한다.[26] 그러한 접근은 빈번히 목적지 국가와 경유 국가 사이의 양자 간 협정에 포함된다. 초영토적 대응은 난민과 잠재적 노동 이주자가 동일한 경로로 이동하는 소위 혼합 이주 흐름의 맥락에서 널리 사용되어 왔다.[27] 혼합 이주의 흐름에서 난민을 가려내기는 어려우며, 각국은 망명 신청자 조사의 책임을 피하기 위해서 초영토적 조치에 의존하게 되었다.

둘째, 국경 통제는 점점 더 기술적인 경향을 띠게 되었다. 생체정보 인식, 감시 기술, 초국가적 데이터베이스, 이주자 이동 예측 빅데이터, 이민 결정 자동화가 이주를 통제하기 위해 채택되고 있다. 국제 포럼이나 전시회에서 기술을 내놓고 국가에 판매하는 기업과 민간 용역업자에 의해 점점 더 많은 부분이 제공되고 있다. 팔란티어테크놀로지, 시큐리티아이덴티얼라이언스 같은 민간 회사는 이주 통제 상품의 핵심 제공자이며, 동시에 적극적으로 이주 통제 거버넌스와 관련하여 로비하고, 규칙을 설정하고, 형태를 만든다.

이 맥락에서 초영토성, 기술, 산업 발전은 비정규 이주자 관리와 관련되는 국경 통제 실무에 빠르게 영향을 미치고 있다. 그들은 국가가 인신 밀수 네트워크 및 조직과 전략적 군비 경쟁의 주된 수단을 제공한다. 앞서 언급한 추세를 고려하면 이것은 계속되고 더 가속화할 것으로 보인다. 그 비용은 위험한 여정을 시도하다 목숨을 잃는 사람들이 치를 것이며, 가장 큰 혜택은 1조 달러 규모의 이주 통제 산업에서 기술이 채택되는 민간 기업이 보게 될 것이다.[28]

코로나19는 이러한 비정규 이주의 역학관계를 더 잘 보여주었다. 팬데믹 초기 수개월 내에 200개국 이상이 이민에 대해 유례없는 제한을 가했다. 난민 정착과 망명을 포함해 이민체제 전체가 폐쇄되었다. 예를 들어, 유럽연합(EU)에서 거의 모든 정부가 신규 망명 신청 처리를 중단하였다. 미국, 멕시코, 캐나다도 망명 신청 접수를 중단하였고 새로 도착한 사람들을 무차별 추방하였다. 한편 그리스, 몰타, 이탈리아에서는 망명 신청자 밀어내기가 행해졌다. 르풀망(refoulement, 충분히 박해받을 우려가 있는 국가로 사람들을 되돌려 보내는 것)이 하룻밤 사이에 흔해졌다. 다른 나라들도 난민에 대해 국내 이동 및 캠프 형성에 더 강하게 제약을 가했다. 이러한 제약은 바이러스 확산 방지를 이유로 정당화되었다.

한 가지 중요한 리트머스 시험은 팬데믹이 진정된 후에 이러한 통제 조치가 그대로 남아있게 되는 정도이다. 많은 평론가들은 팬데믹이 일부 지도자들이 오랫동안 생각해온 제한적 이주 정책을 실행하는 얄팍하게 숨겨진 구실을 제공했다고 본다. 이민정책연구소(Migration Policy Institute)의 벤턴(Meghan Benton)은 코로나19 이후 이동을 자유화하는 순차적 결정을 보면 국가들이 단기적인 경제적 이익에 근거하여 특정 형태의 이주를 우선시하는 현상을 보여줄 것이라고 주장한다.[29] 그리고 망명과 같이 대중의 지지를 받지 못하는 형태의 이주는 비정규 이주자가 쉽게 접근할 수 없는 '면역 패스포트', 접촉자 추적앱 참여와 같은 넘기 어려운 장벽에 직면하게 될 수 있다. 벤턴은 이 새로운 세계에서 글로벌 불평등의 핵심 경계선은 '이동하는 자'와 '이동하지 못하는 자' 사이에 생겨날 것이라고 본다. 이는 부유한 특권층은 여행을 재개할 수 있으나 빈곤하고 소외된 사람들은 배제되는 상황을 묘사한 바우만(Zygmunt Bauman)의 잘 알려진 '여행자'와 '방랑자' 구분과도 유사하다.[30]

## 거버넌스 시나리오

이주 '문제'의 변화하는 속성은 강력한 국가의 선호와 거버넌스의 향후 방향을 결정하는 하나의 중요한 요인이 될 것이다. 또 그 영향은 권력, 아이디어, 이익의 영향을 받을 것이다.[31] 이하에서 필자는 글로벌 거버넌스가 진화하는 데 영향을 미칠 요인들을 검토한다.

### 권력의 비대칭성과 다자주의의 교착상태

이주와 관련해서는 공식적 다자간 거버넌스가 부재하다. 최근 국제이주기구(IOM: International Organization for Migration)가 유엔체제에 합류하기 전까지 난민 거버넌스를 제외하면 유엔 기구는 없었고 전 세계적으로 비준된 이주 조약은 거의 없었기에, 이주는 '레짐의 누락' 상태였다.[32] 명확한 위계적 원칙 없는 공식, 비공식 제도가 여러 수준의 거버넌스에 공존하는 태피스트리 같은 분절적 거버넌스가 형성되었다.[33] 단일의 표준 제도나 일관된 레짐이 결여된 상태에서 이주 거버넌스는 다양한 수준의 거버넌스에서 여러 정책 영역과 관련하여 다양하게 중첩되고 공존하는 제도를 포함하는 '레짐 복합체'와 같은 속성을 띠게 되었다.[34)]

20세기 후반 이주 거버넌스는 대체로 난민 문제를 다루는 유엔난민고등판무관(UNHCR)과 여타 이주 문제를 다루는 IOM 2개의 다자간 조직으로 구성되었다. 그러나 IOM은 2016년까지 유엔체제 밖에 남아있었으며, 주로 각국에 이주 관련 서비스를 제공했다. 이주가 점점 더 정치화되면서 점차 더 일관성 있는 글로벌 이주 거버넌스의 가능성에 대한 논의가 형성되었다. 2006년 유엔은 최초로 이주에 관한 고위급대화를 개최하였다. 그러나 이 회의에서 주로 이주자 수용 국가로부터 이주를 유엔체제 내로 공식적으로 들여오는 데 대해 상당한 반대가 있었다. 그 결과 이주와 개발에 관한 글로벌 포럼이 창설되어, 그 이후 매년 개최되었으나, 유엔체제 밖에서 활동하는 것으로 간주되었다. 2015~2016년 유럽의 난민위기는 이주에 관한 새로운 다자적 관여를 부각시켰다. 2016년 뉴욕선언으로 각국은 이주와 난민에 관한 2개의 글로벌 협정에 대해 공약하게 되었으며 이들은 2018년 출범하였다. 이 광범위한 협정들은 명시적으로 구속력이 없었으며, 다자적 맥락에서 이주 문제를 논의하려는 의사와 이주에 관한 주권적 자율성 포기를 주저하는 이주자 수용 국가의 입장을 반영하였다.

강력하고 구속력 있는 다자주의가 부재한 상황에서 난민을 제외한 대부분의 이주 거버넌스는 양자 간, 지역적, 지역 간에 이루어졌다. 비자, 국경 정찰, 재입국 허가, 범죄인 인도, 순환적 이주, 역량 강화, 기술 표준 설정 등의 문제에 관해 국가가 (대체로) 상호 이익이 되는, 호혜적 협정을 주로 하는 엄청나게 다양한 양자협정이 이주 거버넌스의 핵심이 되고 있다. 이주 거버넌스의 주된 장치 중의 하나는 지역 내 또는 지역 간에 존재하는 비공식 거버넌스 구조인 지역협의과정(RCP: Regional Consultative Process)이다. 1985년 망명-난민-이주에 관한 정부간협의체(IGC: Intergovernmental Consultations on Asylum, Refugees, and Migration)를 시작으로 이러한 장치는 세계 모든 지역에 확산되었다. 이들은 각국에 기술적 지원을 제공하는 데 초점을 맞추었으며, 뜻을 같이하는 정부들이 비공개로 대화할 수 있도록 해주었다.

이주 거버넌스는 왜 그렇게 분절화되었을까? 그런 상태가 지속될 것인가? 분절화에 대한 단순한 대답은 권력이다. 이주 거버넌스는 이주자 송출 국가와 이주자 수용 국가 사이의 권력 비대칭성에 영향을 받으면서 형성되었다.[35] 물론 세계가 이주자 '송출', '수용', '경유' 국가로 나뉜다는 주장은 옳지 않다. 터키, 멕시코, 말레이시아 등은 그러한 예이다. 그러나 그 구분은 이주 정치에서의 권력을 이해하는 데 있어서 분석적 출발점이 될 수 있다. 어떤 하나의 (양자 간, 지역 간, 다자 간) 이주 관계가 있다고 할 때 송출국은 이민 결정에 대한 영향력이 제한적인 반면, 국경 통제 능력이 있는 수용국은 누구를 수용할지에 대한 재량권이 있다. 조건이 동일하다면, 이것은 사실상 이주자 송출국을 이주 거버넌스의 '수용자'로, 이주자 수용국은 이주 거버넌스의 '창안자'로 만들게 된다. 게임이론 용어에서 이것은 우리가 '램보 게임' 또는 '설득 게임' (두 행위자 사이의 권력의 비대칭성이 존재할 때 전략적 상호작용을 보여주는 표준적 게임이론 모델)이라고 부르는 것으로 설명될 수 있다.

이러한 소위 송출국과 수용국, 그리고 난민과 관련하여 '원조 공여국'과 '망명자 정착 국가' 사이의 권력 비대칭성은 글로벌 이주 거버넌스의 집단행동에 있어서의 실패의 요인이 된다. 이것은 빈번히 글로벌 경제 속에서의 각국의 구조적 위치에 따른 더 일반적인 권력 비대칭성에 의해 강화된다. 이 비대칭성은 또 이주 외교의 핵심이며, 이주 거버넌스에서 형성되는 협정의 유형을 결정한다. 예를 들어, 몇몇 연구자들은 이주 및 난민에 관한 양자 간 협정은 빈번히 이슈와 연관되어, 무역과 개발을 포함한 여러 분야에 걸친 면밀한 협상에 근거한 이주에 관한 선진국-개도국 협력의 맥락에서 형성된다는 것을 보여주었다.[36] 예를 들어, 이탈리아와 리비아, EU와 터키, 영국과 탄자니아, 스페인과 모로코, 덴마크와 케냐의 양자 간 협정은 선진국의 이민 통제 의제와 개발 원조나 통상 분야 양보를 원하는 개도국 엘리트 사이의 주고받기의 결과로 체결되었다.

이 맥락에서 다자주의의 역할은 주로 대화의 장이나 정치적 정당화의 원천이 되었다. 예를 들어, 안전하고 질서 있고 정규적인 이주를 위한 글로벌 협약(Global Compact on Safe, Orderly, and Regular Migration)은 구속력이 없으나 각국이 활용할 수 있는 아이디어의 '메뉴'를 제공한다. 다자주의를 주장하는 사람들의 희망은 그러한 문서들이 국제 이주 외교의 규범과 관행의 점진적인 변화로 이어지고, 시간이 흐름에 따라 다자주의의 기회가 확대되는 것이다. 그러나 권력을 가진 국가들이 주권적 권위를 철저하게 지키기 때문에 실제로 노동 이민 거버넌스에 다자주의가 부차적 요소 이상의 존재가 되려면 강력한 국가들의 가치나 선호의 상당한 변화를 필요로 한다.

## 발생 지역에서의 난민 보호

일반의 생각과 달리 대부분의 난민은 유럽이나 북미에 있는 것이 아니다. 대부분의 난민은 그들이 있는 캠프나 도시를 벗어나서 여행할 수단, 열망, 자유가 없다. 때로는 공통의 언어, 유사한 경제, 고향과의 유대를 쉽게 유지할 수 있는 능력 등이 주는 장점도 있다. 예를 들어, 남부 에티오피아의 소말리아 지역으로 탈출한 소말리아 사람들은 수용 국가에서 소말리 언어를 사용하고, 고향에서와 같이 유사한 소득창출 활동을 할 수 있으며, 종종 고향의 농장이나 땅을 유지하기 위해 남부와 중부 소말리아를 왕래할 수 있다.

그러나 그러한 나라의 난민들과 중저소득 수용 국가는 대부분 상당한 어려움에 직면한다. 난민은 빈번히 일과 이동의 권리에 제약을 받는 캠프 생활을 해야 한다. 교육, 의료 등 기본 서비스에의 접근도 불충분할 수 있다.

그리고 더 가슴아픈 것은 그들이 차별에 직면할 수 있다는 점이다. 소수이지만 점점 더 많은 사람들이 더 나은 삶을 찾아 떠나는 것이 놀라운 일은 아니다. 난민 수용국들 입장에서 보면 전 세계 난민은 불균등하게 분포되어 있으며, 난민을 위한 자원이 가장 부족한 나라가 가장 큰 부담을 지고 있다. 예를 들어, 수십 년 동안 탄자니아는 수십만 명의 난민을 수용함에도 불구하고 국제사회에서 적절한 지원이 없다고 주장하며, 종종 항의 표시로 난민의 권리를 축소하기도 한다.[37)]

정책결정자들 사이에는 지속가능성을 확보하기 위해서는 분쟁과 위기에 인접한 나라들에 난민을 수용하는 데 초점을 맞추고, 그러기 위해서 정책방향을 난민에 대한 인도적 지원에서 난민과 인접 수용국 모두에게 개발원조를 제공하는 방향으로 바꿔야 한다는 합의가 점점 더 형성되고 있다. 만일 난민들이 발생국 근처에서 지원할 수 있다면 이 정책은 난민에게 득이되고 수용국 사회에 경제적 기회를 만들어준다. 그것은 또 빈곤국에서 부유한 국가로의 난민의 비정규적 이주의 필요성을 줄일 수 있다. 다시 말해 '자립', '난민의 생계', '인도주의와 개발의 결합' 등과 같은 개념을 바탕으로 한 아이디어는 난민을 발생국 가까이서 지원하면 상호 간에 이익이 될 수 있고 국제 협력의 기반이 될 수 있다.[38)]

이 아이디어는 새로운 것이 아니다. 이것은 지난 20년간 난민 지원에서 계속 제기된 '바로 그' 아이디어이다. 금세기 시작 이후 덴마크, 네덜란드, 영국 등 핵심 유럽국가들은 '비정규 2차 이동'의 수요를 줄이는 방법으로 난민 발생지 근접 지원을 강화하는 '발생 지역 내 보호'로 불리는 접근을 내세웠다. 이 아이디어는 모든 관련 행위자들의 핵심 이익을 동시에 충족하기 때문에 여전히 유효하다. 예를 들어, 2015년 EU는 아프리카로부터의 이주와 관련하여 50억 유로의 기금(아프리카의 안정과 비정규 이주와 실향민 발생 근본 원인에 대응하기 위한 EU신탁기금)을 설정하였다. 그것은 난민의 자립과 아프리카로부터 유럽으로의 난민 이주를 줄이는 데 명백히 초점을 맞추었다.

'발생지역에서의 보호' 접근은 봉쇄 장치로서, 신자유주의 장치로서, 근대 제국주의의 부속물로서 고안되었기 때문에 비판 받았다.[39] 그러나 비판자들은 대부분의 난민과 실향민들이 세계에서 가장 빈곤한 지역에 있으며, 부유한 국가들은 재정이나 재정착을 통한 난민 지원을 위한 기여에 있어서 재량권을 가진다는 지리적 현실을 반영하는, 정치적으로 실행 가능한 대안을 찾지 못하고 있다.

현재의 권력 관계와 정부 및 대중의 선호를 고려하면 '발생지역에서의 보호' 접근은 난민체제의 기본으로 유지될 것 같다. 난민 수가 증가하고 국가가 적정 규모로 오래 지속될 수 있는 해결책을 찾으면서 이러한 이해관계는 고착화될 것이다. 그러나 그런 나라에서 난민과 피난처가 의미하는 것은 극적으로 변화할 수 있다. 기후변화로 인한 실향민 수가 증가할 것을 고려하면 난민을 위한 캠프, 정착촌, 도시 통합은 향후 어떻게 새로운 아이디어를 만들어 낼 수 있을까? 외진 사막 국경 지역을 글로벌 경제와 연결하는 디지털 기술과 민간 부문이 점점 더 많은 역할을 할 것이다. 규범적인 과제는 그러한 '해결책'을 통해 삶의 의미와 존엄이 보장되도록 하는 것이다. 클라우드 기술, 블록체인, 원격 근무 등은 국가를 초월해서 외딴 난민 정착촌을 연결하는 수단으로서 논의되고 있는 최신의 아이디어들이다. 이들과 더불어서 난민 정착촌의 양상을 새롭게 상상해볼 수 있는 여지도 있다. 예를 들어, 기술을 이용하여 정착지를 난민 개인의 선호, 기술, 재능과 맞추어 주는 것이다.

'어떻게 보호할지'의 문제에 더해서 '누구를 보호할지'의 문제가 있다. 1951년 난민의 지위에 관한 협약 (Convention on the Status of Refugees, 난민협약)의 초점인 '박해'는 금세기의 실향민 발생의 주된 요인에는 적절히 적용되지 않고 있음이 분명하다. 예를 들어, 기후변화와 그것의 국가 취약성과의 상호작용은 수천만 명의 실향민이 국경을 넘게 만들 것이다. 이것은 필연적으로 누가 '국제적인 보호'를 받아야 하는지, 또는 인권을 근거로 이주할 권리가 있는지에 관한 새로운 국제 조약을 필요로 하게 될 것이다. 현재 국가와 국제기구는 이 논의를 회피하고 있다. 그러나 '누가 난민인가'에 대한 재협상의 결정적인 시점이 필연적으로 다가오고 있다.

## 규범과 국제기구

강대국의 이익 이외에 이주 거버넌스에 있어서 영향을 미치는 요인들은 어디에서 올 것인가? 전통적으로 글로벌 거버넌스 개념에서 국제레짐은 규범과 국제기구를 통해 행위에 영향을 미치고 행위를 형성한다고 간주되었다.

대부분의 국제 이주법은 비록 그렇게 이름이 붙여지지는 않았으나, 이주의 영역에서 국제법은 제도적 지형에서 중요한 역할을 한다. 예를 들어, 국제인권법과 국제난민법은 이론상 난민에 대한 국가의 행위에 제약을 설정하는 일련의 규범을 제시한다. 예를 들어, 1951년 난민의 지위에 관한 협약은 난민체제에서 가장 중요한 법적 장치이며, 누가 난민이고 그들이 어떤 권리를 가지는지를 정의한다. 한편 인권법 조약들은 이주자로서뿐만 아니라 인간으로서의 이주자에 대한 다양한 의무를 설정하고 있으며, 거기에는 심각한 박해에 직면하게 될 나라로 강제로 돌려보내지지 않을 권리도 포함된다. 이러한 규범들은 고도로 제도화되어 있으며 많은 나라의 국내법이나 정책에 채택이 되었다. 그것들은 국경을 넘는 사람들에 대한 인권 침해에 대항하는 자유주의적인 보호장치가 된다.

그러나 한 가지 문제가 되는 점은 정책 영역뿐 아니라 전반적으로 국제법의 정통성과 영향력의 점진적인 잠식되고 있는 상황이다. 유럽에서 호주에 이르기까지 다수의 이주 목적지 국가는 1951년 난민협약의 적실성에 대해 공공연히 의문을 제기했으며, 공개적으로 변호사들을 비판했고, 공공연히 국제법적 의무를 위배했다. 국제법은 여전히 작동하지만 (사법부는 다수 입법과 정책을 일상적으로 저지할 수 있다), 이주와 난민 보호는 이제 법률보다는 정치에 의해 결정되는 경우가 더 빈번하다. 정부가 해당 협약을 서명하거나 비준하지 않았거나, 사법부에의 접근이 제한적인 신흥국과 저소득 국가의 경우에는 이 현상이 더 현저하다. 예를 들어, 1951년 난민협약의 경우 남아시아, 동남아시아, 중동의 많은 국가들은 서명조차 하지 않았다.

그러나 많은 국제기구와 운동가들은 이주와 난민 정치에 있어서 가장 중요한 영향력의 원천으로서 법률에 초점을 맞춘다. 법률이 영향력의 한 요소이지만 그것이 이주와 난민에 관한 정부 결정을 주로 결정하는 요인이 될 가능성은 높지 않다. 더욱이 국제법의 영향력 감소가 예상되는 많은 구조적 이유가 있다. 예를 들어, 다극체제의 부상과 중국 및 BRICS(브라질, 러시아, 인도, 중국, 남아공)의 부상은 다자적 거버넌스와 지나간 자유주의적 국제주의 시대에 합의된 규범에 도전이 되고 있다. 그 대신 정치적 실용주의와 이익의 수렴이 강대국의 행태에 영향을 미치는 근거가 될 것으로 보인다.

국제기구가 직면한 도전은 이처럼 변화한 세계를 인식하고 적응하는 것이다. UNHCR처럼 많은 국제기구의 임무는 미국이 뒷받침하는 자유주의적 국제주의의 산물이다. 따라서 그들은 제2차 세계대전의 승전 연합국의 법적, 규범적 틀과 연결이 되어있다. 중국과 인도로 권력이 이동하면서 미국의 패권이 기울면서 난민과 이주 영역을 포함한 국제기구는 효과적 국제협력의 수단을 다시 검토해야 할 것이다. 그러한 수단들은 지식과 법률에는 덜 의존하고, 양질의 정치적 분석과 수렴하는 이익의 중재에 의존하게 될 것이다. 여러 면에서 IOM은 이러한 변화하는 세계를 반영한다. 그것은 규범적인 임무를 가지고 있지 않으며, 가장 강력한 국가들에 서비스를 제공한다. 한편 UNHCR은 자유주의적 국제주의의 산물이다. 둘 다 향후 국가의 행위에 어떻게 영향을 미칠지, 효과적이고 규범적으로 바람직한 국제 협력이 무엇을 의미하는지 재고하고 조정해가야 할 것이다.

## 결론: 유토피아, 디스토피아, 아니면 헤테로토피아?

이주와 관련해서, 미래 예측은 고사하고, 시나리오를 만든다는 것은 특히 어렵다. 이 장에서 보여주었듯이 이주와 그 거버넌스는 광범위한 변수들과 안보, 개발, 무역, 인권, 인도주의 등 여러 정책 분야의 정치에 의해 결정된다.

이전의 분석은 현재의 권력 관계, 이익, 주도적인 아이디어를 상수로 한 가정에 근거하였다. 그러나 이들이 절대로 변화하지 않거나 극적으로 변형되지 않는다는 것은 아니다. 새로운 담론이 가능하며 선경지명 있는 리더십이 정책 분야에서 등장할 수 있다. 앞서 기술한 이주의 미래는 결코 필연적인 것이 아니다. 그것은 정치에 영향을 받으며, 시민, 유권자, 소비자, 활동가로서 우리의 집단적 선택을 반영한다.

여러 면에서, 이주의 미래에 대한 학계의 생각은 현실주의자, 이상주의자, 행동가들, 혁신가들의 네 가지로 구분해볼 수 있다. '현실주의자'는 권력, 이익, 아이디어를 상수로 본다. 그들은 윤리적으로 바람직한 목표 실현을 위해 이익이 수렴하는 기회를 포착하려 한다. '이상주의자'는 권력, 이익, 아이디어를 바꿀 수 있다고 가정하며, 대안적이고 더 나은 규범적 목표를 만드는 한편 권력을 비판한다. '행동가'는 가능성의 범위를 다시 설정하기 위해 권력, 이익, 아이디어를 바꿀 수 있는 장치를 알아내려 한다. '혁신가'는 권력, 이익, 아이디어를 재설정할 수 있는 실용적인 해결책을 만들려 한다. 그들은 '좋은 사회'를 다시 상상하려 한다. 이 입장들은 서로 배타적인 것이 아니다. 많은 것들은 우리에게 모두 존재하며, 이주와 이주 거버넌스에 관해 비판적으로 생각하고 있는 모두에게 다양한 정도로 공존한다. 오랫동안 정치적으로 지속가능하고, 이주자와 수용 국가에게 보다 바람직한 미래를 만들기 위해서는 이 4개 유형 모두가 필요하다.

이주 거버넌스가 사람들의 삶과 복지에 무엇을 의미할지는 입장에 따라 다르다. 더 광범위한 추세를 보면 이주 거버넌스는 엘리트에게는 개방적이고, 소외된 사람들에게는 폐쇄적이 될 위험이 있다. 누구에겐가는 그것은 경제적 기회, 안전, 인권을 제공하는 유토피아일 것이다. 다른 사람에게는 이주자와 다극체제에서 경쟁하는 주권국가가 전면적으로 대치하고, 권리는 부정되고, 꿈은 좌절되고, 인간의 존엄성은 무너지는 디스토피아일 것이다. 우리가 직면한 규범적 과제는 이주의 혜택이 공정하게 공유될 수 있도록 하는 것이다.

그러나 전반적으로 글로벌 이주 거버넌스는 '헤테로토피아'가 될 것 같다. 그것은 다양하고, 논란의 대상이 될 것이다. 이주 거버넌스는 오랫동안 안정되었던 적이 없으며, 계속해서 정치적이고 정치화될 것이다. 이주의 복잡성을 반영하여 그 거버넌스는 양자 간, 지역적, 글로벌 수준에서 작동하는 다층적인 현상이 될 것이다. 그것은 서로 다른 공공과 민간 행위자들을 포함할 것이다. 이주 거버넌스는 점점 더 정치적 지형을 재배열하는 데 선봉에 있는 기술, 기업, 도시의 시장들, 디아스포라 단체들, 이주자 주도의 네트워크들과 같은 '새로운 행위자들'에 영향을 받을 것이다. 미래의 이주 거버넌스의 방향과 그것이 안보, 경제, 인권 등 경쟁하는 규범적 의제와 어떻게 조화시킬지는 글로벌 사회의 정치적 건전성을 가늠하는 리트머스 시험이 되어 줄 것이다.

## 추가 읽을거리

Lamis Abdelaaty, *Discrimination and Delegation: Explaining State Responses to Refugees* (Oxford: Oxford University Press, 2021).

Alexander Betts, *The Wealth of Refugees: How Displaced People Can Build Economies* (Oxford: Oxford University Press, 2021).

Alan Gamlen, *Human Geopolitics: States, Emigrants, and the Rise of Diaspora Institutions* (Oxford: Oxford University Press, 2019).

Andrew Geddes, *Governing Migration Beyond the State: Europe, North America,*

*South America, and Southeast Asia in a Global Context* (Oxford: Oxford University Press, 2021).
Gerasimos Tsourapas, *The Politics of Migration in Modern Egypt: Strategies for Regime Survival in Autocracies* (Cambridge: Cambridge University Press, 2018).

## 주

1) Mark Miller and Stephen Castles, *The Age of Migration: International Population Movements in the Modern World* (Basingstoke, UK: Palgrave Macmillan, 2009).
2) Alan Gamlen, "Migration and Mobility After the 2020 Pandemic: The End of an Age," *COMPAS Coronavirus and Mobility Forum*, 3 June 2020, www.compas.ox.ac.uk/2020/migration-and-mobility-after-the-2020-pandemic-the-end-of-an-age-2/.
3) ILO, *Fact Sheet: Labor Migration Highlights* (Geneva: ILO, 2015), www.ilo.org/global/topics/labour-migration/publications/WCMS_384858/lang-en/index.htm.
4) Ronald Skeldon, *Global Migration: Demographic Aspects and Its Relevance for Development* (New York: United Nations, 2013).
5) Rainer Münz, "Demography and Migration: An Outlook for the 21st Century," *Migration Policy Institute Policy Brief*, no. 4 (September 2013): 1–14.
6) Jackie Cilliers, *Africa First! Igniting a Growth Revolution* (Cape Town, South Africa: Jonathan Ball, 2020).
7) Michael Clemens, "Does Development Reduce Migration?" in *International Handbook on Migration and Economic Development*, ed. Robert E. B. Lucas (Northampton, MA: Edward Elgar Publishing, 2014), 152–185; Hein De Haas, "Turning the Tide? Why Development Will Not Stop Migration," *Development and Change* 38, no. 5 (2007): 819–841.
8) McKinsey, *Skill Shift: Automation and the Future of the Workforce* (McKinsey and Company, 2018)
9) Gary Freeman, "Migration Policy and Politics in the Receiving States," *International Migration Review* 26, no. 4 (1992): 1144–1167.
10) Jonathan Portes, "The Economics of Migration," *Contexts* 18, no. 2 (2019): 12–17.
11) George Borjas, *Immigration Economics* (Cambridge, MA: Harvard University Press, 2014).
12) Jens Hainmueller and Daniel Hopkins, "Public Attitudes Toward Immigration," *Annual Review of Political Science* 17 (May 2014): 225–249.
13) Michael Fix, *Migration and the Global Recession* (Washington, DC: Migration Policy Institute, 2019).
14) Joachim Vogt Isaksen, "The Impact of the Financial Crisis on European Attitudes Toward Immigration," *Comparative Migration Studies* 7, no. 1 (2019): 24.
15) Michael Savelkoul et al., "Explaining Relationships Between Ethnic Diversity and

Informal Social Capital Across European Countries and Regions: Tests of Constrict, Conflict and Contact Theory," *Social Science Research* 40, no. 4 (2011): 1091–1107.

16) UNHCR, *Global Trends in 2018* (Geneva: UNHCR, 2019).

17) Dan Restrepo et al., *Getting Migration in the Americas Right: A National Interest-Driven Approach* (Washington, DC: Center for American Progress, 2019).

18) World Bank, *Sahel Refugees: The Human Face of a Regional Crisis* (Washington, DC: World Bank, 2017).

19) Edgar Grande et al., "Politicizing Immigration in Western Europe," *Journal of European Public Policy* 26, no. 10 (2019): 1444–1463.

20) Matthew Goodwin and Caitlin Milazzo, "Taking Back Control? Investigating the Role of Immigration in the 2016 Vote for Brexit," *The British Journal of Politics and International Relations* 19, no. 3 (2017): 450–464.

21) Karen Hargrave et al., *Closing Borders: The Ripple Effects of Australian and European Refugee Policy: Case Studies from Indonesia, Kenya, and Jordan* (London: ODI, 2016).

22) Edward Miguel et al., "Economic Shocks and Civil Conflict: An Instrumental Variables Approach," *Journal of Political Economy* 112, no. 4 (2004): 725–753; Helen Dempster et al., "Locked Down and Left Behind: The Impact of COVID-19 on Refugees' Economic Inclusion," Center for Global Development, 2020, www.cgdev.org/publication/locked-down-and-left-behind-impact-covid-19-refugees-economic-inclusion; Milan Svolik, "Authoritarian Reversals and Democratic Consolidation," *American Political Science Review* 102, no. 2 (2008): 153–168; Era Dabla-Norris et al., "Budget Institutions and Fiscal Performance in Low-Income Countries," *IMF Working Papers*, Washington, DC, 2010, 1–56; Fix, *Migration and the Global Recession*; Council of Europe, "Austerity Measures Across Europe Have Undermined Human Rights," 2013, www.coe.int/en/web/commissioner/-/austerity-measures-across-europe-have-undermined-human-rights; David Carment et al., "State Fragility and Implications for Aid Allocation: An Empirical Analysis," *Conflict Management and Peace Science* 25, no. 4 (2008): 349–373.

23) "IOM's Irregular Migration Database," https://migrationdataportal.org/themes/irregular-migration 참조.

24) UNODC, *Smuggling of Migrants for a Better Life*, 2020, www.unodc.org/toc/en/crimes/migrant-smuggling.html

25) Ralph Wilde, "Legal Black Hole-Extraterritorial State Action and International Treaty Law on Civil and Political Rights," *Michigan Journal of International Law* 26, no. 3 (2005): 739.

26) Thomas Gammeltoft-Hansen, "International Refugee Law and Refugee Policy: The Case of Deterrence Policies," *Journal of Refugee Studies* 27, no. 4 (2014): 574–595.

27) Roger Zetter, "More Labels, Fewer Refugees: Remaking the Refugee Label in an Era of Globalization," *Journal of Refugee Studies* 20, no. 2 (2007): 172–192.

28) Thomas Gammeltoft-Hansen and Ninna Nyberg Sorensen, eds., *The Migration Industry and the Commercialization of International Migration* (London: Routledge, 2013).
29) Meghan Benton, *The Rocky Road to a Mobile World After COVID-19* (Washington, DC: Migration Policy Institute, 2020), www.migrationpolicy.org/news/rocky-road-mobile-world-after-covid-19.
30) Zygmunt Bauman, *Globalization: The Human Consequences* (New York: Columbia University Press, 1998).
31) Amitav Acharya, ed., *Why Govern? Rethinking Demand and Progress in Global Governance* (Cambridge: Cambridge University Press, 2016).
32) Bimal Ghosh, ed., *Managing Migration: Time for a New International Regime?* (Oxford: Oxford University Press, 2000).
33) Alexander Betts, *Global Migration Governance* (Oxford: Oxford University Press, 2011); Alan Gamlen and Katherine Marsh, *Migration and Global Governance* (Northampton, MA: Edward Elgar Publishing, 2011); Khalid Koser, "Introduction: International Migration and Global Governance," *Global Governance: A Review of Multilateralism and International Organizations* 16, no. 3 (2010): 301–315; Rey Koslowski, "Global Mobility Regimes: A Conceptual Framework," in *Global Mobility Regimes* (New York: Palgrave Macmillan, 2011); Susan Martin, *International Migration: Evolving Trends from the Early Twentieth Century to the Present* (Cambridge: Cambridge University Press, 2014); Kathleen Newland, "The Governance of International Migration: Mechanisms, Processes, and Institutions," *Global Governance: A Review of Multilateralism and International Organizations* 16, no. 3 (2010): 331–343.
34) Karen Alter and Sophie Meunier, "The Politics of International Regime Complexity," *Perspectives on Politics* 7, no. 1 (2009): 13–24.
35) Lena Kainz and Alexander Betts, "Power and Proliferation: Explaining the Fragmentation of Global Migration Governance," *Migration Studies* 9, no. 1 (2021): 65–89.
36) Alexander Betts, *Protection by Persuasion: International Cooperation in the Refugee Regime* (Ithaca, NY: Cornell University Press, 2009); Emanuela Paoletti, *The Migration of Power and North-South Inequalities: The Case of Italy and Libya* (Basingstoke, UK: Palgrave MacMillan, 2011); Gerasimos Tsourapas, "The Syrian Refugee Crisis and Foreign Policy Decision-Making in Jordan, Lebanon, and Turkey," *Journal of Global Security Studies* 4, no. 4 (2019): 464–481.
37) Sreeram Sundar Chaulia, "The Politics of Refugee Hosting in Tanzania: From Open Door to Unsustainability, Insecurity and Receding Receptivity," *Journal of Refugee Studies* 16, no. 2 (2003): 147–166; James Milner, "Can Global Refugee Policy Leverage Durable Solutions? Lessons from Tanzania's Naturalization of Burundian Refugees," *Journal of Refugee Studies* 27, no. 4 (2014): 553–573.
38) Alexander Betts and Paul Collier, *Refuge: Transforming a Broken Refugee System* (London: Penguin, 2017).
39) 예를 들어, Claudena Skran and Evan Easton-Calabria, "Old Concepts Making

New History: Refugee Self-reliance, Livelihoods and the 'Refugee Entrepreneur'," *Journal of Refugee Studies* 33, no. 1 (2020): 1–21; Katharina Lenner and Lewis Turner, "Making Refugees Work? The Politics of Integrating Syrian Refugees into the Labor Market in Jordan," *Middle East Critique* 28, no. 1 (2019): 65–95; Julia Morris, "Extractive Landscapes: The Case of the Jordan Refugee Compact," *Refuge* 36, no. 1 (2020): 87–96; Lewis Turner " '#Refugees Can Be Entrepreneurs Too!' Humanitarianism, Race, and the Marketing of Syrian Refugees," *Review of International Studies* 46, no. 1 (2020): 137–155 참조.

# 빈곤과 불평등의 글로벌 거버넌스


휴(David Hulme) & 크리시난(Aarti Krishnan)


빈곤과 불평등은 우리 시대의 가장 시급한 문제이며, 가장 해결하기 어려운 격차의 문제 중 하나이다. 2019년 세계인구의 거의 절반이 1일 5.5달러 미만으로 생활하며, 세계 최상위 1퍼센트는 69억 명이 가진 부의 2배 이상을 소유한다.[1] 우리는 어떻게 이 지경에 이르렀는가? 이 장은 빈곤과 불평등의 글로벌 거버넌스의 진화를 검토하고 미래에의 의미를 탐색한다. 우리는 공식적 국제 문제로서 빈곤이 대체로 무시되었던 1950년대부터, 고소득 국가 주도로 극빈 퇴치를 우선시하게 된 1990년대, 그리고 불평등에 대한 목표설정을 포함하는 2015년 지속가능발전목표(SDGs: Sustainable Development Goals) 확대까지의 변화에 특히 초점을 맞춘다. 이 장은 빈곤과 불평등을 완화하는 데 있어서 소위 서구 주도의 글로벌 거버넌스 제도들의 진화, 우선순위, 실패를 다루고, 남반구 (예를 들어 중국, 인도, 남미)

로부터의 거버넌스 제도들의 부상과 빈곤과 불평등 거버넌스의 현재와 미래에 있어서 그들의 역할에 대해 조명한다.

개념적 틀은 콕스(Robert Cox)의 생각, 특히 생산적/파괴적 잠재력에 있어서 변화와 물질적 역량의 중요성과, 기존 정통 담론에 도전하고, 규범적 논쟁을 형성하고, 정책과 행동에 영향을 미치는 데 있어서 아이디어의 역할을 참고했다.[2] 이러한 요인들은 주어진 특정 사례에 따라서 다양한 방향과 힘으로 서로에 영향을 미친다.[3] 다음 절은 빈곤의 글로벌 거버넌스를, 제3절은 글로벌 불평등 완화의 필요성에 대한 최근의 인식을 검토한다. 마지막 절은 글로벌 거버넌스의 미래, 그리고 각국의 물질적 역량의 변화가 글로벌 목표 설정 및 추구에 관한 계속되는 '아이디어의 전쟁'과 어떻게 상호작용했는지를 분석한다. 빈곤과 불평등 완화에 관한 아이디어, 정책, 행동의 진화에 영향을 미친 요인들을 이해하는 것은 빈곤과 불평등의 글로벌 거버넌스의 미래를 검토하는 기초를 제공한다.

## 글로벌 거버넌스와 빈곤

유엔이 개발을 추진한 처음 30년 (1960년대, 1970년대, 1980년대)은 경제가 성장하면 사람들과 나라들이 사회-경제적 수렴하리라는 믿음으로 빈곤 완화를 소홀히 했다. 그러나 냉전 종식 후 경제협력개발기구(OECD, Organisation for Economic Cooperation and Development), 브레튼우즈 제도들(BWIs: Bretton Woods institutions), 그리고 2001년 새천년개발목표(MDGs: Millennium Development Goals)가 육성한 원조 공여 기관들에 의해 상황이 변화하였다. 이들은 BWI가 승인한 빈곤축소전략보고서(PRSPs: poverty reduction strategy papers)를 통해 2015년까지 극심한 빈곤을 절반으로 줄이는 것을 우선 목표로 설정했다. 2000~2015년 사이에 빈곤은 급격히 줄어들었으나, 그것은 선진국이 처방한 의제보다는 신흥 경제의 등장으로 성취된 것이었다. 이 절은 빈곤의 글로벌 거버넌스의 정치경제의 역사와 MDGs 성과의 의미를 설명하며, 절대 빈곤에 대응하는 서구와 남반구 국가들이 채택한 다양하지만 서로 연관된 접근들을 조명한다.

## 빈곤의 글로벌 거버넌스: 1950~1990년대

제2차 세계대전 후의 글로벌 거버넌스의 설계에 있어서 빈곤 완화는 더 광범위한 '국제 개발' 추진의 한 하위 요소에 불과했다. 이 과제를 이끈 것은 BWIs(세계은행[원래 국제부흥개발은행, International Bank for Reconstruction and Development]과 국제통화기금[IMF: International Monetary Fund]), 유엔총회, 유엔 전문 기구들, 양자 간 해외원조 기관들(특히 미국, 영국, 프랑스)이었다. 개발의 목표는 엄격히 명시되지는 않았으나, 직관적으로는 경제 성장을 통해 빈곤한 나라들이 사람들의 삶을 개선하도록 산업화된 나라들을 '따라잡는' 것이었다.[4]

기아를 완화하고 농민들에게 보다 생산적인 삶을 제공하기 위해서는 산업 성장과 함께 농업 근대화가 필요했다. 대부분의 나라에서 산업화 전략은 성과가 거의 없었으나 (국가 소유의 기업이 비효율적으로 중공업과 수입대체 전략을 추구), 농업 근대화는 '녹색혁명'(작물 연구, 인프라/시장 개발, 제도적 지원에 많은 투자), 작물 생산성 제고, 30퍼센트 이상의 농경지 확대를 통해서 이루어졌다. 이러한 결과는 아시아와 남미에서 나타났으나, 사하라 이남 아프리카에서는 보이지 않았다.[5]

국제농업연구협의그룹(CGIAR: Consultative Group on International Agricultural Research) 네트워크와 록펠러재단이 녹색혁명의 선봉에 섰다. 결과는 다양하게 나타났다. 아시아에서 1퍼센트의 작물 생산성 향상이 빈곤을 0.48퍼센트 완화했음을 시사하는 증거가 있다.[6] 식량 가격도 인하되었으며, 식량안보와 영양의 다양성도 개선되었다. 그러나 다른 사람들은 기술 접근과 지원이 농업에 유리한 지역의 대상 농민들과 경작 권리가 있는 사람들에게만 제공되어, 농업의 집약화가 세대 간 격차를 벌렸으며, 소규모 농민의 빈곤을 심화했다고 주장한다.[7)]

세계의 빈곤 종식을 촉구하는 국제적인 사색가이며 노벨상 수상자 2명(뮈르달[Gunnar Myrdal]과 갈브레이스[John Kenneth Galbraith])의 목소리는 거의 영향을 미치지 못했다.[8)] 1970년대에 몇 년 동안 유엔과 BWIs는 아이디어와 정책이 빈곤 퇴치를 향해 수렴하는 듯 보였다. 세계은행은 다부문의 통합적농촌개발(IRD: Integrated Rural Development)에 초점을 맞추었고, 유엔 기구들은 '인간의 기본적 필요(BHN: basic human needs)'를 추구하였다. 그러나 1970년대 말에 이르자 세계은행은 시장기반 성장 접근으로 선회하였고 유엔은 BHN을 적극 추진할 재원이 부족했다.

이러한 국제기구들은 개발을 '어떻게' 할 것인지에 더 초점을 맞춘 반면, '누구'(세계의 빈곤층)에 대해서는 모호하게 규정하였다. 거의 그 시작부터 유엔 사무국, 유엔의 다양한 전문 기구들, BWIs는 '어떻게'의 문제를 놓고 극명하게 의견이 갈렸다. 유엔체제는 삶의 질(식량, 식수, 의료 서비스, 주거) 개선을 위해 더 직접적이고 국가 주도적 접근에 초점을 맞추었다. 반면 BWIs의 우선순위는 민간부문 주도의 경제 성장이었다. 성장의 낙수효과가 빈곤층의 삶을 개선할 것이며, 평균 소득이 상승하면 사람들이 더 많은 식량을 구매할 수 있고, 서비스 비용을 지불할 수 있을 것이다.[9)]

1970년대 말 BWIs는 구조조정사업(SAPs: structural adjustment programs)으로 이행했다. 이 경제적 의제는 서구에서의 신자유주의적 사고의 부상을 반영했으며, 시장 주도 성장을 통한 생계 향상을 추구했다. 1980년대를 통해 BWIs는 '민영화, 자유화, 탈규제,' 그리고 국가 개입의 최소화 구호를 내세우면서 개발 정책을 주도했다. 유엔은 개발을 위한 대규모 차관을 제공하지 않았기 때문에 BWIs는 유엔을 건너뛰었고, 유엔은 BWIs가 부채

국가에 시장 개방 정책을 조건으로 강요하는 것을 막지 못했다.

그러나 1990년대에 이르자 일련의 사건과 아이디어가 BWI의 융자조건에 도전하였고, 유엔의 영향을 되살렸다. 첫째, 소련의 붕괴로 글로벌 전략의 재고를 요구하게 되었고, 전세계에서 시민사회가 급속도로 동원되기 시작하였다.[10] 둘째, 많은 나라에서 BWI가 주도한 SAPs가 수천만 명, 특히 여성과 도시 빈민들의 형편이 나아지기보다 더 빈곤해지게 된 '잃어버린 10년'을 만들었다는 인식이 광범위하게 확산되었다.[11] 이것은 1990년 '빈곤'에 초점을 맞춘 『세계개발보고서(*World Development Report*)』[12] 발간과 시기적으로 일치했다. 세계은행은 (소비에 근거한) 극도의 빈곤을 측정하는 글로벌 기준인 '1일 1달러' (또는 연간 370달러 빈곤 상한선)를 개발하였다. 1990년 보고서는 1985년에 개발도상국 인구의 약 30퍼센트(11억 1,600만 명)의 인구가 빈곤하게 살았다고 계산하였다. 이 정책적 실패에 대해 사회 운동가들과 일부 정치인들이 글로벌 빈곤 해결을 위해 집중적 행동을 취할 것을 요구하게 되었다.

셋째, 1990년 유엔개발계획(UNDP: United Nations Development Programme)은 인간개발지수(HDI: Human Development Index)를 포함하는 『인간개발보고서(*Human Development Report*)』 창간호를 발간하였다. 노벨상 수상자인 센(Amartya Sen)의 아이디어를 기초로 이 보고서는 빈곤은 순전히 금전적 측면이 아니라 (건강, 교육, 소득과 같은) 역량의 측면에서 측정되어야 한다고 주장하였다.[13] 그 결과 국가정부에 의한 기본적 서비스 제공 관련 공공 지출 증가 요구가 강화되었다.

끝으로, 1990년 9월 유니세프(유엔아동기금, UNICEF: United Nations Children's Fund)는 뉴욕에서 아동정상회의를 개최하였다. 이 회의는 교육과 모자보건 관련 정부 지출을 증액하려는 세계 지도자들의 관심을 끌었으며, 시민사회와 사회적 행동주의의 부상을 촉진한 일련의 대규모 유엔 정상회의 출범의 계기가 되었다.[14] 1992년 리우지구정상회의와 1995년 베이징에서 개최된 제4회 세계여성회의는 공식 정상회의보다 더 큰 규모의 시민사회 행사를 개최하였으며 상당한 국제 언론사의 관심을 받았다. 그리고 시민사회 규범 규범주창자[15] 이러한 행사를 기술적으로 이용하여 세계화를 관리하는 서구 주도의 제도에 대한 포용적, 반패권적 도전의 수단으로서 2000년 1월 세계사회포럼을 개최하는 계획과 유엔회의에서 공식적인 비정부기구 대표권을 확보하는 협상을 하였다.

그러나 국제 개발을 위한 이러한 1990년대 중반의 움직임에는 부유한 국가들의 행동이 따르지 않았다. OECD 개발원조위원회(DAC: Development Assistance Committee)는 해외원조 감축을 막기 위해 필사적이었다. 소련의 붕괴는 (소련을 지지하지 않도록 빈곤국에 뇌물을 제공하는) 지정학적 고려가 사라짐을 의미했다. DAC 원조에 대한 공공의 지지를 되살리기 위해 뭔가를 찾아야 했다. 예상치 않게, 인턴들이 만든 유엔 컨퍼런스 선언의 짧은 목록(국제개발목표[IDGs: International Development Goals])이 스스로 생명력을 가지게 되었다. 국제개발 여성 장관들의 비공식적 모임인 웃스타인그룹(Uttstein Group)은 IDGs를 지지하였다. 유엔이 새천년정상회의를 준비하는 가운데 2000년 6월 OECD, 세계은행, IMF, 유엔 등 4대 주요 기구는 공식적으로 산하 기관들의 IDGs 실현을 공약하였다.

## 글로벌 거버넌스에 있어서 새천년개발목표(MDGs)와 G77의 역할

2000년 9월 유엔총회 정상회의는 국제개발목표(IDGs)보다 훨씬 길고 어려운 노력 끝에 새천년선언을 채택하였다. 다른 이념들의 충돌로 인한 격렬한 비공개 논쟁 후에 2개의 다른 세트(유엔 세트와 OECD/BWI세트)로 구성된 글로벌 목표가 나타날 것처럼 보였다. 그러나 오랜 협상 끝에 궁극적으로 2001년 3월 유엔 새천년개발목표에 관한 하나의 최종 합의에 도달하였다. 빈곤(1990~2015년 사이에 1일 1달러 미만 소득 인구 절반으로 축소)과 기아 퇴치, 보편적 초등교육 실현, 젠더 평등과 여성 권익 신장, 영유아 사망률 감소, 산모 건강 향상, 질병 퇴치, 환경 지속가능성 확보 등 많은 새천년개발목표(MDGs)는 IDGs와 유사했다. 그러나 인도와 같은 일부 신흥국가의 강한 주장에 따라 MDGs에 여덟 번째 목표가 추가되었다. 그것은 '개발을 위한 글로벌 파트너십'을 촉구했으며, MDGs가 순전히 개도국이 해야만 할 일에 관한 것이 되지 않도록, OECD 국가들이 변화해야 할 것을 적시하였다.[16] G77(스스로 '개발도상국'이라고 부르는 135개 유엔 회원국)은 고소득 유엔 회원국의 목표치가 없는 MDGs를 받아들이지 않았다.

4대 기구 사이에는 2001년 3월 또 하나의 중요한 합의가 이루어졌다.[17] 유엔은 새천년개발목표(MDGs)와 관련하여 선봉 역할을 하게 되고, BWIs는 개발과 안정화를 위한 원조를 원하는 나라들의 거시경제 정책을 협상하는 것이다. 차용 국가들은 IMF와 세계은행의 공동 승인을 요하는 빈곤축소전략보고서(PRSPs)를 준비한다. PRSPs는 빈곤에 초점을 맞춘 정부 정책 수립을 목표로 하였으며, 시민사회의 참여를 포함하였다. MDGs의 우선 목표는 빈곤을 절반으로 줄이는 것이지만, 이 목표를 위한 재정은 BWI의 승인과 BWI 거시경제 조건의 수용이 필요했다. 예를 들어, 이는 PRSPs의 참여적 속성과 시민사회 참여의 역할에 대한 원조 조건을 모니터링하는 과정의 문제들을 포함한다. PRSPs는 국내 정치과정을 반영하지 못했다.[18]

MDGs는 곧 더 광범위한 글로벌 거버넌스 과정에 스며들었다. 그러나 2001년 9월 11일(9/11) 미국에 대한 공격은 그 진전을 막았다. 워싱턴과 동맹국은 글로벌 테러와의 전쟁에 몰두했으며, 군대를 아프가니스탄과 이라크로 이동했다. 필연적인 결과로 MDGs와 빈곤축소는 G7, G8, OECD 회의에서 부차적인 문제가 되었다.

한편 중국, 인도, 여타 거대 개발도상국의 경제는 유례없는 속도로 성장하였으며, 아시아, 남미, 아프리카에서 극빈 상태(당시에 1일 1.08달러, 2005년에 1일 1.25달러로 조정)는 감소하기 시작했다 (도표 10.1). 2007~2008

년 '글로벌 금융위기'는 개도국의 빈곤감소 추세에 거의 영향을 주지 않았다. 도표 10.1에서 x축은 연도별 빈곤선 아래에 사는 사람들의 비율, y축은 지역/국가를 표시한다. 데이터는 모든 나라와 지역에 걸쳐 상당한 감소를 보여준다. 그러나 전반적으로 저소득 국가의 비율은 별로 감소하지 않았다. 빈곤율이 감소한 것은 대부분은 중국에서 빈곤이 엄청나게 감소했기 때문이다. 중국에서는 1990~2015년 사이에 복합비율은 25퍼센트 감소했다. 인도는 8퍼센트 감소했으나, 저소득 국가는 2.2퍼센트 감소에 불과했다 (빈곤격차 측정 결과도 유사한 추세를 보여준다).

절대적 소비 빈곤은 감소했으나 '인간개발'로서 빈곤축소의 더 넓은 아이디어를 주장하는 (UNDP를 필두로) 많은 목소리가 있다. 이들은 보건, 교육, 생활 수준의 극도의 박탈 상태를 포착하는 빈곤의 인간개발 측정 개발에 앞장섰으며, 이것은 다차원빈곤지수(MPI: Multidimensional Poverty Index)로 표현이 되었다. 이 지수에 의하면 2015년에 세계 약 16억 명 (남아시아의 54퍼센트, 사하라 이남 아프리카의 31퍼센트)이 다차원적 빈곤 속에 살고 있었다.[19] MPI와 1일 1.25달러 빈곤 측정 결과 사이에는 큰 차이가 있었다. 예를

**도표 10.1 국가별/지역별 빈곤 인구 비율 1981~2015년**

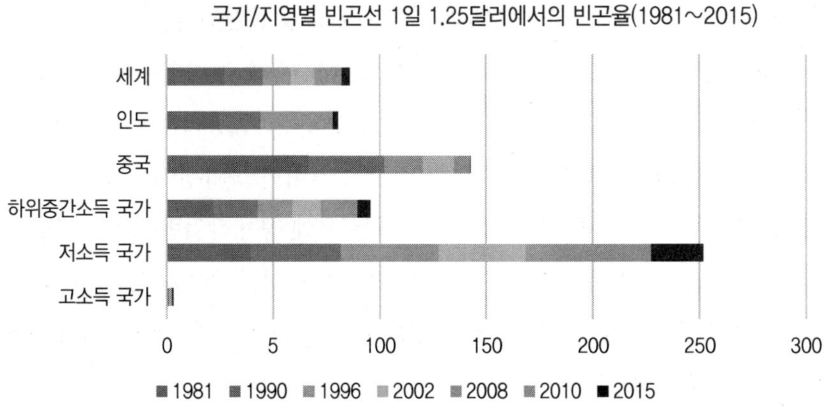


출처: 2011년 구매력평가 기준으로 계산한 Povcal을 바탕으로 필자가 구성 (인도: 데이터가 없는 경우 최근접 연도 포함)

들어, 차드와 에티오피아에서 MPI는 약 87퍼센트였으나 1일 1.25달러 빈곤은 37퍼센트에 불과했다. 2015년 중국의 경우 MPI는 5.5퍼센트였으나,[20] 세계은행의 빈곤조사에서는 1퍼센트 미만이었다. 인간개발의 개념은 "성장이면 충분하다"는 사고에 근거한 정책에 도전하였으며, (기본 교육과 보건, 젠더 평등, 사회적 보호 등) 사회정책에 관한 더 많은 관심을 지지하였다.

2015년 MDG 시대가 끝나면서 '빈곤을 절반으로 줄이는' 글로벌 목표는 달성하였으나 이는 주로 빈곤층이 1990년 6억 8,900만에서 2011년 2억 500만으로 감소한 중국의 성취 때문이었다.[21] 인도와 브라질도 좋은 성과가 있었다. 양국 모두 1990~2011년 사이에 빈곤율을 15~25퍼센트 줄였다.[22] 이 세 사례에서 모두 경제 성장은 빈곤축소의 중요한 동력이었으나, 정책은 달랐다. 예를 들어, 중국은 주로 성장에 초점을 맞추었으나 브라질은 성장과 함께 사회정책 (사회적 보호, 최저임금 등)을 추구했다.[23]

## 지속가능발전목표(SDGs)와 빈곤 퇴치

새천년개발목표(MDGs) 이후의 목표를 만드는 글로벌 거버넌스 과정은 당초 "기존에 하던 대로"였다. 유엔과 전문 기구, 영국 등 주요 양자 간 원조 공여자들이 적극 관여했다. 유엔체제는 그들의 우선순위를 적시하는 기술적 보고서를 작성했고, 유엔의 고위급패널은 MDGs를 '2015년 이후 개발의제'로 갱신하려 했다. 그러나 2012년 리우+20 지구정상회의 이후 브라질, 콜롬비아, 여타 G77 회원국이 주도한 대안적 거버넌스 과정이 부상했다. 이 새로운 과정은 모든 유엔 회원국을 포함하는 유엔 공개작업반(OWG: Open Working Group)을 통해 지속가능발전 의제의 제시를 추진하였다. 이 급진적이고 포용적인 글로벌 거버넌스 과정의 변화는 개발의제에 대한 OECD와 BWI의 영향력을 약화시켰다.

사실상 지속가능발전목표(SDGs)는 "남반구에서 기원하였다."[24] 그것은

2015년 9월 출범했으며 2030년까지 극심한 빈곤의 감축을 목표로 진행되고 있으나, 그 목표가 빈곤을 절반으로 줄이는 데서 '퇴치'하는 것으로 상향되었다. '1일 1달러' 빈곤선 (현재 1.9달러)이 최저 생존에 기준을 두었기 때문에 학자들과[25] NGO들은 이를 반대했다. 생존으로서의 극심한 빈곤 개념에 기본적 서비스와 회복 역량(빈곤으로 다시 전락하지 않는 보장)이 더해지면서 높은 빈곤선 (예를 들어 3.2달러)의 필요성이 제기되기에 이르렀다. 1일 3.2달러 빈곤선은 2017년 기준 세계인구의 30퍼센트를 빈곤에서 벗어나게 해야 함을 의미했다. 약 10퍼센트 정도였던 1.9달러 빈곤선의 경우에 비해 훨씬 높은 수치이다.[26] 이 차이는 1.9달러 빈곤선 위에 있는 사람들을 SDGs가 도와야 할 필요성과 불평등 축소 목표를 설정해야 할 필요성을 부각시켰다.

남반구, 특히 중국과 인도는 이제 다른 나라들의 개발 전략 수립과 재정 지원에 훨씬 더 큰 역할을 하고 있다.[27] 중국은 거대한 일대일로(BRI: Belt and Road Initiative) 사업을 통해 빈곤 감축을 위한 기간 시설 중심의 경제 성장 접근을 장려한다. 그러나 연구자들은 다소의 그리고 지역적으로 편중된 빈곤 감축만이 가능하다고 평가한다.[28] 인도는 산업화와 고용 창출 지원을 통한 빈곤 감축을 위해 우간다, 르완다 등에 차관을 제공하고 있다.

개발 금융 분야에서 위험도가 높은 인프라 사업(에너지, 운송, 수자원)에 기꺼이 투자하고 신속히 융자를 제공하는 아시아인프라투자은행(AIIB: Asian Infrastructure Investment Bank)이나 신개발은행(NDB: New Development Bank)과 같은 새로운 기관들이 남반구에서 부상하고 있다.[29] 빈곤한 국가들이 누구의 융자나 자문을 받을지 선택이 더 많아지면서 BWIs의 정책 영향력은 축소하고 있다. BRI나 AIIB의 경우 '빈곤 퇴치'는 핵심 SDG 목표 6, 7, 9, 11에 해당하는 것으로 간주된다. 따라서 빈곤 관련만을 별개로 투자하기보다는 AIIB의 최근 투자에 관해 도표 10.2에서 볼 수 있듯이 시장 주도 모델(인프라 및 투자)이 빈곤 감축의 핵심이라는 전반적인 이해가 기반이 된다. G77 국가 지도자들은 중국의 융자를 환영하지만 서구의 비판자들은 그것이 중국에게 부채를 지게 만드는 지정학적 전략이라고 본다.[30] 그러나 이러한 비판은 아프리카 국가들의 서구 민간부문 금융사에

**도표 10.2** 빈곤 축소 관련 AIIB 투자, 2015~2019년

**목표 6: 청정 식수와 위생**

| | | | |
|---|---|---|---|
| 이집트: 지속가능한 농촌 위생 서비스 (2018) | 인도: 안드라프라데시 도시 물 공급 및 정화 관리 개선(2018) | 인도네시아: 댐 운영 개선과 안전 2단계 (2017) | 인도네시아: 전략적 관개 현대화 및 긴급 재건(2018) |

**목표 7: 저렴한 청정에너지**

| | | | |
|---|---|---|---|
| 아제르바이잔: 아나톨리 횡단 천연가스 파이프 라인(2016) | 방글라데시: 전력 분배시스템 개선 및 확대(2016) | 방글라데시: 천연 가스 인프라 및 효율성 제고(2017) | 방글라데시: 볼라 IPP(2018) |
| 이집트: 이집트 2단계 태양광 발전 기준가격 지원 제도(2017) | 인도: 송전시스템 강화(2017) | 인도: 안드라프라데시 24/7 전력 공급(2017) | 미얀마: 밍기안 복합 가스터빈 발전소(2016) |
| 파키스탄: 타르베이아 5 수력발전소 확장(2016) | 타지키스탄: 누렉 수력발전소 재활 (2017) | 터키: 투즈골루 가스 저장소 확장(2018) | 터키: TSKB 지속가능 에너지 및 인프라 온랜딩 대출(2018) |

**목표 9: 산업, 혁신, 인프라**

| | | | | |
|---|---|---|---|---|
| 조지아: 바투미 우회 도로 (2017) | 인도: 안드라 프라데시 농촌 도로(2018) | 인도: 마디야 프라데시 농촌 연결망(2018) | 인도: 구자라트 농촌 도로(MMGSY) (2017) | 인도: 인도 인프라 기금 (2017) |
| 인도: 방가로 어메트로 철도 R6(2017) | 인도: 국가 투자-인프라 기금(2018) | | 오만: 두크른 항구 상용 터미널 및 운영 지역 개발 (2016) | 오만: 브로드밴드 인프라(2017) |
| 파키스탄: 국도 M-4(2017) | 타지키스탄: 두샨베-우즈베키스탄 국경도로 개선(2016) | | 지역: AIIB 아시아 ESG 개선 신용관리 포트폴리오(2018) | 지역: IFC 신흥국 아시아펀드(2017) |

**목표 11: 지속가능한 도시 및 공동체**

| | | | | |
|---|---|---|---|---|
| 중국: 베이징 대기질 개선 및 석탄 대체(2017) | 인도네시아: 만다리카 도시 및 관광 인프라 (2018) | 인도네시아: 지역인프라개발 기금(2017) | 인도네시아: 국가 빈민가 개선(2016) | 필리핀: 메트로 마닐라 홍수 관리(2017) |

출처: Mapping Infrastructure Investments Against the SDGs of the Asian Infrastructure Investment Bank (2019)에서 발췌.

대한 부채 증가에 대해서는 입을 다문다.

요약하자면 빈곤의 글로벌 거버넌스는 1990년 이후 변형되었다. 국제 개발의 모호한 목표였던 것이 유엔의 글로벌 목표로 규정되었다. 시장 주도 모델은 서구와 남반구에서 모두 빈곤 감축을 성취하는 아이디어를 주도한다. 글로벌 빈곤 의제는 더 이상 OECD나 BWIs만의 문제가 아니다. 2000년 이후 신흥국가와 G77은 유엔에서, 또 양자 관계에서 자기주장을 더 확고히 하고 있다. 그러나 글로벌한 성공이라고 제시된 2000~2015년의 극빈 감축 전략은 경제적, 사회적 불평등에 대한 영향의 측면에서는 매우 다른 의미를 가졌다. 현대의 경제 성장은 불평등과 경제적 양극화를 심화하였다.

## 글로벌 거버넌스와 불평등

글로벌 거버넌스의 과정이 빈곤축소를 우선시하는 가운데 불평등 축소의 목표는 최근에서야 유엔, BWIs, 여타 관련 기관의 공식적 정책 목표가 되었다. 데이터를 보면 불평등은 중요한 현대 사회 문제이며, 옥스팜(Oxfam)의 분석에 의하면 2019년 세계는 2,153명의 억만장자가 '바닥'의 46억 명보다 더 많은 부를 가지고 있다 (세계인구의 60퍼센트).[31]

빈곤과 마찬가지로 불평등은 여러 다른 차원에서 개념화될 수 있다. 보통 불평등은 소득(보통 지니계수로 표현됨)이나 부의 불평등과 같이 상대적으로 좁은 의미의, 금전적 기준으로 다루어진다. 그러나 인간개발(보건, 교육적 불평등)이나 교차적 불평등과 같은 광범위한 개념화도 유용한 지표가 될 수 있다.[32] 불평등은 또 기회와 결과의 불평등 측면에서 검토될 수도 있다.[33]

부의 격차의 형태로 표시되는 불평등은 가구가 소유한 모든 자산, 모든 부채의 현재 시장 가치로 정의되며 가구 소득 측정의 더 강력한 측정 수단이다.[34] 불평등의 패턴은 시기에 따라 크게 다르다. 예를 들어, 피케티(Thomas

Piketty)와 주크만(Gabriel Zucman)은 19세기 미국에서 최소한 백인 남자들은 어느 정도 평등했음을 보여준다.[35] 유럽에 비해 부의 집중이 훨씬 덜 극단적이었다. 그러나 도표 10.3이 보여주듯이 20세기에는 세월이 흐름에 따라 이 패턴이 바뀌어서 오늘날은 미국이 부의 집중이 훨씬 높다. 최근 수십 년간 (중국, 인도, 여타 국가들이 OECD 국가를 '따라잡았기 때문에') 국가 간 불평등은 축소했으나, 국가 내의 불평등은 대부분 국가에서 증가하였다는 증거가 있다. 글로벌 거버넌스에서 왜 불평등 축소가 비교적 무시되었는가, 그리고 이것은 미래의 글로벌 거버넌스에 무엇을 의미하는가?

## 글로벌 제도들을 둘러싼 빈곤과 불평등 사이의 힘겨루기

불평등의 글로벌 거버넌스는 비교적 불투명하며, 특히 지난 75년간 글로벌 제도들의 빈곤축소에 대한 구조화된 접근과 비교하면 더욱 그렇다. 빈곤과

**도표 10.3** 상위 인구의 부의 점유 비율, 미국 대 유럽, 1810~2010년

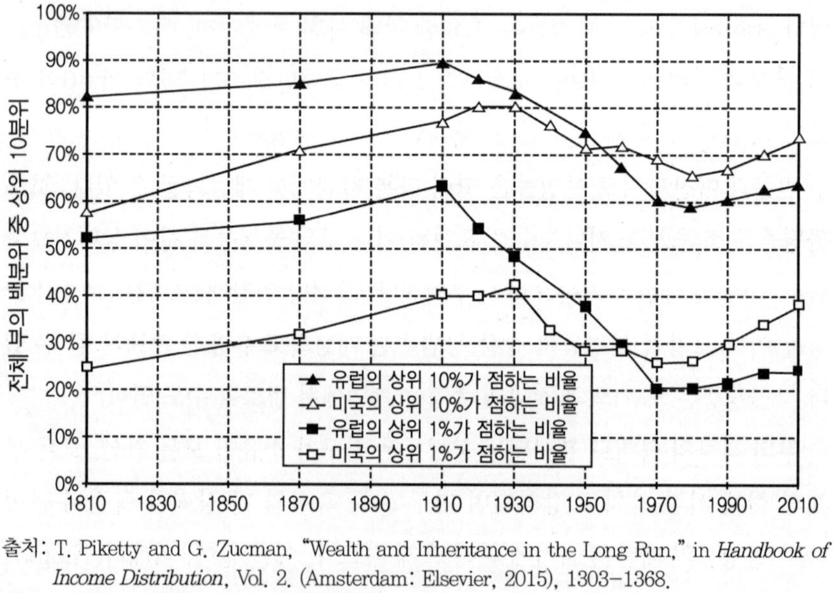


출처: T. Piketty and G. Zucman, "Wealth and Inheritance in the Long Run," in *Handbook of Income Distribution*, Vol. 2. (Amsterdam: Elsevier, 2015), 1303-1368.

달리 불평등에 대한 명확하고 널리 받아들여지는 측정 방식은 없다. 관행적인 측정 방식의 부재는 불평등 축소를 위한 공식화된 정책이나 계획의 과정이 진화하는 것을 방해했다. (많은 나라에서 상당한 분석적, 정책적 관심을 받은) 젠더 불평등을 제외하면 경제적 또는 여타 불평등 축소에 관한 논의는 2012년 이후에야 공식적인 글로벌 거버넌스 활동의 일부가 되었다.

서구 주도의 글로벌 거버넌스 제도들은 불평등 축소가 아니라 빈곤에 대한 목표에 우선순위를 두었다. 예를 들어, 빈곤축소를 위해 새천년개발목표(MDG) 1을 적극 추진한 OECD 회원국들은 불평등 축소를 위한 MDG 아이디어에는 별로 적극적이지 않았다. 그들은 불평등 축소를 적극 추구하려면 국민소득이나 부의 성장을 늦추거나, 더 위험하게도 소득과 부를 재분배해야 할 수도 있다고 생각했다. 불평등에 대응하는 것은 잠재적으로 부유한 국가의 소득, 소비, 자원 사용의 하향 평준화에 관한 반갑지 않은 논의를 촉진할 수도 있다고 보았다.

신자유주의 경제 아이디어와 급변하는 기술을 경험하고 있는 시대인 1990년대 이후 우리는 국가 내 불평등 심화와 양극화 (최상위 1퍼센트 또는 0.1퍼센트의 부의 엄청난 증가를 포함)를 목격해왔다. 그 결과는 종종 글로벌 불평등의 코끼리 곡선을 통해 묘사되고 있다.[36] 도표 10.4의 수평축은 세계인구를 총소득 수준에 따라 백분위로 나눈다. 수직축은 1980~2016년 사이 각 그룹의 평균적 개인의 총소득 증가를 보여준다. 1980~2016년 사이에 최상위 1퍼센트는 전체 소득 증가의 27퍼센트를 점유했으나, 하위 50퍼센트는 겨우 12퍼센트를 점유했다.

1990년대 유엔 정상회의들은 빈번히 불평등 감축을 촉구했으나 OECD의 국제개발목표(IDGs)와 유엔의 새천년개발목표(MDGs)는 그렇지 않았다. 한가지 예외는 IDGs와 MDGs에서 공히 젠더 평등이 추구된 것이다. 20세기 국제 여성 운동의 영향은 젠더 평등을 국제적 사회 규범으로 확산시켰다. 이것은 글로벌 목표로서 '국가 수준에서의 젠더 불평등 감축'에 대한 지

**도표 10.4** 글로벌 불평등과 성장의 코끼리 커브, 1980~2016년

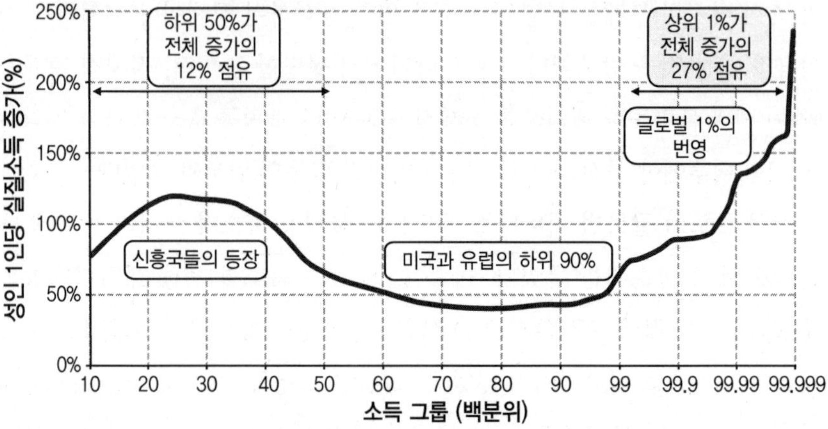


출처: F. Alvaredo, *The World Inequality Report* (Cambridge, MA: Harvard University Press, 2018).

지로 이어졌다. 비록 이란, 수단 등 소수의 종교적으로 보수적인 국가들은 이에 반대했으나, 젠더 평등은 결국 MDGs에 포함되었다. (산모 사망률, 청소년 임신 비율, 의회 의석 비율, 노동 참여, 중등교육 수준 등의 지표로 구성된) UNDP의 젠더불평등지수에서 볼 수 있듯이 2000년 이후 젠더 평등과 관련하여 대부분의 나라들은 진전을 보였다. 도표 10.5는 고소득 국가나 중국과 비교해서 남아프리카와 인도에서 상대적으로 젠더 불평등이 높은 것을 보여준다.

## 남반구 행위자들의 역할 확대와 불평등

2000년대가 지나면서 개도국의 부상은 사회적 문제로서의 불평등의 논의를 꺼리는 부유한 국가에 도전이 될 것임이 분명해졌다. 2012년에 이르자 유엔은 2015년 이후의 개발의제에 관한 논의를 시작하였고, 지정학적 권력관계가 변화했으며, 다극체제의 세계가 다가오고 있음이 분명해졌다. 2012년 리우+20 정상회의에서 부상한 유엔의 OWG는 국제개발 기관들로부터

**도표 10.5 젠더 불평등 지수**

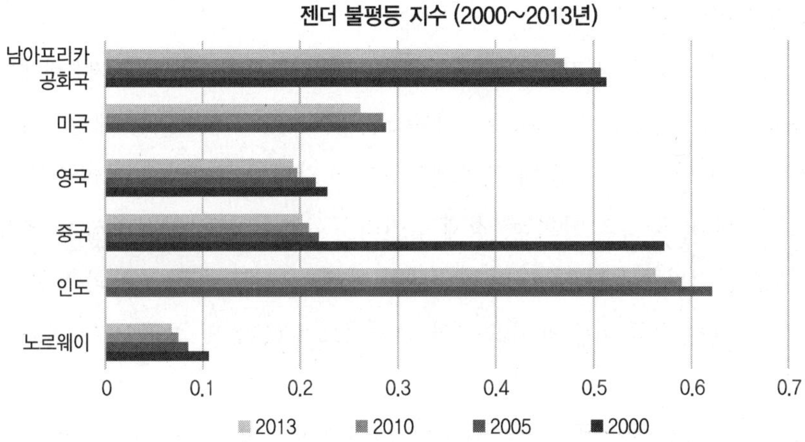


출처: UNDP, *Human Development Report 2013. The Rise of the South: Human Progress in a Diverse World*, New York, 2013, http://hdr.undp.org/en/content/human-development-report-2013

글로벌 상세 목표 설정 과정을 가져왔으며, 모든 유엔 회원국이 참여하도록 하였다. OWG는 불평등 감소가 글로벌 목표가 되는 것에 관한 심각한 논의를 진행하는 등 새로운 지평을 열었다.

지속가능발전목표(SDG)의 틀에 불평등을 포함한 것은 개도국과 국제 시민사회 네트워크의 주장이 작용한 결과이다. 2014년 4~7월 OWG 협상의 최종 단계에서 별도의 불평등 목표는 합의 도출이 가장 어려웠던 사안이다.[37] 불평등의 정의가 유동적이라는 이유로 별개의 빈곤 목표에는 많은 반대가 있었다. 반대자들은 그것이 빈곤 문제에 대응할지 아니면 (국내의) 재분배와 국가 간 불평등 축소 문제에 초점을 맞출지에 대해 의문을 제기했다.

2012년 유엔 고위급패널(HLP: High-Level Panel of Eminent Persons)에는 남반구와 북반구의 대표자들이 참여했다. 그들은 빈곤에 초점을 둔 의제를 추구하였으며, 불평등은 그 자체가 목표가 되기보다는 다른 SDGs 목표들에 포함되어야 한다고 생각했다. HLP는 "누구도 남겨두지 않는다"는 의제 (즉, 주변화되고 배제된 사람들)에 집중했다 (소득과 권력의 집중, 국가 간 불평등 문제는 제외).

SDG 10에 대한 지지는 시민사회에서 부상하였으며, 옥스팜, 제3세계네트워크(Third World Network), 사우스센터(South Cetnre) 등 개발도상국의 NGO나 씽크탱크는 국제 정책네트워크에 강력한 존재감을 보여주었다. 그들은 젠더, 국내의 사회적, 경제적 권리, 구조적 원인, 거시경제 및 조세 정책을 둘러싼 평등에 대한 더 광범위한 이해 (그리고 특정 조치의 포함)를 주장하였다. 결국 다수의 개도국과 궁극적으로 G77 및 중국이 이 목표에 합류하였다.

불평등 축소가 글로벌 목표에 관한 논의에 포함됨으로써 세계은행은 그들의 임무를 수정해야만 했다. 극심한 빈곤 퇴치와 함께 2013년 세계은행은 번영의 공유 촉진이라는 두 번째 목표를 추가하였다.[38] 이 목표는 '각국에서 하위 40퍼센트 인구의 소득 증가'로 이해되었다.[39] 개념형성의 측면에서 볼 때 이러한 목표를 추가한 것은 동시에 상당한 변화이면서 (단지 극심한 빈곤만을 대응하는 것을 초월함), 사소한 변화 (국가 간 불평등을 무시하고 각국 내의 부의 양극화에 대응하지 않음)로 볼 수 있다.

시민사회는 불평등을 글로벌 의제로 압박한 주요 세력 중의 하나이다. 예를 들어, 『옥스팜불평등보고서 2014(*Oxfam Inequality Report 2014*)』는 글로벌 언론의 관심을 받았고 그 해에 세계경제포럼(World Economic Forum)에서 주요 주제가 되었다. WEF가 불평등을 의제에 포함한 지 얼마 지나지 않은 시점이었기에 이것은 중요한 진전이었다. 전직 중국인민은행 부총재 주민(朱民)에 의하면 2011년 부의 불평등은 '세계의 가장 심각한 도전'으로서 부각되었다.[40] 그러나 개념형성의 측면에서 빈곤축소가 핵심이었으며, 경제 성장에는 빈곤한 사람들도 포함되어야 한다는 것이 인식되었다.[41] WEF는 불평등을 조세 같은 주제와 더불어 논의하는 데 주저하였다. WEF는 구성원이 편중되어 있었다. 예를 들어, 2019년 정상회의는 1,500명의 엘리트 기업가 대표자가 참석했으나 NGO 대표는 37명, 노동자 대표는 10명에 불과했다. 옥스팜과 같은 NGO는 조세 피난처나 (국가 내, 국가 간) 임금 격차 확대를 논의 주제로 제시했으나, 다보스 논의는 기술 변화와 불평등의 관계에 초점을 맞추었다. 2019년에 이르자 다보스 보고서 『공공선, 아니면 사적인 부(*Public Good or Private Wealth?*)』의 초점은 불평등보다 '빈곤 속에 사는 수백만 명의 사람들'에 돌아갔다.

더욱이 민간 기업은 개인 소득세 및 법인세 감면을 주장하는 강력한 로비 그룹을 가지고 있었다. 많은 나라는 해외 조세 피난처를 만드는 국제협정을 통해 세금을 피하게 해주었다. 유럽의회에 의하면 EU 7개국(벨기에, 사이프러스, 헝가리, 아일랜드, 룩셈부르그, 몰타, 네덜란드)은 조세 피난처의 특성을 보인다. 또 느슨한 글로벌 거버넌스로 인해 불법적 자금 흐름이 증가했다. 글로벌파이낸셜인테그리티(Global Financial Integrity)에 의하면 달러 가치 기준 불법 자금 유출의 최상위 5분위 국가들 중에는 몇몇 개도국(예를 들어, 멕시코, 브라질, 말레이시아)뿐 아니라 유럽국가들(예를 들어 폴란드)도 포함되어 있었다.[42] 민간 부문의 조세 회피나 수익 이전을 줄이기 위해 OECD는 G20과 협력하여 2013년 세원잠식·소득이전 방지협약을 개발했다. 이것은 다국적 기업이 수익을 고세율 국가에서 저세율 국가로 이전하여 전자의 조세 기반을 잠식하는 데 이용하는 기업의 조세 전략을 감시하는 업무를 포함했다. 그러나 이 개혁의 시도는 성공적이지 않았으며, 해외 지사를 이용한 가격 이전이나 수익 회계와 같은 핵심 문제는 여전히 불분명하다.[43]

요약하자면 지속가능발전목표(SDGs)는 불평등 축소를 위한 글로벌 목표 설정에 진전을 보았으나, 그에 대한 여러 행위자들의 반응은 서로 달랐다. 남반구와 시민사회의 많은 행위자들은 사회와 분배의 다차원적 측면을 포함하는 불평등을 이해해야 하며 독자적인 목표가 필요하다고 주장한 반면, 국제 기업 포럼, 다수의 서구 정부, 민간 부문 기관들은 계속해서 빈곤에 초점을 맞춘 불평등 의제를 내세웠다. 그들은 재분배나 조세와 같은 문제는 회피하려 한다.

## 글로벌 불평등 의제와 관련된 남반구 제도들의 부상

BRI나 AIIB와 같은 남반구에서의 새로운 기관들의 부상은 불평등과 관련하여 여러 상이한 영향을 미쳤다. 불평등은 하나의 독립적인 목표로 프레임된 것이 아니라, 개발의 초기 접근이 빈곤 국가의 산업화의 자연스러운 결과로 빈곤은 감소될 것이라고 가정했던 것과 유사하게 성장의 시장 주도 모델에 내재화되었다. 일부 연구는 BRI가 고용 창출의 잠재력을 확대하여 불평등을 축소할 것임을 보여주지만, 다른 연구들은 그 투자의 집중적이고 위험한 속성을 고려할 때 BRI가 공간적 불평등이나 임금 불평등을 높일 것이라고 본다.[44] 예를 들어, 저소득 국가의 부채 상환 불능이 증가하는 추세(예를 들어 우루과이 푼타스데사야고 항구, 우간다의 댐, 케냐의 스탠다드 고지 철도, 스리랑카 함반토타 항구)는 임금과 일자리 관련 불평등에 주기적인 영향을 미친다. 따라서 여러 면에서 새로운 행위자들은 서구 신자유주의 해결책에 대한 대안적인 서사를 만들어내고 있다.

초국가적 문제들 이외에도 국가 내에서의 소득 불평등은 매우 다양하다. 예를 들어, 인도, 중국, 브라질에서 상위 10퍼센트 인구의 국민소득 점유율은 1978년 29퍼센트에서 2015년에 45퍼센트로 증가하였다.[45] 이것은 농촌-도시의 격차와 도시나 마을 내의 격차 상승에 기인한다고 본다. 그러나 글로벌 거버넌스가 불평등 축소 정책에 얼마나 영향을 미치거나 그것을 지원할 것을 기대할 수 있을까? 아마도 별로라고 답할 것이다. 예를 들어, 중국을 위한 SDG 10 계획은 대부분 불평등을 축소하지 못한 기존의 노동, 산업, 사회정책을 지속하고 확대하는 것이다. 유사하게 인도는 사회적 보호 범위를 확대하고, 새로운 사회보장 기제를 만들고, 낙후된 지역을 위한 특별 기금을 창출하기 위한 공적 '요자나(Yojana, 인도 정부가 시행하는 사회보장, 복지 프로그램의 통칭 – 역자 주)' 전략을 채택하는 대신 사회적 보호정책을 확대하고 있다. 부를 보다 공정하게 나눌 수 있는 전략 (토지 개혁, 누진 소득세 및 법인세는 교육과 의료보건의 질에 대한 공공 투자를 높였다)을 채택하기보다는 불평등을 조정하기 위한 다소의 시도가 거의 최선인 듯하다. 보다 급진적인 전략은 부와 권력을 가진 자들에 의해 저지되고 있다. 요컨대 불평등 축소 목표를 포함하도록 OWG를 압박해왔던 남반구의 국가들조차도 그 목표를 적극 추구하는 데 주저하였다.

## 결론: 빈곤과 불평등의 글로벌 거버넌스의 미래 탐구

현재까지 빈곤과 불평등에 대응하는 목표는 빈번히 유엔, BWIs, G7, OECD, BRICS(브라질, 러시아, 인도, 중국, 남아프리카공화국) 등의 국제 개발에 관한 정책 선언의 전면에 내세워졌다. 그러나 체계적인 행동과 가시적인 성과의 측면에서는 결과가 일관되지 못하다. 긍정적인 면에서는 (비록 빈곤선이 매우 낮게 설정되어 빈곤한 사람들의 매우 작은 소비 증가가 큰 성과로 기록되기는 했지만) 극도의 빈곤을 축소하는 데는 크게 진전이 있었다. 부정적인 면에서는 (각국이나 글로벌 누진 조세, 보편적 기본 소득, 토지 개혁, 식민지배에 대한 보상, 최고 임금 등) 불평등을 급격히 축소할 수 있는 개혁은 각국과 글로벌 의제에서 배제되어 왔다. 과정의 측면에서 보면 G77과 중국은 이제 글로벌 목표 선택과 성과 감시에 적극 관여하게 되어서 상황이 개선되었다고 주장할 수 있다.

조직, 국가, 지역의 물질적 능력의 글로벌한 변화 (특히 중국과 아시아의 부상)는 핵심 제도에서의 글로벌 문제들의 상세한 사항에 관한 새로운 사고를 촉진하였다. 빈곤과 불평등에 관한 이러한 변화하는 아이디어는 제도들의 자원의 서사와 접근에 공히 영향을 미쳤다. 가장 중요한 것은 이들 물질적 역량과 아이디어는 빈곤과 불평등의 글로벌 거버넌스의 미래를 더 잘 이해하는 데 도움이 된다는 점이다. 미래는 유엔이 2015년 지적한 관련 있지만 서로 다른 두 가지 문제에서 야기되는 긴장의 영향을 받게 될 것이다. 그것은 '최종 10퍼센트'의 극빈을 퇴치하는 것과 국가 내, 그리고 전세계적인 불평등을 축소하는 문제이다.

## 빈곤의 글로벌 거버넌스: 우리는 어디로 나아가야 할 것인가?

빈곤 축소 목표의 추구는 기존 글로벌 거버넌스 설계 위에 계속해서 추진될 것이며, 여기에는 유엔과 BWIs 사이의 아이디어의 경합, 중국이나 여타 남반구로부터의 기구나 조직 등 새로운 진입자를 포함할 것이다. 1990년 이후 우리는 아시아, 남미, 아프리카 등 개발도상 지역의 엄청난 성장과 더불어 글로벌 경제의 구조조정을 목격해왔다 (물질적 역량이 증가).

이것은 글로벌 제도들에 연쇄 반응을 일으켰고, 국제 협상에 있어서 개도국의 행태도 변화하였다. 특히 유엔회의에서 신흥국, 중견국은 더욱 자기 주장이 강해졌다.[46] MDGs의 설정과 그 집행(극빈과 BWIs의 계획에 초점)은 OECD의 이익에 의해 추진되었으나 SDGs(빈곤 퇴치, 인간개발, 사회 정의, 지속가능성) 협상은 상당 부분 다른 '목소리'(예를 들어 성장과 고용 창출에 적극적인) 콜롬비아, 인도네시아, 아프리카 국가들)에 영향을 받았다.

그 결과 국제 개발의 글로벌 거버넌스는 그 초점이 절대 빈곤 감축이라는 좁은 개념에서 인간개발 촉진, 또 최근에는 불평등 축소라는 더 넓은 아이디어로 옮겨졌다. 테리엔(Jean-Philippe Therien)이 말하는 '세계 빈곤의 두 경쟁하는 이야기'와[47] 유엔 및 BWI 패러다임 사이의 힘의 균형의 이러한 관념적인 이행은 무엇이 설명할 수 있을까? 1970년대에 유엔과 BWIs는 누구를 돕고, 어떻게 도울 것인지로 관념적 수렴이 진행되었다.[48] 그러나 1980년대 말에 이르자 세계은행은 빈곤을 구매력(PPP: purchasing power parity) 기준 '1일 1달러' 미만 소득으로 규정했으며, 그로 인해 불특정 '다수' 취약 집단이었던 극빈의 지리적 속성이 파악될 수 있었으며, 빈곤층이 포착되고 공공 정책의 대상으로 지정될 수 있게 되었다. 이러한 1일 1달러 기준은 점차 극빈에 대한 국제적인 행동을 동원할 수 있게 해주었으며, BWIs가 경제 성장을 우선시하고 낙수효과에 초점을 맞추는 것도 가능했다.

남반구의 목소리가 커지면서 나타난 글로벌 거버넌스 설계의 변화와 함께, 빈곤 측정의 특정성은 극빈 퇴치를 위한 '글로벌 동의'의 한 형태를 촉진하였다. 이 장은 지금까지 각국 정부(예를 들어 중국, 인도)와 새로운 기관(예를 들어, AIIB)의 중요성을 보여주었으나, 다자간, 양자 간, 다원적 무역 협정의 증가(예를 들어 아프리카대륙자유무역지대[AfCFTA: African Continental Free Trade Area], 또는 역내포괄경제동반자협정[RCEP: Regional Comprehensive Economic Partnership])과 지역기구(예를 들어 아프리카연합[African Union])의 부상은 빈곤 축소에 중요한 역할을 할 수 있다. 아프리카경제위원회(African Economic Commission)의 최근 보고서는 AfCFTA를 2030년까지 실행하면 3,000만 명의 극빈자를 포함하여 1억 명의 아프리카인이 빈곤에서 벗어날 것이라고 보았다.[49] 따라서 빈곤을 다자간 및 양자 간 무역 협정, 그리고 지역기구의 목표 선언에 효과적으로 포함할 필요가 있다.

극빈 퇴치의 마지막 '공략'은 쉽지 않을 것이다. 왜냐하면 아직 남아있는 빈곤의 대부분은 지리적으로 보면 취약한 국가 거버넌스, 국가 실패, 폭력적 갈등과 겹쳐지기 때문이다. 냉전 이후 시대에 콩고민주공화국, 소말리아, 아프가니스탄, 파푸아뉴기니, 아이티 등에서 빈곤 축소는 매우 어려운 것으로 판명되었다. 향후 SDG 1의 실현 여부는 SDG 16(평화롭고 포용적인 사회 촉진)의 진전에 달려있다. 따라서 유엔이 폭력, 탄압, 분쟁에 의한 실향민 수가 유엔 창설 이후 최고 수준임을 발표하는 가운데, 빈곤 축소는 상당히 어려운 상황이다.

## 불평등의 글로벌 거버넌스: 향후 우리가 나아가야 할 방향

불평등에 직접 대응하는 국제 개발의 아이디어는 빈곤 완화보다 훨씬 느리게 진전되었다. 왜 그러했을까? 물질적 역량과 관련 제도적 역동성은 이를 이해하는 핵심이다. 물질적 역량 측면에서 보면, 소득 또는 부의 불평등 축소 추구는 부유한 국가, 조직, 그룹, 개인에게 직접적인 도전을 포함하게 된다. 거의 항상 그러한 행위자들은 상당한 정치적 경제적 힘을 가지고 있으며 종종 공공의 논의를 주도하거나 저지할 수 있다.

관념화의 측면에서 보면 국제 규범으로서의 불평등 축소에 잠재적인 장애가 있을 수 있다. 신자유주의는 불평등을 긍정적인 것으로 바꾼다. 왜냐하면 그것은 기업가 정신, 경쟁, 혁신을 기르기 때문이다. 즉 경제적 성공을 성취하는 사람은 그 노력과 위험 부담에 상응하는 높은 소득이 마땅하다. 불평등을 완화하려는 국가나 사회의 노력은 기업의 의욕을 저해하고 경제성장을 둔화한다. 상속과 독점을 무시한다면 소득과 부에 있어서 이 주장은 어느 정도 타당성이 있어 보인다. 그러나 다른 차원에서 보면 이 주장은 도덕적으로 의심스럽다. 예를 들어, 말리 여성이 영국 여성에 비해 임신 중 사망 가능성이 150배 높은 상황에서 어떻게 기업이 육성될 수 있겠는가?

빈곤을 감축하는 미래의 글로벌 거버넌스에 영향을 미칠 갈등은 경제적 권력과 부를 가진 국가, 집단, 조직, 개인의 물질적 이익에 직접 대항하는 데서 초래된다. 이 강력한 행위자들은 불평등 축소가 논의에 끝나고 행동으로 이어지지 않도록 하기 위해 노력한다. 미국정부와 국민들은 모두 중국이나 멕시코와의 경제적 수렴을 정면으로 반대했다. 세계의 부자들은 불평등 문제에 대해 마지못해 다보스에서 논의해야만 했으나, 그것이 그들이 할 수 있는 최대한계였다.

1990년 이후 사회주의로 불평등을 감축하는 역사적인 대서사는 사라졌다. 스칸디나비아식 '자본주의의 변형' 장려와 같은 덜 야심적인 아이디어는 유럽에서도 힘을 잃었다. 국가 또는 글로벌 시민사회가 불평등 감축을 정책 논의에서 정책 행동으로 바꾸는 데 앞장설 수 있을지는 지켜볼 일이다. 부유한 행위자들은 압박을 받으면 이 문제에 관해서 세계은행식의 최소한의 개념화를 선호한다. SDG 10.1의 합의된 목표가 '하위 40퍼센트 인구의 소득 성장을 국가 평균보다 높이 성취하고 유지하는 것'은 우연이 아니며, 이것은 바로 세계은행에서 나온 아이디어이다. 가진 자들은 부의 재분배나 글로벌 세제 개혁이라는 아이디어는 피하고 있다. 시민사회는 '아이디어의 전쟁'을 벌인다면 이 접근에 도전할 수 있다. 그러나 사회주의를 재발명하거나 평등 지향 사회운동과의 동맹을 형성하는 제3의 길을 찾는 것이 해결책인가?

그럼에도 불구하고 어느 정도의 진전은 가능할 것이다. 최근 각국 정부들(예를 들어 EU, 미국, 중국 등이 경쟁정책을 통해서)이 조세와 재분배, 그리고 핵심 기업 및 개인(아마존과 베조스[Jeff Bezos], 페이스북과 주커버그[Marc Zuckerberg], 알리바바와 마윈[馬雲])의 경제적 영향력을 제한하려는 노력을 보이고 있다. 낙관론자들은 이런 것들을 기업이나 개인이 과도한 부나 물질적 역량을 가지는 능력을 제한하며, 과세를 통한 재분배를 평등 촉진 프로그램에 투입할 잠재력을 가지는 것으로 해석할 수 있을 것이다.

극심한 빈곤에 관한 글로벌 거버넌스는 지난 25년간 상당한 진전을 보았으며, 그 미래의 거버넌스는 유엔 주도의 구조 위에 (그리고 성장의 효과로 혜택을 볼 수 있도록) 구축될 것으로 보인다. 그러나 빈곤 감축의 성과는 점점 더 갈등을 줄이는 데 달려 있다. 그 실행은 더 어렵고 복잡해질 것이다. 반면 불평등을 줄이는 글로벌 거버넌스의 미래는 불분명하다. 왜냐하면 그 목표는 기존의 부(높은 수준의 물질적 역량)를 가진 세력과 직접 대항하기 때문이다. 글로벌 거버넌스가 수사나 진부한 논의에 집중하게 될지, 아니면 (글로벌 조세, 부의 재분배, 신자유주의 자본주의의 대안에 관해) 세계 시민사회를 동원할고 행동을 일으킬 수 있을지는 불평등에 관한 아이디어의 전쟁에 의해 영향을 받을 것이다. 큰 기대는 하지 않는 게 좋을 것이다.

## 추가 읽을거리

Angus Deaton, *The Great Escape: Health, Wealth and the Origins of Inequality* (Princeton, NJ: Princeton University Press, 2013).

David Hulme, *Global Poverty: Global Governance and Poor People in the Post-2015 Era* (London: Routledge, 2015).

David Hulme and Rorden Wilkinson, eds., *The Millennium Development Goals and Beyond: Global Development After 2015* (London: Routledge, 2012).

Paul Shaffer, Ravi Kanbur, and Richard Sandbrook, *Immiserising Growth: When Growth Fails the Poor* (Oxford: Oxford University Press, 2019).

Joseph Stiglitz, "Inequality and Economic Growth," in *Rethinking Capitalism*, ed. Mariana Mazzucato and Michael Jacobs (Oxford: Blackwell, 2016), 134–155.

Thomas G. Weiss and Rorden Wilkinson, *Rethinking Global Governance* (Cambridge: Polity Press, 2019).

## 주

1) Oxfam International, "5 Shocking Facts About Extreme Global Inequality and How to Even It Up," 2019, www.oxfam.org/en/5-shocking-facts-about-extreme-global-inequality-and-how-even-it#:~:text=The%20world%27s%20richest%201%25%20have,1.&text=Billionaires%20have%20now%20more%20wealth,percent%20of%20the%20planet%27s%20population.
2) Robert Cox, *Approaches to World Order* (Cambridge: Cambridge University Press, 1996).
3) David Hulme, *Global Poverty: Global Governance and Poor People in the Post-2015 Era* (London: Routledge, 2015).
4) Sakiko Fukuda-Parr and David Hulme, "International Norm Dynamics and 'The End of Poverty': Understanding the Millennium Development Goals," *Global Governance* 17, no. 1 (2011): 17–36.
5) Parbhu Pingali, "Green Revolution: Impacts, Limits, and the Path Ahead," *Proceedings of the National Academy of Sciences* 31, no. 109 (2012): 12,302–12,308.
6) Peter Hazell et al., "The Future of Small Farms: Trajectories and Policy Priorities," *World Development* 38, no. 10 (2010): 1,349–1,361.

7) Shenngen Fan, Peter Hazell, and Sukhadeo Thorat, "Government Spending, Growth and Poverty in Rural India," *American Journal of Agricultural Economics* 82, no. 4 (2000): 1,038–1,051.
8) Gunnar Myrdal, *The Challenge of World Poverty: A World Anti-Poverty Program in Outline* (London: Penguin, 1970), and John Kenneth Galbraith, *The Nature of Mass Poverty* (Cambridge, MA and London: Harvard University Press, 1979).
9) Hulme, *Global Poverty*, 45–60.
10) Michael Edwards and David Hulme, eds., *Making a Difference: NGOs and Development in a Changing World* (London: Earthscan, 1992).
11) UNICEF, *Adjustment with a Human Face* (New York: UNICEF, 1987), https://digitallibrary.un.org/record/46296?ln=en.
12) World Bank, *World Development Report 2000/2001: Attacking Poverty* (Washington, DC: The World Bank, 2001).
13) UNDP, *Human Development Report 1990* (New York: UNDP, 1990).
14) Hulme, Global Poverty, 35–36.
15) Martha Chen, "Engendering World Conferences: The International Women's Movement and the UN," *Third World Quarterly* 16, no. 3 (1995): 477–494.
16) Hulme, *Global Poverty*, 39–40.
17) Ibid., 159–164.
18) Geske Dijkstra, "The PRSP Approach and the Illusion of Improved Aid Effectiveness: Lessons from Bolivia, Honduras and Nicaragua," *Development Policy Review* 29, no. 1 (2011): 110–133.
19) Oxford Poverty and Human Development Initiative, *Global MPI 2015: Key Findings*, 2015, https://ophi.org.uk/multidimensional-poverty-index/mpi-2015/
20) Sabina Alkire and Yangyang Shen, "Exploring Multidimensional Poverty in China," *Policy Briefings, Oxford Poverty & Human Development Initiative (OPHI)*, 2015, www.ophi.org.uk/wp-content/uploads/OPHIBrief_34_2015-Exploring-MD-pov-in-China.pdf.
21) China, *Report on China's Implementation of the Millennium Development Goals* (2000–2015), July 2015, www.fmprc.gov.cn/mfa_eng/zxxx_662805/W020150730508595306242.pdf; UNDP, "Eight Goals for 2015," www.in.undp.org/content/india/en/home/post2015/mdgoverview.html
22) MDG 1.A, 이외에는 MDG 3A(교육에 있어서의 젠더 차별 제거)만이 실현되었으며, 나머지는 실현되지 않았다.
23) Martin Ravallion, "A Comparative Perspective on Poverty Reduction in Brazil, China, and India," *The World Bank Research Observer* 26, no. 1 (2011): 71–104.
24) Sakiko Fukuda-Parr and Bhumika Mucchala, "The Southern Origins of Sustainable Development Goals: Ideas, Actors, Aspirations," *World Development* 126 (2020): 104706.
25) Thomas Pogge and Sanjay Reddy, "How Not to Count the Poor," 29 October 2005, ttps://papers.ssrn.com/sol3/papers.cfm?abstract_id=893159.
26) The World Bank, *Povcal*, 2020, http://iresearch.worldbank.org/PovcalNet/povOn

Demand.aspx. 모든 액수는 2011년 PPP 기준으로 측정되고 저자들에 의해 계산됨.
27) Emma Mawdsley, "South – South Cooperation 3.0? Managing the Consequences of Success in the Decade Ahead," *Oxford Development Studies* 47, no. 3 (2019): 259–274.
28) John Hurley, Scott Morris, and Gailyn Portelance, "Examining the Debt Implications of the Belt and Road Initiative from a Policy Perspective," *Journal of Infrastructure, Policy and Development* 3, no. 1 (2019): 139–175.
29) David Dollar, "China's Rise as a Regional and Global Power," *Horizons*, no. 4 (Summer 2015): 162–172.
30) Deborah Brautigam, "China, Africa and the International Aid Architecture," *African Development Bank Group Working Paper* 107, 2010, www.afdb.org/fr/documents/document/working-paper-107-china-africa-and-the-international-aidarchitecture-20268.
31) Clare Coffey, Patricia Espinoza Revollo, Rowan Harvey, Max Lawson, Anam Parvez Butt, Kim Piaget, Diana Sarosi, and Julie Thekkudan, "Time to Care: Unpaid and Underpaid Care Work and the Global Inequality Crisis," *Oxfam Policy and Practice*, 2020, https://policy-practice.oxfam.org/resources/time-to-care-unpaid-and-underpaid-care-work-and-the-global-inequality-crisis-620928/.
32) Naila Kabeer and Ricardo Santos, "Intersecting Inequalities and the Sustainable Development Goals: Insights from Brazil," *London School of Economics, Working Paper* 14, 2017, www.lse.ac.uk/International-Inequalities/Assets/Documents/Working-Papers/IIIWorking-Paper-14-Intersecting-inequalities-and-the-Sustainable-Development-Goals-insights-from-Brazil-Naila-Kabeer-and-Ricardo-Santos.pdf
33) Francois Bourguignon, Francisco Ferreira, and Michael Walton, "Equity, Efficiency and Inequality Traps: A Research Agenda," *The Journal of Economic Inequality* 5, no. 2 (2007): 235–256.
34) Emmanuel Saez and Gabriel Zucman, "Wealth Inequality in the United States Since 1913: Evidence from Capitalized Income Tax Data," *The Quarterly Journal of Economics* 131, no. 2 (2016): 519–578.
35) Thomas Piketty and Gabriel Zucman, "Wealth and Inheritance in the Long Run," in *Handbook of Income Distribution* (Amsterdam: Elsevier, 2015), vol. 2, 1,303–1,368.
36) Facundo Alvaredo, Lucas Chancel, Thomas Piketty, Emmanuel Saez, and Gabriel Zucman, eds., *World Inequality Report 2018* (Cambridge, MA: Belknap Press, 2018); and Sakiko Fukuda-Parr, "Keeping Out Extreme Inequality from the SDG Agenda – The Politics of Indicators," *Global Policy* 10, no. 1 (2019): 61–69.
37) Fukuda-Parr and Mucchala, "The Southern Origins."
38) World Bank, Shared Prosperity: *A New Global Goal for a Changing World*, 2013, www.worldbank.org/en/news/feature/2013/05/08/shared-prosperity-goal-for-changing-world.
39) World Bank, *Trading for Development in the Age of Global Value Chains, World Development Report* (Washington, DC: World Bank, 2020).

40) World Economic Forum 2011, *Annual Report 2011–12*, WEF_AnnualReport_2011–12. pdf; weforum.org.
41) World Economic Forum 2012, *Annual Report 2012–13*, www.weforum.org/reports/annual-report-2012-2013
42) Global Financial Integrity, *Illicit Financial Flows to and from 148 Developing Countries: 2006–2015* (Washington, DC: Global Financial Integrity, 2019).
43) Yariv Brauner, "Treaties in the Aftermath of BEPS," *Brooklyn Journal of International Law* 41, no. 3 (2015): 973.
44) S. V. Lall and M. Lebrand, "Who Wins, Who Loses? Understanding the Spatiality Differentiated Effects of the Belt and Road Initiative," *Journal of Development Economics* 146 (2020): 102496.
45) Thomas Piketty, Li Yang, and Gabriel Zucman, "Capital Accumulation, Private Property, and Rising Inequality in China, 1978–2015," *American Economic Review* 109, no. 7 (2019): 2,469–2,496.
46) Matthias Vom Hau, James Scott, and David Hulme, "Beyond the BRICs: Alternative Strategies of Influence in the Global Politics of Development," *European Journal of Development Research* 24, no. 2 (2012): 187–204.
47) Jean-Philippe Therien, "Beyond the North-South Divide: The Two Tales of World Poverty," *Third World Quarterly* 20, no. 4 (1999): 723–742
48) 1970년대에 세계은행은 융자를 다부문의 통합농촌개발 프로그램에 집중하였으며, 유엔 기구들은 인간의 기본적 필요, 특히 농촌 인구의 기본적 필요 제공을 추구하였다.
49) Economic Commission for Africa, *AfCFTA Strategy to Chart a Path for Lifting Millions out of Poverty in DRC*, 2019, www.uneca.org/storys/afcfta-strategy-chart-path-liftingmillions-out-poverty-drc.

## 11장



# 인종:
## 글로벌 규모의 새로운 아파르트헤이트

실리엄(Robbie Shilliam)

미래학은 미래의 확률에 대한 연구이다. 미래학에 연관된 과학자들은 패턴과 추세를 분석하여 일련의 서로 다른 시나리오들을 제시하며, 이들이 일어날 확률은 각각 다르다. 이들 연구는 정책결정자들이 긍정적인 미래 시나리오를 촉진하고 부정적인 시나리오를 피할 수 있기를 희망한다. 이 장은 미래학은 아니지만, 그 야심의 많은 부분을 공유한다.

이 장은 약 10년 정도 미래를 상정한 가상의 이야기이다. 이것은 새로운 아파르트헤이트가 금세기 중반의 글로벌 거버넌스에 어떤 영향을 미칠지를 예측하는 것은 아니다. 그보다 이것은 도시, 국가, 글로벌이라는 다른 규모에 걸쳐 현재 존재하는 인종적 위계의 구조, 추세, 경향에 바탕을 둔 이야기이다. 그 이야기는 이러한 경향과 추세의 10년 정도 분을 제공한다. 즉 그 움직임을 가속한다. 따라서 독자들은 그것을 예측으로 해석하기보다는 현재에 관한 이야기, 오늘날의 아파르트헤이트 구조 속에서 어떤 미래가 태어날 수 있을지에 관한 이야기로 해석해야 한다. 이 구조들은 지리적 분리, 새로운 정보기술, 신자유주의 경제, 공공 보건, 글로벌 개발, 그리고 이들 구조의 표출 방식에서 찾아질 수 있다. 그러나 이 이야기는 디스토피아적인 것은 아니다. 세부적으로 보면 걱정스러운 면이 있지만, 그러나 불평등과 억압을 개선, 회피, 저항, 극복하는 창의적인 방법을 찾을 수 있는 인간의 능력과 의지가 있다.

## 제1부 미셸 들라니

당신의 인생이 단지 하나의 직선이라고 상상해보라. 당신은 단지 하나의 홈 위에서만 갈 수 있다. 만일 방향을 바꾸려 한다면 바퀴가 부딪히거나 흔들릴 것이다. 인생은 놀라울 것이 없다. 당신은 출발점을 알기 때문에 도착점도 알 수 있다. 당신의 감각은 한 방향으로 맞추어져 있을 것이다. 당신은 터널 속처럼 좁은 시야를 가지게 될 것이다. 당신의 삶의 양옆은 일종의 잔상의 선을 남기면서 항상 움직일 것이다.

볼티모어의 엘리트 대학에 관해 미셸 들라니(Michelle Delany)가 안 것은 그 잔상으로 만들어진 선뿐이었다. 그녀의 모친은 수년간 존스홉킨스대의 홈우드 캠퍼스를 지나 찰스 스트리트를 운전하여 39번가에서 자가 거주 중산층 지역인 에드노어가든즈과 북동쪽 흑인 거주 동네를 향해 우회전하였다. 미셸의 부모는 사회적으로 출세지향적이었다. 또는 최소한 그들은 그들의 하위중산층 지위를 지켜서 자식들에게 물려주기를 희망했다. 그것이 왜 그들의 맏딸에게 유명 대학에서 대학교육을 받도록 결심한 이유였다.

최선의 계획들. 미셸이 깊은 숲이 있는 목가적인 분위기의 찰스 스트리트 이면에 캠퍼스가 있으리라곤 상상도 하지 못했던 것은 재미있는 일이다.

그녀는 동쪽 문에 표지판이 있다는 것만 알았다. 모친의 세세하게 짜여진 시간표는 역설적으로 그녀 가족의 열심히 계획된 마스터플랜을 무너뜨리기 시작했다. 만약 당신이 자신의 미래의 장소를 상상조차 할 수 없다면 어떻게 그 속에 살 수 있겠는가?

직선들은 다 그 기원이 있다. 식민 지배의 악의적이거나 부주의한 설계는 한 시대를 통해 지속된다. 유전과 상속에 대한 엄격한 생각: 오직 나의 아이들/인종만이 지구를 물려받을 것이다. 공동체를 획정하고 선하고 정상적인 사람들과 악하고 비정상적인 사람들을 나누는 구체적인 경계가 있었다 (후자에서 멀수록 더 나은 사람들이다). 직선들은 인종적 무리지음의 핵심이다.

'라 라사(*la raza*. 영어로 표기하면 the race, the people 이다 – 역자주)'라는 용어의 기원을 생각해보자. 14세기의 의미는 고급 직물 속의 조악함, 시적인 언어 속의 결함을 포함한다. 15세기 말에는 회교도 무어로부터 이베리아를 재정복하고, 이어서 아메리카를 정복하게 되면서 '라 라사'는 주로 순종마의 낙인이나 인간을 인간으로 만드는 다양한 종교적 혈통을 의미했다. 유대인, 회교도, 이교도는 (개종이 아닌) 가톨릭 가문에 태어난 가톨릭 신자에 비해 비하되거나 죄악의 혈통으로 간주되었다.

'피의 순수성(*limpieza de sangre*)'은 글로벌 질서의 우주론적 속성의 기본으로서 500년 이상의 기간 동안 직선을 설정하였다. 당신은 움직일 수 없는 하나의 뿌리를 가지며, 거기서부터 확장되었다. 그 뿌리가 고결하고 신과 가까웠던 일부 사람들은 잘 된 일이었고, 그 나머지는 의심의 여지 없이 죄악이었다. 직선의 규범은 무질서한 인간성을 전세계에서 규율하였다. 미셸의 모친은 자기 딸의 인생의 방향을 운명의 다른 가지에 접목하려 했다. 그녀는 교육이 직선을 굽힐 수 있고, 배열을 바꿀 수 있다고 생각했다.

어느 날 운명이 '공공선'을 위한 자선의 형태로 문을 두드렸는데, 미셸은 그 용어가 무슨 의미인지 결코 알 수 없었다. 그녀는 그것이 일요일의 예배와 같은 것이었냐고 한번 어머니에게 물었었고, 어머니는 정부가 공공을 위해 행하는 것이라고 말해주었다. 그녀의 부친은 물을 위해 신에게 기도하고 교회 신도들에게 수도 요금을 모금해줄 것을 부탁한다고 상상해 보라고 말했다. 그것이 정부가 '공공'을 위해 하는 일이었다. 노력은 했으나 미셸은 여전히 트랜스액셔널(Transactional)을 사용하지 않고 그것들을 한다는 걸 이해할 수 없었다.

트랜스액셔널은 그녀가 조용한 바깥의 열기 속에 작은 에어컨이 절박하게 윙윙거리는 거실에서 대학 입학 지원 서류를 작성하면서 지금 사용하고 있는 앱이었다. 1년 전 미셸의 고등학교는 이웃의 학교들을 엘리트 대학과 연결해주는 자선 단체의 방문을 받았다. 그녀는 제비뽑기에 자신의 이름을 넣었고 서쪽과 남쪽으로 한두 마일 떨어진 존스홉킨스대 '캠퍼스 투어'에 뽑혔다.

미셸은 그 자선단체의 미니버스에서 뛰어내리자마자 즉시 어지러움을 느꼈다. 왜냐하면 찰스 스트리트는 움직이고 있었고, 그녀는 가만히 서있었기 때문이다. 동쪽 입구 검문소에서 끝없는 스캔과 그녀의 세세한 프로필이 담긴 진술서 (비용은 모두 자선단체가 부담했다). 마침내 처리가 되고, 미셸은 양옆에 보이던 잔상의 선을 지나 녹음이 깊은 쪽으로 걸음을 내딛었다. 그리고 푸른 공기. 그리고 무질서하게 걸어다니는 학생들은 그녀보다 겨우 한두 살 많았지만 평생 만큼의 거리감이 있었다.

미셸과 확장된 미래와 360도의 움직임 사이에 그 앱이 있었다. 트랜스액셔널은 데이터 관리 회사가 소유한 가장 유명한 앱 묶음이었으며, 대부분의 G18 정부는 단시일 내에 거버넌스 기능을 사실상 그 앱에 위임하였다 (브라질과 남아프리카공화국은 코로나19 대응의 큰 실패로 인해 G20에서 퇴출되었다. 영국과 미국은 코로나19 대응 실패에도 불구하고 세계에서 가장 부유한 국가들의 그룹에 남게 되었다. 왜냐하면 호주 대표가 당시 거만하게 말했듯이 '국제 공동체의 근본 구조에 이들의 유산은 대체불가'였기 때문이다).

물론 관계 데이터베이스 산업은 코로나19 훨씬 이전에 시작되었고 디지털 리스크 관리는 모든 종류의 중·대기업 사이에 매우 흔한 것이었다. 그러나 트랜스액셔널 같은 앱이 공공재 제공에 수반되는 리스크 관리 플랫폼으로서 대단한 진가를 발휘하게 된 것은 19~23세 사이에서였다. 코로나30의 시대인 오늘날 공적 리스크와 사적 리스크는 하나의 현태로 변했다. 일부 학자들은 이것을 '공공관리/디지털 리스크 관리'에서 '디지털 리스크 관리'로의 이행이라고 지칭한다. 미셸의 부친은 보다 지적인 시사문제 팟캐스트를 따라가려 했으며 그 용어에 대해서는 알고 있는 듯했으며, 종종 그 문구가 이 세상을 다 설명해주는 듯 그것을 말하곤 했다.

사실 그것은 존스홉킨스대학과 그 코로나 계기판으로부터 시작되었다. 아지트 쿠마르(Ajeet Kumar)라는 전자공학자가 존스홉킨스에서 무료로 얻을 수 있는 데이터를 이용해서 심토매틱(Symptomatic)이라는 바이러스 검사 앱을 만들었다. 지역사회 범죄 수준을 보고하는 앱을 모델로 한 심토매틱은 당초 현장의 코로나 감염 사례를 평가하여 적색 또는 녹색 표시를 나타냈다. 어느날 저녁 식사 중 미셸의 부친은 '디지털 차별'에 대해서 열정적으로 말하면서 심토매틱은 '아파르트헤이트 앱'이라고 선언하는 모건주립대 교수에 관한 유튜브 비디오를 틀어주었다. 미셸은 고등학교에서 아파르트헤이트에 대해 들은 적이 있다. 그러나 그것은 매우 특이하고 특정적인 나라인 남아공에 관련되는 일이 아니었나?

볼티모어의 롤란드파크는 미국의 도시개발 사업자 중 최초로 자신들이 개발한 지역에 흑인이 부동산을 소유하지 못하도록 한 회사이다. 이 관행은 후에 '특별지구 지정'이라고 알려지게 되었다. 20세기가 진행되면서 특별지구 지정은 다양한 양식을 띠게 되었다. 예를 들어, 주로 흑인 지역에 거주하는 사람들은 우편번호에 따라서 빈번히 대민 서비스나 금융 서비스가 거부되거나, 비용을 지불하도록 했다. 동네를 특별지구로 지정하는 것은 남아공의 아파르트헤이트에 상응한다는 것은 공공연한 비밀이었다. 실제로 남아공의 인종적 분리 정책은 노예제도에서 뿌리를 미국과 공유했다. 아프리칸스어 단어 '아파르트헤이트'가 의미하는 '분리'는 사람을 백인, 흑인, 인도인, 유색인으로 인종차별화하는 것을 지칭한다. 1950년 인구등록법은 모든 성인의 신분증을 도입했는데, 거기에는 자신의 인종을 선언하게 되어있다. 한편 같은 해에 만들어진 집단지역법은 강제로 인종에 따라 구분된 거주지를 정하도록 했다.

쿠마르가 심토매틱을 개발하던 즈음 애플과 삼성은 AGPS(Assisted Global Positioning System)를 통해 단말기의 움직임을 기록하는 코로나 추적기를 내장하여 그들의 운영체계를 업데이트하였다 (화웨이는 별개의 중국 네트워크에 같은 업데이트를 하였다). 이 데이터는 움직임은 익명화되고 단지 대규모 예측 모델 구축에만 사용된다는 전제하에 블루투스를 통해 정부 기관에 연결되었다. 그러나 포퓰리즘(populism, 대중영합주의)적 지도자들이 코로나19 사태에 잘못 대응했을 뿐 아니라 공공 보건 능력을 무력화한 G18 국가들을 시작으로 AGPS 데이터는 '공공 보건'이라는 명분으로 점차 사적 이익을 위해 판매되었고 익명화가 해제되었다.

심토매틱은 대학에서 정부 데이터로 옮겨간 회사 중의 하나였으며, 그 과정에서 공공재를 주로 사적 이익을 위해 리스크를 평가해주는 기능으로 전환하였다. 심토매틱은 의료 진단을 인종차별화된 리스크 관리로 전환하였다. 제약 산업은 의약품 실험에 있어서 생물학적 차이를 결정하는 범주로서 인종을 오래 전부터 사용해왔다. 많은 역사가, 사회학자, 생물학자들은 인종적 범주는 유전자가 발견되기 훨씬 전에 만들어졌으며 이러한 범주는 결코 인간의 생물학적, 유전적 차이를 측정하는 의미 있는 방식이 아니라고 계속해서 지적해왔다. 그럼에도 불구하고 바이오 산업은 유전자를 인종적 유산과 직결되는 것으로 내세웠다. 인종을 하나의 공유된 운명으로 취급하는 바이오 산업이 제시한 서술적 현실은 부분적으로는 사실이었다. 다만 그 운명의 결정 요인은 단순하고 순전히 생물학적이기보다는 역사적, 사회적,

경제적, 정치적, 심리적, 영적인 면이 축적된 것이다. 어떤 면에서 심토매틱은 단지 의료계의 관행을 코딩한 것뿐이다.

G18 국가들에는 (그리고 의심의 여지 없이 다른 나라들도) 토착민, 흑인, 라티노, 회교도, 기타 백인이 아닌 공동체들이 코로나19부터 코로나30에 이르기까지 다양하게 그러나 불균형적으로 영향을 받았다. 유전자는 별 상관이 없었다. 환경적, 사회적 요인이 어떤 질병이 백인이 아닌 공동체에 더 크게 만연하는 데 작용했을 뿐 아니라, 그들이 종사하는 직종, 예를 들어 대부분의 흑인들이 가진 직업과 그들에게 주어진 작업은 감염병이 만연한 시기에 그들이 대부분의 시간을 열악하고 오염성 높은 노동에 종사하게 했다.

'필수 노동자'는 최전선에서 일했을지 모른다. 그러나 최전선에서도 더 어두운 최전선이 존재했다. 질병과 실업의 재정적 비용은 최전선의 최전선에 있는 사람들에게 더 불균형적으로 과해졌다. 그 상황은 그들 지역의 주택 가격을 떨어뜨렸으며, 그 동네에 대한 호감도를 저하했으며, 궁극적으로 이미 지방 수준에서 명백히 나타났던 인종적 차별 경향을 더욱 심화시켰다. 미셸이 열 살이었을 때 그녀는 종종 동네의 백인 동네 친구들과 놀았던 것을 기억했다. 그러나 이제 그녀가 에드너가든즈에서 흑인이 아닌 사람을 본 지는 매우 오래되었다.

심토매틱은 직관적으로 생물학을 인종과 공간으로 단순화시켰다. 그 알고리즘은 거리의 데이터를 확대하여 각각이 하나, 또는 두 개의 비백인 인종과 연결되는 수많은 우편번호와 대응시켰으나, 백인종과 비백인종을 섞는 일은 결코 없었다. 이론적으로 말하면 그 앱은 인종적 차이의 원인이며 리스크의 분자로서의 인종 구분의 결과를 분석하였다. 실질적으로 말하면 심토매틱은 AGPS 데이터를 이용하여 개인이 어디서 시간을 가장 많이 보내는지를 확인했고, 그 위치는 질병의 리스크 점수를 제시해주었다. 점수는 1에서 5 사이였으며, 1은 리스크가 전혀 없고, 5는 가장 높은 리스크를 의미했다. 이제까지의 모든 날 중에서 미셸은 가족이나 친구의 전화기에 단한번도 녹색 숫자가 울리는 것을 보지 못했다. 그들이 받은 숫자는 적색 4부터였다.

그러나 심토매틱은 또 다른 앱들과도 소통했으며, 그러면서 디지털 리스크 관리의 기반을 다졌다. 심토매틱이 점수를 제공하는 동안 트랜스액셔널 앱은 여러 (아직 남아 있는) 공공 및 (대부분의) 사적 행위를 취하는 보상을 제공하였다. 근로, 사업, 시민, 문화, 지방자치, 종교 등 거의 모든 결사의 계약은 트랜스액셔널을 통해야만 했다. 결사체적 활동은 어떤 장소에서 이루어졌으며, 트랜스액셔널은 그 장소의 코로나 점수와 계약을 한 개인이 가장 많은 시간을 보내는 장소의 코로나 점수의 차이를 분석하는 데 심토매틱을 이용했다. 만일 후자가 전자보다 크다면, 그 장소에 질병을 퍼뜨린 데 대한 소송에 대비한 보험 비용을 충당하기 위한 보상이 요구되었다. 두 점수 사이의 차이가 클수록 계약에 부과되는 보상액이 커졌다.

트랜스액셔널은 렉스 쿳시(Rex Coetzee)의 발명품이었다. 남아공 출생의 백인이고 10대에 캐나다 시민으로 귀화한 쿳시는 대학 시절 기술로 가득찬 인류의 미래의 유토피아적 비전을 만들었다. 그는 기술 혁신이 정치적 난제를 풀어주며, 발전을 위한 수단은 윤리적으로 중요치 않고 오직 결과만이 중요하다는 주장을 열열히 신봉했다. 쿳시는 자신의 큰 혁신은 '삶의 추동'이라는 개념이라고 믿었다. 쿳시는 '사회적인 것'은 창의적인 공격적 행위를 통해서 구성된다고 주장했다. 이러한 행동의 수단은 폭력적이고 불쾌할지 모르지만, 행동 자체는 축적과 생산의 체계를 크게 확대하고 인간의 삶을 확장하기 위해 기존의 실질적, 윤리적 장벽을 관통한다. 쿳시는 트랜스액셔널이 결사체의 '삶의 순간' (투표, 고용, 자선, 교회, 의료보건, 자산취득, 신용, 교육 등 무엇이든)이 될 수 있는 기회를 열어줌으로써 삶을 확장한다고 주장한다.

이제는 유전적으로 그리고 정확하게 당신이 감염되었는지를 판단하기 위해 코로나19-30 혈액검사를 등록하는 것이 가능하다. 그러나 그 검사 비용은 의도적으로 의료보험으로 보장되지 않으며, 전액을 선불로 지불해야 하고, 에드너가든즈에 거주하는 희망자들에게는 너무 비싸다. 단 하나의 실질적인 대안은 당신의 우편번호 해당 지역 밖에서 코로나바이러스를 퍼뜨린 데 대한 사적 소송에 대비하여 매월 보험료를 납부하는 것이다.

이것이 문제였다. 일, 학업, 또는 다른 단체 활동을 위해 1 또는 2 코로나 우편번호 지역을 자주 왕래함으로써 미셸의 가족이나 그녀가 알고 있는 대부분의 사람들의 경제적 능력 범위를 훨씬 벗어나는 배상 옵션에 분류되었다. 에드너가든즈는 5구역은 아니었던 것이 사실이다. 5구역은 1마일쯤 남쪽에 있었다. 미셸의 동네는 코로나4구역이었으며 계약을 맺은 행위나 지원한 회원가입이 일회성이거나 매우 단기인 경우에 한해서 코로나1 또는 2구역과 계약을 맺을 수 있었다. 그러나 코로나1구역에서의 4년간의 엘리트 대학의 학위 과정으로 인한 코로나4구역의 보험 비용은 미셸의 가족에게는 절대로 감당할 수 없는 것이었다.

운동가들과 지식인들은 자주 쿳시에게 질문을 퍼부으면서 도전했다. 어떤 생명이 충분히 인간이어서 생명 연장의 가치가 있는 것으로 판단되는가? 만일 '연장'의 과정에서 어떤 사람들의 생명이 단축된다면 그것은 그들이 충분히 인간이 아니었다는 의미인가? 이 생명 에너지는 인종차별화된 집단학살에 의해 추동되는 것이 아닌가? 쿳시는 결코 반론하지 않았다. 그러나 그는 비판자들이 종종 거론했던 남아프리카와의 관계에 대해서는 반드시 반응하였다. 쿳시는 "나는 캐나다 시민"이라면서 "인종차별과 집단학살만큼 캐나다사람답지 않은 일이 있나?"라고 호통을 쳤다. 심토매틱의 홍보는 그러한 도전에 대해 훨씬 덜 자극적인 반응을 내놓았다. 그 앱은 인종차별적이지 않고 그저 현실을 묘사하는 것이며, 현실에 대응하는 것이 바람직하지 않은가라고 하면서.

그럼에도 그것은 공공연한 비밀이었다. 그 효과를 느꼈던 사람은 누구나 심토매틱과 트랜스액셔널은 디지털 리스크 관리를 아파르트헤이트 형태의 거버넌스로 만들었다는 것을 알았다. 일상적인 속어가 부, 장소, 인종 사이의 관계를 엮었다. 미장원과 이발소에서 1코로나는 '1백인-1부자', 4코로나는 '4흑인-4틀림없음', 5코로나는 '흑인 멍청이'로 통용되었다.

주의해서 들으면 당신은 창의적 관행에서 지혜를 포착할 수 있을 것이다. 예를 들어, 인종을 범주화하는 표준적인 양식은 표현형(phenotype)을 통해서이다. 'pheno'의 어근은 '보여주다' 또는 '제시하다'이다. 그러나 '라라사'의 글로벌한 배열은 항상 물리적 특징과 행태를 일직선으로 표시했다. 누구와 관계를 맺고 어떻게 맺고, 어떻게 말하고, 무엇을 입고 먹고, 어디를 여행하고 어디에 사는지 등등은 피부색이나 머릿결과 마찬가지로 '외형의 제시'이다. 따라서 1백인1부자, 그리고 흑인 멍청이.

그것을 느낀 사람들이 알았던 것은 디지털 리스크 관리의 탈공공의 시대에 부와 장소와 인종이 동일시되었으며, 이 모든 것은 자본, 기회, 영향력에의 거의 무제한적 접근과 동일시되었다. 만일 당신이 1백인1부자라면 당신은 자신의 유전을 만들고 다시 만들었다. 당신은 완전히 자유롭게 빙빙 돌거나, 지그재그로 가거나, 서있거나, 어슬렁거릴 수 있다. 만일 당신이 5코로나 동네에서 오랫동안 지내는 것을 감수한다고 해도, 그리고 당신의 휴대폰에서 심토매택의 색이 녹색에서 적색으로 바뀐다고 해도, 당신은 그저 트랜스액셔널에 배상만 지불하면 알고리즘이 당신을 1코로나 우편번호로 돌려놓을 때까지 정상적으로 지내면 된다.

그러한 자유는 미셸과는 전혀 다른 세상의 이야기이다. 그러나 2마일 남서쪽 캠퍼스의 전원적 풍경은 여전히 그녀를 불렀다. 그녀는 하나의 계획을 생각해냈다. 그녀의 부친은 그 계획에 직접적으로 찬성할 수는 없을 것이다. 왜냐하면 그것은 그의 디지털 유폐와 아파르트헤이트 앱에 대한 굴종을 인정하는 것이기 때문이다. 그녀의 모친은 시편 121을 암송하는 것으로 그 계획을 허락했다. "내가 산을 향하여 눈을 들리라 나의 도움이 어디서 올꼬."

## 제2부 조이스 모요

조이스 모요(Joyce Moyo)는 존스홉킨스에 유학온 얼마 되지 않는 외국인 학생 중의 한 사람이다. 그녀는 짐바브웨 출신이다. 미셸과 마찬가지로 조이스는 이제 얼마 남지 않은 출세지향적인 집안 출신으로 그녀의 부모는 교육이 사람을 뛰어나게 만들고 장래에 한적한 교외의 삶을 가능하게 해준다고 믿었다. 조이스는 짐바브웨대학에서 공부했고, 남학생들, 파업, 군대의 캠퍼스 침입, 비상택시 운전수들, 줄어드는 도서관 장서 등의 어려움을 뚫고 존스홉킨스대학의 영문학 대학원 과정에 합격했다 (조이스의 부모는 종종 전략적인 생략을 통해 친구와 친척들에게 조이스가 의사가 되기 위해 공부하고 있다는 인상을 만들어 주었다).

그러나 먼저 조이스는 마법 같은 비자를 받기 위해 아프리카 대륙에 3개밖에 남지 않은 미국 대사관을 향해 남아공의 프레토리아까지 가야 했다. 거기서 그녀는 미국에서는 심토매틱 덕분에 사실상 무용지물이 된 (그리고 너무 비싸진) 절차인 혈액검사를 받아야 했다. 3회에 걸친 혈액검사는 미국의 외국인통제국이 '흑인 질병'이라고 열거한 모든 질병을 검사했다. 놀랍게도 조이스의 혈액 검사는 깨끗했다. 버지니아 덜레스 공항에 도착한 조이스는 여권 검사 창구 옆 방에서 다시 혈액 검사를 받았으며, 36시간 동안 플라스틱 의자에 불편하게 누워서 기다린 끝에 결국 입국이 허용되었다. 다른 비미국인 대학원생 동료들은 그녀에게 일단 입국했으면 학위가 끝날 때까지 미국 내에 머물라고 벌써 조언해주었었다. 그녀는 그 이유를 이제 알게 되었다.

조이스는 1년 전 캠퍼스 방문에서 미셸을 만났다. 조이스는 '국제적 다양성'에 대해 얘기해달라는 요청을 받았으며, 그녀는 말콤X가 했을 법했던 것보다 더 강력히 미국 시스템에 대해 비판을 하면서 동시에 미국이 제공하는 엄청난 기회를 잡지 않은 미국의 흑인들에 대해 비판하였다. 미셸은 조이스의 이야기에서 자신을 전혀 발견하지 못했으나 조이스의 자신감에 반했다.

그들은 문자 메시지를 통해 가볍게 연락을 이어갔다. 어느 날 급격히 대화가 늘었다. 조이스가 급여의 대부분을 짐바브웨의 수도 하라레에서 자동차로 2시간 정도 떨어진 카도마에 있는 부모에게 보내야 했다. 30회 이상 탄저병이 발병했고 지역의 탄저균 중독이 재발했다. 탄저균은 오래 전에 로디지아 군이 지방의 농장 지대에 매설해 놓은 것이다. 이것은 토양 아래 잠복해 있다가 식민지 시대의 유령처럼 이따금 땅 위로 올라온다. 30회 이상의 탄저병은 지역 농장과 시장을 파괴했다. 조이스의 부모와 형제, 자매들은 고통을 겪고 있었다. 선택의 여지가 없었다. 그러나 이로 인해 미국에 있는 조이스는 재정적으로 매우 어려운 상황에 빠졌다.

미셸은 경비원이나 교직원들이 그녀와 조이스를 구별하지 못할 것이라고 늘 농담했었다. 그들이 할 일은 머리 스타일만 똑같이 하는 것뿐이었다. 미셸의 말에 일리가 있었다. 존스홉킨스대학을 경비하는 보안 직원들은 대부분 근처에서 온 백인들이었다. 얼마 전까지 청소부, 요리사, 관리인, 경비원들은 극소수 라틴계를 빼면 모두 볼티모어의 흑인들이었다. 그러나 심토매틱과 트랜스액셔널이 등장했다. 존스홉킨스 홈우드 캠퍼스와 같은 1코로나 구역에 취업하려면 최소한 3코로나 점수가 필요했으며, 그렇지 않으면 보상보험 액수를 고려하면 급여는 의미가 없는 액수였다. 흑인 경비원은 오직 흑인 지역의 흑인 주택만을 경비하게 되었다.

미셸이 원서를 내기 석 달 전에 그녀는 조이스를 존스홉킨스대학 동문 밖에 있는 버스 정거장에서 만나기 시작했다. 조이스는 미셸에게 자신의 통행증을 주었고 미셸은 경비소를 지나 캠퍼스에 들어갔다. 미셸이 밤 동안 자기 휴대전화를 조이스에게 주는 것으로는 충분하지 않았다. 심토매틱은 더 똑똑했다. 그 앱은 전화 사용과 개인의 움직임을 24시간 동안 기록하고 그 데이터를 패턴화해서 종합했다. 어떤 특이한 통화나 움직임에도 경고를 보내고 자동적으로 코로나 점수를 1점 감하는 벌칙을 내렸다. 반복과 근육의 기억 속에 숨겨진 하나 하나의 디지털적인, 신체적인 습관을 모두 알아차리는 것은 도대체 가능하지 않았다. 이것이 왜 조이스가 캠퍼스 밖에서 한 대학원생과 만나고 있는 동안에 미셸이 물리적으로 조이스가 점한 공간을 캠퍼스에서 점하고 있어야 했던 이유이다.

그러나 그 모든 계획은 하나의 책략에 의존했다. 이 반역적인 정보는 왓츠앱(WhatsApp)으로부터 왔다. 그것은 이것 저것 읽은 것이 많은 고등학교 친구들과 그들의 언니, 오빠들, 그리고 손에 넣기 어려운 3코로나를 요구하는 취업, 거래, 장학금 등에 성공한 동네의 몇몇 사람들로부터 왔다.

그 자초지종은 이러하다. 심토매틱은 효율성을 위해 사용자의 거주지를 주간 단위로 평균을 낸다. 만약 당신이 대부분의 시간을 다른 점수의 동네에서 보내면 경고가 뜨고, 그러면 당신이 실제로 더 높은 지역으로 올라갔음을 증명하기 위해 끝없는 서류를 만들어 내야 할 것이다. 만일 이 서류들을 제시하지 못하면, 그 경고와 감점이 당신을 향할 것이다. 그러나 당신이 매주 적은 시간을 다른 점수나 인종의 동네에서 보냈다면 그 시스템은 경고를 보내지 않을 것이다. 그리고 다른 데서 보낸 그 시간은 당신의 코로나 점수에 긍정적으로 작용할 수 있다.

심토매틱의 재주에는 한계가 있다. 어찌 되었든 앱의 알고리즘은 인종적 배열의 직선을 연장한 것이었다. 인종을 상상할 수 있고 효과적인 것으로 만든 이론과 적용의 극단적인 경직성이 그 시스템의 결함이었다. 디지털 리스크 관리는 당신이 시간을 다른 동네로 쪼갤 수 있다는 것을 상상하지 못했다. 빙빙 돌기, 지그재그로 가기, 방랑하기처럼 거주의 다중성은 빈곤한 동네의 사람들이 가질 수 있는 존재의 양식이 아니었다. 알고리즘은 '값이 없음'으로 파악했다.

조이스는 다음 급여 지급까지 500달러면 살기에 충분하다고 계산했다. 한편 미셸은 1백인1부자 우편번호 동네에서 1주일에 3회 일하면 자신의 점수가 3으로 올라갈 수도 있고, 그러면 부담이 가능한 보험의 가능성, 그리고 지금은 단지 변장을 통해서만 거주할 수 있는 세계로 진입할 가능성을 열어 줄 수 있다고 계산했다. 그렇다. 그것이 책략이었다. 혼자 있는 조용한 시간에 미셸은 아무도 모를 것이라고 스스로에게 말했다.

그때 심토매틱이 녹색으로 반짝였다. 3. 미셸의 몸이 의자에서 움직였다. 그녀는 '보고'라는 단추를 눌렀고, 스크린은 트랜스액셔널로 되돌아 갔다. 그녀의 두 눈에 이 모든 광경이 한번에 들어오지 않았다. 그녀는 시야의 한 구석에 흐릿하게 존스홉킨스의 로고와 비슷한 것을 보았다.

## 제3부 테드로스 마코넨

테드로스 마코넨(Tedros Makonnen)은 안드락스트 항구에서 쾌속보트에 올라탔다. 한때 그 회의는 아디스아바바의 래디슨블루 호텔에서 이루어질 예정이었으나, 비아프리카 사람들이 아프리카 대륙으로 비행하는 것을 거부했기 때문에 뉴욕의 유엔계발계획(UNDP: United Nations Development Programme)으로 옮겨졌다. 이제 그 회의는 수퍼요트 위에서 개최된다. 이 마지막 장소 변경은 테드로스 같은 사람이 미국에 입국하는 문제보다는 글로벌 거버넌스의 국제 관리로의 이행 때문이었다.

마요르카의 수도인 팔마에는 세계 최고의 보트 정박 시설이 있었다. 그러나 테드로스의 위치는 자동차로 45분 걸리는 스페인의 남서쪽 끝에 있는 섬이었다. 안드락스트 항구를 둘러보면서 그는 그 요트가 항구의 정박 구역에 직접 정박할 것으로 생각한 것이 얼마나 순진했는지 깨달았다. 대신 그 요트는 3개의 곶을 돌아서 섬에서 떨어진 무인도인 사드라고네라의 연안에 내려주었다. 이것이 이 사람들이 일을 하는 방식인가, 그는 생각했다. 이해 당사자들뿐 아니라 전 인류로부터 떨어진 곳에서.

테드로스는 UNDP의 아프리카 지역서비스센터, 더 구체적으로 재난 리스크 관리 분야에서 일했다. 일은 혼란스러웠다. 놀라운 것은 아니다. 아프리카 대륙 도처에서 기후, 코로나, 흉년의 3중 위기를 겪고 있었다. 많은 아프리카 국가들은 코로나 공공 보건과 전국적, 지역적으로 관리되는 식량 분배 네트워크 역량 구축을 위한 재정 지원이 절실했다.

어느 면에서는 테드로스와 그의 동료 회의 참석자들은 가장 힘든 전투에서 승리했지만 전쟁에는 패배했다. 중간 수준으로 성장하는 지역 허브를 가진 남반구 국가들의 기관원인 그들은 모두 UNDP 사무소와 업무를 확실히 장악하고 있었다. 그러나 그러한 승리를 쟁취한 바로 그 시점에 G18 국가들은 사실상 글로벌 거버넌스의 공식 제도에 어떤 의미있는 관여도 하지 않았다. 그들이 자리를 비우자 재정 지원도 사라졌다. 현재 UNDP는 관료주의적 통계 기계로 전락했으며, 문제를 해결할 자원은 없었다. 단지 기록할 뿐이었다.

이 패배를 설명할 수 있는 가장 쉬운 방법은 지난 수년간 UNDP 내에서 더 많은 영향력을 갖기 위해 서로 경쟁했던 두 지수, 인간개발지수(HDI: Human Development Index)와 오버뷰(Overview)를 비교하는 것이다. HDI는 개발을 경제성장으로 환원하는 것에 대항하기 위해 교육과 삶의 질을 강조하고, 다양한 불평등을 고려하여 설계된 것이다. 오버뷰는 매우 다른 지수이다. 그러나 그것은 G18 국가의 엘리트들이 양자 간 투자를 진행할 국가를 판단하는 데 사용했다.

오버뷰는 심토매틱과 트랜스액셔널을 하나로 통합한 국제 버전과 같은 것이었다. 그것은 오랫동안 험악한 지정학적 지형에서 그들의 투자 전략의 방향을 잡아온 정치적 위험도 계산법으로부터 가져온 것으로, 이름을 알 수 없는 투자회사 컨소시엄에 의해 개발되었다. 오버뷰는 UNDP 데이터로부터 각국의 감염 비율과 수를 가져와서 GDP에 따라 조정한다. 그 전제는 경제가 부유할수록 코로나에 더 잘 대응할 수 있다는 것이다. 1~5 사이의 점수를 매기는 데 있어서 오버뷰는 HDI처럼 성장의 질이나 부 (또는 질병)의 분포를 분석하지 않았다.

이 모든 것은 오버뷰의 평가의 모순을 초래했다. 코로나로 인해 가장 크게 불안정해진 사회(예를 들어 미국, 영국 등)는 그들의 GDP 때문에 이론상 점수가 좋았으나, 실제로 그들은 감염병의 인간적 비용에 있어서 성과는 끔찍했다. 빈곤에도 불구하고 공공 보건에 있어서 성공적인 나라들(예를 들어 세네갈, 보츠와나)은 벗어나기 어려운 '거지소굴' 같은 빈곤으로 어려움을 겪고 있다 (거지소굴은 개도국 개발 분야에서 5코로나 점수를 나타내는 잘 알려진 속어였다). 점수가 높을수록, 양자 간 융자의 이자율은 더 높았다. 그리고 만약 어느 나라가 거지소굴이면 차관을 받기 위해서 천연자원을 보증으로 내걸어야 했다.

코로나19 이후 오버뷰가 만들어낸 국가별 점수는 코로나30에 이르기까지 그대로 유지되었다. 테드로스가 알던 일부 개발주의자들은 세계가 변해도 점수가 결코 변하지 않는 오버뷰의 유용성에 대해서 불평했다. 그러나 테드로스는 그것이 근거가 약한 불평인 듯하다고 생각했다. 그것은 금융 자본 및 관련 보험 산업이 개발 사업을 담보로 잡는 자격심사의 도구로 기능하는 오버뷰의 목적을 잘못 말하는 것이다.

실제로 오버뷰는 국가 수준과 개인 수준에서 공히 개발을 담보로 잡는다. 누구든 G18 이외의 국가에 거주하면 오버뷰 앱을 다운받아 '시민' 계정을 설정할 수 있었다. 오버뷰는 HDI와 동일한 UNDP 데이터베이스를 사용하여 미소금융을 원하는 개인의 가치를 분석했다. UNDP가 스스로를 파괴하는 도구에 데이터를 제공한다는 것은 역설적이라고 테드로스는 생각했다. 이 데이터베이스는 각국의 '우편번호'에 해당하는 번호를 가지고 코로나 감염률을 집계했다. 그리고 오버뷰 앱은 심토매틱의 알고리즘을 이용해서 데이터를 분석했다. 국가에 따라 데이터는 지역에 따라 일관성이 없고 꽤 조잡했다. 그러나 오버뷰의 국가 평가는 그보다 더 조잡했다.

쾌속보트는 수퍼요트의 선미로 다가갔다. 테드로스는 올려다 보았다. 최고로 호화롭게, 기분 내키는 대로 바람이나 해류를 타고 가고 싶은 데로 가

라. (대양에는 선로가 없다). 당신이 원하는 데서 닻을 내리고 당신만의 봉쇄 조치를 시행하고 당신의 갑판에서 경계선을 지켜라. 세금은 어디에도 내지 마라. 당신이 지구상에 남겨진 유일한 인간인 것처럼 살아라 (하인들은 고려 대상이 아니다). 그리고 테드로스는 비G18 국가에서 온 대부분의 시민들을 생각했다. 오버뷰에게 있어서 그들은 국가였고, 국가는 그들이었다. 그리고 이들 국가는 '아프리카', '아시아', '태평양'과 같은 무거운 형용사가 붙었다. 그들의 인종의 별자리에서의 역사적 사건들의 모음은 너무나 중요하여 어떤 무역풍도 그것을 바꿀 수 없었다.

회의를 앞두고 기운을 돋우기 위해서 테드로스는 오래전 런던정경대에서의 국제관리 MBA에 이르기까지 자신이 성취한 모든 경력을 되돌아보았다. 그 전문직 학위를 시작하기 1년 전 글로벌 거버넌스의 마지막 석사학위가 폐지되었다. 사회과학의 대학원 학위 과정에서 전문직 자격제로의 전환은 G8 국가들의 디지털 리스크 관리의 진화를 반영했다. 학계는 드디어 글로벌 수준에서 통치의 기술(art of governing) (신뢰, 상호성, 공공선, 판단이라는 아이디어에 관한 기술)을 논하는 것이 더 이상 가능하지 않음을 인정했다. 오늘날 가장 높은 수준의 행위를 효과적으로 형성하는 거래, 도구주의, 사적 이익이라는 관념에는 '관리'가 더 적절한 것처럼 보였다. 몇몇 급진주의자는 이 분야의 새로운 명칭이 20세기 초 식민지 관리의 기원을 떠올린다고 지적했다. 하지만 비록 변덕스럽고, 온정주의적이고 위계적이었지만 제국조차도 신뢰, 선, 판단 같은 가치를 내세웠다.

사실 G18 국가들이 국내에서 디지털 리스크 관리로 이행한 것은 '공공'이라는 아이디어가 이미 문제적이었던 글로벌 수준으로 확대되었을 때 더 큰 부조화를 일으켰다. 20세기의 낡은 아이디어인 공공 관리는 국가 기구를 기업처럼 운영할 것을 주장했다. 이제 대부분의 국가에서 억만장자 계급이 정부의 직책을 확실히 차지한다. 그러한 방식에 더 이상 어떤 의문도 없었다. 억만장자들이 국가 기구를 자기들의 재정적 이익의 직접적인 연장으로 운영한다. 개인은 오고, 가고, 돌아오지만 가문의 이익은 남아있으며, 그 영향은 분명하다. 정부 인사들은 오직 그들의 자산에 가장 돈벌이가 되는 투자 기회를 찾기 위해 국제기구를 상대한다. 예를 들어, 미국국제개발국(USAID: United States Agency for International Development)은 정부 직책을 돌려가면서 맡는 가문 집단들을 위한 거대한 자금 관리자가 되었으며, 그들은 국가와 개인 수준에서 모두 오버뷰에 의존했다.

그래, 테드로스는 생각했다. 기존의 제도적 장치는 인종차별적이고 위계적이었다. 그러나 그것은 최소한 전지구적인 좋은 삶을 준거로 제도화된 규칙과 규제에 따라 스스로 정당화해야 했다. 이제는 인종차별주의는 매개되지 않으며, 생물학적 상속으로 부여된 사적 이익의 직접적인 작용이다. 주식시장에서 거래 능력이 있는 사람들은 지구를 물려받는 팔자로 정해졌다. 그는 이 모든 것의 와중에 있었다. 이 보기 드문 회의에서, 앱이나 인종차별화된 질병 데이터를 통해 관리되지 않는 글로벌 펀드라는 아이디어를 주장하기 위해서. 기본적 필요에 공평하게 대응하는 펀드. 국가의 관할권. 시장조차도 종종 외부의 안정화 조치를 필요로 한다. 오래된 주장이다. 오래된 냄새가 난다. 그러나 그가 가진 것은 그것뿐이었다.

테드로스는 짧은 사다리를 밟고 중국의 고급 사치품 회사 부콜릭이 제조한 최신 수퍼요트에 올랐다. 뱃전의 위에 은색으로 칠해진 이름 '찬란한 광채'는 현 미 국무장관이며 지구상에서 가장 유명한 흑인 억만장자 가문의 일원인 카슨 콜린(Carson Colin)의 소유였다 (흥미롭게도 세대를 지나면서 그 이전 세대보다 밝아졌다). 콜린은 요트를 USAID의 하급 직원에게 빌려주었으며, 그 직원은 흥분했었고, 물론 비용은 UNDP에 청구했다. 승선하는 사다리 위에서 테드로스는 검사장의 붉은 깃발이 바람에 펄럭이는 것을 보았다. 그는 짧은 거리를 올라가기 시작했으며, 그의 손이 난해하지만 천박한 금빛의 돌고래를 탄 여성상을 스쳤다. 그 세세함의 핵심은 갑판에 서기 전에 양심을 버릴 정도로 불편함을 느끼도록 만들기 위한 의도적인 잔인함이라고 테드로스는 생각했다. 인류를 위해서, 테드로스는 자신에게 말했다.

## 제4부 씨시 반구, 부디 반구

하라레에서부터 불라와요 도로는 넓게 시작되다가 노톤을 지나서 좁아진다. 작은 마을을 하나, 둘 지나면 조용한 들판을 흔드는 많은 활동과 가끔씩 길가에 옥수수와 과일 행상. 버스 환승구역을 지나서 카도마로 갈 수 있다. 아니면 마을의 다른 쪽 (상업지역)으로 갈 수도 있다. 돌자마자 파이고 구불구불한 아스팔트. 지역 정치인들은 수십 년 동안 세금 수입을 착복했다. 역설적으로 그들의 수입 자동차는 지방 도로를 달리기에는 너무 우아하고 정교하다.

갈길이 아직 멀다. 마을의 상업지역을 지나 다시 오른쪽으로 돈다. 리무카 도로도 넓게 시작되지만 금새 좁아진다. 작은 집들을 지나면 수 많은 가게들이 있다. 거기서는 모든 것을 수리할 수 있다. 왼쪽에 있는 경찰서를 지나, 바로 오른쪽으로 가면 마을의 상가 뒤쪽에 도착한다. 리무카 마을은 얼마 전 탄저병과 코로나로 인해 엄청난 피해를 입었다. 대수롭지 않은 활동들로 웅성거리는 걸 보면 그건 놀라울 수도 있다. 그러나 자세히 보면 사회구조의 직물이 누구도 생각하지 못한 정도로 많이 늘려졌다. 거의 투명해질 정도로. 그렇지만 어려움이 있을 때마다 누구에게는 기회가 찾아온다.

그녀는 이름이 있지만, 그건 상관 없다. 그녀는 오후 내내 만다라씨의 가게 밖에서 참을성 있게 기다리고 있었다. 그는 그날의 마지막 전화기를 가지고 나온다. 조이스 모요라는 여자가 지금 막 가져왔다. 이 사람은 지난 주 내내 매일 오고 있었다. 그러나 서로 눈을 마주치지 않고, 곧바로 자동차에 타고 떠났다. 그건 상관이 없었다. 서로 알아보는 것은 필요하지도 기대하지도 않았다.

만다라씨는 돈을 가지고 있으면서도 다음 날 아침 안전히 돌아오기 전까지 그녀의 몫을 내어주지 않을 것이다. 그래서 그녀는 다섯 대의 전화기가 든 가방을 가지고 천천히 떠난다. 그것은 점점 집들이 줄어든 끝에 대충 흩어진 밭으로 바뀌는 먼 걸음이다. 얼마 지나지 않아 길 옆에 일부 벽돌로 된 벽이 방수포로 덮이거나, 혹은 아무 것도 없이 집으로 쓰여지고, 거기엔 의자들만 덩그러니 있고 작은 가스 난로에서 나는 연기가 사람이 살고 있음을 알려준다. 녹슬은 표지판은 '새로운 은게지 …(New Ngezi)'라고 써있다. 그 뒤의 단어들은 확실치는 않지만 그녀는 늘 그것이 '성장 지점'이라고 생각했다. 그러나 그 뒤의 단어들 위에 '해방된 영토'라는 글씨가 덧쓰여있다. 그녀는 글자를 덧쓴 것이 누구인지 꽤 분명히 알고 있다.

이제 그녀는 그 끊어진 벽들로 부분적으로 만들어진 미로를 더듬어 나가기 시작한다. 그쪽에, 덤불 뒤에, 깃발이 날리는 곳에, 베일을 쓴 사람들이 둥글게 앉아서 여기저기 연기가 나듯 중얼거리는 소리가 들린다. 근처의 자동차와 소형 버스들을 보면 모임은 거기에 머물지 않는다. 그들은 낮에만 온다.

그건 그녀의 왼쪽이었다. 그녀의 오른쪽에서 그녀는 어디선가 채굴 장비의 덜컹거리는 소리를 듣는다. 그 소리를 듣고 그녀는 누군가가 소문을 듣고 장비를 가져왔다는 것을 알 수 있다. 아마 한때 경작이 가능했던 상층토 아래 금이 있는지 모른다. 탐욕이 이렇게 엄청나게 보상을 받아야 할까? 그녀는 알지 못한다. 그녀가 아는 것은 자세히 보면 이곳에는 어디든 인간성이 존재한다는 것이다. 그런 생각을 하면서 그녀는 도로에서 벗어나 작은 덤불을 지나 길고 구불구불한 먼지 길로 들어선다. 어둠이 내리고 있다.

그 작은 개간지는 그 나름의 질서가 있다. 씨시 반구(Sisi Vangu)는 불완전하게 늘어선 짙은 남색과 녹색의 식물을 돌보고 있다. 그것이 그녀의 진짜 이름일까? 아마도 아닐 것이다. 그러나 어울린다. 씨시 반구는 나의 자매라는 뜻이다. 그녀는 누구에게나 자매이다. 그녀가 씨시 반구의 집에서 보낸 첫날 밤 그녀는 왜 작은 검정 옥수수를 심었는지 씨시에게 물었다. 이

품종은 더 널리 볼 수 있는 흰색 옥수수보다 가뭄에 더 강하지만, 더 높은 칼로리를 수확할 수 있다고 씨시 반구는 설명했다. 더 큰 흰색 품종은 로디지아 시절에 백인 농장에서 경작되었으며 이들 농장의 대부분은 관개 시스템이 있었으나 소규모 농장은 그렇지 못했다. 씨시 반구는 물었다. 왜 가난한 사람들은 검정 품종을 심으면 훨씬 더 잘 생존할 텐데 흰색 옥수수가 풍요로운 삶의 상징인가?

부디 반구(Bhudhi Vangu)는 그가 가장 좋아하는 그늘진 곳에 앉아 있다. 그는 낡은 책을 읽고 있다. 그의 책은 항상 낡았다. 이 붉은 색의 책에는 보라색 선이 있고 왼쪽 위에 제목이 있다. 『죽어가는 식민주의(*A Dying Colonialism*)』. 그녀는 지난번 왔을 때 본 다른, 더 두꺼운 책을 기억한다. 그 책은 아직 거기에 있다. 쌓여있는 책더미 제일 위에. 제목은 『흑인의 부흥(*Black Reconstruction*)』이다. 그녀 생각에 그 책은 프랑스 남자가 쓴 것 같다.

그녀는 의심의 여지 없이 이 박식한, 누구에게나 형제인 사람이 새로운 은게지 낙서의 장본인임을 안다. 왜냐하면 싸자와 무레워로 식사를 하면서 그는 여러번 그 개념에 대해 설명해주었기 때문이다. "우리가 로디지아 사람들과 싸웠을 때 우리는 식민지 군대의 허튼소리 없이 올바른 방식으로 살기 위해 해방된 영토를 쟁취했다. 우리는 스미스 치하에서 우리 자신의 아파르트헤이트에 대항해 싸웠을 때도 그렇게 했다. 그리고 짐바브웨 아프리카 민족동맹(ZANU: Zimbabwe African National Union)과 싸웠을 때도." 우리는 오버뷰와 싸우고 있는 "지금도 여전히 그렇게 하고 있다." 그리고 그는 전화기가 가득 든 그녀의 가방을 향해 눈을 번뜩였다. 부디 반구는 잘 만들어진 수사적 주장의 수식을 좋아한다. 그는 이미 백번쯤 말했다는 것을 전혀 모른다는 듯이 그것을 말한다. 그녀는 바로 지금이 그들이 수수료를 요구하기 전에 그들에게 보세품 수출허가증을 제공할 그 순간임을 안다.

부디가 옳다. 그것은 디지털로 해방된 영토이다. 아니면 최소한 이 근처에는 어디에도 전화 신호기는 없다. 만일 그 지역이 감시가 필요하다고 생각했다면 아마 인공위성을 사용했을 것이다. 그럴 필요가 없는 곳이다. 그 대신 이 지역의 모든 휴대전화의 AGPS는 '신호 없음'으로 잡힌다. 여기서 여덟, 아홉 시간 머물러도 범주 구분이 되지 않는다. 알고리즘은 기다린다. 이제 하루에 단지 몇 시간 정도만 3코로나 지점, 자동차 안, 거리의 나무 아래서 구운 옥수수를 먹으면서 보내면 당신의 점수는 바로 올라간다. 카도마 안에도 그런 곳은 있다. 당신은 오버뷰로부터 심지어 현금도 받을 수 있을지 모른다. 그 작은 틈새에서 지역의 제국이 생겨났다.

영혼은 살아있는 사람들을 따라다니면서 직선으로 움직일까? 아니면 그들은 속박된 영혼 위나 주변을 자유롭게 돌아다닐까? 그녀는 흔히 마-모바일-뭄웨야, 즉 전화 영혼이라고 알려진 나의 여러 전화 운반책 중의 하나이다. 그들은 전화기 소유자들이 절망하는 한밤의 장소에 산다. 신호 없음은 존재가 없는 것이 아니다. 그것은 계산될 수 없는 값이다.

곧 씨시 반구는 그녀의 손을 잡고, 그녀는 이제 취침 시간임을 안다. 그들이 원형 전통 주택의 낮고 따뜻한 불빛 속으로 들어가면서 부디 반구는 밤을 보내기 위해 빛이 비치는 바깥쪽 둘레에 방수포를 펼친다. 그녀는 침대를 준비한다. 침묵과 일상의 단조로움이 그녀의 마음을 어지럽힌다. 그들은 하라레에, 아니면 남쪽에, 아니면 런던, 미국에 자녀들이 있는지, 그녀는 묻는다. 씨시 반구는 멈춘다. 그렇다고 한다. 그들은 주인을 위해 일한다. 하지만 그녀는 어디라고는 말하지 않는다. 주인은 백인을 의미하지만, 또한 보스를 의미한다. 그 단어는 인종, 직책, 권력을 융합한다. 백인 미국인이 주인이 될 수 있는 것처럼 흑인 짐바브웨 사람도 주인이 될 수 있다. 보스가 되는 것은 백인이 되는 것을, 백인이 되는 것은 보스가 되는 것을 의미한다.

아마 그들이 몇 달 정도 전화 요금을 아끼면 아이들을 만날 수 있을지도 모른다고 그녀는 묻는다. "그러면 그 다음은?" 씨시 반구는 대답한다. "우리도 주인을 위해 일하나? 그것이 당신의 길인가? 아니면 당신 자신이 주인이 되기 위해서 절약하는지도.” 말을 던졌다. “아니, 난 모르겠어, 씨시. 난 별로 생각해본적이 없어.” 그건 거짓말이다. 씨시 반구는 다시 설명한다. “흑인 일꾼들이 있고, 백인 일꾼들이 있고, 그리고 주인들이 있다. 그러나 우리는 주님의 강림을 보고 싶다.”

## 추가 읽을거리

### 기술과 인종

Ruha Benjamin, *Race After Technology: Abolitionist Tools for the New Jim Code* (Cambridge: Polity Press, 2019)는 알고리즘이 그것을 만드는 기술자의 결함으로부터 자유롭지 않다고 주장한다. 만약 코드가 프로그래머의 숨겨지거나 공공연한 편견을 포함한다면 알고리즘은 인종차별적 결과를 산출할 것이다.

Moira Weigel, “Palantir Goes to the Frankfurt School,” *B20 – The Online Community of the Boundary 2 Editorial Collective*, www.boundary2.org/2020/07/moira-weigel-palantirgoes-to-the-frankfurt-school/은 새로운 디지털 기술과 신우익 이념의 관계를 검토한다. 실리콘 밸리가 반드시 ‘자유주의적’인 것은 아니다.

### 공간과 인종

Lawrence T. Brown, *The Black Butterfly: The Harmful Politics of Race and Space in America* (Baltimore, MD: Johns Hopkins University Press, 2021)는 도시 정치와 정책이 어떤 사람들에게는 구조적으로 축적된 이점을 제공하고 다른 사람들에게는 불리한 점을 제공하는 것을 보여준다. 인종차별의 결과는 개인적인 것이 아니고 사람들이 어느 동네에 살 수 있는지에 따라 대를 물려서 전파된다.

Adam Elliott-Cooper, “The Struggle That Cannot Be Named: Violence, Space and the Re-Articulation of Anti-Racism in Post-Duggan Britain,” *Ethnic and Racial Studies* 41, no. 14 (2018): 2445–2463은 인종차별적인 국가 폭력이 직접적인 인종적 범주를 통해서보다는 우편번호에 따라 전개되고, 경험된다는 것을 보여준다.

Jason T. Harris, *Redlines: Baltimore 2028: An Anthology of Speculative Fiction* (Baltimore, MD: Redlines Publishing, 2012)은 볼티모어의 인종 구조의 미래에 대한 가상 소설의 모음으로, 현재의 상황으로부터 어떤 형태의 억압과 저항이 생겨나게 될지 묘사한다.

## 생명과학과 인종

Troy Duster, *Backdoor to Eugenics* (New York: Routledge, 1990)는 '인종'이 유전공학의 사회학적, 정치적 사용 속에 은밀히 숨겨 들여지는 문제를 제기한다. '인종 유전자'라는 건 없다.

Sibille Merz and Ros Williams, "'We All Have a Responsibility to Each Other': Valuing Racialised Bodies in the Neoliberal Bioeconomy," *New Political Economy* 23, no. 5 (2018): 560–573. 인종적 불평등을 완화하려는 생명의학의 새로운 진전에도 불구하고 신자유주의 자본주의에 내재된 광범위한 불평등은 의료보건의 평등이라는 목표를 뒤집는다.

## 인종에 관한 역사와 이론

Ruth Wilson Gilmore, *Golden Gulag: Prisons, Surplus, Crisis, and Opposition in Globalizing California* (Berkeley, CA: University of California Press, 2007)는 인종차별과 교정체제에 관한 연구. 길모어는 경찰 '폐지'를 주장하는 사람 중에 매우 영향력 있음.

C.L.R. James, *American Civilization* (Cambridge, MA: Blackwell, 1993)은 20세기 가장 유명한 흑인 마르크스주의자 중의 한 사람의 저술. 이 책에서 그는 마르크스의 원리를 생명, 자유, 행복 등 미국적 신념의 일상언어로 번역하려 시도함. 그는 결사체 생활에 대해, 그리고 인종차별이 결사의 자유를 거부하는 데 관심이 있다.

Alana Lentin, *Why Race Still Matters* (Cambridge: Polity Press, 2020)는 사회가 인종적 교양, 특히 인종이 단순히 개인적 편견 이상의 것임을 인식하는 능력이 필요하다고 주장한다. 어떤 사람이 '인종차별주의자는 아니면서' 여전히 인종차별적 구조를 재생산하는 데 공모할 수 있다.

María Elena Martínez, *Genealogical Fictions: Limpieza de Sangre, Religion, and Gender in Colonial Mexico* (Palo Alto, CA: Stanford University Press, 2013)는 인종이 '피의 순수함'의 종교적(가톨릭) 송영을 통해 미주의 식민지화에 스며든 방식을 고찰한다.

Earl McKenzie, *Against Linearity* (Kingston: Peepal Tree Press, 1993)는 노예제에서 살아남은 사람들은 '직선'의 강요에 저항하는 문화를 통해 그렇게 했음을 강조한다.

Sylvia Wynter, "Unsettling the Coloniality of Being/Power/Truth/Freedom: Towards the Human, After Man, Its Overrepresentation – An Argument," *CR: The New Centennial Review* 3, no. 3 (2003): 257–337은 1492년 이후 인류라는 개념은 근본적으로 누가 인간이고 누가 마땅히 인간이 아닌지에 대한 인종차별적 구분에 기반을 둔다고 주장한다.

## 개발과 인종

Stanley L. Engerman, "Slavery, Freedom and Sen," in *Amartya Sen's Work and*

*Ideas: A Gender Perspective*, ed. B. Agarwal, J. Humphries, and I. Robeyns (London: Routledge, 2005), 187–213, 유명한 개발경제학자 센(Amartya Sen)과 UNDP 인간개발지수의 기초가 된 그의 '역량 접근'에 대해 비판적으로 평가한다.

Sam Moyo, "Three Decades of Agrarian Reform in Zimbabwe," *The Journal of Peasant Studies* 38, no. 3 (2011): 493–531, 토지개혁 운동 (특히 무가베[Robert Mugabe] 대통령하의)은 득실에 대해 비판적으로 분석한다.

"Zimbabwe: Lessons from Land Reform," *Al Jazeera*, 13 November 2013, www.aljazeera.com/programmes/south2north/2013/06/201362112421383 6626.html은 모요(Sam Moyo)와 혁신적이고 공정한 농업 운동에 관여하는 카도마 지역 상업 농민 마톤시(Charlene Mathonsi)와 토지 재분배에 대해 토론한다.

## 이 이야기 속에 거론된 책들

William Edward Burghardt Du Bois, *Black Reconstruction in America* (New York: Simon & Schuster, 1995) 은 부디 반구가 읽고 있던 책이다. 아프리카계 미국인 학자가 쓴 이 책은 미국 남북전쟁과 그 직후 '재건' 노력에 관한 가장 영향력 있는 책 중의 하나이다. 앞 부분의 장의 제목은 '흑인 노동자', '백인 노동자', '경작자', '대파업' 등이다. 노예 해방의 순간을 자세히 다룬 장의 제목은 '주님의 강림'이다.

Frantz Fanon, *A Dying Colonialism* (New York: Grove Press, 1967)은 부디 반구가 읽고 있었던 또 다른 책이다. 그것은 '해방된 영토'에 대해 저술 활동을 하는 마르티니크의 반식민주의 정신과 의사 파농(Frantz Fanon)이 썼다.

12장



# 인민:

## 누가 통치하고 누가 통치받는가?

셔버그(Laura Sjoberg)

나는 '누가 통치하고 누가 통치받는가'에 대한 '정답'을 초등학교에서 배웠다. 나는 미국 시민이고, 미국은 정부를 가지고 있다. 나는 자라서 선출직 공직자로서, 혹은 유권자로서 그 정부가 될 것이다. 모든 미국 시민은 동등하다고, 평등하고, 모두가 통치의 일부가 될 것이라고 나는 배웠다. 가끔 새로운 사람들이 미국에 올 수도 있다. 이민자들은 열심히 일하고, 미국 시민이 되길 맹세할 것이며, 그들도 통치하게 될 것이다. 초등학교 교사는 우리 학급을 귀화 의례에 데려가서 모두가 평등함을 보여주었다.

여러 해에 걸쳐 다양한 장소에서 점차 나는 그 이야기는 사실이 아님을 발견했다. 나의 선생들은 의도적으로 거짓을 말한 것은 아니다. 그들은 사실이라고 믿은 것을 내게 말해준 것이다. 그들의 신념은 제공된 표준 교과서에 의해서 강화되었다. 그럼에도 불구하고 그들은 너무나도 부정확한 그림을 보여주었기 때문에, 돌이켜 보면 나는 그것이 동화라고 생각할 수밖에 없다. 나는 내가 실제로 사는, 인종, 계급, 성별, 장애, 성적 취향 등에 근거한 수많은 위계가 존재하는 세상에 대해서는 아무것도 배운 것이 없다.

내가 교육받는 동안 이러한 문제들이 무시된 것은 아니다. 그보다는 그들이 해결된 것으로 제시되었다. 나는 미국이 과거에 인종 문제가 있었지만, 지금 '우리는' 법적으로 평등하다고 배웠다. 내가 온전한 시민으로 취급받는 이유 중의 하나는 백인의 특권이란 것을 배운 적은 없다. 나는 성장해서, 남편을 만나서 결혼하고, 아이를 가질 것이라고 배웠지만 그것이 바람직하다고 설정한 젠더 규범의 폭력성에 대해서는 아무것도 배우지 않았다. 나는 종교적 자유에 대해 배웠지만 의무적 이성애, 생식 미래주의, 군국주의, 미국 예외주의 등 미국식 애국주의와 긴밀히 연결된 도덕적 불문율에 대해서는 배우지 않았다. 나는 그 속에서 살았지만, 너무 '자연스럽게' 그 속에서 살았기 때문에 그것들을 보지 못했다. 나는 경제적 번영이라는 '아메리칸 드림'에 대해서 배웠다. 나는 국내외의 부자와 빈자의 격차, 그 구조적 속성에 대해 배우지 않았다. 나는 언론의 자유에 대해 배웠으나 아주 오랫동안 돈이 언론을 좌우한다는 사실, 누군가는 다른 사람보다 더 많은 언론 자유를 가짐을 발견하지 못했다. 나는 마이클 잭슨(Michael Jackson)과 함께 "위 아 더 월드(We are the World)"라는 노래를 불렀다. 나는 그것이 정말로 '굶주리는 아프리카 사람'의 생명을 구할 수 있으며, 그 굶주린 사람들과 '우리'의 한 가지 차이는 운이 나쁘게도 그곳에 기아가 발생했기 때문이라고 생각했다. 그때 나는 나의 백인 미국인으로서의 특권을 구성하는 데 들어간 구조적 인종차별, 성차별, 계급주의를 이해하지 못했다. 왜냐하면 내가 배운 모든 것이 그 특권의 존재를 부정했고, 민주주의의 포용과 평등에 관한 이야기 속에 가려져 있었기 때문이다.

자유민주주의(특히 미국의 자유민주주의)의 성공담은 너무나 빽빽이 짜여있었고, 너무나 자주 반복되고, 너무나 감성에 호소되기 때문에, 그에 반하는 압도적인 증거에도 불구하고 그것은 빈번히 '진실'이라고 생각되고, 느껴진다. 그 결과 자유민주주의의 많은 사람들은 참여와 자긍심, 야망과 가능성, 권리와 평등, 따뜻한 우수성의 이야기를 맹목적으로 그러나 열정적으로 되풀이하고 물려준다. 반복은 이 성공에 대한 '집단적' 의식을 재확인하는 데 필요하다. 반복이 필요할 때마다, 재확인이 필요할 때마다, 이 이야기의 공허함을 볼 수 있다. 전 세계적인 여행이 쉬워지고 인터넷의 시대가 도래하면서 이러한 주장의 황당함이 점점 더 부각되고, 최소한 보고자 하는 사람들에게는 이제 이 이야기의 오류들이 더 쉽게 보일지 모른다.

이 글을 쓴 시점에 미국은 코로나 팬데믹의 와중이었다. 그 위기에서 당시 대통령 트럼프는 살균제 주입이 사람들을 바이러스로부터 보호해줄지도 모른다고 언급했다.[1] 그 다음 날 미국 전역의 독극물 통제 센터에는 가정용 화학물질로 인한 중독 보고 건수가 급증했다.[2] 동시에 트럼프는 사상 최고의 지지율을 기록했다.[3] 자신이 코로나와의 전쟁에서 세계를 "이끌고 있다"고 트럼프는 요란하게 주장했다.[4] 많은 미국인들은 트럼프의 주장이 허위라고 그의 '리더십'을 조롱했다.[5] 그러나 압도적인 미국인은 이것을 대통령, 미국정부, 자유민주주의라는 제도의 문제라기보다는 '트럼프'의 문제라고 보았다.[6] 이 비판자들은 트럼프 임기가 끝나면 문제가 '해결'될 것이며, 그가 사라지면 미국정부는 모든 결점에도 불구하고 부정적이기보다는 긍정적일 것이라고 보았다.[7] 이 장은 트럼프의 거짓 주장들이 그것에 한정된 문제라고 보는 것은 살균제가 코로나를 치료한다는 주장만큼 근시안적이라고 주장한다. 서구 자유민주주의에서 '인민(people)'이 스스로를 통치한다는 외관은 그 자체가 거짓이며, 그것이 민주주의 '내부' 또는 '외부'의 사람들에게 해가 되지 않는다는 생각도 거짓이다. 이 주장들은 특정 시기에 더 명확하게 허위일 것이다. 그러나 그것은 지속적으로 거짓이다. 더욱이 이것은 새로운 사실이 아니다. 많은 사람들이 그것을 눈치챘지만, 그들의 지적은 빈번히 무시되었다.[8]

이 장은 미국과 광범위한 글로벌 거버넌스 제도들에서 평등과 포용의 언어가 점점 더 많이 사용되는 것을 조명하면서 시작하며, 그에 따른 젠더, 인종, 국적, 성별, 종교, 계급, 장애, 그 외에 누가 통치하고, 거버넌스가 어떻게 작동하고, 무엇이 거버넌스의 대상이 되는가에 관계되는 많은 다른 요인들에 대한 인식의 증가를 검토한다.[9] 제2절은 서구, 자유, 민주주의 ('국내'와 '국제') 거버넌스의 현대적 실체화는, 그 내부 우월성의 시연되고 반복된 서사에 의존하는 만큼, '외부'에 대한 폭력적 타자화에 의존한다는 것을 보여주는 다른 사람들의 연구를 소개한다. 제3절은 앞의 두 절의 모순을 검토한다. 정부 내의 '다양한' 사람들의 '권리'를 점점 더 인정하는 시대가 어떻게 그들에 대한 증가하는 폭력의 시대인가? 결론에서 우리는 이러한 시점에서 민주주의, 정부, 그 대상들에 대해 다시 생각하는 것이, 글로벌 거버넌스의 미래의 불가능함을 포함해서, 글로벌 정치에서 누가 통치받는지, 누가 통치하는지에 대한 질문에 의미하는 바가 무엇인지 성찰한다.

## 포용적인 21세기와 그 '새로운' 이야기

현대 미국의 평등에 관해 내가 들은 이야기들은 '과거의' 차별을 부정하기보다는 인정했다. 그 이야기들은 3개의 일관되게 식별할 수 있는 특징이 있었다. 첫째, 항상 차별은 이제 끝났다고 묘사되었다. 미국(특히 남부)은 뿌리 깊고 수치스러운 인종 문제가 있었지만, 그건 결국 1960년대 말과 1970년대 초에 사라졌다. 우리 부모들은 흑백 분리 학교에 다녔지만 그 흔적은 없어졌고, '우리'가 다닌 학교에서 인종차별은 과거의 유물이 되었거나, 우연이었다. 다른 인종 간의 경제 격차도 마찬가지다.

둘째, 노예제와 인종차별의 미국 역사에 관한 이야기는 미국을 그러한 문제들을 '해결한' 선구자로 묘사한다. 시민들 사이의 남아있는 불평등을 미국 민주주의의 힘으로 극복했다는 것이다. 미국의 노예를 해방시킨 링컨(Abraham Lincoln)의 해방 선언은 (비록 노예 소유주에 의해 작성되고 서명되었지만) 1776년 독립선언의 자연스러운 결과였다. '흑인 역사의 달'에 우리는 흑인 최초로 이것저것을 한 사람들에 대해 배웠다. 그것은 부끄러운 성취의 격차라기보다는 흑인들을 '개발해준' 미국의 성취이며, 그것은 미국을 백인 우월성의 중심으로 묘사되었다. '우리의' 인종차별주의는 그것이 극복된 방식 때문에 승리로 재포장하였다.

셋째, 그 이야기들은 복음주의적 어조가 있다. 이제 '우리'가 우리의 문제를 '해결'했으니 이제 '우리'는 우리와 같은 수준의 계몽을 실현하지 못한 국가들이 자기 국민들에게 인권과 특권을 '부여'해야 한다고 가르쳐야 할 의무가 있다. 요컨대 인종차별에 대한 미국의 승리는 외부로 확산이 필요한 내적 승리였다.

내 어린 시절에 젠더에 관한 이야기는 덜 간단했지만 비슷한 틀로 들어갔다. 어린 시절 나는 전통적 젠더 역할을 배웠다. 예외적으로 여성은 아이를 가지기 전이나, 이혼했거나, 교직, 간호 등 '여자의 일'의 경우 일할 수도 있었다. 여성은 '법 앞에 평등'했지만, 그들은 남성과는 다른 삶을 살았다. 성적 취향에 대한 차별은, 특히 1980년대 말과 1990년대 초의 에이즈 감염병 확산에 직면하여, 대체로 용납되었다.[10] 어떤 사람들은 '동성애자'로 규정되는 것이 괜찮았지만, 훨씬 더 많은 사람들은 그 도덕적 해이와 신체적 위험을 경고했으며, 고립된 진보주의자들 사이에서는 논의되었지만[11] 매우 소수의 사람들만이 레즈비언, 게이, 양성애자, 성전환자, 퀴어(LGBTQ+)의 권리에 대해 논했다. 그러나 30년 후에도 서구, 자유민주주의에서 젠더, 섹슈얼리티, 여타 차별이 '한 때 흔했던', 그리고 여전히 세계 다른 지역에서 '흔하게 남아있는' 문제들에 대한 논의에서 과거 중심적인, 예외주의적인, 복음주의적인 서사가 아주 많다. 이러한 서사는 미국정부뿐 아니라 정부간 기구(IGOs: intergovernmental organizations), 초국가적 애드보커시 네트워크(TANs: transnational advocacy networks)로부터 나온다. 대응 서사가 있지만, 이들 이야기는 강력하다.[12]

젠더에 관해서 우리는 자유민주주의 정부들과 국제기구들을 통해서 여성의 권리는 인권이라고 듣는다.[13] 우리는 여성의 보호는 국가 안보에 필수적이며, '자국 여성'을 함부로 대하는 국가는 국내적 소요, 경제 침체, 테러, 반민주적 거버넌스, 국가 간 전쟁 등 그 대가를 치를 것이라고 듣는다.[14] 그 반응으로 우리는 여성의 삶을 '여성' 자신을 위해서 '개선'하기 위한 연구나, 여성을 '해방'시킴으로써 국가가 얻을 수 있는 혜택을 도구화하는 연구에 관해 듣는다. 우리는 여성의 의회 진출 증가, 일터에서의 그들의 '승진', 분쟁 지역에서 여성에 대한 성폭력 감축을 위한 전세계적 '싸움'에 투입되는 자원을 축하한다.[15] 국가는 다른 국가에서의 여성의 '상황'에 대해 비판한다.[16] 우리는 서구 자유민주주의 국가들이 여성의 권리에 있어서 '최상위'에 오르는 것을, 그리고 그들의, 대체로 혹은 전적으로 대외적으로 향한 '여성, 평화, 안보'에 관한 '국가행동계획'을 본다. '자국의 여성들'은 모든 것이 확보되었기 때문에 그들은 그 복음을 전파하려 한다. 그것이 사람들의 삶에 어떤 영향을 줄지는 거의 생각하지 않는다.

섹슈얼리티에 관한 담론에 있어서 '좋은' 국가들은 동성애자를 온전한 시민으로 인정해주는 국가이다.[17] 서구 민주주의 국가들은 동성애자들의 군대나 결혼과 같은 국가 제도 참여를 '허용'하는 것으로부터 시작하여 자기 사회에 '동성애자들'의 참여를 막는 장애물을 점점 제거해왔다.[18] 그 민주주의 국가들은 그러한 선언서의 잉크가 채 마르기도 전에 돌아서서 자기들과 같은 '민주주의 국가'가 내세우는 '계몽적'이고 '포용적'인 정책에 '아직' 도달하지 않은 나라에서의 동성애자에 대한 대우를 비난한다. 램블(Sarah Lamble)이 기술한 바와 같이 "이러한 추세는 신자유주의 감금 통치를 폭력 가해자가 아니라 성적 시민권의 보호자로 재포장하고" 국가를 "동성애자 시위의 '표적'에서 협소하게 정의된 성적 시민권의 훌륭한 '보호자'로 바꾼다."[19] 푸아(Jasbir Puar)는 이를 이전에 배제되었던 동성애자가 선량한 시민으로서의 '다른' 요건을 충족하는 한 '선량한' 정치체제의 서사에 (외견상) 포함되는 '동성애자 애국주의'라고 묘사한다.[20] 동성애자 권리의 '진전'에 관한 주장은 국가가 외견상 포용적으로 보이는 정책을 자기의 우월성을 내세우는 데 이용하는 '핑크 세탁'에 포함될 수 있다.[21]

젠더와 섹슈얼리티에 관한 담론은 회원국의 '다원성'이 정부와 거버넌스를 검토하고 측정하는 중요한 요인으로 간주되는 유일한 곳은 아니다. 정부나 국제기구는 최근 아동의 권리, 종교적 소수자, 소수 민족, 장애인 등에 상당한 관심을 보여 왔다.[22] 내가 이들을 쉽게 열거한 것은 그들이 앞서 논의한 범주보다 덜 중요하기 때문이 아니라 우리가 권리, 포용, 미래의 평등에 관한 진보주의적 서사와 그러한 서사를 의심스럽게 만드는 배경을 쉽게 나란히 놓을 수 있기 때문이다. 나는 인종, 젠더, 섹슈얼리티, 종교 등 '보호받는' 범주에 관한 진보주의적 서사의 존재나 내용이 서구 민주주의 국가와 정부간기구(IGOs)나 초국가적 애드보커시 네트워크(TANs)에서 보편적이라고 주장하는 것은 아니다. 사실 이들 진보주의적 서사의 내용은 다양하며 종종 그들과 미디어나 정부 또는 거버넌스에서 활동하는 사람들과는 충돌하기도 한다. 또 나는 이러한 진보주의적 담론이 정확하다든가 도덕적으로 문제가 없다고 주장하는 것도 아니다. 사실 이 장의 나머지 부분에서 나는 그 반대의 주장을 한다.

나는 세 가지를 제시한다. 첫째, 서구 민주주의 국가의 공식 서류나 발표에서 진보주의적 서사는 너무나 압도적이라서 그 반대자들을 묻어버린다. 반진보주의 의제를 가진 사람들도 그것을 진보주의적 용어로 끼워 맞추게 된다. 둘째, 이러한 담론이 믿어지도록 서구 민주주의 국가의 정부는 그들의 (새롭게 편입된) 소수자들에게 귀를 기울여야 할 뿐 아니라, 항상 그 소수자들의 상황이 상향적 궤적으로 '개선'되는 방식으로 그 필요를 충족시키려 해야 한다. 셋째, 그 담론이 정확하든 아니든, 그 담론은 미국의 인종 관계의 역사를 상기하는 복음주의적 어조를 가지며 그것을 고무한다. 이제 '우리'는 소수자 '권리'에 대해 '잘하고' 있으며, '우리'는 그 '잘한 일'을 '잘 못하는' 사람들, 즉 꼭 '나쁜 것'은 아니지만 '저개발된' 사람들에게 전파할 자격과 의무가 있기 때문이다.[23] 소수집단 권리를 부여하는 데 있어서 자칭 '지도자들'은 자국 내의 소수자, 여성, LGBTQ+ 사람들의 지위에 관계없이 찬양, 경쟁, 복음주의를 요구한다.

## '국내'와 '해외'에서의 폭력에 의한 민주주의 '외부'의 생성

서구 자유민주주의가 '타자'의 권리를 내세우고 그러한 권리의 부여가 자기의 우월성을 구성한다고 주장하면서도, 그러한 주장과 더불어서 또는 그 안에는 끔찍한 폭력이 있다. 이 장에서 그 예를 열거하기는 너무 많지만 하나의 '쉬운' 사례가 더 이론적 논의를 구조화하는 데 도움이 된다.

'제1차 걸프전쟁'이 발발했을 때 나는 열한 살이었다. 마치 페르시아만(gulf)이 세계의 유일한 만인 것처럼 그 전쟁은 '걸프전쟁'이라고 불렸고 그것은 첫 번째 전쟁이었다. 나는 그 전쟁이 구출 임무로 꾸며진(framing) 것을 기억한다. '우리'가 쿠웨이트를 이라크로부터, 그리고 아마도 이라크 국민들을 그 정부로부터 구출하는 것이었다. 그것은 잠재적으로 위험했고 오래 지속되었다. 이라크는 가공할 정규군을 보유하고 있었다.[24] 사람들은 용감한 '우리' 병사들을 위해 노란 리본을 몸에 달았다. '우리'는 이라크 국민들을 그들의 정부로부터 '구출'하지 않았다. 왜냐하면 '우리'는 국제법을 존중했고 주권국가를 무너뜨릴 수 없었기 때문이다. 그 대신 '우리'는 사악한 이라크정부에 '그들'이 '우리'와 '우리의 동맹들', 그리고 '그들의' 국민을 위협하지 않을 때까지 제재를 가했다. 영양실조, 기아, 탄압으로 인해 대규모 사망자가 발생한다는 보고에도 불구하고 제재는 종종 전쟁의 '비폭력적' 대안으로 포장되면서 지속되었다.[25] 후에 주권국가를 침공하는 데 대한 금기는 사라진 듯했으며, 미국은 이라크를 침공했다. 침공을 정당화하는 담론에서 소수 권리에 대한 주장이 크게 강조되었다.

> 도덕적 진실은 모든 문화에서, 항상, 어떤 장소에서도 동일하다 … 여성에 대한 잔인성은 항상, 어디서나 옳지 않다. 정의와 잔인함 사이에서, 무죄와 유죄 사이에서 중립은 있을 수 없다 (조지 W. 부시).[26]

'우리'는 이라크를 침공했다. 부분적으로는 '우리'가 이라크 사람들, 특히 여성의 권리를 걱정했기 때문이다. 이 짜맞추기(framing)에서는 그렇게 하지 않는 것이 부도덕했을 것이다. '국내'에서는 이 전쟁을 애국주의적 자긍심을 가지고 미국이 우리와 모두를 위해서 '세계를 안전하게 만들려' 했던 '테러와의 전쟁'의 연장으로 보았다.

그 우월감의 담론의 이면에는 참상이 있었다. 군사 행동과 '평화적 제재 레짐' (이 기간 동안 미국은 이라크에 대해 제2차 세계대전에서 사용된 것보다 더 많은 폭격을 했다)을[27] 통해 미국의 행동은 경제적 붕괴, 의료 및 의약품 부족, 식량과 영양 부족, 기간시설 파괴를 직접 또는 간접적으로 초래했으며, 일부에서는 미국 주도의 제재만으로 이라크 국민 백만 명 이상의 사망에 직접 책임이 있다고 추산했다.[28] '우리'는 '제2차 걸프전쟁'에서 민간인 사망자 집계를 거부했으나, 대부분 분석에 의하면 10만 명 이상으로 추산되었다.[29] 인권, 보편적 도덕성, 자유주의 가치 담론에는 그 사람(빈번히 그 여자)을 구한다는 상상 속에서 '타자'에게 죽음과 고통을 주는 살인 기계가 따라갔다. 이라크전쟁은 서구 민주주의의 대단히 인도적이고 포용적인 특성의 담론과 가공할 (혹자는 학살이라고 할 만한[30]) 폭력이 동시에 존재했다. 인도와 포용은 거짓이며 그 구조 속의 고질적인 폭력을 감추는 제도로써 자유민주주의에 내장되어 있다.

음벰베(Achille Mbembe)는 이것을 누가 통치하고 누가 통치받는가의 문제에 핵심이 되는 일반적인 경향으로서 논의하며, 개인의 자유와 집단의 권리 서사 속에서 '민주주의 국가들의 잔인함이 그냥 덮여 버리는' 증거가 된다고 보았다.[31] 민주주의 국가를 '통치하는' '시민들'은 빈번히 그들의 폭력을 보지 못하거나 운명과 우월성의 서사 속에 흐려 버린다. 민주주의 국가의 폭력의 병렬적인 존재와 빈번한 비가시성의 맥락에서 음벰베는 근대 민주주의는 낮과 밤 2개의 얼굴을 가진다고 제안한다. 낮의 측면은 내가 학교에서 접했던 것으로, 구성된 타자, 즉 '외부'로부터의 '위협'에 대한 공포와 파괴에 의해 구성되는 밤의 측면을 예시했다.[32] 밤의 측면은 식민 제국, 친노예제 국가, '외부'와 '내부'의 국외자에 대한 학대를 포함했다.[33]

민주주의의 밤의 얼굴은 "실제로는 원초적이고 창시적인 공허, 법이 아닌 데서 기원하여 법의 밖에서 법으로 제도화된 법을 숨긴다. 이 창시적인 공허에 보전이라는 제2의 공허가 추가되었다."[34] 다시 말해 '내'가 다른 미국인들과 더불어 '법 앞에 평등'하기 위해 불법적인 일이 일어났다. 즉 미국 독립혁명이다. 미국 민주주의의 '적법성'은 반란이라는 '불법적' 행위를 필요로 했다. 혁명 후에 민주주의는 너무나 신성해졌기 때문에, 그것은 어떤 필요한 방법으로든 어떤 적에 대항해서라도 '보전'되어야 했다. 이 '사실'은 민주주의의 법 영역 밖의 폭력을 정당화한다. 법의 영역 밖에서 민주주의를 보호하는 최고의 중요성을 (아직) 보지 못한 사람들은 저지되거나 동의하도록 '길러져야' 했다. 그렇기에 '서구 사회의 평화는 대부분 먼 곳에서 폭력을 행사하는 데 의존했고' 식민지와 노예 제도를 포함하여 '글로벌 규모로 불평등의 레짐을 제도화'하였다.[35]

이것은 민주주의, 플랜테이션, 식민 제국을 '동일한 역사의 매트릭스의 일부분'으로 만든다.[36] 민주주의의 폭력은 부수적이 아니고 구조적이며, 단기가 아니고 장기이며, 민주주의 '안의' 고쳐져야 할 문제가 아니라 민주주의'의' 문제이다. 근본적으로 민주주의는 항상 누군가를 권리 없이 밖에 놓아두는 분리의 사회였다.[37] 그렇기에 자유민주주의는 "밖으로 내보내려 애쓰는 것을 안으로 돌려보냄으로써 그 자신에 등을 돌린다."[38] 이 체제는 순전히 도구적인 정치적 계산에 의해서 대규모의 사망자를 초래한다.[39]

이 접근은 오늘날 다수의 정부 및 정부간기구의 담론과는 매우 다른 현대 민주적 거버넌스의 포용과 배제의 지형을 드러낸다. 음벰베는 민주주의는 더 포용적이 되기보다는 더 배타적이 되어가고 있다고 주장하면서, '오늘날 집단을 더 포용적으로 만드는 데에는 확연하게 거의 관심을 보이지 않고 있으며' '우리 중의 하나가 아닌 모든 사람들'을 배제하는 데 더 주의를 기울이고 있다고 설명한다.[40] 다시 말해 민주주의가 '외부'에 있는 타자/적의 존재(그리고 그를 '파괴'해야 할 필요)에 의존하는 경향이 약해지기보다 더 강해지고 있으며, (외관상) 더 많은 사람을 '포용'하는 경향은 빈번히 모순적인 효과를 보인다. 음벰베에게 이 타자화는 무작위적인 것이 아니다. 그것은 인종에 관한 것이다. '비록 현저히 구별되지만' 식민주의, 파시즘, 나치즘은 "인종(백인종)의 문화로 이해되는 소위 서구 문화의 절대적 우월성이라는 동일한 신화를 공유한다."[41]

포용과 '개선된' 포용이 대대적인 축하 속에서 그렇게 자주 선언이 되는데 어떻게 현재의 정치적 질서가 명백하게 폭력적으로 '배타적'일 수 있을까? 음벰베의 지적과 같이 포용에 대한 주장과 실제의 포용은 서구 자유민주주의의 논리와 기능의 일부이다. 국가의 이익을 위한 다양한 소수자의 '새로운' 포용과 소수자의 보호자로서의 국가의 '새로운' 정체성은 전혀 새로운 것이 아니다. 그보다 국가는 포용을 통해 규율하며, 계속되는 일탈을 벌하고, 그들을 배제하면서 그들의 '배타성'에 의해 정의된 '적들'을 비판하기 위해 그 '포용성'을 이용한다. 진보적 포용성에 대한 국가의 담론은 서구 자유민주주의의 폭력 밖에 있는 것이 아니다. 그들은 통합되어 있으며, 지속될 것이며, 글로벌 거버넌스체제의 고질병이 될 것이다.

## 통치받는다는 것

음벰베는 이 폭력에 대한 인식에 근거하여 현재 글로벌 정치 무대는 "피해망상적 기질, 발작적인 폭력, 그리고 민주주의가 국가의 적이라고 구성한 모든 것들을 말살하는 절차"라고 묘사한다.[42] 이런 맥락에서 적을 설정하는 것은 '자신'을 구성하는 핵심 부분이다.[43] '저 밖에' 적이 없다면 자유민주주의는 '내부의 타자를 표적으로 삼기' 시작한다.[44] 서구 자유민주주의의 거버넌스가 폭력적이라면, 그 안에서 거버넌스의 대상이 된다는 것은 폭력의 행사와 폭력의 경험을 동시에 필요로 하며, 구체화하게 된다.

'테러리즘'에 '대응하는' 민주주의 국가의 '국내적' 정책 변화는 유용한 사례이다. 이 맥락에서 '인민의' '정부'는 인민의 권리를 유예하면서, 그것을 "바로 그 권리의 생존 조건으로 내세운다"고 음벰베는 설명한다.[45] 당신의 민주주의가 그 민주적 가치와 당신의 자유를 보호하기 위해 반민주적이 된다. 당신의 자유를 찾기 위해 당신은 자유롭지 않아졌다. 토바니(Sunera Thobani)에 의하면 "공포의 제국은 그 권력의 대상에게 사악한 선택을 제시한다. 가담하거나 아니면 몰살되거나."[46] 당신이 '민주적' 국가나 조직의 안에 있든, 밖에 있든 이것이 소수자의 상황이다.

이 '내부의 타자'에 대한 표적화는 여러 다양한 형태를 띤다. 그것은 국가 '안'에 있는 사람들을 '우리'의 적이라고 상상되는 '밖'에 있는 사람과 연관 짓는 '외국인으로의' 타자화의 내부성에서 찾아볼 수 있다. 이것은 예를 들어 증오범죄가 증가하고 인종차별 담론이 주류가 된 영국에서 브렉시트 이후 떠오른 이민자에 대한 인종차별적 담론과 행태에서 볼 수 있다. 영국은 결코 인종차별에서 자유로웠던 적이 없었지만, 브렉시트의 반이민적 정치의 증가는 영국의 '내부에 있는 타자들'을 증오와 폭력으로 표적 삼는 사람들을 더 대담하게 만들었다.

부자유(unfreedom)는 '외국인으로의' 타자화나, 내부의 그리고/또는 내부화된 타자의 타자화에만 국한된 것이 아니다. 다수 학자들이 정리했듯이 국가와 국제기구의 '민주적' 작동과 통치에 '포용된' 부자유가 있다. 브라운(Wendy Brown)은 자유민주주의는 "모든 다름을 다름이 없음으로 간주하려 하며", 생각할 수 있는 모든 "문화적으로 집행된 규범의 체제 전복적인 거부를 그 자체로 정상적인, 정상화될 수 있는, 법을 통해 정상화될 수 있는 것으로" 간주하려고 한다고 주장한다.[47] 다시 말해 사람들의 행태가 주어진 규범 밖에 있을 때, 그 규범이 통제되고, 소유되고, '포용될' 수 있도록 재검토, 재편찬, 재입법, 재정상화된다. 그 행태를 보이는 사람의 '포용'이나 '정상화' 욕구와는 상관이 없다. 이 같은 방식으로 "사람들은 실증적으로 규정되는 관찰 가능한 사회적 특성과 관행으로 환원되며, 인정의 언어는 부자유의 언어가 되어버린다."[48]

하리타원(Jin Haritaworn), 쿤츠만(Ari Kuntsman), 포소코(Silvia Posocco)는 이 현상을 '살인적인 포용', 즉 특정한 민주적 시민의 틀에 '들어맞지' 않는 사람들을 '정상화'함으로써 자행되는 폭력이라고 불렀다.[49] 동성애 정치의 담론에서 (받아들여지고 포용된) 애국적, 이성애규범적 동성애자에 구성된 이상적인 동성애자는 (거부되고 타자적인) '순응적이지 않고', '이해할 수 없고', '발전시킬 수 없는' 동성애자와 대비시킨다.[50] "죽음의 정치 위에 세워진 죽음의 민족주의는 나쁜 (동성애) 시민-노동자의 말소와 죽음을 통해 좋은 (동성애) 시민-노동자의 신체가 등장할 수 있는 이념적 물리적 공간을 만들어주는 것에 초점을 맞춘다"고 에델만(Elijah Edelman)은 설명한다.[51] 따라서 '동성애자의 죽일만함과 함께 동성애자의 살만함을, 위험과 더불어 구조를, 유기와 더불어 보호를, 폭력적 말소와 더불어 기념을 생각하는 것이' 중요하다.[52]

'동성애자'나 '성전환자'의 '권리'에 대한 논의는 두 가지의 중요하면서 관련이 있는 실질적 폭력을 동반한다.[53] 첫째는 사람들의 정체성은 대단히 명확해서 그들은 쉽게 요약될 수 있으며, 대단히 강력해서 사람들은 하나의 정체성으로 정의될 수 있으며, '고정되어 있고, 무한하며, 보편적으로 동질적인 정체성으로서' 불변이라는 가정이다.[54] 이것은 특정 정당화된 범주에 속하는 사람들에게 특권을 부여하지만, 다른 사람들을 거기에 맞추도록 압박하며, 거기에 맞추지 않거나 못하는 사람들을 벌한다. 샤크하시(Sima Shakharsi)는 이 현상을 터키에 거주하면서 공식적으로 난민으로 인정받으려는 이란인 성전환자들의 경험에서 탐색한다.[55] 샤크하시는 '정당한' 난민, 경계에 있는 자들, 돌려보낼 자들을 범주화하기 위해 '진정한 젠더와 섹슈얼리티의 규범적 관념'을 빈번히 논의하거나 시험한다고 보았다.[56] 두 번째 문제는 동성애자의 권리, 게이의 권리, 레즈비언의 권리, 퀴어의 권리, 심지어 여성의 권리, 흑인의 권리 등 고정된 정체성과 권리 담론을 연결 짓는 것이다. 브라운이 설명했듯이 권리 담론은 "해방 (주권적 권력의 자의적 행사에 대한 항의)의 수단으로 부상했으나, 그들의 열망을 비정치화하는 경향이 있다."[57] '권리'라는 용어와 그 '권리'를 '성취'하면서 생겨난 법률은 규범적 선이 채워져 있다고 전제되고, 분류되고, 구체화되기 때문에 권리의 '부여'에 이의의 여지가 있을 수 없다.[58] 국가에 의한 타자화의 정치는 어떤 퀴어는 국가에 의해 '보호되고', 다른 자들은 시민의 '보호'라는 명목으로 국가에 의해 공격당한다. 이것이 이 장의 도입부에서 논의했던, 동등하다고 선언된 자들에 대한 억압이 가려지는, 평등성의 승리한 복음주의적 서사의 이면이다.

## 결론

서구 자유민주주의의 포용의 정치는 이전에 '바깥'에 있었던 사람들의 성공적인 '통합'을 성취하지 못한다. 정체성, (이전의) 배제, (미래의 더 많은) 포용의 필요성을 인정하는 담론과 더불어서, 또 그 안에는 처벌과 폭력이 있다. 비폭력에 대한 자유주의의 주장은 여러 다른 사람들에게 다른 방식으로 허구이지만 어쨌든 허구인 것은 변함없다. 이것은 권리와 해방을 추구하는 사회운동 안에서도 마찬가지이다. 그것은 "그들이 영향을 행사하면서 그들이 반대한다고 주장하는 권력의 기제와 배치를 문제적으로 반영한다."[59)]

이것은 누가 통치하고 누가 통치받는가의 질문에 무엇을 의미하는가? 이것을 탐색하기 위해 이 장에서 앞서 잠시 논의했던 이라크전쟁으로 돌아가 보자. 미국의 정책들에 대해서는 (국내의) 반대자들이 있었다. 제재레짐보다는 제1차 걸프전쟁에 대해서 더 많은 반대자들이 있었으며, 제2차 걸프전쟁보다는 제재레짐에 대해서 더 많은 반대자들이 있었다.[60)] 제1차 걸프전쟁의 반대자들은 대체로 미군 병사들과 미국 기업에 미칠지도 모르는 피해에 대해 반대했다.[61)] 이런 문제들은 제재레짐이나 제2차 걸프전쟁에 대한 반대에 있어서 사라진 것은 아니지만 그것은 서서히 이라크 사람들에게 무슨 일이 일어났는지에 대한 우려에 의해 가려졌다.[62)] 왜 '우리'는 이라크인을 굶주리게 하고 죽이는가? 임신을 유지하고 아기에게 우유를 먹이려는 엄마들을 막는다? '우리'는 ('우리의' 아니면 '그들의') 민주주의라는 미명으로 사람들을 죽게 만들었는가?[63)]

이러한 반대들은 결국 다음과 같은 명제로 귀결되었다. 즉 민주적인 미국이 비민주적으로 행동하고 있었으며, '진정한' 민주주의로의 회귀는 이러한 정책과 폭력을 멈출 것이다. 여기서 민주주의의 폭력은 단지 외부에 존재했으며, 그것이 반대에 직면했던 바처럼 이례적인 것으로 간주되었다. 민주주의에 대한 내부의 비판자들은 종종 이러한 구별을 통해 그들의 정부의 형태는 비판하지 않으면서 정부를 비판한다. 음벰베 등은 이러한 내/외부 그리고 민주주의가 가진 문제와 민주주의 자체의 문제라는 '구분'은 모두 틀린 것이라고 주장했다. 이라크에서의 폭력은, (돌이켜 볼 때) 그것이 다른 폭력의 사례보다 더 눈에 띄는 것이었지만, 그것이 이례적이거나, 민주주의의 흠집 없는 방패의 벌어진 틈새가 아니다. 그것은 민주주의가 기능하는 데 필요한 것이다.

누가 지배하는가에 대해 내가 초등학교 시절에 배웠던 답은 민주적 거버넌스에 내재된 폭력을 숨긴다. 내가 '배워야 했던' 것은 내가 '포용'된 것의 대가로 내가 기꺼이 내 자신과 (내부와 외부의) 타자에게 상당한 폭력을 행사해야 할 필요가 있다는 것이다. 나는 나와 타인들이 평등과 민주주의를 '위해' 행사하는 폭력이 역사책이 '구시대의 유물'로서 인정했던 것보다 훨씬 더 끔찍했다는 것을 '배웠어야' 했다.

직간접적으로 통치하는 사람 중의 하나가 된다는 것은 통치받는 사람들에게 직간접적으로 끔찍한 폭력을 행사하는 것이다. 나는 백인 미국인으로서의 나의 (당연한) 포용의 축과 연결된 특권을 누리면서 산다. 이 특권들은 내가 이 장을 쓰는 능력과 그 내용을 만드는 시각을 구성한다. 나의 위치성은 민주주의가 축출하려는 불평등의 흔적이 아니다. 그것은 '민주적' 거버넌스를 구성하는 특성이다. 모두를 들어올리기보다, 전부 진보주의적 평등의 인도주의적 수사에 감춘 채, '민주적' 글로벌 거버넌스는 승자와 패자, 죽을 자와 살 자를 선택한다.

따라서 누가 통치하고 누가 통치받는지 물어보는 것 자체가 정부의 통치 과정과 서구 민주주의가 국경 안에서, 국경에서, 국경 밖에서 저지르는 해악을 정화하고 비정치화한다. 따라서 나는 독자들에게 누가 통치하고 누가 통치받는지의 질문은 핵심이 아니라고 말을 '해야만' 한다. 그보다 샤크하시는 더 합리적인 형태의 질문을 던진다. "어떻게 한 집단의 생명을 책임지는 정부가 다른 사람들을 죽이는 기술과 결부되는가?"[64)]

그렇다면 글로벌 (자유민주주의) 거버넌스의 '미래'는 누가 살지에 따라서 누가 죽을지를 선택하는 정치일 것이며, 그 와중에도 '밀려드는 파도'와 진보적 포용이라는 거짓을 사고팔 것이다. 국가 및 글로벌 거버넌스의 국제적 수준에서 자유민주주의가 법적으로 평등하고, 도덕적으로 우월하며, 태생적으로 비폭력적이라는 명목을 내세우는 한, 그것은 계속해서 상당한 폭력을 행사하며 감출 것이다. 이것은 "누가 통치하고 누가 통치받는가?"라는 질문과 "누구를 희생시켜 누가 사는가?"라는 질문을 동일한 것으로 만들며, 그것은 미래 글로벌 거버넌스에 나타나는 변칙이기보다는 글로벌 거버넌스를 구성하는 속성이 될 것이다.

## 추가 읽을거리

Wendy Brown, *States of Injury: Power and Freedom in Late Modernity* (Princeton, NJ: Princeton University Press, 1995).

Adi Kuntsman, Jin Haritaworn, and Silvia Posocco, eds., *Queer Necropolitics* (London: Routledge, 2015).

Achille Mbembe, *Necropolitics* (Durham, NC: Duke University Press, 2019).

Laura J. Shepherd, *Gender, Violence, and Security: Discourse as Practice* (London: Zed Books, 2008).

Cynthia Weber, *Queer International Relations: Sovereignty and the Will to Knowledge* (New York: Oxford University Press, 2016).

## 주

1) Dartunorro Clark, "Trump Suggests 'Injection' of Disinfectant to Beat Coronavirus and 'Clean' the Lungs," *NBC News*, 24 April 2020, www.nbcnews.com/politics/donald-trump/trump-suggests-injection-disinfectant-beat-coronavirus-clean-lungs-n1191216.
2) Gino Spocchia, " 'Under No Circumstances Administer into the Human Body': Dettol Tells People Not to Follow Trump's 'Dangerous' Recommendation," *The Independent*, 25 April 2020.
3) Gallup, "Presidential Approval Ratings – Donald Trump," *Gallup*, 2020, https://news.gallup.com/poll/203198/presidential-approval-ratings-donald-trump.aspx.
4) Steven Erlanger, "Embattled at Home, Trump Finds Himself Isolated Abroad, Too," *New York Times*, 2 June 2020.
5) factcheck.org의 트럼프에 관한 105페이지의 자료 참조.
6) Chris Kahn, "Exclusive: Democrats, Furious with Trump, Much More Keen to Vote Now than Four Years Ago," *Reuters*, 15 April 2020, www.reuters.com/article/us-usa-election-enthusiasm-exclusive/exclusive-democrats-furious-with-trump-

much-more-keen-tovote-now-than-four-years-ago-reuters-ipsos-idUSKCN21X1AQ.

7) Evan Osnos, "Why Democracy Is on the Decline in the United States," *The New Yorker*, March 2020, www.newyorker.com/news/daily-comment/why-democracy-is-onthe-decline-in-the-united-states?source=search_google_dsa_paid&gclid=Cj0KCQjw_ez2BRCyARIsAJfg-ks4gUHCJffmeX9evIBesYlBuTFlorUNYvZLLW5DTfdYVyR6wmp9igoaAitlEALw_wcB.
8) Achille Mbembe, "Necropolitics," trans. Libby Meintjes, *Public Culture* 15, no. 1 (2003): 11–40; Judith Butler and Athena Anthansiou, *Dispossession: The Performative in the Political* (London: John Wiley and Sons, 2013); Michael Mann, *The Dark Side of Democracy: Explaining Ethnic Cleansing* (Cambridge: Cambridge University Press, 2005) 참조.
9) Ronald Inglehart and Pippa Norris, *Rising Tide: Gender Equality and Cultural Change Around the World* (Cambridge: Cambridge University Press, 2003).
10) Paula A. Treichler, "AIDS, Homopohobia, and Biomedical Discourse: An Epidemic of Signification," *Cultural Studies* 1, no. 3 (1987): 263–305.
11) Wendy Brown, *States of Injury: Power and Freedom in Late Modernity* (Princeton, NJ: Princeton University Press, 1995).
12) Laura J. Shepherd, *Gender, Violence, and Security: Discourse as Practice* (London: Zed Books, 2008); Cynthia Weber, *Queer International Relations: Sovereignty, Sexuality, and the Will to Power* (New York: Oxford University Press, 2016); Manuela Lavinas Picq and Markus Thiel, eds., *Sexualities in World Politics: How LGBTQ Claims Shape International Relations* (London: Routledge, 2015).
13) Hillary Rodham Clinton, "Remarks for the United Nations Fourth World Conference on Women," *United Nations*, 5 September 1995, www.un.org/esa/gopher-data/conf/fwcw/conf/gov/950905175653.txt; Janina Pescinski, "Women's Rights Are Human Rights," *Our World*, United Nations University Curriculum, 10 December 2015, https://ourworld.unu.edu/en/womens-rights-are-human-rights.
14) Valerie M. Hudson, Donna Lee Bowen, and Perpetua Lynne Nielson, *The First Political Order: How Sex Shapes Governance and National Security Worldwide* (New York: Columbia University Press, 2020); Bradley A. Thayer and Valerie M. Hudson, "Sex and the Shaheed: Insights from the Life Sciences on Islamic Suicide Terrorism," *International Security* 34, no. 4 (2010): 37–62.
15) Inglehart and Norris, *Rising Tide*; Pamela Paxton, Melanie M. Hughes, and Tiffany D. Barnes, *Women, Politics, and Power: A Global Perspective* (Lanham, MD: Rowman and Littlefield, 2021).
16) April W. Palmerlee, "The Situation of Women in Afghanistan," Remarks by the Department of State Senior Coordinator for International Women's Issues at Western Illinois University, 28 March 2002, https://2001-2009.state.gov/g/wi/9118.htm; US Department of State, *Guyana: Country Report*, 2019, www.state.gov/report/custom/3fcac07925/.
17) Graeme Reid, "Canada Sets International Example in LGBT Rights," *The Globe and Mail*, 5 September 2017; Picq and Thiel, eds., *Sexualities in World Politics*.

18) Picq and Thiel, eds., *Sexualities in World Politics*; Brett Remkus Britt, "Pinkwashed: Gay Rights, Colonial Cartographies and Racial Categories in the Pornographic Film Men of Israel," *International Feminist Journal of Politics* 17, no. 3 (2014): 398–415; Weber, *Queer International Relations*; Jasbir Puar, "Re-thinking Homonationalism," *International Journal of Middle East Studies* 45, no. 2 (2013): 336–339.
19) Sarah Lamble, "Queer Investments in Punitiveness and Sexual Citizenship, Social Movements, and Expanding the Carceral State," in *Queer Necropolitics*, ed. Adi Kuntsman, in Haritaworn, and Silvia Posocco (London: Routledge, 2015), 163, 157.
20) Jasbir Puar, *Terrorist Assemblages: Homonationalism in Queer Times* (Durham, NC: Duke University Press, 2007).
21) Picq and Thiel, eds., *Sexualities in World Politics*.
22) United Nations General Assembly, *Convention on the Rights of the Child* (General Assembly document A/44/25/1989); Voice of America, "U.S. Advocates for Religious Minorities," 13 March 2018, https://editorials.voa.gov/a/u-advocates-religious-minorities/4297058.html; Janet Lord, "Here's Why Disability Rights Must Be on the Forefront of the Human Rights Movement," *Amnesty International*, 2016, www.amnestyusa.org/heres-why-disability-rights-must-be-on-the-forefront-of-the-human-rights-movement/ 참조.
23) 서구 자유민주주의의 의미에 있어서 개발된, 개발될 수 있는, 개발될 수 없는 것에 관해서는 Weber, *Queer International Relations* 참조.
24) Shannon Collins, "Desert Storm: A Look Back," *United States Department of Defense*, 11 January 2019, www.defense.gov/Explore/Features/story/Article/1728715/desert-storm-a-look-back/#:~:text=On%20Aug.,the%20world%20at%20that%20time 참조.
25) David Cortright and George A. Lopez, "Are Sanctions Just? The Problematic Case of Iraq," *Journal of International Affairs* 52, no. 2 (1999): 735–755.
26) George W. Bush, "President Bush Delivers Graduation Speech at West Point," *The White House*, 1 June 2002, https://georgewbush-whitehouse.archives.gov/news/releases/2002/06/20020601-3.html.
27) Anthony Cordesman, *Iraq and the War of Sanctions* (New York: Praeger, 1999).
28) John Mueller and Karl Mueller, "Sanctions of Mass Destruction," *Foreign Affairs* 78, no. 3 (1999): 43–53.
29) 예를 들어, iraqbodycount.org의 논의를 참조할 것.
30) Joy Gordon, "When Intent Makes All the Difference in the World: Economic Sanctions on Iraq and the Accusation of Genocide," *Yale Human Rights and Development Law Journal* 5, no. 1 (2002): 57–84.
31) Achille Mbembe, *Necropolitics* (Durham, NC: Duke University Press, 2019), 16.
32) Ibid., 22.
33) Ibid.
34) Ibid., 27.

35) Ibid., 19.
36) Ibid., 23.
37) Ibid., 42.
38) Ibid., 117.
39) Ibid., 34.
40) Ibid., 3.
41) Ibid., 121.
42) Ibid., 41.
43) Ibid., 48.
44) Ibid., 121.
45) Ibid., 33.
46) Sunera Thobani, "Prologue," in *Queer Necropolitics*, ed. Kuntsman, Haritaworn, and Posocco, x.
47) Ibid., 66.
48) Ibid.
49) Haritaworn, Kuntsman, and Posocco, eds., *Queer Necropolitics*.
50) Weber, *Queer International Relations; and Puar, Terrorist Assemblages*.
51) Elijah Adiv Edelman, "Walking While Transgender: Necropolitical Regulations of Trans Feminine Bodies of Clour in the Nation's Capital," in *Queer Necropolitics*, ed. Kuntsman, Haritaworn, and Posocco, 174.
52) Kuntsman, Haritaworn, and Posocco, eds., *Queer Necropolitics*, 5 citing Elizabeth A. Povenelli, *Economies of Abandonment: Social Belonging and Endurance in Late Liberalism* (Durham, NC: Duke University Press, 2011).
53) https://time.com/5211799/what-does-trans-asterisk-star-mean-dictionary/#:~:text=-trans*%3A%20originally%20used%20to%20include,.%2C%20alongside%20transsexual%20and%20transgender.
54) Kuntsman, Haritaworn, and Posocco, eds., *Queer Necropolitics*, 5.
55) Sima Shakharsi, "Killing Me Softly with Your Rights," in *Queer Necropolitics*, ed. Kuntsman, Haritaworn, and Posocco, 100.
56) Ibid.
57) Brown, *States of Injury*, 99.
58) 우연이 아니게도 "자유주의적 관료제 정권 속에서 정치화된 정체성의 '욕구'의 특징에서 보이는 증세는 그 스스로의 자유의 압류, 법률에 새겨 넣으려는 충동 … 그것을 만들 수 있는 힘을 가지고 상상의 미래를 불러내기보다는 과거와 현재의 고통." Ibid., 66.
59) Ibid., 3.
60) Adam Clymer, "War in the Gulf: Public Opinion Poll Finds Deep Backing While Optimism Fades," *New York Times*, 22 January 1991; Lydia Saad, "Top Ten Findings About Public Opinion and Iraq," *Gallup*, 8 October 2002, https://news.gallup.com/poll/6964/top-ten-findings-about-public-opinion-iraq.aspx.
61) Bernard E. Trainor, "Gulf War I," *Foreign Policy Research Institute*, 3 May 2009, www.fpri.org/article/2009/05/gulf-war-i/.

62) Gordon, "When Intent Makes All the Difference," 57–84; Cortright and Lopez, "Are Sanctions Just?," 735–755.
63) '우리'의 시위는 알지 못하는 사이에 이라크 사람들의 고통을 구경거리로 만들었으며, 빈번히 인종차별주의, 오리엔탈리즘, 계급주의, 이성애적 애국주의가 개입되었다.
64) Shakharsi, "Killing Me Softly with Your Rights," 95.

3부

# 도전

# 서론

이 책의 제3부는 21세기 중반을 향해 나아가는 인류와 지구가 직면한 가장 시급하고 근본적인 도전들에 초점을 맞춘 일곱 개의 장으로 구성된다. 제13장에서 클랩(Jennifer Clapp)은 현재와 미래에 인류가 직면할 식량 문제를 다룬다. '식량: 덥고 배고픈 지구의 거버넌스가 직면한 도전'은, 수많은 식량위기에도 불구하고, 세계에는 여전히 지구 시민들의 식량안보를 보장은 고사하고 개선할 수 있는 글로벌 거버넌스 제도와 틀도 부재하다는 우울한 현실을 설명한다. 최근 유엔이 일련의 목표를 설정하려고 노력한 SDGs는 2015년에 채택되었고 2030 개발의제가 추구하는 개선 사항의 틀을 제시했다. 클랩은 2020년 이전에 이미 악화 일로에 있었던 식량안보 문제를 코로나19 팬데믹이 더 악화시켰다고 주장한다. 가장 중요한 문제들은 기후변화, (국가 내, 국가 간) 불평등, 기업 집중화, 무역 구조 변화, 재정 압박 고조 등이다. 그가 생각하는 한 가닥 희망은 분절화된 제도와 거버넌스 지형이 향후 25년 동안 변혁의 기회를 열어줄지도 모른다는 것이다.

제14장은 중장단기 미래에 글로벌 보건 거버넌스가 어떤 모습을 보일지에 대해 탐색한다. 여기서 로머-말러(Anne Romer-Mahler)는 코로나19 이전에도 이미 엉망이 되었고 그 이후에는 더 문제가 많아진 상황에 대해 통찰을 제공한다. 그는 필요한 것은 기존 체제의 개선이라는 전제에 의문을 제기하기 위해, 유엔 75주년 기념과 바이든(Joe Biden)의 성공적 대선 캠페인에서 사용되었던 "고쳐서 더 좋게 만들자(build back better)"는 슬로건에서부터 논의를 시작한다. 로머-말러는 우리가 글로벌 보건

거버넌스의 기존 체제를 지탱하는 근본적인 아이디어 (이 체제의 추동 요인으로서 보건에 초점을 맞춘 '글로벌리티(globality, 전 지구성)'이라는 관념 자체, 그리고 거버넌스에 대한 서구 주도의 접근)를 성찰할 필요가 있다고 주장한다. 그의 성찰에 근거하여 이 장은 글로벌 보건 거버넌스는 (이 장의 부제에 제시된 대로) "글로벌하지 않고, 보건에 관한 것만도 아니고, 거버넌스도 모호할 것"이라고 주장한다.

제15장은 역사상 가장 더웠던 것으로 기록된 해가 19개나 되는 21세기의 첫 20년간 많은 사람들이 생각하고 있으나, 아직 필요한 일치된 행동을 끌어내지 못하고 있는, 기후변화의 실존적 도전을 다룬다. 앱드너(Adriana Erthal Abdenur)의 '기후 행동: 파리협정 이후'는 재앙적 기후 피해 속에서 하나의 총제적인 권위가 부재한 지구의 한계를 느린 화면 보기로 제공한다. 역설적으로 그것은 노력의 부족이 아니다. 왜냐하면 지난 반세기 동안 예방 노력과 여러 다양한 개선 조치를 위한 공동 행동에 관한 일련의 합의가 이루어졌기 때문이다. 앱드너는 1972년 스톡홀름환경회의 이후 협상이 이루어진 중요한 정부간 협약과 협정을 기록한다. 그러나 이 일관성 없고 불완전한 레짐은 환경 운동 및 기후 운동에 의해서 형성되었을 뿐 아니라 국내 정치와 변화하는 세계질서의 영향을 받았다. 2015년 파리협정에 이르는 수많은 협상을 통한 중요한 진전에도 불구하고 글로벌 기후 거버넌스는 세계질서 속의 강대국의 변덕에 영향을 받으며 여러 합의들을 감시할 이행 장치나 강력한 집중적 기구가 존재하지 않는다. 젊은 세대 운동가들의 헌신을 인정하면서 그녀는 시간이 부족하다는 불안스러운 관찰로 결론을 맺는다.

제16장에서 이바노바(Maria Ivanova), 에스코바르-펨버티(Natalia Escobar-Pemberthy)는 생물다양성과 지구의 복합 생명체 보호의 초보적인 시도에 관해 탐색한다. 저자들은 코로나19가 환경의 건강과 사람의 건강 사이의 긴밀한 연결성을 보여주었다는 사실부터 시작한다. 그들은 생태계, 생물종, 육상 자원 관련 글로벌 생물다양성 거버넌스를 육성하려는 국제적 노력의 진화를 검토한다. 더 구체적으로 그들은 유엔 2030 지속가능발전의제의 '육상 생명체' 목표 실행을 위해 설계된 다양한 장치들을 통합하는 SDG15의 정의로 이어진 경로를 분석한다. 지구와 인류의 건강을 촉진하기 위한 미래를 논의하기 위해, 지난 거버넌스 노력의 성공과 문제로부터의 교훈이 검토된다. 그들은 인간의 활동이 환경에 미치는 강력한 영향이 역효과를 내지

않고, 지구와 인류의 건강을 촉진하는 방향이 되도록 보장하는 데 매우 중요한 개선된 글로벌 거버넌스의 요건에 관한 제안으로 결론을 맺는다.

제17장은 많은 빈곤 국가에 전통적으로 매우 중요한 투입이고, 저소득 국가의 삶을 개선하는 데 필수적인 지원인 공적개발원조(ODA: Official Development Aid)와 그 거버넌스 설계에 대해 검토한다. 위버(Catherine Weaver)와 로젠버그(Rachel Rosenberg)는 코로나19를 넘어서 원조의 미래를 고민한다. 그들은 코로나19 이전에도 원조체제는 적합성, 정통성, 효과성 결여로 어려움을 겪고 있었다고 주장한다. 이 상황은 글로벌 GDP의 재앙적인 감소와 팬데믹 및 그로 인한 경제적 손실 대응 지원 요구의 급증으로 더욱 악화되었다. 이 체제는 간신히 유지되고 있지만 저자들은 현재 국제 원조 공여국들이 논의하고 있는 노력 이상으로 규칙과 규범에 대한 근본적인 개혁의 필요성을 설득력 있게 제시한다. 그들은 원조의 지형과 주요 (공공, 민간, 정부, 비정부) 행위자들이 그들을 관리하는 제도들보다 훨씬 빨리 변화하고 있다고 관찰한다. 개발과 인도적 목적의 미래 글로벌 원조 거버넌스를 고려하면서 위버와 로젠버그는 2개의 제안을 한다. "글로벌하게 가라(Go Global)" (국제적 틀에서 지구적 틀로 이행하라)와 "글로벌 로컬하게 가라(Go Global Local)" (행위 주체 및 의사결정을 탈중앙화하라).

제18장에서 카(Madeline Carr)와 야노스(Jose Tomas Llanos)는 '제4차 산업혁명'이 전개되는 가운데 데이터 거버넌스라는 대단히 중요한 문제를 검토한다. '사물 인터넷'은 증기, 전기, 디지털화로 추동된 이전 혁명의 뒤를 따른다. 그들의 분석은 데이터 글로벌 거버넌스에 존재하는 긴장과 그에 대한 경쟁하는 접근들과 그에 수반되는 엄청난 도전들에 대해 다룬다. 카와 야노스는 도전을 지적하는 데에 그치지 않고 빅데이터가 인류의 상태를 개선할 수 있는 적절한 거버넌스 틀의 잠재력에 대해 탐색한다. 그들이 지적한 대로 그것을 성취하려면 공동의 그러나 차별화된 위협을 완화하면서 이 변혁의 시대의 혜택을 극대화하는 글로벌 협력을 필요로 한다. 수익의 속성과 국제 협력을 지탱하는 취약한 구조를 고려할 때 빅데이터가 모든 인간의 삶을 개선하는 데 기여할지는 두고볼 일이다.

마지막으로 제19장은 결코 세계질서의 미래가 직면한 마지막 도전에 관한 것은 아니다. 이 장은 불법 약물의 거래와 소비 통제를 위한 글로벌 시도를 검토한다. 세라노(Mónica Serrano)는 이 문제 해결을 위한 2개의 핵심적이고 연관된 통찰을 제공한다. 첫째, 그것은 글로벌 약물 거버넌스를 구시대적 사고 방식에 묶어 두는 경로의존성에 대해 기록한다. 둘째, 그것은 제도적 과정이 어떻게 나쁜 아이디어와 그 영향을 고착화하여, 참혹한 결과로 먼 미래에까지 영향을 미치는지를 보여준다. 저자가 지적하듯이 불법 약물의 수요와 공급과 관련된 경제와 폭력은 글로벌 문제이지만, 국제연맹과 유엔의 노력은 효력이 없었다. 또 다른 문제는 핵심 국제 인권과 민주주의 표준을 존중하면서 이 폐해에 대응해야 한다는 것이다. 따라서 미래의 해결책은 국제 마약 통제레짐, 특히 불법 물질 통제 정책의 관행적 속성인 징벌의 논리를 재고하고 재구성해야 할 것이다. 1920년대의 금주 시도를 떠올리면서 세라노는 어떤 종류의 물질을 금지하든 범죄 조직이 이용할 엄청난 동기에 있어서 유사성을 본다. 향후 25년의 글로벌 마약 거버넌스는 어려운 균형을 잡아야 하며, 범죄 행위를 보상하는 번성하는 불법 약물 시장을 형성하는 데 기여해서는 안된다.

미래 글로벌 거버넌스의 구체적인 것은 아직 알 수 없지만, 이 책에 수록된 글들은 보다 일반적으로 글로벌 거버넌스에서 있음직한 역동성의 일부에 대해 우리가 아는 것들을 보여주었다. 우리가 코로나19의 글로벌 거버넌스를 넘어가는 가운데, 인류가 지구를 지배하면서 초래되는 문제들은 진정되지 않을 듯하다. 전쟁과 전쟁의 위협은 우리의 크고 작은 결정에 영향을 미치는 작용력으로 남을 것이다. 2020년대의 지정학은 2050년에 다르지만 여전히 복잡하게 얽힌 문제들로 진화할 것이며, 문명, 지역, 도시는 모두 거기에 역할을 할 것이다. 우리는 계속해서 인권에 대한 아이디어, 이주자의 생존 경험과 어쩔 수 없이 이주하지 않아도 되는 사람들의 편안한 삶, 누가 무엇을 얼마나 가지며 누가 갖지 못할 것인가, 인종에 대한 오래 지속되는 아이디어들, 타자를 어떻게 대우할 것인가 등의 문제로 분열될 것이다. 또 우리는 식량시스템, 보건, 생물다양성, 자연환경, 국제 원조, 데이터와 그 거버넌스, 불법 약물이나 여타 분야의 실패한 레짐 등과 관련된 수많은 도전에 직면할 것이다. 의심할 바 없이 우리는 새로운 거버넌스 행위자의 등장과 글로벌 거버넌스체제의 변화 가능성을 볼 것이다. 선견지명과 생각이 없다면 이러한 요인들이 다양하게 조합되는 상황은 재앙이 될 것이다. 관여와 이해를 통해 인류와 지구를 위해 더 좋은 미래가 가능하다. 우리는 조금이나마 기여하고자 한다.

13장

# 식량:

## 덥고 배고픈 지구의 거버넌스가 직면한 도전

클랩(Jennifer Clapp)



식량의 글로벌 거버넌스는 인류와 지구의 미래에 엄청나게 중요하다. 그러나 식량 가격 급등과 기아 증가를 수반한 2007~2008년 글로벌 식량위기에서 10년이 지났으나 글로벌 거버넌스의 틀은 분절되어 있고 정부의 강력한 지지를 받지 못하고 있다. 2015년 채택된 유엔 지속가능발전목표(SDGs)의 제2목표(SDG2)는 각 정부가 기아와 영양실조를 끝내고, 지속가능한 식량시스템을 지원하고, 소규모 농산물 생산자가 적절한 생계를 누릴 수 있는 정책을 실행하도록 요구한다. 그러나 유엔이 SDGs를 채택한 지 5년이 지나서도 각국 정부는 SDG2를 실현할 수 있는 방향으로 나가지 못하고 있다. 실제로 지표들은 반대 방향의 움직임을 보여주는데, 식량시스템은 다른 다수의 SDGs와 연관되어 있기 때문에 문제가 많다. 2030년까지 인류가 SDG2를 성취하고 그 이후에도 개선해 나갈 수 있을지는 현재의 추세와 역학관계가 식량시스템과 그 거버넌스를 형성하는 다른 주요 작용력들과 관련해서 어떻게 전개되느냐에 날려있다.

식량시스템은 글로벌 수준에서 부상하는 미래의 식량안보와 지속가능성에 중요한 영향을 미칠 중요한 변화들로부터의 결과들에 대응해야 할 것이다. 글로벌 거버넌스 제도와 관행이 이러한 도전에 어떻게 대응할지는 향후 수십 년 세계 인구에 안전하고 영양가 있는 식량을 제공할 식량시스템의 능력에 영향을 미칠 것이다. 기후변화의 효과는 이미 식량 생산시스템에 영향을 미치기 시작했으며, 그 충격은 더 격해질 것이다. 또 지난 수십 년 우리는 기업의 집중화 증가, 고르지 않고 변화하는 무역 관계, 농식품 부문의 금융화 증가로 인한 식량시스템 전체의 경제적 불평등 심화를 목격해왔다. 그리고 식량안보 분야의 분절화된 국제 제도와 거버넌스 지형은 더 많은 문제를 만들어내고 있지만, 또한 기회를 열어주기도 한다. 2020년 초 코로나19 팬데믹 발생은 전 세계 식량시스템을 큰 혼란에 빠뜨리면서, 이미 식량시스템에 영향을 미치고 식량안보 훼손을 초래하는 더 광범위한 추세와 연관된 문제들을 부각했다.

이러한 장기 추세의 수렴하는 역학관계와 코로나19로 인한 급작스러운 혼란으로 인해, 글로벌 식량안보 거버넌스가 나아갈 방향을 잡아야 하는 긴급한 상황이 벌어졌다. 그러나 식량시스템의 큰 변혁에 대한 폭넓은 합의가 있으나, 그 변혁이 정확히 무엇을 수반하는지, 그것을 형성하는 글로벌 거버넌스의 역할은 무엇인지에 대한 논쟁은 여전히 남아있다. 이 장은 이들 추세가 글로벌 식량안보와 지속가능성에 제기하는 도전에 대해 검토하며, 향후 25년간 필요할 거버넌스 대응의 유형에 관한 주요 논쟁을 소개한다.

## 기아, 영양실조, 식량시스템의 위기

인류가 2030년까지 SDG2(기아 종식)를 달성하기 위해서 식량시스템에 시급히 필요한 변혁에 대해서 점점 더 인식이 확대되고 있다. SDG2의 하위목표에는 모든 형태의 영양실조 종식, 지속가능 농업 촉진, 소규모 식량 생산자의 생산성과 소득 향상 등이 포함된다.[1)]

현재 세계는 SDG2에서 설정한 목표를 달성하기에 아직 멀었다. 거의 세 명 중 한 명이 최소한 한 가지 이상의 영양실조를 겪고 있다. 최신 평가에 의하면 7억 2,000만 명에서 8억 1,100만 명이 영양 부족의 만연(SDG2 지표 2.1) 측정 기준에 따른 만성적으로 영양 부족 상태이며, 이 수치는 코로나19로 인해 2019~2020년 사이에 1억 6,100만 명이 증가한 것이다 (아래에 논의). 식량불안의 다른 측정치도 마찬가지로 심각한 상황을 보여준다. 식량불안경험척도(FIES: Food Insecurity Experience Scale, SDGs의 또 다른 지표)로 측정된 바에 의하면 약 23억 7,000만 명(세계 인구의 거의 3분의 1)이 중간 정도 혹은 심각한 식량불안에 직면해있다.[2)] 기아와 식량불안의 수준은 특히 사하라 이남 아프리카, 남미와 카리브해, 남아시아에서 높다.

기아와 식량불안을 겪는 사람들의 수가 전 세계적으로 증가하는 동시에 다른 형태의 영양실조가 확산되고 있다. 최근 수십 년 동안 과체중과 비만의 수준이 높아지고 있다. 최신 수치는 약 20억 명의 성인, 6,500만 명의 비만자를 포함하여 전 세계 18세 이상 성인의 약 40퍼센트가 과체중이다. 심지어 어린이들 중에도 과체중과 비만 수준이 증가하고 있다. 약 15억 명은 양호한 건강을 위해 필수적인 중요한 비타민과 미네랄이 부족한 저품질 식단으로 인해 미량영양소가 부족하다. 미량영양소 부족은 영양 부족인 사람과 영양 과다인 사람에게 공히 영향을 미칠 수 있다.[3)]

식량시스템이 직면한 문제는 기아와 영양실조를 넘어선다. 현재 작동 중인 식량시스템은 환경적으로 지속가능하지 않으며, 따라서 그것이 의존하는 생태계의 기초에 위험을 준다는 인식이 점점 확산되고 있다. 예를 들어, 식량과 농업 부문은 20~25퍼센트의 온실가스를 배출한다. 현재의, 특히 기계와 농약에 의존하는 대규모 산업 생산에 기반을 둔, 농업 생산시스템의 조직은 생물다양성 상실, 물 부족, 삼림 파괴, 토양 비옥도 소실, 공해에 기여한다.[4] 몇몇 연구는 이러한 식량시스템이 인류가 장기적으로 지속가능하게 살 수 있는 안전한 활동 영역을 설정한 '지구의 한계'의 여러 부분을 넘었다고 기록하고 있다.[5]

지난 수십 년간 식량시스템 생계도 위태로워졌다. 농업과 식량시스템은 전 세계에 약 4분의 1의 고용을 제공한다. 아시아, 아프리카의 일부 저소득 국가에는 이 부문이 60퍼센트의 고용을 제공한다.[6] 그러나 농업 생산자, 특히 소규모 생산자들에게 적절한 생계를 유지하는 것이 갈수록 어려워지고 있다. 소규모 농장은 전 세계 농장의 84퍼센트를 점한다. 그러나 면적으로 2헥타르 미만의 소규모 농장은 전 세계 농지의 단지 24퍼센트밖에 되지 않으나, 전 세계 식량의 3분의 1을 생산한다.[7] 소규모 생산자는 빈번히 농지나 농경 투입 요소를 포함하는 자원이 부족하며, 작물을 판매할 시장에의 접근도 제한적이다. 많은 경우에 소규모 생산자들은 투입 자원을 극소수의 공급자에 의존하고 생산품 판매를 극소수의 구매자에 의존하기 때문에 그들의 수익 능력에 영향을 주는 약자의 위치에 서게 된다.

## 미래 거버넌스 수요를 형성할 주요 식량시스템의 추세

앞서 언급한 식량시스템의 결과는 복잡한 역학관계를 만들어내는 추동 요인이 되며, 명확한 인과관계 기제의 포착이나 보편적인 해결책을 어렵게 만든다.[8] 그럼에도 불구하고 글로벌 수준에서 SDG2의 진전을 막고 있는 식량시스템의 결과에 기여하는 일부 주요 요인들의 윤곽을 넓게 그려보는 것은 가능하다. 세 가지 중요한 추세가 강조될 필요가 있다. 그것은 기후변화 및 환경 파괴, 세계 식량경제의 불평등한 권력의 역학관계, 분절화된 국제 식량안보 거버넌스 지형이다. 이 각각의 추세는 식량안보와 SDG2를 달성할 세계의 능력에 중요한 영향을 미친다.

## 기후변화와 환경 파괴

식량시스템에 영향을 미치는 중요한 글로벌 추세는 기후변화의 가속화와 환경 파괴이다. 앞서 언급한 바와 같이 식량시스템은 이 문제들에 기여하기도 하지만 그것에 심대한 영향을 받기도 하며, 그 결과로 식량시스템이 변화될 수 있을 정도이다. 농업과 식량 생산은 날씨 조건과 생태계 서비스에 너무나 의존하기 때문에 기후변화와 생물다양성 손실에 부정적 영향을 미치면서도 동시에 특히 그로부터 취약하다.

예를 들어, 기후변화로 인해 날씨 변화는 더 심해지고 자연재해가 증가하면서 수확량과 농업 생산성 전반에 부정적인 영향을 미친다. 이미 온도 상승의 결과 밀과 옥수수 수확량이 감소하고 있다는 증거가 있다. 과학자들은 기후가 더 더워지면 해수면이 상승할 것이라고 예상하며, 그것은 농지 가용성에 엄청난 영향을 미칠 것이다. 온도 상승은 또 동식물에 스트레스를 가해 작물의 유전적 다양성 손실이나 가축의 음용수 감소를 초래할 것이다. 또 온도 상승이 잡초나 해충의 증가와 관련이 있음도 점점 더 알려지고 있다. 홍수나 태풍 등 기후변화의 폭넓은 영향은 식량 저장, 가공, 수송, 마케팅에도 영향을 미칠 수 있다.[9]

기후변화가 세계의 다른 지역에 다양하게 영향을 미칠 수 있지만, 대부분의 연구는 세계에서 가장 빈곤한 나라들이 가장 심하게 영향을 받을 것으로 본다. 아시아, 아프리카, 남미, 카리브해 등 저소득 열대 지역은 작물 수확이 가장 크게 감소할 것으로 보이며, 이는 식량 생산 패턴에 근본적인 영향을 미칠 것이다. 예를 들어, 현재 높은 비율의 기아를 겪고 있는 사하라 이남 아프리카 나라들은 기후변화로 인한 가뭄, 홍수, 작물 수확 감소로 특히 큰 피해를 입고 있다.[10] 기후변화는 또 일부 식용 작물의 영양분 구성을 줄임으로써 기존의 영양실조 문제를 악화시킬 수 있다.[11] 유엔의 식량농업기구(FAO: Food and Agriculture Organization)는 생산량 감소, 식량 가격 상승, 작물의 영양분 구성 손실, 식량 시장 불안정을 초래할 생산량 불안정 등 식량안보의 여러 차원을 잠식할 수 있는 기후변화의 '폭포 효과(cascading effect)'를 경고한다.[12]

생물다양성 손실 형태의 환경자원 파괴도 식량 및 농업시스템의 회복 탄력성을 위협하여 식량안보와 생계에 영향을 미친다.[13] 환경 파괴는 빈번히 산업형 농업 관행의 확산으로 초래된다. 예를 들어, 단일품종 경작체계에서의 현대 종자 사용 증가는 작물 다양성 손실에 기여하여 농업 생태계를 해충과 질병에 더 취약하게 만들고 사용을 증가시킨다. 기계 경작과 농약 사용 증가는 토양의 생물다양성 손실에 기여하여 토양이 탄소 고정이나 물 여과와 같은 중요한 생태계 서비스를 할 수 있는 능력을 감소시킨다.

## 세계 식량경제의 불균등한 권력 분포

식량시스템의 산출은 세계경제의 불균등한 권력 관계에 깊은 영향을 받아왔다. 지난 50년간 농식량 공급망은 극소수의 대규모 초국적기업(TNCs: transnational corporations)에 점점 더 집중되었다. 최근 농업 종자와 농약 산업의 합병은 오랫동안 진행된 이 부문의 기업 통합의 하나일 뿐이다.[14] 비슷한 집중은 농산물 무역, 가공 및 포장 식품 산업, 식품 소매 부문에서도 일어나고 있다.[15] 농식량 기업의 통폐합 증가는 이들 기업의 시장 지배력과 로비력을 강화해주어, 가격, 소비자의 식품 선택, 혁신, 규제 등에 영향을 미칠 수 있게 한다.[16]

농업이 세계무역기구(WTO)하의 글로벌 무역 규칙에 포함되면서 지난 수십 년간 글로벌 식량 거래는 엄청나게 증가했다. 현재 세계 식량 생산의 20~25퍼센트가 세계 시장에서 거래된다.[17] 그러나 이러한 식량 무역의 확장은 불균등하였고, 한때 대체로 자급자족했던 사하라 이남 아프리카를 포함한 많은 저소득 국가들이 식량 순 수입국이 되었다. 수입 식량에의 의존이 높아지면서 저소득 국가는 특히 국제적인 식량 공급량과 가격에 취약해졌다.[18] 많은 분석가들은 WTO의 농업협정하의 국제 거래 규칙이 부국과 빈국 사이의 무역 불균형 확대의 핵심 요인이라고 지적한다. 1994년 합의된 이들 규칙은 부유한 산업 국가들의 식량 생산과 수출에 대한 보조금 지급을 허용하는 한편 식량 수입에 대해 개도국 시장을 개방했다. 2001년 출범한 WTO 도하라운드는 농산물 무역 규칙에 내재된 불균형을 시정하려 했지만, 이들 협상은 별다른 결과를 내지 못했다.[19]

금융 분야 행위자들은 생산에서 소비에 이르기까지 식량 공급망 전반에서 글로벌 식량시스템에 매우 큰 역할을 하면서 불균등한 역학관계 형성에 기여해왔다. 투자자들은 식량 및 농업 부문에서 수익을 올리기 위해 농산물 선물 거래, 농지 투자 펀드, 농식량 회사 지수 펀드 투자 등 복잡한 금융 상품에 대한 수요를 끌어올렸다.[20] 식량시스템에 대한 금융 투자자들의 역할이 커지자 많은 비판자들이 그들을 중대한 글로벌 식량위기를 촉발한 2007~2008년 식량 가격 급상승에 기여한 것으로 보면서 논란이 커졌다. 다른 사람들은 그 연관성을 부정한다. 그러나 이 부문의 투기적 금융 투자는 수입의 상당 부분을 식량에 소비하는 빈곤한 사람들에게 부정적 영향을 미치는 식량 가격 상승과 불안정에 기여할 잠재성이 있다는 데 합의가 확산되고 있다.[21]

## 분절화된 글로벌 식량 거버넌스 지형

국제적인 수준에서 식량시스템에 영향을 미치는 세 번째 주요 추세는 글로벌 식량 거버넌스 지형의 분절화이다. 1974년 세계 식량위기에 직면하여 처음 설치된 유엔 식량안보위원회(CFS: Committee on World Food Security)는 2009년 상당한 개혁을 통해 그 활동에 비국가 행위자들의 역할을 확대했다. CFS는 현재 시민사회기제(CSM: Civil Society Mechanism)와 민간부문기제(PSM: Private Sector Mechanism)를 통해 이들을 세계 식량안보 문제 논의에 투표권은 없지만 참여시키고 있다.[22] CFS는 식량안보와 영양에 대해 명백하게 권리에 기반한 접근을 채택하며, 1948년 세계인권선언과 그 후속 협정인 1966년 경제, 사회, 문화적 권리에 관한 국제협약, 2004년 국가식량안보에 있어서의 적절한 식량권의 진보적 실현에 대한 지원의 자발적 지침(식량권 지침)에 명시된 식량에 대한 권리의 진보적인 실현의 중요성을 회원들에게 강조한다. 개혁 이후 10년 내에 CFS는 CFS 회원들에게 보고되는 식량안보 및 영양 관련 고위급전문가단(HLPE: High-Level Panel of Experts on Food Security and Nutrition)의 출판물을 포함하는 다수의 지침 서류와 권고의 협상 과정을 관리하면서 글로벌 식량안보 거버넌스에 더 중요한 역할을 해왔다. 그러나 다른 글로벌 문제와 마찬가지로 이 정책 권고와 지침의 집행에는 구체적인 강제 장치가 없다. 더욱이 CFS의 활동과 권고에 대한 국가의 지원은 매우 불균등하다.[23]

국가 기반의 공적인 글로벌 식량안보 거버넌스 기구 이외에 각국은 글로벌 식량 거버넌스에서의 역할을 축소해왔으나, 시민사회와 민간 부분은 다중이해당사자 거버넌스 시도의 확산을 통해 더 중요한 역할을 맡아 왔다. 이런 시도 중에는 식량시스템의 지속가능성과 노동자에 대한 공정 노동 관행을 추구하는 주요 농산물에 대한 인증 제도가 있다.[24] 1990년대 이후 글로벌 우수농업관행(Global GAP: Global Good Agricultural Practices), 지속가능팜유원탁회의(RSPO: Roundtable on Sustainable Palm Oil), 책임있는 대두원탁회의(RTRS: Round Table on Responsible Soy) 등 지속가능성 기준으로 공급자를 인정하려는 시장에 기반한 광범위한 시도가 있어 왔다. 그러나 이런 시도들, 특히 농식량 상품 거래에 관여하는 초국적 기업에 많은 역할을 부여하는 시도들은 감시와 강제 조치가 거의 없으므로 매우 취약하다. 더욱이 그것들은 소외된 소규모 생산자에게 불리한, 식량안보에 영향을 미치는, 의도치 않은 결과를 가져올 수 있다.[25)]

WTO나 여타 기후변화, 생물다양성 손실 등 환경 문제를 관리하는 국제 환경협정이나 제도와 같은 다른 글로벌 무대에서 거버넌스 장치나 제도들은 식량시스템 산출에 엄청난 영향을 미친다. 식량 거버넌스 무대에서와 마찬가지로 지난 수년간 각국은 국제 협력 거버넌스 장치 구축에서 다소 후퇴해왔다. 트럼프 행정부하에서 미국이 파리협정에서 탈퇴하거나 (바이든 대통령이 번복), WTO에서 농업협정 개혁에 실패한 것은 식량시스템 산출에 영향을 주는 방향으로 국제 협력이 약화된 것을 보여주었다.[26)]

## 코로나19와 식량시스템에 대한 충격

코로나19 팬데믹은 전 세계적으로 식량시스템에 큰 영향을 미쳤으며, 그 효과는 앞으로 오랫동안 지속될 것이다. 바이러스 전파를 막기 위한 봉쇄는 전 세계 식량시스템의 중대 위기를 촉발했다. 그것은 또 기아의 증가를 초래했으며 식량시스템 거버넌스의 불평등과 약점을 드러냈다.[27)] 세계적 규모의 식량 공급 문제로 촉발된 1970년대 중반과 2007~2008년의 식량위기와 코로나19가 가져온 위기는 달랐다. 사실 팬데믹 당시 글로벌 식량 공급은 기록적으로 높았다. 그보다 이 위기는 팬데믹이 초래한 몇 가지 서로 맞물린 역동적 관계를 통해 전개되었다.

초기에는 공급망을 통한 식량의 이동, 특히 국제 식량 거래에 중대한 혼란이 있었다. 그 혼란의 일부는 다수 국가에서 봉쇄 조치로 인해 식당이나 식음료 서비스가 갑자기 문을 닫았고, 국경도 폐쇄되어, 수요 급감, 주문 취소,

계절 이주 농장 노동자의 이동 제한으로 이어졌기 때문이었다. 이러한 혼란으로 인해 많은 나라에서 낙농 제품, 신선 과일 및 채소 등 대량의 부패성 식품이 폐기되었다.[28] 일부 대규모 식량 생산 국가는 혼란으로 인한 가격 상승을 우려하여 주요 식품 수출을 제한했다. 동시에 그러한 상품의 공급 제한은 쌀, 밀과 같은 작물의 식량 수입에 의존하는 나라에서 가격 상승 압력으로 작용하였다. 2020년 4사분기에는 대부분의 제한이 완화되었으나, 수출국에서 팬데믹의 전개 여하에 따라 수출 제한을 다시 가할 위험은 계속되었다.[29]

봉쇄는 또 글로벌 불황을 초래하여, 세계 도처에서 소득과 생계에 심각한 타격을 가했고 식량에의 접근에 영향을 미쳤다. 글로벌 성장이 위축되면서 2020년에 2억 5,500만 개에 상당하는 일자리가 사라졌다.[30] 사라진 일자리 중 다수는 계절 노동자들과 식품 가공 노동자들과 같은 취약한 식량시스템 노동자들을 포함하는 농식량 부문이었다.[31] 국제통화기금(IMF)은 2020년 한 해 동안 추가로 약 9,500만 명이 극빈 상태로 떨어졌으며, 2020년 4월부터 2021년 4월까지 1억 1,100만 명이 극심한 식량불안을 겪었다고 추정했다.[32] 경기 침체로 가장 큰 타격을 입은 나라에서는 기아가 증가했으며, 그 중에도 아프리카와 아시아가 가장 크게 영향을 받았다.

이러한 혼란의 역동과 소득 붕괴는 많은 나라의 식량 가격에 복잡하게 영향을 미쳤고, 많은 사람들의 식량 접근을 어렵게 하였다. 2020년 초 글로벌 곡물 재고는 사상 최고 수준이었고 팬데믹 초기 세계 상품 가격은 감소했으나 2020년 4월부터 2021년 4월 사이 글로벌 식량 가격은, 나라에 따라 큰 차이는 있었지만, 평균 30퍼센트 이상 상승하였다.[33] 예를 들어, 2020년 중반 현재 식량 가격은 캐나다와 영국에서 5퍼센트 미만 상승하였으나, 가이아나와 베네수엘라에서는 50퍼센트 가까이 상승했다.[34] 여러 다른 식료품 가격도 각각 다르게 영향을 받았다. 팬데믹 초기 육류, 낙농 제품, 부패성 식품은 수요 하락과 함께 가격이 급락한 반면 글로벌 곡물 가격은 중간 정도의 가격 상승을 보였다. 그 후 육류 가공 공장 노동자들의 감염이 증가하자 일부 시설이 폐쇄되고 육류 가격이 상승했다.

팬데믹이 초래한 이러한 다면적인 역동성은 식량시스템과 식량안보에 심대한 영향을 미쳤으며, 그 영향은 코로나19 바이러스 확산이 통제되고 백신이 널리 보급될 때까지 계속될 것이다. 앞서 지적했듯이 팬데믹이 확산되면서 전 세계에서 식량불안은 급격히 고조되었다. 이 코로나19로 인한 식량안보위기로 인해 식량시스템이 조직화된 방식, 그 불공정성과 환경에 미치는 영향에 대한 면밀한 검토의 필요성이 제기되고 있다.

## 미래 글로벌 식량 거버넌스에 대한 경쟁하는 비전

현재까지 글로벌 식량 거버넌스는 식량시스템의 문제들에 대응하는 데 선제적이기보다는 반응적이었다. 예를 들어, CFS 설치는 1974년 식량위기의 결과였다. 2009년 CFS 개혁은 2007~2008년 중대 식량위기를 뒤따랐다. 앞서 개괄한 바와 같이 이 반응적 접근은 부분적으로는 글로벌 식량 거버넌스의 분절적인 속성 때문이다. 이것은 또 부분적으로 글로벌 식량안보와 지속가능성을 성취하는 가장 적절한 방법에 대한 첨예한 이견을 반영하며, 이는 강력한 거버넌스의 대응을 저해해왔다. SDG2 실현이 계속적인 실패와 식량안보에 대한 코로나19의 파괴적인 영향을 부각시키는 현재, 여러 거버넌스 무대에서 식량시스템을 충격에 더 유연하고 SDG2목표를 실현할 수 있도록 만드는 '근본적인 변혁'이 필요하다는 데 합의가 확산되고 있다.

대대적인 변혁에 대한 합의는 식량안보 문제에 대응하는 데 있어서 더 선제적인 접근을 의미한다. 그러나 식량시스템의 미래 비전에 대한 오래된 분열이 극복될 수 있을지는 불분명하다. 따라서 현재 상황이 식량시스템 거버넌스의 근본적으로 다른 길을 열어줄 가능성이 있지만, 오랫동안 식량안보 거버넌스와 정치를 어렵게 한 (탄력성의 권리 기반이나 상품 기반 비전과 같은) 다른 접근의 충돌이 계속해서 글로벌 식량안보 거버넌스의 진전을 방해할 가능성이 있다. 향후 이 논쟁이 어떻게 전개될지는 SDGs 실현을 위한 식량시스템 변혁의 과감한 새 로드맵 제공을 명확한 목표로 한 2021 유엔 푸드시스템정상회의(FSS: Food System Summit)에 크게 영향을 받을 것으로 보인다.[35] 아래에서는 식량안보 거버넌스의 미래에 대한 정치적 충돌에 영향을 미칠 이 갈등의 최신 양상을 간략하게 개괄한다.

## 권리 기반 탄력성: 농업생태계와 지역 시장들

CFS에 활발히 관여한 시민사회 행위자들은, CFS가 채택하고 유엔 식량권에 관한 특별 보고관이 전파하는 식량권(right-to-food)의 틀에 바탕을 둔, 미래 식량시스템의 강력한 비전을 제시해왔다. 이 비전은 '식량 주권'의 이상에 영향을 받았으며, 1990년대 초부터 시민사회 단체들이 주창하였는데, 식량시스템의 형태를 결정하는 데 농민과 소규모 생산자들의 권리를 우선시한다. 이 시각에서 보면 소규모 생산자의 주체성과 생산성 향상을 중심에 두는 권리 기반 접근은 미래의 식량안보와 지속가능성 목표 실현에 필요한 환경적으로 더 건전하고 공평한 식량시스템을 지지한다.

이 탄력성의 권리 기반 비전은 농업생태계 원칙에 따라 조직화된, 개량종자나 농약 등 외부적 투입에 의존하지 않는, 재생력 있고, 다양하고, 자원 효율적인 생산 관행을 행하는 농업시스템에 기반을 둔 식량 생산시스템을 촉구한다. 이 접근은 대규모 산업형 농업의 생태적 문제점에 대해, 자연적으로 해충에 대한 저항을 기르고 탄소를 배출하기보다 흡수하기 위해 간작이나 여타 기술을 포함하는 다양한 생산시스템 내의 생태적 상호작용을 이용하여 대응한다.[36] 농업생태적 경작체계는 토양과 가축의 건강 및 다양성을 키우고, 자원 효율성을 높이고, 참여적 관여를 촉진하고 그 채택 비용을 낮추어 사회적 공정성을 구축함으로써 식량시스템에 탄력성을 기른다.[37]

보다 다양한 식량 생산시스템에 더해 이 비전은 식품 가공과 식품 유통시스템의 다양성을 촉구한다. 예를 들어, CSM은 대규모 초국가적 기업에 의해 지배되는 집중화된 농식량 시장을 밀어내는 수단으로써 지방과 지역 단위 규모에서 운영되는 '영역' 시장을 촉구한다.[38] 지방과 지역 중심으로 조직화된 시장은 식량시스템의 탄력성을 개선할 수 있다. 왜냐하면 그들은 코로나19가 초래한 글로벌 공급망 혼란과 같은 사태에 대해 더 민첩하고 반응적이기 때문이다.[39] 또 영역 시장 구조는 집중화된 세계 시장에서 대규모 초국가적 기업의 의존을 줄이면서 소규모 지방 식량 생산자, 가공업자, 상인들의 생계를 강화할 수 있다. 이런 규모의 시장은 대규모 기업이 가진 기간시설의 지원이 빈번히 부족하기 때문에, 이 비전을 주장하는 사람들은 지방과 지역의 가공 및 시장 인프라 지원에 있어서 더 강력한 국가의 역할을 촉구한다.[40]

## 상품 기반 탄력성: 디지털화의 정밀성과 전 세계 통합 공급망

대규모 기업과 강력한 거버넌스 행위자들은 매우 다른 비전을 제시한다. 그것은 식량시스템의 지속불가능한 차원에 대응하기 위해 신기술을 개발하고, 식량시스템의 변혁을 위해 무역이 추동하는 시장에 기반한다. 이 접근은 식량안보에 대한 이전의 '생산주의적(productionist)'이고 자유화된 글로벌 경제 접근을 토대로 하며 유전자 변형 종자, 농약과 같은 신기술 채택을 통한 식량 증산에 초점을 맞춘다. 이 접근은 식량을 권리로 여기기보다 상품으로 보며, 수요 공급의 시장 기제를 통해 식량이 널리, 충분히 공급되도록 하려는 것이다. 그러나 이 방법의 이전 형태는 모든 수단을 동원한 증산을 촉구했으나 가장 최근 형태는 생산시스템의 환경적 지속가능성에 더 민감하다.

상품 기반 탄력성 접근은 지속가능하게 생산을 높이기 위해 농업 생산시스템에 데이터 기반 기술, 특히 디지털 농업과 유전자 편집의 채택을 촉구한다. 이들 기술은 농경 투입의 효율성 개선을 위해 농약 사용 최소화 기술을 포함하여, 디지털 센서, 드론, 위치정보시스템을 채용한다.[41] 이러한 유형의 디지털 기술은 노동력 부족에 대응하기 위해서도 채택된다. 예를 들어, 로봇 착유기, 수확 기계가 이전에 인간이 행하던 작업을 완수할 수 있다. 컴퓨터를 이용한 유전자 지도 작성으로 유전자 편집 기술 발전이 가능해졌다. 예를 들어, CRISPR-Cas9는 식물에 훨씬 더 정밀한 유전자 편집을 가해 가뭄이나 열에 강한 속성을 만들 수 있다. 블록체인 기술은 더 효율적이고 추적 가능한 글로벌 공급망 구축에 유리할 것으로 기대된다.[42] 데이터 기반 기술은 식량 증산과 동시에 효율성 제고를 통해 환경적 지속가능성을 조성하려 하고 있다.

이 접근은 또 무역으로부터의 혜택을 최대화하기 위해, 기후변화 적응 전략으로서의 무역의 역할을 포함하여, 세계화된 식량 거래시스템의 지속과 확대를 촉진하려 한다. 그것은 또 코로나19 초기에 나타난 것과 같은 무역 제한을 방지하는 규칙을 포함하여, 농산품 무역 정책의 지속적인 자유화, 그리고 글로벌 공급망의 지속가능성 보장을 위한 지속적인 시장 기반 거버넌스 장치의 사용을 필요로 한다.[43]

## 충돌할 운명?

이 두 비전은 각각 다른 집단에서 지배적인 위치를 가지고 부각되고 있다. 이들은 글로벌 식량안보 거버넌스의 미래에 관한 글로벌 논의에서 유리한 위치를 점하기 위해 다투고 있다. 상품 기반 탄력성 접근을 주장하는 사람들은 농업 생태계와 지방화된 시장이 비효율적이고 시장 침체를 초래할 것으로 본다. 반면 권리 기반 탄력성 접근의 주창자들은 초국가적 기업이 지배하는 글로벌 공급망에 연결된 첨단 기술 농업은 식량시스템의 환경적 비용을 필연적으로 확대하는 농민 없는 농경을 추구하면서 지속가능한 생계를 잠식할 것이라고 우려한다. 이 상이한 접근에 관한 싸움은 2021년 푸드시스템정상회의(FSS)에 이르는 숙의 과정에서 명확히 드러났다. CSM은 미래 식량시스템 거버넌스를 위한 권고를 작성할 리더십 팀을 선정하는 과정을 포함하여, 투명성이 부족하다는 이유로 이 정상회의 과정을 비판했다. CSM은 상품 기반 기술과 무역 중시 접근을 밀고 있는 기업의 이익에 FSS가 장악되어 있다고 보았다.[44]

코로나19로 초래된 식량안보위기가 이 논란에 어떻게 영향을 미치는지는 아직 불확실하다. 팬데믹이 식량안보에 미치는 영향으로 두 비전을 주장하는 진영의 사람들로부터 과도하게 복잡한 글로벌 식량 공급망에 대한 비판이 고조되었고, 이 문제들을 해결할 최선의 방법에 대한 합의는 이전보다도 어려워졌다. 이 두 비전이 모두 문제의 속성에 대한 상이한 이해와 해결책에 대한 상이한 제안을 가지고 그 사안에 임하고 있으나, 일부 문제의 주변부에서는 다소 수렴의 가능성도 보인다. 예를 들어, 디지털 기술은 경우에 따라 농업생태적 경작을 확산하는 데 도움이 될 수 있다. 농업생태적 원칙이 빅데이터나 기술에 의존하는 생산 모델에 적용될 수 있다. 그것을 위해서는 그 원칙들이 희석되지 않고, 소규모 생산자들이 데이터와 기술에 평등하게 접근하고, 그 혜택이 초국가적 기업을 넘어서 확산되도록 보장하는 명확하고 강제성 있는 글로벌 규칙이 논의될 필요가 있다. 유사하게 식량의 글로벌 무역이 전부 지방화가 되는가, 완전히 세계화된 공급망을 통해서만 이루어질 가능성은 낮다. 이러한 가운데 모든 지역에서 다 쉽게 생산되기는 어려운 식량은 글로벌 무역의 공간을 남겨두면서, (지방에 적절한 주요 곡물처럼) 혜택이 명백한 곳에서는 지방과 지역 시장을 우선시할 수 있도록 식량과 농산품 무역의 글로벌 거버넌스 무대에서 규칙을 제정할 수 있는 여지를 열어줄 수 있는 가능성이 있다. 생산과 유통 분야에 있어서 그러한 접근은 지방의 맥락에서 성립이 되는 방식으로 지속가능성을 확산하면서, 적절한 균형에 도달하고 불공정을 감축할 수 있다. 글로벌 수준에서의 강력한 거버넌스 제도들은 그러한 결과를 보장하는 규칙과 규범을 설정하고 집행하는 데 필요하다.

## 결론

식량의 글로벌 거버넌스는 중요하며, 그것은 중대한 식량위기 와중인 지금만 그런 것은 아니다. 지구의 지속가능성과 인류의 웰빙이 더 공정하고 탄력적인 식량시스템의 근본적인 변혁에 달려있기에 그것은 미래에도 중요하다. 그러나 의미 있는 거버넌스 개혁의 부재 속에 기후변화, 시장 집중화, 식량안보 거버넌스의 분절화 등 주요 추세는 식량시스템 변혁에 중대한 도전이 되고 있다. 코로나19 팬데믹은 이러한 식량시스템 문제에 우리의 관심을 끌었으며, 향후 수십 년간 필요한 변혁을 시작하기 위한 조치에 폭넓은 지지를 만들어냈다.

식량시스템이 식량에 대한 권리에 중심을 두어야 할지 상품으로서의 식량에 중심을 두어야 할지, 식량안보를 개선할 핵심 운영 원칙에 대한 이견은 남아있지만, 식량시스템 변혁의 아이디어에 대한 광범위한 지지가 있다. 목표에 대한 이 견해차는 그것을 어떻게 성취할지에 대한 이견으로 이어진다. 농업 생태계와 영역 시장에 의존해야 할지, 아니면 디지털 기술과 농식량 공급망의 세계화에 의존해야 할 것인가? 이 매우 대조적인 접근들은 인류가 SDG2를 성취할 수 있는 글로벌 식량 거버넌스를 형성하려는 시도를 약화시키면서 계속 갈등할 것이다. 그러나 일부 주변부에서는 디지털 농경 기술과 농업생태적 접근을 통합하고, 지방 식량 생산과 글로벌 무역의 균형을 이룰 수 있도록 하는, 규칙에 기반한 적절한 거버넌스 기제를 찾는 것을 포함하여 어느 정도 진전의 여지를 제공하는 수렴이 가능할 수 있다. 이러한 유형의 진전은 현재를 지배하는 분절화된 지형을 극복하는, 강력한 정부의 지원을 받는, 강력한 식량안보 거버넌스 틀을 필요로 한다.

## 추가 읽을거리


Jennifer Clapp, *Food*, 3rd ed. (Cambridge: Polity Press, 2020).

High Level Panel of Experts on Food Security and Nutrition, *Food Security and Nutrition: Building a Global Narrative Toward 2020* (Rome: HLPE, 2020).

Nora McKeon, *Food Security Governance: Empowering Communities, Regulating Corporations* (London: Routledge, 2014).

Boyd Swinburn et al., "The Global Syndemic of Obesity, Undernutrition, and Climate Change: The Lancet Commission Report," *The Lancet* 393, no. 10173 (2019): 1–56.

Jan Douwe van der Ploeg, "From Biomedical to Politico-economic Crisis: The Food System in Times of Covid-19," *The Journal of Peasant Studies* 47, no. 5 (2020): 944–972.


## 주

1) UN, "Transforming Our World: The 2030 Agenda for Sustainable Development," Draft Resolution Referred to the United Nations Summit for the Adoption of the Post-2015 Development Agenda by the General Assembly at its Sixty-ninth Session, UN document A/70/L.1, 18 September 2015.
2) FAO, IFAD, UNICEF, WFP, and WHO, *The State of Food Security and Nutrition in the World 2021: Transforming Food Systems for Resilient Food Security, Nutrition and Access to Healthy Diets for All* (Rome: FAO, 2021).
3) FAO, International Fund for Agricultural Development (IFAD), UNICEF, WFP, and WHO, *The State of Food Security and Nutrition in the World 2018: Building Climate Resilience for Food Security and Nutrition* (Rome: FAO, 2018).
4) FAO, *The State of Food and Agriculture 2016: Climate Change, Agriculture and Food Security* (Rome: FAO, 2016); Intergovernmental Science-Policy Platform on Biodiversity and Ecosystem Services (IPBES), *Summary for Policymakers of the Global Assessment Report on Biodiversity and Ecosystem Services of the Intergovernmental Science-Policy Platform on Biodiversity and Ecosystem Services* (Bonn, Germany: IPBES Secretariat, 2019).
5) 예를 들어, Johan Rockström et al., "A Safe Operating Space for Humanity," *Nature* 461 (September 2009): 472–475; Walter Willett et al., "Food in the Anthropocene: The EAT – Lancet Commission on Healthy Diets from Sustainable Food Systems," *The Lancet* 393, no. 10170 (2019): 447–492; Marco Springmann et al., "Options for Keeping the Food System Within Environmental Limits," *Nature* 562, no. 7728 (October 2018): 519–525 참조.
6) International Labour Organization (ILO), "COVID-19 and the World of Work, 7th ed.," *ILO Monitor*, 30 June 2020, http://www.ilo.org/wcmsp5/groups/public/--

-dgreports/---dcomm/documents/briefingnote/wcms_767028.pdf.
7) 예를 들어, Vincent Ricciardi et al., "How Much of the World's Food Do Smallholders Produce?" *Global Food Security* 17 (June 2018): 64–72; Benjamin Graeub et al., "The State of Family Farms in the World," *World Development* 87 (November 2016): 1–15 참조.
8) High Level Panel of Experts on Food Security and Nutrition, *Food Security and Nutrition: Building a Global Narrative Toward 2020* (Rome: HLPE, 2020) 참조.
9) Intergovernmental Panel on Climate Change (IPCC), "Summary for Policymakers," in *Climate Change and Land: An IPCC Special Report on Climate Change, Desertification, Land Degradation, Sustainable Land Management, Food Security, and Greenhouse Gas Fluxes in Terrestrial Ecosystems* (Geneva: IPCC, 2020), www.ipcc.ch/srccl/chapter/summary-for-policymakers; Meredith Niles and Jonathan Salerno, "A Cross-Country Analysis of Climate Shocks and Smallholder Food Insecurity," *PLoS ONE* 13, no. 2 (February 2018): 1–14; Ana Maria Loboguerrero et al., "Food and Earth Systems: Priorities for Climate Change Adaptation and Mitigation for Agriculture and Food Systems," *Sustainability* 11, no. 5 (2019): 1372.
10) FAO, *The State of Food and Agriculture 2016*.
11) Boyd Swinburn et al., "The Global Syndemic of Obesity, Undernutrition, and Climate Change: The Lancet Commission Report," *The Lancet* 393, no. 10173 (2019): 1–56; Matthew Smith and Samuel Myers, "Impact of Anthropogenic CO2 Emissions on Global Human Nutrition," *Nature Climate Change* 8 (September 2018): 834–839.
12) FAO, *Climate Change and Food Security: Risks and Responses* (Rome: FAO, 2016).
13) IPES-Food, *From Uniformity to Diversity: A Paradigm Shift from Industrial Agriculture to Diversified Agroecological Systems* (International Panel of Experts on Sustainable Food Systems, 2016), www.ipes-food.org/_img/upload/files/UniformityToDiversity_FULL.pdf.
14) Jennifer Clapp, *Food*, 3rd ed. (Cambridge: Polity Press, 2020); Philip Howard, *Concentration and Power in the Food System* (London: Bloomsbury, 2016).
15) IPES-Food, *Too Big to Feed: Exploring the Impacts of Mega-mergers, Consolidation and Concentration of Power in the Agri-food Sector* (International Panel of Experts on Sustainable Food Systems, 2017), www.ipes-food.org/_img/upload/files/Concentration_FullReport.pdf.
16) Jennifer Clapp and Gyorgy Scrinis, "Big Food, Nutritionism, and Corporate Power," *Globalizations* 14, no. 4 (2017): 578–595.
17) Paolo D'Odorico et al., "Feeding Humanity Through Global Food Trade," *Earth's Future* 2, no. 9 (2014): 458–469.
18) Manitra Rakotoarisoa, Massimo Iafrate, and Marianna Paschali, *Why Has Africa Become a Net Food Importer? Explaining Africa Agricultural and Food Trade Deficits* (Rome: FAO, 2011); Jennifer Clapp, "Food Self-sufficiency: Making Sense of It, and When It Makes Sense," *Food Policy* 66 (January 2017): 88–96.

19) 농산물 무역과 WTO에 관해서는 Matias Margulis, "Negotiating from the Margins: How the UN Shapes the Rules of the WTO," *Review of International Political Economy* 25, no. 3 (2018): 364–391; James Scott, "The Future of Agricultural Trade Governance in the World Trade Organization," *International Affairs* 93, no. 5 (2017): 1167–1184 참조.
20) Jennifer Clapp and S. Ryan Isakson, *Speculative Harvests: Financialization, Food and Agriculture* (Halifax, Canada: Fernwood, 2018).
21) Getaw Tadesse et al., "Drivers and Triggers of International Food Price Spikes and Volatility," *Food Policy* 47 (August 2014): 117–128.
22) Nora McKeon, *Food Security Governance: Empowering Communities, Regulating Corporations* (London: Routledge, 2014); Jessica Duncan, *Global Food Security Governance: Civil Society Engagement in the Reformed Committee on World Food Security* (London: Routledge, 2015).
23) High Level Panel of Experts on Food Security and Nutrition, *Food Security and Nutrition*; McKeon, *Food Security Governance*.
24) Doris Fuchs and Agni Kalfagianni, "The Causes and Consequences of Private Food Governance," *Business and Politics* 12, no. 3 (2010): 145–181.
25) Peter Dauvergne, "The Global Politics of the Business of 'Sustainable' Palm Oil," *Global Environmental Politics* 18, no. 2 (2018): 34–52; Peter Oosterveer et al., "Global Sustainability Standards and Food Security: Exploring Unintended Effects of Voluntary certification in Palm Oil," *Global Food Security* 3, nos. 3–4 (2014): 220–226.
26) High Level Panel of Experts on Food Security and Nutrition, *Food Security and Nutrition*.
27) Jennifer Clapp and William G. Moseley, "This Food Crisis Is Different: COVID-19 and the Fragility of the Neoliberal Food Security Order," *The Journal of Peasant Studies* 47, no. 7 (2020): 1393–1417; Susanna Klassen and Sophia Murphy, "Equity as Both a Means and an End: Lessons for Resilient Food Systems from COVID-19," *World Development* 136 (December 2020): 1–4.
28) Christopher Barrett, "Actions Now Can Curb Food Systems Fallout from COVID-19," *Nature Food* 1 (May 2020): 319–320; High Level Panel of Experts on Food Security and Nutrition, *Impacts of COVID-19 on Food Security and Nutrition: Developing Effective Policy Responses to Address the Hunger and Malnutrition Pandemic* (Rome: HLPE, 2020).
29) David Laborde et al., "COVID-19 Risks to Global Food Security," *Science* 369, no. 6503 (2020): 500–502.
30) ILO, "COVID-19 and the World of Work."
31) Maximo Torero, *Prepare Food Systems for a Long-haul Fight Against COVID-19* (Washington, DC: International Food Policy Research Institute, August 2020); UN, "The Impact of COVID-19 on Food Security and Nutrition," June 2020, https://reliefweb.int/sites/reliefweb.int/files/resources/sg_policy_brief_on_covid_impact_on_food_security.pdf.

32) IMF, World Economic Outlook (Washington, DC: IMF, 2021); World Bank, "Food Security and COVID-19," 21 May 2021, https://www.worldbank.org/en/topic/agriculture/brief/food-security-and-covid-19.
33) FAO, "Food Price Index," 6 May 2021, http://www.fao.org/worldfoodsituation/foodpricesindex/en/.
34) Clapp and Moseley, "This Food Crisis Is Different."
35) UN Food System Summit webpage, www.un.org/en/food-systems-summit 참조.
36) 예를 들어, Miguel Altieri et al., "Agroecology and the Design of Climate Change-Resilient Farming Systems," *Agronomy for Sustainable Development* 35, no. 3 (2015): 869–890. Miguel Altieri and Clara I. Nicholls, "Agroecology and the Reconstruction of a Post-COVID-19 Agriculture," *The Journal of Peasant Studies* 47, no. 5 (2020): 881–898; Ian Bailey and Louise Buck, "Managing for Resilience: A Landscape Framework for Food and Livelihood Security and Ecosystem Services," *Food Security* 8, no. 3 (2016): 477–490 참조.
37) Alexander Wezel et al., "Agroecological Principles and Elements and Their Implications for Transitioning to Sustainable Food Systems: A Review," *Agronomy for Sustainable Development* 40, no. 6 (2020): 1–13; Rachel Bezner Kerr et al., "Farming for Change: Developing a Participatory Curriculum on Agroecology, Nutrition, Climate Change and Social Equity in Malawi and Tanzania," *Agriculture and Human Values* 36, no. 3 (2019): 549–566.
38) Civil Society Mechanism (CSM) of the Committee on World Food Security (CFS), *Connecting Smallholders to Markets: Analytical Guide* (Rome: CSM, 2014), www.csm4cfs.org/wp-content/uploads/2016/10/ENG-ConnectingSmallholdersToMarkets_web.pdf.
39) Jan Douwe van der Ploeg, "From Biomedical to Politico-economic Crisis: The Food System in Times of Covid-19," *The Journal of Peasant Studies* 47, no. 5 (2020): 944–972.
40) 예를 들어, Claire Lamine et al., "Agri-food Systems and Territorial Development: Innovations, New Dynamics and Changing Governance Mechanisms," in *Farming Systems Research into the 21st Century: The New Dynamic*, ed. Ika Darnhofer, David Gibbon, and Benoit Dedieu (Dordrecht, The Netherlands: Springer, 2012), 229–256; Alison Blay-Palmer et al., "Validating the City Region Food System Approach: Enacting Inclusive, Transformational City Region Food Systems," *Sustainability* 10, no. 5 (2018): 1–23 참조.
41) 예를 들어, Alfons Weersink et al., "Opportunities and Challenges for Big Data in Agricultural and Environmental Analysis," *Annual Review of Resource Economics* 10 (October 2018): 19–37; Athanasios Balafoutis et al., "Precision Agriculture Technologies Positively Contributing to GHG Emissions Mitigation, Farm Productivity and Economics," *Sustainability* 9, no. 8 (2017): 1–28 참조.
42) Daniel Bumblauskas et al., "A Blockchain Use Case in Food Distribution: Do You Know Where Your Food Has Been?" *International Journal of Information Management* 52 (June 2020): 102008.

43) 예를 들어, Uris Lantz C. Baldos and Thomas W. Hertel, "The Role of International Trade in Managing Food Security Risks from Climate Change," *Food Security* 7, no. 2 (2015): 275–290; Charlotte Janssens et al., "Global Hunger and Climate Change Adaptation Through International Trade," *Nature Climate Change* 10, no. 9 (2020): 829–835 참조.
44) CSM, "Open Call for Civil Society and Indigenous Peoples' Engagement to Respond to the UN Food Systems Summit," www.csm4cfs.org/open-call-civil-society-indigenouspeoples-engagement-respond-un-food-systems-summit/; and Matthew Canfield, Molly Anderson, and Philip McMichael, "UN Food Systems Summit 2021: Dismantling Democracy and Resetting Corporate Control of Food Systems," *Frontiers in Sustainable Food Systems* 5 (2021): 1–15 참조.

# 글로벌 보건 거버넌스의 미래: 글로벌, 보건, 거버넌스 각 개념에 대한 성찰

로머-말러(Anne Roemer-Mahler)

"고쳐서 더 좋게 만들자(build back better)"는 코로나19 이후 복구의 슬로건이 되었다. 그 슬로건의 기원은 재난 대응에 있는데,[1] 이것은 사회, 경제적 재건뿐 아니라 글로벌 보건 거버넌스 개선에도 적절한 슬로건처럼 들렸다. 코로나 팬데믹은 글로벌 보건 거버넌스의 한계를 매우 명백하게 드러냈다. 그러나 그것은 또 협력적 행동의 정치적 공간을 만들었다. 왜냐하면 감염병 통제는 이제 다수 정부와 기구들의 우선적 의제이기 때문이다. 이는 지정학적 긴장과 민족주의 고조가 글로벌 거버넌스를 매우 부정적으로 보이게 하는 시기에, 보건 협력 (특히 감염병 통제)을 글로벌 거버넌스 확산의 가장 유망한 분야 중의 하나로 만들 것이다.

그러나 우리는 "고쳐서 더 좋게 만들자"는 슬로건에 주의를 해야 한다. "고쳐서 '더 좋게' 만들자"는 이미 존재하는 시스템의 더 좋은 버전을 만들면 된다는 것을 암시한다. 그러나 미래의 성공적인 보건 협력을 구축하기 위해서 필자는 우리가 기존의 체제를 대단히 근본적으로 이해하고 성찰할 필요가 있다고 주장한다. 이 어려운 작업은 우리가 '글로벌 보건 거버넌스' 라고 지칭하는 제도들뿐 아니라, 그 제도들을 형성한 아이디어와 우리가 그것을 이해하는 시각에 대해 성찰할 필요가 있음을 의미한다.

감염병 통제를 위한 글로벌 거버넌스에 관한 성찰은 이미 시작되었다.[2) ] 이 장은 이 거버넌스체제가 참조하는 아이디어의 일부에 초점을 맞춘다. 근저에 있는 아이디어를 성찰하는 것은 중요하다. 왜냐하면 그것은 '글로벌 보건 거버넌스'를 서구, 특히 세계질서 및 그와 관련된 글로벌리티(globality, 전 지구성)와 거버넌스를 이해하는 미국의 시각이 주도하는 시대와 연결시키기 때문이다. 다른 강대국, 특히 중국의 등장으로 이 시각의 주도권은 도전받고 있다. 우리가 일반적으로 글로벌 보건 거버넌스 분석에 포함하지 않는 새로운 제도와 형태의 협력이 형성되고 있다. 그러나 이들 아이디어와 제도는 미래에 보건 협력이 전개될 기본 틀을 형성할 것으로 생각된다.

더 나은 협력적 보건 구축의 방해 요인과 기회를 이해하기 위해서 이 장은 기존 글로벌 보건 거버넌스체제 근저에 있는 3개의 아이디어를 탐색한다. 그것은 '글로벌리티(globality)'의 관념, 이 체제를 구동하는 작용력으로서의 보건에의 초점, 글로벌 보건 거버넌스에서 제도화된 '거버넌스' 아이디어이다. 이들에 대한 성찰을 바탕으로 필자는 글로벌 보건 거버넌스의 미래는 글로벌하지도 못하고, 보건에 관한 것도 아니고, 1990년대와 2000년대 초의 보건 협력과 같은 유형의 '거버넌스'도 아닐 것이라고 주장한다. 이러한 전망에 의하면 보건 협력이 더 어렵겠지만, 우리가 급격히 변화하는 환경 속에서 보건 협력의 새로운 기회를 찾고 있는 시점에, 현재 체제의 개념적 주장과 근거에 관해서 성찰하는 것은 중요하다.

## '글로벌리티'의 도전

'글로벌 보건'이라는 용어는 1990년대에 등장했으며 19세기 이후 사용되어 온 '국제 보건'이라는 구용어를 대체했다. 용어는 국가 간 협력과 콜레라, 황열병 등 제한된 질병에서 벗어나 세계화와 보건의 연계의 포괄적 시각으로 초점이 이동했음을 의미했다.[3] 이 시각의 핵심은 보건안보에 있어서 세계화가 국가 및 사람들의 상호 의존성을 높였다는 것이다. 상업적 연결, 인구 이동, 도시화 증가로 인해 병원체가 벽지에서 도시로, 전 세계로 퍼질 수 있게 되었다. 새로운 글로벌 보건 위협은 1980~1990년대 HIV(human immunodeficiency virus, 사람면역결핍바이러스)/AIDS(acquired immuno-deficiency syndrome, 후천성면역결핍증) 확산, 생물무기 테러 위험 증가, SARS(severe acute respiratory syndrome, 중증급성호흡기증후군), 인플루엔자, 에볼라 등 2000년대의 몇몇 감염병 확산으로 가중되었다.

이러한 새로운 글로벌 보건 위협에 대응하기 위해 많은 사람들은 국가만으로는 국경을 초월하는 보건 위협에 대응할 수 없기 때문에 새로운 거버넌스 접근이 필요하다고 주장했다.[4] 2005년 감염병 통제에 관한 주요 국제조약인 국제보건규칙(IHR: International Health Regulations)의 수정은 보건의 국가 간 협력 강화의 획기적 사건이라고 생각된다.[5] 수정된 IHR에서 각국은 타국의 공공 보건에 위험이 될 만한 어떤 보건 문제도 통보하기로 합의했다. 또 IHR 수정은 세계보건기구(WHO: World Health Organization)가 국가 간 협력에만 전적으로 의존하기보다 비정부 행위자가 제공한 감염병 발생 정보를 근거로 행동할 수 있게 민간 부문의 역할을 강화했다.[6]

아마 이전의 '국제' 거버넌스에 비해 '글로벌' 보건 거버넌스가 가장 눈에 띄게 다른 중요한 특징은 공공-민간 협력이라는 새로운 형태의 제도의 확산일 것이다. 1990년대 말 이후 글로벌 보건 거버넌스에 수많은 공공-민간 협력이 등장했다. 그것들은 서로 다른 여러 형태를 가지며, 다양한 문제에 초점을 맞춘다. 일부 가장 크고 잘 알려진 협력은 중저소득 국가(LMICs: low-and middle-income countries)의 약품과 백신의 재정 지원, 개발, 유통에 관여한다. 에이즈, 결핵, 말라리아 퇴치를 위한 글로벌 기금(GFATM: Global Fund to fight HIV/AIDS, Tuberculosis and Malaria), (과거 GAVI 연합이었고 그 전에는 세계백신면역연합[Global Alliance for Vaccines and Immunization]이었던) 가비 백신연합(GAVI, the Vaccine Alliance)이 그들이다. 그 외에도 주로 대비책이 미흡한 빈곤 지역에 발생하는 항미생물제 저항성이나 방치된 질병 등 다양한 보건 위협에 대한 새로운 진단법, 약품, 백신 상품 개발 협력 등이 있다. 또 공공-민간 협력은 자금 동원이나 글로벌 보건 사업 실행을 위한 수단으로써 확산되었다. 공공-민간 협력 모델은 점점 더 정부간기구의 활동에 통합되고 있다. 글로벌보건안보의제 민간부문 원탁회의(Global Health Security Agenda Private Sector Roundtable)나 최근의 WHO재단(WHO Foundation)은 그 사례이다.

따라서 글로벌 보건 거버넌스는 글로벌 보건 위협에 대응하기 위해 새로운 수준과 형태의 협력을 가져왔다. 그러나 오래지 않아 이러한 협력의 범위가 진정으로 '글로벌'인지에 대한 의문이 제기되었다. 몇몇 분석은 미국, 영국 등 소수 국가의 기구들이 이 분야를 장악하고 있음을 잘 보여주었다.[7] 미국정부는 오랫동안 글로벌 보건 분야에서 가장 중요한 재정 제공자로 2019년 글로벌 보건 지출의 약 30퍼센트를 제공했으며, 그 뒤를 이어 미국의 빌앤멜린다게이츠재단(Bill and Melinda Gates Foundation)은 약 9퍼센트, 영국정부는 약 8.5퍼센트를 제공했다.[8] 또 다른 연구는 글로벌 보건기구들의 98.5퍼센트가 본부를 고소득 국가에 두고 있으며, 66.5퍼센트가 미국에 두고 있고, 11퍼센트는 스위스, 6퍼센트는 영국에 두고 있음을 밝혔다.[9]

또 '글로벌 보건'이라는 아이디어의 지적 기반은 미국 공공 보건, 외교정책, 안보 정책의 이익과 시각에 의해 강하게 영향을 받았다.[10] 미국 기업은 초기 경제 세계화의 핵심 추동 요인이면서 참여자였으며, 세계 여러 나라에 미군이 주둔했다. 따라서 미국은 세계화와 새로운 글로벌 보건 위협에 다른 나라보다 훨씬 더 노출되어 있었다. 따라서 '글로벌'이라고 간주되던 많은 보건 위협이 대부분의 '글로벌 보건' 개입이 일어난 아프리카나 동남아시아 나라의 정부가 아니라 사실은 미국이나 일부 서유럽국가의 우선순위였음은 놀라운 일이 아니다.[11] 여기서 가장 큰 우려는 말라리아, 홍역, 설사병 등 감염병, 그리고 암이나 심장병과 같은 비전염성 질병 등 세계의 다른 지역에 거의 혹은 전혀 위협이 되지 않는 질병이었다.

'글로벌리티'라는 주장의 한계는 제도적인 수준에서도, 특히 남반구를 위한 새로운 공공-민간 협력과 관련해서도 분명하다. 이하에서 상세히 논의하듯이 이 거버넌스 장치의 지적인 기초와 주된 재정적, 정치적 지지는 미국과 서유럽의 기구들로부터 온다. 특히 괄목할 만한 것은 이 글로벌 보건에의 공공-민간 협력에 대한 중국의 제한적인 관여이다. 첫째, 많은 글로벌 보건 협력 사업은 진단, 약품, 백신에의 접근 확대에 관한 것이며, 따라서 생의약 회사들과 긴밀히 협력한다. 중국의 생의약 산업은 빠르게 성장하고 있으나, 아직 이 분야에서 의미 있는 관여에 이르지 못하고 있다. 이것은 또 다른 제약 분야 강대국으로 정부와 제약사들이 모두 글로벌 보건 협력에 관여하고 있는 인도와 다소 대조적이다.[12]

지난 10년간, 특히 LMICs에서 중국이 글로벌 보건 협력을 급속히 확대하고 다양화하고 있는 가운데 이러한 중국의 관여 부족은 주목할 만하다.[13] 이런 시도들은 대체로 우리가 '글로벌 보건 거버넌스'라고 부르는 제도적 체계 밖에서 이루어졌다. 중국의 보건 협력은 LMICs에 대한 더 광범위한 경제 투자나 원조에 포함되었으며, 중국-아프리카협력포럼(FOCAC: Forum on China-Africa Co-operation)이나 '보건실크로드' 계획을 포함하는 일대일로(BRI: Belt and Road Initiative)와 같이 새로운 글로벌 역할을 지지하기 위해 중국이 구축한 제도적 구조 속에서 조직화되었다.[14]

중국에서는 종종 이들 제도를 글로벌 거버넌스의 맥락이나 언어에 위치시면서, 또한 국제관계의 대안적 목표와 '모두를 위한 보건의 글로벌 공동체'를 포함하는 '운명을 공유하는 공동체'의 관념에 위치시킨다.[15] 이들 아이디어의 정확한 내용은 불분명하지만, 분명한 것은 중국의 정책결정자들이 보건의 개선을 포함하여 자국의 개발 경험과 궤적이 타국에 교훈을 준다고 믿는다는 점이다.[16]

공공 보건 개선과 더 광범위한 개발 성취를 위한 대안적 '중국 모델'의 아이디어는 그것이 중국에서 관찰되는 개발과 정책 궤적의 엄청난 다양성을 놓치고 있기 때문에[17] 논란이 되고있다.[18] 그러나 아마도 그러한 관찰이 바로 중국 모델에 관한 논란의 가장 핵심일 것이다. 브레슬린(Shaun Breslin)이 주장하듯이 "중국 모델의 궁극적 중요성은 보편적 표준이기보다는 특정 국가의 상황에 대응하여 무엇이 성취될 수 있는지의 사례로서인 것 같다."[19] 실제로 후세인(Lewis Husain)과 블룸(Gerry Bloom)은 중국의 국내 보건 개혁의 핵심 특징으로 '특정 제도, 정치, 경제 환경에서 무엇이 작동할지의 실험과 학습'을 허용하는 지역정책 실험의 중요성을 강조한다.[20] 더욱이 그들은 중국이 글로벌 보건의 관여에도 유사한 접근을 채택한다고 주장한다.[21] 그러한 접근은 글로벌리티와 보편성의 이해와 제도화에 상이한 방식을 표현하기 때문에 글로벌 보건 거버넌스의 기존 체계에 도전이 될 수 있다.

## '보건'의 한계

글로벌 보건 거버넌스의 목표는 초국경적 보건 위협으로부터 사람들의 보건을 개선하는 것이다. 이 규범적 의제는 글로벌 보건 거버넌스의 다수 실무가와 학자들이 공유할 뿐 아니라 '(글로벌) 공공 보건'과 '(글로벌) 거버넌스'라는 아이디어의 근간에도 각인되어 있다. 다양한 정의가 존재하지만 대부분은 '공공 보건'은 사람들의 보건을 개선하는 것이라는 데 동의한다.[22]

'거버넌스'의 정의도 그만큼 다양하지만, 그들은 쟁점이나 문제에 대응하려는 의도성과 목적성의 요소를 포함하는 공통점도 있다.[23] 글로벌 보건 거버넌스가 대응해야 하는 공공 보건 문제는 초국경적 보건 문제의 증가이다. 그 결과 글로벌 보건 거버넌스에 관한 정책 및 학문적 논란의 대부분은 어떻게 글로벌 보건 거버넌스가 이 목적을 잘 달성할 수 있을지에 초점이 맞춰졌다.[24] 그러나 일부가 지적했듯이 글로벌 보건 거버넌스를 형성하는 것은 보건에 대한의 고려뿐 아니라 무역 및 안보 이익도 있다.[25]

무역 이익의 중요성은 19세기의 국제위생회의(International Sanitary Conferences)와 같은 일부 초기의 국제 보건 협력에서 이미 명백했다. 그 당시 유럽국가들은 재난적인 고통과 죽음뿐 아니라, 각국의 분절화된 봉쇄 체계나 기타 규제에 상인들이 대응하면서 상당한 무역 문제를 초래했던 연이은 콜레라의 유행에 대응하는 데 고군분투했다. 국제위생회의 중 유럽국가들은 기본적으로 오늘날에도 지속되고 있는 국제 감염병 통제 시스템에 합의했다.[26] IHR(2005)는 각국이 서로에게 감염병 발생을 통지하고 국제 무역이나 여행을 제약하는 질병 예방 조치를 과학적 증거에 근거하여 제한할 것을 규정했다.[27] 다시 말해 초국경 질병 통제에 관한 핵심 글로벌 보건 거버넌스 제도 중의 하나는 보건과 무역을 '모두' 보호하였다.

그에 더해 지난 30년간 일련의 산업 이해관계가 기술의 상업적 적용에 관련된 국제 보건 협력에 점점 더 영향을 미치게 되었다. 기술적 해결책, 예를 들어 초기에는 약품과 백신 등 제약 기술, 최근에는 보건 감시, 원격 보건, 의약품 개발을 위한 디지털 기술은 공공 보건과 글로벌 보건의 중요한 속성이 되었다.[28] 그러한 기술은 상당 부분 지적 재산권 형태의 상업적 자산으로서 그 기저에 있는 지식을 보호하는 데 열심인 상업적 기업에 의해서 개발되었다.

그 결과 글로벌 보건 거버넌스의 발전은 오랫동안 글로벌 보건 문제에 대한 기술적 해결책과 그들의 상업적 가치 보호 사이의 긴장에 의해 영향을 받았다. 이 긴장은 WTO에서 협상이 진행된 '무역관련지식재산권(TRIPS)협정과 공공보건에 관한 도하선언', 제약 혁신과 지적 재산권 분야로의 WTO 업무 확대, 글로벌 보건을 위한 제약 및 기타 기술에의 접근을 촉진하는 공공-민간 협력 등 다양한 글로벌 보건 거버넌스 제도에서 드러났다. 기업을 파트너로서 글로벌 보건 거버넌스, 공공-민간 협력, 상품 개발 협력에 참여시킴으로써, 지적 재산권과 그 지식의 상업적 가치를 보호하면서 중요한 지식을 동원할 수 있다.

경제적 상호연계성 증가와 기술의 발전은 보건을 무역과 산업 정책의 영역뿐 아니라 안보 정책의 영역으로 끌어 올렸다.[29] 이러한 상황 전개는 1990년대 초 주로 미국에서 외교정책과 안보관계자들이 HIV/AIDS 같은 새로운 감염병이 글로벌 존재로 미국의 기업과 병사들에 미칠 잠재적 영향을 우려하게 되면서 시작되었다. 또 냉전 종식 이후 생물학 무기의 확산과 테러 위협 증가에 대한 우려가 있었다.[30]

이를 배경으로 감염병이나 생물학 무기 테러 등 어떤 보건 문제는 국가 및 국제 안보의 위협이 될 수 있다는 아이디어를 표현하는 '글로벌 보건안보' 개념이 등장했다. 2000년대 초 이후 글로벌 보건안보 개념은 글로벌 보건 거버넌스의 상수가 되었다.[31] 이것의 제도적인 표출은 글로벌 보건 거버넌스에 각국의 외교 및 안보 기관의 개입 증가, WHO와 협력하여 IHR을 집행하는 글로벌 보건안보의제(Global Health Security Agenda), 미국의 공공보건 긴급의료대응사업(Public Health Emergency Medical Countermeasures Enterprise)에 영향을 받은 전염병대비혁신연합(CEPI: Coalition for Epidemic Preparedness Innovations) 등 다양하다.

무역이나 안보 이익의 글로벌 보건 거버넌스에 대한 영향은 도전을 받았다. 예를 들어, 글로벌 보건안보와 서구 국가, 특히 미국의 국가안보 이익의 연결에 대해 우려하는 국가로부터 비판이 있었다.[32] 그리고 중국을 포함한 강대국은 그들의 감염병 대비 능력의 외부 평가를 거부했다. 또 다툼과 저항은 산업 정책의 수준에서도 분명했다. 예를 들어, 중소득 국가의 비정부기구(NGO), 정부, 기업은 현재 글로벌 보건 거버넌스 구조에 내재된 강력한 지적 재산권 레짐에 대해 반대하였다.[33] 동시에 중국을 필두로 한 신흥국가들은 소위 남남 협력이라는 그들 자신의 산업 및 지경학적 의제의 맥락에서 보건 협력을 추구한다.

산업과 안보의 우려가 중첩될 때 갈등은 특히 첨예화될 것이다. 그러한 중첩이 현저한 분야가 소위 의료적 대응책의 개발이다. 이것은 생물학적 테러나 감염병의 경우에 필요한 약품과 백신을 분류하기 위해 미국에서 개발된 용어이다.[34] 따라서 의료적 대응책 개발에 관련된 지식과 기술은 보건, 상업, 안보 세 분야에 모두 관계된다. 보건, 상업, 안보 이익이 중첩되는 분야는, 특히 감시체계, 실험실 네트워크, 데이터베이스 설정 등 보건 데이터 통제를 둘러싸고, 급격히 확대되고 있다.[35]

코로나19 대응은 산업, 지정학, 안보 이익이 글로벌 보건 협력에 영향을 미치는 범위를 잘 보여주었다. '백신 민족주의'가 어떻게 LMICs의 백신 접근을 방해하여, 빈곤 국가 사람들의 건강을 해치고 감염병의 부정적인 경제적 효과를 심화하는지의 문제가 많은 관심을 받았다.[36] 다른 사람들은 중국, 러시아가 LMICs에서 보호장구, 진단 기구, 백신을 배분하는 것을 지적하면서 이러한 노력의 지정학적 차원에 대해 논의했다.[37] 덜 알려졌지만 아마 더 중요한 것은 핵심 산업 및 기술 공급망 통제와 관련된 갈등일 것이다. 생물약제학, 차세대 정보통신 기술, 인공지능 등 특정 산업과 기술의 역할은 경제적, 안보적 시각에서 대단히 중요하다.[38] 따라서 이들 산업과 기술은 점점 더 강대국, 특히 중국과 미국 사이의 치열한 경쟁과 갈등의 지점이 되고 있다.[39] 그러나 이들 산업과 기술은 글로벌 보건에 매우 중요하다. 따라서 산업과 안보 이익이 과거에 비해 미래의 보건 협력 형성에 더 큰 역할을 할 것이다.

## 글로벌 보건 '거버넌스'

우리는 왜 더 좋은 보건 협력을 찾기 위해 '거버넌스'에 관해 성찰해야 할 필요가 있는가? 결국 오늘날 거버넌스는 코로나19와 같은 (또는 그보다 더 심각한) 위기의 재발을 방지하는 데 도움이 되는 목적 지향적 집단행동에 관한 것이 아닌가? 그 답은 동시에 예와 아니오이다. 사람들의 보건을 개선하기 위해 더 나은 협력을 구축하는 것은 의심의 여지 없이 중요한 목표이다. 우리가 성찰해야 할 것은 '거버넌스'라는 용어를 사용할 때 우리가 어떤 '종류의' 협력을 의미하는 것인지이다. 거버넌스의 아이디어는 중립적이지 않으며, 국가와 사회 간의 관계와 효과적 자원 배분에 관한 특정한 일련의 아이디어를 내포한다. 이들 아이디어는 우리가 '글로벌 보건 거버넌스'라고 부르는 체계에 내재된 '협력의 새로운 규범'[40) 속에 표현되어 있다.

거버넌스의 정의는 다양하지만, 그들은 조정, 관리, 규제 행위나 절차를 둘러싸고 합쳐진다.[41) 거버넌스 용어에서 이들 활동은 반드시 국가의 특권으로서만 이해되는 것이 아니다. 1980~1990년대에 거버넌스에 관한 논의가 활성화되었을 때, 거버넌스 내에서 국가의 역할은 글로벌 수준에 있어서 뿐 아니라, 국내적 수준 (특히 동아시아의 경제발전의 맥락을 포함해서)에 있어서도 치열한 논쟁의 대상이 되었다.[42) 그러나 신자유주의 정치적 합리성과 신공공관리적 사고는 '(굿) 거버넌스'의 특정 아이디어 확산에 기여했다. 그것은 효과적 규제를 위해 국가의 제한된 역할과 민간 부문의 중요성을 강조했다.

이러한 개념의 거버넌스는 미국의 전성기에 전 세계에 확산되었다. 그것은 세계화가 국가의 효과적 통치 능력을 잠식했다는 주장에 의해 더 강화되고 '글로벌 거버넌스'의 영역으로 올려졌다.[43) 비슨(Mark Beeson)이 지적했듯이

> 가장 중요한 개념화의 추세와 이론적 가정 중의 하나는 … 글로벌 거버넌스의 시대에 효과적 거버넌스는 국가와 다른 … 행위자들 사이의 새로운 형태의 관계를 '필요로 한다'는 것이다.[44]

그 결과 글로벌 보건 위협에 대응하기 위한 국가와 민간 행위자들 사이의 '협력의 새로운 규범'이[45] 주창되었다. 피들러(David Fidler)가 '베스트팔렌'과 '베스트팔렌 이후' 공공 보건 질서를 구분한 것은 잘 알려져 있다.[46] '국제' 보건 거버넌스의 베스트팔렌체제에서는 국가가 유일하게 정당한 통치자로 인정된다. 그러나 베스트팔렌 이후 '글로벌' 보건 거버넌스체제에서는 민간 행위자들이 '정부와 동등한 자격으로 정책을 결정한다'.[47]

거버넌스 접근의 이러한 변화를 보여주는 가장 중요한 지표 중의 하나는 IHR의 수정이다. 이전 버전과 매우 대조적으로 수정된 IHR(2005)는 WHO가 정부뿐 아니라 비국가 행위자가 제공한 감염병 발생 정보를 근거로 행동할 수 있도록 허가했다. 이 변화는 부분적으로는 2003년 중국이 SARS 발생 보고를 지연했던 상황에서 부각된 세계화 시대에 효과적 정부에 관한 새로운 아이디어에 의해 추동되었다. 이 지연은 그 감염병이 전 세계로 확산되는데 기여했다. 또 비국가 정보 원천을 IHR(2005)에 포함하려는 노력은 새로운 기술 확산에 의해서 촉발되었다. 새로운 정보 기술, 특히 인터넷은 WHO와 여타 행위자들이 질병 정보를 받을 수 있는 선택을 넓혀 주었다.[48]

이러한 일련의 상황 전개는 글로벌 보건 거버넌스에서 민간 부문의 역할 확대에 기여한 또 다른 요인으로 이어졌다. (글로벌) 공공 보건에 있어서 기술의 중요성 증가가 그것이다. 제약이나 여타 기술의 사용은 공공 보건에서 오랜 역사가 있으나 생의학과 정보 기술의 발전이 글로벌 보건 문제에 기술적으로 개입할 수 있는 가능성에 관한 낙관적 시각을 부추겼던 1990년대에 급격히 증가하였다.[49] 그러나 그 희망을 실현하려면 새로운 형태의 협력이 필요했다. 왜냐하면 국가들은 글로벌 보건에 있어서 그러한 기술을 개발하고 적용할 능력이나 지식이 부족했기 때문이다. 그러한 자원은 대체로 민간, 상업 부문에 존재했다. 신자유주의 시대에 이것은 필요할 뿐 아니라 바람직한 것으로 생각되었다. 글로벌 보건에 이러한 기술을 사용하는 데 필요한 재정, 지식, 물질에 접근하기 위해서 민간 기업들은 글로벌 보건 거버넌스의 협력자로서 초대되었다.

공공-민간 협력은 '2000년대 글로벌 보건 거버넌스의 지배적인 정책 패러다임'으로 부상하였다.[50] 앞서 상술했듯이, 이 거버넌스 장치는 다양한 형태를 띠며, 다른 조직에 있어서 다른 방식이 부각된다. 그러나 그것은 글로벌 보건 거버넌스에 있어서 민간 부문의 개입과 민간 부문의 권위를 정당화해주었다. 이 거버넌스 접근의 핵심 추동력과 지지자는 미국 소재, 최근에는 영국 소재의 자선 단체, 북미와 유럽의 상업적 기업, 세계은행, 유럽과 미국의 정부공적원조 기관, 국경없는의사회 같은 소수의 NGO 등이다. 2010년 제품 개발 협력의 자금원에 관한 연구는 게이츠재단이 거의 절반(49퍼센트)을, 28퍼센트는 미국, 영국, 네덜란드, 아일랜드의 원조 기구가 제공한다는 것을 밝혔다.[51]

글로벌 보건 분야에 이 거버넌스 모델을 만드는 데 관계 중개자로서의 역할을 한 미국과 영국의 자선 단체들의 기여는 특히 주목할 만하다.[52] 록펠러재단, 빌게이츠재단, 웰컴트러스트재단과 같은 조직들은 주로 세 가지 방법으로 협력을 중개했다. 첫째는 그들의 재정 자산으로, 그들은 위험 자본, 시드 자본 제공을 포함하여 다른 민간 행위자들의 재정 지원을 동원할 수 있었다. 둘째로 기업, NGO, 정부의 접점에서 그들의 지위를 활용해 다양한 조직들 간의 대화를 조성할 수 있었다. 셋째로 그들 조직의 인맥을 통해 정부나 국제기구에 정책적 해결책이 채택되는 것을 촉진할 수 있었다.[53] 따라서 미국과 영국의 자선 단체는 글로벌 보건 거버넌스에서 공공과 민간 행위자들의 역할에 관한 새로운 아이디어를 전달하는 중요한 역할을 할 수 있었다.

이 모든 것들이 글로벌 보건 거버넌스의 미래를 생각하는 데 무슨 상관이 있을까? 그것은 우리가 '글로벌 보건 거버넌스'라고 부르는 체계가 대표하는 것, 협력적이고 목적지향적인 방식으로 보건 문제에 대응하는 매우 특정한 접근을 조명해준다. 이 접근은 서구의 특정 역사적 맥락에서 등장하고 국가와 시장이 작동하는 영역이 공공과 민간으로 구분되는 개념 속에 뿌리 내린 국가와 사회 간의 관계에 관한 아이디어에 연결되어 있다.[54] 1980년대와 1990년대에 이들 아이디어는 신자유주의와 신공공관리에 영향을 받은 (굿) 거버넌스의 관념 속에서 특정 형태로 형성되었다.

글로벌 보건 거버넌스에서 이들 아이디어는 공공-민간 협력이라는 특정 제도에서 표출되었으며, 이것은 대체로 글로벌 보건 거버넌스가 부상하던 시기에 전 세계를 주도했던 서구 국가와 단체에 의해 지지를 받았다. 국가와 사회 간 관계의 상이한 관념과 국가 및 다른 행위자들의 역할, 책임, 권위에 대한 상이한 개념화에 기반한, 그리고 점점 강력해지는 다른 행위자들이 지지하는 보건 협력에 대한 대안적 이해와 제도적 장치가 떠오르는 맥락에서 이러한 제약에 대해 숙고하는 것은 중요하다.

전술한 바와 같이 글로벌 보건에 있어서 공공-민간 협력에 대한 신흥국의 지지는 미온적이다. 중국은 특히 이러한 방식에서 벗어나 있었다. 국제관계에 있어서 중국의 역할을 연구하는 학자들에게 이는 놀라운 일이 아니다. 비슨이 언급했듯이 "거버넌스가 일어나는 정치적 공간이 확대되고 정책결정에서 비국가 행위자들이 더 큰 역할을 해야 한다는 아이디어는 대부분의 신흥국가가 절대 반대한다."[55] 이것은 부분적으로 많은 신흥국이 권위주의적 정권하에 있다는 데 기인한다. 그러나 그것은 부분적으로는 사회, 개발, 거버넌스에서 국가의 역할의 개념이 다르기 때문이다.

경제발전 관리에 있어서 국가의 역할에 대한 대안적 아이디어는 꽤 오래전부터 있었으며, 동아시아 국가들의 급격한 발전의 맥락에서 1980~1990년대에 부각되었다. 동아시아 '기적'에 있어서 국가의 중요한 역할은 궁극적으로 신자유주의 경제이론의 옹호자들에게도 인정되었다.[56] 그러나 이 경험으로부터의 교훈은 1990~2000년대의 개발 및 거버넌스 담론에서는 중요한 위치를 점하지 못했다. 그러나 최근 아시아의 더 광범위한 지정학적 변화의 맥락에서 이들이 부활하였다. 이 부활의 가장 눈에 띄는 국가는 국내 경제발전에서 국가가 중요한 역할을 한 중국이다. 더 중요한 것은 중국이 글로벌 경제에 통합되었음에도 불구하고 국가와 중국공산당은 경제 분야에서 '여전히' 중요한 역할을 한다는 점이다.[57]

중국의 글로벌 경제와 글로벌 보건에의 관여는 전적으로 국가에 의해 추동된 것은 아니다. 중국의 글로벌 보건 분야에는 기업, 대학, 더 최근에는 알리바바 창업자가 설립한 잭마재단(Jack Ma Fooundation) 같은 자선 재단 등 국가 기구에 속하지 않은 다양한 기관들이 참여한다.[58] 그러나 이것이 그들의 관계와 역할 및 책임이 현재 글로벌 보건 거버넌스체제와 같은 방식으로 개념화된 것을 의미하지는 않는다. 중국 및 다른 강대국이 보건 협력에 더 많이 관여하게 되면서, 우리는 이전 시대에 형성된 '협력의 규범'과 일치하지 않는 보건 협력의 형태를 거부하거나 그 기회를 놓치지 않도록 기존의 (글로벌 보건) 거버넌스의 개념에 대해 성찰하는 것이 중요하다.

## 결론

보건 협력의 틀은 변화하고 있다. 글로벌리티의 주장이나 거버넌스 접근 등 기존 글로벌 보건 거버넌스체제가 근거로 하는 핵심 아이디어는 도전받고 있다. 이들 도전은 전혀 새롭지 않으나, 그들은 오늘날 강력한 국가, 특히 중국의 지지를 받고 있다. 또 보건 협력의 틀은 글로벌 보건이 의존하는 산업과 기술의 전략적 중요성 증가와 함께 변화하고 있다. 따라서 보건 협력을 이념, 산업, 안보 갈등과 분리하는 것은, 특히 강대국 경쟁의 맥락에서 더 어려워질 것이다.

그러나 변화하는 틀은 또한 보건 협력의 기회를 제공한다. 첫째, 협력, 특히 감염병 통제 협력을 향한 추동력은 그 어느 때보다도 강하며, 신구 강대국의 정치적 의제에 높이 올라 있다. 우리는 기존 공공-민간 협력, 특히 생물약제학 기술 개발을 둘러싼 협력은 미래 보건 협력의 중요한 기둥이 될 것으로 기대한다. 과거에 이를 지지한 모든 주요국과 단체는 코로나19 대응에 있어서도 여기에 지지를 보냈다. 더욱이 우리는 바이든 행정부하의 미국 정부로부터 새로운 지지를 기대할 수 있다. 감염병 통제에 관한 협력은 중국 및 여타 신흥국에게도 우선순위일 것이다. 그러나 아마도 이 협력의 상당 부분은 기존 글로벌 보건 거버넌스체제의 밖에서 일어날 것이다. 코로나19 상황에서 중국은 외교적 관여를 통해 BRI와 FOCAC를 통한 협력의 중요성을 지속적으로 강조했다.

둘째, 과학기술 분야에서 더 많은 보건 협력의 기회가 나타날 것이다. 신기술의 전략적 중요성과 그로 인한 정치적 갈등 가능성을 고려하면 일견 그것은 직관에 반대되는 것처럼 들릴 것이다. 그러나 모든 나라가 초국경적 보건에 있어서 기술에 의존한다. 더욱이 이들 기술이 질병 데이터의 '글로벌' 감시체계와 '글로벌' 소통체계를 지원하려면, 경쟁하는 (국가와 비국가) 세력들을 포함해서 정부와 비국가 행위자들 사이의 어느 정도의 협력이 필요하다. 따라서 보건 협력에 있어서 과학 외교의 중요한 역할을 보게 될 가능성이 있으며, 이것은 강대국 경쟁의 보이지 않는 이면에서 이루어질 가능성이 있다.[59]

잠재적으로 주목해야 할 분야는 자선 재단이 수행할 수 있는 역할이다. 언급한 바와 같이 이미 미국의 자선 재단들은 새로운 약품과 백신 개발의 초국경, 초부문 협력의 중요한 관계 중재자 역할을 해왔다. 최근 잭마재단은 코로나19 대응 맥락뿐 아니라 디지털 기술 협력 분야에서 중국의 보건 및 기술 외교에서 중요한 역할을 했다.[60] 새로운 지정학적 환경에서, 신흥국 자선 단체를 포함해서, 자선 단체가 관계 중개자 역할을 확대할지는 불확실하지만 반드시 필요하다.

끝으로 글로벌 보건 거버넌스체제에서 가장 오래된 기둥 중의 하나인 WHO는 미래의 보건 협력에서도 중요한 기둥으로 남을 것이다. 비판에도 불구하고[61] WHO는 특히 과학적 정보와 공공 보건 지침을 수집, 분석, 유통하는 능력을 통해 글로벌 코로나19 대응에서 대단히 중요한 역할을 했다. 이 능력은 글로벌 보건 협력을 위해 WHO가 점한 특별한 위치에 있으며, 그것은 광범위한 보건 관련 분야로부터 전문가를 소집할 수 있는 능력, 규범과 기준을 설정할 수 있는 제도적으로 위임 받고 널리 인정된 정통성, 대부분 국가에서 사무소를 통해 제도적으로 소통하고 대표하는 능력, 보편적 회원제 등에 기인한다.

많은 문제를 안고 있음에도 불구하고[62] WHO는 점점 더 다원화되는 세계질서에서 핵심적인 통합 세력으로 남을 것이다. WHO는 기존의 주요 국가들과 새로운 강대국의 지지를 받고 있다. 전자에게 WHO를 지원하는 것은 그들이 형성한 다자체제를 유지하려는 더 광범위한 노력의 일환이다. 후자는 국가 주권의 표현, 자신의 경제 개발을 촉진하고 지속적인 성장과 확대에 매우 중요한 안정의 원천으로서 다자체제를 인정한다. WHO는 보건 분야에서 이러한 다자체제를 대표하며, 따라서 모든 주요 국가들의 중요한 협력 플랫폼으로 남게 될 것이다.

## 추가 읽을거리

Tim Eckmanns, Henning Fueller, and Stephen L. Roberts, "Digital Epidemiology and Global Health Security: An Interdisciplinary Conversation," *Life Sciences, Society and Policy* 15, no. 2 (2019): 1–13.

David Fidler, "Asia's Participation in Global Health Diplomacy and Global Health Governance," *Asian Journal of WTO and International Health Law and Policy*

5, no. 2 (2010): 269–300.

Lewis Husain and Gerry Bloom, "Understanding China's Growing Involvement in Global Health and Managing Processes of Change," *Globalization and Health* 16, no. 39 (2020): 1–10.

Colin McInnes and Kelley Lee, *Global Health and International Relations* (Cambridge: Polity Press, 2012).

Michael Moran, *Private Foundations and Development Partnerships: American Philanthropy and Global Development Agendas* (London: Routledge, 2014).

Anne Roemer-Mahler and Stefan Elbe, "The Race for Ebola Drugs: Pharmaceuticals, Security and Global Health Governance," *Third World Quarterly* 37, no. 3 (2016): 487–506.

## 주

1) 쓰나미 복구를 위한 유엔 사무총장 특사인 전 미국 대통령 빌 클린턴이 2006년 최초로 사용한 표현으로 "고쳐서 더 좋게 만들자"는 Sendai Framework for Disaster Risk Reduction 2015–2030에 포함되었다.
2) WHO, "Review Committee on the Functioning of the International Health Regulations (2005) During the COVID-19 Response," www.who.int/teams/ihr/ihr-review-committees/covid-19; WHO, "Independent Evaluation of Global COVID-19 Response Announced," *WHO News*, 9 July 2020, www.who.int/news/item/09-07-2020-independentevaluation-of-global-covid-19-response-announced.
3) 예를 들어, Derek Yach and Douglas Bettcher, "The Globalization of Public Health I: Threats and Opportunities," *American Journal of Public Health* 88, no. 5 (1998): 735–738; Kelley Lee, *Globalization and Health: An Introduction* (Basingstoke, UK: Palgrave Macmillan, 2003) 참조.
4) Andrew F. Cooper, John J. Kirton, and Ted Schrecker, eds., *Governing Global Health* (Aldershot, UK: Ashgate, 2009).
5) David P. Fidler, "From International Sanitary Conventions to Global Health Security: The New International Health Regulations," *Chinese Journal of International Law* 4, no. 2 (2005): 325–392.
6) WHO, *International Health Regulations* (2005), 3rd ed. (Geneva: WHO, 2016).
7) Steven J. Hoffman, Clarke B. Cole, and Mark Pearcey, *Mapping Global Health Architecture to Inform the Future* (London: The Royal Institute of International Affairs, 2015); Sanjana J. Ravi, Michael R. Snyder, Caitlin Rivers, "Review of International Efforts to Strengthen the Global Outbreak Response System Since the 2014–16 West Africa Ebola Epidemic," *Health Policy and Planning* 34, no. 1 (2019): 47–54.
8) Institute for Health Metrics and Evaluation, *Financing Global Health 2019: Tracking Health Spending in a Time of Crisis* (Seattle, WA: Institute for Health Metrics

and Evaluation – University of Washington, 2020).
9) Hoffman, Cole, and Pearcey, *Mapping Global Health Architecture to Inform the Future*.
10) 1990년대 중반 상당한 양의 문헌이 글로벌 보건 위협에 관해 저술되었다. Stephen S. Morse, "Factors in the Emergence of Infectious Diseases," *Emerging Infectious Diseases* 1, no. 1 (1995): 7–15; Institute of Medicine, *America's Vital Interest in Global Health: Protecting Our People, Enhancing Our Economy, and Advancing Our International Interests* (Washington, DC: National Academy Press, 1997); Philip S. Brachman, Heather C. O'Maonaigh, and Richard N. Miller, eds., *Perspectives on the Department of Defense Global Emerging Infections Surveillance and Response System* (Washington, DC: National Academy Press, 2001). '보건안보' 개념의 등장에 대해서는 Stefan Elbe, Anne Roemer-Mahler, and Christopher Long, "Medical Countermeasures for National Security: A New Government Role in the Pharmaceuticalization of Society," *Social Science & Medicine* 131 (2015): 263–271; Susan Wright, "Terrorists and Biological Weapons," *Politics and the Life Sciences* 25, no. 1 (2007): 57–115 참조.
11) Simon Rushton, "Global Health Security: Security for Whom? Security from What?" *Political Studies* 59, no. 4 (2011): 779–796.
12) Anne Roemer-Mahler, "The Rise of Companies from Emerging Markets in Global Health Governance: Opportunities and Challenges," *Review of International Studies* 40, no. 5 (2014): 897–918.
13) Lewis Husain and Gerry Bloom, "Understanding China's Growing Involvement in Global Health and Managing Processes of Change," *Globalization and Health* 16, no. 39 (2020): 1–10.
14) Kirk Lancaster, Michael Rubin, and Mira Rapp-Hooper, *Mapping China's Health Silk Road* (Washington, DC: Council on Foreign Relations, 10 April 2020), www.cfr.org/blog/mapping-chinas-health-silk-road.
15) Statement by H. E. Xi Jinping, President of the People's Republic of China, at Virtual Event of Opening of the 73rd World Health Assembly, Beijing, 18 May 2020, www.fmprc.gov.cn/mfa_eng/zxxx_662805/t1780221.shtml; Gao Zugui, "Building a Global Health Community for All," China Today, 24 July 2020, www.chinatoday.com.cn/ctenglish/2018/commentaries/202007/t20200724_800215555.html.
16) Justin Y. Lin and Yan Wang, *Going Beyond Aid: Development Cooperation for Structural Transformation* (Cambridge: Cambridge University Press, 2017). On health, 특히 Gerry Bloom, "Building Institutions for an Effective Health System: Lessons from China's Experience with Rural Health Reform," *Social Science and Medicine* 72, no. 8 (2011): 1302–1309; Qingyue Meng et al., "What Can We Learn from China's Health System Reform?" *British Medical Journal* 365 (2019): 12349 참조.
17) 이 논란에 대한 개괄은 Mark Beeson, Rethinking Global Governance (London: Palgrave Macmillan, 2019), chapter 4 참조.
18) Shaun Breslin, "The 'China Model' and the Global Crisis: From Friedrich List to

a Chinese Mode of Governance?" *International Affairs* 89, no. 6 (2011): 1323–1343. 특히 중국의 보건 개혁에 관해서는 Lewis Husain, "Logics of Government Innovation and Reform Management in China," *STEPS Centre Working Paper* No. 85, STEPS Centre, Brighton, 2015, http://steps-centre.org/publication/logics-of-governmentinnovation-and-reform-management-in-china/?referralDomain=workingpaper; Lewis Husain, "Policy Experimentation and Innovation as a Response to Complexity in China's Management of Health Reforms," *Globalization and Health* 13, no. 54 (2017): 1–13 참조.

19) Breslin, "The 'China Model,'" 1328.
20) Husain and Bloom, "Understanding China's Growing," 7.
21) Ibid.; Lewis Husain, Gerry Bloom, and Sam McPherson, "The China-UK Global Health Support Programme: Looking for New Roles and Partnerships in Changing Times," *Global Health Research and Policy* 5, no. 26 (2020): 1–8.
22) Jeffrey P. Koplan et al., "Towards a Common Definition of Global Health," *The Lancet* 373 (2009): 1993–1995.
23) Gerry Stoker, "Governance as Theory: Five Propositions," *International Social Science Journal* 50, no. 155 (1998): 17–28; Thomas G. Weiss and Rorden Wilkinson, *Rethinking Global Governance* (Cambridge: Polity Press, 2019). 글로벌 보건 거버넌스에 대해서는 Kelley Lee and A. Kamradt-Scott, "The Multiple Meanings of Global Health Governance: A Call for Conceptual Clarity," *Globalization and Health* 10, no. 28 (2014): 1–10 참조.
24) Julio Frenk and Suerie Moon, "Governance Challenges in Global Health," *New England Journal of Medicine* 368 (2013): 936–942; Neil Spicer et al., " 'It's Far Too Complicated': Why Fragmentation Persists in Global Health," *Globalization and Health* 16, no. 60 (2020): 1–13.
25) 무역에 관해서는 Kenneth C. Shadlen, Bhaven N. Sampat, and Amy Kapczynski, "Patents, Trade and Medicines: Past, Present and Future," *Review of International Political Economy* 27, no. 1 (2020): 75–97; Anne Roemer-Mahler, "Business Conflict and Global Politics: The Pharmaceutical Industry and the Global Protection of Intellectual Property Rights," *Review of International Political Economy* 20, no. 1 (2013): 121–152 참조. 안보에 관해서는 Stefan Elbe, *Security and Global Health: Towards the Medicalization of Insecurity* (Cambridge: Polity Press, 2010); Sara E. Davies, "Securitizing Infectious Disease," *International Affairs* 84, no. 2 (2008): 295–313 참조.
26) David P. Fidler, "Emerging Trends in International Law Concerning Global Infectious Disease Control," *Emerging Infectious Diseases* 9, no. 3 (2003): 285–290.
27) WHO, *International Health Regulations* (2005).
28) Roemer-Mahler, "The Rise of Companies from Emerging Markets"; Tim Eckmanns, Henning Fueller, and Stephen L. Roberts, "Digital Epidemiology and Global Health Security: An Interdisciplinary Conversation," *Life Sciences, Society and Policy* 15, no. 2 (2019): 1–13; and Rebecca J. Hester, "Bioveillance: A Techno-Security Infrastructure to Preempt the Dangers of Informationalized Biology," *Science as*

*Culture* 29, no. 1 (2020): 153–176.

29) Colin McInnes and Kelley Lee, "Health, Security and Foreign Policy," *Review of International Studies* 32, no. 1 (2006): 5–23.

30) Wright, "Terrorists and Biological Weapons."

31) Anne Roemer-Mahler and Stefan Elbe, "The Race for Ebola Drugs: Pharmaceuticals, Security and Global Health Governance," *Third World Quarterly* 37, no. 3 (2016): 487–506.

32) William Aldis, "Health Security as a Public Health Concept: A Critical Analysis," *Health Policy and Planning* 23, no. 6 (2008): 369–375.

33) Susan Sell and Aseem Prakash, "Using Ideas Strategically: The Contest Between Business and NGO Networks in Intellectual Property Rights," *International Studies Quarterly* 48, no. 1 (2004): 143–175.

34) Stefan Elbe, Anne Roemer-Mahler, and Christopher Long, "Medical Countermeasures for National Security: A New Government Role in the Pharmaceuticalization of Society," *Social Science & Medicine* 131 (April 2015): 263–271.

35) Katrina Manson and David Pilling, "US Warns Over Chinese 'Spying' on African Disease Control Centre," *Financial Times*, 6 February 2020.

36) Kai Kupferschmidt, "'Vaccine Nationalism' Threatens Global Plan to Distribute COVID19 Shots Fairly," *Science*, 28 July 2020.

37) Eric Olander, "China and the Race to Supply C19 Vaccines in Africa," *The China-Africa Project*, 2 December 2020, https://chinaafricaproject.com/analysis/china-and-the-raceto-supply-c19-vaccines-in-africa.

38) 여기서 '무기화된 상호의존' 개념과 미국, EU, 그리고 점차 중국만이 무기화된 상호의존의 혜택을 누릴 수 있다는 파렐과 뉴먼(Farrell and Newman)의 관찰은 적실성이 있다. Henry Farrell and Abraham L. Newman, "Weaponized Interdependence: How Global Economic Networks Shape State Coercion," *International Security* 44, no. 1 (2019): 42–79.

39) Adam Segal, "The Coming Tech Cold War with China," *Foreign Affairs*, 9 September 2020, www.foreignaffairs.com/articles/north-america/2020-09-09/coming-tech-cold-war-china.

40) Benedicte Bull and Desmond McNeill, *Development Issues in Global Governance: Public-Private Partnerships and Market Multilateralism* (New York: Routledge, 2007), 87.

41) Jan Kooiman, *Modern Governance: New Government-society Interactions* (London: Sage Publications, 1993).

42) Atul Kohli, *State-directed Development: Political Power and Industrialization in the Global Periphery* (Cambridge: Cambridge University Press, 2004); and Robert Wade, *Governing the Market: Economic Theory and the Role of Government in East Asian Industrialization* (Princeton, NJ: Princeton University Press, 1990).

43) Susan Strange, *The Retreat of the State: The Diffusion of Power in the World Economy* (Cambridge: Cambridge University Press, 1996); Philip G. Cerny, *Rethinking World Politics: A Theory of Transnational Neopluralism* (Oxford: Oxford

University Press, 2010).
44) Beeson, *Rethinking Global Governance*, 40 (emphasis in the original).
45) Bull and McNeill, *Development Issues in Global Governance*, 87.
46) David Fidler, "SARS: Political Pathology of the First Post-Westphalian Pathogen," *Journal of Law, Medicine & Ethics* 31, no. 4 (2003): 486.
47) Ibid.
48) Fidler, "SARS."
49) William Muraskin, "Origins of the Children's Vaccine Initiative: The Political Foundations," *Social Science & Medicine* 42, no. 12 (1996): 1721–1734.
50) Michael Moran, *Private Foundations and Development Partnerships: American Philanthropy and Global Development Agendas* (London: Routledge, 2014), 44.
51) Michael Moran, J. Guzman, A. L. Ropars, and A. Illmer, "The Role of Product Development Partnerships in Research and Development for Neglected Diseases," *International Health* 2, no. 2 (2010): 114–122.
52) Moran, *Private Foundation and Development Partnerships*.
53) Ibid.
54) Robert Heilbroner and William Milberg, *The Making of Economic Society* (London: Pearson, 2012).
55) Beeson, *Rethinking Global Governance*, 31.
56) World Bank, *The East Asian Miracle: Economic Growth and Public Policy* (Oxford: Oxford University Press, 1993).
57) Roselyn Hsueh, "State Capitalism Chinese Style: Strategic Value of Sectors, Sectoral Characteristics, and Globalization," *Governance* 29, no. 1 (2016): 85–102; Deborah Bräutigam and Xiaoyang Tang, "Going Global in Groups: Structural Transformation and China's Special Economic Zones," *World Development* 63 (November 2014): 78–91.
58) Husain and Bloom, "Understanding China's Growing."
59) Paul Arthur Berkman, "Could Science Diplomacy Be the Key to Stabilising International Relations?" *The Conversation*, 12 June 2018, https://theconversation.com/could-science-diplomacy-be-the-key-to-stabilizing-international-relations-87836.
60) Africa CDC, *Africa CDC Receives Third Donation of Medical Supplies from Jack Ma Foundation, Co-hosts Global MediXChange Webinar on COVID-19*, 27 April 2020, https://africacdc.org/news-item/africa-cdc-receives-third-donation-of-medical-supplies-from-jack-ma-foundation-co-hosts-global-medixchange-webinar-on-covid-19; UN Secretary-General's High-Level Panel on Digital Cooperation, *The Age of Digital Interdependence*, June 2019, https://digitalcooperation.org/wp-content/uploads/2019/06/DigitalCooperation-report-web-FINAL-1.pdf.
61) Jules Crétois and Olivier Marbot, "Coronavirus: Tedros Ghebreyesus of WHO Faces Firestorm of Criticism," *The Africa Report*, 14 June 2020, www.theafricareport.com/29554/coronavirus-tedros-ghebreyesus-of-who-faces-firestorm-of-criticism.
62) Tine Hanrieder, *International Organization in Time: Fragmentation and Reform* (Oxford: Oxford University Press, 2015).

15장



# 기후 행동:

## 파리협정 이후

앱드너(Adriana Erthal Abdenur)

2018년 9월 유엔 사무총장 구테레스(António Guterres)는 기후변화를 '우리 시대를 규정하는 문제'라고 지칭했다. 그 도전을 이렇게 표현함으로써 구테레스는 국제 의제에서 기후변화의 핵심적 위치를 인정했을 뿐 아니라 그 광범위하고 무자비한 속성을 강조했다. 그가 지적했듯이 기후변화는 인간의 삶의 모든 측면에 영향을 미친다. 그것은 이미 일어나고 있다. 그리고 현재의 속도라면 인류에게 실존적 위협을 가한다. 같은 행사에서 구테레스는 두 번째 경고를 보냈다. 2015년 파리협정의 협상과 비준이 끝난 뒤에 "우리가 여전히 부족한 것은 … 해야만 하는 일을 하려는 리더십과 야심이다."[1] 구테레스의 언급은 파리협정 이후 기후 거버넌스가 직면하는 주요 과제의 일부를 시사한다. 그것은 협정의 공약을 이행하려는 정치적 동력을 결집하는 것과 주제별로, 특히 적응, 삼림, 이주라는 3개의 중요한 문제에 있어서 부족한 부분을 채우는 것이다.

기후 관련 리더십 부족이 기후 거버넌스에 명백한 허점을 남긴 것은 사실이지만, 더 광범위한 요인들이 인류가 기록적인 기온 상승, 예측 불가한 기상 패턴, 해수면 상승 등에 직면했음에도 필요한 행동을 하지 못하는 상황을 설명하는 데 도움이 된다. 간단히 말하자면 글로벌 거버넌스와 우리가 살고 있는 시대의 요구 및 도전 사이에는 중요한 불일치가 있다. 그것은 가장 중요하게 공식적 정부간 제도와 유엔 산하 기구의 대응과 관련된다. 기존의 기후레짐은 정책결정자를 포함해서 사람들이 과학적 증거에 직면해서 그들의 행태를 바꿀 것이라는 가정 위에 세워졌다. 그러나 우리는 사상 유례없는 과학에 대한 공격과 기후 부정의 시대에 살고 있다. 글로벌 거버넌스는 이 사실을 따라잡는 데 너무 느리다. 그 결과 지구가 인류세(지구 생태계와 지질에 인간이 미치는 중대한 영향으로 규정되는 새로운 지질학적 시대)에 진입하는 시점에서도 글로벌 거버넌스의 바퀴는 리더십 부족, 다자주의에 대한 공격, 광범위한 과학 부정에 포위되어, 너무나도 느리게 삐걱이며 움직이고 있다.[2)]

(전체 역사가 40년도 되지 않는) 글로벌 기후 거버넌스는 향후 25년의 미래에 무엇을 보여줄까? 이 장은 기후변화에 관한 글로벌 거버넌스의 중요한 공백과 도전을 분석하며, 세계질서 변화의 배경에 주요 사건들을 위치시킨다. 짧은 역사에도 불구하고 기후변화는 국가 중심 레짐의 잠재력과 제약, 과학과 증거의 역할, 시민사회, 민간부문 행위자, 지방정부의 역할에 관해 계속해서 치열한 논쟁을 불러일으킨다. 향후 거버넌스에 대한 여러 도전 중에는 기후 거버넌스 협상의 '관심 밖으로 빠져버린' 주제들이 있다.

이 장은 기후와 거버넌스에 관한 기존 연구를 간단히 개괄하면서 시작한다. 이어서 이 장은 글로벌 기후 거버넌스의 중요한 사건들을 분석하며, 중요한 성취와 남아있는 공백을 논의한다. 끝으로 이 장은 유엔 75주년에 즈음한 논쟁 이후 현재 글로벌 기후 거버넌스를 평가하며, 파리협정을 강화하고 기후 공약을 새롭고 시급한 방향으로 확대하기 위해 대응해야 할 3개의 주요 공백에 대해 논의한다.

## 우리는 어디에 있는가?

우리가 알고 있는 글로벌 거버넌스는 인간 행동, 특히 온실가스 배출과 삼림이나 해양 서식지 같은 글로벌 공유지 파괴 등의 영향이 이미 글로벌 중요성을 갖게 된 완신세의 끝 무렵에 등장했다. 현재 정치, 행정체제는 또 다른 세계대전 회피, 핵무기 확산 방지, 식민주의 종식, 여성 권리 신장 등 기본적으로 20세기 후반에 세계 지도자들이 인식한 글로벌 도전에의 대응으로 진화했다.

글로벌 위험의 범위가 넓어지고 글로벌 과학자 공동체의 유력 구성원들이 갈수록 불안정해지는 생태적 환경을 강조하는 가운데서도 국가는 기후변화 모델이 예상하는 규모와 정도의 위협을 예상하고 대응하는 데 필요한 수준의 선제적 자세를 보이지 않았다. 협력적 행동 없이 지구와 글로벌 기후 거버넌스의 미래는 어두운 것 같다. 툰베리(Greta Thunberg), 나이베이(David Naibei), 모리(Yolanda Joab Mori)와 같은 젊은 지도자들이 매우 느린 속도의 글로벌 기후 행동에 새롭게 불만을 표하는 것이 놀랍지 않은 일이다.[3] 기성세대들과 그들이 의존해온 제도들은 기후변화 완화뿐 아니라, 세대 간 영향과 취약 인구 및 개도국에의 차등적 효과를 포함하는, 점점 더 명백한 기후 문제와 관련한 불의에 대응하는 데 실패하고 있다.

수십 년간의 증거에 근거한 경고와 상당한 행동주의에도 불구하고 너무 많은 이해당사자가 지구온난화가 기후변화정부간패널(IPCC: Intergovernmental Panel on Climate Change)이 설정한 섭씨 1.5도 목표를 초과하지 않도록 하는 데 주저하고 있다.[4] 온실가스 배출이 축적되고, 지구가 점점 더 새로운 위험과 불확실성이 가득한 미래로 나아가고 있는 가운데 왜 글로벌 거버넌스는 기후변화 대응을 위한 적절한 장치를 창출하지 못할까? 견고한 글로벌 기후 거버넌스를 만들기 위해서 어떤 주요 공백이 남아있으며, 그것은 향후 25년에 무엇을 의미하는가?

기후변화는 '초악성 문제', 즉 해결이 극도로 어렵고 검증된 해결책이 현재 존재하지 않는 일련의 다차원적인 도전으로 생각되어 왔다.[5] 기후변화와 그 효과에 대한 지식은 지난 40년간 급격히 증가했으나, 우리는 특정 맥락에서 기후변화의 미세한 영향을 이해하는 데 있어서는 이제 겨우 그 표피를 이해하기 시작했을 뿐이다. 우리는 해수면 상승을 알고 있지만, 많은 곳에서 연안의 인구나 식량안보에 미치는 특정 효과는 여전히 알려져 있지 않으며 단지 특정 (대체로 장기적인) 시계에서만 이해되고 있다.

더욱이 다른 국제적 문제와 달리 기후변화는 특정 범주에 포함하기 어렵다. 그것은 여러 다른 문제들과 함께 다루어져야 한다. 기후변화는 재난, 공공 보건, 식량안보, 사회적 불평등 등 삶의 모든 차원에 연결되고 영향을 미치지만 그 지역적 영향은 매우 다르다. 이것은 개발, 인도주의에 대한 위험 분석과 안보 노력이 기후 변수와 예측을 포함해야 하며, 신속한 대책이나 표준화된 접근은 기후변화로 인한 문제를 해결할 수 없음을 의미한다.

기후변화는 또 진단과 해결책의 개발에 있어서 완전히 다른 시간 개념을 필요로 한다. 라자러스(Richard Lazarus)가 언급했듯이 기후변화는 '미래 해방을 위해 현재의 구속'을 요한다.[6] 다시 말해 국제관계의 다른 어떤 분야보다도 기후 거버넌스는 인류가 청소년과 미래 세대의 복지를 고려해야 한다. 기후변화의 세대를 넘어서는 측면은 현재의 발전 모델과 행동 양식으로 미래가 해를 입는 젊은이들의 더 많은 참여를 요구한다.

따라서 기후변화는 그 문제의 글로벌 범위로 인해 국가 및 국가하위 행위자들의 일치된 노력뿐 아니라 국제 협력, 교류, 조정이 수반되는 유례없는 수준의 행동이 요구된다. 정책결정이 주제별로 분리되어 서로 거의 소통하지 않는 유엔체제의 악명 높은 관료적 배타성은[7] 기후변화가 요구하는 학제적이고 분야를 넘어서는 사고의 큰 장애로 남아있다. 비올라(Eduardo Viola), 프란치니(Matias Franchini), 리베이로(Thaís Ribeiro)는 기후변화를 우리 앞에 놓인 과제를 전지구적 수준의 지속가능성 유지에 필수불가결한 '우리 시대의 핵심적 문명 추동력'이라고 하면서 그 문제의 규모를 규정했다.[8]

모든 경제 부문과 모든 인간의 삶을 포함하는 경제, 정치, 문화체제에 요구되는 변혁은 엄청난 것이다. 또 이 거대한 변화는 실존적 위험을 다룰 수 있는 글로벌 기후 거버넌스를 필요로 한다.[9]

## 기후 거버넌스와 변화하는 세계질서

우리는 글로벌 기후 거버넌스를 어떻게 정의해야 할까? 야거스(Sverker Jagers)와 스트립(Johannes Strippe)은 글로벌 기후 거버넌스를 기후변화가 야기하는 위험을 예방, 완화하고 그에 적응하기 위해 사회체제를 조정하도록 설계된 일련의 외교, 정치, 제도적 기제, 정책 및 대응책이라고 말한다.[10] 와이스(Thomas G. Weiss)와 윌킨슨(Rorden Wilkinson)은 글로벌 거버넌스에 (종종 전통적 개념을 훨씬 넘어서는) 수많은 행위자들이 관련됨을 상기시킨다.[11] 이것은 복잡하게 망을 구성한 행위자들이 긍정적으로, 부정적으로 기후 거버넌스에 관여하며, 효과적 대응은 지방, 지역, 글로벌에 이르는 다중 척도, 국가, 지방정부, 시민사회 단체, 민간 기업이 참여하는 다중 행위자이어야 함을 의미한다.

어떤 국제레짐도 그 공식, 비공식 규칙과 관련해서 뿐만 아니라 그것이 등장하는 더 광범위한 지정학적 맥락 속에서 이해되어야 한다. 기후변화 문제, 그리고 글로벌 기후 거버넌스의 필요성은 세계질서의 중대한 변형의 맥락에서 부상했다. 이 주제는 최초의 첨단 컴퓨터 모델이 이산화탄소 상승의

가능한 결과를 예측하기 시작한 1960년대 국제 과학계의 논쟁에서 처음 등장했다. 이들 논란은 냉전 중, 특히 1972년 스톡홀름에서 개최된 유엔 환경회의로 이어지는 과정에서 벌어졌으나, 소련이 해체된 후, 1980년대 후반부터 주요 글로벌 정책 논의에서 중요성이 높아지고 체계적으로 등장하게 되었다.[12)]

유례없는 미국의 패권 장악으로 부상한 소위 단극체제의 순간은 잠시나마 도전받지 않는 단일 초강대국이 독일, 영국, 프랑스, 일본 등 '2급 강대국들'과 상대하는 양상을 보였다.[13)] 냉전은 동서 사이의 이념적 갈등과 지정학적 갈등, 그로 인한 군비 경쟁으로 깊은 영향을 남겼지만, 일단 철의 장막이 내려오자 글로벌 거버넌스 논의의 어조와 내용이 달라졌다. 제2차 세계대전 이후 처음으로 급격히 세계화하는 지구의 복잡한 도전을 다루는 데 있어서 국제기구, 특히 유엔의 능력에 대한 국제사회의 낙관론이 휩쓸었다. 대부분 정치적 이유로 냉전기간 동안 강대국들은 지정학적 갈등에 몰두하고, 개도국은 G77이나 비동맹운동(NAM: Non-Aligned Movement) 같은 지역 블록이나 연합을 통해 단합하려 시도하는 가운데 그러한 문제들은 방치되었다.

공동의 문제 해결을 위한 글로벌 제도의 역량에 대한 자신감 고조와 함께, 1960년대에 시작된 국제 환경 운동은, 비록 기후변화 같은 전지구적 문제보다 지역 문제에 초점을 맞춘 경향이 있었지만, 세력이 더 공고화되었다. 이 변화하는 맥락에서 핵무기에 대한 우려가 사라지지는 않았으나 기후변화가 '새로운 아마겟돈'으로 간주되기 시작하여, 다른 거버넌스 문제에 비해 신속히 글로벌 기후 거버넌스의 중요한 첫걸음을 촉진하였다. 그럼에도 세계는 온난화하고 있으며, 더 심한 온난화가 가능하다고 주장한 IPCC의 제1차 보고서는[14)] 회원국이나 일반 대중으로부터 정치적 커밋트먼트를 얻는 데 매우 큰 어려움을 겪었다.

따라서 냉전 이후 형성되기 시작한 기후레짐과 장치는 미국과 그 서구 동맹국이 지지해온 자유주의 세계질서 내에 정확히 맞아 떨어지며, 그것은 규칙에 근거한 국제질서라는 아이디어가 가장 중요한 위치를 점하고, 제2차 세계대전 이후 형성된 국제기구에 확고히 자리 잡고 있었다. 그 체제 내의 미국의 주도적 위치가 글로벌 기후 거버넌스 구축의 초기 시도에 도움이 되었으나, 후에 그 사실은, 최소한 국제질서의 새로운 변화가 일어날 때까지, 기후 거버넌스의 아킬레스건이 되었다.

이 낙관론의 한가지 결과는 국가들이 기후변화 문제를 유엔체제, 더 구체적으로 다자간 협정을 통해서 대응하려고 했다는 점이다. 기후변화의 초국경적 속성과 영향을 인식한 정치 지도자들과 정책결정자들은 공통의 목적에 모든 국가가 동의하도록 하는 것을 최우선시하였다. 그러나 이 선택으로 인해 확고히 강제력 있는 커밋트먼트와 강제성 있는 장치가 희생되었다.

1992년 리우에서 개최된 지구정상회의는 지속가능발전에 대응하는 국가의 역할에 관한 낙관론과 이 하향적 접근의 한계를 모두 보여주었다. 이 정상회의는 3개의 협약을 만들어냈으며, 이들은 실행 과정에 관한 연구와 지침을 제공하는 과학적 자문단과 전문가 집단에 모두 연결되었다. 리우정상회의의 중요한 산출물인 유엔 기후변화기본협약(UNFCCC: United Nations Framework Convention on Climate Change)은 기후 행동에 있어서 회원국의 참여를 확대한 중대한 사건으로 환호를 받았다. 여기에는 154개국이 서명했다 (이후 거의 모든 국가가 비준했다).[15] 이 광범위한 지지는 지구온난화에 대한 글로벌 과학계의 합의가 있었기 때문만이 아니라, 과학자들이 즉각적인 행동의 필요성을 각국의 지도자 및 정책결정자와 소통할 수 있었기 때문이다. 협약은 교토의정서나 파리협정 같은 이후의 기후 관련 제도의 기반을 구축했다.

리우정상회의는 또 생물다양성협약(CBD: Convention on Biological Diversity) 서명의 길을 열었다.[16] 그러나 CBD는 개도국이 선호하는 규정의 집행에 대한 서구 국가들의 저항으로 약화되었다는 비판을 받는다.[17] 다른 사람들은 CBD가 집행 과정에서 힘이 빠진다고 비판한다. 또 일부 규정은 자연 보존과 질병 예방을 방해한다는 인식 때문에 의정서에 대한 판단을 유보하는 사람들도 있다.

세 번째 협약은 197개국이 비준한, 국제협력이 지원하는 장기 전략을 포함하는 국가 행동계획을 통해 사막화 방지와 가뭄의 피해 완화를 위해 설계된 유엔 사막화방지협약(UNCCD: United Nations Convention to Combat Desertification)이다. 이 협약은 2013년 3월 캐나다가 탈퇴하면서 잠시 타격을 받았으나 캐나다는 2016년 12월 다시 돌아왔다.

네 번째 중요한 아이디어가 탄력을 받지 못하고 합의에 실패했음을 알 필요가 있다. 삼림파괴 억제를 위한 글로벌 삼림협약은 1990년 IPCC의 상파울루선언과 열대우림행동계획(Tropical Forests Action Plan) 검토에서 처음 제안되었다. 1992년 지구정상회의에서 미국과 G7의 지지에도 불구하고 구속력 있는 합의에 이르지 못했다. 이는 부분적으로는 삼림 비중이 높은 국가들 사이에서 흔한 국가 주권 담론 때문이다. 그 대신 '삼림 원칙에 관한 구속력 없는 권위적 선언'에 타협하기에 이르렀다.[18]

지구정상회의 후 5년이 지나자 기후변화가 전지구적 수준의 문제라는 더 광범위한 인식이 부상하였으며, 이것은 1997년 교토의정서 서명으로 이어졌다. 이를 통해 국가 간 구속력 있는 협정 체결을 노력하기로 하여, 의정서는 정부간 기후 협력의 상당한 진전을 의미했다. 총 38개의 선진국이 2008~2012년 사이에 온실가스(GHG) 배출을 1990년 수준에서 평균 5.2퍼센트 미만으로 감축하기로 합의하였다. 교토의정서는 각국을 부속서별로 분류하였고, 각 부속서는 온실가스 배출 역사, 즉 지구의 기후변화에 기여한 역사에 근거하여 배출량 감축 책임을 규정했다. 의정서에 동반한 또 다른 혁신은 글로벌지속가능보고기구(GRI: Global Reporting Initiative)인데, 이는 글로벌 기후 거버넌스에 비정부 행위자를 포함하는 데 있어서 중요한 진전이라고 할 수 있다. 유엔이 새천년개발목표(MDGs: Millennium Development Goals)를 시작한 2000년에 이르자 유엔의 핵심 개발의 틀에 기후레짐을 연계하려는 시도가 증가했다. 이는 당시 MDG7이 '환경적 지속가능성 보장'에 관한 것이었기 때문에 특히 희망적인 진전이었다.[19]

그러나 오래지 않아 정치적 상황의 악화가 교토의정서에 영향을 미쳤다. 클린턴 행정부하에서 교토의정서 비준을 거부했던 미국 상원은 부시(George W. Bush)가 대통령에 취임한 직후인 2001년 의정서가 미국의 이익에 불공정하다는 이유로 탈퇴를 선언했다. 미국은 당시 세계 최대의 오염배출국가였다. 오바마 대통령도 유사한 이유를 들어 교토의정서를 거부했다.

이 사례는 하나의 주요 국가가 하향적으로 구축된 국제레짐을 심각히 약화시킬 수 있음을 보여준다. 미국의 저항은 의정서 자체뿐만 아니라 교토 이후의 협상에도 장애를 만들었다. 미국의 환심을 사기 위해 그 즉시 미국에 편승하려는 시도는 없었으나, 2011년 캐나다, 일본, 러시아가 교토의정서 목표를 더 이상 추구하지 않겠다고 선언했으며, 2011년 말 캐나다정부는 교토의정서 탈퇴를 선언했다.

이러한 반전의 결과는 교토의정서를 제외하면 서명국에 법적 구속력 있는 배출량 목표를 설정한 다자간 환경협정이 전무했다는 것이다. 이는 부분적으로 하향적, 국가 중심적 접근에 대한 신뢰가 감소했고, 부분적으로 정치적, 지정학적 분열이 심화되었기 때문이다. 2009년 개최된 UNFCCC 제15차 당사국회의(COP: Conference of the Parties)에서의 외교적 노력은 교토의정서를 계승하는 협정의 합의에 실패했다. COP15의 결과물인 코펜하겐협약은 2012년 종료된 교토의정서의 지속을 지지하였으며, 온실가스 증가를 억제하려면 상당한 배출량 감축이 필요함을 인식하였고, 적응과 완화가 모두 중요함을 강조했다. 그러나 합의는 구속력이 없었으며, 협약의 집행을 위한 규칙은 국가가 국내 수준에서 야심찬 기후 행동을 취할 의무를 거의 설정하지 않았다.

그러나 일부 새로운 추세는 주목할 만하다. 코펜하겐 협상은 신흥국, 특히 BASIC(브라질, 남아프리카공화국, 인도, 중국) 국가들에 의한 정책 조정의 새로운 시도를 보였다. BASIC은 2009년 11월 공식 결성되었으며 미국과 함께 코펜하겐협약 최종 합의를 중재하였다. BASIC은 기후변화 레짐에 대한 지지를 결집하면서, 이들은 기후변화와 관련하여 선진국과 개도국 사이의 책임의 차이(리우선언 제7원칙에 명시된 공동의 그러나 차별화된 책임, CBDR: common but differentiated responsibilities)와 개도국의 특정한 요구에 대응해야 할 필요성을 강조했다.[20] 이들 연합의 선제적 태도는, 특히 중국이 적극적 행위자로 부상하였기에 기후 거버넌스의 지정학에 있어서 중요한 변화를 의미했다.

동시에 엄격한 하향적 접근에서 벗어나, 기후변화에 대한 상향적 접근을 포함한 더 다양한 대응과 담론의 공간이 열리고, 광범위한 행위자들이 기후 거버넌스 시도에 관여하게 되었다. 다시 말해 국가뿐 아니라 지역기구, 기업, 시민사회 단체가 필요한 참여자로 간주되기 시작했다. 이것은 또 과거의 국가 중심적 시기와 비교해서 글로벌 기후 거버넌스는 다자간 기술 협력, 오존, 생물다양성, 세계 무역 레짐 등 환경을 규제하는 여러 레짐에 걸쳐 더 분권화되었음을 의미했다.[21]

정부간 기후레짐이 상대적으로 추진력을 잃게 된 또 다른 결과는 국가 및 국가하위 행위자들이 기후 거버넌스를 시장 기반의 해결책에 점점 더 의존하게 되었다는 점이다. 이는 신자유주의 부상의 핵심이다. 제안된 해결책은 탄소세, 탄소배출권 거래제(정부가 배출량의 상한을 정하고, 배분될 상한과 동일한 양의 배출권을 무료로 혹은 경매를 통해 일반 배출원에 허용), 공공-민간 협력, 업계에 의한 자율 규제 등이 있다. 파리협정 서명국의 약 절반 정도의 국가들이 배출량 공약을 달성하기 위해 시장 기반 접근을 사용할 의사를 밝혔다. 이 조치들은 다수가 미국에서 시작되었고, 유럽국가들, 캐나다, 일부 중국의 도시 및 지방에 확산되었다.[22]

따라서 미국의 역할, 특히 반복되는 방해자로서의 역할에도 불구하고,

기후변화 문제는 서서히 글로벌 의제의 중심으로 옮겨갔다. 이 변화는 부분적으로 세계질서의 변화 속에서 일어났다. 2000년대 초에 이르러 동아시아, 특히 중국으로의 글로벌 권력의 이동은 BASIC에서의 역할을 넘어서 더 분명해졌다. 중국 경제의 확대와 전 세계로의 중국의 영향력 확산과 함께 다른 신흥국들, 특히 BRICS(브라질, 러시아, 인도, 중국, 남아프리카공화국)도 더 공공연히 자유주의 질서에 도전했다. 파리협정의 협상은 이 맥락(미국과 중국의 경쟁 심화, 미국의 패권과 서구 주도의 제도들에 대한 강한 의문)에서 진행되었다. 이것은 다자간 기후 협정이 처음 잉태된 냉전 후 시대와는 확연히 다른 지정학적 지형이었다.

2015년 협상은 정해진 시한을 넘겼으며, 이해관계의 갈등이 파리협정을 침몰시킬 가능성이 있었다. 오랫동안 벼랑 끝에 있었던 때문인지 파리협정은 중요한 외교적 성공으로 묘사된다. 그러나 그 협정은 서명국에 대해 설정된 목표를 보면 교토의정서 다음으로 상당히 소극적이다. 지구 기온 상승을 산업혁명 이전 대비 충분히 섭씨 2도 미만으로 유지하는 것과 더불어, 당사국들은 그 상승 폭을 1.5도 미만을 추구하기로 합의했다. 그들은 그러한 저감이 기후변화의 위험과 영향을 상당히 낮출 것이라고 인식했다. 파리협정을 통해 당사국들은 기후변화의 부정적 영향에 적응하는 능력을 제고하고, 식량 생산을 위협하지 않는 범위에서 기후 탄력성과 온실가스 저배출 개발을 육성하는 등 적응을 위한 장기 목표에도 합의했다.

릴-아르카스(Rafael Leal-Arcas)와 모렐리(Antonio Morelli)는 파리협정이 구속력 있는 국제법 규정과 구속력 없는 규정에 모두 의존하는 연성법과 경성법 사이의 타협으로 간주한다.[23] 보단스키(Daniel Bodansky)는 더 야심적이었던 교토의정서에 비해 파리협정의 연성 접근은 후속 조치를 위한 더 견고한 기초를 제공한다고 본다.[24] 실제로 파리협정은 시간이 흐름에 따라 진화하고, 서명국이 더 야심 찬 탄소 배출 감축을 촉진하도록 국가의 행태를 변화시키는 체계로 제시되었다.[25] 또 파리협정은 대부분의 지속가능발전목표(SDGs), 특히 SDG7(저렴한 청정에너지), SDG15(지상 생명체의 다양성 보존), SDG2(빈곤 퇴치)와 시너지 효과가 기대되어, 2030 발전 의제의 달성에도 중요한 것으로 간주되었다.[26)]

다른 개도국들도 파리협정 체결에 중요한 역할을 했다. 협상 과정에서 군소도서개도국(SIDS: Small Island Developing States)들은 각각의 역량을 뛰어넘는 외교 자원을 연합하여 손실과 피해에 관한 복잡한 논의에 기여했다.[27)] 2020년 12월 현재 197개 UNFCCC 당사국 중 총 189개국이 파리협정을 비준했다.[28)]

그러나 '파리의 정신'은 정치적, 지정학적 바람을 견뎌낼 수 있는 포괄적인 구속력 있는 협정을 포기했기에 가능했다. 파리협정은 지구온난화를 완화하고 그에 적응하기 위해 각국이 자신의 기여를 설정, 계획, 보고하도록 했기 때문에, 서명국이 구체적 배출량과 기한 목표를 세우도록 강제하거나 야심 찬 기후 행동을 구체화하도록 촉구할 장치가 없었다. 달리 말하면 협정의 대부분은 확고한 공약과 강제력 있는 목표가 아니라 애매한 약속과 모호한 권고에 의존했다. 탈탄소화나 배출량 제로와 같은 강력한 용어는 제외되었으며, 선진국이 기후에 취약한 국가를 돕기 위해 2020년부터 연간 최소 1,000억 달러를 배분한다는 약속은 협정의 법적 구속력이 적용되는 부분에서는 빠졌다.

파리협정의 구조적 한계는 미국의 정치 상황으로 인해 2017년에 명백해졌다. 기후변화를 부인하던 트럼프(Donald Trump) 대통령은 미국의 파리협정 탈퇴를 선언하였다. 이 행동은 바이든 행정부 출범 첫날 번복되었다. 기후변화를 부정하던 또 다른 사람인 브라질의 보우소나루(Jair Bolsonaro)는 공식적으로 파리협정 탈퇴 의도를 밝히지는 않았다. 그러나 사실상 그는 아마존 열대우림의 무차별적 파괴를 초래한 정책을 포함하여 파리협정의 목표나 이전 정부에서 공약했던 야심적 목표와 상반되는 정책을 시행했다. 화석연료 산업도 지속적으로 파리협정을 약화시키려 시도했다. 에너지 전환에 대한 요구의 증가와 재생에너지 협정에 의한 탄력에도 불구하고 석유와 가스 로비 단체는 여전히 막강한 영향력이 있으며, 기득권 세력은 계속해서 국가적이건 국제적이건 지도자들과 제도들이 중요한 변화를 행동에 옮기는 것을 저지한다.

2010년대 말에 이들 기후 방해자들은 글로벌 기후 거버넌스에 새로운 비관론의 물결을 일으켰으며, 이러한 비관론은 순배출량 제로 목표에 대한 새로운 공약, 특히 중국, EU, 영국, 2021년 취임한 바이든하의 미국의 공약들로 인해 겨우 진정되었다. 동시에 이러한 공약은 글로벌 보건 재난인 코로나19 팬데믹을 배경으로 발표되었다. 코로나19의 글로벌 기후 거버넌스에 미칠 영향은 불확실하다.

이 위기는 기후변화, 환경 파괴, 감염병 위험 사이의 복잡한 연계를 잘 드러냈다. 브라질 아마존에서 삼림 개간과 산불이 최고조에 이른 가운데, 과학자들은 서식지 파괴로 야생 동식물이 이동하여 다른 동물이나 사람과 접촉하고 병원균을 퍼뜨리는 가능성을 경고하고 있다. 팬데믹이 온실가스 배출에 미치는 영향에 대한 논란도 부상하고 있다. 글로벌 이산화탄소 하루 배출량의 일시적인 감소에도 불구하고,[29] 많은 나라들이 바이러스 확산 저지를 위해 국경을 폐쇄하고 내부 지향적이 되면서 팬데믹은 기후 협력에 새로운 도전이 되고 있다.

빈곤의 급증, 기아 확산, 부채 증가, 무역 및 투자 급감에 대응하라는 요구와 함께 우선순위가 바뀌면서 기후 관련 재정은 큰 타격을 입었다. 감염병은 대규모 회의와 여타 행사에 초기부터 의존했던 기후 거버넌스에 실로 큰 혼란을 주었다. 글래스고에서 개최될 2020 COP는 각국이 배출량 제로를 채택하는 데 도움을 주면서 파리협정의 야심을 더욱 높여줄 것이 기대되었으나 2021년으로 연기되었다. 일부 기후 행동가들은 팬데믹 이후 복구 노력은 '고쳐서 더 좋게 만들 수 있는' 전략적 기회라고 부르면서 낙관적 어조를 채택하였다. 예를 들어, 독일, EU를 포함한 많은 국가와 기구들이 녹색 전환과 일자리를 국가 및 지방정부 계획에 포함시켰고, 이러한 움직임이 더욱 탄력을 받게 되었다.

## 기후 관련 세 가지 공백: 적응, 삼림, 이주

2020년 유엔이 75주년을 축하하는 가운데 많은 관찰자들은 글로벌 기후 거버넌스의 분절적 속성을 지적했다. 기후 행동은 파리협정, 그리고 더 넓게는 UNFCCC를 중심으로 느슨하게 뭉쳤지만, 생물다양성, 사막화 등 다른 문제들은 별개의 협약, 협정, 장치 등으로 구분되었다. 지방 주도권과 같은 기후 행동의 다른 분야는 글로벌 틀에서 완전히 별개로 존재했으며, 그것은 WTO의 기후 규범과 지역기구들의 여러 조치들을 포괄했다. 글로벌 기후 거버넌스의 정책적 일관성이 부족하다는 인식에 대응하여 일부 사람들은 유엔이 지속가능발전, 또는 더 구체적으로 기후를 활동의 전통적 3개의 기둥인 국제 평화 및 안보, 인권 및 인도적 행동, 개발과 더불어 별도의 '네 번째 기둥'으로 만들어야 한다고 주장했다. 동시에 유엔체제의 과도한 칸막이 현상에 대한 비판자들은 유엔체제 전체에 기후변화를 주류화할 필요가 있다고 주장했다. 일부 관찰자들은 기후레짐을 고정(anchoring)할 수 있는 강력한 중앙집중적 제도의 필요성을 주장했다.[30] 다른 사람들은 분절화가, 정책결정의 민첩성을 포함하여, 긍정과 부정적 측면이 모두 있다고 지적했다.[31]

기후 거버넌스를 '고정'하는 해결책에 상관없이 기존의 협정과 협약을 더 확실히 집행할 필요가 있다는 데 폭넓은 합의가 있었다. 미국, 브라질과 같은 방해자들은 파리협정이나 다른 기후레짐을 위배하는 정치적 비용이 여전히 낮으며, 지구에 대한 그 영향은 재앙적임을 보여주었다. 증명되고 제안된 해결책의 도구들은 REDD+ ('삼림 파괴, 삼림 손상으로부터의 탄소 배출 감축, 기존 삼림 탄소 저장량 보전, 지속가능한 삼림 관리, 삼림 탄소 저장량 제고')부터 기후 지구공학 (예를 들어 대기권 이산화탄소 제거)까지 다양하지만,[32] 중요 지도자들로부터 정치적 지지를 결집하는 것은 완화와 적응 공약의 실현에 필수불가결하다. 비록 많은 이전의 교착상태가 협상을 통해 대체로 해결이 되었지만, 일반적으로 지속적인 정치적 이견과 정치적 의지의 결여는 기술적 문제보다 더 큰 도전이다. 예를 들어, 기술 이전, 기후 관련 지원 및 협력, 적정한 기후 재정, 환경 서비스에 대한 비용 지불과 같은 CBDR에 관련된 대부분의 쟁점은 여전히 난제로 남아있고, 기후 관련 불의가 심화되면서 글로벌 기후 거버넌스 노력의 미래에 재등장할 것이다.

미래 글로벌 기후 거버넌스에 마찬가지로 중요한 것은 과학 부정론에 영향을 받아 온 사람들의 지지를 얻는 능력이다. 엄청난 문제와 가능한 해결책에 대해 그들을 설득하는 일은 사악한 문제로서의 기후변화에 대한 단순하고 종말론적인 틀짓기(framing)이나, 사람들의 일상생활과 관련된 구체적 행동보다 완화 목표에 협소하게 맞추어진 초점을 넘어서는 소통의 혁신을 필요로 한다. 그러나 글로벌 기후 거버넌스 설계의 혁신, 기존 도구의 더 적절한 집행, 기후변화와 기후 행동에 대한 더 효과적인 소통이 있다고 해도 여전히 글로벌 기후 거버넌스의 중요한 주제에 공백이 남아있다.

첫째, 적응은 향후 심각한 도전이 될 것이다. 완화에 비해 훨씬 관심을 받지 못했고, 선진국이 기후변화에 가장 취약한 국가를 포함해서 개도국에 약속한 지원의 실행에 심각한 지연이 있기 때문이다. 페르손(Asa Persson)이 지적했듯이 파리협정은 적응에 대한 논의와 시도에 새로운 활기를 불어넣었으나, 이 주제는 아직 조작화되지 않고 있다.[33] 적응 거버넌스의 결여는 적응 개념을 둘러싼 모호성뿐 아니라, 적응에 대한 재정 지원의 부족을 초래한 글로벌 공공재로서의 적응에 대한 인식의 결여로 인한 결과이다. 기후 거버넌스가 적응과 관련한 새로운 장치를 채택하지 않으면, 기후변화가 심화되면서 저소득 국가, 소외된 공동체, 취약 국가가 더 곤궁에 처하게 될 것이다.

그러나 적응 거버넌스는 완화와는 다른 접근이 필요하다. 완화는 글로벌 문제를 다루며, 글로벌하고 국가적인 접근이 필요하다고 인식되는 반면, 적응은 다층의 관할권이 관계되며, 빈번히 국제적 수준에서 부분적인 지원을 받으면서, 지방 또는 지역 수준에서 취해야만 하는 일련의 행동으로 이해된다. (2021년 온라인으로 개최된) 글로벌 기후적응정상회의(Global Adaptation Summit)를 앞두고 네덜란드정부가 설치한 글로벌 기후적응센터(Global Adaptation Center)는 규범적 틀과 구체적 정책 및 대응과 관련하여 어떻게 적응을 지원할 수 있을지 생각하는 초점이 될 수 있다.

둘째, 삼림 문제는 현재의 기후 거버넌스의 확연한 공백으로 남아있다. 글로벌 삼림협약 협상 실패로, 삼림 문제는 회원국의 구속력 있는 공약 없이 기존 협정에 간헐적으로 등장한다. 삼림 문제를 기후변화 아래의 주제로 끼워넣는 데 일부 망설임에도 불구하고 불법적 벌목은 글로벌 온실가스 배출의 약 10퍼센트를 차지하며, 농업, 목축 등 불법적 벌목으로 허용되는 행위를 포함하면 그 세 배에 이른다.[34] 그러나 2019~2020년 브라질 아마존에서의 산불, 불법 벌목, 기타 환경 범죄의 급증으로, 모든 수준의 거버넌스에서 이 글로벌 고유재산과 그에 의존하는 사람들을 보호하기 위한 더 효과적인 장치 개발의 필요성에 새롭게 관심이 확산되었다.

셋째, 기후 이주에 관한 관심과 연구가 증가하고 있음에도 불구하고 이 문제는 정치적으로 민감하다. 서명국들이 기후변화 (예를 들어 극단적 기상, 또는 토양 침식이나 생산성 손실처럼 서서히 발생하는 영향)로 인해 어쩔 수 없이 삶의 터전을 잃은 사람들이 보상을 요구하게 되는 어떤 제도적 틀도 지지하기를 꺼리기 때문이다.[35] 부분적으로 이 문제는 이주에 관한 정책 조정과 이 주제를 둘러싼 협력 제고를 추구하는 글로벌 협약이나 여타 전 세계적 틀을 만드는 데 있어서의 광범위한 어려움과 관련이 있다. 그러나 기후 이주의 효과적 거버넌스 없이는 예방이나 적응의 조치를 적절히 설계하고 실행하기가 어렵다. 이주의 흐름이 제2차 세계대전 이후 최고 수준에 달하고 외국인 혐오와 반이민 정서가 민족주의적 포퓰리즘(populism, 대중영합주의) 지도자를 부추기는 현시점에, 이 공백의 결과로 국가 간, 국가 내에 심각한 기후 관련 불의가 계속 증가할 것이다.

## 결론

향후 25년은 글로벌 기후 거버넌스에 무엇을 가져올 것인가? 과거로부터 얻은 것이 있다면 그것은 시간이 흐르면서 다자간 협정이 다소 덜 하향적인 접근에 공간을 내주었다는 것이다. 한편 이 거버넌스의 분절화는 새로운 도전과 새로운 기회를 만들었다. 비국가 행위자들, 특히 시민사회와 민간 부문 행위자들이 공간을 확보하면서 그들은 기후 규범과 틀을 형성하는 데 점점 더 많은 기여를 했다. 그럼에도 대단히 국가 중심적으로 유지되는 체계 속에서 비국가 행위자의 위치는 불확실하다.

또한, 구속력 있는 공약이나 적절한 정책 조정을 만들어내는 데 있어서의 어려움을 포함하여 수많은 약점이 남아있다. 또 이들 약점은 적응, 삼림, 기후 이주 관련 쟁점을 포함하여 향후 25년 동안 대응해야만 하는 많은 주제별 공백을 포함한다. 이 세 분야는 모두 방치될 경우 부자와 빈자 사이, 안전이 확보된 사람들과 그렇지 않은 사람들 사이의 격차를 더 벌려 놓을 것이다.

파리협정은 계량화된 완화 목표를 통해 금세기 중반까지 필요한 것들을 명확히 설정해 놓았다. 그러나 우리는 여전히 기후변화와 기후 행동을 사람들과 현장 행위자들 가까이 가져올 보완적 틀과 행동을 만들지 못했다.

향후 나아갈 길은 세계 지도자들의 의사결정과 시민사회의 압력뿐 아니라 지정학의 거친 바람에 의해 좌우될 것이다. 세계질서가 오래된 초강대국 미국과 떠오르는 글로벌 경쟁자 중국 사이의 경쟁이 세계의 협력 관계에 영향을 미치는 더욱 깊숙한 비대칭적 다극체제로 이행하는 가운데 기후가 지정학적 경쟁의 전략적 현장으로 부상하였다. 유엔은 글로벌 기후 거버넌스의 중심으로 남게 될 것인가, 아니면 중국이 주도하는 대안적 장치가 유엔과 중첩되거나 그것을 잠식할 것인가? 현재로서는 중국이 유엔체제에 크게 미래를 걸고 있는 듯 보이지만, 첨예화되는 미국과의 경쟁이 중국으로 하여금 남남 협력을 포함한 다른 경로를 통한 기후 외교를 추구하게 만들지도 모른다.

코로나19 팬데믹으로부터 우리는 미래에 대한 다소의 힌트를 얻을 수 있다. 그 위기에 대한 과학적 대응은, 다양한 백신의 신속한 개발과 같이, 시급한 상황이 인식되면 인류가 기술적 해결책을 찾는 뛰어난 능력이 있음을 보여준다. 그러나 그 위기는 또한 정치와 지정학이 과학적 성과와 기술적 대응의 효과적이고 공정한 전개를 쉽게 방해한다는 것을 보여주었다. 따라서 청소년, 토착민 공동체, 이주자, SIDS 거주자, 기후 취약 국가 등의 노력을 포함하여, 기후 행동주의의 증가가 이 중대한 시기에 글로벌 기후 거버넌스의 개선과 공고화를 위해 필요한 추진력을 제공할지는 두고 볼 일이다.

## 추가 읽을거리

Elise Harrington, *The Fragmentation of Global Climate Governance* (Cambridge: MIT Press., 2019).

Rafael Leal-Arcas and Antonio Morelli, "The Resilience of the Paris Agreement: Negotiating and Implementing the Climate Regime," *The Georgetown Environmental Law Review* 31, no. 1 (2018), www.law.georgetown.edu/environmental-law-review/wp-content/uploads/sites/18/2019/01/Rafael-Leal-Arcas-Antonio-Morelli.pdf.

Augusto López-Claros, Arthur L. Dahl, and Maja Groff, *Global Governance and the Emergence of Global Institutions for the 21st Century* (Cambridge: Cambridge University Press, 2020).

Timothée Ourback and Alexandre K. Magnan, "The Paris Agreement and Climate

Change Negotiations: Small Islands, Big Players," *Regional Environmental Change* 18 (2017): 2201–2207.

Eduardo Viola, Matías Franchini, and Thaís Lemos Ribeiro, "Climate Governance in an International System Under Conservative Hegemony: The Role of Major Powers," *Revista Brasileira de Política Internacional* 55 (2012): 9–29.

## 주

1) United Nations Secretary-General, "Secretary-General Remarks on Climate Change," 10 September 2018, www.un.org/sg/en/content/sg/statement/2018-09-10/secretary-generalsremarks-climate-change-delivered
2) John S. Dryzek and Jonathan Pickering, *Politics of the Anthropocene* (Oxford: Oxford University Press, 2018).
3) One Young World, "Ten Young Leaders Championing Climate Action," 2020, www.oneyoungworld.com/news-item/ten-young-leaders-championing-climate-action
4) IPCC, "Global Warming of 1.5°C: An IPCC Special Report on the Impacts of Global Warming of 1.5°C Above Pre-Industrial Levels and Related Global Greenhouse Gas Emission Pathways, in the Context of Strengthening the Global Response to the Threat of Climate Change, Sustainable Development, and Efforts to Eradicate Poverty," 2018, www.ipcc.ch/site/assets/uploads/sites/2/2019/06/SR15_Full_Report_Low_Res.pdf
5) Anne Saab, "The Super Wicked Problem of Climate Change Action," *IDEID*, 2 September 2019, www.graduateinstitute.ch/communications/news/super-wicked-problem-climate-change-action. 흄은 기후변화는 '해결책'을 기다리는 '문제'로 생각해서는 안 되고, 사람들이 인류와 지구에 대해 생각하는 방식을 바꿔야 하는 환경, 문화, 정치적 현상이라고 주장하면서 이 아이디어를 비판한다. David Hulme, *Why We Disagree About Climate Change: Understanding Controversy, Inaction and Opportunity* (London: Cambridge University Press, 2009).
6) Richard J. Lazarus, "Super Wicked Problems and Climate Change: Restraining the Present to Liberate the Future," *Cornell Law Review* 94 (2009): 1153–1234.
7) Tatiana Carayannis and Thomas G. Weiss, *The "Third" United Nations: How a Knowledge Ecology Helps the UN Think* (Oxford: Oxford University Press, 2021).
8) Eduardo Viola, Matías Franchini, and Thaís Lemos Ribeiro, "Climate Governance in an International System Under Conservative Hegemony: The Role of Major Powers," *Revista Brasileira de Política Internacional* 55 (2012): 9–29.
9) Nick Bostrom, "Existential Risk Prevention as Global Priority," *Global Policy* 4, no. 1 (2013): 15–31.
10) Sverker C. Jagers and Johannes Stripple, "Climate Governance Beyond the State," *Global Governance* 9, no. 3 (2003): 385–400.
11) Thomas G. Weiss and Rorden Wilkinson, *Rethinking Global Governance* (Cambridge:

Polity Press, 2019).
12) 또 다른 중요 사건은 1979년 세계기상기구(WMO: World Meteorological Organization)가 주최한 세계기후회의이다.
13) Charles Krauthammer, "The Unipolar Moment," *Foreign Affairs* 70, no. 1 (1990–1991):23–33.
14) IPCC, "First Assessment Report," 1990, www.ipcc.ch/assessment-report/ar1/.
15) 2021년 2월 현재 197개국이 UNFCCC를 비준하였다. United Nations Climate Change, "What Is the United Nations Framework Convention on Climate Change?," 2021, https://unfccc.int/process-and-meetings/the-convention/what-is-the-united-nations-framework-convention-on-climate-change#:~:text=The%20197%20countries%20that%20have,called%20Parties%20to%20the%20Convention
16) 1993년 12월 29일 발효된 CBD는 (i) 생물다양성 보존, (ii) 생물 요소의 지속가능한 사용, (iii) 유전적 자원 혜택의 공정한 공유라는 3개의 핵심 목표가 있다. 협약은 유전자변형생물체(LMOs: living modified organisms)의 이동을 관리하는 카르타헤나 의정서(Cartagena Protocol)와 유전자 자원 혜택의 공정한 공유를 실행하는 법적 틀을 제공하는 나고야의정서(Nagoya Protocol)라는 2개의 부속 합의를 생산했다.
17) S. Faizi, "The Unmaking of a Treaty," *Biodiversity* 5, no. 3 (2004): 43–44.
18) David Humphreys, "The Elusive Quest for a Global Forest Convention," *Review of European, Comparative and International Environmental Law* (RECIEL) 14, no. 1 (2005): 1–10.
19) Marcos A. Orellana, "Climate Change and the Millennium Development Goals: The Right to Development, International Cooperation and the Clean Development Mechanism," *Sur* 7, no. 12 (2010), https://sur.conectas.org/en/climate-change-millennium-development-goals/
20) 공동의 그러나 차별화된 책임은 국제환경법의 원칙으로, 모든 국가는 글로벌 환경 파괴에 대응할 책임이 있으나 그 책임이 평등한 것은 아님을 규정한다. 지구정상회의에서 참가국은 선진국이 환경 파괴에 더 많이 기여했으며, 개도국보다 더 많은 책임을 져야한다는 데 합의했다.
21) Zelli Fariborz, "The Fragmentation of the Global Climate Governance Architecture," *WIREs Climate Change* 2, no. 2 (2011): 255–270, https://onlinelibrary.wiley.com/doi/abs/10.1002/wcc.104
22) C2ES, "Market-based Strategies," 2020, www.c2es.org/content/market-based-strategies/.
23) Rafael Leal-Arcas and Antonio Morelli, "The Resilience of the Paris Agreement: Negotiating and Implementing the Climate Regime," *The Georgetown Environmental Law Review* 31, no. 1 (2018), www.law.georgetown.edu/environmental-law-review/wp-content/uploads/sites/18/2019/01/Rafael-Leal-Arcas-Antonio-Morelli.pdf
24) Daniel Bodansky, "The Paris Climate Change Agreement: A New Hope?" *American Journal of International Law* 110, no. 20 (2017), www.cambridge.org/core/journals/american-journal-of-international-law/article/abs/paris-climate-changeagreement-a-new-hope/413CC22E95E284C80541707F80B85252

25) Luke Kemp, "A Systems Critique of the 2015 Paris Agreement on Climate," in *Pathways to a Sustainable Economy*, ed. Moazzem Hossain, Robert Hales, and Tapan Sarker (New York: Springer, 2018), 25–41.
26) Adis Dzebo, Hannah Janetschek, Clara Brandi, and Gabriela Iacobuta, "Connections Between the Paris Agreement and the 2030 Agenda: The Case for Policy Coherence," *SEI Working Paper*, Stockholm Environment Institute, Stockholm, 4 September 2019, https://cdn.sei.org/wp-content/uploads/2019/08/connections-between-the-paris-agreement-andthe-2030-agenda.pdf
27) Timothée Ourback and Alexandre K. Magnan, "The Paris Agreement and Climate Change Negotiations: Small Islands, Big Players," *Regional Environmental Change* 18 (2017): 2201–2207.
28) UNFCCC, "Paris Agreement – Status of Ratification," 2021, https://unfccc.int/process/the-paris-agreement/status-of-ratification.
29) Corinne Le Quéré et al., "Temporary Reduction in Daily Global CO2 Emissions During the COVID019 Forced Confinement," *Nature Climate Change* 10 (2020): 647–653, www.nature.com/articles/s41558-020-0797-x
30) Augusto López-Claros, Arthur L. Dahl, and Maja Groff, *Global Governance and the Emergence of Global Institutions for the 21st Century* (Cambridge: Cambridge University Press, 2020).
31) Elise Harrington, *The Fragmentation of Global Climate Governance* (Cambridge, MA: Massachusetts Institute of Technology Press, 2019).
32) 예를 들어, Mark G. Lawrence et al., "Evaluating Climate Geoengineering Proposals in the Context of the Paris Agreement Temperature Goals," *Nature Communications* 9, no. 13 (2018), www.nature.com/articles/s41467-018-05938-3 참조.
33) Asa Persson, "Global Adaptation Governance: An Emerging but Contested Domain," *WIREs Climate Change* 10, no. 6 (2019), https://onlinelibrary.wiley.com/doi/full/10.1002/wcc.618
34) IUCN, "Forests and Greenhouse Gas Emissions," 2021, www.iucn.org/resources/issues-briefs/forests-and-climate-change#:~:text=Forests'%20role%20in%20climate%20change,emissions%20after%20the%20energy%20sector
35) World Bank, "Groundswell: Preparing for International Climate Migration," 2018, http://documents1.worldbank.org/curated/en/983921522304806221/pdf/124724-BRI-PUBLICNEWSERIES-Groundswell-note-PN3.pdf

# 16장



# 생물다양성:

## 지구 생명의 연결망 보호

이바노바(Maria Ivanova) &
에스코바르-펨버티(Natalia Escobar-Pemberthy)

천연자원은 인류 생존의 중심에 있다. 산, 삼림, 하천은 인간의 활동에 직접적인 가치를 제공하는 환경으로 급격히 광범위하게 전환되었다. 그 필연적인 결과로 인류 역사상 그 어느 때보다도 생물다양성이 고갈, 손상되어가고 있다. 기후변화와 유사하게 "생물다양성 손실의 주범은 인간이다."[1] 자연의 생물학적 자산의 다양성과 범위의 글로벌하고 지역적인 변화는 지구체제 안정과 인간의 건강에 심각한 도전이 되고 있다.

코로나19 팬데믹은 사람과 자연의 관계의 중요성을 선명히 부각시켰다. 유엔 총회는 2020년 "우리가 생물다양성을 파괴, 손상하면, 우리는 생명의 연결망을 잠식하고 야생으로부터 인간으로의 질병 전염 위험을 높인다"고[2] 지적했다. 팬데믹 대응을 위해서는 공공 보건의 필수 조건으로서 지구의 건강에 의식적인 투자가 필요하다.

전통적으로 지구 생명의 연결망과 생물학적 자원에 관한 우려는 그 자원의 배분과 그 이용 및 관리의 관할권을 둘러싼 것이었다. 그러나 1960년대 말과 1970년대 초 이후 글로벌 노력은 자원의 보호와 지속가능한 이용에도 초점을 맞추었다. 많은 다자간 거버넌스 과정은 종, 삼림, 토지, 생태계를 포함하는 생물학적, 유전적 자원에 초점을 맞춘다. 육상 생태계의 지속가능한 이용의 보호, 회복, 촉진은 2030 지속가능발전의제에서 설정된 지속가능발전목표(SDGs: Sustainable Development Goals)의 핵심 중의 하나이다.[3)]

특히 SDG15 '육상 생명체'는 천연자원 고갈과 자연 서식지 손상 감소를 목표로 한다. 구체적 목표는 습지, 삼림, 자연 서식지, 산악 생태계, 위기종 보호, 육상 자원의 지속가능한 관리, 침입 외래종 등을 포함한다. 이들 문제 중 다수는 목표와 행동 기제를 갖춘 구체적 글로벌 환경협약을 가지고 있다. SDG15 이행과 글로벌 환경협약의 특정 목표들이 통합되면 감시 및 평가의 효율성이 높아지고, 다양한 목표 성취와 지구 생명의 연결망을 보호하는 각국의 역량이 강화될 것이다.

이 장은 생물다양성, 생태계, 종, 육상 자원에 관한 글로벌 거버넌스 노력의 진화와 미래에 대해 검토한다. 포스트 2020 글로벌 생물다양성 프레임워크 이후의 정의를 포함하여 세계가 '육상 생명체' 보호의 방향으로 진전을 이루면서 나아가는 가운데, 생물다양성과 지속가능발전의 관계는 매우 중요해진다. 따라서 우리는 SDG15의 정의에 이른 경로가 '육상 생명체' 목표 실행을 위한 다양한 기제를 통합했는지 분석하며, 생물다양성의 다양한 거버넌스 도구와의 통합 가능성을 검토한다. 환경에 대한 인간 행동의 강력한 영향이 역효과를 내지 않고, 지구와 인류의 건강을 촉진하는 방향으로 행해지는 미래를 시야에 두고, 우리는 과거의 거버넌스 노력의 성공과 문제점으로부터 교훈을 도출한다. 환경협약, SDGs, 글로벌 생물다양성 프레임워크의 효력은 이행에 달려있다. 그러나 지구의 건강을 성취하려면 경제체제와 가치, 태도, 이념의 근본적인 변혁이 요구된다.

## 육상 생명체

지구 표면의 약 40퍼센트만이 육지이며, 그 대부분은 서식에 부적합하다. 육상 생명체의 다양성을 보호하는 것은 중요한 글로벌 목표가 되고 있다. 생물다양성협약(CBD: Convention on Biological Diversity) 제2조는 '유전자, 인간, 종, 공동체, 생태계의 다양성을 포함하는 모든 원천으로부터의 생명체의 다양성'을 명시하고 있다. 생물학적 자원은 필수 서비스와 식량안보, 인간의 건강, 깨끗한 공기와 물, 생계, 경제발전 (이 모두가 빈곤 감축과 지속가능성의 핵심 요소)의 기여를 통해 인간 웰빙에 실용적인 가치를 제공한다.[4] 그들은 또 공동체 전통, 지식, 정체성에 뿌리 깊게 내재된 문화적 정신적 가치를 대표한다.[5]

2011~2020년의 유엔 생물다양성 10년 동안 각국은 공해, 천연자원의 과도한 이용, 기후변화, 침입 외래종의 존재 등 인구 증가, 사회, 경제적 발전, 과학, 기술 발전의 영향에 대응하고자 했다.[6] 그러나 중대한 도전이 계속되고 있다. 1980년 이후 자연 서식지의 범위가 20퍼센트 이상 감소했으며, 귀중한 생태계 서비스가 손상되었다. 예를 들어, 전 세계적으로 황야와 습지가 급격하게 감소하고 있다.

생태계의 과도한 이용은 경제 성장의 기반이 되어 왔으며 그 결과 금전적으로 측정하기 어려운 가치의 생태계 서비스가 감소되었다. 2020년 국제자연보전연맹(IUCN: International Union for the Conservation of Nature) 적색 목록 최신 평가는 평가 대상 12만 종 중에 3만 2,000종 (약 27퍼센트)가 절멸위기라고 본다.[7] IUCN에 의하면 포유류의 26퍼센트, 조류의 14퍼센트, 양서류의 41퍼센트, 암초를 형성하는 산호의 33퍼센트, 소철류의 63퍼센트가 절멸위기에 있다.[8] 그러한 멸종의 영향은 재앙이 되겠지만 즉각적이지는 않다. 궁극적으로 모든 형태의 생물다양성 손실은 생물다양성으로부터 인간이 얻는 무수한 혜택에 새로운 위협이 될 것이다.

토지 개간, 삼림 벌채, 기간시설 개발, 수온 변화, 외래종 침입 등으로 1970년 이후 세계 습지의 35퍼센트가 감소하여, 생태계 서비스에 연간 20조 달러 비용이 발생했다.[9] 보호 구역의 효과적이고 공정한 관리와 그들의 생태계 서비스와의 연계는 개선이 필요하다. 2020년까지 전 세계 지상 및 담수 환경의 15퍼센트는 보호 구역 협정에 포함되어 있으며, 이는 아이치 목표(Aichi Targets, 2020년까지 달성하기로 각국 정부가 정한 20개의 야심 찬 글로벌 생물다양성 보장 목표)에 설정된 최소 17퍼센트에 못미친다.

생물학적 자원 관리에 대한 접근은 시간의 흐름에 따라 진화하였으며, 환경적 고려와 경제 활동 사이의 균형의 변화와 연결이 되어왔다. 국가 간 자원 분배의 기본적인 고려에서부터, 이 개념은 보호, 보전, 보존, 지속가능 이용과 같은 접근으로 진화했다.[10] 이들 개념은 국제적 규제 프레임워크 속에 부각이 된다. 글로벌 환경 거버넌스체제의 진화는 생물다양성의 여러 요소들을 다루는 다양한 시각을 제공한다.[11] 1972년 스톡홀름 유엔인간환경회의(UNCHE: UN Conference on the Human Environment) 이후 지난 50년 동안 각국 정부는 자원이 인류에게 제공하는 혜택을 보호하기 위해 종의 멸종, 생물다양성 보전 및 지속가능 이용, 습지 보전 및 지속가능 이용과 같은 문제에 대응하기 위한 국제 규제를 채택해왔다. 이하에서는 SDG15와 포스트 2020 글로벌 생물다양성 프레임워크로 이어진 생물다양성 보호를 위한 두 개의 핵심 도구와 전략적 접근이 소개된다.

## 생물다양성을 위한 법적 레짐: 생태계, 종, 이용, 혜택

'생물권의 생태적 균형'과 '대체 가능한 자원의 파괴 및 고갈'에 관한 우려는 환경에 관한 집단행동을 국제 의제의 중심으로 만드는 핵심 요인이었다.[12] 지난 50년간 생물권 자원의 관리를 위한 집단적 접근은 일련의 국제 환경협정 체결로 이어졌고 1972년 UNCHE 이후 환경 거버넌스 정상회의의 논의와 결정의 일부분이 되었다.

특정 생태계나 종의 보호를 위한 인식을 높이고 장치를 설정하려는 노력은 생물다양성의 중요성과 가치, 생물학적 자원 보호에 있어서 사람들과 국가의 역할, 자연의 과도한 이용을 방지하는 국제적 협력 필요성을 인정하는 몇몇 글로벌 환경협약의 서명으로 이어졌다. 1971년 국제적 중요습지보호 람사르협약(Ramsar Convention on the Protection of Wetlands of International Importance), 뒤를 이어 1973년 멸종위기야생동식물 국제거래에 관한 협약(CITES: Convention on International Trade in Endangered Species of Wild Flora and Fauna), 1979년 이동성야생동물협약(CMS: Convention on Migratory Species) 등이 체결되었다. 생물학적 자원의 관리는 복잡하고, 환경과 개발 우선순위 및 정책의 명백한 균형이 필요하며, 시간이 걸린다. 예를 들어, 1977년 사막화방지행동계획(Plan of Action to Combat Desertification)은 1994년이 되어서야 유엔 사막화방지협약(UNCCD: UN Convention to Combat Desertification)으로 공식 채택되었다.

1992년 유엔 환경개발회의(UN Conference on Environment and Development)는 리우데자네이루에서 개최되었으며, 리우지구정상회의로도 알려져있다. 그것은 천연자원 보전과 지속가능한 이용에 정치적 초점을 맞추었으며 육상 생명체에 영향을 미치는 문제들을 대응하는 구체적 조치를 설정했다.[13] 각국은 생물다양성 보전과 유전자 자원 혜택의 공정성 및 공평성 확보를 위한 명확한 목표를 포함하는 CBD를 채택하였다. 또 각국은 삼림 파괴 저지를 위한 의제21 의무 이행을 위해 삼림원칙으로 알려진 '모든 형태의 삼림의 관리, 보전, 지속가능개발에 관한 글로벌 합의를 위한 원칙의 법적 구속력 없는 권위적 선언'을 채택하였다. 표 16.1은 이들 글로벌 환경협정을 소개하고 그 목적을 요약하였다.

시간이 흐르면서 각국 정부는 생물다양성 보호에 대한 공약을 재확인하

**표 16.1** 생물다양성 보전을 위한 환경협정[14)]

| | 연도 | 당사국[15)] | 주요 목적 |
|---|---|---|---|
| 람사르 협약 | 1971 | 171 | • 지속가능발전 달성에 기여하는 국제, 국가, 지역 수준에서의 습지의 보전과 현명한 이용.<br>• 초국경 습지, 공유하는 습지체계, 공유하는 종에 관한 국제 협력. |
| CITES | 1973 | 183 | • 멸종위기 야생 동식물종의 국제 거래가 이들의 생존을 위협하지 않도록 함.<br>• 위기종으로 알려진 동식물종 수출, 수입, 재수출 통제 설정. 통제는 여러 다른 무역 규제가 포함된 3개의 목록과 부록에 근거함. |
| CMS | 1979 | 131 | • 이동성 동물과 그 서식지 보전과 지속가능한 이용을 위한 글로벌 플랫폼 제공.<br>• 이동성 동물이 통과하는 국가를 규합하여 보전 조치를 위한 국제적 장치를 설정.<br>• 이동성 동물종에 관한 연구를 촉진, 협력, 지원. |
| CBD | 1992 | 196 | • 생물학적 다양성 보전.<br>• 생물다양성 구성 요소의 지속가능한 이용.<br>• 유전자 자원 이용의 혜택을 공정하고 공평하게 공유. |
| UNCCD | 1994 | 197 | • 사막화와 심각한 가뭄을 겪고 있는 국가, 특히 아프리카의 사막화 방지와 가뭄의 영향 완화, 개도국의 특별한 필요와 상황을 고려.<br>• 영향을 받는 지역의 토지의 생산성 향상과 토지 및 수자원의 회복, 보존, 지속가능한 관리에 초점을 맞추는 장기적 전략 개발.<br>• 사람들과 지역 공동체를 전략과 사업에 포함.<br>• 하위지역, 지역, 국제 수준에서 협력과 조정, 자원 동원을 개선. |
| UNFF | 2000 | 193 | • 지속가능한 산림 관리에 관한 공통의 이해.<br>• 산림 문제와 우려되는 지역의 등장에 대응하여 정책 개발과 대화를 계속.<br>• 산림 관련 문제의 정책과 사업 협력 및 조정.<br>• 산림 관련 정책의 정의에 관한 감시, 평가, 보고.<br>• 모든 유형의 산림에 대한 관리, 보전, 지속가능 개발의 정치적 의지 강화. |

였으며 다양한 추가적인 목표를 설정하였다. 2020년 채택된 새천년개발목표(MDGs: Millennium Development Goals)는 '환경의 지속가능성 보장을 위한' 포괄적인 환경 목표를 포함하였다. 이 목표, 즉 MDG7은 생물다양성 손실 감축을 명확한 목표로 하였다. 2005년 새천년생태계평가는 이 개념을 생물다양성 손실 감축을 추진하는 장치로 개발하였다.[16)]

이후 20년 동안 유엔은 생물권 문제에 관한 정치적 공약과 행동을 끌어내는 수단으로 다양한 생태계나 생물다양성 관련 연간, 또는 10년간의 캠페인을 발표하였다. 2006년은 국제 사막과 사막화의 해(International Year of Deserts and Desertification), 2010년은 유엔 사막화와 건조지역 보호의 10년(UN Decade on Desertification and the Protection of Drylands)이었으며, 여기에는 이들 문제를 지속가능한 농업이나 토지 관리와 연결시키는 노력이 포함되었다. 국제생물다양성의 해(International Year of Biodiversity)는 2010년, 생물다양성의 10년(Decade on Biodiversity)은 2010~2020년이었다. 국제산림의 해(International Year of Forests)는 2011년이었고, 2013부터 유엔은 국제산림의 날(International Day of Forests)을 기념하여 나무 심기와 공동체 활동을 개최한다. 생물다양성의 10년의 맥락에서 2010년 생물다양성 전략계획 2011−2020(Strategic Plan for Biodiversity 2011−2020)의 채택은 생물다양성 관리와 정책 개발을 위한 유엔체제 전체를 아우르는 프레임워크를 제공하려는 시도였다. 이 프레임워크는 생태계 서비스 제공을 보장하고, 모두에게 혜택을 주고, 역량 구축과 지식 관리를 통한 이행의 개선을 위해 생물다양성 손실의 기저 원인에 대응하는 20개 목표를 설정한 아이치 생물다양성목표(Aichi Biodiversity Targets)를 포함한다.

한편 2012년 브라질에서 개최된 유엔 지속가능발전회의(Conference on Sustainable Development), 또는 리우+20은 생물다양성의 가치와 그것은 사회, 경제적 발전에 있어서의 역할을 재확인하였다. 회의 결과 발표된 문서는 생태계 서비스는 '지속가능발전과 인류의 복지에 핵심적인 기반'이라고 언급하였다.[17] 더욱이 그 회의는 다른 협정, 특히 생물다양성협약에서 설정한 전략적 프레임워크 이행의 중요성을 반복해서 언급했다. 또 회원국은 천연자원 고갈과 환경 파괴의 부정적 효과에 대응하는 것의 중요성을 인정하였다. 이 프레임워크는 '육상 생태계의 보호, 회복, 지속가능한 이용 촉진, 삼림의 지속가능한 관리, 사막화 방지, 토지 손상과 생물다양성 손실 저지를 위한' SDG15에서 사용되었다.

생물다양성에 인간이 가하는 압력은 감염병의 발생, 확산에 영향을 미침으로써 생물종과 인간을 위협한다. 농사, 벌목, 기간시설 개발, 야생 이용의 증가와 같은 인간 활동의 급격한 증가는 인간을 야생에 근접하게 만들었으며, 동물매개 감염병의 위험을 높였다. 2020년의 글로벌 보건위기는 생물다양성 손실과 감염병 사이의 중요한 연계성과 사회와 경제에 대한 생물다양성의 중요성을 부각시켰다. 2020년 10월 중국 쿤밍에서 개최될 예정이었던 CBD 당사국 15차 회의는 코로나19로 인해 연기되었다. 2020년 유엔총회에는 '지속가능발전을 위한 생물다양성에 관한 긴급 행동'을 주제로 한 생물다양성 정상회의가 포함되었다. 온라인으로 개최된 정상회의는 생물다양성의 보전과 지속가능 관리를 위한 정치적 동력을 만들기 위해 72개국 정상을 포함하여 150개국이 참가하였다.[18]

## 환경협약과 SDG15

생물다양성협약들과 SDG15과는 명백하게 연결된다. 2030 지속가능발전의제는 15년 전 MDGs와 2012년 리우+20 유엔 지속가능발전회의로 이어진 일련의 글로벌 정상회의에서 설정된 경로를 계속하고 있다. 그러나 이들은 중요한 차이가 있다. 구체적으로 MDGs와 SDGs의 진화는 환경의 지속가능성 목표에서 다양한 정책 분야를 포함하고 천연자원의 지속가능한 관리 및 사회, 경제발전 사이의 연계를 인식하는 더 통합된 접근으로의 이행을 추구했다. 환경, 사회, 경제 문제의 통합과 여러 다른 목표를 관통하는 요소로서의 환경의 존재는 인간, 지구, 번영, 평화, 협력의 균형을 가능하게 해주는 중요한 연결점이다. 회원국은 여러 목표를 실행하고, 관련 지표를 측정하고, 그들을 실행할 수 있는 수단을 제공하는 등 2030 지속가능발전 의제를 이행할 명백한 책임이 있다.[19]

이들 이행 수단 중에서 글로벌 환경협약은 핵심적인 역할을 한다.[20] 리우+20이 산출한 문서인 '우리가 원하는 미래(The Future We Want)'는 '다자간 환경협정의 지속가능발전에 대한 중요한 공헌'을 적시한다.[21] 생물다양성과 지속가능발전 의제의 명백한 연계성을 고려할 때,[22] SDG15은 보전과 지속가능한 이용, 멸종위기의 완화, 생물다양성이 인류에 제공하는 혜택 보장 등 생물다양성 관련 협약들의 정신을 유지한다. 이 목표 (그리고 그 외의 SDGs)는 육상 생태계의 지속가능한 관리, 수확과 어류 남획 규제, 생태계 보전, 회복, 지속가능한 이용 보장, 보호종의 밀렵과 거래 종식 등에 관한 구체적 목표를 포함한다.[23] 이러한 연계는 그 협약들이 글로벌 환경 문제 대응의 국제법적 근거가 된다는 사실에 의해 강화된다. 또 최근 수년간 그 협약들은 그들의 임무와 이들 글로벌 개발 사업을 연계하려 노력해왔다. 이것은 그 협약들과 SDGs의 이행을 평가하는 협약의 목표와 지표들 사이의 구체적 연계성을 파악하게 해주었다. 그러나 이들 각각의 글로벌 의제가 설정한 정책 분야의 연계성 이외에, 그 협약들이 SDGs와 어떻게 상호작용하여 더 강하고 효과적인 거버넌스 도구를 형성하는지 이해하는 것이 중요하다.

## 지속가능발전의 이행

정책목표가 설정되면 그 이행이 가장 중요한 도전이 된다. 국가들로 구성된 국제사회는 국제협정과 개발의제를 통해 글로벌 목표의 범위를 넓혀 놓았으며, 이제 관심은 국가가 그들의 공약을 얼마만큼 실행하는지로 옮겨졌다. 생물다양성협약의 실천을 촉진하고 가능하게 해주는 국내적 규제와 정책의 채택은 이들 글로벌 문제에 대응하고 SDG15와 포스트 2020 글로벌 생물다양성 프레임워크를 포함하는 목표의 성취할 수 있는 그 국가의 능력에 대단히 중요하다.[24] 그러나 글로벌 환경협약의 저조한 실행은 통합적 글로벌 생물다양성 의제의 최적의 실행에 필요한 조건들과 그것의 지속가능발전에 대한 기여에 대한 심각한 의문을 제기한다. 따라서 그 협약들은 식물다양성 거버넌스에 통찰을 제공한다.

### 이행에 대한 전략적 목표치와 측정

목표치와 지표는 각국이 그들의 협약 의무를 계획하고 이행하는 능력에 매우 중요하다. 이것이 아마도 MDGs와 SDG15 실행을 위한 환경협약들과 포스트 2020 글로벌 생물다양성 프레임워크의 주된 교훈일 것이다.[25] 구체적 측정 전략과 장치는 각국 정부와 국제기구에 개발의제의 진전을 평가하고 필요한 수정 조치를 취하는 데 필요한 데이터와 과학에 기반한 정보를 제공한다. 측정 방식이 실제의 진전 속도를 어느 정도 반영할 수 있을지에 대한 우려에도 불구하고 MDGs의 구체적 목표치와 지표는 수많은 행위자들의 노력을 집중시키고, 다양한 전략의 진화를 모니터링하고, 개발을 위한 구체적 목표치에 글로벌 정치적 동원을 촉진하는 효과적인 도구가 될 수 있었다.[26] 또 목표치와 지표는 개선의 여지가 있었음에도 불구하고, 국제사회에 더 많은, 더 좋은 데이터를 제공하는 모니터링과 평가의 문화를 조성하

는 데 도움이 되었다.[27]

2010년 아이치 생물다양성목표가 채택되기까지 생물다양성 관련 협약들은 성과를 측정하는 구체적 목표치와 지표를 만들지 않았다. 대부분의 생물다양성 관련 협약은 모호한 의무를 제시했다. 그것을 생물학적 자원을 보호하고 그들의 보전을 개선하기 위한 국가 정책으로 전환하기 위해 각 정부는 성과를 평가하는 구체적 목적과 목표치, 측정 방법, 평가 기제를 규정해야 했다. 협약의 이행을 측정하는 것은 어려운 작업이다. 그럼에도 일부 협약의 이행을 측정하는 노력으로부터의 증거는 각국이 그들의 람사르협약이나 CITES 같은 협약에 대한 공약을 전환하는 수준에는 중요한 공백이 있으며, 국가 보고의 데이터 수집과 처리는 지속적으로 어려움이 있음을 보여준다.[28]

협정의 당사국들은 일관되게 각 협정에서 규정된 목표를 달성하기 위한 더 나은 전략적 프레임워크의 필요성을 논의해왔다. 성과를 평가하기 위해 구체적 목표치, 지표, 측정 방법을 가진 여러 도구들이 규정되어 왔다 (표 16.2 참조). 이들 장치하에서 각 정부는 생물다양성에 관한 국가적 성과를 개발, 이행 평가, 보고하도록 장려되었다. 또 협약들은 이들 도구를 지속가능발전 의제와 연결하려 시도하였다. 왜냐하면 그 산출물이 SDGs 이행을 위한 데이터와 기준선을 제공하고 모든 국가의 정책 노력이 동일한 결과로 향할 수 있게 하기 때문이다. 또 생물다양성이 직면하는 복잡한 도전에 대응하기 위해서 SDG15의 성공적인 이행은 여러 생물다양성 관련 협약들 사이의, 그리고 그 목표와 다른 형태의 거버넌스 사이의 시너지를 필요로 한다.

더 나아가 모든 협약들은 포스트 2020 글로벌 생물다양성 프레임워크의 규정에 기여한다. 예를 들어, CMS는 이동성 동물종 보전이 새로운 정부 조치에 반영되도록 연계성 프레임워크를 개발하였다. CITES는 특히 그 협약이 전략비전 2021-2030 업데이트를 준비 중인 가운데 동기화의 필요성을 고려하였다. 유엔 사막화방지협약(UNCCD)은 그 자체의 육상환경파괴 중립목표의 구조를 고려하면서, 포스트 2020 글로벌 생물다양성 프레임워크

**표 16.2 생물다양성협약들로부터의 전략적 장치들**

| 전략적 장치 | 전략적 접근, 임무, 목표 |
|---|---|
| 생물다양성 전략계획 2011–2020 (CBD, 람사르협약, CITES, CMS) | • CBD, 모든 생물다양성 관련 협약들, 생물다양성 관리에 관여하는 여타 기관들을 포함하는 유엔체제를 위한 총괄적 프레임워크.<br>• 주된 목적은 2050년까지 '생태계 서비스를 유지하고, 건강한 지구를 유지하고, 모든 사람에게 필수적인 혜택을 제공하면서, 생물다양성이 중시되고, 보전되고, 회복되고, 현명하게 이용되도록' 보장하는 것.<br>• 2020 아이치 생물다양성목표를 중심으로 노력.<br>- 생물다양성을 정부와 사회에 주류화함으로써 생물다양성 손실의 근저에 있는 원인에 대응.<br>- 생물다양성에 직접 가해지는 압력을 경감하고 지속가능한 이용을 장려.<br>- 생태계, 생물종, 유전자의 다양성을 보호함으로써 생물다양성의 상태를 개선.<br>- 생물다양성과 생태계 서비스로부터의 혜택을 모든 사람에게 확대.<br>- 참여적 계획, 지식 관리, 역량 강화를 통해 이행을 강화. |
| 전략비전 2008–2020 (CITES) | • 생물다양성 계획 2011–2020, 아이치 목표 및 SDGs 달성에 대한 CITES의 기여를 규정함.<br>• 야생동식물 국제거래가 지속가능한 수준에서 이루어지도록 협정의 작동 개선을 목표로 함.<br>• 3개의 목표를 설정.<br>- 협약의 준수, 이행, 집행을 확보함.<br>- 협약의 운영과 이행을 위한 재정적 자원과 수단을 확보함.<br>- 다른 다자간 장치를 지원하여 생물다양성 손실 속도 감소, 다른 목표와 목표치 성취에 기여함. |
| 전략계획 2015–2023 (CMS) | • 전반적 목표는 이동성 동물종 보전 상태를 확보하여 글로벌 지속가능성에 기여하는 것.<br>• 이를 달성하기 위해 4개의 구체적 목표를 설정.<br>- 이동성 동물종 보전과 관리가 습득 가능한 최선의 정보에 근거하도록 함.<br>- 이동성 동물종이 최선의 보전 조치의 혜택을 받도록 함.<br>- 이동성 동물종 보전에 대한 인식을 넓히고 관여를 확대함.<br>- 이동성 동물종 보전과 관리에 있어서 CMS의 총괄적이고 통합적인 역할을 강화함. |

계속

**표 16.2** 계속

| 전략적 장치 | 전략적 접근, 임무, 목표 |
|---|---|
| 전략계획 2016–2024 (람사르협약) | • 전 세계에서 지속가능한 발전을 달성하기 위한 기여로서 지역적, 국가적 행동과 국제 협력을 통해 습지의 보전과 현명한 이용을 지향함.<br>• 습지 손상과 파괴 방지 및 회복, 과학에 근거한 자문과 지침, 생태계 서비스 정의와의 연계, 협약의 이행, 습지의 현명한 이용, 람사르 현장 참여, 시너지, 이행 수단을 포함하는 우선 집중 분야를 기반으로 함. |
| 10개년 전략 (UNCCD) | • 사막화와 토지 손상을 되돌리고 방지하며, 빈곤 저감과 환경적 지속가능성 지원을 위해 가뭄의 효과를 완화하기 위한 글로벌 파트너십 형성을 목표로 함.<br>• 이 전략은 국가 및 지역의 정책 개발과 이행을 위한 글로벌 프레임워크를 제공함.<br>• 4개의 전략 목표를 포함.<br>- 영향을 받는 사람들의 삶의 질 개선.<br>- 영향을 받는 생태계의 상황 개선.<br>- UNCCD의 효과적 이행을 통해 글로벌 혜택을 창출.<br>- 국가 및 국제 행위자들 사이의 효과적 파트너십을 구축하여 협약의 이행을 지원하기 위해 자원을 동원. |
| 육상환경파괴 중립 목표 (UNCCD) | • 손상, 재활/회복, 지속가능한 토지 관리 과정의 균형을 달성함. |
| 글로벌 산림 목표 (UNFF) | • 유엔 산림을 위한 전략계획 2017–2030의 일부로서, 모든 형태의 산림과 수목을 지속가능하게 관리하고 산림 개간과 산림 파괴를 저지하기 위해 모든 수준에서의 행동을 위한 글로벌 프레임워크를 제공함.<br>• 이 목표는 SDGs의 이행과 연계됨.<br>- 지속가능한 산림 관리와 산림 파괴 방지를 통해 전 세계 산림 손실을 되돌리고 글로벌 기후변화 대응 노력에 기여함.<br>• 산림에 기반한 경제, 사회, 환경 혜택을 확대함.<br>- 전 세계에 보호 산림, 지속가능하게 관리된 산림의 면적, 지속가능하게 관리된 산림으로부터의 임산물 비율을 대폭 확대함.<br>- 지속가능한 산림 관리 이행, 과학적·기술적 협력 강화를 위해 모든 원천으로부터 증액된, 새로운, 추가적인 재원을 동원함. |

계속

| 전략적 장치 | 전략적 접근, 임무, 목표 |
|---|---|
| 글로벌 산림 목표 (UNFF) | - 유엔 삼림협정(UN Forest Instrument)과 2030 의제에 대한 삼림의 기여 확대를 통한 지속가능한 산림 관리를 이행하기 위해 거버넌스 프레임워크를 확산시킴.<br>- 모든 수준에서, 여러 부문과 이해당사자에 걸쳐 산림 관련 문제에 관한 협력, 조정, 일관성, 시너지를 강화함. |

의 영역 기반 목표치를 설정하는 공간적으로 명확한 프레임워크의 구체적 제안을 제시하였다.

이 맥락에서, 새로운 거버넌스 기제로서, 그 프레임워크는 당사국들로부터의 기대치와 각국의 성과 평가에 대한 측정 기준의 명확한 정의를 설정하는 것이 대단히 중요하다. 각국이 지속가능발전 의제를 이행하고 지구의 한계를 넘지 않도록 노력하는 가운데, 성과를 모니터, 측정, 평가하는 것은 필수적이다.[29] 우리가 인류세에 살고 있으며, 우리의 행동이 상호 연계되어 있는 사실의 의미를 점점 더 인식하게 되면서, 글로벌 공약을 이행하는 것은 대단히 중요하다. 이 목표를 위해 이전의 글로벌 목표로부터의 개념적, 실질적 교훈은 미래의 성과를 거두기 위해 중요하다.

## 더 나은 거버넌스를 위한 교훈

환경협약은 포스트 2020 글로벌 생물다양성 프레임워크와 SDG15가 육상 생명체를 보호하기 위한 일관성 있고 야심 찬 목표를 제시하고 이행하는 데 도움 되는 교훈을 준다. SDGs는 정치적 의지를 강화하고 각국이 핵심 개발 목표를 달성할 수 있는 능력을 제고한다. 코로나19위기를 고려하면 포스트 2020 프레임워크는 인간과 자연의 관계에 대해서 더 야심 찬 정책과 새로운 시각을 추구할 것이 기대된다. 그리고 협약들은 의제를 설정하고, 행태를 규제하고, 행동을 처방하고, 정책 이슈의 사회화에 기여하고, 규제를 둘러싼 불확실성을 축소하고, 국내적 정책 대응을 만들어낸다.[30] 그들이 거버넌스 도구로서 (독자적으로 또 조합으로) 어떻게 작동하는지를 이해하는 것은 긍정적 산출을 만들어내고 정책 행태를 변화시키기 위한 정책 목표 설정의 중요성을 성찰하는 것이다. 생물다양성 보호를 위한 더 강력한 노력은 다음 다섯 가지의 요소를 고려한다.

- '통합': 생물다양성 클러스터 내의 기존의 장치들과 여타 정책 영역들과의 시너지가 필요하다. 더 나아가 이행 노력은 생물다양성의 사회, 경제적 역할을 인식하고 고려해야 한다. 특히 각국 정부는 여러 다른 목표를 성취하기 위해 정책을 통합하고 이들의 연계를 성과 측정, 모니터링, 평가 노력에 포함해야 한다.
- '책임의 차별화': 협약들과 SDGs는 보편적인 도구이다. 즉, 그들은 모든 나라는 아닐지라도 대부분의 나라에 적용된다. 그러나 행동의 책임은 1992년 리우선언에 명시된 바와 같이 "공통적이지만 차별적이다." 이 원칙은 환경 보호에 대한 모든 국가의 책임을 인식하지만, 그러나 위협을 방지, 축소, 통제하는 국가의 능력의 차이와 환경 문제에 대한 각국의 원인 제공의 차이를 인정한다. 선진국과 개도국의 문제 있는 이원적 범주화와 이 범주 내의 다양한 역량을 무시하는 데 대한 비판이 있어 왔다. 이 맥락에서 포스트 2020 글로벌 생물다양성 프레임워크의 효과적 이행은 그것이 제시하는 새로운 목표들을 위한, 특히 이행의 수단과 자원의 동원을 둘러싼, 특정 상황과 각국의 필요를 고려하는 것이 필요하다.
- '역량 구축': 환경협약들은 이행에 있어서 개도국을 지원하기 위해 역량을 구축하고 기술적, 재정적 지원을 제공하는 구체적 장치를 설정했다. 이 과제로부터 교훈을 얻어서, 지속가능발전 의제는 각국의 다양한 사정이나 우선순위를 고려하면서, 모든 국가에 적용이 가능하도록 설계되었다. 포스트 2020 글로벌 생물다양성 프레임워크는 개도국의 의무 사항을 평가하고 그들의 특정한 역량 요구에 대응하는 장치를 제공해야 한다.
- '당사국의 주체성': 환경협약은 각국의 주체성과 이행을 보장하기 위해 국

제협정을 국내 정책에 통합하도록 여러 장치를 통해서 당사국들이 국가 이행 계획, 전략, 법률을 규정하도록 의무화했다. 국가 전략의 성과에는 원조 공여국과 국제 기금의 지원 의무도 포함되었다. 포스트 2020 글로벌 생물다양성 프레임워크의 경우 당사국의 주체성은 지속가능발전, 이행, 추가 조치, 모니터링, 검토에도 대단히 중요하다.

- '관여': 환경 의제는 시민사회를 관여시키는 데 성공적이었다. 정치적, 사회적 관여는 포스트 2020 글로벌 생물다양성 프레임워크 이행에 대단히 중요하다. 여러 다양한 생물다양성 거버넌스 도구의 이행에 관여한 정부 행위자들은 국제기구나 시민사회, 과학 커뮤니티, 모든 관련 유엔 기구 등 여타 이해당사자도 관여시키는 정치 과정을 설계해야 한다.

## 결론

2015년, SDG15은 그 목표와 목표치를 확대하여 보호 영역과 환경의 지속가능성을 넘어서 모든 생물다양성협정과 관련되는 목표치를 포함하였다. 5년 후 포스트 2020 글로벌 생물다양성 프레임워크를 위한 협상은 생물다양성 관련 글로벌 환경협약의 목표에 기여하는 지속가능발전 의제와 서로를 강화해주는 관계를 설정하는 것을 목표로 하였다. 또 각 협정에서 만들어진 촉진 장치, 그리고 그들이 설정한 전략은 국제 환경협정을 국내 정책으로 효과적으로 전환하고 SDG15와 글로벌 생물다양성 프레임워크를 성취하는 데 중요했다.

그러나 환경협약들은 모호한 의무, 여러 협정들에 걸친 다수의 목표치들, 독립적인 거버넌스 장치들, 재원의 부족과 같은 중요한 구조적 제약에 직면한다. 이러한 문제는 생물다양성 보전을 위해 각국이 취해야 하는 구체적 행동을 제시하는 도구로서의 포스트 2020 글로벌 생물다양성 프레임워크 속에서의 그들의 역할에 영향을 미쳤다. 이 프레임워크를 중심으로 개발

될 새로운 목표를 조작화하는 데 있어서의 어려움은 역량, 자원, 유연성, 리더십을 강화하는 것이다. 시너지가 형성되지 않고 협정들이 각 영역에서 독립적으로 작동했기 때문에 생물다양성 관련 협약의 사무국 사이의 조정과 협력은 어렵다. 그러나 이것은 성과를 내는 데 있어서 전제 조건이다. 협정들이 각자 다른 목표치와 지표를 그들의 운영에 통합하기 위해서는, 지속가능발전과 16개의 SDGs에 대한 그들의 기여에 대한 이해를 바탕으로, 명확한 역할이 정의되어야 한다.

포스트 2020 글로벌 생물다양성 프레임워크는 생물다양성 보호에 대한 통합적이고 불가분의 접근을 제시한다. 그것은 육상 생태계의 보호, 회복, 촉진의 중요성을 각국과 이해당사자에 소통해야 할 필요가 있다. 또 코로나19위기는 지구와 인간의 건강의 상호연결성을 부각시켰다. 오늘날 새롭게 등장하는 질병의 4분의 3은 야생에서 기원하며, 인간 활동의 압력으로 인해 야생동식물 서식지가 감소하면서 그 파급효과의 위험성은 증가한다. 코로나19 팬데믹은 전 세계 공공 보건에 사상 유례없는 해를 끼치면서 그 위험을 현실로 만들었다. 생물다양성 관련 협약들, SDG15, 포스트 2020 생물다양성 프레임워크는 인간과 자연의 상호작용을 관리하는 도구이다.

생물다양성 거버넌스체제 속에서의 효과적인 통합은 지속가능성, 생물다양성 보전, 공공 보건을 강화할 수 있도록 환경과 인간의 행동이 공존하는 데 핵심적으로 중요하다. 우리가 21세기 중반을 향해 나아가는 가운데, 생물다양성 장치들 사이의 구체적이고 공식적인 연계는 성과 측정, 관여, 개선된 거버넌스에 필수불가결할 것이다.

## 추가 읽을거리

Maria Ivanova, *The Untold Story of the World's Leading Environmental Institution: UNEP at Fifty* (Cambridge, MA: MIT Press, 2021).

Philippe G. Le Prestre, ed., *Governing Global Biodiversity: The Evolution and Implementation of the Convention on Biological Diversity* (London: Routledge, 2017).

Philipp Pattberg, Oscar Widerberg, and Marcel T. Kok, "Towards a Global Biodiversity Action Agenda," *Global Policy* 10, no. 3 (2019): 385–390.

Sui C. Phang, Pierre Failler, and Peter Bridgewater, "Addressing the Implementation Challenge of the Global Biodiversity Framework," *Biodiversity and Conservation* 29, no. 9 (2020): 3061–3066.

Maria Schultz, Tristan D. Tyrrell, and Torbjörn Ebenhard, *The 2030 Agenda and Ecosystems – A Discussion Paper on the Links Between the Aichi Biodiversity Targets and the Sustainable Development Goals* (Stockholm, Sweden: SwedBio at Stockholm Resilience Centre, 2016).

Esther Turnhout, Katja Neves, and Elisa De Lijster, "'Measurementality' in Biodiversity Governance: Knowledge, Transparency, and the Intergovernmental Science-Policy Platform on Biodiversity and Ecosystem Services (IPBES)," *Environment and Planning A* 46, no. 3 (2014): 581–597.

Rogalla von Bieberstein et al., "Improving Collaboration in the Implementation of Global Biodiversity Conventions," *Conservation Biology* 33, no. 4 (2019): 821–831.

## 주

1) Ehsan Masood, "The Battle for the Soul of Biodiversity," *Nature* 560, no. 7719 (2018): 423–426.
2) UN, "United Nations Summit on Biodiversity," 2020, www.un.org/pga/75/united-nations-summit-on-biodiversity/
3) UN, *Transforming Our World: The 2030 Agenda for Sustainable Development* (New York: UN, 2015), UN document A/RES/70/1.
4) CBD, *Biodiversity, Development and Poverty Alleviation: Recognizing the Role of Biodiversity for Human Well-being* (New York: UN, 2009); MEA, "Millennium Ecosystem Assessment," in *Ecosystems and Human Well-being: Biodiversity Synthesis* (Washington, DC: World Research Institute, 2005); Michael Bowman and Catherine Redgwell, eds., *International Law and the Conservation of Biological Diversity* (Dordrecht, The Netherlands: Kluwer Law International, 1996).
5) CBD, *Biodiversity, Development and Poverty Alleviation*.
6) Secretariat of the Convention on Biological Diversity, *Global Biodiversity Outlook*

*4* (Montreal: CBD, 2014); Global Biodiversity Outlook 5 (Montreal: CBD, 2020); UNEP, *Global Environmental Outlook 5* (Nairobi: UN, 2012).

7) IUCN, "The IUCN Red List of Threatened Species: Version 2020-2," 2020, www.iucnredlist.org
8) Ibid.
9) Ramsar Convention on Wetlands, *Global Wetland Outlook: State of the World's Wetlands and Their Services to People* (Gland, Switzerland: Ramsar Convention Secretariat, 2018).
10) Rosemary Rayfuse, "Biological Resources," in *The Oxford Handbook of International Environmental Law*, ed. Daniel Bodansky, Jutta Brunnée, and Ellen Hey (Oxford: Oxford University Press, 2007), 362-393.
11) CBD, *The Strategic Plan for Biodiversity 2011-2020 and the Aichi Biodiversity Targets* (Nagoya, Japan: UNEP, 2010); United Nations Conference on Environment and Development (UNCED), *Agenda 21* (New York: UN, 1992); UN, "Declaration of the United Nations Conference on the Human Environment" (Stockholm Declaration), UN document 1972 A/CONF.48/14; and UN, "Johannesburg Declaration on Sustainable Development," UN document A/CONF.199/20, 2002.
12) Stockholm Declaration, para. 3.
13) UNCED, *Agenda 21*.
14) CMS, *Convention on the Conservation of Migratory Species of Wild Animals* (Bonn, Germany: UNEP, 1979); Economic and Social Council (ECOSOC), "Report on the Fourth Session of the Intergovernmental Forum on Forests," UN document 2000 E/RES/2000/35; IUCN, *Convention on International Trade in Endangered Species of Wild Fauna and Flora* (Washington, DC: IUCN, 1973); UNESCO, *Convention on Wetlands of International Importance Especially as Waterfowl Habitat* (Ramsar, Iran: UNESCO, 1972); UN, *Convention on Biological Diversity* (Paris: UN, 1994).
15) 데이터는 2020년 11월까지 업데이트됨.
16) MEA, "Millennium Ecosystem Assessment," para. 2.
17) UN, "The Future We Want - Outcome Document from Rio+20, United Nations Conference on Sustainable Development, Rio de Janeiro," UN document A/RES/66/288, 2002, para. 197.
18) UN, Scope, Modalities, *Format and Organization of the Summit on Biodiversity* (New York: UN, 2019), UN document A/RES/74/269.
19) UN, *Critical Milestones Towards Coherent, Efficient and Inclusive Follow-up and Review at the Global Level* (New York: UN, 2016), UN document A/70/684.
20) UNEP, *Role of Multilateral Environmental Agreements (MEAs) in Achieving the Sustainable Development Goals* (Nairobi: UNEP, 2016).
21) UN, "The Future We Want," para. 9.
22) Hasrat Arjjumend, Konstantia Koutouki, and Sabiha Alam, "Evolution of International Governance of Biodiversity," *Journal of Global Resource* 3 (2016): 1-15; Pisupati Balakrishna, *Biodiversity Governance: Lessons for International Envir-*

*onment Governance* (Chennai, India: National Biodiversity Authority, 2012).
23) UN, *Transforming Our World*.
24) Harold K. Jacobson and Edith Brown-Weiss, "Strengthening Compliance with International Environmental Accords: Preliminary Observations from Collaborative Project," *Global Governance* 1, no. 2 (1995): 119; Ronald B. Mitchell, "Institutional Aspects of Implementation, Compliance, and Effectiveness," in *International Relations and Global Climate Change*, ed. Urs Luterbacher and Detlef F. Sprinz (Cambridge, MA: Massachusetts Institute of Technology Press, 2001), 221–244; Sui C. Phang, Pierre Failler, and Peter Bridgewater, "Addressing the Implementation Challenge of the Global Biodiversity Framework," *Biodiversity and Conservation* 29, no. 9 (2020): 3061–3066; Beth A. Simmons, "Compliance with International Agreements," *Annual Review of Political Science* 1, no. 1 (1998): 75–93; Oran R. Young, Compliance and Public Authority: *A Theory with International Applications* (Baltimore, MD: Johns Hopkins University Press, 1979).
25) Maria Ivanova and Natalia Escobar-Pemberthy, "The Quest for Sustainable Development: The Power and Perils of Global Development Goals," in *Poverty & the Millennium Development Goals (MDGs): A Critical Assessment and a Look Forward*, ed. Thomas Pogge, Gabriele Köhler, and Alberto D. Cimadamore (London: CROP/Zed Books, 2016), 83–111; Open Working Group on Sustainable Development Goals, *Programme of Work 2013–2014* (New York: UN, 2013).
26) Pogge, Köhler, and Cimadamore, eds., *Poverty & the Millennium Development Goals*.
27) CROP, *Mobilizing Critical Research for Preventing and Eradicating Poverty* (Bergen, Norway: International Social Science Council, University of Bergen, and UN, 2015), Brief No. 13.
28) Natalia Escobar-Pemberthy and Maria Ivanova, "Implementation of Multilateral Environmental Agreements: Rationale and Design of the Environmental Conventions Index," *Sustainability* 12, no. 17 (2020): 7098.
29) Secretariat of the Convention on Biological Diversity, *Global Biodiversity Outlook 5*.
30) Jutta Brunée, "Enforcement Mechanisms in International Law and International Environmental Law," in *Ensuring Compliance with Multilateral Environmental Agreements: A Dialogue Between Practitioners and Academia*, ed. Ulrich Beyerlin, Peter-Tobias Stoll, and Rüdiger Wolfrum (Leiden, The Netherlands: Martinus Nijhoff Publishers, 2006), 1–24; Peter M. Haas, Robert O. Keohane, and Marion A. Levy, *Institutions for the Earth: Sources of Effective International Environmental Protection* (Cambridge, MA: Massachusetts Institute of Technology Press, 1993); Ronald B. Mitchell, *International Politics and the Environment* (London: Sage Publications Limited, 2010); Achim Steiner, Lee A. Kimball, and John Scanlon, "Global Governance for the Environment and the Role of Multilateral Environmental Agreements in Conservation," *Oryx* 37, no. 2 (2003): 227–237.

# 17장



# 원조:

## 코로나19 위기와 그 이후


위버(Catherine Weaver) &
로젠버그(Rachel Rosenberg)


국제관계학자 드레즈너(Daniel Drezner)는 2007~2008년 대침체의 결과로 "시스템이 작동했다"고 선언했다.[1] 그러면서 그는 일련의 글로벌 위기를 방지하고 완화하도록 설계된 국제 제도가 소위 북반구 선진국에서 촉발된 사상 유례없는 금융 붕괴를 어떻게 해서든 버텨 나갔다고 인정했다. 국제통화기금(IMF: International Monetary Fund)과 다양한 (G20과 같은) G-국가군 등 이들 제도는, 최소한 그 위기가 그들의 적절성에 대한 의구심이 커져서 그 해체에 대한 광범위한 요구로 이어지지는 않았기에, 유연하고 성공적이라고 간주되었다. 2020년 코로나19 팬데믹 와중에서 우리는 같은 말을 할 수 있을까?

이 장은 국제 개발 및 인도적 원조 (이후에는 단순히 '원조'로 표현)의 현재의 거버넌스를 평가한다. 우리는 원조체제를 글로벌 원조를 관리하는 복잡한 일련의 원칙과 주요 행위자 (즉, 아이디어, 제도와 주요 행위자들)로 정의한다. 일반적으로 원조는 OECD의 개발원조위원회(DAC: Development Assistence Committee)로부터의 무상원조와 양허성 차관에 관한 권위 있는 보고서에서 공식적으로는 '공적개발원조(ODA)'로 집계된다. 우리는 원조를 ODA와 그 외에 (중국과 같은) 비 DAC 공여국, 비정부 부문, 민간 부문으로부터 신흥국과 개도국에 제공되는 수많은 개발 재원을 포함하여 광범위하게 다룬다. 2020년 초 코로나19 팬데믹 확산 이전에 원조체제는 거버넌스의 적절성, 정통성, 효과성 (결론에서 논의), 그리고 원조를 제공하는 재원과 행위자의 광범위한 분절성에 관련되는 세 가지 도전에 직면해 있었다.[2] 여러 면에서 이 체제는 점진적인 제도적 적응을 통해 근근이 유지되고 있으나, 원조를 관리하는 규칙과 규범의 보다 근본적인 개혁의 필요성을 뒷받침하는 증거가 늘어나고 있다.[3]

그러나 모든 정치적 사안이 그렇듯이 그러한 체제의 변화는 기존의 정치적 이익, 경제적 제약, 제도적·아이디어적 타성 때문에 근원적으로 어렵다. 세계은행, IMF, 유엔 등 오래된 제도에 대한 구체적인 조직적 개혁은 글로벌 개발 거버넌스의 지속적인 민주적 결손으로 인해 예외 없이 어렵다. 더 중요하게, 개발과 인도적 재정 지원의 지형 자체와 원조 집행에 관여된 행위자들이 그들을 관리하는 제도보다 더 빨리 변화하고 있다.

이것은 이 짧은 장에서 풀어서 다루기에는 대단히 복잡한 문제이다. 그럼에도 우리는 그것을 시도해 볼 것이며, 코로나19 위기를 이 논의의 틀로 이용할 것이다. 이 장의 첫 부분은 많은 글로벌 지도자들이 '개발의 잃어버린 10년'이라고 묘사한 (우리가 1980년대에 처음 들은 이후 자주 반복되는 문구), 글로벌 팬데믹과 관련하여 오늘날 원조체제가 직면한 실증적 위기에 대해 검토한다. 우리는 원조의 3개 핵심 분야인 보건, 식량안보, 교육, 그리고 다수 영역에 걸친 젠더 문제와 관련하여 코로나19 문제를 검토한다. 이어서 이 장은 코로나19와 떠오르는 부채위기의 연계성을 논의하며, 이 주제를 이용하여 현재 원조 및 개발 거버넌스의 광범위한 약점을 조명한다. 그 다음 우리는 글로벌 원조체제가 분절화, 투명성 결여, 전통적 원조 구조의 지속에 관해 논의한다. 이 장은 우리가 개발과 인도주의를 위한 글로벌 원조 거버넌스의 미래를 생각할 때 '글로벌하게 갈' 필요성과 '로컬하게 갈' 필요성이라는 2개의 큰 메시지를 던지면서 결론을 맺는다.

## 글로벌 개발원조와 코로나19: 개발의 잃어버린 10년?

세계보건기구(WHO: World Health Organization)가 팬데믹을 선언하고 반년이 지난 시점에 전 세계 코로나19 감염 사례는 4,000만 명에 달했다.[4] 그 중 거의 5분의 1은 하나의 선진국 미국에서 발생했다. 그러나 팬데믹의 실질적이고 잠재적인 영향은 신흥 경제와 개발도상 경제(EMDEs: emerging markets and developing economies)에서 훨씬 더 광범위하고, 치명적이며, 장기적일 것으로 생각되었다.

많은 평가에 의하면 팬데믹은 글로벌 빈곤 완화 진전을 최소한 20년 후퇴시킬 수 있다.[5] IMF, 유엔, 세계은행 등은 2020년까지 코로나 백신이 허가되고 널리 배급될 수 있다는 희망적인 가정하에 3.8~7.6퍼센트의 GDP 감소를 예측했다. 한편 국제노동기구(ILO: International Labour Organization)는 글로벌 노동력의 약 절반 (약 15억 명)이 '대 봉쇄'로 인해 실업할 것이라고 추산했다.[6]

개발의 핵심 부문은 특히 코로나19에 타격을 입었으며, 앞으로 계속 타격을 입을 것이다. 가장 극명한 개발의 실패는 보건 부문에서 나타났다. 의료보건인력 밀도는 국가별로 차이가 크다. 인도는 인구 1,000명당 간호사가 2.1명인 데 반해, 독일은 13.2명이다. 자원과 장비 면에서도 유사한 격차가 있다. 인도는 인구 1,000명당 침상이 0.7인 데 반해, 독일은 8.3이다.[7]

2020년 5월 아프리카 41개국의 공공 병원 전체에 2,000개 미만의 산소호흡기가 있었으나, 미국에는 17만 개 이상이[8] 있었다.

보건 부문의 격차는 불균형적인 젠더 효과가 있었다. 통계적으로 여성이 코로나19에 걸릴 위험이 더 높지 않았으나, 그들의 사회, 경제적 역할과 책임은 그들이 코로나에 노출될 위험을 더 높였다. 여성은 간호사나 여타 의료 전선 근로자일 가능성이 높았고, 노약자 자택 간호의 대부분을 부담할 가능성도 높았다. 많은 여성들은 지속가능한 생계를 잃을 위험에 직면했다. 그들은 학교나 보육 시설이 폐쇄되었을 때, 또 사회적 거리두기 지침이나 여행 금지 때문에 가족들이 더 이상 지원을 할 수 없게 되었을 때, 공식 노동인구에서 이탈하여 자녀를 보육하고 교육할 것인지의 어려운 선택에 직면했다.

또 코로나19는 여성과 소녀들에 대한 가정 폭력이라는 '그림자 감염병'을 만들어냈다.[9] 봉쇄, 실업, 인터넷과 전화 이용 격차는 피해자 지원 자원에의 중요한 접근이 제한되며, 빈곤한 여성들에게 불균형적으로 영향을 미친다.[10] 여러 나라의 보고는 가정 폭력이 크게 증가한 것을 보여준다.[11] 브라질 현지 정보에 의하면 가정 폭력이 40~50퍼센트 증가하였다.[12] 한 연구는 레바논에서 조사된 취약 여성의 54퍼센트가 감염병 동안 폭력이나 괴롭힘이 증가했다고 응답했으며, 44퍼센트는 가정에서 덜 안전하다고 말했다.[13] WHO는 유럽연합(EU) 국가에서 친밀한 동반자로부터 폭력을 당한 여성의 긴급 전화가 60퍼센트 증가했다고 보고했다.[14] 전반적으로 보건, 식량안보, 교육 등의 분야에 걸쳐서 젠더와 팬데믹의 파괴적 효과가 교차한다.

2015년 10월 유엔 총회 결의안 70/1은 2030년까지 '세계를 더 좋게 바꾸는 것'을 목표로 하는 2030 지속가능발전목표(SDGs: Sustainable Development Goals)에 합의했다.[15] 코로나19 이전에도 이 유엔이 정한 목표는 이루기 어려워 보였다. 팬데믹 이전, 2014~2018년 사이에 식량불안에 영향을 받는 사람들이 증가하여, 기아와 글로벌 식량안보에 관한 SDG2를 약화시켰다. 코로나19는 글로벌 공급망과 가계 소득에 악영향을 미치고, 가장 빈곤한 사람들에게 불균형적으로 피해를 입히면서, 글로벌 기아를 완화하고 식량불안의 근본적 원인에 대응하려는 노력을 심각히 후퇴시켰다.[16] 이 결과로 인해 2억 5,000만 명이 심각한 식량불안이나 기근을 겪게 될 것으로 추산되었다.[17] 세계식량계획(WFP: World Food Programme)은 동아프리카에서만도 2020년에 급격한 식량불안을 겪는 사람이 73퍼센트 증가할 것으로 추산했다.[18]

또 SDG2는 교육의 질에 대한 목표, SDG4와도 밀접한 관계가 있다. 유엔은 거의 3억 6,900만 명의 어린이들이 학교 급식에 의존하며 다른 영양 공급원을 찾아야 한다고 보고했다.[19] 팬데믹 와중에 『란셋(*The Lancet*)』에 게재된 한 기사는 영양과 보건 서비스 혼란이 일으키는 치명적이고 장기적인 결과를 경고한다. 필자들은 다음과 같이 주장한다.

> 코로나19 이전에 전 세계에서 5세 미만 아동 4,700만 명이 소모성 질병에 영향을 받는 것으로 추산되었으며, 팬데믹 발생 후 첫 12개월 동안 추가로 670만 명이 영향을 받을 것이며 (80퍼센트는 사하라 이남 아프리카와 남아시아), 같은 기간 매달 추가로 1만 명 이상의 어린이가 사망할 것으로 추산된다.[20]

팬데믹 이전 유엔은 2030년까지 2억 명의 어린이가 학교를 그만두고, 단지 60퍼센트의 젊은이들이 중등교육 고학년을 마칠 것으로 추산했다.[21] 팬데믹 발생 직후 수개월 간 전 세계 어린이의 거의 30퍼센트가 온라인 또는 오프라인 교육에 접근할 수 없었다.[22] 교육에의 접근 부족은 교육 기회 상실이나 지연, 무료 급식 부재로 인한 기아의 증가, 어린이 강제 노동이나 조혼의 위험 증가 등 여러 위험을 가져온다.[23]

원격 교육은 가정과 국가의 불평등을 보여주는 좋은 사례이다. 2019년 유럽 가정의 78퍼센트가 컴퓨터를 소유했으나 아프리카는 11퍼센트였다.[24] “누구도 뒤에 남기지 않는다"는 SDGs의 반복되는, 매우 중요한 목표이지만,[25] 팬데믹은 이 목표를 방해하는 기존의 불평등을 부각, 악화시킨다.[26] 공여국들은 '무슨 일이든 할 것'이라고 약속했지만 ODA의 배분은 이 수사를 실행하지 않았다.[27] 국제원조투명성기구(IATI: International Aid Transparency Initiative)의 연구 데이터는 2019~2020년 사이에 양자 간 공여자들이 원조 공약을 17퍼센트 축소했음을 밝혔다.[28] 또 이 연구는 양자 간 공여자나 국제 금융기관 어느 쪽도 저소득 국가에 대한 원조 비율을 높이지 않고 있다고 결론 내렸다. 공여국들이 느리게 불규칙하게 지급한 적이 있었던 특별 1회성 기금 (이하에서 논의)의 가능성을 제외하면, 코로나19로 인해 이 수치가 회복될 것으로 볼 수 있는 증거는 거의 없다.

교육의 후퇴는 젠더 평등 목표, SDG5에도 여파가 미쳤다. 그러한 교훈은 에볼라 발생을 통해 이미 명백해졌다. 학교 폐쇄의 피해가 나타나고, 폐쇄 기간이 길어질수록 여아들이 학교로 돌아갈 확률이 크게 낮아짐을 보여주었다.[29] 학교 폐쇄와 여행 제한은 생식 서비스에의 접근을 제약하고, 잠재적으로 10대 임신 증가를 촉발하고 여아들의 장기적인 교육 기회를 위협했다.[30] 실업과 가계 소득 압박은 장기적 교육 기회를 위협하는 조혼으로 이어질 수 있다. 유엔 인구기금(UNFPA: United Nations Population Fund)은 2020~2030년 사이에 1,300만 명의 여아가 추가로 강제 조혼을 당할 것으로 추산했다.[31] 이러한 충격은 SDG4와 5가 대응하려는 기존의 젠더 격차를 더욱 악화시킨다.[32]

글로벌 개발에 대한 위협은 전반적으로 매우 심각하다. 전 세계에서 1억 3,000만에서 5억 명이 금년에 1일 1.9달러 미만으로 생활하는 극빈자로 전락할 수 있다.[33] 그 결과 수많은 전문가들은 SDGs 실현을 향한 진전이 보이지 않을 뿐 아니라, 퇴보할지 모른다고 예상한다.[34] 가장 낙관적인 시나리오조차도, 1980년대 아프리카와 남미에서 그랬듯이, 코로나19가 '개발의 잃어버린 10년'을 초래할 것이라고 본다.[35]

## 코로나19와 새로운 부채 함정

팬데믹 및 글로벌 개발과 관련하여 가장 심각한 체제적 위협 중의 하나는 떠오르는 부채위기이다. 신흥국과 개도국의 거의 절반이 2020년 3월 WHO가 코로나19를 글로벌 팬데믹으로 선언하기 이전에 이미 부채위기 위험이 높았다.[36] 그 이후 부채 상황은 더 악화되었다. IMF는 이들 국가에서 2021년 GDP 대비 부채 비율이 평균 7~10퍼센트 증가할 것으로 예상했다.[37]

GDP 대비 부채 비율 예측은 미국과 같은 선진 산업국가의 경우는 더 심각했으나 (거의 20퍼센트 증가 예측), 개도국은 추가적인 부채를 부담할 능력이 없다. 이는 주로 개도국이 부채 상환에 필요한 자본에의 접근이 부재하기 때문이다. 이 경제적 압박은 개도국으로부터 '안전한 도피처' 경제로의 자본 유출, 부채 상환을 위한 경화에의 접근 제한, 상품 가격 하락, 본국 송금 하락, 무역 및 관광 하락으로 인한 경제 침체 때문에 더 악화된다.[38] 2020년 3월에만 외국인 투자자는 830억 달러 이상을 저소득 국가(LICs: low-income countries)와 중저소득 국가(LMICs: lower-middle-income countries)에서 회수했으며, 이는 역사상 최대의 자본 이동으로 기록되었다.[39]

다가오는 부채위기의 한 사례로 우간다를 들 수 있다. 놀라울 정도로 낮은 코로나19 감염 사례를 보이고 있지만, 우간다는 팬데믹으로 인해 엄청난 경제적 혼란을 겪고 있다. 영국의 개발연구소(Development Initiatives)에 의하면 우간다의 일자리 소멸과 송금 감소는 상당한 세수 손실을 초래했다.[40] 수출 수익이나 국내 자원 없이 우간다는 지속되는 빈곤, 교육, 식량불안의 문제는 고사하고, 의료보건 인프라 주요 공백에 대응하기가 어렵다. 부족한 자원은 코로나19 예방과 치료에 배분되었으나, 말라리아 예방과 치료가 희생되었다. 우간다의 공공 부채는 GDP의 거의 41퍼센트에 달했으며, 이자지불액은 정부 연간 예산의 12퍼센트에 달했다. 우간다의 코로나19와의 싸움은 팬데믹이 단순히 공공 보건위기가 아니라 LIC와 LMIC의 장기적 지속가능한 발전에 위협이 됨을 보여주었다.

개도국의 부채 부담은 의료와 여타 사회 정책체계의 시급한 위기에 대응하는 데 필요한 재정 자원과 정책적 공간을 제약한다. 외국인 투자 부족과 높은 부채 상환 비용은 다른 부문의 지출을 억제하기 때문이다. 이것은 팬데믹 이전에도 의료보건 인프라가 취약했던 최빈국에는 특히 타격이 크다. WHO는 83개국이[41] 현재 의료보건 인력 기준치 (인구 1만 명당 숙련 전문가 23명)를 넘지 못하며, 전 세계적으로 2030년까지 추가로 900만 명의 간호사와 조산사가 필요하다.[42] 그 결과 개도국은 코로나19 관련 질병과 사망의 더 높은 위험에 처하며, 그들은 모자 사망률 급증, 말라리아 같은 치료되지 않은 질병 확산, 소아마비나 결핵 같은 예방 가능한 질병에 대한 주요 백신 접종을 지속할 능력 부재 등에 취약하다.[43] 전 세계적으로, 취약한 의료보건체계는 WHO와 같은 제도에 대한 정치적 지지가 감소하면서 더 위협을 받는다. 미국의 트럼프 전 대통령은 2020년 7월 WHO를 탈퇴한다고 위협했다.[44]

2020년 10월 IMF와 세계은행의 가을 연례회의에서 유엔의 지속가능발전 재무국장은 각국 재무장관과 중앙은행장에게 만일 개도국이 상당한 채무 구제를 받지 못한다면 '지속적인 재정 마비'와 '제2차 세계대전 이후 최악의 글로벌 위기'가 발생할 것임을 경고했다.[45] 그러나 G20이 주도한 채무 구제 시도는 3개의 중요한 이유로 인해 현재까지 성공적이지 못하다.

첫째, 국내 경제 침체와 대외 원조에 대한 우익, 민족주의적 반대로 인해 (미국을 포함한) 주요 공여국으로부터의 원조가 정체 또는 감소하면서, 글로벌 원조는 지난 수년간 감소하였다.[46] IMF와 세계은행 등 다자간 금융기관들은 코로나19 대응에 필요한 2조 5,000억 달러 정도의 재정 지원을 약속했었다.[47] 그러나 금융 전문가들이 상세히 조사해본 결과 이들 기관 중 다수가 가용 자금원을 전부 동원하는 데 소극적이고, 자금 배분은 너무나도 느렸다.[48] 2020년 8월에 이르자 IMF와 다자간 개발은행들은 기존의 자금원에서 거의 1조 달러를 동원하고 분배할 수 있는 법적 권위가 있었음에도 불구하고 단지 1,750억 달러만을 승인했다.[49] 이들 보고서 중의 하나에 의하면 2020년 9월 현재 단 900억 달러만이 지급되었으며, 이는 다자간, 양자 간 융자 가능한 액수의 12.6퍼센트에 못 미쳤다.[50] 이것은 주로 채무 구제, 채무 유예, 채무 재편성의 조건을 놓고 주요 공여자들 사이에 근본적인 이견이 있었기 때문이다. 예를 들어, 중국은 2020년 4월 IMF의 특별인출권(SDRs: Special Drawing Rights) 확대를 지지한 반면, 미국과 인도는 G20에서 이를 저지하였다.[51] 전반적으로 G20은 2020년 IMF와 세계은행 연례회의에서 부채상환유예조치(DSSI: Debt Services Suspension Initiative)에 합의했지만, 그들은 채무 구제와 필요한 자금의 분배 조건에 대해서는 합의가 매우 느렸다.[52] 더욱이 IMF와 세계은행은 채무 구제에 과도하게 지출을 하는 데 주저하였을지 모른다. 왜냐하면 그들은 '우선적 채권자 지위'를 잃을 가능성이 있고, 그들 자신의 신용등급이 강등될 수 있었기 때문이다.[53]

2020년 10월 G20은 DSSI 이후의 '채무재조정 기본원칙(Common Framework for Debt Treatments)'을 발표하였고, 그것은 2020년 11월 리야드 G20 정상회의에서 합의되었다.[54] 이 접근은 '사례별' 채무 재조정의 관행을 재확인했으나, 사례 간의 비교 가능성을 보장하지 않았으며, 일부 비대칭적으로 강력한 채권자의 정치적, 경제적 이익을 상쇄하는 개방적 책무성을 보장하지 않았다. 일부 전문가들은 투명성 결여를 비판했다.[55] 예를 들어, 이 틀에 가장 크게 영향받는 국가들 (예를 들어 채무국들)과 '개발의 잃어버린 10년'에 가장 취약한 국가들은 협상에 참여하지 못했다. 강력한 행위자들 (예를 들어 IMF, 세계은행, G20)은 기존 틀의 부정적 효과에 가장 어려움을 당하는 배제된 국가들을 위해서 전통적 채무 재조정을 개혁하지 않을 것이다.[56]

더 중요하게, IMF의 재난억제구호신탁(CCRT: Catastrophe Containment and Relief Trust)은 현재의 채무 재조정과 구호 조치의 본질적인, 구조적인 문제에 적절히 대응하지 못한다. 이들 조치는 채권자가 불량 대출을 계속하는 도덕적 해이를 바로잡지 않고 채무 조정의 부담을 전부 채무자에게 지우는 과거의 오류를 되풀이한다. DSSI와 기존 채무 구제 사업은 기후 변화 대응을 장려하는 녹색 부채 전환이나 부채 인수와 같은 혁신적 옵션을 제시하면서 적극적으로 채권자의 협조를 구했으나 민간 채권자가 그들 행동의 리스크를 부담하도록 만드는 경우는 거의 없다. 채무국이 채무 구제를 받으면 채권자들이 가장 먼저 '구제 금융을 받는다.' 왜냐하면 신흥국, 개도국은 중요한 신용등급을 유지하고 국제 신용 시장에의 접근을 유지하려 하기 때문이다.[57] 그 결과 DSSI와 여타 채무 구제 프로그램에 대한 민간 부문의 협조는 저조하고, 불규칙하였으며, 오직 자발성에 의존했다. 다자간, 양자 간 공적 통로를 통한 공공 부문이 제공한 부채에 비해 민간 부문 부채의 비율이 증가할수록 이 문제는 커진다. 2018년에만 (중국을 제외한) EMDEs는 총 5조 9,000억 달러의 대외 부채를 지고 있었으며 그중 2조 1,000억 달러는 민간 부문 부채 (즉, 상업 은행의 차관)였고, 1조 7,000억 달러는 민간 채권자 (즉, 채권 보유자)에 대한 공공 부문의 부채였다.[58] 민간 채권자의 인수 없는 채무 구제나 재조정 프로그램은 성공할 가능성이 낮고, 만약 채무 구제가 민간 채무자에 대한 개도국의 고수익 국채 신규 발행을 촉진하거나, 민간 자본 유출을 가속화하면 위기를 더 악화시킬 가능성이 있다.

더욱이 과거의 부채위기와 달리 오늘날의 양자 간 부채는 압도적으로 중국에 대한 부채이며, 이들은 대체로 다자간 채무 구제를 피하고 양자 간 협정을 통한 직접 협상을 선호한다.[59] 2020년 6월 중국은 77개국에 대해 부채 상환을 유예했으며, 시진핑 주석은 코로나19 위기에 대응하는 개도국을 지원하기 위해 향후 2년간 20억 달러를 제공하기로 공약했다.[60] 그러나 다수의 비판자들은 중국이 대부분 제로 금리 차관이나 이미 상환 불능의 차관을 탕감하는 형태로 채무 구제를 제안하는 점을 지적한다.[61] 이러한 차관이 중국의 원조에 점하는 비중은 매우 낮다. 이러한 부적절한 형태의 채무 구제는 많은 개도국 (특히 일대일로에 참여하는 국가들)에게 기존의 그리고 새로운 비양허성 차관에 대한 책임을 남기며, 이는 떠오르는 부채위기를 완화하기보다 오히려 악화시키는 '부채 함정' 외교의 한 형태이다.[62] 동시에 와이즈(Carol Wise)가 주장하듯이, 최근 중국과의 부채 재협상이 많은 경우 채무상각, 유예, 재융자 등으로 결론이 났다. 따라서 "조건이 붙지 않는 경우 중국은 채무자와 함께 할 수밖에 없으며, 이 중 일부는 중국을 채권자의 함정에 끌어들였다."[63]

전반적으로 팬데믹에 대한 효과적인 글로벌 대응은 다자적 그리고 민간부분 공여자들의 잘 조정된 야심적인 노력이 필요하다. 이들 행위자는 채무국의 기존 부채 상환 능력을 잠식하지 않도록 채무 구제와 유예 패키지를 신속히 제공해야 한다. 더 중요하게, 부채 프로그램은 그들이 시급한 공공 보건위기에 대응하기 위해 재원을 재배분할 수 있도록 새로운 자본을 유치할 수 있도록 해야 한다. 장기적으로 개발을 위한 원조와 글로벌 금융은 과거 되풀이해서 나타났던 필연적인 부채 함정을 피할 수 있게 재조정되어야 한다. 그러한 조치가 없으면 개도국은 개발의 잃어버린 10년으로 고통을 받을 뿐 아니라, 향후 수십 년간 코로나19 위기의 결과와 함께 살아야 할 것이다.

## 글로벌 개발원조의 미래

이 분석은 현재의 개발 및 인도적 지원 거버넌스의 약점에 관해 세 가지 즉각적인 관찰과 이것이 미래의 원조에 관해 제시해주는 두 가지 교훈을 제공한다. 첫 번째 관찰은 코로나19 위기가 점점 더 분절화되어 가는 제도와 행위자들의 체제가 가져오는 도전과 기회를 드러낸다는 것이다. 이 분절화에는 공식적이고 빈번히 경쟁하는 개발 금융을 제공하는 기관들 (비정부 및 민간 부분 행위자 포함)의 확산과 원조 거버넌스의 집중성 및 초점의 상실이 포함된다. 단지 30퍼센트 정도의 ODA만이 다자간 원조로 분배된다.[64] 잠재적으로 낮은 거래 비용과 정치적 용이성 때문에 공여자들은 그들의 자원을 분권화된 양자적 체계 또는 비전통적 관계를 통하는 것을 선호한다.[65] 이러한 추세는 중국 같은 신흥 공여국의 부상 및 관련 '남남 협력' 추세에서 가장 명확하게 드러났다.[66] 그러나 그것은 또 개발 금융에 대한 민간 및 비영리 투자 비중의 증가에서도 포함된다. 2016년 개발 이니셔티브(Development Initiatives)는 민간 개발원조가 ODA의 4분의 1 이상에 상당하다고 밝혔다.[67]

규범적으로 말하면 평상시에 체계의 분절화와 분권화는 그 체계의 정통성과 효과성 측면에서 반드시 나쁜 것은 아니다. 그러한 경쟁적인 다자주의는 아이디어의 건강한 다양성을 촉진하고 수원국에게 중요하고 오랫동안 원했던 정책 공간을 창출하는 선택의 새로운 시대를 열어줄 수도 있다.[68] 또 경쟁은 특히 브레튼우즈 제도(BWIs: Bretton Woods institutions)에서 떠오르는 세력과 쇠퇴하는 세력 사이의 발언권 및 투표권의 재균형과 같은 더 깊은 제도적 개혁에 필요한 자극을 제공할 수도 있다.

한편 코로나19와 떠오르는 부채위기에 대한 앞의 논의에서 밝혀졌듯이, 위기 시의 원조 거버넌스는 다른 존재일 수 있다. 글로벌개발센터(Center for Global Development) 전 소장 버드샐(Nancy Birdsall)이 주장하듯이 "코로나바이러스는 글로벌 협력의 필요성을 홍보하는 대표 격이다."[69] 그러나 원조 거버넌스의 현 체제가 집단행동의 문제를 해결하고 위기 시에 필요한 협력을 성취하는 데 얼마나 잘 작동할 것인가? G20 같은 포럼에 공식 의석이 없는 민간 및 비정부 부문으로부터의 영향력 있는 행위자들의 수가 증가하는 데 더해서, 권력이 분산되고 주장과 이해관계가 다양하기 때문에 신속하고 잘 조정된 대응은 더 필요하고 더 어렵다. 합의를 이루고 공약을 하면 그 결정이 시기적절하고 효과적인 방식으로 실행될 수 있을까?

두 번째 관찰은 원조 거버넌스체제가 심각한 투명성 부재를 겪고 있으며,

그것은 원조의 책무성과 원조의 효과를 측정할 수 있는 우리의 능력을 제약한다는 점이다. 원조의 투명성은 10여 년 이상 개발과 인도주의 개혁의 초점이 되어 왔다. 그러나 국제원조투명성기구와 인도주의를 위한 대합의(Grand Bargain)와 같은 노력을 통해 공여자 데이터 보고에는 상당한 개선이 있었음에도 불구하고, 오늘날 여전히 부문별, 지역별 원조 배분이나 코로나19 기금에 관한 중요한 정보를 수집, 보고하는 수단을 결여하고 있다. 예를 들어, 개발 이니셔티브에 의하면, WHO가 코로나바이러스 팬데믹을 선언한 후 8개월이 지난 2020년 말에 겨우 원조에 관한 데이터가 일관되고 시의적절한 수준에 이르렀다.[70] 코로나19 이전의 보고들은 글로벌 수준에서 사용 가능하게 데이터의 양, 시의적절성, 세분화(granularity)가 적절히 필요하다고 주장하였으며, 대합의 투명성 작업 스트림 내에 더 많은 지원과 참여가 필요함을 보여주었다.[71] 코로나19 프로그램으로 자원이 전용되면서 이전에 젠더나 식량안보에 관한 데이터 수집에 투입되었던 자원이 사라진 것은 투명성과 글로벌 원조 거버넌스의 중요성을 보여주었다. 그 결과 이들 부문에 대한 코로나19의 영향을 더 잘 이해하고 바로잡기 위한 정보가 충실한 데이터가 없어 직접적으로 잠식되었다.

세 번째 관찰은 분절화와 투명성 결여와 연관된 것으로, 원조체제가 전반적으로 개발 및 인도주의적 원조 공약을 유지하고 재정 투자를 하는 데 어려움을 겪고 있다는 점이다. 공여자들의 원조 공약 감소나 정체에 관한 데이터에서 분명히 보이듯이 원조 피로감은 현실이다. 더욱이 개발원조체제에 관한 우려나 원조 의존성의 위험을 고려할 때, 원조에 대한 회의는 여러 면에서 정당성이 있다. 그러나 코로나19 와중에 오래 늦어진 WHO 개혁을 논할 때가 아니듯이, 지금은 주요 공여국들이 그들의 전지구적인 책임에 등을 돌릴 때가 아니다. 그럼에도 공여국들이 경제적 고려와 대외 원조에 대한 국내 지지가 하락하고 민족주의가 고조되는 시대의 정치적 필요로 인해 내부로 관심을 돌리면서, 이것이 바로 우리가 목격하고 있는 것이다.[72]

이것은 놀라운 관찰이 아니다. 언제나 자기 이익과 이타주의 사이의 긴장 상태에서 원조체제는 전반적으로 항상 주요 공여국의 지원이 증감하는 데에 취약하다. 구시대적 다자간, 양자 간 정부 중심의 재원 조달 모델에 의존하는 그 체제는 오늘날 유연성이 결여되어 있다. 따라서 다수의 전문가들이 정부 지원에서 벗어나서 국내 재원 동원, 자선 단체와 비정부기구의 역할 확대, 심지어는 경우에 따라 원조의 민영화로 다변화해야 한다고 주장한다.

개발 금융 전체에서 원조의 비중은 급격히 감소하고 있으며, 개도국으로의 자금 유입 중 ODA는 15퍼센트에 불과한 반면, 해외직접투자(FDI: foreign direct investment)와 송금이 각각 41퍼센트와 33퍼센트를 점한다.[73] 따라서 개발 재정 거버넌스에 관한 우리의 생각은 비국가 행위자들이 훨씬 더 발언권과 영향력을 가진 새로운 현실에 적응해야만 한다. 이 도전은 앞선 코로나19와 떠오르는 부채위기의 논의에서 설명되었으며, 개발 금융의 다자간, 양자 간, 민간 부문 재원 사이의 정치와 협력의 필요를 잘 보여주었다.

## 결론

전체적으로 이러한 관찰은 원조 거버넌스가 매우 다른 21세기를 위해 더 포용적이 되어야 하며, 체제의 효과성과 유연성에 초점을 맞출 필요가 있다는 우리들의 일반적인 믿음을 구체화해주었다. 이 목표를 위해 우리는 원조의 미래를 위한 두 가지 대담한 제안을 한다.

첫째는 “글로벌하게 가라”이다. 코로나19 시대의 원조에 대한 평가는 주로 국가 주도의 양자 간, 다자간 틀에 의해 관리되는 원조는 시대에 뒤처지고 비효과적이라는 우리의 시각을 강화해준다. 우리는 2020년의 세계가 1945년이나 1955년, 심지어 2015년의 세계와 얼마나 다른지를 인정하기 위해 글로벌 원조 거버넌스를 재고해야 할 필요가 있다. 단지 국가 간의 권력 균형 측면뿐 아니라, 국가와 비국가 행위자들 사이의 권력과 영향력 측면에서도 세계질서는 변화했다. 글로벌 원조 거버넌스의 재고는 중국과 같은 신흥국가 권력에의 적응을 넘어서, 시민사회와 비영리 민간 부문의 점점 더 중요한 목소리를 포용하는 방향을 바라보아야 한다. G20과 같은 전적으로 국가 중심적 의사결정 포럼에 계속 의존하는 것은 위험스러운 일이다. 그들은 현상유지 세력들의 이익과 아이디어를 강화함으로써 글로벌 개발체계의 약점을 더 강화할 수도 있다.

따라서 우리의 "글로벌하게 가라"라는 제안은 우리가 거버넌스를 '국제' 개발의 시각을 통해 생각하는 것에서 벗어나서 '글로벌' 개발에 근거한 틀로 이행해야 할 필요가 있다는 오늘날의 주장과 일치한다.[74] 실질적인 측면에서 이것은 다층적인 주권적 위계보다 초국경적 문제 대응을 위해 설계되고, 자금 분배에 더 민첩하고, 직접 현장 파트너와 더 잘 일할 수 있는 글로벌 공공 자금에 더 많이 투자해야 함을 의미한다.

두 번째 제안은 "로컬하게 가라"이다. 팬데믹은 아마도 이전의 어떤 글로벌 위기보다도 원조 거버넌스와 관행을 로컬화해야 할 필요성을 잘 보여준다.[75] 코로나19는 남반구의 전문가들보다 북반구의 연구자와 실무가의 일을 우선시하는 기존 개발 관행에 대한 외부적 위협이다.[76] 동시에 많은 개도국에서 외국인 원조 요원의 제거로 이어진 외생적 충격을 가함으로써 코로나19 시대는 의사결정자들이 진정으로 현장 중심 원조 집행과 감시의 가치와 필요성을 인정하도록 해주었다.

또 이러한 로컬화(지역화) 의제는 원조를 탈식민화하고, 앞서 언급된 바와 같이 '선도적 개발자' 서구의 역사적 경험이 아니라 개도국의 다양한 맥락에 근거한 개발에 대한 대안적 이론과 접근의 '정책 공간'을 창출하려는 집단적 희망을 반영한다.[77] 이것은 2005년 파리협정과 2008년 아크라의제에서 제시된, 개발에 있어서 채무국의 '주체성' 제고 공약을 포함하는 원조의 효과성에 대한 수많은 고위급 포럼에서 제시된 목표,[78] 그리고 개발의 서구적 모델로부터의 이탈에 대한 관용의 증가와 전적으로 일관성이 있다. 더 일반적으로 지역화는 하향적, 엘리트 주도의 과정과 개발의 청사진 접근에서 탈피하여 접근방법을 뒤집는 것을 의미한다. 이 '뉴 노멀'은[79] 로컬화로의 적극적인 이행과[80] 남반구 수원국의 대안적인 원조 이용의 기회이다. 더욱이 로컬화는 글로벌 원조 거버넌스를 정통성, 적실성, 효과성을 되살리는 데 도움이 될 수 있도록 포용적이고 효과적인 방법으로 재생할 잠재력이 있다.

## 추가 읽을거리


Romily Greenhill, Annalisa Prizzon, and Andrew Rogerson, "The Age of Choice: Developing Countries in the New Aid Landscape," *ODI Working Paper* 364, Overseas Development Institute, 2013.

Rebecca M. Nelson and Martin A. Weiss, *COVID-19: Role of the International Financial Institutions* (Washington, DC: Congressional Research Service, May 4, 2020).

UN Inter-agency Task Force on Financing for Development, *Financing for Sustainable Development Report 2020* (New York: UN, 2020).

Jakob Vestergaard and Robert Wade, "Protecting Power: How Western States Retain the Dominant Voice in the World Bank's Governance," *World Development* 46 (2013): 153–164.

Carol Wise, *Dragonomics: How Latin America Is Maximizing (or Missing Out on) China's International Development Strategy* (New Haven, CT: Yale University Press, 2020).


## 주

1) Daniel Drezner, *The System Worked: How the World Stopped Another Great Depression* (Oxford: Oxford University Press, 2016).
2) Ngaire Woods, "Global Governance After the Financial Crisis: A New Multilateralism or the Last Gasp of the Great Powers?" *Global Policy* 1 (January 2010): 51–63, DOI:10.1111/j.1758-5899.2009.00013.x; Manuella Moschella and Catherine Weaver, eds., *Handbook of Global Economic Governance* (London: Routledge, 2014).
3) Jakob Vestergaard and Robert Wade, "Protecting Power: How Western States

Retain the Dominant Voice in the World Bank's Governance," *World Development* 46 (June 2013): 153–164, DOI:10.1016/j.worlddev.2013.01.031; Rob Clark, "Quotas Operandi: Examining the Distribution of Voting Power at the IMF and World Bank," *The Sociological Quarterly* 58 (August 2017): 595–621, DOI:10.1080/00380253.2017.1354735; Catherine Weaver and Manuella Moschella, "Bounded Reform in Global Economic Governance at the IMF and World Bank," in *International Politics and Institutions in Time*, ed. Orfeo Fioretos (Oxford: Oxford University Press, 2017), chapter 13.

4) "COVID-19 Dashboard by the Center for Systems Science and Engineering (CSSE) at Johns Hopkins University," https://coronavirus.jhu.edu/map.html 참조.

5) "The Great Reversal," *The Economist*, 23 May 2020, www.economist.com/international/2020/05/23/covid-19-is-undoing-years-of-progress-in-curbing-global-poverty

6) Andy Harman, *ILO Warns of Massive Unemployment* (Bonn: Deutsche Welle, 2020), www.dw.com/en/ilo-warns-of-massive-unemployment/av-53286327; *From the Great Lockdown to the Great Meltdown: Developing Country Debt in the Time of Covid-19* (United Nations Conference on Trade and Development [UNCTAD] document UNCTAD/GDS/INF/2020/3), 23 April 2020.

7) Colm Quinn, "Coronavirus Disproportionately Affects Health Workers: Here Are the Countries Most at Risk," *Foreign Policy*, 4 May 2020, https://foreignpolicy.com/2020/05/04/coronavirus-disproportionately-affects-health-workers-here-are-the-countries-most-at-risk/

8) Ruth Maclean and Simon Marks, "10 African Countries Have No Ventilators: That's Only Part of the Problem," *The New York Times*, 17 May 2020.

9) "The Shadow Pandemic: Violence Against Women During COVID-19," *UN Women*, www.unwomen.org/news/in-focus/in-focus-gender-equality-in-covid-19-response/violence-against-women-during-covid-19.

10) Andrew M. Campbell, "An Increasing Risk of Family Violence During the Covid-19 Pandemic: Strengthening Community Collaborations to Save Lives," *Forensic Science International: Reports* 2 (December 2020): 100089, DOI:10.1016/j.fsir.2020.100089, DOI:10.1016/j.fsir.2020.100089.

11) Caroline Bradbury-Jones and Louise Isham, "The Pandemic Paradox: The Consequences of COVID-19 on Domestic Violence," *Journal of Clinical Nursing* 29 (April 2020): 2047–2049, DOI:10.1111/jocn.15296; Emma Graham-Harrison, Angela Giuffrida, Helena Smith, and Liz Ford, "Lockdowns Around the World Bring Rise in Domestic Violence," *The Guardian*, 28 March 2020.

12) Graham-Harrison, Giuffrida, Smith, and Ford, "Lockdowns Around the World Bring Rise in Domestic Violence."

13) UN Women, "Access to Justice and Gender-Based Violence," *Gender Alert on COVID-19 in Lebanon*, 3 June 2020, https://arabstates.unwomen.org/en/digital-library/publications/2020/04/gender-alert-on-covid-19-lebanon.

14) Elisabeth Mahase, "Covid-19: EU States Report 60% Rise in Emergency Calls

About Domestic Violence," *British Medical Journal* 369 (May 2020), DOI:10.1136/bmj.m1872.

15) UN, "Transforming Our World: The 2030 Agenda for Sustainable Development," UN General Assembly Resolution 70/1, 21 October 2015. UN, *The Sustainable Development Goals Report 2020* (New York: UN, 2020), https://doi.org/10.18356/214e6642-en.
16) "Will the COVID-19 Pandemic Threaten the SDGs?," *The Lancet Public Health* 5 (September 2020): e460, DOI:10.1016/S2468−2667(20)30189−4.
17) "The Food Miracle," *The Economist*, 9 May 2020, www.economist.com/leaders/2020/05/09/the-global-food-supply-chain-is-passing-a-severe-test; Peter S. Goodman, Abdi Latif Dahir, and Karan Deep Singh, "The Other Way COVID Will Kill: Hunger," *The New York Times*, 14 September 2020.
18) *COVID-19 L3 Emergency, External Situation Report #13* (Rome: WFP, 2020), https://reliefweb.int/report/world/covid-19-l3-emergency-external-situation-report-13-20-august-2020.
19) UN, *The Impact of COVID-19 on Children* (New York: UN, 2020), www.un.org/sites/un2.un.org/files/policy_brief_on_covid_impact_on_children_16_april_2020.pdf.
20) Henrietta H. Fore et al., "Child Malnutrition and COVID-19: The Time to Act Is Now," *The Lancet* 396 (July 2020): 517−518, DOI:10.1016/S0140-6736(20)31648-2.
21) UN, *The Sustainable Development Goals Report 2020*.
22) *COVID-19 and School Closures: Are Children Able to Continue Learning?* (New York: UNICEF, 2020), https://data.unicef.org/resources/remote-learning-reachability-factsheet/.
23) Emma Batha, "'COVID Generation' Risks Child Marriage, Forced Labour, Ex-Leaders Warn," *Reuters*, 17 August 2020, www.reuters.com/article/us-health-coronavirus-education-childlab-idUSKCN25D2P3.
24) UN, *The Sustainable Development Goals Report 2020*.
25) Stephen Browne and Thomas G. Weiss, eds., *Routledge Handbook on the UN and Development* (London: Routledge, 2021) 참조.
26) UNDP, *What Does It Mean to Leave No One Behind?* (New York: UNDP, 2018), www.undp.org/content/dam/undp/library/Sustainable%20Development/2030%20Agenda/Discussion_Paper_LNOB_EN_lres.pdf.
27) G20, "Extraordinary G20 Leaders' Summit Statement on COVID-19," *Communiqué*, 26 March 2020.
28) Amy Dodd, Dean Breed, and Daniel Coppard, *How Is Aid Changing in the Covid19 Pandemic?* (Bristol: Development Initiatives, 2020), https://devinit.org/resources/how-aid-changing-covid-19-pandemic/.
29) *COVID-19 and Child, Early and Forced Marriage: An Agenda for Action* (London: Girls Not Brides, 2020), https://beta.girlsnotbrides.org/learning-resources/resource-centre/covid-19-and-child-early-and-forced-marriage-an-agenda-for-action/.
30) "COVID-19: Lockdown Linked to High Number of Unintended Teen Pregnancies in Kenya," *Plan International*, 25 June 2020, https://plan-international.org/news/

2020-06-25-covid-19-lockdown-linked-high-number-unintended-teen-pregnancies-kenya.
31) UNFPA, *Impact of the COVID-19 Pandemic on Family Planning and Ending Gender-Based Violence, Female Genital Mutilation and Child Marriage* (New York: UNFPA, 2020), www.unfpa.org/resources/impact-covid-19-pandemic-family-planning-and-ending-gender-based-violence-female-genital.
32) *COVID-19 Aftershocks: Access Denied* (Uxbridge: World Vision International, 2020), www.wvi.org/publications/report/coronavirus-health-crisis/covid-19-aftershocks-access-denied.
33) Amy Lieberman, "COVID-19 Will Push 130 Million into Poverty by 2030, UN Report Shows," *Devex*, 14 May 2020, www.devex.com/news/sponsored/covid-19-will-push-130-million-into-poverty-by-2030-un-report-shows-97232; Andy Sumner, Chris Hoy, and Eduardo Ortiz-Juarez, "Estimates of the Impact of Covid-19 on Global Poverty," *WIDER Working Paper* 2020/43, UNU-WIDER, Helsinki, 2020; Andy Sumner, Chris Hoy, and Eduardo Ortiz-Juarez, "Will COVID-19 Lead to Half a Billion More People Living in Poverty in Developing Countries?" *WiderAngle* (blog), 3 April 2020, www.wider.unu.edu/publication/will-covid-19-lead-half-billion-more-people-living-poverty-developing-countries; and David Laborde, Will Martin, and Rob Vos, "Estimating the Poverty Impact of COVID-19 the MIRAGRODEP and POVANA Frameworks 1," June 2020, DOI:10.13140/RG.2.2.36562.58560.
34) Masoon Ahmed, "Act Now to Preserve Development Gains in a Post-COVID World," *Center for Global Development* (blog), 14 September 2020, www.cgdev.org/blog/act-now-preserve-development-gains-post-covid-world; Nurith Aizenman, "Gates Foundation Says World Not on Track to Meet Goal of Ending Poverty by 2030," *NPR*, 17 September 2019, www.npr.org/sections/goatsandsoda/2019/09/17/761548939/gates-foundation-says-world-not-on-track-to-meet-goal-of-ending-poverty-by-2030; UN Department of Economic and Social Affairs (DESA), *Achieving the SDGs Through the COVID-19 Response and Recovery* (New York: UN/DESA, 2020), www.un.org/development/desa/dpad/publication/un-desa-policy-brief-78-achieving-the-sdgs-through-the-covid-19-response-and-recovery/.
35) Kevin Watkins, "Can We Avoid a Lost Decade of Development?," *Future Development* (blog), 9 July 2020, www.brookings.edu/blog/future-development/2020/07/09/can-we-avoid-a-lost-decade-of-development/.
36) UN/DESA, *2020 Financing for Sustainable Development Report* (New York: UN/DESA, 2020), https://developmentfinance.un.org/fsdr2020.
37) Kristalina Georgieva, Ceyla Pazarbasioglu, and Rhoda Weeks-Brown, "Reform of the International Debt Architecture Is Urgently Needed," *IMF Blog* (blog), 1 October 2020, https://blogs.imf.org/2020/10/01/reform-of-the-international-debt-architecture-is-urgently-needed/.
38) Rabah Arezki and Shanta Devarajan, "Fiscal Policy for COVID-19 and Beyond," *Future Development* (blog), 29 May 2020, www.brookings.edu/blog/future-development/2020/05/29/fiscal-policy-for-covid-19-and-beyond/; *COVID-19 and*

*Sovereign Debt* (New York: UN/DESA, 2020), www.un.org/development/desa/dpad/publication/un-desa-policy-brief-72-covid-19-and-sovereign-debt/; Amy Dodd, Rob Tew, and Anna Hope, *Covid-19 and Financing Projections for Developing Countries* (Bristol: Development Initiatives, 2020), https://devinit.org/publications/covid-19-and-financing-projections-developing-countries/.
39) Alexander Kentikelenis et al., "Softening the Blow of the Pandemic: Will the International Monetary Fund and World Bank Make Things Worse?," *The Lancet Global Health* 8 (April 2020): e758–759, DOI:10.1016/S2214-109X(20)30135-2.
40) Moses Owori, *Socioeconomic Impact of Covid-19 in Uganda: How Has the Government Allocated Public Expenditure for FY2020/21?* (Bristol: Development Initiatives, 2020), https://devinit.org/resources/socioeconomic-impact-of-covid-19-in-uganda/.
41) Jim Campbell et al., *A Universal Truth: No Health Without a Workforce* (Geneva: Global Health Workforce and WHO, 2013), www.who.int/workforcealliance/knowledge/resources/GHWA_AUniversalTruthReport.pdf
42) "Nursing and Midwifery," *WHO*, 9 January 2020, www.who.int/news-room/fact-sheets/detail/nursing-and-midwifery.
43) Watkins, "Can We Avoid?"
44) Eliza Relman and John Haltiwanger, "Trump Announces He's 'Terminating' the US's Relationship with the World Health Organization," *Business Insider*, 29 May 2020, www.businessinsider.com/trump-says-hes-terminating-us-relationship-with-world-health-organization-2020–5.
45) "UN Calls for Comprehensive Debt Standstill in All Developing Countries," *UNDP*, 15 October 2020, www.undp.org/content/undp/en/home/news-centre/news/2020/UN_calls_comprehensive_debt_standstill_developing_countries.html.
46) UN/DESA, *2020 Financing for Sustainable Development Report*.
47) Mickaël Sallent, "External Debt Complicates Africa's COVID-19 Recovery, Debt Relief Needed," *Africa Renewal*, 30 July 2020, www.un.org/africarenewal/magazine/july-2020/external-debt-complicates-africas-post-covid-19-recovery-mitigating-efforts.
48) Rebecca M. Nelson and Martin A. Weiss, *COVID-19: Role of the International Financial Institutions* (Washington, DC: Congressional Research Service, 2020), https://crsreports.congress.gov/product/pdf/R/R46342#:~:text=The%20international%20financial%20institutions%20(IFIs,economic%20consequences%20of%20the%20COVID%2D.
49) Stephanie Segal and Olivia Negus, "International Financial Institutions' Ongoing Response to the Covid-19 Crisis," *Center for Strategic International Studies*, 24 August 2020, www.csis.org/analysis/international-financial-institutions-ongoingresponse-covid-19-crisis.
50) Thomas Stubbs et al., "Whatever It Takes? The Global Financial Safety Net, Covid-19, and Developing Countries," *World Development* 137 (January 2021): 105171, DOI:10.1016/j.worlddev.2020.105171.

51) Nancy Lee et al., "Calling All Official Bilateral Creditors to Poor Countries: Switch to IDA Concessional Terms as Part of COVID-19 Response," *Center For Global Development* (blog), 8 April 2020, www.cgdev.org/blog/calling-all-official-bilateral-creditors-poor-countries-switch-ida-concessional-terms-part; and Sallent, "External Debt Complicates Africa's COVID-19 Recovery, Debt Relief Needed."
52) Jevans Nyabiage, "Coronavirus: China Under Pressure to Detail Debt Relief Before G20 Talks," *South China Morning Post*, 22 August 2020, www.scmp.com/news/china/diplomacy/article/3098431/coronavirus-china-under-pressure-detail-debt-relief-g20-talks.
53) Vasuki Shastry and Jeremy Mark, "Credit Rating Agencies Could Resolve African Debt Impasse," *Atlantic Council* (blog), 8 September 2020, www.atlanticcouncil.org/blogs/new-atlanticist/credit-rating-agencies-could-resolve-african-debt-impasse/.
54) G20, "G20 Finance Ministers & Central Bank Governors Meeting 14 October 2020," *Communiqué*, 14 October 2020.
55) Daniel Munevar, "The G20 'Common Framework for Debt Treatments Beyond the DSSI': Is It Bound to Fail? Part 1," *Eurodad* (blog), 22 October 2020, www.euro-dad.org/the_g20_common_framework_for_debt_treatments_beyond_the_dssi_is_it-bound_to_fail.
56) Daniel Munevar, "The G20 'Common Framework for Debt Treatments Beyond the DSSI': Is It Bound to Fail? (II)," *Eurodad* (blog), 28 October 2020, www.eurodad.org/the_g20_common_framework_for_debt_treatments_beyond_the_dssi_is_it_bound_to_fail_2.
57) Marc Jones, "Debt Relief for Poorest Countries Will Not Penalise MDB's 'Preferred Creditor' Status -Moody's," *Reuters*, 14 May 2020, www.reuters.com/article/health-coronavirus-developmentbanks-idUSL8N2CW7PQ.
58) Patrick Bolton et al., *Born Out of Necessity: A Debt Standstill for COVID-19* (Washington, DC: Center for Economic Policy Research, 2020), https://papers.ssrn.com/sol3/papers.cfm?abstract_id=3586785
59) Nyabiage, "Coronavirus."
60) "China Announces Suspension of Debt Repayments for 77 Developing Nations Due to COVID-19," *China Banking News*, 8 June 2020, www.chinabankingnews.com/2020/06/08/china-announces-suspension-of-debt-repayments-for-77-developing-nations-due-tocovid-19/.
61) Jevans Nyabiage, "China's Loan Write-Offs 'Does Not Fix Africa's Bigger Debt Crisis,'" *South China Morning Post*, 20 June 2020, www.scmp.com/news/china/diplomacy/article/3089856/chinas-promise-loan-write-offs-distressed-african-nations; and Mercy A. Kuo, "COVID-19: The Impact on China-Africa Debt," *The Diplomat*, 2 June 2020, https://thediplomat.com/2020/06/covid-19-the-impact-on-china-africa-debt/.
62) Yun Sun, "China's Debt Relief for Africa: Emerging Deliberations," *Africa in Focus* (blog), 9 June 2020, www.brookings.edu/blog/africa-in-focus/2020/06/09/chinas-debt-relief-for-africa-emerging-deliberations/.

63) Carol Wise, *Dragonomics: How Latin America Is Maximizing (or Missing Out on) China's International Development Strategy* (New Haven, CT: Yale University Press, 2020), 13.
64) Pierre E. Biscaye, Travis W. Reynolds, and C. Leigh Anderson, "Relative Effectiveness of Bilateral and Multilateral Aid on Development Outcomes," *Review of Development Economics* 21 (November 2016): 1425–1447, DOI:10.1111/rode.12303.
65) Homi Kharas, "What to Do About the Coming Debt Crisis in Developing Countries," *Future Development* (blog), 13 April 2020, www.brookings.edu/blog/future-development/2020/04/13/what-to-do-about-the-coming-debt-crisis-in-developing-countries/.
66) Allen S. Alexandroff and Andrew F. Cooper, eds., *Rising States, Rising Institutions: Challenges for Global Governance* (Washington, DC and Waterloo, CA: Brookings Institution and CIGI, 2010); www.unsouthsouth.org/about/about-sstc/도 참조.
67) "Private Development Assistance: Key Facts and Global Estimates," *Development Initiatives*, 15 August 2016, https://devinit.org/resources/private-development-assistance-key-facts-and-global-estimates/.
68) Julia Morse and Robert O. Keohane, "Contested Multilateralism," *Review of International Organizations* (March 2014): 385–412, DOI:10.1007/s11558-014-9188-2; Diego Hernandez, "Are 'New' Donors Challenging World Bank Conditionality?" *World Development* 96 (August 2017): 529–549; Ilene Grabel, *Financial Architectures and Development: Resilience, Policy Space, and Human Development in the Global South* (Amherst: Political Economy Research Institute, 2012), www.peri.umass.edu/fileadmin/pdf/working_papers/working_papers_251-300/WP281_revised.pdf; Homi Kharas and Andrew Rogerson, *Global Development Trends and Challenges: Horizon 2025 Revisited* (London: Overseas Development Initiatives, 2017), www.odi.org/sites/odi.org.uk/files/resource-documents/11873.pdf; Romilly Greenhill, Annalisa Prizzon, and Andrew Rogerson, *The Age of Choice: Developing Countries in the New Aid Landscape* (London: Overseas Development Initiatives, 2013), www.odi.org/sites/odi.org.uk/files/odi-assets/publications-opinion-files/8188.pdf; and Chris Humphrey and Katharina Michaelowa, "Shopping for Development: Multilateral Lending, Shareholder Composition and Borrower Preferences," *World Development* (April 2013): 142–155, DOI:10.1016/j.worlddev.2012.12.007.
69) Nancy Birdsall, Karen Greenberg, and John Berger, "Resilience in Developing Nations," *Center For Global Development* (blog), 8 June 2020, www.cgdev.org/blog/resilience-developing-nations.
70) Amy Dodd, Dean Breed, and Daniel Coppard, *How Is Aid Changing in the Covid-19 Pandemic?* (Bristol: Development Initiatives, 2020), https://devinit.org/resources/how-aid-changing-covid-19-pandemic/.
71) Ibid.
72) Yoshirharu Kobayashi, Tobias Heinrich, and Kristin Bryant, "Public Support for Development Aid During the COVID Pandemic," *World Development* 138 (October

2020): 105248, DOI: 10.1016/j.worlddev.2020.105248.
73) OECD, "Big Picture of Total Receipts by Year," *Tableua Data Visualization*, 2020, https://public.tableau.com/views/Bigpictureoftotalresourcereceiptsbyyear/Byyear?:embed=y&:display_count=yes&publish=yes&:showVizHome=no#1.
74) Johan A. Oldekop et al., "COVID-19 and the Case for Global Development," *World Development* 134 (June 2020): 105044, DOI: 10.1016/j.worlddev.2020.105044.
75) Lisa Cornish, "Putting Localization at the Center of the Humanitarian Future," *DevEx*, 31 May 2019, www.devex.com/news/putting-localization-at-the-center-of-thehumanitarian-future-94997.
76) Carmen Leon-Himmelstine and Melanie Pinet, "How Can Covid-19 Be the Catalyst to Decolonise Development Research?," *From Poverty to Power* (blog), 4 June 2020, https://oxfamblogs.org/fp2p/how-can-covid-19-be-the-catalyst-to-decolonise-development-research/.
77) Dani Rodrik, *The Globalization Paradox: Democracy and the Future of the World Economy* (New York: W.W. Norton, 2011).
78) 파리협정은 원조의 효과성에 관한 제2차 고위급포럼(2005)의 결과물이며, 아크라의제는 원조의 효과성에 관한 제3차 고위급포럼의 결과물이다. 추가 정보는 www.oecd.org/dac/effectiveness/parisdeclarationandaccraagendaforaction.htm#:~:text=At%20the%20Second%20High%20Level,does%20not%20work%20with%20aid 참조.
79) "A New Normal: UN Lays Out Roadmap to Lift Economies and Save Jobs After COVID-19 – World," *ReliefWeb*, 27 April 2020, https://reliefweb.int/report/world/new-normal-un-lays-out-roadmap-lift-economies-and-save-jobs-after-covid-19.
80) John Bryant, "All Eyes Are on Local Humanitarian Responders During Covid-19 – Now They Need Support," *Overseas Development Institute* (blog), 29 May 2020, www.odi.org/blogs/16998-all-eyes-are-local-humanitarian-responders-during-covid-19-now-they-needsupport.

18장



# 데이터:

## 글로벌 거버넌스가 직면한 도전들

카(Medeline Carr) &
야노스(Jose Tomas Llanos)

우리가 제4차 산업혁명에 착수하면서, 제1차(증기), 제2차(전기) 산업혁명의 정치, 문화, 경제적 의미를 반영하는 많은 의문이 제기된다. 이 두 번의 기술적 혁신이 가져온 많은 변화와 성취는 긍정적이었지만 환경 파괴, 자원 고갈, 사회적 분절화 등 부정적 결과도 있었다. 돌이켜 보면 우리는 농경 노동에서 산업 노동으로의 이행을 어떻게 관리할지, 기업가의 책임과 책무성, 도시 계획과 수송체계에 대해 다른 결정을 했을 수도 있었다. 두 차례 산업혁명 이후의 시대에 세대를 이어서 학자들과 분석가들은 이 의도하지 않은 (긍정적이거나 부정적인) 결과들에 대해 연구할 시간이 있었다. 제3차 산업혁명 (인터넷과 같은 디지털 기술)을 뒤로 하고 제4차 산업혁명 (사물인터넷[IoT: Internet of Things])을 추진하는 시점에, 이들의 연구를 바탕으로 우리는 디지털 기술의 최악을 피하고 최선의 결과를 극대화할 방법에 대해 숙고할 수 있는 좋은 상황에 있다.

데이터는 다수의 부상하는 기술과 인공지능(AI), 기계 학습, IoT와 같은 시스템의 핵심 요소이다. 데이터를 '새로운 석유'로 부르는 것을 점점 더 흔히 듣게 되었으며, 그것은 분명히 우리의 미래 경제의 많은 측면에 직간접적으로 근본적인 중요성을 가진다. 우리는 이제 겨우 데이터를 어떻게 지역적으로, 전 세계적으로 관리할지 숙고하기 시작했다.

우리가 그 일을 제대로 해낼 수 있다면 그것은 인간이 처한 상황을 개선하고, 우리가 공동의 그러나 차별화된 위협을 완화하면서 이 전환의 시대의 혜택을 극대화할 수 있게 해주는 지속가능하고, 건강하고, 공정한 틀을 실행하는 데 데이터를 이용할 수 있는 엄청난 잠재력이 있다. 이 잠재력을 열어 줄 데이터 거버넌스의 접근은 우리 시대의 핵심적 도전이다. 그러나 그것은 여러 면에서 새로운 영토이며, 그 로드맵은 인류가 만들어야만 한다.

이 장은 데이터와 그 (글로벌) 거버넌스에 있어서, 경쟁하는 이익과 가치의 균형을 잡는 노력에 있어서의 갈등에 대해 검토한다. 이 장은 데이터 거버넌스를 제대로 만드는 도전은 더 광범위하게 디지털 기술의 글로벌 거버넌스에서 우리가 매우 필요로 하는 혁신의 촉진제가 될 수도 있다고 주장한다. 이하에서 우리는 지난 20여 년간 부상한 개인적으로 식별 가능한 데이터를 관리하는 3개의 중요한 접근을 개괄한다. 그것은 민간 부문에 의한 민간 부문을 위한 미국의 거버넌스 접근, 데이터를 통한 통치에 기반한 중국의 접근, 인권 보호에 기반한 글로벌 거버넌스 역할을 주창하는 유럽연합(EU)의 접근이다. 그보다 먼저 왜 데이터(와 그 거버넌스)가 그렇게 중요한지 그 이유를 제시하는 것이 유용하다.

## 데이터 흐름의 중요성

디지털 기술의 글로벌 거버넌스는 일관된 과정이나 체계로서 논의하기에는 너무 복잡하다. 디지털 기술은 지역, 국가, 국제적 수준에서 시장, 규제 및 입법의 틀, 기술 표준, 자발적 행동규칙, 무역 협정, 국제 조약, 제조사 공급망, 여타 장치에 의해 통제, 관리된다. 이 거버넌스 관행에 참여하는 행위자들은 다양하고 다르며 정부, 산업, 정책 공동체를 초월한다. 데이터 거버넌스에 초점을 맞추는 것은 이러한 여러 요인을 포괄하면서 문제의 범위를 좁히는 데 도움이 된다.

한 범주의 데이터는 특별히 거버넌스의 복잡성을 일으킨다. 개인적으로 식별 가능한 (또는 개인적인) 데이터는 데이터를 수집, 이용하는 기업 행위자들, 그 데이터로부터 혜택을 보는 동시에 시민들을 보호해야 할 책임이 있는 정부, 데이터를 생산하는 개인, 범죄를 목적으로 데이터를 손에 넣으려는 사람들 사이의 매우 직접적인 연결점을 형성한다. 거시에서부터 미시에 이르기까지, 개인적으로 식별 가능한 데이터는 성장하는 글로벌 경제 부문을 정체성, 사생활, 안전, 보안 (그것을 보장하는 데 우리는 흔히 정부에 의존)에 관한 대단히 개인적인 선호와 섞는다. 개인적 데이터의 수집, 사용, 재사용에 대한 용인은 동일하지 않고, 개인에 따라 크게 다르며, 그것은 관련 행위자들 사이의 경쟁적인 (때로는 갈등적인) 이익과 가치의 균형을 잡는 데 있어서 거버넌스를 복잡하게 한다. 데이터 거버넌스를 어렵게 하는 요인은 많다.

첫째, 데이터 양이 엄청나게 증가하고 있다. IoT, 스마트 도시, 네트워크에 접속된 기간시설, 데이터를 수집, 공유하는 소비자 기기와 같은 시스템이 지난 5년간 급속히 성장하였으며, 향후 더욱 성장할 것이다. 예를 들어, 세계경제포럼(WEF: World Economic Forum)은 2018~2022년 사이에 글로벌 데이터양이 2배가 될 것이며, 2022~2025년 사이에 다시 2배가 될 것으로 예측했다.[1] 분석, 보안, 집적 도구를 통해 데이터의 잠재성을 극대화하기 위해 혁신과 투자가 집중되고 있다. 그러나 소유권 문제와 다양한 정치 문화 속에서 데이터의 이용 문제를 어떻게 해결할지에 대해서는 관심이 덜하다.

둘째, 어떤 데이터의 흐름은 지역적이고 어떤 데이터 흐름은 전지구적일 것이다. 어떤 데이터는 지역에 머물고 지역적으로 관리될 수 있으나, 과도한 지방화(localization)는 데이터를 국가 관할을 넘어서 수집, 이용하는 행위자들에게는 복잡한 문제를 야기한다. 기업은 서로 맞지 않는 수많은 틀을 준수할 필요가 있다. WEF는 전 세계적으로 현재 120여 개의 사생활 보호법이 있다고 집계했다.[2] 상호 충돌하는 규제의 틀을 집행함으로써 데이터의 글로벌 공급망을 방해하면 데이터를 공유하고 그것을 연구자, 개발자, 혁신가들에 제공하는 혜택을 저해할 수 있다. 예를 들어, 도시계획가들은 자기 도시에서 제안된 사업의 결과를 테스트하기 위해 여러 다른 지역의 교통, 고객 통행량, 오염 수준을 비교하여 도움을 받을 수 있다. 기상 조건이 디젤 차량, 휘발유 차량의 배출과 어떻게 연관되어 천식을 앓고 있는 자전거 타는 사람들에게 영향을 미칠지를 전 세계적으로 연구하고 글로벌 보건을 위한 매우 유용한 결과를 도출할 수 있다.

셋째, 데이터가 고수준의 완결성을 가져야 한다. 데이터에 의존하는 앱이나 시스템의 범위가 증가하면서 데이터 흐름은 새로운 국제적 핵심 기간시설이 되어 가고 있다. 따라서 안전, 사생활, 보안을 담보하기 위해 데이터 흐름이 손상되거나 (사고이든 의도적이든) 변형되지 않았다는 보장이 필요하다. 접근 통제, 동의의 주고받기, 데이터 흐름의 검증에 대한 요구는 일정 수준의 정통성을 가진 적절한 행위자가 관리해야 한다. 이를 보장하려면 표준, 지침, 규제를 통한 어떤 형태의 거버넌스가 필요하다.

데이터는 본원적인 상업적 가치가 있으며, 그것은 세계관을 전파하는 데 사용될 수도 있고, 인권에 직접적, 가시적으로 영향을 미칠 수 있으며, 많은 시스템이 의존하는 글로벌 핵심 인프라로 발전하고 있다. 이 모든 이유들로 인해 데이터는 거버넌스와 공익을 보장하는 책임을 지는 정책결정자들의 관여를 필요로 한다. 데이터의 관리는 본질적으로 정치적이다. 데이터의 수집, 집적, 공유, 이용에 많은 행위자들이 참여하겠지만, 그것이 다양한 범위의 이익을 수용하는 지속가능한 방식으로 이루어지기 위해서는 정부와 거버넌스가 필요하다.

지난 수십 년간 데이터 관리에 대한 공존하는 세 가지 접근이 부상하였다. (1) 미국, (2) 중국, (3) EU의 접근이 그것이다. 현재 그들은 공존하지만 그들은 서로 다른 이익을 대변하고, 서로 다른 목표를 추구한다.

## 미국의 접근: 데이터 농장으로서의 개인

미국과 중국의 교착상태 속에서, 지난 20년간 반(反)정부 서사가 디지털 혁명을 지배해왔다. 인터넷이 미국의 세력을 강화할 것이라는 클린턴(Bill Clinton)과 고어(Al Gore)의 초기 관점을 기반으로, 미국의 데이터 거버넌스 접근은 그 무엇보다도 자국의 상업 부문의 이익에 특권을 준다. 이 접근은 엄청난 성장과 소수의 극도로 부유한 개인의 등장, 그리고 (예를 들어 5G와 같은) 핵심 미래 데이터 기술에 대한 투자 부족으로 이어졌다. 이 틀에서 인권이나 공공재는 정부의 폐해에 대항하여 민간 부문이 보호하는 것으로 그려졌다. 일정 부분 이 서사는 2013년 전직 국가안보국(NSA: National Security Agency) 직원 스노든(Edward Snowden)에 의한 기밀문서 누설에 의해 선명하게 강조되었다. 비록 데이터를 민간 부분에서 제공했다는 사실은 깔끔히 숨겨지기는 했지만 이 사건은 미국정부 첩보 기관의 데이터의 대규모 수집과 이용을 폭로하였다. 실상을 보면 미국의 거대 데이터 회사가 수집한 데이터는 일관성 있게 인권을 주장하지도 않았고, 의도적으로 지속가능발전목표(SDGs: Sustainable Development Goals)와 같은 글로벌한 문제를 해결하는 방향을 제시하지도 않았다.

1970년대 주류 전산화의 첫 번째 물결 이후 미국은 (미국적 맥락에서 개인 식별 정보로 알려진) 개인 정보 보호에 시장 중심적 정책을 집행해왔다. 이 정책은 개인 정보가 사용되는 특정 산업과 맥락에 초점을 맞춘 부문별로 협소한 법으로 구성된 자유주의적, 친기업적 데이터 사생활 규제 틀에 반영되었다.[3] 규제의 공백이 있다면 그것은 자율 규제로 메워졌다. 법적 권리의 부재 속에서 사생활 보호는 업계의 표준, 행동 강령, 서비스 조건, 계약에 맡겨졌다.[4] 이 면에서 사적 데이터는 근본적인 권리 문제가 아니라 시장의 문제로 이해되었으며, 개인은 시민이 아니라 '소비자' 또는 '이용자'로 이해되었다.

미국의 접근은 분절화 되고 일관성 없는 데이터 흐름으로 이어진다. 예를 들어, 1996년 건강 정보 이동성 및 책임법(HIPPA: Health Information Portability and Accountability Act of 1996)에 의해 규제되는 데이터를 보유한 주체나 1974년 가족교육권리 및 개인정보보호법(FERPA: Family Educational Rights and Privacy Act of 1974)에 의해 규제되는 정보를 보유한 학교는 서로 다른 규칙의 적용 대상이며, 어떤 규칙은 다른 규칙에 비해 더 엄격하다. 만일 데이터가 이들 법률이나 여타 부문별 규칙에 해당되지 않는 경우, 그것은 전혀 보호받지 못한다.[5] 더욱이 사생활 보호법을 적용하는 기준점이 EU의 일반데이터보호규제(GDPR: General Data Protection Regulation)와 같은 다른 데이터 보호의 틀에 비해 낮다. 미국 법은 전형적으로 개인의 실제 식별에 초점을 맞춘다. 현재는 식별되지 않으나, 식별을 '허락'한 사람들에 관한 정보는 그들 법의 범위에서 벗어난다.[6]

일반적으로 개인 정보 처리는 법적 피해를 입히지 않거나 법률로 금지되지 않은 경우 허용된다.[7] 따라서 미국의 접근은 기업에게 데이터 처리의 새로운 방법을 실험할 수 있는 상당한 자유를 준다. 이것은 부문별 규제 레짐에서 자유로운 첨단 기술 기업에게는 특히 그렇다. 따라서 그들은 효율성과 수익을 올리는 혁신적 방법이나 기술 개발에 제약을 거의 받지 않지만, 소비자들에게는 사생활 침해의 상당한 비용이 부과된다. '위험 감수 문화'에[8] 결합된 느슨한 데이터 보호 레짐은 트위터, 이베이, 우버를 비롯해서 (합쳐서 GAFA라고 불리는) 구글, 아마존, 페이스북, 애플과 같은 고도로 혁신적 데이터 기반 플랫폼의 탄생, 성장, 지배를 촉진한다. 이들은 모두 전 세계적인 위치를 차지했다.

미국에 기반을 둔 플랫폼의 영향력 범위와 데이터 수집 능력으로 인해, 그들은 법 집행과 국가안보 조사의 맥락에서 정부가 사용자 데이터에의 접근을 요청하는 절호의 표적이 되었다. 스노든의 기밀 누설은 미국과 영국정부가 미국의 플랫폼 기업과 협조하에 다수의 감시 활동을 진행했으며, 전화와 인터넷 메타 데이터, 그리고 통신 내용에 대한 대량의, 지속적인, 때로는 실시간 접근이 이루어졌음을[9] 폭로하여, 사생활 보호에 대한 상당한 우려와 대중의 큰 반발이 있었다.

기업들은 데이터 관리 관행의 투명성과 책무성을 제고하고, 정부에 의한 사생활 침해 방지에 대한 진정한 공약을 보여주기 위해, 정부의 사용자 데이터 요구에 관한 상세한 보고서를 발간하는 것으로 대응하였다.[10] 페이스북, 구글, 링크드인, 마이크로소프트, 야후는 미 법무부를 고소하고 2014년에 합의를 보아, 국가안보 관련 중요 정보 요청에 대해 보고할 수 있도록 하였으며,[11] 그 결과 2015년 미국자유법(USA Freedom Act)의 투명성 개혁의 길을 열었다. 트위터와 같은 회사는 사용자 데이터 요청에 따라붙는 비밀 유지나 '보도 금지' 명령 (요청에 대한 정보의 공개를 금지하는 정부나 법원 명령)에 대해 항상 위헌 심사를 요청하는 정책을 시행했으며,[12] 애플은 법 집행 조사에서 혐의자에 관한 데이터 접근을 위해 아이폰에 백도어를 설치하라는 미국연방수사국(FBI: Federal Bureau of Investigation)의 요청을 일관되게 거절해왔다.[13]

따라서 시장 주도의 사생활 보호 이분법은 미국적 접근의 속성이다. 개인은 상업적 감시에 대해 거의 보호 받지 못하지만, 주요 플랫폼들은 그들이 정부 감시의 대상이 되지 않도록 상당한 노력을 전개하고 있다.

부적절한 데이터 보호 문화와 미국에 기반을 둔 주요 플랫폼의 전 세계적 영향력은 미국과 전 세계에 심대한 결과를 초래했다. 모든 수단을 동원한 '사용자 참여' 극대화와 숨겨진 가치를 추출하기 위한 데이터 공유와 재창출을 장려하는 데이터 주도의 철학은 주요 온라인 플랫폼에 '사람들을 조작에 매우 취약한 청중으로 추적, 표적, 구분하는' 힘을 주었다.[14]

'가짜 뉴스' 전파를 통한 제3자에 의한 이 힘의 남용과 정치적 의제를 확산하기 위해 케임브리지 애널리티카의 수백만 페이스북 사용자의 개인 데이터에 불법 접근 및 채굴한 것은 2016년 미국 대통령 선거와 영국의 EU 국민투표에 영향을 미치기 위해 사람들의 이념적 편견을 이용할 수 있도록 했다. 플랫폼의 규모, 데이터 관리 관행, 선거에서의 역할, 더 엄격한 규제의 필요성, 사생활 관련 규제에 대한 상당한 공공의, 정치적 불만은 워싱턴에서 점점 더 인식이 높아지고 있다. 그러나 이 규제의 동력이 어떤 구체적인 결과를 가져올지는 불분명하다. 규제와 싸우기 위해 아마존, 애플, 페이스북, 구글은 2018년 총 5,500만 달러를 로비에 지출했다고 보고되었다. 이는 2016년의 2배가 넘는 액수이다.

사람들이 민주주의와 소셜미디어에 익숙하지 않은 많은 개도국에서 가짜 뉴스는 널리 믿어진다. 이들 중 일부 국가에서는 페이스북이 기본 공공 온라인 서비스, 일부 뉴스 사이트, 페이스북 자체에 무료 휴대전화 데이터를 제공하지만, 가짜 뉴스를 폭로하는 데 도움이 될 수 있는 광범위한 정보원에의 접근은 제한하는 등, 정보 인프라에 상당한 통제력을 행사한다. 그러한 사례 중의 하나가 필리핀이다. 포퓰리즘(populism, 대중영합주의)적인 대통령 두테르테(Rodrigo Duterte)의 대변인이 마약상에 의해 강간, 살해당한 것으로 추정되는 어린 소녀의 시신 사진을 페이스북에 공유했다. 팩트체커들은 나중에 이 사진이 브라질에서 왔음을 밝혔다. 그 폭로에도 불구하고 마약상과 마약 중독자로 지목된 사람들에 대한 두테르테의 잔혹한 탄압을 지지하는 자들은 그 사진을 가지고 그의 행동을 옹호했다.[15]

미국의 데이터 거버넌스 틀에서 핵심 참여자들은 시장 행위자들 (특히 대규모 첨단 기술 기업)과 미국정부이다. 이들 행위자들 사이에 긴장이 있지만, 그들은 근본적으로 동일한 목표를 향해 나아간다. 그것은 미국 민간 부문의 경제적 성장과 지속적인 글로벌 시장 장악을 위한 대규모 데이터 수집이다. 이러한 거버넌스 장치들은 미국 내외의 개인들이 성장을 촉진할 데이터를 위해 '사육'되는 것에 의존한다. 이들은 '개별적으로 관리된다.' 개인들은 그들의 데이터로부터 생성되는 상업적 거래에 참여하지 않으며, 이 시스템의 지배력을 고려하면 그들은 여기서 벗어나는 선택을 할 여지는 거의 없다. 권력은 이 (비)천연자원의 공공적 혜택을 추출해 낼 수 있는 규제의 틀 사이를 빠져나가면서, 사상 유례없는 부를 축적하는 소수의 개인과 그들의 회사에 집중되어 있다.

## 중국의 접근: 데이터를 통한 통치

데이터 관리에의 접근에 있어서 미국과 중국은 많은 유사점이 있다. 미국의 접근은 자국 민간 부문을 위한 시장 주도를 지향하지만 중국의 접근은 데이터를 '통한' 거버넌스를 지향한다. 이것은 시스템, 권력의 동학, 관련 행위자 등 여러 면에서 나타난다.

중국에는 개인정보보안표준('2018 표준')이 시행된 2018년까지 데이터 보호 규제의 틀이 없었다. 그때까지 데이터 보호 조항은 중국의 형법과 민법, 그리고 중국 제2의 입법 기관인 전국인민대표회의 상임위원회가 제정한 장치들에 포함되어 있었다.[16] 이 (미국과 유사한) 자유로운 데이터 보호 규제 접근하에서 다수의 첨단 기술 기업이 부상하였고, 급격히 성장하였으며, 국제적 위상을 가지게 되었다. (통칭 'BAT'로 불리는) 바이두, 알리바바, 텐센트는 잘 알려진 예이다. 2020년 세계에서 가장 가치가 높은 10대 회사로 선정된 알리바바와 텐센트는[17] 알리페이와 위페이를 소유하고 있는데, 이들은 중국을 현금 결제 전용 사회에서 모바일 결제 전용에 가까운 사회로 변신하는 것을 가능하게 한 두 개의 온라인 결제 앱이다. 알리바바와 텐센트 생태계에는 호텔 및 항공편 예약, 기차와 택시 승차, 식료품 구입, 공과금 납부, 스트리밍 서비스, 주택모기지 납부 등 다수의 오프라인과 온라인 서비스가 통합되어 있다. 그들은 각각의 결제 앱에서 통합적으로 관리된다. 사람들의 알리페이, 위페이 의존도가 높아짐에 따라 알리바바와 텐센트는 개인의 생활에 관한 사상 유례없는 양의 데이터를 수집, 가공, 조합할 수 있게 되었다.

소비자 앱을 통해 개인 데이터를 광범위하게 수집하는 중국의 데이터 거버넌스는 미국의 모델을 따르지만, 그 데이터를 거버넌스 목적과 '공공선'을 제공하기 위해 활용한다는 서사가 강하다. 알리바바의 데이터 원천은 개인이 지마크레딧(Zhima Credit)이라는 프로그램에서의 활동을 기반으로 한 신용등급을 계산하는 데 이용되었다. 이것은 중국에서의 오랜 문제 하나를 해결하였다. 중국은 역사적으로 신뢰할 수 있는 제3자, 신용등급 주체는 고사하고, 잘 작동하는 신용평가체계가 부재했다. 왜냐하면 최근까지 현금이 선호되는 결제 수단이었기 때문이다. 이 데이터 중심의 접근은 학생이나 농촌 거주자와 같이 과거에 소외되었던 사람들에게도 금융체계를 개방해 주었다. 또 이것은 중국정부가 '사회신용체계'를 실행하는 데도 이용되었다. 이것은 미국의 FICO 등급이나 영국의 엑스페리언과 같은 서구 국가에서 사용되는 신용등급체계와 유사하다. 지마크레딧은 재정 정보뿐 아니라 구매 기록, 정치적 활동, 타인과의 상호작용 등 폭넓게 개인의 생활을 고려한다.[18] 중국의 모든 회사와 시민은 디지털 네트워크 전반에서의 대상자의 행태에 대한 끊임없는 평가와 감시를 통해 변동하는 역동적으로 생성된 사회신용 등급을 가지도록 의도되었다.

2018년 개인정보보안표준 도입은 개인 정보 수집, 저장, 가공, 공유를 위한 포괄적인 틀을 만들었다. 예를 들어, 그것은 사용자 동의에 관한 상세한 규정과 데이터가 공유되기 이전에 식별 불가하게 되어야 하는 조건 등을 포함했다. 또 이 표준은 최초의 목적 이외의 '부가적 사용'에 관한 엄격한 제한을 두었다. 이 데이터를 가공하는 제3자 판매자는 대대적인 보안 평가를 받아야 한다.[19] 이 표준이 통과되면서 중국은 (최소한 원칙적으로) EU가 지지한 것과 일치하는 데이터 보호 레짐을 설정하였다. 명목상으로는 엄격하지만 이 표준은 대규모 데이터 세트에의 접근에 의존하는 인공지능과 같이 중국경제에 핵심적인 분야의 개발을 저해하지 않도록 GDPR보다 더 친기업적으로 의도되었다.[20] 사실 중국에서 표준은 법적 구속력이 없으며 기껏해야 정책 지침으로 이해된다. 그럼에도 2018년 표준은 중국 회사들을 더 책무성 있는 데이터의 관리자로 만든다. 왜냐하면 민간 부문 행위자에 의한 개인 정보 사기와 사칭에 대한 공공의 우려가 증가하고 있기 때문이다.[21]

그 결과 미국에서 보는 것과는 정반대의 중국적 사생활 이분법이 부상하고 있다. 중국인들은 점점 더 그들의 데이터 프라이버시에 대해 우려하고 있으며, 상업적 감시에 대한 광범위한 보호를 받고 있다. 그러나 그들은 거의 무제한적인 정부로부터의 감시를 피할 수 없을 것이다. 중국정부가 사회신용체계를 중국인들 사이의 정직성 조성의 도구로 묘사하지만, 서구 국가에서는 이를 사회적, 정치적 통제를 촉진하는 대규모 감시체계로 본다.[22] 미국과 중국에서 공히 개인 데이터의 수집과 분석에는 상당한 국가안보와 정치적 안정의 의미가 개입되어 있다. 따라서 시장 행위자들이 아무리 큰 역할을 한다고 해도 데이터 거버넌스는 정부의 관할에서 그다지 멀리 넘어가지는 않을 것으로 보인다.

## EU의 접근: 불가능한 일

법과 정책의 분야에서 데이터 보호는 정보통신기술(ICT: information communication technologies)에 의한 사생활 관련 위협에 관한 초기 유럽 논의의 산물이다.[23] 유럽 권위주의 국가에 대한 비교적 최근의 경험에 영향을 받아, 데이터 보호는 존엄성, 자율성, 개인적 완결성, 그리고 '정보 자결(informational self-determination)' (즉 개인이 자신의 개인 데이터 공개 및 이용을 통제하는 능력)이라는 독일적 관념의 보호와 연계된다. 2009년 리스본조약 발효 이후 데이터 보호에 대한 권리는 EU 법체계에 기본권으로 명시되었다. 동시에 개인 데이터의 자유로운 흐름은 초국경 거래에 중요하며, EU의 내부 시장 형성에 중요하다. 따라서 최초의 범EU 데이터 보호 장치의 명칭인 1995년 데이터보호지침(DPD: 1995 Data Protection Directive)에서 볼 수 있듯이, EU의 데이터 보호는 역사적으로 '개인적 데이터 처리에 있어서 개인의 보호'와 '그러한 데이터의 자유로운 이동'이라는 이중적 목표 실현을 추구했다.[24]

EU는 '식별되었거나 식별될 수 있는 개인에 관련되는 정보'인 개인적 데이터 처리에 적용되는 포괄적이고 엄격한 데이터 보호 레짐을 가지고 있다. 첨단 데이터 처리 기술과 이용 가능한 데이터의 양을 고려하면, 익명화 과정을 거친 대부분의 데이터는 역공학을 통해 개인에게 되돌려 연결될 수 있다.[25] 이러한 이유 때문에 대부분의 데이터는 개인적이며, 따라서 EU 데이터 보호법의 범위는 광범위하다. DPD는 1980년 OECD 사생활보호 및 개인정보초국경이동지침(OECD Guidelines on the Protection of Privacy and Transborder Flows of Personal Data)에 설정된 원칙 위에 작성되었다.[26] 그렇기에 DPD는 개인적 데이터 가공을 정당화하는 데이터 대상자의 동의, 혹은 법에 규정된 다른 근거, 그리고 다수의 데이터 보호 원칙, 그중에서도 목적의 제한(즉 데이터는 특정의, 명시된, 정당한 목적을 위해 수집되고, 그 목적에 반하는 방식으로 더이상 가공되지 않는다), 데이터 최소화(즉, 개인적 데이터의 가공은 목적에 필요한 범위로 제한되어야 한다), 저장 제한 등의 준수 (즉, 개인적 데이터는 그 가공 목적에 필요한 이상으로 저장되어서는 안 된다)를 요구한다. 전반적으로 이러한 의무 사항과 원칙은 개인에게 자신의 개인적 데이터에 대해 어느 정도의 통제력을 주고 불필요하고 정당하지 않은 개인 데이터의 수집을 방지하여, 개인이 승인되지 않은 목적으로 특정되는 것을 방지하려고 한다.

디지털 혁명의 도래로 DPD는 점점 낡은 것으로 인식되고 있다. 그것이 채택된 해(1995년)에 EU 인구의 1퍼센트만이 인터넷을 사용했고, 아마존과 이베이는 아직 준비 중이었으며, 페이스북 창시자는 11살이었고, 구글은 존재하지 않았다.[27] 따라서 GDPR은 새롭고, 갈수록 널리 적용되는 데이터 수집 방법이 초래한 개인 데이터 보호를 둘러싼 문제에 대응하기 위해서 만들어지고 통과되었다.[28] 그러나 이미 개인과 개인적 데이터를 수집하여 제3자에 판매하는 거대 데이터 기업 사이의 역기능적 거래가 인식되었음에도 불구하고, GDPR은 비록 다소 정교해지긴 했지만 DPD의 핵심 데이터 보호 수단 (동의를 제공하고 취득하는 역할, 앞서 언급한 데이터 보호 원칙 등)을 유지했다. 이러한 규제의 선택은 두 가지 결과를 초래했다. 첫째, 개인들은 온라인에서 끝없이 동의 요청 공세를 받으면서 괴로움을 당한다. 그 결과 대부분의 사람들은 거의 자동적으로 어떤 조건이 제시되든 동의를 하며, 데이터 보호 도구로서의 사용자 동의는 어떤 의미 있는 효과도 남아있지 않다. 둘째, GPDR의 핵심 원칙이 거대 데이터 기업의 교의와 양립이 안 되기 때문에,[29] GDPR은 기업이 이용자 개인 데이터를 사용하여 데이터 주도의 혁신을 추구하는 데 어려움을 준다.

이것은 EU의 디지털 경제에 특히 해로우며, 따라서 향후 글로벌 접근에 영향을 미칠 것이다. 어떤 EU 기업도 비EU 플랫폼의 성공을 되풀이할 수가 없었기 때문에, 그들은 시장 침투 노력에 있어서 데이터로 실험하고 혁신하는 능력에 제약이 적을수록 혜택을 볼 것이다. 데이터 주도 혁신에 임하는 기업의 능력에 미치는 GDPR 효과는 대체로 앞서 언급한 EU 데이터 보호법의 목적들 사이의 충돌의 결과이다. DPD와 마찬가지로 GDPR은 개인의 보호와 개인적 데이터의 자유로운 흐름 사이의 균형을 추구한다. 그러나 현재의 AI 경쟁에서 EU가 상대하는 경쟁자들(미국과 중국)이 데이터 거인들의 근거지이고 훨씬 덜 엄격한 데이터 보호법을 가진 상황에서,[30] 이 균형은 EU 기업의 경쟁력 강화에 불충분한 것 같다.

어쨌든 GDPR은 어떤 면에서는 혁신적이고, EU 데이터 거버넌스뿐 아니라 글로벌 데이터 거버넌스에도 어느 정도 영향을 미칠 것이며, 이것은 우리의 논의에 중요한 요인이다. GDPR은 EU 거주자에게 상품이나 서비스를 제공하거나, EU 내에서 개인의 행동을 모니터하는 어떤 기업도 설립 장소에 관계없이 그 규칙을 준수해야 한다고 규정한다. GDPR은 세계에서 가장 포괄적이고 엄격한 데이터 보호 틀이기 때문에 글로벌 사업을 하는 기업은 GDPR 준수를 경쟁력으로 이용할 수 있다. 즉 GDPR 표준을 다른 나라에 있는 모든 고객에게 적용함으로써, 데이터 보호 문제를 다루는 절차를 간소화할 수 있고, 효율성을 높이고, 규제 순응 비용을 낮출 수 있다.[31] 따라서 GDPR은 국제적으로 데이터 보호 표준 개선을 촉진할 수도 있다.

## 글로벌 데이터 거버넌스의 미래

데이터 거버넌스 (특히 개인적으로 식별 가능한, 또는 개인적인 정보)에 대한 이 3개의 다른 접근은 미래를 생각하고 혜택을 극대화하고 위험을 최소화하려면 지금 어떤 변화를 실행해야 하는지 생각하는 실마리를 제공한다. 개인을 상품화 가능한 데이터를 만들어내는 데이터 농장으로 보고, 그 데이터를 자국 기업이 이용하도록 하는 미국의 접근은 지난 20년처럼 미래에도 계속 시장을 지배하려면 중요한 변혁이 필요할 것이다. 첫째, 사상 유례없는 부를 미국 기업이 사적으로, 개인적으로 축적하게 해주는 것은 데이터를 국가적 또는 (비)천연자원으로 보는 국가들에 의해 도전받을 것이다. 둘째, 선거와 같은 중요한 민주주의 제도들이 사적 데이터 흐름의 불투명한 조작에 의해 잠식되는 현상이 우려되는 가운데, 일부 국가들은 이 모델을 원하지 않겠지만, 원하는 나라도 있을 것이다. 끝으로 오남용이나 절도와 같은 데이터를 이용한 범죄의 증가로 인해 공공 담론이 '정부 개입 거부'에서 탈피하여 온라인 피해를 완화하는 정부의 책임에 관한 것으로 옮겨갈 것이다.

자국의 온라인 경제를 강화하고 사회, 정치적 안정을 유지하는 거버넌스 기제로서 데이터를 사용하는 중국의 접근에 대해 일부 국가는 매력을 느낄 것이고, 기꺼이 채택할 것이다. 이는 정부의 감시 수준에 대해 인권을 우려하거나 중국의 기술적 패권을 우려하는 국가들과의 관계를 방해할 것이다. 미국과 중국의 5G 갈등은 차세대 기술에 대한 미국의 투자 실패 (명백한 혜택에도 불구하고 20세기 후반에 이를 실행하지 않은)의 중요한 의미를 부각시켰다. 기술 지배력이 국제생태계를 형성하는 것은 과소평가되어서는 안되며, 데이터 주도 시스템의 지배는 패권 재구성의 엄청난 부분을 차지할 것이다.

EU는 미국도 중국도 할 수 없었던 것을 시도하고 있다. 데이터 경제에 있어서 인권을 보호하면서 혁신을 촉진하는 것이다. 지적한 바와 같이 이것은 서로 상쇄하는 성취할 수 없는 목표들이라고 볼 수 있다. 만일 GDPR이 글로벌 시장을 형성하는 데 효과적이라면, 그것은 인권을 수용하는 데이터 거버넌스 틀을 위한 공간을 만들어 줄 수 있을지도 모른다. 만일 그렇지 않다면, 이 분야에서 국제질서에 영향을 미치기 위해 EU는 시장을 넘어서는 다른 도구를 이용해야 할 것이다. 그러나 개인 (이 책의 편집자들의 관념을 채용하자면 보이지 않는 '전세계적으로 관리되는 사람들')의[32] 선호를 충족시키지 못하면서 미국과 중국에서는 모두 그들의 데이터 거버넌스 접근이 잠식될 수 있을 것이다. 미래의 혁신에 대한 가장 큰 위험은 데이터 공급의 방해이다. 프라이버시 강화 기술(PETs: privacy-enhancing technologies)은 자신의 데이터와 디지털 발자국을 통제하지 못하는 불만에 대한 반응으로 이해할 수 있다.

디지털 기술의 차세대의 모든 잠재력을 실현하려면 동의를 제공하는 시민들의 선호에 영향을 미치는 환경을 조성하면서, 가능한 한 광범위하게 개인 데이터를 공유하는 방법을 찾아야 한다. 이에 관해서는 EU의 접근이 가장 가까우며, 중국과 미국의 접근은 모두 자국이 최소한 어느 정도 지속될, 혹은 미래의 패권을 형성하여, 자국의 경제 성장을 촉진하고 지역 및 글로벌 정치적 역학을 통제하도록 설계되었다.

경쟁하는 시스템들을 동조화하는 노력의 일환으로, 일종의 디지털 사회계약을 유지하고 모두에게 중요한 데이터의 흐름에서 초래될 수 있는 홉스적인 무정부 상태를 피하기 위해, 데이터 소유자의 '재산권'으로 이해될 수 있는 것을 존중하는 법적 틀의 개발이 강조된다. 그러나 다른 사람들은 데이터의 상품화가 조직보다 개인에게 혜택을 주도록 완전히 방향을 바꿀 수 있다는 잠재적으로 현상 파괴적이고 혁신적인 아이디어를 생각한다.

개인적 데이터 관리에 대한 이 하나의 문제는 인간을 규제의 틀을 추동하는 매우 직접적이고 대표적인 방식으로 글로벌 거버넌스의 방정식에 끌어들인다. 특히 GDPR을 영토 외적인 것으로 만든 EU의 혁신은 우리가 어떻게 행위자, 이익, 산출물을 인간 중심적인 것으로 할 수 있을지 생각하게 해준다. 그것은 시장 독점을 통해 이제까지 데이터를 '관리했던' 대규모 기업 행위자로부터 데이터를 생성하는 개인에게로 권력을 (어느 정도, 아직은 불완전하게) 옮겨 준다. 이것은 디지털 기술의 조정과 관리의 혁신을 위한 촉진제가 될지도 모른다.

## 결론

데이터 거버넌스는 미래의 혁신에 있어서 매우 중요한 문제가 될 것이다. 대단히 의도적이고 전략적인 조치들을 통해 데이터는 소수의 데이터 거대 기업들과 수십억 명의 개인 사이의 지극히 역기능적인 거래 상품이 되었다. 공공재는 어떤 의미 있는 방식으로도 일관되게 추출되거나 전해지지 않고 있으며, 현재의 데이터 경제가 예를 들어 2030 개발의제에 지침을 제공하고 지속가능발전목표(SDGs: Sustainable Development Goals)에[33] 대응할 수 있게 해준다는 기업의 주장도 근거가 없다. '새로운 석유'로서의 데이터 비유로 돌아가서, 우리는 매우 중요한 구별을 해야 할 필요가 있다. 화석연료와 달리 데이터는 땅에서 나오지 않는다. 그것은 개별 시민들 사이의 교환에 의존하며, 그 시민들은 그들의 데이터가 수집, 공유되는 방식에 혜택을 받아야 한다. 그렇지 않으면 그들은 동의를 철회하기 시작할 것이다.

중요한 것은 그 시민들은 개인들이며, 무엇이 '혜택'인지에 대한 그들의 인식은 다양할 것이다. 따라서 다양성을 수용하는 것은 공통의 이익을 찾는 것만큼 중요하다. 이 장에서 정리한 3개의 접근은 각각 결함이 있다. 이들을 개선한 '제4의 길'을 제안하기보다 진정으로 필요한 것은 현재 우리가 내리는 결정들의 장기적 의미에 초점을 맞추는 것이다. 과거의 산업혁명에서 내린 자원, 노동, 재산, 지식의 관리에 관한 결정과 마찬가지로, 데이터 거버넌스에 대한 이 결정들에 우선시된 것은 세대를 거쳐 영향을 미칠 것이다. 현시점에서 중요한 것은 우리가 비판적이고, 의문을 제기하고, 창의적이고, 성찰해야 한다는 것이다. 그렇지 않으면 우리는 나중에 크게 후회할 수 있는, 돌이킬 수 없는 일을 저지를 위험에 처해있다.

성공적인 데이터의 글로벌 거버넌스는 지속가능하고, 혁신을 지원하고, 시민들이 계속해서 데이터 수집에 기여하도록 동기를 제공하는, 모든 부문들 사이의 합의 도출에 관한 것이 될 것이다. 이것을 이루는 데 있어서의

(부분적으로 우리의 데이터 경제에의 의존으로 인해 생기는) 도전은 우리가 제4차 산업혁명에 우리가 직면한 기회와 도전에 대응하는 데 절실히 필요로 하는 거버넌스 혁신을 이루도록 해줄지도 모른다.

## 추가 읽을거리

Lee A. Bygrave, *Data Privacy Law, an International Perspective* (Oxford: Oxford University Press, 2014).

Min Jiang and King Wa-Fu, "Chinese Social Media and Big Data: Big Data, Big Brother, Big Profit?," *Policy & Internet* 10, no. 4 (2018): 372–392.

OECD, *Revised Guidelines on the Protection of Privacy and Transborder Flows of Personal Data* (Paris: OECD, 2013).

Tal Z. Zarsky, "The Privacy-Innovation Conundrum," *Lewis & Clark Law Review* 19, no. 1 (2015): 115–168.

Shoshana Zuboff, "Big Other: Surveillance Capitalism and the Prospects of an Information Civilization," *Journal of Information Technology* 30, no. 1 (2015): 75–89.

## 주

1) World Economic Forum, "Shaping the Future of Technology Governance: Data Policy," www.weforum.org/platforms/shaping-the-future-of-technology-governance-data-policy.
2) Ibid.
3) Paul M. Schwartz and Daniel J. Solove, "Reconciling Personal Information in the United States and European Union," *California Law Review* 102, no. 4 (2014): 877, 881.
4) Joel R. Reidenberg, "Resolving Conflicting International Data Privacy Rules in Cyberspace," *Stanford Law Review* 52, no. 5 (2000): 1315, 1331.
5) Paul M. Schwartz, "The EU-US Privacy Collision: A Turn to Institutions and Procedures," *Harvard Law Review* 126, no. 7 (2013): 1966, 1974–1975.
6) Schwartz and Solove, "Reconciling Personal Information," 880.
7) Ibid., 881.
8) Adam Thierer, *Embracing a Culture of Permissionless Innovation* (Washington, DC: Cato Institute, 2014), www.cato.org/publications/cato-online-forum/embracing-

culture-permissionless-innovation.
9) Ira Rubinstein, Greg Nojeim, and Ronald Lee, "Systematic Government Access to Personal Data: A Comparative Analysis," *International Data Privacy Law* 4, no. 2 (2014): 100–102.
10) New America, "Case Study #3: Transparency Reporting," http://newamerica.org/in-depth/getting-internet-companies-do-right-thing/case-study-3-transparency-reporting/.
11) *Letter dated 27 January 2014, from the Office of the Deputy Attorney General of Washington D.C. to Facebook, Google, LinkedIn, Microsoft and Yahoo!*, 27 January 2014, www.justice.gov/iso/opa/resources/366201412716018407143.pdf
12) Twitter Transparency Report – Information Requests – United States, headings "User Notice" and "National Security Requests," https://transparency.twitter.com/en/reports/countries/us.html#2019-jul-dec.
13) Jack Nicas and Katie Benner, "F.B.I. Asks Apple to Help Unlock Two IPhones," *The New York Times*, 7 January 2020, www.nytimes.com/2020/01/07/technology/apple-fbi-iphoneencryption.html.
14) Dipayan Ghosh and Ben Scott, "Digital Deceit II: A Policy Agenda to Fight Disinformation on the Internet," 2018, www.newamerica.org/public-interest-technology/reports/digital-deceit-ii/.
15) Alicia Parlapiano and Jasmine C. Lee, "The Propaganda Tools Used by Russians to Influence the 2016 Election," *The New York Times*, 16 February 2018, https://www.nytimes.com/interactive/2018/02/16/us/politics/russia-propaganda-election-2016.html; Paul Mozur and Mark Scott, "Fake News in U.S. Election? Elsewhere, That's Nothing New," *The New York Times*, 22 December 2017, https://www.nytimes.com/2016/11/18/technology/fake-news-on-facebook-in-foreign-elections-thats-not-new.html.
16) Ibid.
17) "Most Valuable Companies in the World – 2020," *FXSSI – Forex Sentiment Board*, 6 February 2021, https://fxssi.com/top-10-most-valuable-companies-in-the-world.
18) Karen Li Xan Wong and Amy Shields Dobson, "We're Just Data: Exploring China's Social Credit System in Relation to Digital Platform Ratings Cultures in Westernised Democracies," *Global Media and China* 4, no. 2 (2019): 221.
19) Samm Sacks, *New China Data Privacy Standard Looks More Far-Reaching than GDPR* (Washington, DC: Center for Strategic & International Studies, 29 January 2018), www.csis.org/analysis/new-china-data-privacy-standard-looks-more-far-reaching-gdpr.
20) Ibid.
21) Center for Strategic and International Studies, "China's Emerging Data Privacy System and GDPR," 2019, www.csis.org/analysis/chinas-emerging-data-privacy-system-and-gdpr.
22) Wong and Dobson, "We're Just Data," 221.
23) Lee A. Bygrave, "Privacy and Data Protection in an International Perspective,"

*Scandinavian Studies in Law* 56, no. 8 (2010): 165, 168.

24) *Directive 95/46/EC of 24 October 1995 on the Protection of Individuals with Regard to the Processing of Personal Data and on the Free Movement of Such Data*.

25) Paul Ohm, "Broken Promises of Privacy: Responding to the Surprising Failure of Anonymization," *UCLA Law Review* 57, no. 6 (2009): 1701, 1742; Paul M. Schwartz and Daniel J. Solove, "The PII Problem: Privacy and a New Concept of Personally Identifiable Information," *NYU Law Review* 86, no. 6 (2011): 1814, 1877; Omer Tene and Jules Polonetsky, "Big Data for All: Privacy and User Control in the Age of Analytics," *Northwestern Journal of Technological and Intellectual Property* 11, no. 5 (2012): 258.

26) OECD, *OECD Guidelines on the Protection of Privacy and Transborder Flows of Personal Data*, (C 58 final), Organisation for Economic Co-operation and Development, Paris, France, 1 October 1980.

27) *Speech by Viviane Reding at Digital Enlightenment Forum*, "Outdoing Huxley: Forging a High Level of Data Protection for Europe in the Brave New Digital World," 18 June 2012, www.identityblog.com/wp-content/images/2012/06/Viviane_Reding_Digital_Enlightenment_Forum.pdf.

28) European Commission, "Communication from the Commission to the European Parliament, the Council, the Economic and Social Committee and the Committee of the Regions – A Comprehensive Approach on Personal Data Protection in the European Union," (COM(2010) 609 final: 2), 유럽위원회로부터 유럽의회에 제출된 공식 문건.

29) Tal Z. Zarsky, "Incompatible: The GDPR in the Age of Big Data," *Seton Hall Law Review* 47, no. 4 (2016): 995, 996.

30) Daniel Castro, "Who Is Winning the AI Race: China, the EU or the United States?," *Center for Data Innovation*, 19 August 2019, www.datainnovation.org/2019/08/who-is-winniing-the-ai-race-china-the-eu-or-the-united-states.

31) W. Gregory Voss and Kimberly A. Houser, "Personal Data and the GDPR: Providing a Competitive Advantage for US Companies," *American Business Law Journal* 56, no. 2 (2019): 287.

32) Thomas G. Weiss and Rorden Wilkinson, "The Globally Governed: Everyday Global Governance," *Global Governance* 24, no. 2 (2018): 193–210.

33) Stephen Browne and Thomas G. Weiss, eds., *Routledge Handbook on the UN and Development* (London: Routledge, 2021).

19장



# 불법 약물:

## 약물금지와 국제약물통제레짐

세라노(Mónica Serrano)

미래의 글로벌 거버넌스는 불법 약물의 분야에서 계속해서 중대한 도전에 직면할 것이다. 2017년에 전 세계 3,500만 명 (거의 캐나다 인구)이 약물 사용 장애를 겪고 있다. 그중에 단지 7명 중 한 명만이 치료나 돌봄을 받고 있다. 그 나머지는 보호받지 못한 채 방치되어 58만 5,000명이 목숨을 잃었다. 오늘날 소비자들이 천연 및 합성 화학적 복합물을 모두 포함하는 범주의 약물 (가장 잘 알려진 헤로인, 펜타닐, 그리고 몇몇 처방약을 포함)인 오피오이드에 의존하게 되면서 가장 시급한 문제로 부상했다. 오피오이드 사용자는 최근 수년간 60퍼센트 가까이 증가하여, 2018년에 5,800만 명에 달했다. 매년 약물로 인해 사망하는 사람의 약 절반은 오피오이드가 원인이다.[1)]

이러한 사망률은 다른 글로벌 전염병에 비하면 높지 않지만, 약물의 중독성은 매우 파괴적이다. 대마초 최초 사용자는 10퍼센트 정도의 중독 확률이 있다. 코카인의 경우 그 가능성은 3분의 1 정도 증가한다. 오피오이드의 경우 그 2배 정도로, 사용자의 25퍼센트가 중독 위험에 처한다.[2] 불법 약물은 공공 보건에 있어서 글로벌한 도전이 되고 있다.

국제약물통제레짐(IDCR: International Drug Control Regime)은 약물 문제에 대한 글로벌 거버넌스 해결책을 제공하기 위해 창설되었다. 그러나 약물금지 규범은 실제적으로는 문제가 많았다. IDCR은 1961년 유엔 마약에 관한 단일협약(UN Single Convention on Narcotic Drugs, 1972년 의정서에 의해 개정), 1971년 향정신성물질에 관한 협약(Convention on Psychotropic Substances), 1988년 마약 및 향정신성물질의 불법거래방지에 관한 협약(Convention against Illicit Traffic in Narcotic Drugs and Psychotropic Substances) 3개의 기둥에 의존한다. 그 각각의 서문에서 협약들은 인류의 '건강과 복지'에 우려를 표하지만, 1988년 마약 및 향정신성물질의 불법거래방지에 관한 협약만이 인권을 언급한다.[3] 이 언급과 별개로 이들 3개 협약들은 다른 글로벌 거버넌스 우선순위, 특히 인권문제에서 벗어나서 금지 약물 문제에 대한 금지론적 형벌적 접근을 견지한다. 그들은 한 세기에 걸쳐 이 레짐을 형성하고 감시해온 미국의 역할을 반영한다.

2008년 유엔 마약범죄사무소(UNODC: United Nations Office on Drugs and Crime) 사무국장 보고에서 인정되었듯이 약물통제의 관행은 다수의 의도하지 않은, 상당히 부정적인 결과를 가져왔다. 그중 주목할 만한 것은 대규모 암시장의 성장, 파생되는 다수의 인권 유린, 건강권의 부정, 시민적 자유 침해, 강압적 경찰과 군대의 마약 통제 작전으로부터의 사상자 발생, 범죄인의 폭력, 일부 국가에서 벌어진 마약 사범의 처형 등이다.[4] 이러한 폭력에도 불구하고 지난 60여 년간 유엔 약물통제 기관들은 인권에 대해 거의 또는 전혀 관심을 보이지 않았다.[5]

어떻게 상황이 이렇게 되었을까? 이 장의 목적은 어떻게 IDCR에 내재된 금지에 기반한 체계가 형성되었는지 검토하고, 그러한 접근이 초래한 결과를 조명하며, 약물통제에 대한 대안적인 인간중심적 접근의 가능성과 혜택에 대해 논의하는 것이다. 이 장은 인류가 타락하기 이전의 세계를 잠깐 살펴보는 것으로 시작한다. 이어서 이 장은 법적 틀을 강화하고 국가적 관행과 국제적 관행을 일치시키려는 미국의 노력이 금지론적, 권위주의 국가들로부터의 공격적인 지원으로 인해 강화되는 가운데 나타난 약물통제레짐의 거듭되는 실패에 대해 검토한다. 그 후에 이 장은 변화를 일으키는 현존하는 힘에 대해 논의한다. 유럽이 주도하는 피해 축소 치료 캠페인은 무엇보다도 인권을 글로벌 약물통제 논의에 불러들임으로써 가능성 있는 새로운 길을 제공한다. 대마초와 관련하여, 특히 미국 내의, 현 레짐에서의 조용한 탈퇴는 중요한 추세가 되었다. 그러나 우리가 21세기 중반을 내다볼 때, 이러한 조용한 '탈퇴'가 불편한 소란 이상이 될지는 두고 볼 일이다.

## 약물금지 이전의 삶

오랜 세월 동안 향정신성 약물과 마약 물질은 전 세계의 여러 사회에서 '약물 문화'나 '하위문화'의 핵심 요소였으며, 다양한 종교적, 의약적 용도로 사용되었다. 예를 들어, 현대에 들어와서도 그것들은 병사들의 체력을 올려주었다. 정신활성화 물질과 흥분제는 전 세계경제에서 중요한 상품이었다. 차, 코코아, 커피, 담배, 럼주 등 서구 사회에서 널리 사용된 것들 다수는 진정으로 글로벌 상품이 되었다. 아편이 그렇게 된 현상도 약물금지의 도덕적 변덕에 대한 논의에서 회상해볼 만하다.

아편을 피우는 행위는 19세기 서구의 중국에 대한 스테레오타입의 단골이 되었으나, 아편을 금지하려는 중국의 시도를 저지하기 위해 영국이 일으킨 두 차례의 아편전쟁 이후 인도에서 재배되었다. 이것은 중독성이 있지만 수익성이 좋은 약물 시장을 강제로 열기 위한 (그리고 영국의 중국에 대한 오랜 무역 불균형 시정을 노린), 당시 초강대국의 수치스럽지만 성공적인 군사작전이었다. 대영제국이 중국에 아편을 강제한 것은 후일 글로벌 약물 통제의 서사에 그늘을 드리운다.

미국에서는 남북전쟁 중에 아편 중독이 상당히 증가했다. 모르핀 소금은 1830년대부터 제조되었으며, 헤로인은 1898년 바이엘사에 의해 제조되어 상용으로 판매되었다. 1915년에 이르자 헤로인은 뉴욕의 젊은 남자들 사이에 오락용 약물로 부상했다. 그때까지 미국으로의 아편 수입은 관세 이외에는 거의 제한을 받지 않았다. 실제로 미국에서 약물 사용은 19세기 전반에 걸쳐 사실상 규제되지 않았다. 코카인이 코카 잎에서 추출된 후 20년이 지난 1880년대에 의사들은 그것을 우울증을 완화제와 국소 마취제로서 환영했다. 코카나 코카인 사용은 곧 미국과 유럽에서 유행했다. 코카콜라 같은 청량음료에, 프랑스의 빈마리아니 같은 '만병통치약'에, 피로회복용 물약에, 축농증이나 화분증 치료에 코카나 코카인 관련 제품이 합법적으로 붐을 이뤘다. 코카인에 대한 열광은 미국과 유럽에서 대단했었다. 영국에서 프로이트(Sigmund Freud)는 코카인의 '마술 같은' 기운을 열렬히 찬양했으며, 미국에서는 파크데이비스사가 매우 다양한 코카인 제품을 생산했다. 교황이 자신이 제일 좋아하는 코카인 브랜드를 지지하기도 했다.[6]

20세기에 들어 서구 사회가 어떤 형태의 규제가 필요하다는 것을 깨닫기 시작하면서 이야기는 달라졌다. 그러나 규제의 수준과 유형은 선택이 열려 있었다. 미국은 광범위한 모르핀 중독에서부터 시작해서 약물의 폐해에 관해 더 많은 지식을 얻게 되어, 연방정부가 행동을 취하게 되고, 그중 가장 눈에 띈 것은 생아편 수입 금지였다. 그러나 사회적 웰빙에 대한 적절한 우려를 넘어 패닉이 나타났으며, 공포를 조장하는 사람들이 나타났다. 그들은 약물을 인종과 연결시켰다. 중독자들은 교외에 거주하는 백인 가정주부가 아니라 아편을 피우는 중국인, 이어서 흑인과 멕시코인의 모습이 되었다. 악의 기원은 미국의 국경 밖에 있는 것으로 간주되었으며, 초기 약물 관련

입법은 사용자와 공급자 모두를 향했다.

그럼에도 미국에서 마약 통제에 관한 초기의 논쟁에서 현실주의적인 시각이 있었다. 다수의 의료 전문가들은 모르핀 과다 사용에 반대하고, 환자 치료약에 마약류 사용 감축 의견을 냈지만, 그들은 중독자들의 갈망과 마약의 공급을 제거한다는 전망에는 의문을 제기했다. 이 접근은 오래가지 않았다. 일부 제약회사와 의료 전문가들이 주장한 약물을 더 제한하는 법 집행 시각이 주도하게 되었으며, 미국의 약물 외교에 의해 강화되었다. 미국이 IDCR을 구축하기 시작한 1906년에 이르자 엄격한 법률 제정이 마약 통제에 대한 국내적 커밋트먼트의 표현과 미국의 약물 외교의 깃발이 되었다. 이것은 국내외에서의 완전한 통제의 목표로 수렴하였고, 적절한 수준과 유형의 규제에 대한 솔직한 평가는 옆으로 밀려났으며, 이는 중대하고 오래 지속되는 결과를 초래했다.

## 약물금지와 국제약물통제레짐: 우리는 어떻게 여기까지 왔는가?

먼저 국제연맹, 후에 유엔이라는 두 국제기구의 행동이 현재 IDCR의 핵심 요소를 형성했다.

### 국제연맹

우연을 포함해서, 많은 요인들이 20세기의 약물금지 규범과 IDCR의 급속한 부상의 이면에 있다. 그중에 두 가지가 부각된다. 첫째 요인은 미국 내에서의 약물금지에 대한 미국정부의 커밋트먼트를 확보하고, 미국을 부상하는 국제 규범의 보호자 역할에 고정하려는 '도덕적 수완가'들의 역할이다.

둘째 요인은 두 세계대전이 만들어낸 특별한 환경이다.

그 레짐의 창시자는 라이트(Hamilton Wright), 테니(Charles C. Tenney) 박사, 브렌트(Bishop Charles Brent)였다. 라이트는 미국 내 연방 약물 입법의 주도자로 알려져 있다. 필리핀에서 아편의 파괴적 영향을 목격한 브렌트는 특히 아편 문제에 관한 국제회의 개최를 목표로 했다. 1906년에 이르자 태프트(William H. Taft), 루스벨트(Theodore Roosevelt) 등 그의 정계 지인들은 그를 도와 국무부의 지지를 얻어냈다. 미국이 추구한 이익은 유럽 국가에 앞서 중국 시장에 접근하는 것이었다. 중국 자체는 아편의 재앙을 어느 정도 국제적으로 통제하는 것이 절실했다. 첫 번째 국제아편회의를 위해 1909년 상하이에서 열린 준비과정은 브렌트, 라이트, 테니에게 맡겨졌으며, 그들은 약물에 대해 대단히 청교도적 도덕주의적 접근을 했다.[7] 태프트 대통령의 전적인 지원을 받아 국제 약물통제조약을 논의하는 국제아편회의가 1911년 12월 헤이그에서 개최되었다. 국제 약물통제의 미국의 목표는 정당한 의료 및 과학적 사용이라는 (엄격하면서 모호한) 관념과 엄격한 공급 통제의 국제적 의제라는 2개의 교리에 근거했다.[8]

국제 무역에서의 충돌하는 이익과 아편 사용에 대한 서로 다른 시각으로 인해 미국은 이 의제를 계속 열어두었으나, 그것이 1912년 아편협약(Opium Convention) 협상을 막지는 않았다.[9] 미국은 1913년 헤이그협약을 비준하고 1914년에는 해리슨마약법(Harrison Narcotics Act)을 제정하여 엄격한 약물통제에 대한 공약을 보여주었으나, (생산국과 식민지배국의 의구심을 반영한) 높은 비준 기준은 협약의 발효를 지연시켰다. 제1차 세계대전의 결과는 이 사실을 바꾸어 놓았다.

베르사유조약의 2개 조항이 그 레짐의 견고한 기반을 제공했다. 제23조는 국제연맹에 아편 및 '위험한 약물' 거래에 관한 협정의 집행을 감독하도록 위임했다. 제295조는 평화협정 서명국을 1912년 아편협약을 준수하도록 의무화했다. 국제약물통제레짐의 틀을 제공한 것은 국제연맹이었다. 이것을 가장 원했던 나라인 미국은 이 조항을 주장했지만, 후에 국제연맹에 가입하지 않았다.

그럼에도 그 조직의 작동에 있어서 미국의 존재는 일관적이었고 "엄청나게 에너지가 넘쳤다."[10] 1920년 새로운 아편자문위원회의 평가자로 임명된 3인 중의 한 사람은 아편 위원회 장관인 해밀턴 라이트의 미망인 엘리자베스 라이트(Elizabeth Washburn Wright)였다. 1928년 신설 상설중앙아편위원회(Permanent Central Opium Board)는 아편 거래에 관한 국제법 전문가 메이(Herbert L. May)를 임명했다. 1931년 연방마약국(Federal Bureau of Narcotics) 위원 앤슬링거(Harry J. Anslinger)는 미국 대표단에 합류했으며, 미국의 경찰 같은 역할이 급부상했다. 국내에서는 약물금지와 징벌적 집행을 강화하고, 해외로는 미국의 약물통제 우선순위를 수출하려는 목표에 몰두했던 앤슬링거는 초기의 도덕적 수완가의 꿈이 이루어진 존재였다. 후에 그는 '사실상의 글로벌 약물통제의 황제'가 되었으며, 국제 약물통제 정책의 '미국화'와 약물금지 및 공급 통제 패러다임의 지속적인 우위가 그 덕분에 이루어졌다.[11]

미국의 리더십하에 전간기에 체결된 약물통제 조약은 IDCR의 주요 강령을 확정하였다. 그 첫 번째는 국제연맹이 발표한 1925년 제네바아편협약(Geneva Opium Convention)이다. 이 협약은 1909년 상하이 회의에서 처음 제안된 사항을 집행하였으나, 아편뿐 아니라 코카와 대마, 그리고 그 파생 약물통제로 범위를 확대했다. 이 협약으로 이들 약물의 거래를 규제하는 국제 체계의 기초가 놓였으며, 서명국에게 승인된 수출입 증명서 발급을 의무화되었다. 동시에 이 체계의 약점이 노출되었다. 그것은 모호하게 정의된 적법한 약물 사용에 대한 이견이었다. 그 결과 미국은 이 협약에서 탈퇴하였다.

둘째, 1931년 마약제조제한 및 유통규제에 관한 협약(Convention for Limiting the Manufacture and Regulating the Distribution of Narcotic

Drugs)은 코카인, 헤로인, 모르핀의 제조에 제한을 가했다. 미국은 이제 그것이 의료 및 과학적 필요에 따라야 함을 인정했으나, 각국의 보고를 의무화했다. 1931년 협약은 보고 국가를 명시하고 폭로하는 관행을 명시했으며, 매우 이례적으로, 25개국의 비준만으로 보편적 구속력을 갖는다고 주장했다.

끝으로, 1936년 위험약물 불법거래억제협약(Convention for the Suppression of the Illicit Traffic in Dangerous Drugs)이 발효되지 않았다. 그럼에도 그것은 징벌적 전례를 확정했다. 이 협약은 마약의 불법 운반 및 판매를 국제 범죄로 만들었고, 서명국이 약물 범죄를 엄벌하는 국내 법을 제정하도록 요청했다.[12)]

## 유엔

유엔헌장은 국제 약물통제에 대한 명확한 언급이 없지만 그것을 재가동하는 것은 미국의 일이었다. 국제연맹의 약물통제 장치는 신속히 신설 유엔 조직에 이전되었다. 1946년 2월 유엔 경제사회이사회 첫 회의에서 국제연맹의 약물통제체계의 계속성 담보, 국제 약물통제 노력의 모니터 능력 개발, 전간기 협약들의 재활성화를 염두에 둔 마약위원회(CND: Commission on Narcotic Drugs)가 설치되었다. 이들 제도들을 단일 협약으로 통합하려는 시도가 즉시 시작되었다.

이것은 규범과 사실 사이의 중요한 괴리가 생긴 가운데 추진되었다. 글로벌 불법 약물 거래는 제2차 세계대전으로 인해 급증하였다. 개인 소비자의 비의료용 약물 수요가 급증하였으며, 범죄자들과 외화벌이에 혈안이 된 빈곤한 약물 생산국의 동기도 상승했다. 소규모 시장은 훨씬 대규모의 불법 시장에 의해 밀려났고, 새로운 부류의 국제 범죄자들의 수중에 들어갔다. 전쟁이 끝나자 미국의 헤로인 중독은 감소 추세를 보였으나, 물량이 귀해지면서 생아편 가격은 파운드당 1,200달러, 정제된 헤로인은 온스당 600달러로 상승했다. 미국은 엄청나게 수익성이 높은 불법 헤로인 시장이 되었으며, 마피아는 이를 재빨리 알아챘다.

이 모든 것이 포고령에 의해 끝날 수 있었을까? 국제연맹의 약물통제체계의 유엔으로의 이전은 비현실적인 믿음을 근거로 진행되었다. 1948년 합성마약 파리의정서(Paris Synthetic Narcotics Protocol)로 통제 물질의 범위를 넓혀 합성 아편을 포함하게 되었다. 앤슬링거가 CND를 공공보건 전문가들이 아닌 법 집행관들을 보유한 독립 기구로 만들려고 노력하는 가운데, 약물통제는 경찰의 관할이 되었다. CND는 아편, 코카, 대마초를 최우선 순위로 하면서, 과격한 공급 통제 의제로 방향을 잡았다. 식민지 보유국가들이 아편 생산 소유지를 포기하게 된 탈식민지화는 아편 독점을 해체하려는 오랜 목표를 실현하는 데 도움이 되었다. 그러나 탈식민지화는 글로벌 공급 통제를 잠식했다. 다수의 신생 국가는 약물통제 집행의 의지가 있다고 해도 수단이 없었다.

파리의정서를 포함하는 8개의 조약과 협약을 단일협약으로 통합하고 약물통제의 범위를 확대하려는 노력은 1948년에 시작되어 10년 이상 계속되었다. 이 시기에 앤슬링거는 국제 아편 독점을 만드는 사업에 몰두했다. 이것은 역설적으로 인도는 포함하고 중국은 배제되는 합법적 아편 생산국의 (할당량과 사찰 제도가 있는) 카르텔을 형성하려는 엉뚱한 시도였다.[13]

1961년 1월 제시된 단일협약은 그 엉뚱한 프로젝트의 결과물인 1953년 아편의정서 근저에 있는 사고에 기꺼이 도전하는 새로운 세대의 더 전문적인 약물통제 외교관의 부상을 반영했다. 동시에 유엔에서는 70명 이상의 대표들은 글로벌 약물 상황이 어떻게 변형되었는지를 보여주었다. 더 많은 국가들이 관여할 뿐 아니라, 그들이 명확하게 이해가 상충하는 약물 생산국과 약물 소비국으로 나뉘었다. 약물 생산국은 합성 약물 제한에 적극적이었지만 아편, 대마, 코카 제한에는 소극적이었다. 약물 제조국은 합성 약물과 향정신성 물질은, 설령 중독성이 있다고 해도, 훨씬 정도가 덜 하다고 주장했고, 그런 주장은 성공적이었다. 두 집단 모두 승리한 면이 있었지만, 약물 생산국이 얻은 것이 더 많았다. 합성 약물 제조 국가는 아편의 희소성과 가격 상승을 원치 않았다. 아편의정서는 결국 폐지되었다 (어쨌든 그 예산도 확보되지 못했다). 생산 국가는 (사찰이나 수출 금지 없는) 느슨한 제약을 받았으나, 신설 국제약물통제위원회(INCB: International Narcotics Control Board)에 그들의 법적 필요성을 보고할 더 엄격한 의무가 부과되었으며, 물론 생산량 감축을 요구받았다. 볼리비아와 페루는 이에 반발하였다.[14)]

단일협약은 실제로 흔들리기는 했지만, 레짐을 강화하였다. 이전 협약들의 제한적 공급 통제의 사고방식이 정당화되었다. 명확히 1936년 협약을 참고한 단일협약 제36조는 재배, 생산, 추출, 조제, 소유, 제공, 판매 제안, 유통, 수입, 수출, '본 협약 규정에 반하는 약물'의 판매 등을 '처벌 대상 범죄'로 설정하였으며, 당사국들이 그들을 '특히 징역이나 자유를 박탈하는 여타 징벌로' 처벌하도록 요구하였다.[15)] 그 전문은 '마약 중독'을 '개인에게 심각한 악 … 인류에게 사회적, 경제적 위험으로 가득'한 것으로 규정하고 '이 악을 방지하고 싸워야 하는' 당사국의 의무를 요구하면서, 가장 초기의 수사를 부활시켰다.[16)] 1962년 가을 80여 개 국가가 이 협약의 운동을 지지하는 결의안에 찬성했다.

이 이야기의 실질적인 측면이 끝난 것은 아니다. 아편 이후에 새로운, 대부분 합성 약물 (암페타민, 진통제, 진정제, 안정제, 흥분제, 항울제, 바르비투르, LSD와 같은 환각제) 소비가 특히 미국과 유럽에서 급증했으며, 그와 함께 오늘날의 IDCR이 근거로 하는 기둥이 급격히 늘어났다. 1971년 향정신성약물조약 (비엔나협약)은 이 번창하는 합성 약물 시장에 대응하려 했고, 1961년 단일협약을 강화하는 1972년 회의는 전통적 마약을 원천에서 통제하는 것을 강조하였다.

약물 제조 국가와 제약회사들은 향정신성 물질의 강력한 국제적 통제를 오랫동안 저항해왔으며, 주로 국내 규제체계를 통해 한편으로 환각제 및 암페타민, 다른 한편으로 진정제 및 바르비투르를 구별하여, 후자의 시장을 지키려고 했다. 그들은 비록 단기적으로 금지된 통제 약물을 제한하기는 했지만, 세월이 흐르면서 유엔과 통제에 찬성하는 스칸디나비아 및 동구권 국가들이 비공식적 관행을 통해 일부 허점을 막았다.

미국에서 베트남전쟁이 초래한 헤로인 유행과 대마초 소비 증가는 최초의 마약과의 전쟁의 배경이 되었으며, 닉슨(Richard Nixon) 대통령은 단일협약의 강화를 공약으로 내걸었다. 그 목적은 INCB의 규제 및 조사 권한을 강화하고 마약에 관한 국제적 제한을 보강하는 것이었다. 그 결과로 제정된 1972년 의정서는 교육, 치료, 재활에 관심을 보였으나, 또한 그 레짐의 징벌적 공급 통제 접근도 강화하였다. 미국의 주도하에 그 레짐은 또한 마약 문제가 미국에게는 이질적인 것으로 규정하고 생산국에 의해 보내진 악이라는 진단을 받아들였다. 따라서 아편, 대마초, 코카는 주된 표적으로 남았고, 문제를 '원천'에서 통제한다는 교리는 지속되었다. 수요의 중요성, 그리고 억압적 통제와 범죄성 사이의 연계성은 사실상 무시되었다.

IDCR의 세 번째 기둥인 1988년 마약 및 향정신성물질의 불법거래방지에 관한 협약은 미국과 유럽의 약물 소비 급증과 미국을 향한 대량의 코카인 밀수출의 와중에서 협상이 이루어졌다. 1988년 협약은 또 닉슨-레이건의 2건의 마약과의 전쟁에서 파생되었다. 레이건 행정부의 마약과의 전쟁은 글로벌 마약 밀거래가 미국 국가안보의 위협이라는 평가에 근거했다. 이전의 협상과 마찬가지로 제2차 세계대전 이후 다수의 정부 간 포럼에서 그러했듯이 미국이 협상 조건을 주도했다. 불법 거래의 여러 측면이 중대 범죄로 간주되었으며, 이미 미국의 약물통제 수단의 일부분이 된 많은 규정들이 채택되고 국제화되었다. 그 결과는 징벌적 접근의 보편화와 자금 세탁, 자산 압류, 전구 화학물질 전환에 관한 새로운 규정으로 인한 징벌화의 확대였다. 또 1988년 협약은 개인과 집단의 잠재적인 범죄화를 도입했다. 따라서 대규모 불법 거래에 더해 불법 시장에 연계된 (농민, 제조자, 운반자, 판매자, 소비자 등) 개인도 표적이 되었다.

## 약물금지와 약물통제의 어두운 면

레짐의 초기부터 비판자들은 엄격한 국내, 국제적 규제는 불법적 제조, 거래, 범죄성을 완화하기보다 촉진할 것이라고 경고했다. 금주의 사례와 마찬가지로 약물 사용은 사라지지 않고 음성화할 것이며, 소비자의 선호는 단지 징벌적 법 집행을 피해 다니게 된다. 징벌적 약물통제는 그것이 해결하려는 문제를 더 악화시켰다.[17]

만일 이것이 그 레짐에 대한 유일한 반대였다면 역사의 판결은 미결이었을 수도 있다. 의도하지 않은 결과는 고귀한 의도보다 더 중요한 것은 아니라고 주장할 수도 있다. 그러나 약물금지의 기록은 왜곡과 재앙의 이야기이다. 특히 불법 약물의 독점이 해체되었음에도 불구하고 글로벌 약물 밀거래는 급증하였다. 인도차이나의 프랑스 식민지 행정부의 사례와 같이, 이것은 정부의 보호 때문이었다. 미국 주도의 약물통제레짐 형성에도 불구하고, 중앙정보국(CIA: Central Intelligence Agency)이 보호를 제공하였다. 냉전에 의해서 국제 정세가 형성되면서 불법 약물과의 전쟁은 공산주의와의 전쟁에 우선순위에서 밀렸다. 마피아 지도자들은 이미 전쟁 중 연합군의 시칠리아와 이탈리아 점령에 유용한 첩보를 제공했다. 전쟁 후 이탈리아가 위태롭게 공산주의로 기울자 CIA는 국제 마약 조직을 구축하는 마피아의 뒤를 봐주었다. CIA의 병참 지원은 버마가 1960년대 세계 최대의 아편 생산자로 부상하는 배경이 되었다.[18]

금지와 보호의 이 비뚤어진 관계는 지역 및 글로벌 불법 약물 거래를 촉진하였다. 전 세계 모든 생산 지역을 통제하고 암시장을 조성하는 역할을 동시에 추구하는 레짐의 목표가 환상임을 '풍선 효과'가 보여주었다. 볼리비아에서 코카인의 산업화와 가족 기업이 초국가적 범죄 조직으로 변신한 것은 오드리아(Manuel Odría) 장군이 1949~1950년 벌인 페루의 약물 밀매자와의 전쟁으로 거슬러 올라갈 수 있다. 멕시코가 대규모 약물 거래에 진입한 것은 1972년 터키가 아편 재배를 금지한 것과 그 유명한 프렌치 커넥션(마르세유에서 미국으로 들어가는 터키-프랑스 헤로인 밀수 네트워크)이 붕괴된 결과이다. 이 격언에 등장하는 풍선의 한군데가 눌리면 다른 곳에서 삐져 나오는 끝없는 능력은 글로벌 약물 거버넌스 레짐의 목적을 무색하게 만들었다.

미국은 세계 최대의 불법 약물 단일시장으로 성장하면서, 계속해서 그 레짐을 추동해왔다. 이 문제가 정말로 단지 외부로부터의 공급만의 문제였을까? IDCR의 설계자를 포함해서 징벌적 약물통제 부상의 배후 인물들은 수요와 관련된 문제는 거의 고려하지 않았으며, 중독자에 대한 지식은 거의 없었고, 그들을 범죄자로서 무시하는 성향을 가졌다. 중독자들이 직면한 어려움과 고치기 어려운 중독의 속성은 어떤 정책이 필요한지의 계산에 거의 포함되지 않았다. 일단 합법적 약물 생산이 적절히 정의되고 규제되면 그 레짐의 징벌적 통제 장치가 불법 생산을 해결해 줄 것으로 기대했다. 의도된 결과는 불법 공급과 소비가 사라지는 것이었다. 이것은 미국에서 1960년대와 함께 끝난 시대의 가정이었다. 베트남에서 미군의 헤로인 및 대마초 소비의 무시할 수 없는 영향과 함께, 약물이 중심이 되었던 젊은이들의 반체제 문화의 부상은 한 시대의 전환이었다. 그 이후 오늘에 이르기까지 건강과 법적 위험에도 불구하고 수백 만의 미국 시민에게 약물 의존이 그들 삶의 일부가 되었다. 그 이전 세대의 간명한 계산은 날아가 버렸다. 여기에는 멈출 수 없는 수요가 있다. 그리고 금지는 암시장의 수익을 계속 올려버렸기 때문에 미국은 가장 수익이 높고, 2016년에 1,500억 달러로 추산되는 가장 규모가 큰 불법 약물 시장이 되었다.[19]

미국은 오랫동안 추구해온 공급 통제 패러다임의 결함을 암울하게 보여주었다. 공급 차단은 시중 가격을 올리고, 사용자가 약물에 접근하지 못하도록 할 것이라고 생각되었다. 그러나 상당한 양의 불법 약물 압류에도 불구하고 공급 통제는 끝없는 대체 약물에 상대가 되지 않았다. 미국의 수입 약물 가격은 1980년대 중반 이후 하락하였으나 이것은 밀매자들을 저지하지 못했다. 매우 싼 생산 비용과 진입 지점의 가격 사이의 엄청난 차이는 여전히 상당한 이익을 보장하며, 차단된 화물의 비용을 흡수하고 남을 정도로 충분하다. 금지되지 않는다면 코카 잎과 같은 상품은 거의 무가치할 것이다. 금지됨으로써 상당한 수익이 보장되며, 그것은 초국가적 범죄 조직의 전문가화화 잔악성의 원인이 되었다. 미국에서 그들은 공급 과잉이 될 수 없는 시장을 가지게 되었다.

## 타성의 힘

오늘날의 그 모든 저속한 화려함에도 불구하고, '마약'의 글로벌한 부상은 암울하다. 콜롬비아나 멕시코처럼 약한 민주주의에게 1980년대 코카인의 시장 가치 급증은 재난이었다. 그것은 범죄자들이 벌 받지 않고 살인할 수 있는 힘을 주었고, 사법, 정치, 군 기관들을 부패시켰다. 수십 년 만에 마약 관련 폭력은 모든 제약을 돌파했다. 남미 전체는 전 세계 살인의 30퍼센트를 차지하며, 다수는 마약과 관련된다. 대규모 실향민을 초래하는 전면적인 인도주의적 위기도 발생한다. 글로벌 약물통제레짐에게 그들은 중요하지 않았다. 글로벌 거버넌스 레짐의 집행자들이 그들이 책임져야 하는 난리와 고통에 전혀 영향을 받지 않는다는 사실은 심각한 상황이다.

항상 그들의 신념이었던(불법 약물의 악은 외국으로부터의 공급에 있다는) 패러다임은 점점 더 견고히 자리 잡았다. 이를 근거로 미국은 코카인 근절을 위한 양자 간 경찰 작전과 군사 원조 프로그램을 통해 남미에 일련의 값비싼 수단들을 배치하였다. 불법 약물의 재배, 생산, 거래는 확산될 뿐이었다. 따라서 미 의회가 100억 달러를 승인한 1999년 콜롬비아 계획(마약 거래 근절, 콜롬비아의 무력 분쟁 종식, 경제 개발을 촉진하는 미국-콜롬비아 합동 사업) 이후 20년 내에 콜롬비아의 코카인 재배 총량은 12만 2,500헥타르에서 21만 2,000헥타르로 2배 증가하였다.[20)]

이 시점에 글로벌 약물통제레짐 집행이 미국의 일방적인 특권 이상의 어떤 것이라는 허세는 사라졌다. 또 다른 미국 기관인 마약단속국(DEA: Drug Enforcement Agency)의 요청으로 콜롬비아와 멕시코는 유명 마약 카르텔 우두머리를 체포해서 미국으로 인도하는 소위 킹핀 전략을 채택했다. 그 결과 카르텔이 분열되고 재조직화하면서 멕시코에서 이 전략은 폭력과 대량학살의 사태를 촉발했으나, DEA는 언론 홍보에서 승리했고, 막대한 예산을 정당화했다.

DEA는 앤슬링거의 정당한 계승자로 부상했고, 레짐을 지속시켜주는 존재로서 관료적 타성의 상징적 사례가 되었다. 그러나 인정하기는 싫겠지만, 그렇게 미국과 동일시되는 레짐이 드디어 전 세계적인 지지를 받게 되었다. 극단적으로 억압적인 조치에 제한이 거의 없는 권위주의 국가들은 약물금지 규범 집행에 점점 더 편해졌다. 아시아와 중동 국가들은 이 규범을 이용해서 사형을 정당화하는 기회로 삼았다. 연간 1,000명 이상이 약물 관련 범죄로 처형되는데, 그 대부분은 대부분 중국, 인도네시아, 이란, 말레이시아, 사우디아라비아, 싱가포르, 베트남 등 '고강도 적용' 7개국에서 집행되었다.[21)] 2016년 세계 약물 문제에 관한 유엔 총회 특별회의가 개최되었을 때 중국, 러시아를 필두로 권위주의 국가들의 약물레짐의 가장 강력한 지지국가였다.

대단히 오랜 세월이 걸렸지만 오랫동안 묻어 두었던 약물통제레짐과 인권 사이의 불협화음이 드디어 수면 위로 부상했다. 돌이켜보면 약물통제레짐의 부상은 그보다 앞선 글로벌 거버넌스 우선순위로서의 인권 신장 없이는 설명되지 않는다. 듣기가 불편할지 모르지만 인권 비정부기구들은 광범위한 인권 침해의 명백한 증거를 앞에 두고도 약물통제 정통교리를 놀라울 정도로 존중하며, 사형제에 대해 반대하지만 그것을 부수적인 피해로 받아들인다.

약물통제레짐은 남미에서의 끝없이 계속되는 마약과의 전쟁의 피해자에 대해 둔감성을 심어주었다. 비난은 부패하고 비겁한 정부를 향한다. 그리고 그 레짐을 주창한 국가인 미국은 경미한 약물 혐의로 투옥된 대부분 흑인인 수백만 명에 대해 무관심했다. 청교도적 정의와 교도소 산업 복합체의 요구는 충족되었다. 가혹한 판결을 피하기는 어렵다. 만일 글로벌 약물레짐이 인권이 무시되는 권위주의적 환경에서 잘 작동한다면, 그 이유는 그것이 늘 권위주의적 결과를 향해 작동했기 때문이다. 이것이 변할 수 있을까?

## 변화의 힘

변화의 가능성은 절대 배제할 수 없다. 약물통제레짐을 바꾸려는 접근과 관련하여 눈에 띄는 것은 그 애매함이다. 이 레짐의 변화 과정은 느리고, 물에 의한 침식과 같다는 점이다.

그 레짐에 대한 첫 번째 공략인 대마초 합법화의 첫 움직임은 1960년대 미국과 네덜란드, 영국, 호주 등에서 동시에 개최된 특별위원회 보고서로 거슬러 올라간다. 대마초의 향정신성 위험성은 과장되었고, 그 범죄화의 비용이 혜택을 초과한다는 것이 위원회의 결론이었다. 1970년대에 11개 주에서 법적 대응을 유연화하면서 미국에서 보다 관대한 대마 사용을 향한 첫 번째 물결이 일었다. 알래스카에서 개인적 소지와 사용이 공간적으로 제한된 합법화가 이루어졌다. 1980년대에는 네덜란드가 뒤를 이었는데, 정부는 선구적인 커피숍 시스템을 통해 유사합법적 대마초 판매를 규제하는 틀을 설정하였다.

대마초와 약물에 대한 관용의 두 번째 물결은 스페인, 포르투갈, 스위스를 필두로 유럽에서 확산되어, 호주, 뉴질랜드, 이스라엘, 미국 일부 지역까지 도달했다. 큰 이유는 대규모 투옥의 비용, 상당한 인구를 범죄자로 만드는 눈에 보이지 않는 사회적, 민주적 비용, 상대적으로 해가 없는 약물과 더 위험한 약물 시장 사이에 장벽을 세우는 혜택 등이다. 이 제2의 물결은 협약들의 기발한 해석에 의존했으나, 획일적인 추세로 이어지지는 않았다. 정책 선택은 불처벌, 비범죄화, 부분적 또는 사실상의 합법화 등 다양한 범위에서 이루어졌다. 레짐에 도전하는 공동 전선은 부상하지 않았다.

레짐의 수호자로서의 미국의 역할은 미국 내 지역 수준에서의 대마초 규제 추세를 저지할 수 없었다. 2020년 말에 35개 주가 의료용 대마초를 합법화했다. (워싱턴 D.C.에 더해) 15개 주는 성인의 여가용 사용을 허용했다. 오레곤에서는 중독성 마약 소지를 비범죄화했다.[22)]

이러한 변화에 대한 미국정부의 불쾌감은 캐나다, 자메이카, 멕시코에서의 대마초 정책에 대한 강한 비판과 네덜란드를 '마약 국가'라고 맹비난한 데서 잘 나타났다.[23)] 국가 차원에서 미 연방정부는 억제/법집행 접근을 유지했다. 연방 통제물질법(Controlled Substances Act)에 변화가 없는 가운데, 유연화는 행정부의 재량에 맡겨졌다. 오바마 행정부하에서 법무부는 대마초 소지 단속을 완화했으나, 트럼프 행정부하에서는 법무장관 세션스(Jeff Sessions)의 연방 대마초법 집행 명령에 의해서 번복되었다. 그 결과 연방법과 주법이 누더기가 되었고, 연방 기관, 특히 DEA는 자유롭게 의료용 대마초 클럽에 대한 습격을 포함하는 연방 작전을 수행할 수 있었다.[24)]

대마초에 이어 변화를 선호하는 피해축소 접근이 정책 방정식에 들어왔다. 그것은 오랜 세월이 걸려서 HIV/AIDS 감염병의 영향으로 인해 부상하였다. 공공 보건에서 기원한 피해축소는 아편 대체 치료, 통제된 헤로인 처방, 주사기 배포, 안전한 약물 소비 장소 등을 포함하는, 보건 위험을 최소화하는 개입을 지칭한다. 더 넓은 정의는 징벌적 금지의 부정적 보건, 사회, 경제적 결과를 완화하려는 정책까지 포함한다. 기회는 단일협약에서 허용된 '의료적 및 과학적' 약물 사용의 의미에 관한 재량의 여지였다. 대마초 합법화처럼, 그 결과는 일관되지 않았다.

피해축소는 점점 더 많은 선진국 (21세기 첫 10년 말에 70개국 이상)에서 약물통제 의제의 일부분이 되었으며, EU가 적극 지지했다. 그러나 유화적인 입장 변화는 IDCR의 개혁을 추동하지 못했으며, 미국은 징벌적 금지 중심을 계속 견지했다. 대마초와 마찬가지로 미국은 피해축소에 대해 반발했으며, 이는 1988년 의회가 국내외의 주사기 배포 사업의 예산을 거부한 데서 잘 나타났다. 2005~2015년 사이에 피해축소는 유엔 마약위원회에서 갈등의 주 무대가 되었다. 세계 약물 문제에 관한 2016년 유엔 총회 특별회의 결과 문서에서 볼 수 있듯이, 더 없이 정력적인 미국 대표는 위협을 통해 피해축소를 금기로 만드는 데 성공했다.

반발은 방어적 자세를 의미했다. 이 변화는 더 위협적이 되었으며 그로 인해 약물 외교의 주요 역할을 맡을 준비가 된 행위자로서 EU를 등장시켰으며, 이는 약물 전략과 유럽의 관행(Drugs Strategy and European Practice)에 건강권이 명시되면서 부각되었다. 또 눈에 띈 것은 피해축소가 유엔기구들 사이에 분열을 초래한 것이다. IDCR의 전통적 보루 (INCB와 유엔 약물 및 범죄국)는 단호하게 버텼다. 반면 세계보건기구(WHO: World Health Organization), 유엔 개발계획(UNDP: United Nations Development Program), HIV/AIDS에 관한 유엔 합동프로그램(UNAIDS: Joint United Nations Programme on HIV/AID), 그리고 인권고등판무관실(Office of the High Commissioner on Human Rights)은 다른 입장을 보였다. 공중 보건이라는 분열 쟁점이 인권이라는 오랫동안 결여되었던 요소를 향하는 듯하였다.

중요한 면에서 그것은 사실이었지만, 이 이야기의 속성은 여전히 비틀려 있었다. 민주주의 국가들은 피해축소 사업 재정에 있어서 부족했던 반면,

이란이나 중국 같은 나라는 대규모 '재활' 센터에서 강제적인 치료 프로그램을 적극 실시했다. 그러나 이런 우회적인 방법에도 불구하고 인권은 이제 약물통제레짐의 금기 주제이다. 2012년 10여 개 유엔기구와 모든 피해축소 주장자들은 강제 억류 재활 센터의 폐쇄를 요구했다.[25] 이것은 여성에 대한 폭력에 관한 유엔 특별보고관과 자의적 구금에 관한 유엔 실무단이 교도소에서의 광범위한 약물 사용을 강조한 지 10년 뒤였으며,[26] 고문 및 기타 비인도적, 모멸적 대우나 처벌에 관한 특별보고관 노왁(Manfred Nowak)이 IDCR과 유엔 인권의정서 사이의 괴리에 대해 우려의 목소리를 낸지 수년이 지난 시점이었다.[27] 2015년 인권고등판무관실은 약물 관련 범죄로 유죄 선고받은 사람들의 살 권리 보호를 촉구했다.[28] 유엔 약물통제레짐이 가능하게 했던 관행에 대한 반대가 유엔 내에서 나오게 된 것이다. 그 레짐을 인간화하는 더 광범위한 노력을 할 시기가 무르익은 듯했다.

2008년 우루과이, 볼리비아, 아르헨티나, 스위스는 '국제 약물통제 정책 내에 유엔 인권체제를 적절히 통합'하는 결의안을 마약위원회에 제출했다.[29] 중국은 약물 정책을 인권법과 일치시키려는 어떤 요구 사항에도 불평했다. 국제마약통제위원회(International Narcotics Control Board) 사무국장은 위원회가 인권 문제에 관여되는 것을 극구 반대했다.

2012년 콜롬비아, 과테말라, 멕시코는 약물통제레짐 개혁을 희망하면서 총회 특별회의에 요청하여, 2016년 결국 수락되었다.[30] 그 회의에서는 많은 아프리카 국가들이 남미와 같이 해결하기 어려운 약물통제 문제에 직면한 것을 인정할 준비가 되어 있음이 밝혀졌다. 더욱이 금지론적 국가들의 강력히 반발하는 가운데, 이 논의는 글로벌 약물통제를 민주적, 인권 표준에 따라 조정하는 것이 상당 기간 힘들다는 것을 보여주었다.

## 결론

이 장에서 주장했듯이 글로벌 거버넌스 시각에서 보면 약물금지 규범과 거기서 파생된 IDCR은 기능하지 않음이 판명되었다. 한편으로 그 레짐은 불법 약물 시장을 초래해서 새로운 강력한 범죄자 집단의 부상을 도왔다. 다른 한편으로 그것은 다른 글로벌 거버넌스 우선순위, 특히 인권과 점점 더 다루기 어려운 갈등에 휘말리게 되었다. 이 레짐의 청교도적 접근은 수백만 중독자의 현실을 무시했고, 민주적, 인권 표준과 조화되지 않았다.

IDCR에 비해 나중에 형성되었기 때문에 인권레짐은 약물통제 우선순위에 밀렸다. 인권이 부재한 가운데 수백만 명이 경미한 소지 혐의로 투옥되었으며, 권위주의 정권의 징벌적 법 집행과 남미의 끝없는 마약과의 전쟁으로 수천 명이 목숨을 잃었다. 미국에서의 대규모 투옥과 아시아, 중동에서의 사형 옹호와 집행, 남미의 군사화된 약물통제의 희생자는 모두 약물통제와 인권 사이의 긴장 관계를 말해준다.

피해축소와 규제를 통해 유럽국가들은 중독자들을 포용하고 약물통제와 시민적 자유의 조화시키려 시도했다. 이 추세는 곧 유엔체제 내를 포함해서, 건강권과 인권 행위자들의 지지를 받았으며, 그들은 약물레짐을 변화시키기 위해 레짐의 핵심에 있는 의학적 모호성을 창의적으로 이용했다. 그러한 불충분한 수정을 고려할 때, 더 나은 미래를 위해서는 사악하게 강력한 불법 약물 시장과, 그에 수반된 국가 포획과 실패의 환경을 부추긴 그 레짐의 역할에 대한 용기있는 재평가가 요구된다. 이러한 상황은 남미뿐만 아니라, 아프리카에서, 취약한 민주주의 국가에서 특히 두드러졌다. 이러한 현실의 경험이 그 레짐의 결함에 대응하자는 남미의 호소의 이면에 있다. 그것이 성공하지는 못했지만, 그 이야기의 하나의 교훈은 선례가 중요하다는 것이다.

글로벌 약물 거버넌스는 향후 25년 동안 동시에 현실과 목표로서 계속

남아있을 것이다. 그 거버넌스가 민주적 표준과 인권에 일치하는 방식으로, 제대로 작동하려면 그것은 공공 보건 문제를 주변에서 중심으로 들여와야만 한다. 그러한 레짐의 창출은 수십 년 동안의 치열한 노력을 필요로 할 것이다. 시간과 노력 두 가지는 그 레짐이 애초에 들였어야만 했던 것이다.

## 추가 읽을거리


David R. Bewley-Taylor, *International Drug Control: Consensus Fractured* (Cambridge: Cambridge University Press, 2012).

William B. McAllister, *Drug Diplomacy in the Twentieth Century: An International History* (London: Routledge, 2000).

Alfred W. McCoy, *The Politics of Heroin: CIA Complicity in the Global Drug Trade* (Chicago, IL: Lawrence Hill Books, 2003).

David Musto, *The American Disease: Origins of Narcotic Control*, 3rd ed. (Oxford: Oxford University Press, 1999).

Ethan A. Nadelmann, "Global Prohibition Regimes: The Evolution of Norms in International Society," *International Organization* 44, no. 4 (1990): 479–526.


## 주

1) *World Drug Report 2020*, Booklet 1 (United Nations publication, Sales No. E.20.XI.6, 2020), 17; *World Drug Report 2019* (United Nations publication, Sales No. E.19.XI.8, 2019), 7.
2) American Society of Addiction Medicine, "Opioid Addiction 2016 Facts & Figures," www.asam.org/docs/default-source/advocacy/opioid-addiction-disease-facts-figures.pdf; Robert J. MacCoun and Peter Reuter, *Drug War Heresies* (Cambridge: Cambridge University Press, 2001), 19; Beckley Foundation, *The Global Cannabis Commission Report*, 2008, http://fileserver.idpc.net/library/BF_Cannabis_Commission_Rpt2008_EN.pdf.
3) 제14조 (2)항은 당사국이 불법 재배 퇴치 및 통제의 맥락에서 기본권을 존중하고 전통적 합법적 사용을 고려하도록 요청한다. United Nations Convention against Illicit Traffic in Narcotic Drugs and Psychotropic Substances, 19 December 1988, www.incb.org/documents/PRECURSORS/1988_CONVENTION/1988Convention_E.pdf
4) Commission on Narcotic Drugs, "Making Drug Control 'Fit for Purpose': Building

on the UNGASS Decade," UN document E/CN.7/2008/CRP.17, 7 March 2008, www.unodc.org/documents/commissions/CND/CND_Sessions/CND_51/1_CRPs/E-CN7-2008-CRP17_E.pdf.

5) Damon Barrett and Manfred Nowak, "The United Nations and Drug Policy: Towards a Human Rights-Based Approach," in *The Diversity of International Law: Essays in Honour of Professor Kalliopi K. Koufa*, ed. Aristotle Constantinides and Nikos Zaikos (Leiden, The Netherlands: Martinus Nijhoff, 2009), 449–478; Richard Lines, *Drug Control and Human Rights in International Law* (Cambridge: Cambridge University Press, 2017).

6) Paul Goootenberg, *Andean Cocaine: The Making of a Global Drug* (Chapel Hill, NC: University of North Carolina Press, 2008), 23–29.

7) David Musto, *The American Disease: Origins of Narcotic Control*, 3rd ed. (Oxford: Oxford University Press, 1999), 31, 36.

8) IDCR에 대한 문헌은 이들과 전간기 미국 협상 대표였던 포터(Stephen G. Porter), US CND 대표(1946~1970년) 앤슬링거(Harry J. Anslinger) 등 여타 수완가들이 미국의 약물통제 제도 형성과 미국이 선호하는 모델에 의한 국제레짐 형성에서 수행한 역할을 철저하게 기록했다. Ethan B. Nadelmann, "Global Prohibition Regimes: The Evolution of Norms in International Society," *International Organization* 44, no. 4 (1990): 479–526; Musto, The American Disease; William B. McAllister, *Drug Diplomacy in the Twentieth Century: An International History* (London: Routledge, 2000); William O. Walker, III, *Drug Control in the Americas*, 2nd ed. (Albuquerque: University of New Mexico Press, 1989) 참조.

9) 이 협약은 당사국이 아편 무역을 제한하고, 중국을 포함하여 그 수입을 금지한 국가에 대한 수출을 자제하고, 점진적으로 아편 사용을 억제하도록 요구하였다. 모르핀, 헤로인, 코카인 등 제조된 약물도 고려되었으나, 허가, 제조, 유통에 대한 모호한 통제 규정을 통해 독일은 그들의 산업을 보호할 수 있었다.

10) Norman Ansley, "International Efforts to Control Narcotics," *Journal of Criminal Law and Criminology* 50, no. 2 (1950): 107.

11) McAllister, *Drug Diplomacy*, 144.

12) Arnold H. Taylor, *American Diplomacy and the Narcotics Traffic, 1900–1939: A Study in International Humanitarian Reforms* (Durham, NC: Duke University Press, 1969), 33–34; Walker, Drug Control in the Americas, 47–51; Ansley, "International Efforts to Control Narcotics," 108.

13) 불가리아, 체코슬로바키아, 그리스, 이란, 터키, 유고슬라비아도 포함되었다. McAllister, *Drug Diplomacy*, 179, 205 참조.

14) Walker, *Drug Control in the Americas*, 197.

15) 1961년 마약에 관한 단일협약을 수정하는 의정서에 의해 수정된 마약에 관한 단일협약(Single Convention on Narcotic Drugs), https://treaties.un.org/doc/Treaties/1975/08/19750808%2006-05%20PM/Ch_VI_18p.pdf. 다른 많은 규범이나 레짐과 마찬가지로 집행은 대체로 서명국의 국내 문제로 간주되었다. Andrew Hurrell, "International Society and the Study of Regimes: A Reflective Approach," in *Regime Theory and International Relations*, ed. Wolker Rittberger (Oxford: Oxford University

Press, 1993), 49–72 참조.
16) Single Convention on Narcotic Drugs, 1961.
17) McAllister, *Drug Diplomacy*, 33; Lisa McGirr, *The War on Alcohol: Prohibition and the Rise of the American State* (New York: W.W. Norton & Company, 2016), 51–53.
18) Alfred W. McCoy, *The Politics of Heroin: CIA Complicity in the Global Drug Trade* (Chicago, IL: Lawrence Hill Books, 2003), 32–39.
19) 코카인, 헤로인, 대마초, 필로폰의 추산. Gregory Midgette, Steven Davenport, Jonathan P. Caulkins, and Beau Kilmer, *What America's Users Spend on Illegal Drugs, 2006–2016* (Santa Monica, CA: RAND Corporation, 2019).
20) "Cocaine Production in Colombia Is at Historic Highs," The Economist, 6 July 2019; "Colombia: Background and U.S. Relations," *Congressional Research Service*, 29 November 2019, https://fas.org/sgp/crs/row/R43813.pdf
21) 최소한 35개국이 약물 범죄에 대한 사형을 유지하고 있으며 (고강도 적용, 저강도 적용, 상징적 적용으로 구분), 베트남과 중국은 이 수치를 국가 기밀로 하고 있다. 2018년 13개국에서 149명이 사형선고를 받았으며, 7,000여 명이 현재 집행을 기다리고 있다. Giada Girelli, "The Death Penalty for Drug Offences: Global Overview 2018," *Harm Reduction International*, February 2019, http://fileserver.idpc.net/library/HRI_DeathPenaltyReport_2019.pdf.
22) "Oregon Becomes First US State to Decriminalise Hard Drugs," *BBC News*, 4 November 2020, www.bbc.com/news/world-us-canada-54809825.
23) 이는 미국 국가약물통제국 특별보좌관이자 수석 과학자(2001~2009년)인 머레이(David Murray)의 비난이었다. 정보 조작은 미국의 정통 마약 관리들의 오래된, 잘 기록된 관행이었다. 캐나다, 카리브해 지역, 멕시코, 중미의 대마초 비범죄화 시도는 부시와 클린턴 행정부로부터 비난을 받았다. David R. Bewley-Taylor, *International Drug Control: Consensus Fractured* (Cambridge: Cambridge University Press, 2012), 108, 171; Mónica Serrano, *El debate de la Sesión Especial de la Asamblea General de la ONU sobre el problema mundial de las drogas de 2016* (Mexico City: Mexico's Senate, Instituto Belisario Dominguez, 2018).
24) Christopher Ingraham, "Obama Says Marijuana Should Be Treated Like Cigarettes or Alcohol," *The Washington Post*, 30 November 2016; Ryan Lucas, "Attorney General Rescinds Obama-Era Marijuana Guidelines," *NPR*, 4 January 2018.
25) Joint Statement, "Compulsory Drug Detention and Rehabilitation Centres," March 2012, www.unodc.org/documents/southeastasiaandpacific/2012/03/drug-detention-centre/JC2310_Joint_Statement6March12FINAL_En.pdf.
26) Radhika Coomaraswamy, "Report of the Special Rapporteur on Violence Against Women, Its Causes and Consequences: Mission to the United States of America on the Issue of Violence Against Women in State and Federal Prisons," UN document E/CN.4/1999/68/Add.2, 4 January 1999, www.hr-dp.org/contents/1192; Report of the Working Group on Arbitrary Detention, "Civil and Political Rights Including the Question of Torture and Detention," UN document E/CN/.4/2006/7, 12 December 2005, https://documents-dds-ny.un.org/doc/UNDOC/GEN/G05/166/48/

PDF/G0516648.pdf?OpenElement.
27) Manfred Nowak, "Report of the Special Rapporteur on Torture and Other Cruel, Inhuman or Degrading Treatment or Punishment," UN document A/HRC/7/3/Add.7, 10 March 2008, https://digitallibrary.un.org/record/623649?ln=en; Barrett and Nowak, "The United Nations and Drug Policy."
28) Office of the UN High Commissioner for Human Rights, "Study on the Impact of the World Drug Problem on the Enjoyment of Human Rights," UN Document A/HRC/30/65, 4 September 2015, https://digitallibrary.un.org/record/804342?ln=en.
29) UN Commission on Narcotics, "Strengthening Cooperation Between the United Nations Office on Drugs and Crime and other United Nations Entities for the Promotion of Human Rights in the Implementation of the International Drug Control Treaties," UN document Res 51/12, www.unodc.org/documents/commissions/CND/Drug_Resolutions/2000-2009/2008/CND_Res-2008-12e.pdf
30) Mónica Serrano, "A Forward March Halted. Latin America and the UNGASS 2016 Process," in *Transforming the War on Drugs: Warriors, Victims, and Vulnerable Regions*, ed. Annette Idler and Juan Carlos Garzón (London: Hurst & Co., Publishers, forthcoming).

# 찾아보기

## ㄴ

유라시아경제연합(EAEU: Eurasian Economic Union) 142
유럽안보협력회의(CSCE: Conference on Security and Cooperation in Europe) 95
유럽집행위원회 135
유럽협조체제 15, 82, 99
유엔 글로벌콤팩트(United Nations Global Compact) 45
유엔 기후변화기본협약(UNFCCC: United Nations Framework Convention on Climate Change) 349, 351, 354, 356
유엔 난민고등판무관(UNHCR: United Nations High Commissioner for Refugees) 23, 182
유엔 사막화방지협약(UNCCD: United Nations Convention to Combat Desertification) 350, 374
유엔 식량안보위원회(CFS: Committee on World Food Security) 308
유엔 안보리 96, 104, 110, 113, 132
유엔 재난위험경감사무국(UNISDR: United Nations Office for Disaster Risk Reduction) 154
유엔 지방정부자문위원회(UNACLA: United Nations Advisory Committee of Local Authorities) 154
유엔 지속가능발전목표(SDGs: Sustainable Development Goals) 53, 172, 220, 228–230, 235, 237, 240, 297, 301, 303, 312, 354, 365, 371–372, 374–378, 380, 387, 389, 402, 411, 423
유엔체제(MUNS: Multilateralism and the United Nations System) 8
유엔 푸드시스템정상회의(Food System Summit) 312
유엔 해비타트(UN-Habitat) 151, 154
유엔 해양법협약(UNCLOS) 116
유엔헌장 62, 82, 87, 114, 131, 434
유엔환경계획(UNEP: United Nations Environment Programme) 44, 51, 154
이라크검토그룹(Iraq Study Group) 96
이라크전쟁 287
인도주의 182, 210, 214, 288, 346, 386, 396, 440
인도태평양전략보고서(Indo-Pacific Strategy Report) 142
인류세(Anthropocene) 19, 26, 35, 40–44, 47, 49–50, 53–55, 344, 377
인종차별 69–70, 186, 189, 256, 265, 270, 274, 276–277, 284
인플루엔자 324
일대일로(BRI: Belt and Road Initiative) 86, 89–90, 92–94, 138–142, 144, 229, 326, 394
일방주의 115

## ㅈ

자유민주주의 177, 198, 274–275, 277–278, 280–281, 283–286, 288
자유주의적 평화 패러다임 73
잭마재단(Jack Ma Fooundation) 335
전시국제법 36, 63, 65
전염병대비혁신연합(CEPI: Coalition for Epidemic Preparedness Innovations) 329
전쟁 거버넌스 60–67, 70–74
정부간기구 중심주의 11
정부 없는 거버넌스(Governance without Government) 7
제4차 산업혁명 299
제국의 시대(The Age of Empire) 15
제국주의 11, 15, 17, 40, 42, 82–83, 86, 143, 211
종교적 소수자 279
중거리핵전력(INF: Intermediate-Range Nuclear Forces) 97
중국-아프리카협력포럼(FOCAC: Forum on China-Africa Co-operation) 326
지구의 한계 304, 377

# 저자소개

## 〈편저자 소개〉

**와이스(Thomas G. Weiss)**는 뉴욕시립대 대학원 정치학과 교수, J. 폴 게티 신탁기금의 위기 문화유산 사업 공동 의장, 시카고 글로벌어페어 카운실 글로벌 거버넌스 펠로우, 경희대 초빙 저명학자. 그는 국제정치학회 회장 및 2016년 국제정치학회의 국제기구 저명 학자, 2016년 앤드류 카네기 펠로우, 개입과 국가주권에 관한 국제 위원회 연구 책임자 역임. 최근 저서는 *The "Third" UN: How Knowledge Ecology Helps the UN Think* (2001, with Tatiana Carayannis), *Rethinking Global Governance* (2019, with Rorden Wilkinson), *Would the World Be Better without the UN?* (2018), *Humanitarianism, War, and Politics: Solferino to Syria and Beyond* (2018, with Peter J. Hoffman), *What's Wrong with the United Nations and How to Fix It* (2016), *Humanitarian Intervention: Ideas and Action* (2016) 등이 있다.

**윌킨슨(Rorden Wilkinson)**은 호주 뉴사우스웨일즈대 국제정치경제학 교수, 교육 및 학생 담당 부총장이다. 그는 맨체스터대와 서섹스대에서 주요 직책을 역임하였으며, 브라운대, 웨슬리대, 호주국립대 방문교수를 역임하였다. 최근 저서로는 *Rethinking Global Governance* (2019, with Thomas G. Weiss), *What's the Point of International Relations?* (2017, with Jan Selby and Synne L. Dyvik), *What's Wrong with the WTO and How to Fix It?* (2014) 등이 있다. 그는 와이스와 *International Organization and Global Governance* (second edition, 2018)을 공동 편집했으며, 루틀리지 "Global Institutions Series"의 초대 편집자이다.

## 〈저자소개〉

**도번(Peter Dauvergne)**은 브리티시컬럼비아대학 국제관계학 교수이며, 글로벌 환경 정치 전문가이다. 그의 최근 저술은 *AI in the Wild: Sustainability in the Age of Artificial Intelligence* (2020), *Will Big Business Destroy Our Planet?* (2018), *Environmentalism of the Rich* (2016년 미국정치학회 Michael Harrington Book Award 수상) 등이 있다.

**로머-말러(Anne Roemer-Mahler)**는 서섹스대 국제관계학 부교수이며 Centre for Global Health Policy 소장이다. 그의 연구 관심 분야는 글로벌 보건 안보의 정치이며, 그는 제약회사의 역할에 대해 광범위하게 연구했다. 최근 그는 아프리카의 보건 안보와 글로벌 보건 거버넌스에서 중국의 역할에 관해 연구했다. 그는 Africa Centres for Disease Control and Prevention, 탄자니아 보건 안보, 에티오피아, 르완다, 수단의 피부 질환 등 다양한 학제간 연구 프로젝트에 참여했다.

**로젠버그(Rachel Rosenberg)**는 텍사스오스틴대 LBJ School of Public Policy 글로벌정책학 석사이며, 학제간 경험학습 실험실 Innovations for Peace and Development의 연구원이다. 그는 젠더와 개발 원조에 초점을 맞추어 국제 개발을 공부하고 있다. 그는 또 남미에서 학업에 임하면서 자원봉사를 하고 있다.

**마부바니(Kishore Mahbubani)**는 외교관, 철학도이고, 8권의 책을 저술했으며 싱가폴국립대학교 아시아연구소의 Distinguished Fellow이며, 싱가포르국립의 초대 학장이다 (2004~2017). 그는 주유엔 싱가폴 대사로서 안보리 의장을 두 차례 역임했다. 그는 아시아 지정학의 부상과 글로벌 거버넌스에 관해 저술과 강연 활동을 하고 있다. 그의 책들과 『뉴욕타임즈(*New York Times*)』, 『워싱턴포스트(*Washington Post*)』, 『파이낸셜타인즈(*Financial Times*)』, 『포린어페어스(*Foreign Affairs*)』에 게재된 논문으로 그는 "아시아 세기의 영감"이라고 인정을 받았다. 그는 American Academy of Arts and Sciences의 회원이며 그의 가장 가장 최근 책은 *Has China Won?* (2020)이다.

**벳츠(Alexander Betts)**는 브레이지노스대학 정치학과의 강제이주와 국제문제 전공 교수 겸 William Golding Senior Fellow이며, 옥스퍼드대 사회과학대학 부학장

(박사과정 연구 지도 담당)이다. 그는 2014~2017년 난민연구센터 소장을 역임했다. 그의 연구는 아프리카를 중심으로 난민 지원의 정치와 경제에 초점을 맞추고 있다. 최근 저서인 *Transforming a Broken Refugee Regime* (2017, with Paul Collier)은 *The Economist*의 2017년 올해의 책 중에 하나로 선정되었다. 그는 World Economic Forum Young Global Leader이고, 2016년 *Foreign Policy*가 선정한 최고의 글로벌 사상가 100에 선정되었으며, 그의 TED Talks는 3,000만 명 이상이 시청하였다. *The Wealth of Refugees: How Discplace People Can Build Economies* (2021)은 그의 최신 단행본이다.

**세라노(Mónica Serrano)**는 El Colegio de México의 국제관계학 교수이며 밀라노 대학교의 조직범죄에 관한 박사 프로그램의 외국인 교수이다. 그는 Global Centre for the Responsibility to Protect 소장을 역임했으며, Academic Council on the United Nations System의 이사이다. 그의 연구는 남미와 북미의 국제관계, 특히 국제 제도, 인권, 안보, 초국적 범죄에 초점을 맞춘다. 그는 다수의 논문과 책을 저술했으며, *Transnational Organised Crime and International Security* (2002), *Human Rights Regimes in the Americas* (2009), *Transitional Justice in Latin America and Eastern Europe* (2012), *Mexico's Security Failure* (2012), *The International Politics of Human Rights: Rallying to the R2P Cause?* (2014)을 공동 편집하였다.

**셰퍼드(Laura J. Shepherd)**는 Australian Research Council Future Fellow이며 시드니대 국제관계학 교수이다. 그의 연구는 상당 부분 유엔의 Women, Peace and Security Agenda와 관련하여 평화와 안보 거버넌스의 젠더화된 논리와 효과에 관한 것이다. 그는 젠더, 평화, 안보에 관해 광범위하게 저술하였다. 그의 최근 저서는 *Narrating the Women, Peace and Security Agenda* (2021)이다. 그는 교육학과 문화에 특히 관심이 있으며, 종종 *The Disorder of Things*에 블로그를 기고한다.

**셔버그(Laura Sjoberg)**는 British Academy Global Professor이고, 런던대 국제관계학 교수이며, 플로리다대학교 정치학 교수이다. 그는 젠더, 국제관계, 국제 안보를 전공하며, 특히 전쟁 이론과 여성의 정치적 폭력에 연구한다. 그는 50개에 가까운 정치학, 국제관계, 젠더학, 지리학, 법학 논문집에 논문을 게재하였다. 그는

*Gender and Civilian Victimization* (2019, with Jessica Peet), *International Relations' Last Synthesis* (2019, with J. Samuel Barkin) 등 15권의 서적을 저술, 편집하였다.

**실리엄(Robbie Shilliam)**은 존스홉킨스대 국제관계학 교수이다. 그는 최근 *Decolonizing Politics* (2021)를 출판하였으며, *Routledge Handbook of Postcolonial Politics* (2018, with Olivia Rutazibwa)를 공동 편집하였다.

**아쿠토(Michele Acuto)**는 멜버른대 도시정치 교수이고, Connected City Lab 소장이며, Faculty of Architecture, Building, and Planning 부학장이다. 그는 글로벌 거버넌스와 도시 거버넌스의 상호작용, 도시 개발의 역동성, 도시 정책결정에서의 정보의 역할 등을 연구한다. 그는 옥스퍼드대, 호주국립대에서 근무했고, 국제대인지뢰금지 캠페인, 세계은행, 유럽위원회에서 근무했으며, 주로 감염병, 국제 개발, 기후변화와 관련하여 도시가 글로벌 거버넌스 형성에 어떻게 영향을 미치는지 연구하였다.

**앱드너(Adriana Erthal Abdenur)**는 브라질의 정책 전문가이며, 남미와 카리브지역의 기후, 거버넌스, 평화 문제를 전문으로 하는 독립 연구기관인 Plataforma CIPO의 소장이다. 그는 유엔대학의 정책연구센터 정책연구원, 파리 Sciences-Po 국제관계학 방문 교수를 역임하였다. 그는 유엔의 Committee for Development Policy(CDP), Weathering Risk Initiative on Climate and Security의 Climate Governance Commission과 Strategic Advisory Board에 참여하고 있다.

**야노스(Jose Tomas Llanos)**은 런던대학의 Department of Science, Technology, Engineering and Public Policy의 Privacy-Aware Cloud Ecosystems 연구원이다. 그는 British Institute of International and Comparative Law in the Big Data and Market Power Project의 연구원, School of Law of King's College London에서 경쟁법 강사를 역임하였다. 그는 OECD의 디지털 경제 컨설턴트로서 학제간 연구를 수행하였고, 스마트 계약과 데이터보호 실패 탐지를 제공하는 블록체인 기반 기술을 컴퓨터 과학자들과 함께 개발하였다. 그의 연구는 데이터 보호의 법적 근거, 프라이버시 강화 기술의 법적 지위, 디자인에 의한 데이터 보호 실행 원칙, 법률과 컴퓨터 과학 사이의 지식 및 운용 상의 괴리를 좁히는 데 관심이 있다.

**에스코바르-펨버티(Natalia Escobar-Pemberthy)**는 Universidad EAFIT in Medellín (Colombia) 국제경영학부의 국제관계 및 글로벌 거버넌스 조교수이며, Research Associate for the Center for Governance and Sustainability at the University of Massachusetts Boston의 연구원이며, 예일대학 Office of Sustainability의 Sustainability Fellow이다. 그의 연구는 환경 거버넌스, 특히 글로벌 환경협약의 집행과 그것의 지속가능발전목표와의 관계에 초점을 맞춘다.

**위버(Catherine Weaver)**는 텍사스오스틴대 LBJ School of Public Affairs의 부학장이고, 부교수이며, 학제간 경험학습 실험실 Innovations for Peace and Development의 공동 책임자이다. 그는 *Hypocrisy Trap: The World Bank and the Poverty of Reform* (2008)의 저자이며 그 외에 다수의 논문, 편저, 정책보고서를 집필하였다. 그의 최근 연구는 국제 원조의 투명성과 글로벌 거버넌스와 관료제에 초점을 맞춘다.

**이바노바(Maria Ivanova)**는 매사추세츠대 John W. McCormack Graduate School of Policy and Global Studies의 글로벌 거버넌스 부교수이며 Center for Governance and Sustainability의 소장이다. 그의 주된 연구 분야는 국제 제도의 성과, 국제 환경조약 집행, 지속가능성이다. 그는 국제 환경제도의 역사와 성과에 대해 *The Untold Story of the World's Leading Environmental Institution: UNEP at Fifty* (2021)를 비롯하여 많은 저술을 출판하였다. 이바노바의 최근 작업은 글로벌 환경협약의 국가적 성과와 국가와 국제적 수준의 정책을 검토한다. 2014년부터 2018년까지 그는 유엔 사무총장의 과학자문단과 Board of UN University's Institute for Advanced Study of Sustainability에 참여했다. 그는 또 Global Environmental Outlook (GEO-5) 제5권의 정책 부분의 책임 저자이다.

**카(Medeline Carr)**는 런던대학의 글로벌 정치와 사이버안보 전공 교수이며, 사이버안보의 인간 및 조직 요인을 연구하는 UK-wide Research Institute in Socio-technical Cyber Security 소장이다. 변화에 적응하는 정책결정을 지원하는 Digital Technology Policy Lab의 소장이며, 사이버안보 박사 연구지도센터 부소장이며 온라인 시민 보호에 초점을 맞추는 연구 컨소시엄인 REPHRAIN의 부소장이다. 그의 연구는 첨단 기술이 국가와 세계 안보, 국제질서, 글로벌 거버넌스에 미치는 영향에 초점을 맞추고 있다. 그의 저술은 사이버 규범, 다수 이해당사자 인터넷 거버넌스, 사물인터넷 상의 보험 산업의 미래, 사이버안보와 국제법, 국가 사이버 안보 전략에 있어서 공공/민간 파트너십 등을 다루고 있다. 그는 사물인터넷에 관한 World Economic Forum Global Council에 참여하고 있다.

**크리시난(Aarti Krishnan)**은 맨체스터대 Global Development Institute의 Hallsworth Research Fellow이다. 그는 환경, 무역, 개발을 연구하는 경제학자이다. 그의 전문 분야는 가치사슬 분석, 녹색 산업정책, 지속가능한 디지털 개발 등이다. 그는 Overseas Development Institute에서 상품 파생 시장 분석가 및 연구원을 역임했다. 그의 연구는 아시아, 아프리카를 다루며 식량, 소매, 경공업 등 분야를 분석한다.

**클랩(Jennifer Clapp)**은 Global Food Security and Sustainability의 캐나다 석좌연구교수이며, 워털루대학 School of Environment, Resources, and Sustainability 교수이다. 그는 글로벌 경제, 식량 안보, 식량 체제, 자연환경의 교차점에서 발생하는 문제의 글로벌 거버넌스에 관해 광범위하게 연구를 발표하였다. 그는 최근 *Food* (2020), *Speculative Harvests: Financialization, Food, and Agriculture* (2018, with S. Ryan Isakson), *Hunger in the Balance: The New Politics of International Food Aid* (2012) 등을 저술하였다. 그는 유엔 식량안보위원회의 식량안보 및 영양 관련 고위급전문가단의 구성원이다.

**페직(Daniel Pejic)**은 멜버른대 International Urban Migration의 연구원이며, Connected Cities Lab의 박사 연구원이다. 그는 국제관계와 도시정치의 교차점에서 글로벌 거버넌스의 행위자로서의 도시의 개념을 연구한다. 현재 그의 연구는 전지구적 이주 거버넌스에 있어서의 행위자로서의 도시의 역할과 이주 정치의 재설계에 초점을 맞춘다. 그는 호주 연방, 주, 지방 정부 및 비영리단체의 정책에 근거를 제공하는 작업을 하면서 다수의 연구 역할과 지도적 위치를 맡은 경력이 있다.

**풋(Rosemary Foot)**은 옥스퍼드대 정치학과 교수이자 선임연구원이며, 세인트 앤소니 칼리지 명예 펠로우이며, 중국센터 연구 부교수이다. 그는 1996년 영국학술원 펠로우에 선임되었다. 그의 연구 분야와 출판물은 아태지역 안보, 인권, 아시아 지역 기구, 중국과 지역 및 세계 질서, 미중관계 등이다. 그는 13권의 책을 저술 또는 편집하였으며, 가장 최근에는 *China, the UN, and Human Protection: Beliefs,*

*Power, Image* (2020)를 출판하였다.

**한슨(Thomas Hanson)**은 미네소타 덜루스대 Alworth Institute for International Affairs의 객원 외교관이며, Carleton College 정치학과의 객원 교원이다. 그는 또 Minnesota Committee on Foreign Relations의 의장이고, Minnesota China Business Council의 공동의장이다. 한슨은 전직 국무부 외교관이며, 상원과 하원 외교위원회에서 근무했다. 그는 또 워싱턴 소재 Atlantic Council의 Director for NATO and European Affairs를 역임했다.

**호프굿(Stephen Hopgood)**은 SOAS, 런던대 정치학과 교수이다. 그는 *Human Rights Futures* (2017, with Jack Snyder and Leslie Vinjamuri)의 공동 편집자이며 *The Endtimes of Human Rights* (2013)와 *Keepers of the Flame: Understanding Amnesty International* (2006)의 저자이다. 그는 최근 "When the Music Stops: Humanitarianism in a Post-Liberal World Order" (2019, *Journal of Humanitarian Affairs*)와 "For a Fleeting Moment: The Short Happy Life of Modern Humanism" (2020, *Humanitarianism and Human Rights: A World of Difference?*)를 출판하였다.

**흄(David Hulme)**은 맨체스터대 Global Development Institute의 개발학 교수이며, College of International Development and Global Agriculture와 China Agricultural University의 국제 개발 석좌교수이다. 맨체스터에서 그는 Effective States and Inclusive Development (ESID) and the Future DAMS Research Centres의 CEO이다. 그는 30년 이상 아시아, 아프리카, 태평양의 빈곤과 불평등에 대해 연구했으며, 방글라데시 전문가이다. 그의 최근 저술은 *Should Rich Nations Help the Poor?* (2016), *Global Poverty* (second edition, 2015) 등이다.

# 역자소개

**이유진** (eglee@sm.ac.kr)

연세대 정치외교학과 졸업
토론토대 정치학 석사
토론토대 정치학 박사

현 숙명여대 정치외교학과 교수, 한일미래포럼 이사

통일연구원 책임연구원, 한국캐나다학회 회장 역임

주요논저

*The Integrity Gap: Canada's Environmental Policy and Institutions*, UBC Press (편저).
『글로벌 환경정치와 정책』(역서, 명인문화사)
『거버넌스』(역서, 도서출판 오름)
『비정부기구의 이해, 2판』(역서, 명인문화사)
『환경정치학』(역서, 한울아카데미)
『비교정부와 정치, 12판』(공역, 명인문화사)
『정치학개론, 15판』(공역, 명인문화사)
"후쿠시마 사고 이후 일본의 원자력 관련 제도 변화에 대한 연구" (일본연구논총)
"일본의 세습정치인에 대한 연구" (비교일본학) 외 다수